110周年

CAPITAL LIBRARY OF CHINA

首都圖書館

1913—2023

謹爲首都圖書館一百一十周年獻禮

首都圖書館藏
國家珍貴古籍圖録

（第一至六批）

首都圖書館 編

國家圖書館出版社

圖書在版編目（CIP）數據

首都圖書館藏國家珍貴古籍圖録：第一至六批 / 首都圖書館編. — 北京：國家圖書館出版社, 2022.11

ISBN 978-7-5013-7262-1

Ⅰ. ①首… Ⅱ. ①首… Ⅲ. ①古籍—圖書館目録—北京 Ⅳ. ①Z838

中國版本圖書館CIP數據核字（2022）第134385號

審圖號：GS（2022）2865號

書　　名　首都圖書館藏國家珍貴古籍圖録（第一至六批）
著　　者　首都圖書館　編
責任編輯　王　雷　王燕來

出版發行　國家圖書館出版社（北京市西城區文津街7號　100034）
（原書目文獻出版社　北京圖書館出版社）
010-66114536　63802249　nlcpress@nlc.cn（郵購）
網　　址　http://www.nlcpress.com
排　　版　愛圖工作室
印　　裝　北京雅圖新世紀印刷科技有限公司
版次印次　2022年11月第1版　2022年11月第1次印刷

開　　本　889×1194　1/16
印　　張　36
書　　號　ISBN 978-7-5013-7262-1
定　　價　480.00圓

編委會

前　言

首都圖書館是我國較早成立的公共圖書館之一，其前身可追溯至1913年，迄今已有百餘年歷史。歷經滄桑變遷，一代代首都圖書館人孜孜以求，使得館藏日益豐富，古籍綫裝藏書達近50萬册，其中善本6200多部，已入選第一至六批《國家珍貴古籍名録》者166部。由於古籍藏量豐富、存藏環境良好，首都圖書館早在2008年即被國務院批准爲第一批“全國古籍重點保護單位”。

一、館藏古籍收藏溯源

首都圖書館的前身是由魯迅先生倡建的京師圖書分館、京師通俗圖書館和中央公園圖書閲覽所。1913年6月，京師圖書分館開館，館址在宣武門外前青廠武陽會館夾道路西。同年10月，京師通俗圖書館開館，館址在宣武門内大街路西抄手胡同東口外。1917年8月，中央公園圖書閲覽所成立，館址在中央公園内。三館經歷沿革改并，至1946年2月并爲北平市立圖書館，1949年、1950年先後更名爲北京市立圖書館、北京市圖書館；1956年10月，受周恩來總理指示，遷入東城區國子監，正式定名爲首都圖書館，館名由郭沫若題寫。2001年，再遷至朝陽區華威橋新址。

首都圖書館古籍按“甲”“乙”“丙”“丁”“戊”“己”“庚”字號排列。不同的字號，代表了館藏古籍最初的不同來源。

“甲”字號藏書主要是孔德學校舊藏。1954年，北京市政府將孔德學校藏古籍綫裝書轉歸首都圖書館（時名北京市圖書館）收藏。孔德學校成立於 1917 年，著名藏書家馬廉在任該校總務長、圖書館主任期間，爲學校采購了不少圖書，因而學校所藏小説、戲曲文獻宏富，多有珍稀善本，其中包括學界矚目的《清蒙古車王府藏曲本》。

“乙”字號藏書主要來自法文圖書館。法文圖書館（The French Book Store）原是一所由外國人在京經營的書店，後書店被查没。1953 年，北京市政府將法文圖書館全部藏書移交首都圖書館（時名北京市圖書館）。

“丙”字號藏書是京師三館舊藏古籍。京師圖書分館創建之初，藏書即多爲古籍；京師通俗圖書館創建時，曾購綫裝古籍，内容以市民喜聞樂見的通俗讀物爲主；中央公園圖書閲覽所成立時，由京師圖書館、京師圖書分館等單位調入不少古籍。三館舊藏古籍，奠定了首都圖書館館藏古籍的堅實基礎。

“丁”字號藏書主要是 20 世紀 50 年代之後首都圖書館入藏的古籍，主要包括 1953 年至 1954 年經北京市文委批准先後四次接收的文物組移送之圖書，其中包括相當數量的古籍、經卷、碑帖，以及首都圖書館通過自行采購而陸續補充的古籍。采進之書不乏善本，上至敦煌卷子，下至明清刊本，多有較高的文獻價值與版本價值，如兩部晚唐時期敦煌寫經、宋本《晦菴先生文集》《古史》等。

“戊”字號藏書主要是馬彦祥先生舊藏、熊希齡先生舊藏。馬廉先生的侄子馬彦祥先生是中國現當代著名的戲劇活動家、理論家，同時也是著名的藏書家。首都圖書館於 1988 年獲贈了部分馬氏藏書，主要爲明清小説戲曲刻本抄本。1988 年，北京市政府又將原香山教育圖書館和熊希齡先生藏書撥交首都圖書館，這批藏書不少都鈐有熊希齡私人藏印“明志閣藏書”或“慈幼院院長熊希齡捐入”印記。

“己”字號藏書是首都圖書館 2000 年所得的知名藏書家吴曉鈴先生的藏書。這批藏書是首都圖書館歷史上接受數量最多的私人捐贈。吴曉鈴先生對古代戲曲、小説的研究聲名卓著，所藏圖書特色鮮明，爲學界稱道。吴氏所贈既不乏明清善本，亦有大量戲曲、俗曲及子弟書、寶卷等抄本，以及一些未經刊梓的珍善稿本。

“庚”字號藏書主要是近年來首都圖書館通過參加古籍拍賣會途徑購買所得的古籍。

以上可知，京師三館舊藏、幾次重要的市政府贈撥、社會各界人士熱心捐贈、自行采購，這些不同來源的古籍共同豐富了首都圖書館的古籍館藏。

二、首都圖書館古籍收藏特色

首都圖書館自建館伊始，就以滿足大衆閱讀爲宗旨，重在搜集經世致用之典與常備實用之書。如前館長馮秉文先生概括所説“經部的各經及解經著作和小學類的文字訓詁著作；史部的歷代史書、明清實録、地方志書等；子部的各家著述、中醫典籍及小説；集部明清文集及戲曲作品等”，皆爲收羅重點。

首都圖書館古籍收藏，雖不刻意追求版本，然因積聚多方，諸家珍秘亦彙集於此。其中版本最早者爲唐人寫經，如唐晚期敦煌寫本《維摩詰所説經》《金剛般若波羅蜜多經》。宋元珍本以佛教典籍居多，如宋兩浙轉運司刻本《大方廣佛華嚴經疏》、元杭州大街衆安橋北沈七郎經鋪刻本《藥師瑠璃光如來本願功德經》等，還收藏有一定數量的宋、元刻大藏經零種。佛教典籍以外的宋元本如南宋咸淳五年（1269）刻本《古史》、宋刻本《晦菴先生文集》、元刻本《資治通鑑》《刑統賦》等，都是世所罕見的善本。至於明清佳刻，更是充盈鄴架，僅明刊善本就在千部以上，其中不乏海内外稀見的珍本、孤本。

小説、戲曲、俗文學收藏宏富，是首都圖書館古籍藏書的突出特色。

小説收藏淵源有自，京師通俗圖書館主要創辦人魯迅先生就非常重視搜集小説；馬氏、吴氏贈書也大大豐富了首都圖書館的小説收藏。館藏清以前刻本、抄本小説500餘部，善本在百部之上，如明嘉靖刻本《古今説海》、明富春堂本《搜神記》等，都是中國小説出版史上著名的版本；清乾隆五十四年（1789）舒元煒序抄本《紅樓夢》一百二十回，存一至四十回，是傳世唯一寫有確切抄寫年份的早期本子，對於判定《紅樓夢》的成書年代，意義重大。

戲曲文獻内容包括宋元南戲、元明雜劇、明清傳奇、近代京劇和亂彈等，數量大、涵蓋面廣，彙集了各時期的重要曲集和主要作家的戲曲作品，臧懋循所輯《元曲選》、沈泰所輯《盛明雜劇》、毛晋所輯《六十種曲》等大型戲曲作品總集也都有入藏。同時藏品專題性强，如藏有《西厢記》的四十多個不同的版本；版本價值高，如梨園抄本、批注本、校勘本、題跋和題記本較多，具較高研究價值。

俗文學方面，藏有寶卷、變文、彈詞、鼓詞、民歌民謡、雜曲、唱本、謎語、酒令等 18 類文獻，其中比較稀見的如清乾隆四十五年（1780）抄本《西調黄鸝調集抄》雜曲、清乾隆五十一年視履堂刻本《廿一史彈詞》、清道光二十九年（1849）抄本《英臺寶卷》、清同治九年（1870）抄本《習法救母》變文等。備受學界矚目的《清蒙古車王府藏曲本》堪稱首都圖書館鎮館之寶，王季思先生認爲其所包涵的文獻價值可與《全唐詩》《全宋詞》媲美。

三、新時期首都圖書館古籍普查工作

2007 年，文化部正式啓動了國家級重點文化工程——“中華古籍保護計劃”。2008 年，首都圖書館被國務院批准爲第一批“全國古籍重點保護單位”，後於 2009 年加挂北京市古籍保護中心的牌子，作爲北京市古籍保護中心所在地，負責開展全市古籍普查與保護工作。其後，首都圖書館積極發揮中心職能，有效促進北京市屬單位各項古籍工作的開展，在多方面取得了豐碩成果。

《國家珍貴古籍名録》是“中華古籍保護計劃”的重要内容，是國家爲珍貴古籍建立完備檔案、推動古籍保護工作、提高公民古籍保護意識、促進國際文化交流合作，而由文化部擬定、國務院審批的名録。2008 年至 2020 年，國務院先後頒布了第一至六批《國家珍貴古籍名録》，共計 13026 部珍貴古籍入選。

在歷次的《國家珍貴古籍名録》申報及評審中，首都圖書館及時響應號召，積極參與此項工作，完成申報通知下發、申報資料彙總上報、協助核查擬入選古籍詳細信息等程序。至今，北京市屬古籍收藏單位中，共有首都圖書館、中國書店、北京市文物局、首都師範大學圖書館、中共北京市委圖書館、西城區第一圖書館6家的262部珍稀善本先後入選了第一至六批《國家珍貴古籍名録》。

首都圖書館共有166部珍貴古籍入選。這些古籍從内容而言，涵蓋了經史子集叢諸部類；從版本而言，時代由宋迄清，包羅了刻本、抄稿本、套印本、活字印本、銅版印本等諸多類型，每一部都具有獨特的文獻價值與文物價值。

其中，宋元刻本有12部，包括史部7部、子部4部、集部1部。其中南宋紹興十八年（1148）福州開元禪寺刻毗盧大藏經本《阿毗達磨順正理論》八十卷之第十八卷，版心有刻工，卷末有施資説明，是存世極少的毗盧藏零本殘帙；宋刻本《晦菴先生文集》二百卷之第二十、四十四、六十八殘卷，是朱熹第三子朱在所編，此本乃宋人撰、宋人編、宋人刻印；元余氏勤有堂刻本《刑統賦》一卷，以歌賦形式將《宋刑統》要義編爲歌訣，是建陽坊刻的典型代表，此本還被收入《中華再造善本》（宋元編），已經由一家之珍化身千百。

其中有明一代珍貴古籍142部，入選數量最多，且涵蓋經史子集類叢各部類，包括經部8部、史部37部、子部31部、集部58部、類叢8部。如明成化十年（1474）晋府刻本《書經章句訓解》十卷，逐字逐句訓解《尚書》，紙墨上乘，刷印精良，是明代藩府刻書之精品；明末彩繪本《九邊圖》，着色繪製當時九個邊防重鎮，沿襲并發展了邊鎮地圖的形象法繪製，且重視對自然地理風貌的展現，逼真、形象、翔實地描繪了明末長城邊防體系，具有極高的史料價值和文物價值；明永樂五年（1407）内府刻本《大明仁孝皇后勸善書》二十卷，作爲皇太子頒賜給臣民的内府刻書，藍綾包背裝，開本闊大，刷印精湛；明凌濛初刻朱墨套印本《孟東野詩集》十卷，是孟郊詩集罕見的批點本，正文墨印，圈點、校記、眉批朱印，朱墨燦然，觀之可喜；明嘉靖二十九年至三十年（1550—1551）袁氏嘉趣堂刻本《金聲玉振集》六十三卷，爲著名藏書家袁褧編輯并刻印，紙質瑩潔，校勘精當，可窺藏書家刻書之一斑。

清代的珍貴古籍有12部，包括子部5部、集部7部。清乾隆内府銅版印本《平定伊犁回部戰圖》，將中西繪畫技法相結合，采用與中國傳統雕版木刻不同的銅版蝕刻版畫技術印成，堪稱中西藝術交融的杰作。清康熙木活字印本《東齋詞畧》四卷，刷印精良，墨色均匀，具有珍貴的文獻版本價值。

可以説，這些入選《國家珍貴古籍名録》的典籍既是首都圖書館館藏古籍的代表，也是首都圖書館古籍百年傳承的生動寫照。首都圖書館爲這166部古籍統一製作了楠木書盒，以加强對國家級珍貴古籍的原生保護；還開發了“首都圖書館古籍珍善本圖像數據庫”，對其進行再生性數字化保護。

首都圖書館曾於2013年編輯出版了《首都圖書館藏國家珍貴古籍圖録》一書，該書將首都圖書館當時入選第一至四批《國家珍貴古籍名録》的145部古籍按版本年代進行排列，各朝代之下再以經史子集叢部類爲序，展示了每一部珍貴古籍的卷端書影，以及反映該書重要版本信息的主要書影，同時以文字形式介紹了每部書的作者、文獻概要、版本源流等情況，以使讀者對首都圖書館的珍貴古籍有初步的瞭解。該書出版時，受到廣泛好評。數載之後，首都圖書館又先後共有21部古籍入選了第五、六批《國家珍貴古籍名録》。爲與時俱進，弘揚經典，我們對《首都圖書館藏國家珍貴古籍圖録》進行了修訂和增補，既對原書的内容進行了適當的修改和補充，又在原書基礎上增補了21部古籍，以對首都圖書館入選第一至六批《國家珍貴古籍圖録》的珍稀善本進行全面的介紹，希望可以藉此全面展示首都圖書館藏每一部珍貴古籍的高清書影與版本概況，闡發其内容與珍稀價值，介紹其淵源與流傳遞嬗，滿足讀者閱覽與研究所需，并爲即將到來的首都圖書館建館110周年慶典獻上一份珍貴的禮物。

願首都圖書館所藏古籍，芸香庋藏，典册琳琅，傳承千載，永久留存。

編　者

2022年8月

凡　例

《首都圖書館藏國家珍貴古籍圖録》（第一至六批）（以下簡稱“《圖録》”）收書範圍爲首都圖書館入選第一至六批《國家珍貴古籍名録》之書，共計166部。

《圖録》編排首先參照每書之版本年代，以宋、元、明、清爲序，各朝代之下再以書之部類（經、史、子、集、類叢）爲序。

每書甄選能够反映該書版本特徵與内容特色的書影數幅，以供讀者賞鑒。

每書著録卷端題名、卷數、責任者、版本、函册、索書號、入選《國家珍貴古籍名録》批次及編號、存缺卷、版式行款等信息。并撰寫提要一篇，介紹該書作者、文獻概要、版本源流及價值等。歷代收藏者所留批校題跋及鈐印，一般僅做客觀著録。

提要内容引用原書序跋、史傳、方志、歷代公私藏書目録等文獻資料及他人研究著作和學術論文的，一律隨文注釋其出處。

書名及鈐印按書中原字照録，提要文字用規範繁體字。

凡版本相同皆入《名録》之書，合并爲一篇介紹，以索書號、名録號相區别。

目　録

宋本

元本

明本

經部

史部

子部

集部

類叢部

清本

宋本

首都圖書館藏國家珍貴古籍圖録（第一至六批）

宋刻遞修本《古史》

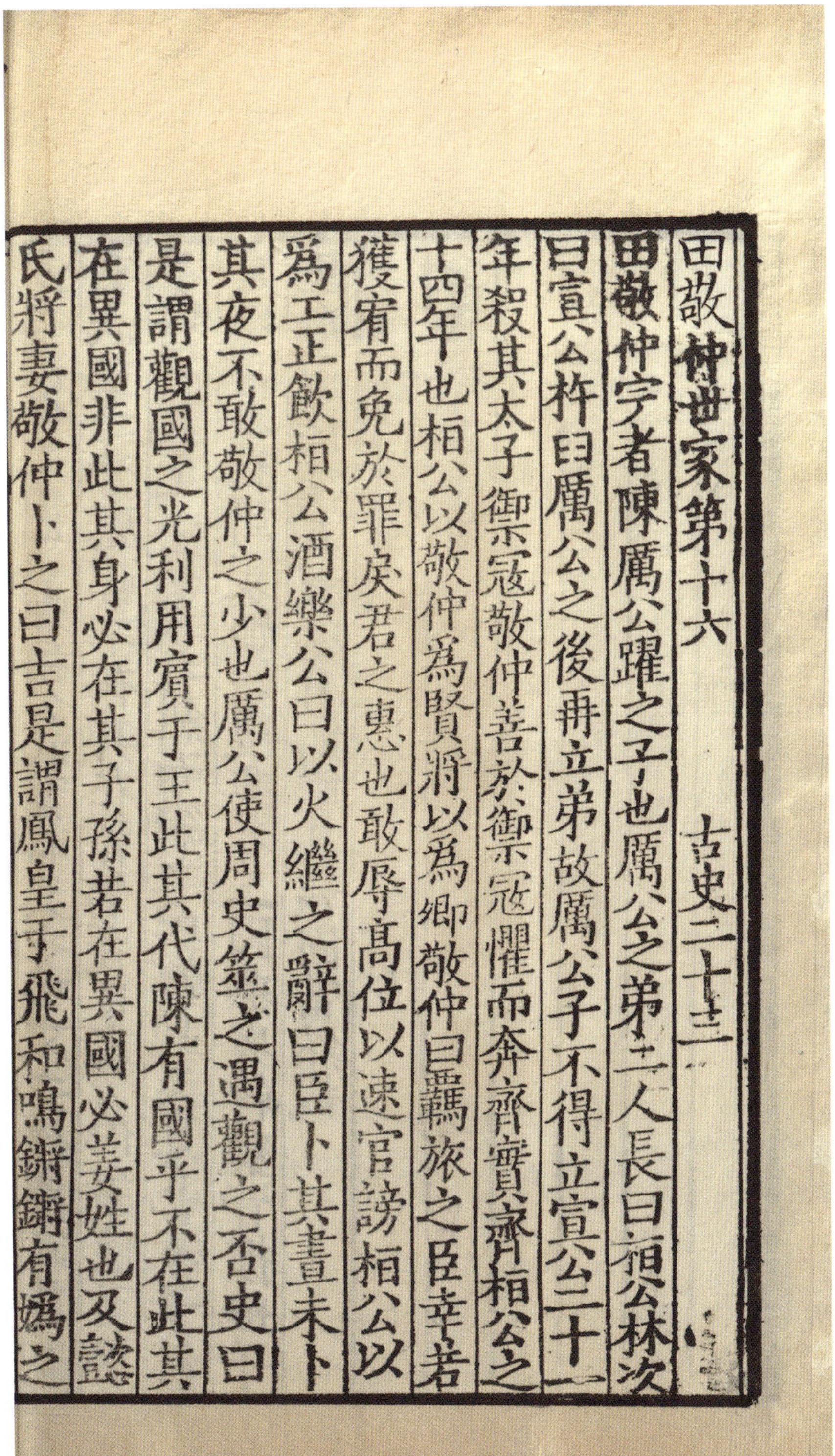
田敬仲世家第十六　　古史二十三
田敬仲完者陳厲公躍之子也厲公之弟二人長曰莊公林次
曰宣公杵臼厲公之後再立弟故厲公子不得立宣公二十一
年殺其太子禦寇敬仲善於禦寇懼而奔齊齊桓公之
十四年也桓公以敬仲爲賢將以爲卿敬仲曰羈旅之臣幸若
獲宥而免於罪戾君之惠也敢辱高位以速官謗桓公以
爲工正飲桓公酒樂公曰以火繼之辭曰臣卜其晝未卜
其夜不敢敬仲之少也厲公使周史筮之遇觀之否史曰
是謂觀國之光利用賓于王此其代陳有國乎不在此其
在異國非此其身必在其子孫若在異國必姜姓也及懿
氏將妻敬仲卜之曰吉是謂鳳皇于飛和鳴鏘鏘有嬀之

古史六十卷　（宋）蘇轍撰　宋刻遞修本（有抄配）　一函一册　索書號（丁）16041　第五批《國家珍貴古籍名録》11434 號

存三卷（卷二十一至二十三）。半葉十一行二十一至二十四字不等，小字雙行二十二字，白口，左右雙邊，單黑魚尾，框高 23.8 厘米，寬 16.5 厘米。

蘇轍（1039—1112），字子由，一字同叔，晚號潁濱遺老，眉州眉山（今四川眉山）人。宋嘉祐二年（1057），蘇轍與兄軾同登進士，又同策制舉。神、哲間因參與新舊黨争，

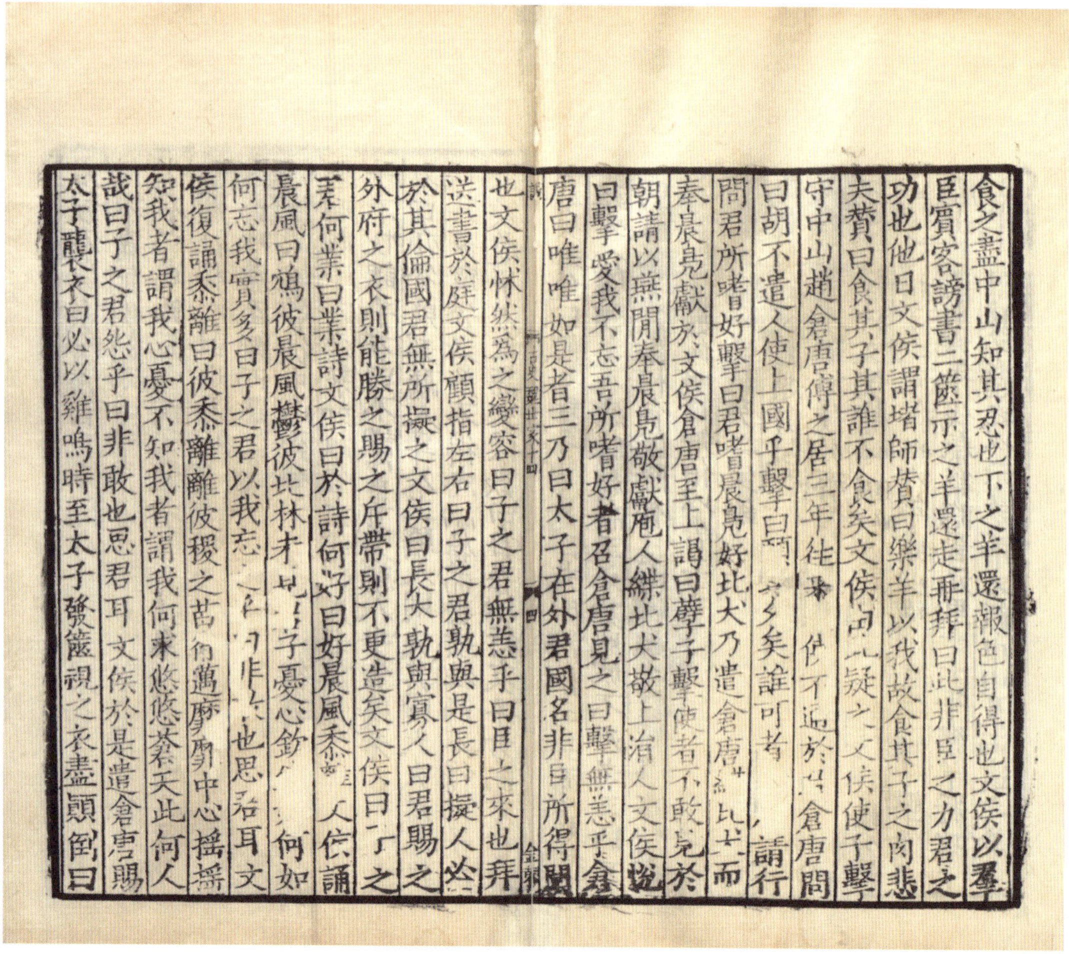
食之盡中山知其忍也下之羊還報色自得也文侯以羣
臣賓客謗書二篋示之羊還走再拜曰此非臣之力君之
功也他日文侯謂堵師贊曰樂羊以我故食其子之肉悲
夫贊曰食其子其誰不食矣文侯由此疑之文侯使子擊
守中山趙倉唐傅之居三年往來使不通於父倉唐問
曰胡不遣人使上國乎擊曰久矣誰可者倉唐請行
問君所嗜好擊曰君嗜晨鳧好北犬乃遣倉唐以北犬而
奉晨鳧獻於文侯倉唐至上謁曰孽子擊使者不敢見於
朝請以燕閒奉晨鳧敬獻庖人紲北犬敬上涓人文侯悦
曰擊愛我不忘吾所嗜好者召倉唐見之曰擊無恙乎倉
唐曰唯唯如是者三乃曰太子在外君國名非臣所得聞
也文侯怵然爲之變容曰子之君無恙乎曰臣之來也拜
送書於庭文侯顧指左右曰子之君孰與是長曰擬人必
於其倫國君無所擬之文侯曰長大孰與寡人曰君賜之
外府之衣則能勝之賜之廝帶則不更造矣文侯曰子之
君何業曰業詩文侯曰於詩何好曰好晨風黍離文侯誦
晨風曰鴥彼晨風鬱彼北林未見君子憂心欽欽如何如
何忘我實多曰子之君以我忘之乎曰非也思君耳文
侯復誦黍離曰彼黍離離彼稷之苗行邁靡靡中心搖搖
知我者謂我心憂不知我者謂我何求悠悠蒼天此何人
哉曰子之君怨乎曰非敢也思君耳文侯於是遣倉唐賜
太子衣一襲令以雞鳴時至太子發篋視之衣盡顛倒曰

刻工：金榮

幾經遷謫，歷任秘書省校書郎、中書舍人、户部侍郎、吏部尚書、御史中丞等職。崇寧三年（1104）始隱居潁川，以讀書著述爲事，有《詩集傳》《春秋傳》《老子解》《欒城集》等作品傳世。《宋史》卷三百三十九有傳。

蘇轍撰寫《古史》一書，緣起對司馬遷的《史記》有諸多不滿，批太史公“記堯舜三代之事，皆不得聖人之意。戰國之際，諸子辯士各自著書，或增損古事以自信一時之説，遷一切信之……及秦焚書，戰國之史不傳於民間……野史一二存者，遷亦未暇詳也。”（《古史原序》）故而，蘇轍依《史記》體例，兼考《詩》《書》《春秋》《戰國策》及秦漢雜

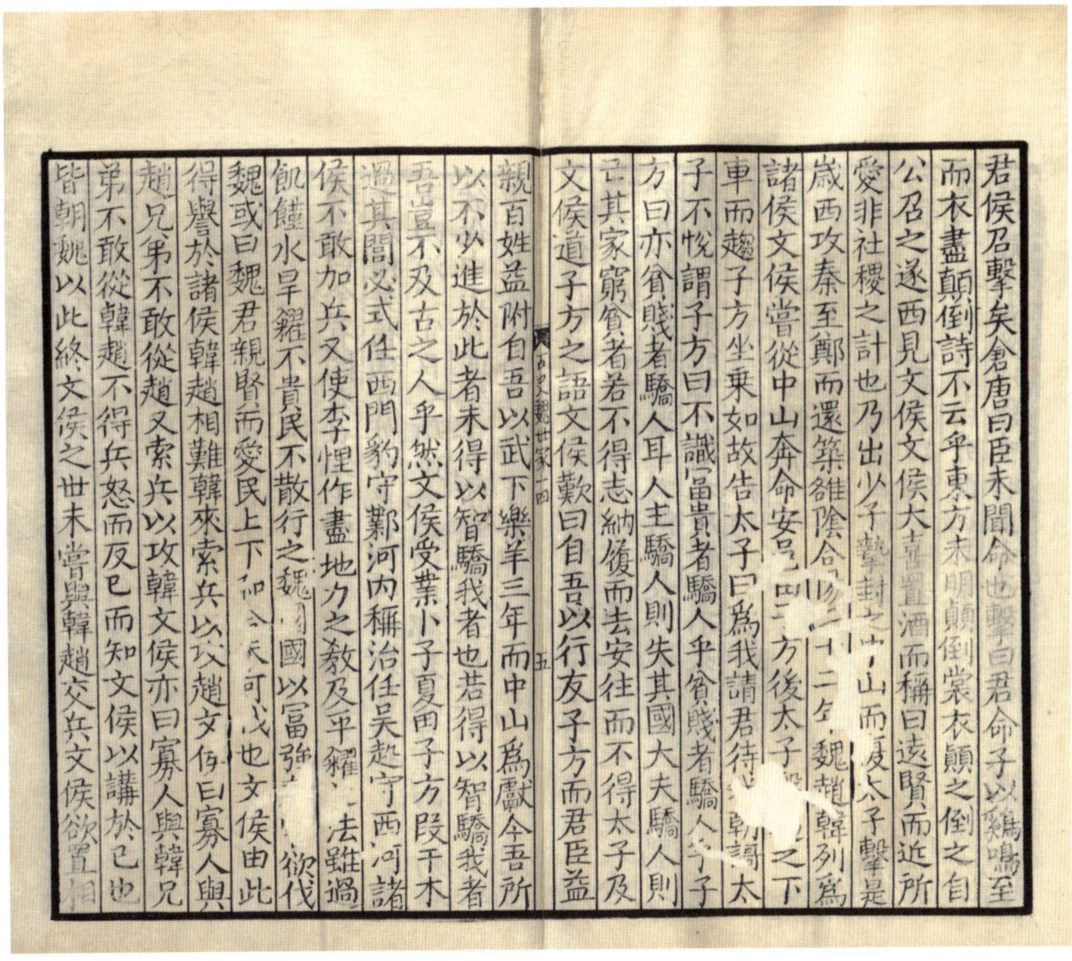
君侯召擊矣倉唐曰臣未聞命也擊曰君命子以鷄鳴至
而衣盡顛倒詩不云乎東方未明顛倒裳衣顛之倒之自
公召之遂西見文侯文侯大喜置酒而稱曰遠賢而近所
愛非社稷之計也乃出少子摯封之中山而復太子擊是
歲西攻秦至鄭而還築雒陰合陽二十二年魏趙韓列爲
諸侯文侯嘗從中山奔命安邑[illegible]方後太子[illegible]之下
車而趨子方坐乘如故告太子曰爲我請君待[illegible]朝謁太
子不悅謂子方曰不識富貴者驕人乎貧賤者驕人乎子
方曰亦貧賤者驕人耳人主驕人則失其國大夫驕人則
亡其家窮貧者若不得志納屨而去安往而不得太子及
文侯道子方之語文侯歎曰自吾以行友子方而君臣益
古史魏世家一四　五
親百姓益附自吾以武下樂羊三年而中山爲獻今吾所
以不必進於此者未得以智驕我者也若得以智驕我者
吾豈不及古之人乎然文侯受業卜子夏田子方段干木
過其閭必式任西門豹守鄴河内稱治任吴起守西河諸
侯不敢加兵又使李悝作盡地力之教及平糴[illegible]法雖過
飢饉水旱糴不貴民不散行之魏[illegible]國以富強[illegible]欲伐
魏或曰魏君親賢而愛民上下和合未可攻也文侯由此
得譽於諸侯韓趙相難韓來索兵以攻趙文侯曰寡人與
趙兄弟不敢從趙又索兵以攻韓文侯亦曰寡人與韓兄
弟不敢從韓趙不得兵怒而反已而知文侯以講於己也
皆朝魏以此終文侯之世未嘗與韓趙交兵文侯欲置相

遞修補版

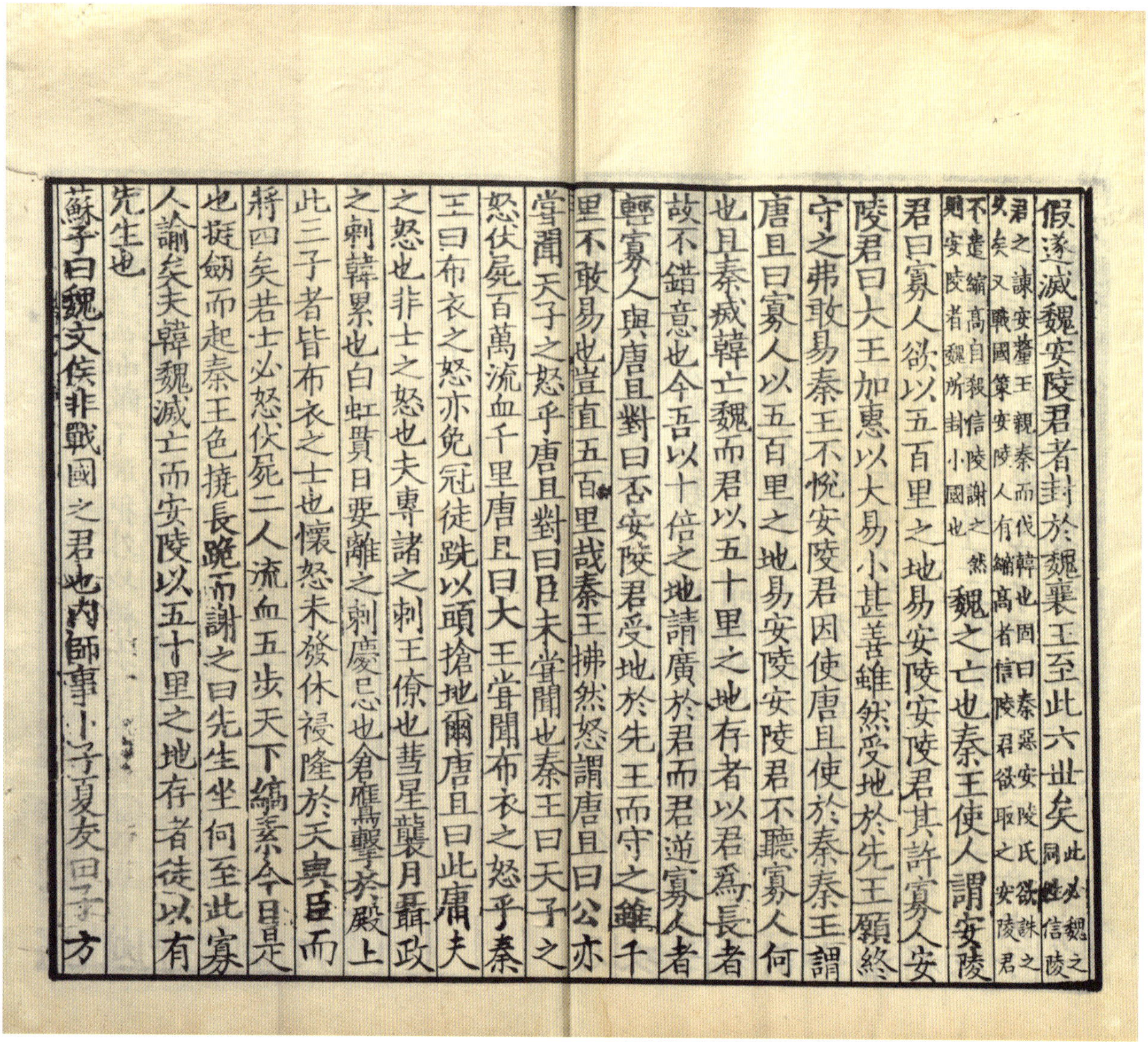

抄補

録等，撰修《古史》一書，得七本紀、十六世家、三十七列傳，總爲六十卷，以糾補《史記》之失疏。此外，蘇轍長於議論，在撰史中充分糅合治政思想，映射出義理之學興起後儒家學者的治史風尚。該書對研究兩宋史學思想的演變，有不可忽視的文獻價值。

《古史》成書後因受理學大家朱熹的贊譽，促使其廣泛傳播，僅宋刻可考者已有多部。

據歷代官私書目所載，《古史》的宋刻本依行款字數有大、小字本之分。首都圖書館所藏乃大字本一系。大字本以北宋哲宗紹聖刊本爲鼻祖，繼而又出紹興本和浙杭本等，其版式大致相同，爲半葉十一行，行二十幾字不等（或有低於行二十字的葉面），小題在上，大題在下，版心上記字數，下鎸刻工姓名，如金榮、金祖、丁松年諸人，皆爲宋時杭州刻版高手，因此是書出自宋槧浙杭本之列。遺憾的是，該書僅殘存三卷，即魏世家第十四、韓世家第十五、田敬仲世家第十六，佚首尾序跋，書葉中不僅有抄配，亦有修版痕迹。書品雖不算上乘，但裝幀仍保留蝴蝶舊式，頗有宋時氣息，實屬珍貴。

本書鈐有鐘形朱印一枚，上有紋飾，無印文。

（李晶瑩）

宋紹興十八年福州開元禪寺刻毗盧藏本
《阿毗達磨順正理論》

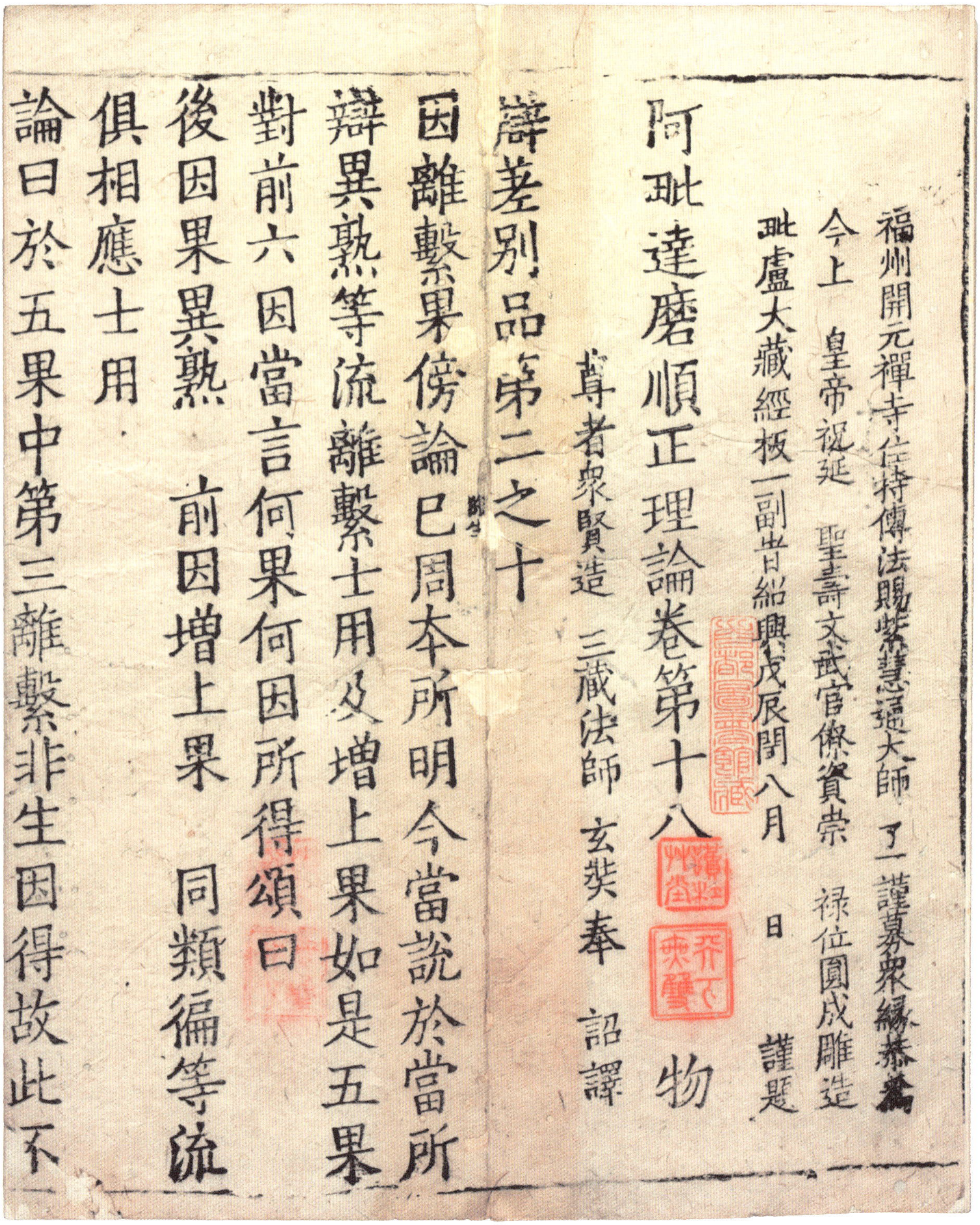
福州開元禪寺住持傳法賜紫慧通大師 了一 謹募衆緣恭爲
今上 皇帝祝延 聖壽文武官僚資崇 禄位圓成雕造
毗盧大藏經板一副時紹興戊辰閏八月 日 謹題
阿毗達磨順正理論卷第十八 物
尊者衆賢造 三藏法師 玄奘奉 詔譯
辯差別品第二之十
因離繫果傍論已周本所明今當說於當所
辯異熟等流離繫士用及增上果如是五果
對前六因當言何果何因所得頌曰
後因果異熟 前因增上果 同類徧等流
俱相應士用
論曰於五果中第三離繫非生因得故此不

阿毗達磨順正理論八十卷 （天竺）釋衆賢撰 （唐）釋玄奘譯 南宋紹興十八年（1148）福州開元禪寺刻毗盧大藏經本 一函一册 索書號（丁）16040 第三批《國家珍貴古籍名録》07158號

存一卷（卷十八）。一版五個半葉，半葉六行十七字，上下單邊，框高25.2厘米，寬11.3厘米。

釋衆賢，音譯僧伽跋陀羅，北印度迦濕彌羅國人。四世紀或五世紀的説一切有部論師。時有世親菩薩造《阿毗達磨俱舍論》，述一切有部《大毗婆沙論》之義，間以經部義理破毗婆沙論師所執。衆賢頗爲不滿，潛心鑽研十二年，作《俱舍雹論》，欲持以破世親之説。行至秣底補羅國一寺廟，忽覺氣衰，遂裁書以謝世親。世親菩薩覽書閱論，謂“理雖不足”，却“發明我宗”，遂改論題爲《順正理論》。後衆賢命終，弟子焚尸收骨，起塔於其寺西北（見《大唐西域記》卷三）。唐太宗貞觀年間玄奘西游時，其塔尚存。玄奘取回此論，唐高宗永徽四年（653）正月至五年七月，於長安大慈恩寺譯出。

全書共二萬五千頌，八十萬言，分爲八品：一、辯本事品，二、辯差別品，三、辯緣起品，四、辯業品，五、辯隨眠品，六、辯賢聖品，七、辯智品，八、

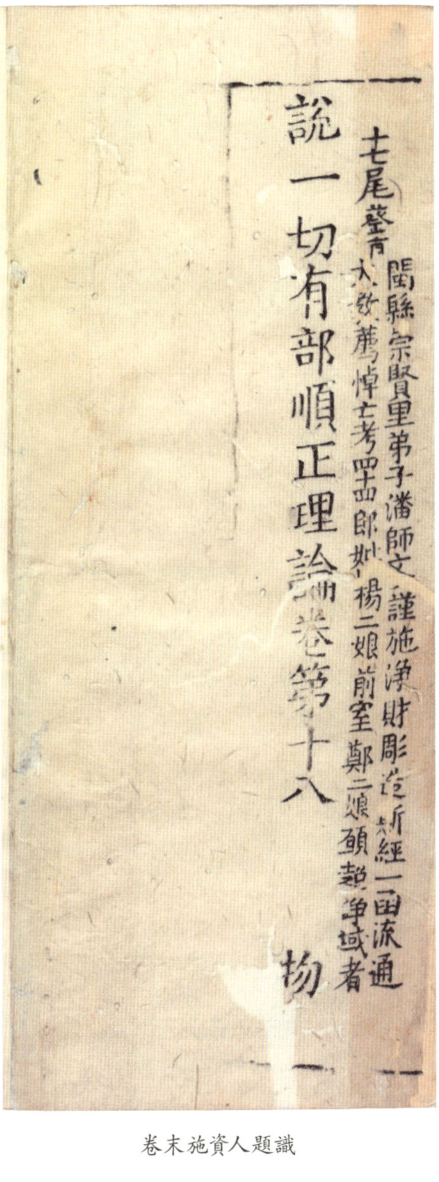

卷末施資人題識

金紙書簽

辯定品。本論以一切有部之立場，論破世親之《俱舍論》，爲宣揚有部宗義，亦爲研究《俱舍論》所不可或缺之著作。

《毗盧藏》又稱“開元寺版大藏經”，由福州開元寺僧人本明、本悟、行崇等發起勸募，當地信衆蔡俊臣、陳詢、陳靖、劉漸等贊助，北宋政和二年（1112）至南宋紹興二十一年（1151）刊雕。首都圖書館藏《阿毗達磨順正理論》第十八卷，《千字文》編號爲“物”，卷端有紹興戊辰年題記，紹興戊辰即宋高宗紹興十八年（1148），版心有刻工陳生、潘元等，卷末爲潘師文施資題識。

《毗盧藏》存世不多，僅中國國家圖書館、北京大學圖書館、天津圖書館、南京圖書館、山西省圖書館、湖北省圖書館和旅順博物館等單位藏有零本殘帙，日本現藏十餘部殘本。首都圖書館藏本鈐“天下無雙”“讀杜艸堂”二印，爲日本明治、大正年間著名藏書家寺田盛業舊藏。

（楊之峰）

宋兩浙轉運司刻本《大方廣佛華嚴經疏》

大方廣佛華嚴經疏一百二十卷　（唐）釋澄觀撰　（宋）釋净源録疏注經　宋兩浙轉運司刻本　一函一册　索書號（丁）16042　第三批《國家珍貴古籍名録》07188 號

存一卷（卷一百一十四）。一版五個半葉，半葉四行十五字，小字雙行二十字，上下單邊，框高 23.3 厘米，寬 10.9 厘米。

釋澄觀，俗姓夏侯，號清凉國師、華嚴疏主，越州山陰（今浙江紹興）人。十一歲出家，遍學天台、華嚴等各宗教義，及經史、小學、秘咒儀軌等。歷游五臺、峨眉諸山，仍駐錫五臺山大華嚴寺。在本寺、崇福寺及皇宫多次講解《華嚴經》。唐元和年間卒，壽七十餘，被尊爲華嚴宗四祖。著有《華嚴經行願品疏》十卷等。

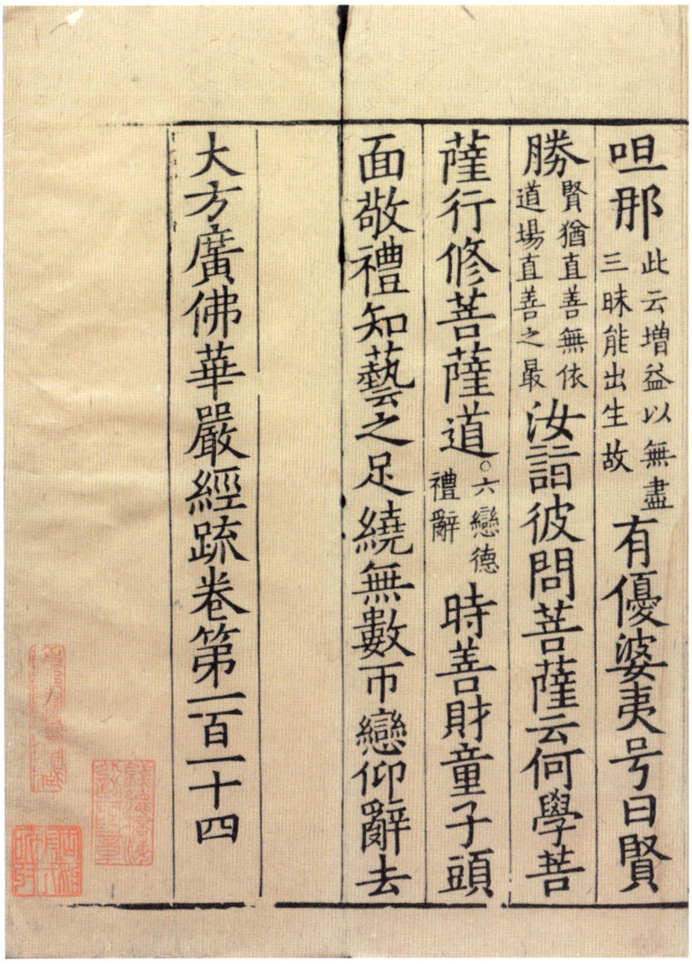
呾那此云增益以無盡三昧能出生故有優婆夷号曰賢
勝賢猶直善無依道場直善之最汝詣彼問菩薩云何學菩
薩行修菩薩道。六戀德禮辭時善財童子頭
面敬禮知藝之足繞無數帀戀仰辭去
大方廣佛華嚴經䟽卷第一百一十四

釋净源（1011—1088），俗姓楊，泉州晋水（今福建晋江）人。曾從名僧學《華嚴經》《新華嚴經論》《楞嚴經》《起信論》等。先後任泉州清凉寺、蘇州報國寺、杭州祥符寺、錢塘慧因寺住持。一生努力弘揚華嚴教義，被尊爲華嚴宗七祖。

《大方廣佛華嚴經》有東晋譯六十卷本、唐譯八十卷本和四十卷本。華嚴三祖法藏曾撰《新譯華嚴經略疏》，至第十九卷而圓寂，由弟子慧苑繼承遺志，編成《續華嚴略疏刊定記》，但其説與法藏原意相左。澄觀從唐興元元年（784）

生數故無等比色身令一切衆生滅倒
見故無量種色身隨衆生心種種現故
無邊相色身普現種種諸形相故普對
現色身以大自在而示現故化一切色
身隨其所應而現前故恒示現色身盡
衆生界而無盡故無去色身於一切趣
無所滅故無來色身於諸世間無所出
故不生色身無生起故不滅色身離語

大方廣佛華嚴經䟽卷第一百一十四 入七十六 卷第六紙

清涼山沙門 澄觀述 晉水沙門 淨源録䟽注經

三見友正報二○初結前標後 爾時善財見如是座復有無量衆座圍繞摩耶夫人在彼座上於一切衆生前現淨色身 前但明主座今雙結主伴○二别顯身雲二 初身相二初萬類難思身二○初顯别相 所謂超三界色身已出一切諸有趣故隨心樂色身於一切世間無所著故普周徧色身等於一切衆

到唐貞元三年（787），撰成《華嚴經疏》二十卷，破斥慧苑异説，恢復法藏大義。此書與《華嚴經》單獨流通，經唐武宗會昌滅佛，在中土失傳。宋元祐元年（1086），高麗僧統義天入宋求法，被送到慧因寺從净源受學。他帶來由中國傳入高麗的《華嚴經》章疏，净源得以録疏配經，編成本書。

宋兩浙轉運司最早刻印此書。兩浙轉運司設在杭州，掌管一路財賦，南宋分兩浙東路、兩浙西路。國家圖書館藏第七十一、八十三、八十五、九十四、九十九、一百一十四卷，其中一卷接紙處有“兩浙轉運司”字樣。上海圖書館藏卷四十一，上海博物館藏卷五十四、一百零一，蘇州博物館藏卷一百零九。近年北京德寶、上海國際拍賣會上又出現第一、二、三十七、三十八、九十五卷。

首都圖書館藏本鈐“十無盡院”“錢德培海外訪古印章”“固始張氏所收”等印記。十無盡院在日本，錢德培在清朝光緒年間曾任駐日使館參贊，將此書購回。

（楊之峰）

宋刻本《晦菴先生文集》

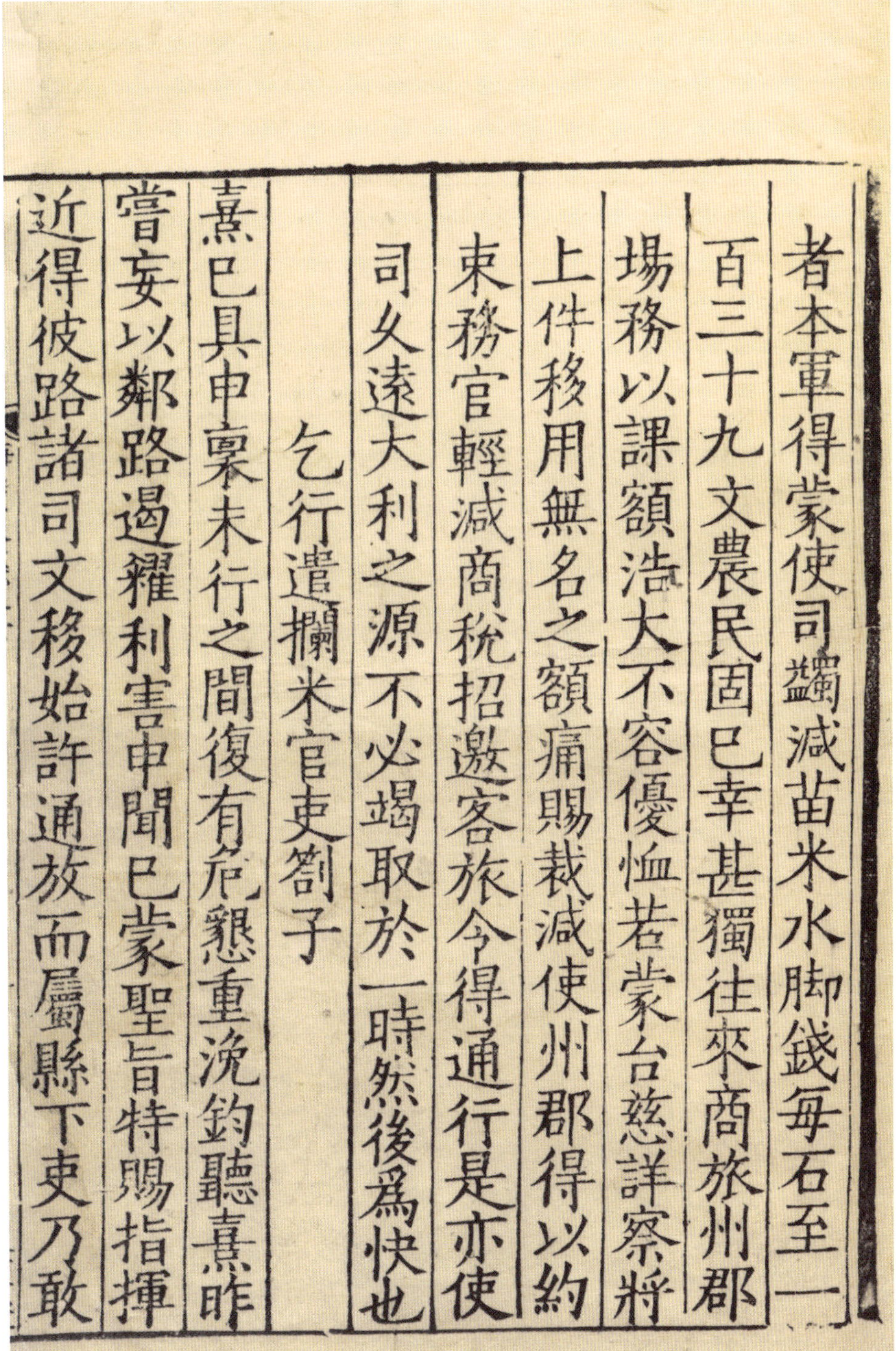

者本軍得蒙使司蠲減苗米水脚錢每石至一百三十九文農民固已幸甚獨往來商旅州郡場務以課額浩大不容優恤若蒙台慈詳察將上件移用無名之額痛賜裁減使州郡得以約束務官輕減商稅招邀客旅今得通行是亦使司久遠大利之源不必竭取於一時然後爲快也

乞行遣攔米官吏劄子

熹已具申稟未行之間復有危懇重涜鈞聽熹昨嘗妄以鄰路遏糴利害申聞已蒙聖旨特賜指揮近得彼路諸司文移始許通放而屬縣下吏乃敢

晦菴先生文集一百卷目録二卷　（宋）朱熹撰　宋刻本　一函一册　索書號（丁）16043　第三批《國家珍貴古籍名録》07220號

存三卷（卷二十、四十四、六十八殘葉）。半葉十行十九字，白口，左右雙邊，單黑魚尾，框高23.8厘米，寬17.9厘米。

朱熹（1130—1200），字元晦，一字仲晦，晚號晦菴、晦翁、考亭先生、滄州病叟等，世稱“朱子”。祖籍徽州婺源（今江西婺源）。南宋高宗紹興十八年（1148）進士，曾任同安主簿、秘閣修撰、焕章閣待制等。歷高、孝、光、寧四朝，是南宋著名的理學家、教育家、詩人，閩學代表人物。朱熹的哲學思想在繼承二程（程頤、程顥）“洛學”的基礎上，博采周敦頤、張載、邵雍思想之精華，又融入佛、道思辨哲學，建立了南宋“閩學”學派以及完整的“朱學”思想體系，爲宋代理學集大成者，其地位和對後世的影響之深遠，在中國理學發展史上，首屈一指。曾主持白鹿洞、嶽麓書院，講學五十餘年，弟子衆多。著有《四書章句集注》《楚辭集注》《詩集傳》等。

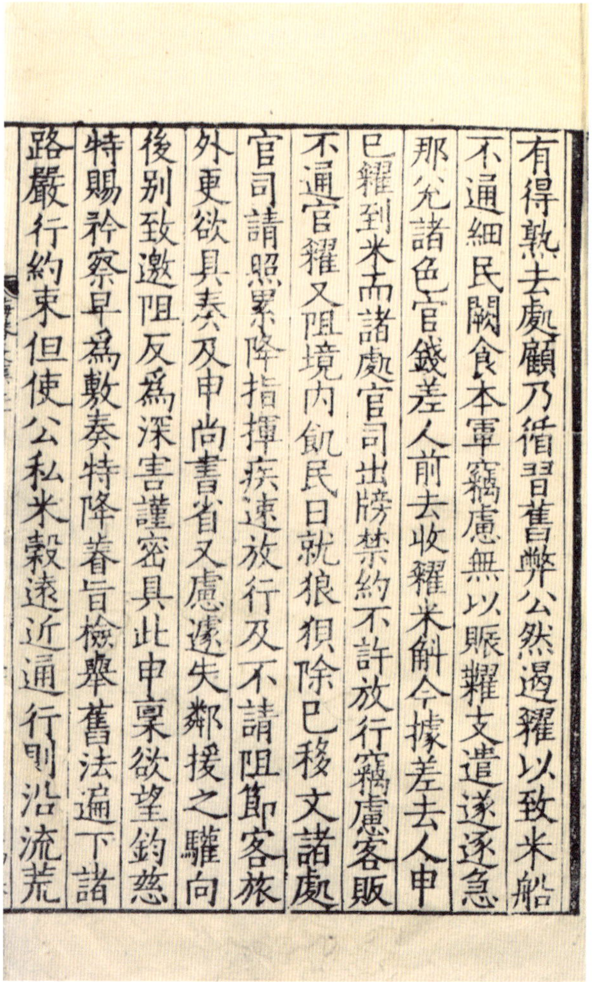
有得熟去處顧乃循習舊弊公然遏糴以致米船
不通細民闕食本軍竊慮無以賑糶支遣遂逐急
那兑諸色官錢差人前去收糴米斛今據差去人申
已糴到米而諸處官司出牓禁約不許放行竊慮客販
不通官糴又阻境内飢民日就狼狽除已移文諸處
官司請照累降指揮疾速放行及不請阻節客旅
外更欲具奏及申尚書省又慮遽失鄰援之驩向
後別致邀阻反爲深害謹密具此申稟欲望鈞慈
特賜矜察早爲敷奏特降睿旨檢舉舊法遍下諸
路嚴行約束但使公私米穀遠近通行則沿流荒

朱熹文集，自宋末至明清，刊刻較多，宋刻《晦菴先生文集》傳於世者，有宋寧宗時浙江官刻本和宋度宗咸淳元年（1265）福建建安書院刻本。寧宗浙江官刻本又稱“浙本”，凡一百卷，爲朱熹三子朱在編輯。入元後書版藏於杭州西湖書院，明代後又修補印行。建安書院刻本又稱“閩本”，除文集一百卷外，附王遂所輯續集十一卷與余師魯所輯别集十卷。明嘉靖十一年（1532），福建按察司以閩刻爲主并校以浙本重刊，即成現今通行的版本。另有刊於朱子生前，較之前述版本皆早的宋淳熙、紹熙刻本。該版僅見《天禄琳琅續目》著録，未經朱子删定，所載詩文與浙、閩本頗有异同，不乏二本未著録之詩文。此本現藏於臺北故宫博物院。

首都圖書館所藏宋刻《晦菴先生文集》，爲浙本一百卷之殘葉，墨色濃黑，版心刻“晦菴文集”及卷數，下有刻工姓名“范秀”“董澄”等。此書另有佚名朱筆斷句與補字。

（喬雅俊）

元本

元刻明修本《晉書》

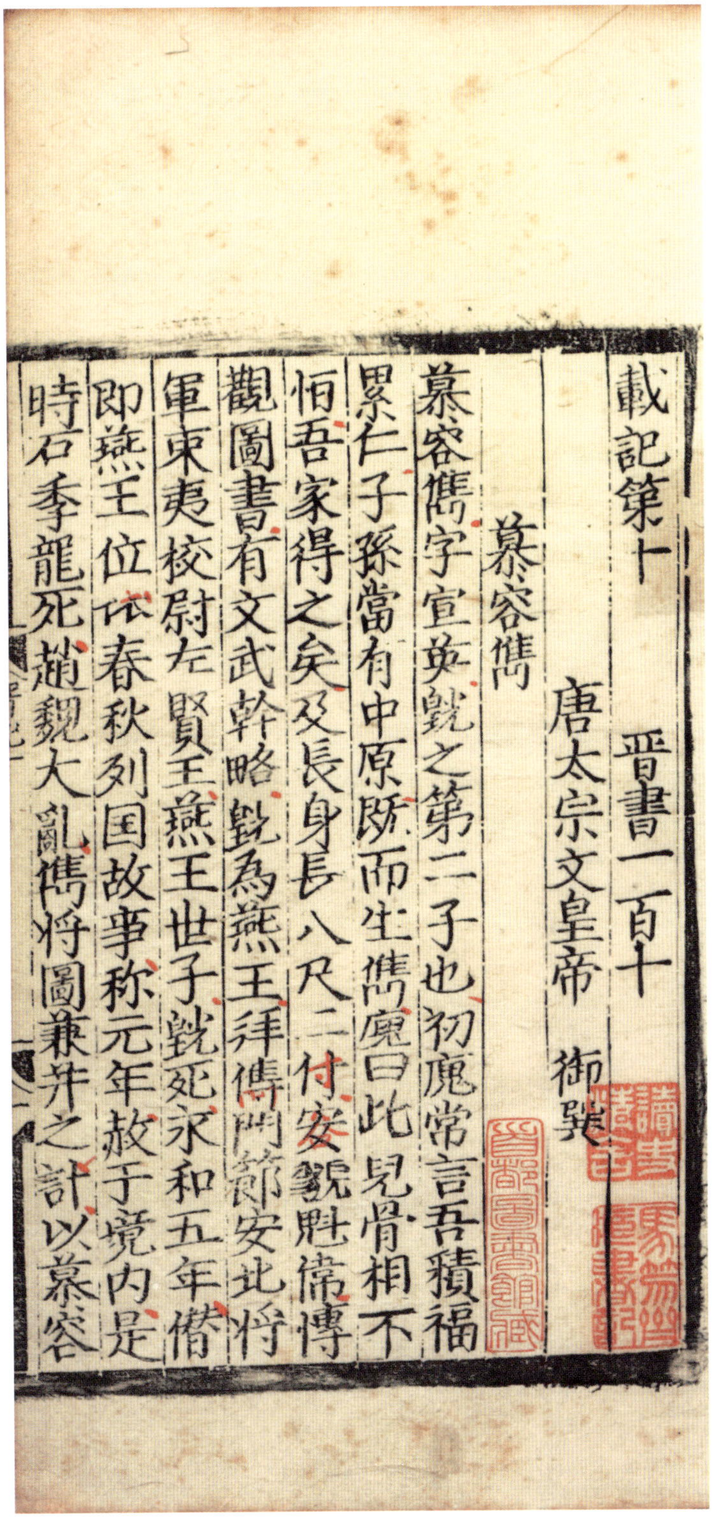

載記第十　晉書一百十

唐太宗文皇帝　御撰

慕容儁

慕容儁字宣英皝之第二子也初廆常言吾積福累仁子孫當有中原既而生儁廆曰此兒骨相不恒吾家得之矣及長身長八尺二寸姿貌魁偉博觀圖書有文武幹略皝為燕王拜儁假節安北將軍東夷校尉左賢王燕王世子皝死永和五年僭即燕王位依春秋列国故事称元年赦于境内是時石季龍死趙魏大亂儁將圖兼并之計以慕容

晋書一百三十卷　（唐）房玄齡等撰　**音義三卷**　（唐）何超撰　元刻明修本　一函二册　索書號（丁）14454　第三批《國家珍貴古籍名録》07046號

存四卷（卷一百十至一百十三）。半葉十行十九字，粗黑口，左右雙邊，雙對黑魚尾間雙順黑魚尾、單黑魚尾、三黑魚尾，有書耳，框高20.7厘米，寬13.5厘米。

房玄齡（579—648），名喬，字玄齡（一説名玄齡，字喬松），齊州臨淄（今山東章丘）人。隋开皇中舉進士，後投李世民軍中，爲秦王府記室。唐武德九年（626）參與策劃“玄武門之變”。唐貞觀元年（627）爲中書令，封邢國公，後改封梁國公，掌相權二十餘年。貞觀二十二年病逝，年七十，册贈太尉、并州都督，謚文昭，賜陪葬昭陵。《舊唐書》卷六十六、《新唐書》卷九十六有傳。

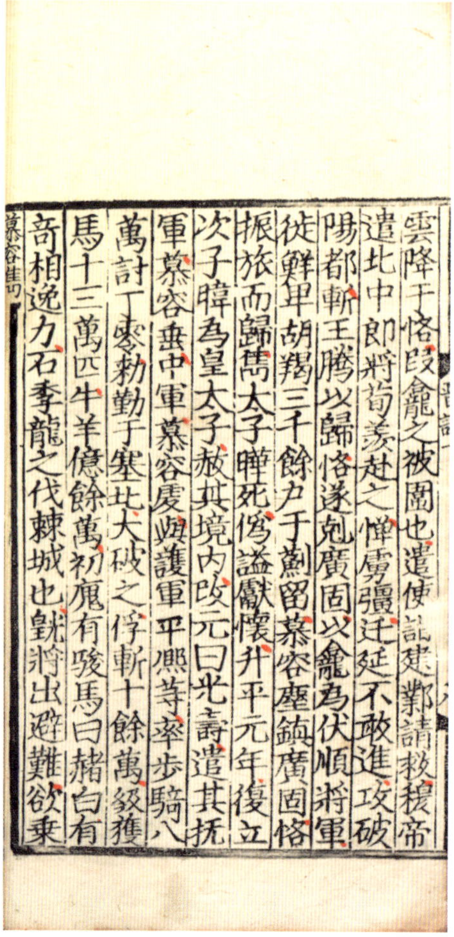
慕容儁
雲降于恪段龕之被圍也遣使詣建鄴請救穆帝
遣北中郎將荀羡赴之憚儁彊廷延不敢進攻破
陽都斬王騰以歸恪遂剋廣固以龕爲伏順將軍
徙鮮卑胡羯三千餘户于薊留慕容塵鎮廣固恪
振旅而歸儁太子曄死僞謚獻懷升平元年復立
次子暐爲皇太子赦其境内改元曰光壽遣其撫
軍慕容垂中軍慕容虔與護軍平熙等率步騎八
萬討丁零勑勤于塞北大破之俘斬十餘萬級獲
馬十三萬匹牛羊億餘萬初廆有駿馬曰赭白有
奇相逸力石季龍之伐棘城也皝將出避難欲乘

元版書耳

《晋書》是一部唐代官修的紀傳體斷代史。記事上起晋宣帝司馬懿，下迄晋恭帝元熙二年（420），有十紀、二十志、七十列傳、三十載記，涵蓋了兩晋的全部歷史，并以“載記”形式叙述了十六國時各割據政權的興亡。此書編纂於唐太宗貞觀二十年至二十二年（646—648），以南朝齊臧榮緒《晋書》爲底本，參詳各家舊傳彙編而成。參與編纂者計有二十一位，其中房玄齡、褚遂良、許敬宗爲監修，總負其責，另有令狐德棻、敬播、李淳風等十八人參與編纂。因書中有唐太宗爲晋宣帝、武帝兩紀及陸機、王羲之兩傳書寫史論，故題爲“御撰”。此書編成後，“言晋史者，皆棄其舊本，競從新撰”（《四庫全書總目》卷四十五），“然史官多是文咏之士，好采詭謬碎事以廣异聞，又所評論競爲綺豔，不求篤實，由是頗爲學者所譏”（《舊唐書·房玄齡傳》）。因此，“正史之中，惟此書及《宋史》，後人紛紛改撰”；但由於“十八家之書并亡，考晋事者舍此無由，故歷代存之不廢耳”。（《四庫全書總目》卷四十五）

《晋書音義》三卷，一名《晋書音》，唐處士何超撰。超字令升，天寶間東都（今洛陽）人。因“訝晋室之典，未昭其音，思欲發揮前人，啓迪後進”（楊齊宣《〈晋書音義〉序》），於天寶六載（747）前後撰成此書。書中以紀、志合爲一卷，列傳、載記各自成卷，初爲單行，宋以後始與《晋書》合刻。此書保存了大量前代已經亡佚的文獻，對於研究魏晋至唐代的語音具有非常重要的意義。

《晋書》現存最早者爲宋刻本，存世較少，又有元刻明修本，即爲此書。書中元版部分多有書耳，内書傳主姓名。而明代補版部分字體風格與元版差异較大，且未鎸書耳，較易辨識。版心下有“東”“樂”等刻工姓名。

本書有佚名圈點。鈐“馬笏齋臧書記”“讀史精舍”“並軒藏書之印”等印記。

（張昊）

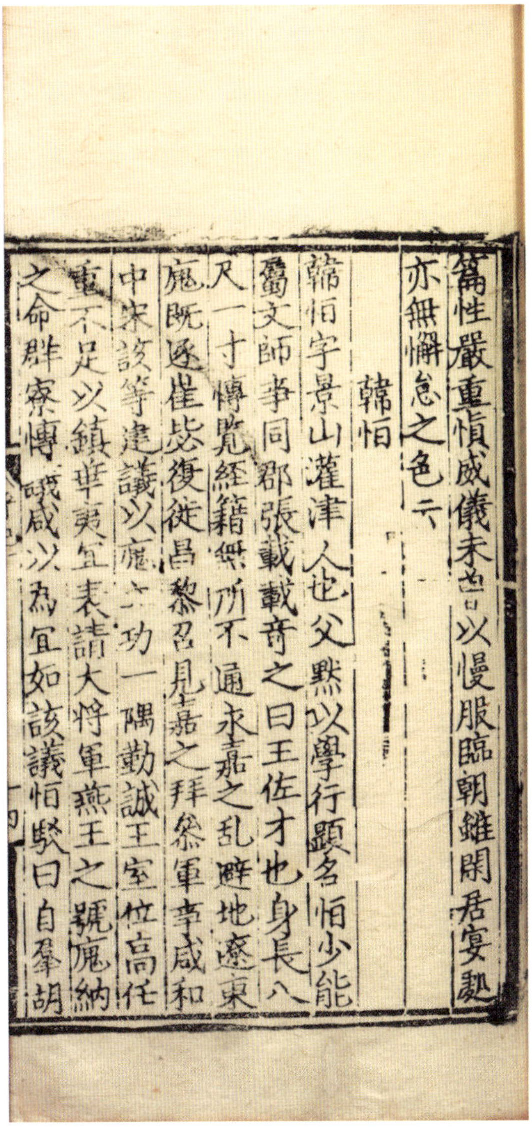

明代補版

元刻明弘治正德嘉靖遞修本《資治通鑑》

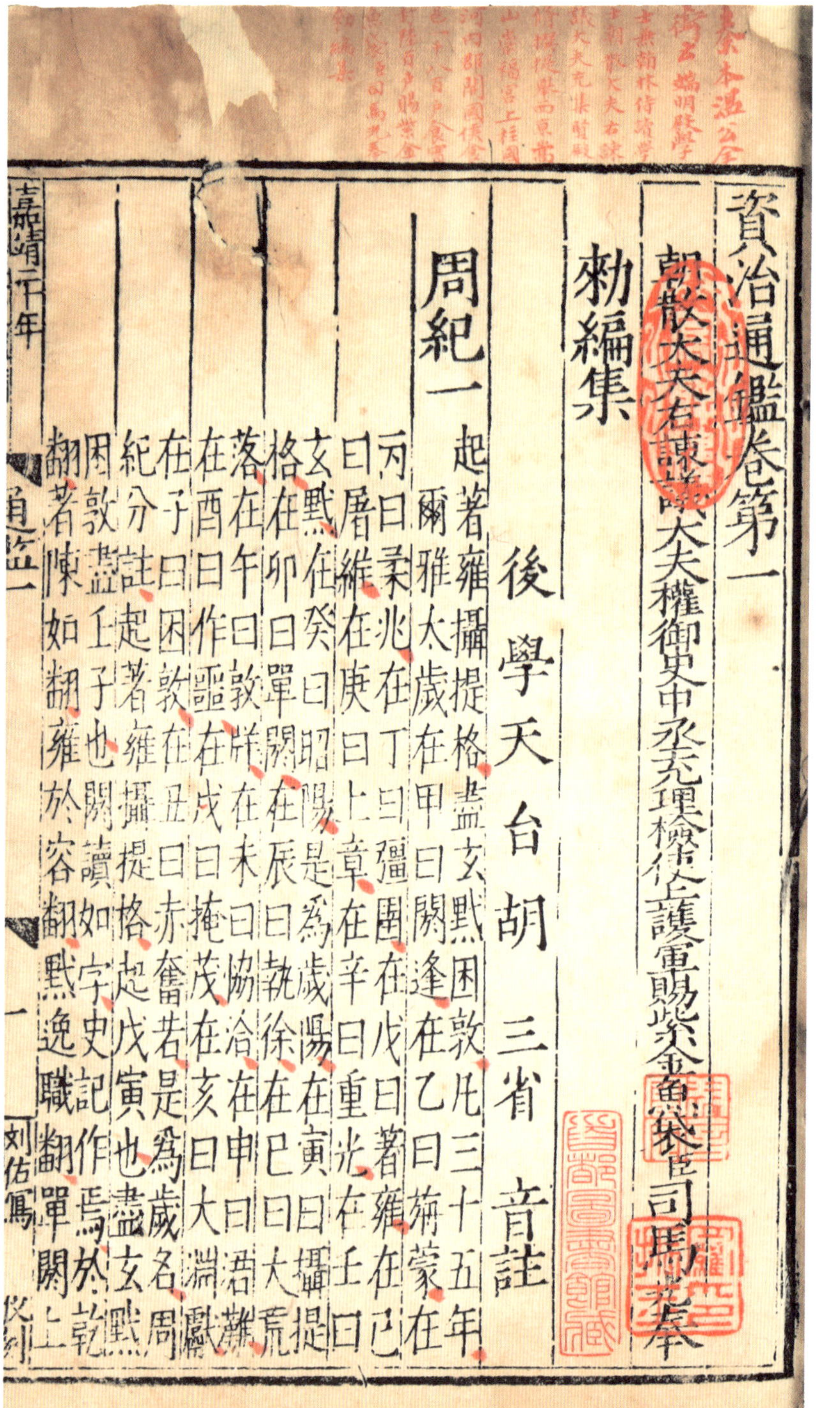

資治通鑑卷第一
朝散大夫右諫議大夫權御史中丞充理檢使上護軍賜紫金魚袋臣司馬光奉
勑編集
後學天台胡三省音註
周紀一
起著雍攝提格盡玄黓困敦凡三十五年
爾雅太歲在甲曰閼逢在乙曰旃蒙在丙曰柔兆在丁曰強圉在戊曰著雍在己曰屠維在庚曰上章在辛曰重光在壬曰玄黓在癸曰昭陽是爲歲陽在寅曰攝提格在卯曰單閼在辰曰執徐在巳曰大荒落在午曰敦牂在未曰協洽在申曰涒灘在酉曰作噩在戌曰掩茂在亥曰大淵獻在子曰困敦在丑曰赤奮若是爲歲名周紀分註起著雍攝提格起戊寅也盡玄黓困敦盡壬子也閼讀如字史記作焉於乾翻著陳如翻雍於容翻黓逸職翻單閼上
嘉靖二十年 通鑑一 一 刘佑寫 刻

明補刻版

資治通鑑二百九十四卷　通鑑釋文辨誤十二卷　（宋）司馬光撰　（元）胡三省音注并撰辨誤　元刻明弘治正德嘉靖遞修本（有抄配）　羅振玉跋　二十四函二百册　索書號（丙二）4098　第二批《國家珍貴古籍名録》02785號　另一部　二十四函一百九十二册（有影印補配）　索書號（丙二）4097　第四批《國家珍貴古籍名録》09947號

半葉十行二十字，小字雙行字同，黑口，四周雙邊，雙順黑魚尾，框高22.2厘米，寬14.9厘米。

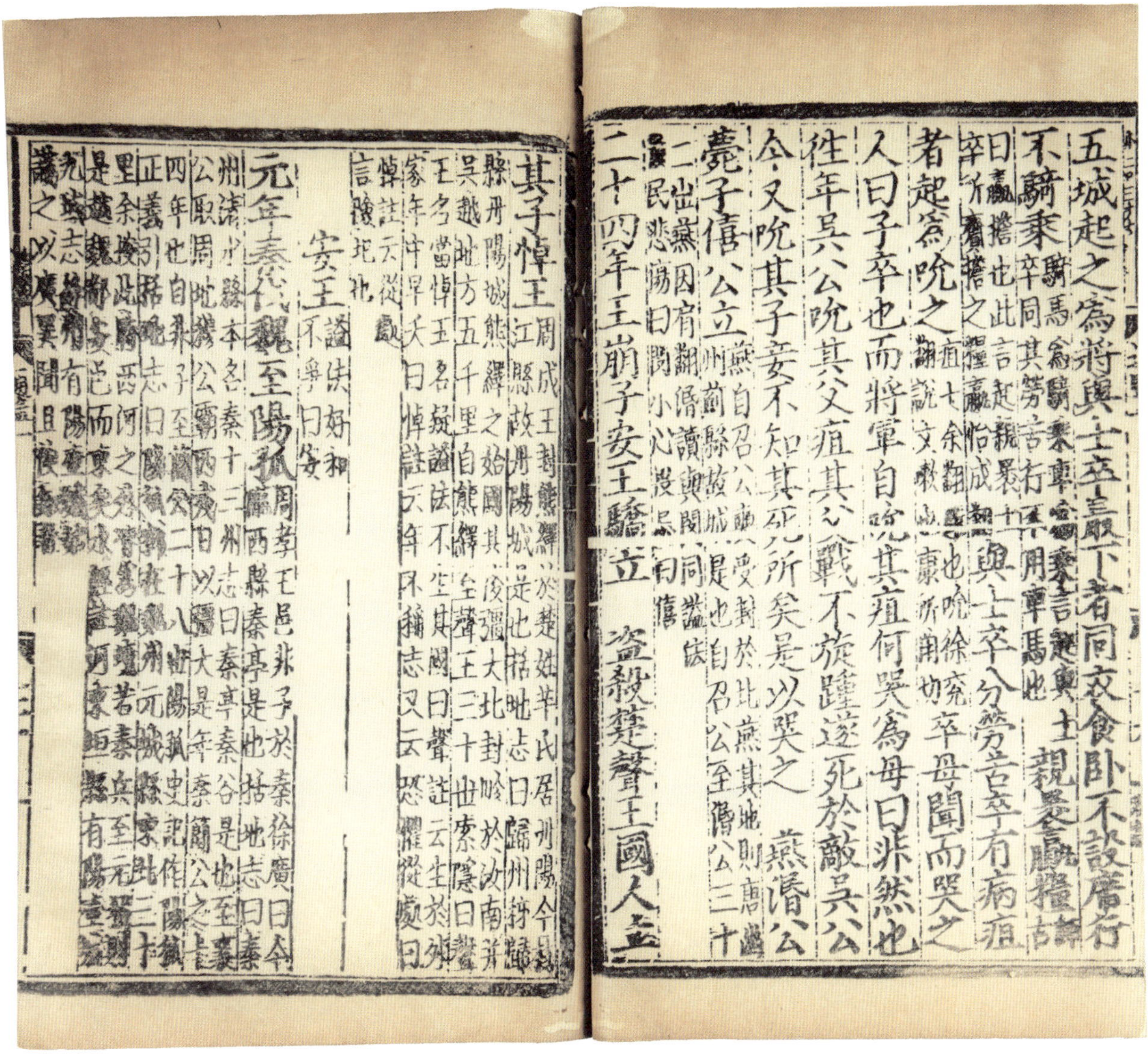

元版

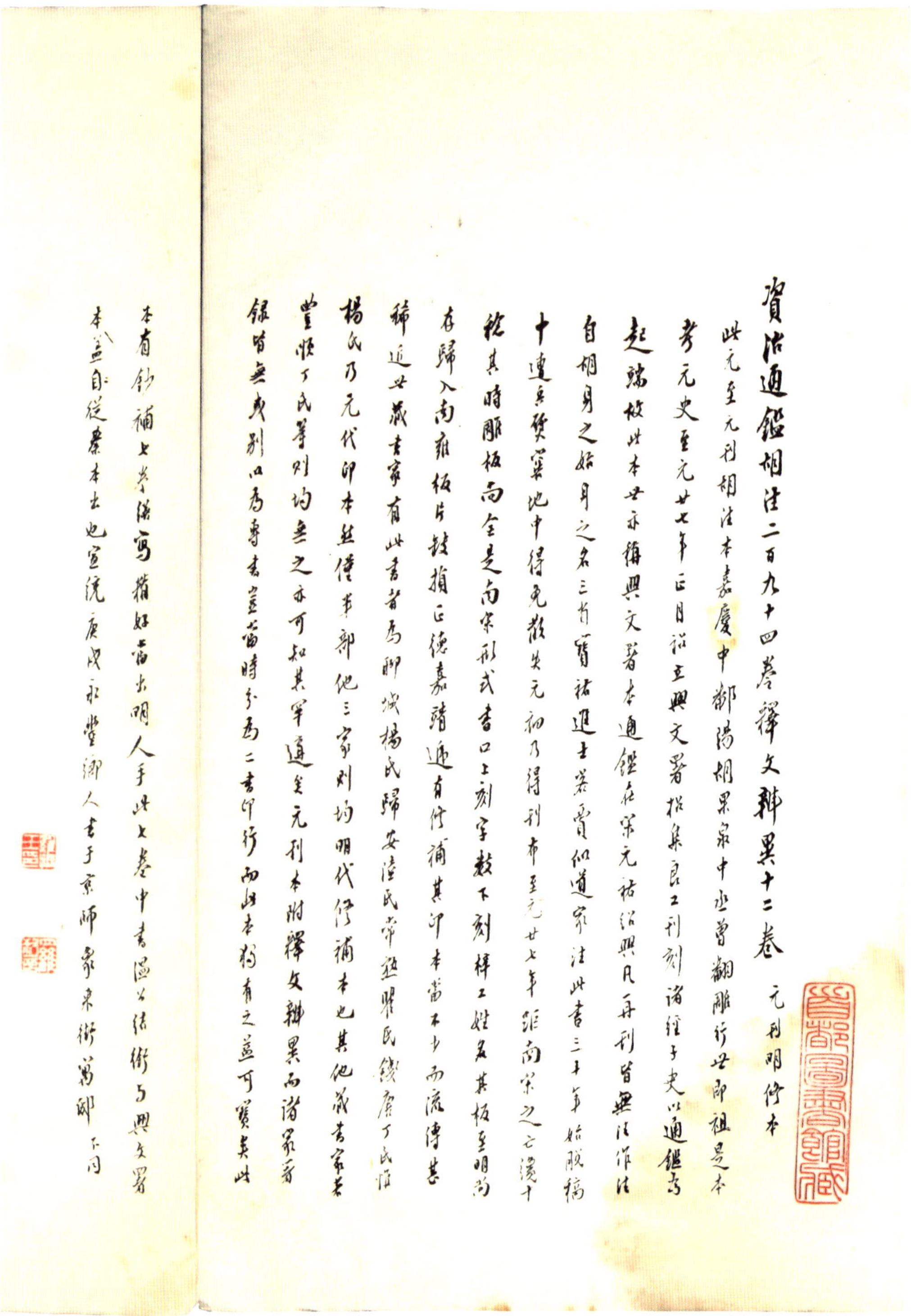
資治通鑑胡注二百九十四卷釋文辯誤十二卷 元刊明修本

此元至元刊胡注本嘉慶中鄱陽胡果泉中丞曾翻雕行世即祖是本考元史至元廿七年正月詔立興文署招集良工刊刻諸經子史以通鑑爲起端故此本世亦稱興文署本通鑑在宋元祐紹興凡再刊皆無注作注自胡身之始身之名三省寶祐進士客賈似道家注此書三十年始脫稿中遭兵燹稿窖地中得免散失元初乃得刊布至元廿七年距南宋之亡纔十餘年其時雕板尚全是南宋形式書口上刻字數下刻梓工姓名其板至明尚存歸入南雍板片殘損正德嘉靖遞有修補其印本當不少而流傳甚稀近世藏書家有此書者爲聊城楊氏歸安陸氏常熟瞿氏錢唐丁氏惟楊氏乃元代印本然僅半部他三家則均明代修補本也其他藏書家若豐順丁氏等則均無之亦可知其罕遘矣元刊本附釋文辯誤而諸家著錄皆無或別以爲專書豈當時分爲二書印行而此本獨有之益可寶矣此本有鈔補七卷係寫補精好當出明人手此七卷中書題名結銜乃興文署本蓋自從景本出也宣統庚戌永豐鄉人書于京師象來街寓邸 下同

羅振玉跋

司馬光（1019—1086），字君實，號迂叟，陝州夏縣（今山西夏縣）涑水鄉人，世稱涑水先生。宋仁宗寶元元年（1038）進士。纍官知諫院、翰林學士、權御史中丞，復爲翰林兼侍讀學士，歷仕仁宗、英宗、神宗、哲宗四朝，卒贈太師、温國公，謚文正。初編戰國至秦二世史爲《通志》八卷，英宗命設局續修，神宗改書名爲《資治通鑑》，元豐七年（1084）成書。司馬光平生著作甚多，有《温國文正公文集》《稽古録》《涑水記聞》《潛虛》等传世。

胡三省（1230—1302），字身之，又字景參，號梅磵，台州寧海（今浙江寧海）人。南宋理宗寶祐四年（1256）進士。歷任縣令、府學教授等職。應賈似道召，從軍至蕪湖，屢有建言，賈似道專横不用。宋亡，隱居不仕。博學能文，尤篤於史學。自寶祐四年始著述《資治通鑑廣注》，得九十七卷，論十篇。臨安（今浙江杭州）失陷後，手稿在流亡途中散失。後重新撰寫，於元至元二十二年（1285）完成，即《資治通鑑音注》二百九十四卷及《釋文辨誤》十二卷，對《通鑑》作校勘、考證、解釋，爲前人《釋文》作辨誤，并對史事有所評論，内容多寓興亡之感。

《資治通鑑》是中國第一部編年體通史，記録上自周威烈王二十三年（前403），下迄後周顯德六年（959）共一千三百六十二年之歷史，歷時十九年完成。胡三省歷時三十年爲此書作注，又作《通鑑釋文辨誤》十二卷。二書於元代合刻。胡三省注文字數幾乎與司馬光原書字數相等，對原書中典章制度、地理名物等注釋詳細，考證精詳，訂謬殊多。并始將原爲單行的司馬光之《考异》散入《資治通鑑》各文之下，與以前所刻各本不同，具有極高的學術與史料價值。

現存宋本《資治通鑑》僅爲司馬光原文，且多爲殘帙。此元刻明修版《資治通鑑》則非常完整，且爲《資治通鑑》胡注的最早刻本。此本保存了南宋版刻形式，書口上方爲字數，下方爲刻工姓名，而使用趙字，又體現了元代版刻風格。書版入明後歸入國子監，後經弘治、正德、嘉靖多次補刻并重印。明代補版與元代原版有明顯區别，補修部分版心注有“弘治三年”“正德九年重刊”“嘉靖二十年刊”“監生汪文琯補刊”等補刻注記。

此版本首都圖書館藏有兩部，其中02785號書首有近人羅振玉題跋，詳述此書版本源流。書中鈐“叔言審定”“羅振玉印”“殷禮在斯堂”“宸翰樓”等藏印。

（劉乃英）

元至正九年謝池刻本《晦菴先生朱文公行狀》

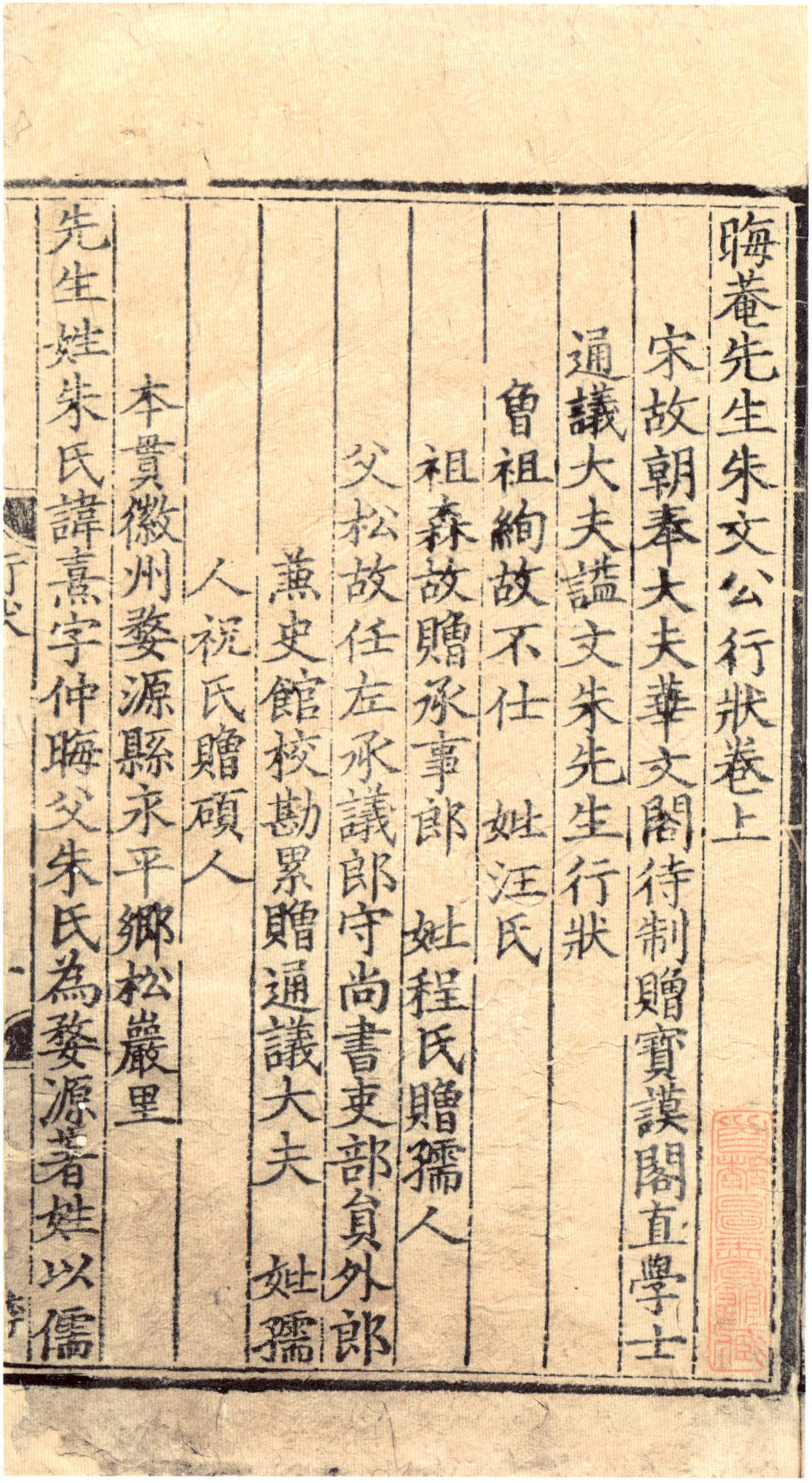
晦菴先生朱文公行狀卷上
宋故朝奉大夫華文閣待制贈寶謨閣直學士
通議大夫謚文朱先生行狀
曾祖絢故不仕　妣汪氏
祖森故贈承事郎　妣程氏贈孺人
父松故任左承議郎守尚書吏部員外郎
兼史館校勘累贈通議大夫　妣孺
人祝氏贈碩人
本貫徽州婺源縣永平鄉松巖里
先生姓朱氏諱熹字仲晦父朱氏為婺源著姓以儒

晦菴先生朱文公行狀二卷　（宋）黄榦輯　元至正九年（1349）謝池刻本　一函一册　索書號（丁）16037　第一批《國家珍貴古籍名録》00515 號

存一卷（卷上）。半葉十行二十字，細黑口，四周雙邊，雙對花魚尾，框高 20.8 厘米，寬 14.3 厘米。

黄榦（1152—1221），字季直、直卿，號勉齋，福州長樂（今福建福州）人，居閩縣。少受業於朱熹，深爲器重，爲朱門四弟子之一。朱熹稱其“志堅思苦”，後又以女妻之；及熹病篤，特以所著書授榦，言“吾道之托在此”（《宋史》卷四百三十）。黄榦歷監

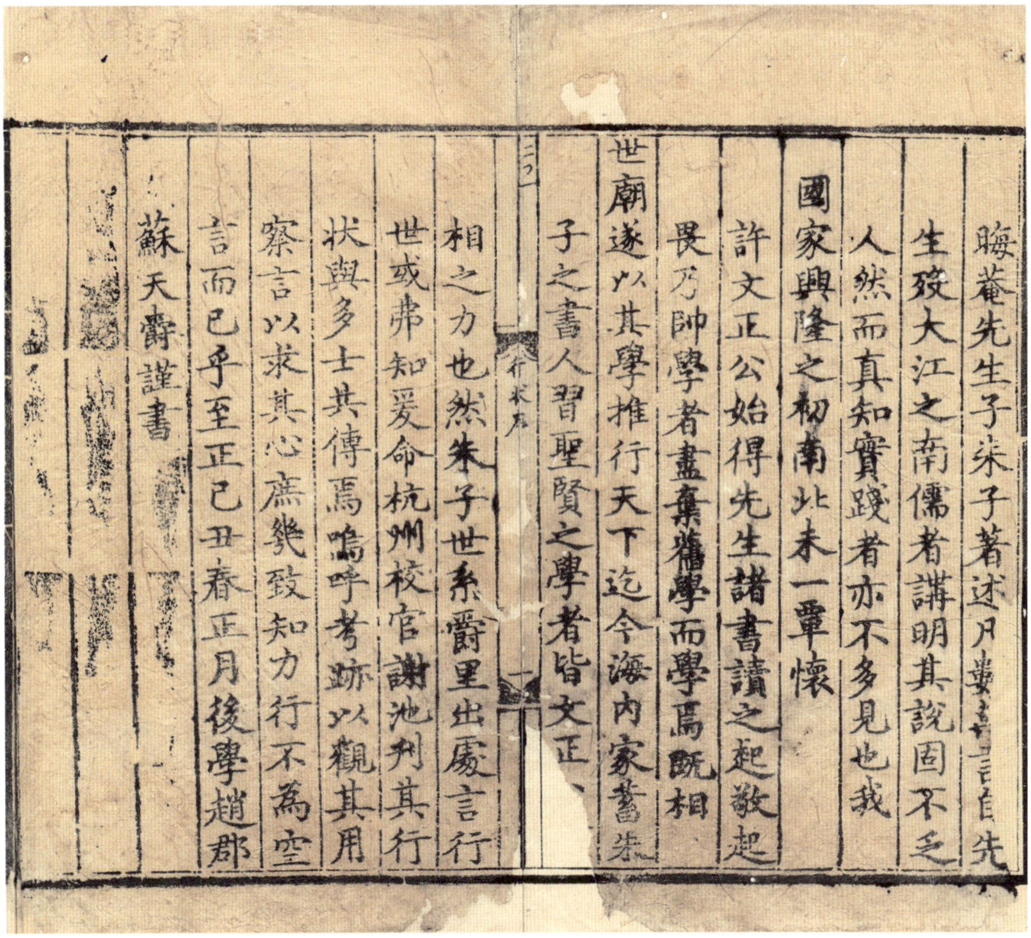
晦菴先生朱子著述月要言自先
生殁大江之南儒者講明其説固不乏
人然而真知實踐者亦不多見也我
國家興隆之初南北未一覃懷
許文正公始得先生諸書讀之起敬起
畏乃帥學者盡棄舊學而學焉既相
世廟遂以其學推行天下迄今海内家藏朱
子之書人習聖賢之學者皆文正、
二〇
行狀序
相之力也然朱子世系爵里出處言行
世或弗知爰命杭州校官謝池刋其行
狀與多士共傳焉嗚呼考跡以觀其用
察言以求其心庶幾致知力行不爲空
言而已乎至正己丑春正月後學趙郡
蘇天爵謹書

台州酒務，知新淦縣，通判安豐軍，知漢陽軍、安慶府等，爲政廉明多績，重庠序教養。因直言邊事，且軍民之心嚮之，爲在位者所忌，遂歸鄉里，專事著述講學。聲名遠播，巴蜀江湖之士皆來受學，質疑請益如熹時。卒謚文肅。有《勉齋先生黄文肅公文集》四十卷、《經解》、《晦菴先生朱文公語録》等傳世。《宋史》卷四百三十有傳。

宋寧宗嘉定十四年（1221），黄榦撰寫了《朝奉大夫華文閣待制贈寶謨閣直學士通議大夫謚文朱先生行狀》，以弟子、女婿的雙重身份，詳盡描述了朱子一生言行事迹，爲後人研究朱熹生平、學術思想，提供了寶貴的史料。特别是其所標舉的“紹道統，立人極，爲萬世宗師”的觀點，高度評價了一代理學大師的功績，爲不易之論。

據卷首蘇天爵序文可知，首都圖書館藏本爲元至正九年杭州校官謝池刻本。蘇天爵（1294—1352），字伯修，號滋溪先生，真定（今河北正定）人。元代文學家、史學家。至正九年，蘇天爵在江浙行省參知政事任上，有感於當時朱子之學雖已推行天下，“然朱子世系爵里出處言行，世或弗知”，故命杭州校官謝池刊其行狀，欲“考迹以觀其用，察言以求其心”。

《晦菴先生朱文公行狀》在宋代已有流傳，袁本《郡齋讀書志》中趙希弁所纂《附志》即著録有“《朱文公行狀》一卷，右門人黄榦所作也”，而刊刻情況不詳。因此，元至正九年杭州校官謝池刻本就成爲該書已知現存的最早刻本；且國内僅存此卷上一卷，版本價值彌足珍貴。

此本卷前有費寅所作跋文一葉。費寅（1866—1932）字景韓，號復齋，又號自怡居士，海寧（今浙江海寧）人，清末民國間名士、藏書家，曾任浙江省立圖書館編纂主任。今移録其跋文如下：“余閱蕘翁《題識》有松雪齋殘本《行狀》一卷，跋云：‘嘉慶庚申秋得元刊本《行狀》十二葉，手勘一過，正誤字如右。蕘圃。’據此見古人抱殘守闕之意，百十年前已重元刊殘本。今得《朱文公行狀》上卷，爲蘇天爵序刻，審屬元槧元印，紙墨俱古。它日儻蒐獲下卷，如延津雙劍，終久必合，非尤書林快事欤？謹識其末，以爲左券。時癸亥清和月下澣，復齋費寅漫記。”

（王玥琳）

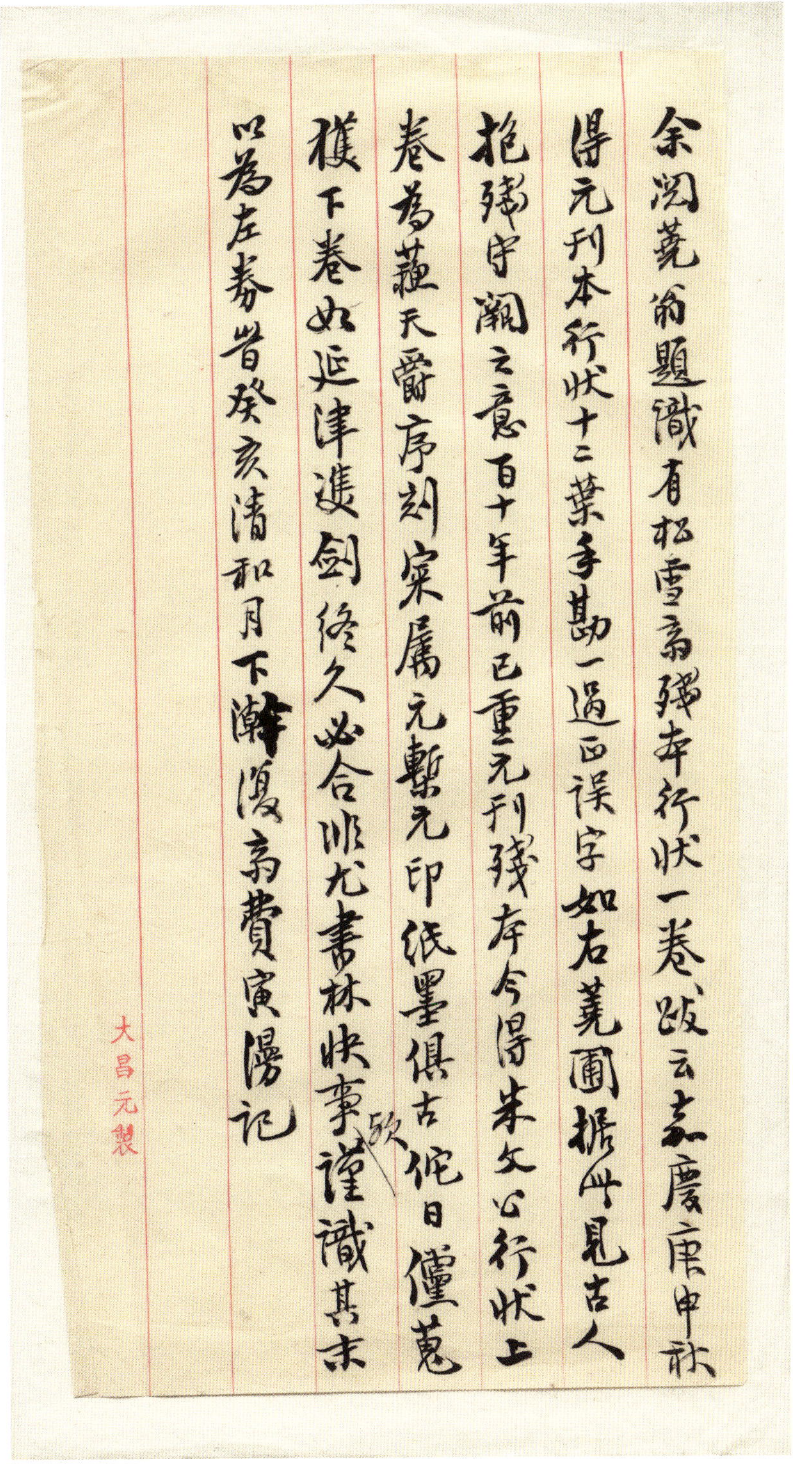

余閱蕘翁題識有松雪齋殘本行狀一卷，跋云嘉慶庚申秋
得元刊本行狀十二葉手勘一過正誤字如右蕘圃據此見古人
抱殘守闕之意百十年前已重元刊殘本今得朱文公行狀上
卷為蘇天爵序刻實屬元槧元印紙墨俱古他日儻蒐
獲下卷如延津雙劍終久必合此尤書林快事致謹識其末
以為左券旹癸亥清和月下澣復翁費寅湯記

費寅題跋

元建安余氏勤有堂刻本《刑統賦》

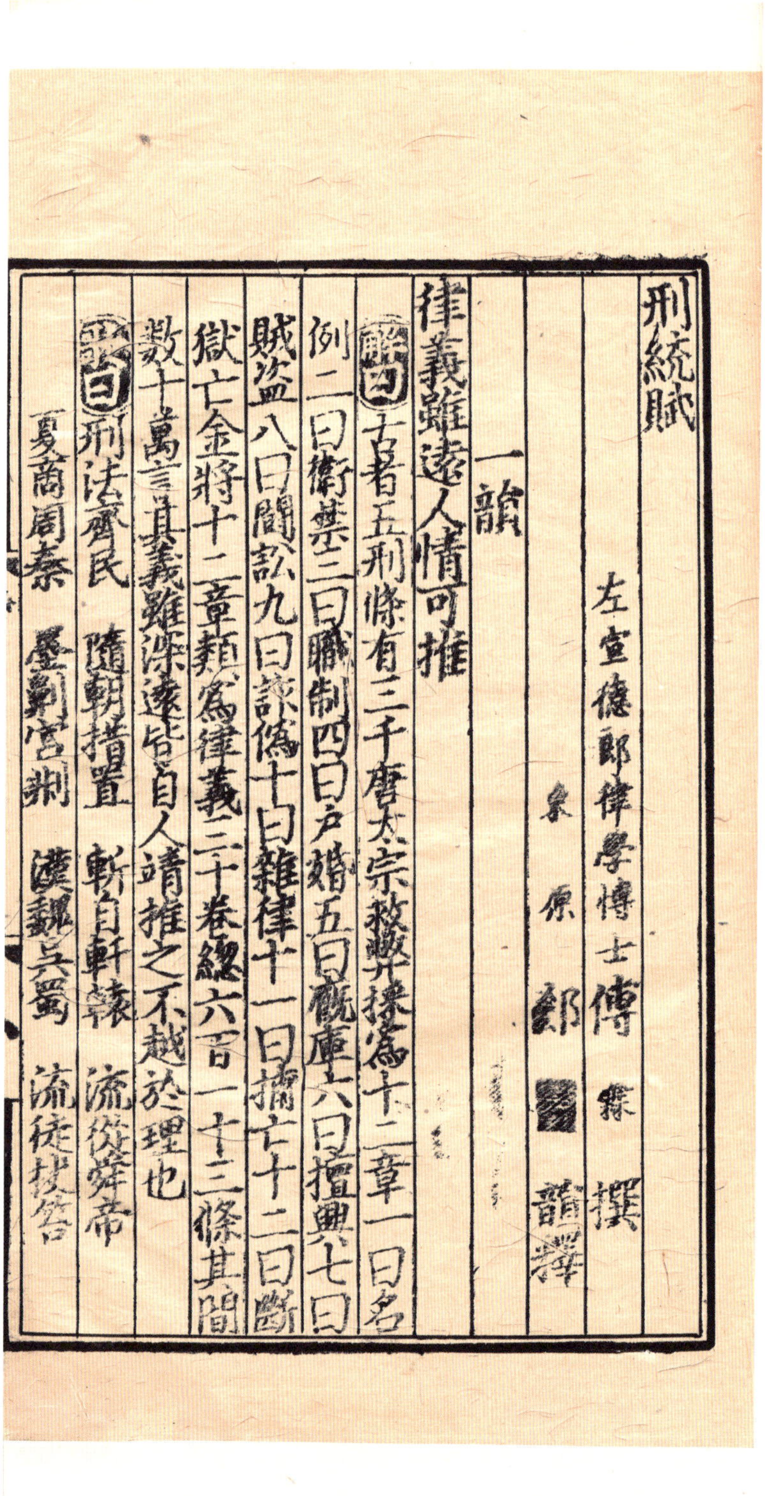
刑統賦

左宣德郎律學博士傅霖撰

東原郄[redacted]韻釋

一韻

律義雖遠人情可推

解曰古者五刑條有三千唐太宗敕撰爲十二章一曰名例二曰衛禁三曰職制四曰戶婚五曰廄庫六曰擅興七曰賊盜八曰鬭訟九曰詐僞十曰雜律十一曰捕亡十二曰斷獄亡金將十二章類爲律義三十卷總六百一十三條其間數十萬言其義雖深遠皆自人情推之不越於理也

歌曰刑法齊民　隨朝措置　斬自軒轅　流從舜帝

夏商周秦　墨劓宮剕　漢魏吳蜀　流徒杖笞

刑統賦一卷 （宋）傅霖撰 （元）郄□韵釋 元建安余氏勤有堂刻本 一函一册 索書號（丙二）4095 第一批《國家珍貴古籍名録》00622號

半葉十二行二十四字，細黑口，四周雙邊，雙順黑魚尾，框高19.5厘米，寬13.2厘米。

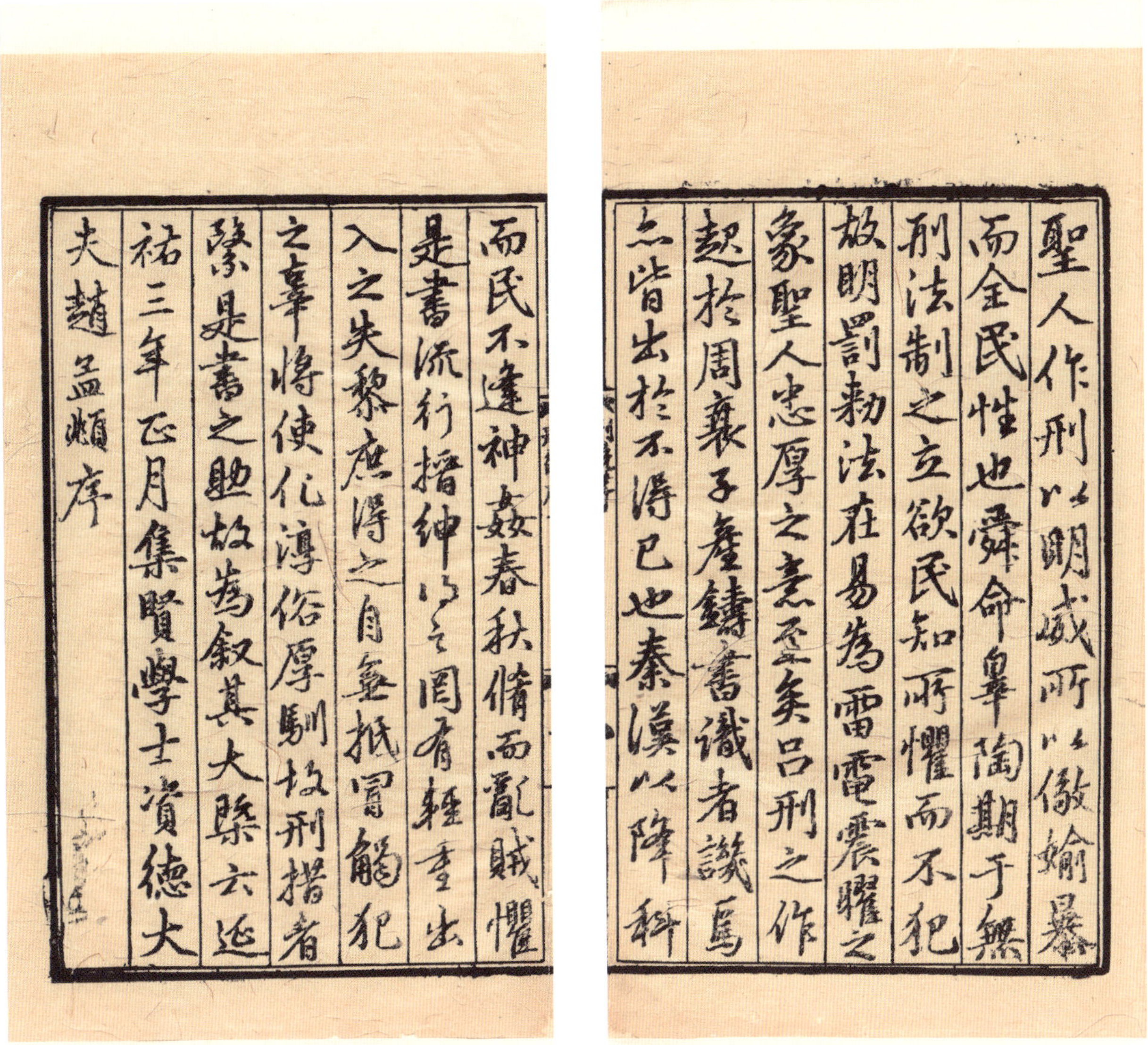
聖人作刑以明威所以懲媮暴
而全民性也舜命臯陶期于無
刑法制之立欲民知所懼而不犯
故明罰勅法在易為雷電震耀之
象聖人忠厚之意至矣呂刑之作
起於周衰子產鑄書識者譏焉
亦皆出於不得已也秦漢以降科

而民不逢神姦春秋備而亂賊懼
是書流行搢紳以之同有輕重出
入之失黎庶得之自免抵冒觸犯
之辜將使化淳俗厚馴致刑措者
繄是書之功故為敘其大槩云延
祐三年正月集賢學士資德大
夫趙孟頫序

傅霖，青州（今山東青州市）人。《四庫全書總目》稱其“生卒籍里不詳”。本書卷首題“左宣德郎律學博士傅霖撰”。“宣德郎”初設於隋，唐宋因之，北宋初年爲正七品下文散官，北宋政和三年（1113）改名“宣教郎”，元朝未置此官。由此推測，傅霖爲官當在北宋政和三年以前，且大約生活於此時代前後。有關傅霖生平，《宋史·張詠傳》述及：“初，詠與青州傅霖少同學。霖隱不仕。”傅霖與張詠有詩往還。據此推測，傅霖似曾歸隱。《［嘉靖］青州府志》卷十五載“宋傅霖”小傳，内容亦爲轉録《宋史·張詠傳》所記。

本書韵釋者郤某，未知其名，卷首題“東原郤□韵釋”，“郤”字後爲墨釘。據書中内容可見關於金代律令變化的解説推測，郤某應爲南宋末年至元代人。

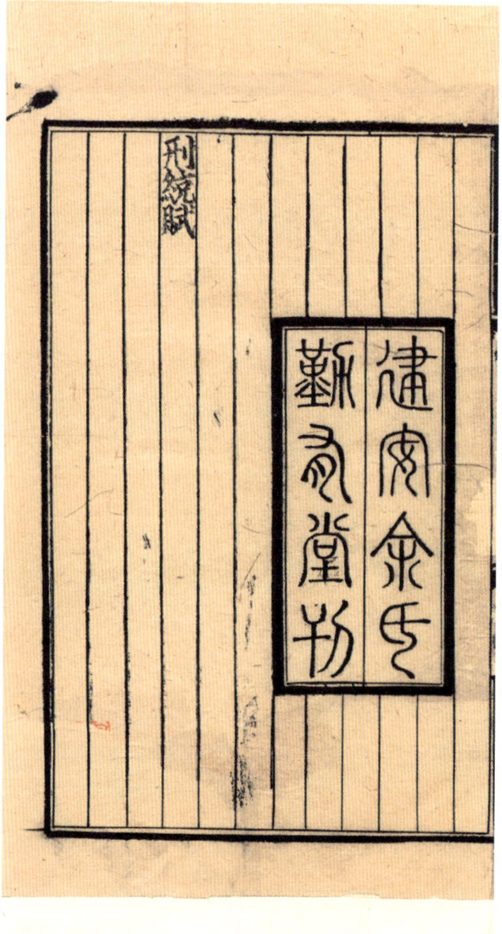

《刑統賦》之内容是以歌賦形式將《宋刑統》要義編爲歌訣。《宋刑統》頒行於宋太祖建隆四年（963），是一部統括性成文法典，也是中國歷史上第一部刊印頒行的法典。由於《宋刑統》科條繁浩，難於通讀和記憶，於是傅霖將全部律文的要旨用韵文撰爲《刑統賦》，并自行作注，解説韵文含義。全賦共八韵，每韵少者數語，多者數十語，皆用對偶駢體。書首有元延祐三年（1316）趙孟頫所書序云：“是書流行，搢紳得之，罔有輕重出入之失。黎庶得之，自無抵冒觸犯之幸。”此書内容確實起到解讀《宋刑統》，使之廣爲流傳的作用，因而具有很高的文獻價值。

《宋史·藝文志》未見著録《刑統賦》，僅載有“《刑統賦解》一卷”，但“不知作者”。《四庫全書總目》法家類存目著録“《刑統賦》二卷，宋傅霖撰”，與此元刻本不同。《刑統賦》於當時和後世都曾有較大影響，很多人爲之作注。據清代法學家沈家本（1840—1913）統計，金、元之間的《刑統賦》注本有九、十種之多，分别爲《刑統賦》作解、增注、作疏。流傳至今的主要有三種，即元人王亮增注的《刑統賦解》二卷、元人孟奎的《粗解刑統賦》一卷、元人沈仲緯的《刑統賦疏》一卷。

此元刻本是《刑統賦》現存最早的傳本，爲元代建安余氏勤有堂刊刻。“建安余氏勤有堂”爲宋元兩代著名雕版印刷書坊，初建於北宋，是北宋政和年間建陽人余靖安及其後裔元代余志安等人纍世經營。書坊位於福建建安崇化坊，自宋至元末，世代相傳，從事雕版印刷。余氏勤有堂曾刻印過許多部著名的文獻，如元刻本《國朝名臣事略》《故唐律疏議》等。流傳存世的勤有堂刻本僅數十種，此爲其一。

此書後鈐蓋“昆陵周氏九松迂叟匪書記”“周良金印”兩枚朱印。周良金，號九松迂叟，明代嘉靖年間藏書家。

（劉乃英）

元建安余志安勤有堂刻本《故唐律疏議》

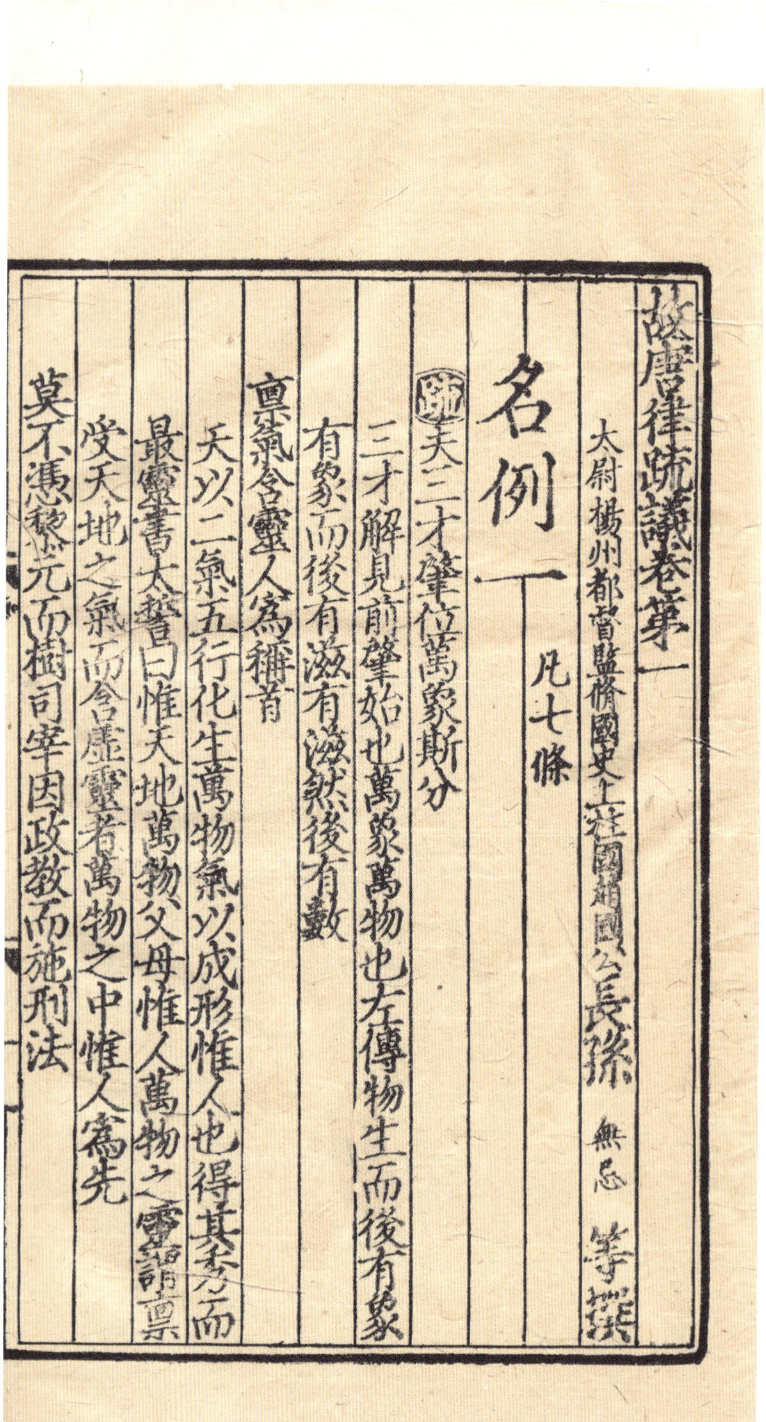
故唐律疏議卷第一
太尉揚州都督監脩國史上柱國趙國公長孫無忌等撰
名例一 凡七條
【疏】夫三才肇位萬象斯分
三才解見前肇始也萬象萬物也左傳物生而後有象
有象而後有滋有滋然後有數
稟氣含靈人爲稱首
天以二氣五行化生萬物氣以成形惟人也得其秀而
最靈書太誓曰惟天地萬物父母惟人萬物之靈註稟
受天地之氣而含虛靈者萬物之中惟人爲先
莫不憑黎元而樹司宰因政教而施刑法

故唐律疏議三十卷　（唐）長孫無忌等撰　佚名釋文　**纂例十二卷**　（元）王元亮撰　元建安余志安勤有堂刻本　二函二十三册　索書號（丙二）4096　第一批《國家珍貴古籍名録》00544 號

半葉十二行二十四字，小字雙行字同，細黑口，四周雙邊，雙順花魚尾，框高 19.6 厘米，寬 13.1 厘米。

長孫無忌（？—659），字輔機，洛陽（今河南洛陽）人，官至太尉、檢校中書令，封趙國公，博涉書史，嘗與撰《隋書》諸志。《舊唐書》卷六十五、《新唐書》卷一百零五有傳。王元亮，字長卿，汴梁（今河南開封）人，元泰定間在世，仕爲江西行省檢校官，精刑名之學，事迹見元柳貫《故唐律疏議序》。

唐律爲唐太宗詔房玄齡等增損隋律而成，高宗時又命長孫無忌等撰爲義疏行之。律文凡名例、衛禁、職制、户婚、廄庫、擅興、賊盜、鬥訟、詐僞、雜律、捕亡、斷獄十二篇三十卷。長孫無忌等義疏有三目，曰疏議、問答、注，俱次於律文每節之下，其疏議條分縷别，句推字解，闡發詳明，能補律文之所未備；其設爲問答，互相辯難，精思妙意，層出不窮，剖析疑義，毫無疑剩。元泰定間江西儒學提舉柳貫命校刊此書，每篇末附以佚名《釋文》及王元亮《纂例》。王氏《纂例》體例精良，正如元劉有慶《故唐律疏議序》所云“以唐律析爲横圖，用太史公諸表式，經緯錯綜成文，五刑三千如指諸掌”，頗便觀覽。《四庫全書總目》對此書評價甚高，稱上稽歷代之制，其節目備具，足以沿波而討源者，要惟唐律爲最善，此本所附之釋文及纂例亦頗可以資參訂也。

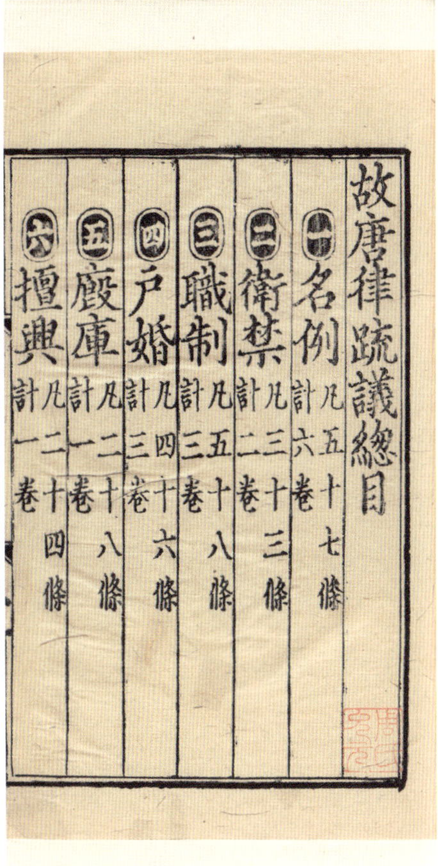

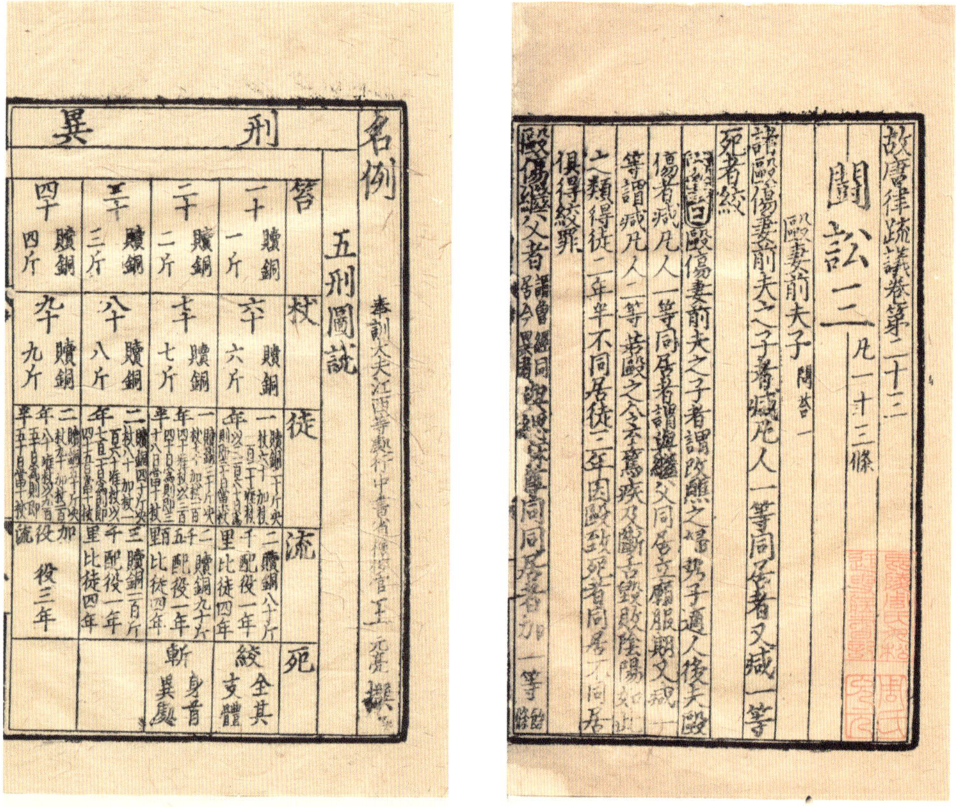

纂例卷端

此本爲元余志安勤有堂刻本，柳貫序後有“至順壬申五月印”條記，可知爲元至順三年（1332）印本。建安（今福建建陽）余氏經營書業長達五六百年，至元代以余志安勤有堂影響最大。勤有堂所刻之書受到官私各家推重，被視爲建陽坊刻的典型代表，其書今可考者有二十餘種，此即其一。

書中鈐明代嘉靖年間藏書家周良金的“毘陵周氏九松迂叟匪書記”“周氏允元”“周良金印”等印章。

（史麗君）

元杭州大街衆安橋北沈七郎經鋪刻本
《藥師瑠璃光如來本願功德經》

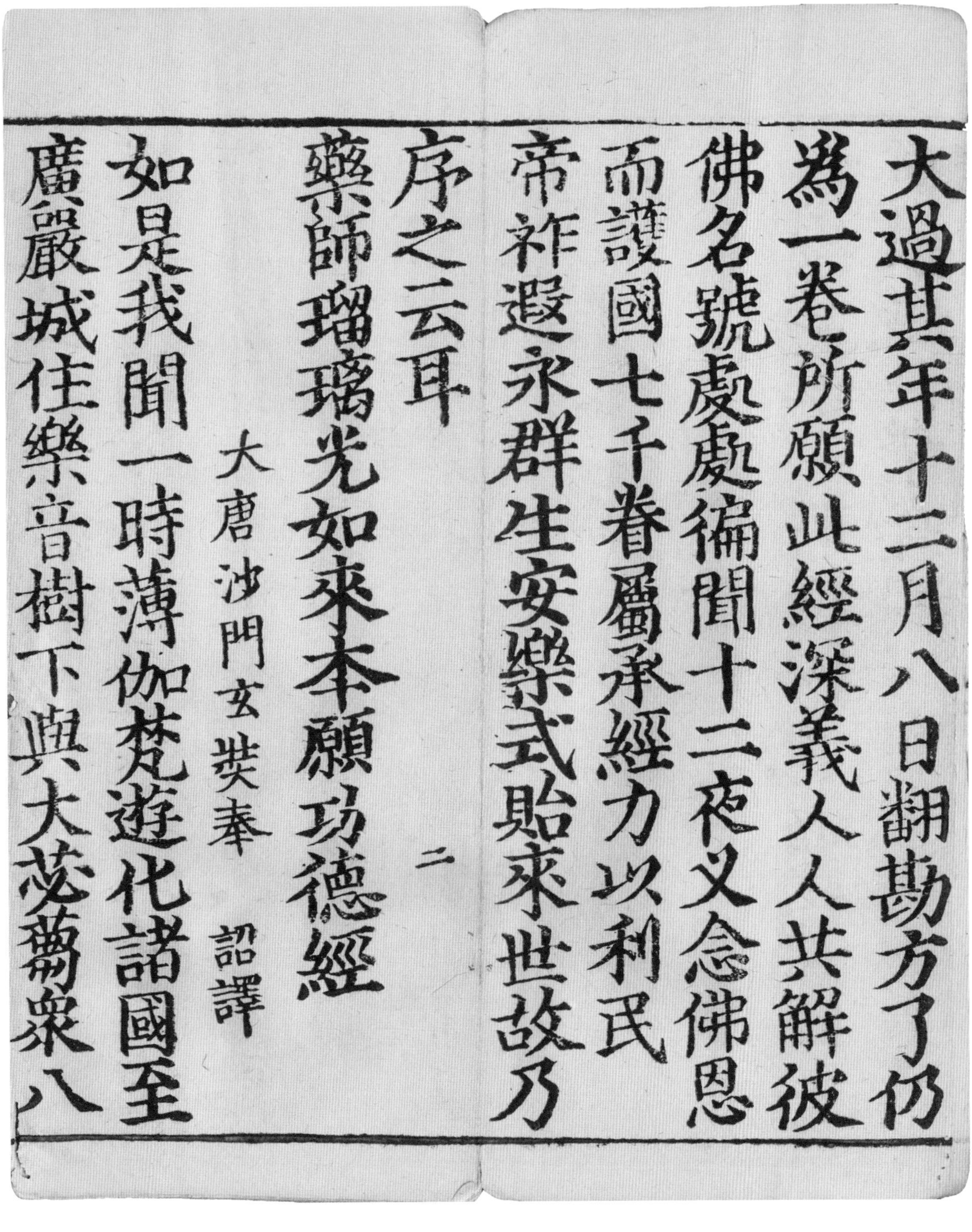
大過其年十二月八日翻勘方了仍
爲一卷所願此經深義人人共解彼
佛名號處處徧聞十二夜又念佛恩
而護國七千眷屬承經力以利民
帝祚遐永群生安樂式貽來世故乃
序之云耳

二

藥師瑠璃光如來本願功德經
大唐沙門玄奘奉　詔譯
如是我聞一時薄伽梵遊化諸國至
廣嚴城住樂音樹下與大苾芻衆八

藥師瑠璃光如來本願功德經一卷　（唐）釋玄奘譯　元杭州大街衆安橋北沈七郎經鋪刻本　一函一册　索書號（丁）13939　第二批《國家珍貴古籍名録》03024 號

一版五個半葉，半葉五行，行十四字，小字雙行字數不等，上下單邊，框高 25.6 厘米，寬 12.3 厘米。

釋玄奘（600—664），俗名陳禕，洛州緱氏縣（今河南偃師）人。幼年出家，先後在洛陽、長安、成都、荆州、趙州、揚州等地參學。由於各地所講异説紛紜，爲求總賅三乘學説的《瑜

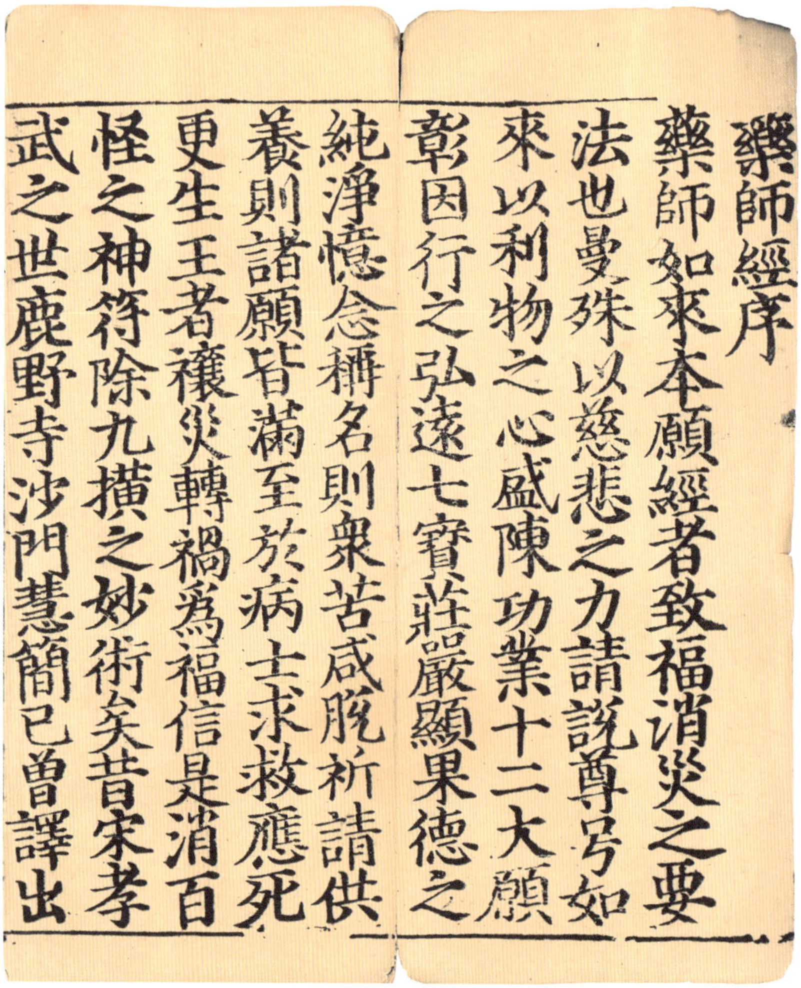
藥師經序
藥師如來本願經者致福消災之要
法也曼殊以慈悲之力請說尊号如
來以利物之心盛陳功業十二大願
彰因行之弘遠七寶莊嚴顯果德之
純淨憶念稱名則衆苦咸脫祈請供
養則諸願皆滿至於病士求救應死
更生王者禳災轉禍爲福信是消百
怪之神符除九横之妙術矣昔宋孝
武之世鹿野寺沙門慧簡已曾譯出

元杭州大街衆安橋北沈七郎經鋪刻本《藥師瑠璃光如來本願功德經》

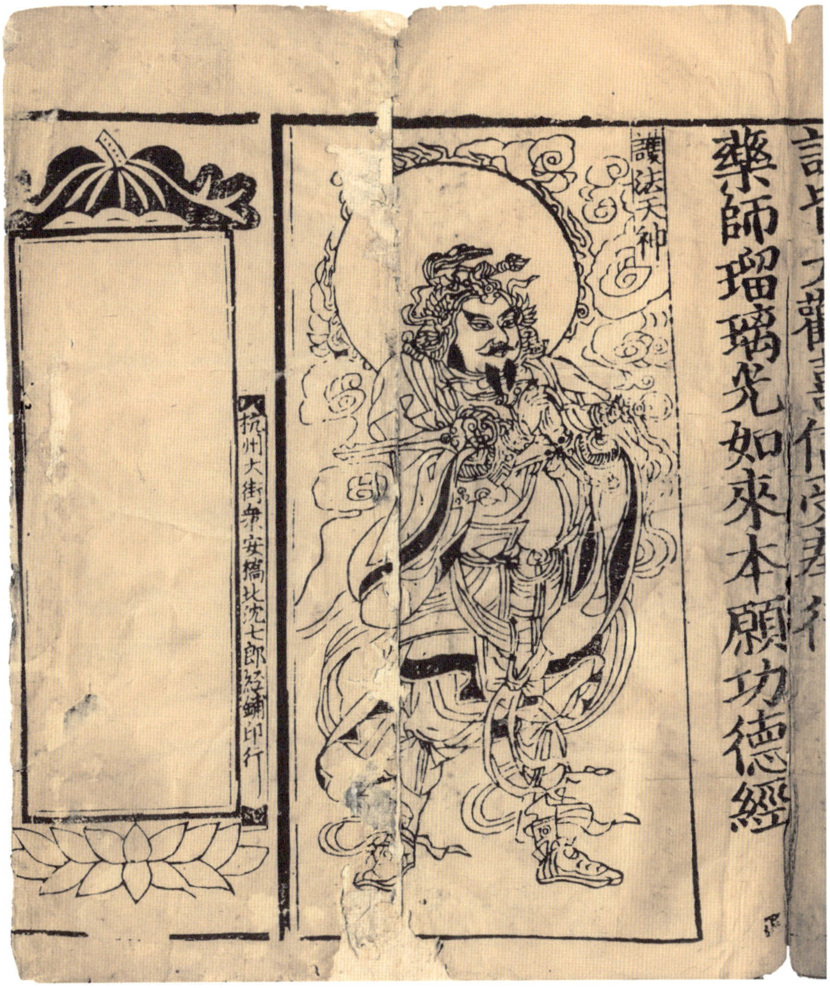

伽師地論》，決心往印度求法。唐貞觀三年（629），從長安西行，經蘭州、瓜州、玉門關，在高昌王、西突厥葉護可汗幫助下，從迦畢試國（在今阿富汗境内）進入北印度，到當時佛教中心那爛陀寺學習五年，又到東印度、南印度等地游學四年。後携數百部梵本和各種佛像，啓程東歸，唐貞觀十九年抵達長安。先後在弘福寺、大慈恩寺、西明寺、玉華宫主持譯經，共譯出經論七十五部，一千三百三十五卷，開闢中國譯經史上的一個新紀元。

本經從東晋至唐共有五個漢譯本，玄奘譯本最爲流行。此經講述佛在廣嚴城樂音樹下，對曼殊室利菩薩叙説東方藥師佛之十二大願及其净瑠璃世界之功德莊嚴。若墮惡道者，聞此如來名號，則得生人間；願生西方極樂世界而心未定者，聞此如來名號，命終時將有八大菩薩來示其道徑。經文又叙述救脱菩薩對阿難説續命幡燈之法，且謂遭逢人衆疾疫、他國侵逼、自界叛逆、星宿變怪、非時風雨等各種災難時，如能供養藥師如來，則國界得以安穩，自身可免於九種横死。本來玄奘譯本未標八菩薩名，後人依《大灌頂經》第十二經添入，又據義净譯本補入説咒一段。諸家注本皆沿用之，此本亦同，序文則係挪用隋朝行矩法師爲大業十一年（615）達磨笈多譯本所作之序。

元杭州衆安橋北沈七郎經鋪刻本是現存較早的刻本。此本行疏字大，字體質樸，插圖有十二願圖、八菩薩圖、十二藥叉大將圖、護法天神圖，版畫水準前後懸殊較大，總體而言，仍堪稱當時坊刻精品。該書已成孤本，第八、九願插圖已佚，第九、十願經文爲抄配。

（楊之峰）

元至大四年刻本
《藥師琉璃光王七佛本願功德經念誦儀軌》

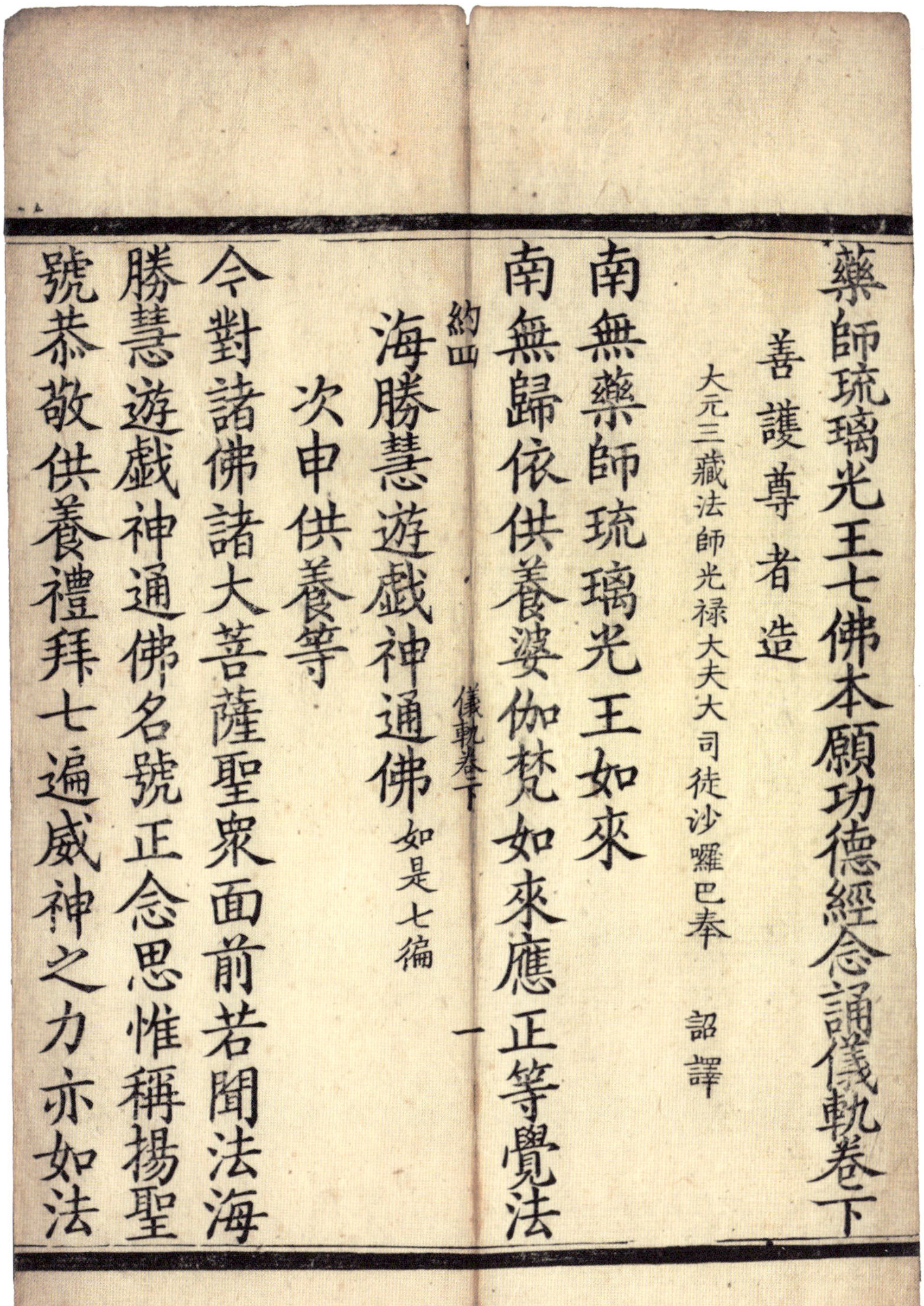
藥師琉璃光王七佛本願功德經念誦儀軌卷下

善護尊者造

大元三藏法師光禄大夫大司徒沙囉巴奉　詔譯

南無藥師琉璃光王如來

南無歸依供養婆伽梵如來應正等覺法

約四　儀軌卷下　一

海勝慧遊戲神通佛如是七徧

次申供養等

令對諸佛諸大菩薩聖衆面前若聞法海

勝慧遊戲神通佛名號正念思惟稱揚聖

號恭敬供養禮拜七遍威神之力亦如法

藥師琉璃光王七佛本願功德經念誦儀軌二卷　善護尊者造　（元）釋沙囉巴譯　元至大四年（1311）刻本　一函一册　索書號（丁）13938　第三批《國家珍貴古籍名録》07187 號

存一卷（卷下）。一版五個半葉，半葉五行十六字，上下雙邊，框高 24.1 厘米，寬 11.1 厘米。

善護尊者事迹不詳。沙囉巴（1259—1314），俗姓積寧，名沙囉巴，意譯爲吉祥慧，號雪巖，河西（今屬甘肅）人。幼依帝師發思巴出家，習諸部灌頂法；又從著栗赤上師學大小乘。善吐蕃語，兼解西域諸國文字。被薦於元世祖，命譯中國未備顯密諸經，得賜“大辯廣智”之號。遷授江浙等處釋教總統，務從寬大，僧人得安。轉任福建等處釋教總統，認爲官多事煩，十羊九牧，苦害僧人。建言以聞，元大德三年（1299）朝廷盡罷諸路總統。元武宗至大年間復召至燕京，拜光禄大夫、大司徒。皇太子、諸王嘗問法要。元延祐元年（1314）病逝。

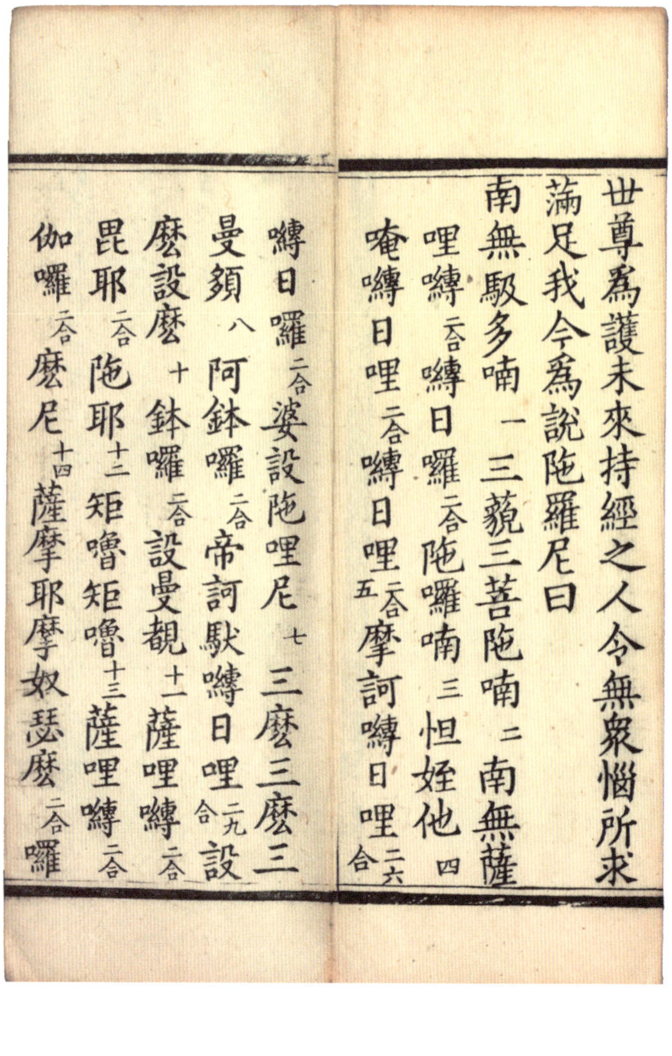
世尊爲護未來持經之人令無衆惱所求
滿足我今爲説陁羅尼曰
南無馱多喃一　三藐三菩陁喃二　南無薩
哩嚩二合嚩日囉二合陁囉喃三　怛姪他四
唵嚩日哩二合嚩日哩五二合摩訶嚩日哩二合六
嚩日囉二合婆設陁哩尼七　三麼三麼三
曼須八　阿鉢囉二合帝訶馱嚩日哩二合九設
麼設麼十　鉢囉二合設曼覩十一　薩哩嚩二合
毘耶二合陁耶十二　矩嚕矩嚕十三　薩哩嚩二合
伽囉二合麼尼十四　薩摩耶摩奴瑟麼二合囉

此書是沙囉巴從藏文翻譯的六部佛經之一，譯文參録了唐代義净所譯的《藥師琉璃光王七佛本願功德經》，詞旨曉暢。内

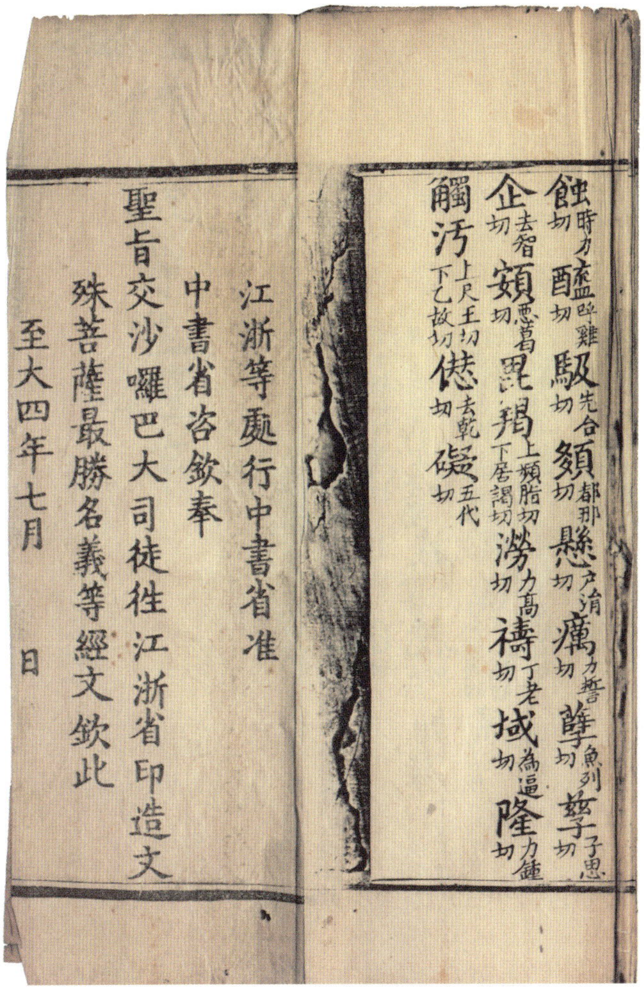
蝕時力切 醯呼雞切 馺先合切 [illegible]都那切 懸户涓切 癘力誓切 孽魚列切 孳子思切
企去智切 頞悪葛切 毘揭上頻脂切下居謁切 澇力高切 禱丁老切 域為逼切 隆力鍾切
觸汚上尺玉切下乙故切 僁去乾切 礙五代切

江浙等處行中書省准
中書省咨欽奉
聖旨交沙囉巴大司徒往江浙省印造文
殊菩薩最勝名義等經文欽此
至大四年七月　日

容爲念誦這部經的儀法軌式，包括沐浴、更衣、齋戒，建道場，召請善名稱吉祥王佛、寶月智嚴光音自在王佛、金色寶光妙行成就佛、無憂最勝吉祥王佛、法海雷音佛、法海勝慧游戲神通佛、藥師琉璃光王佛等東方七佛和本師釋迦牟尼佛，大梵天、帝釋天等護法，宫毗羅等十二大將，用功德水、香、花、音樂等依次供養七佛，念其大願。又供養釋迦牟尼佛、曼殊室利菩薩、藥叉大將等，最後奉送諸佛菩薩回歸本土。

此本是元至大四年七月江浙等處行中書省奉聖旨刊刻，沙囉巴親自主持的。沙囉巴所譯諸經，一部於元大德十年（1306）刻入《磧砂藏》，五部分别於元至大三年和皇慶元年（1312）刻入《普寧藏》，江浙行省這次有一部分係重刻。首都圖書館藏本衹存下卷，有刻工：益、袁和卿，《千字文》編號爲“約四”；《普寧藏》本衹標“四”，版框大小相同，半葉六行十七字，上下單邊，字號略小。因《普寧藏》存世極少，明清諸藏又未收録此經，且此本略早於《普寧藏》本，孤本單傳，故極爲珍貴。

（楊之峰）

明本

首都圖書館藏國家珍貴古籍圖録（第一至六批）

【經部】

明嘉靖元年刻本《周易旁註》

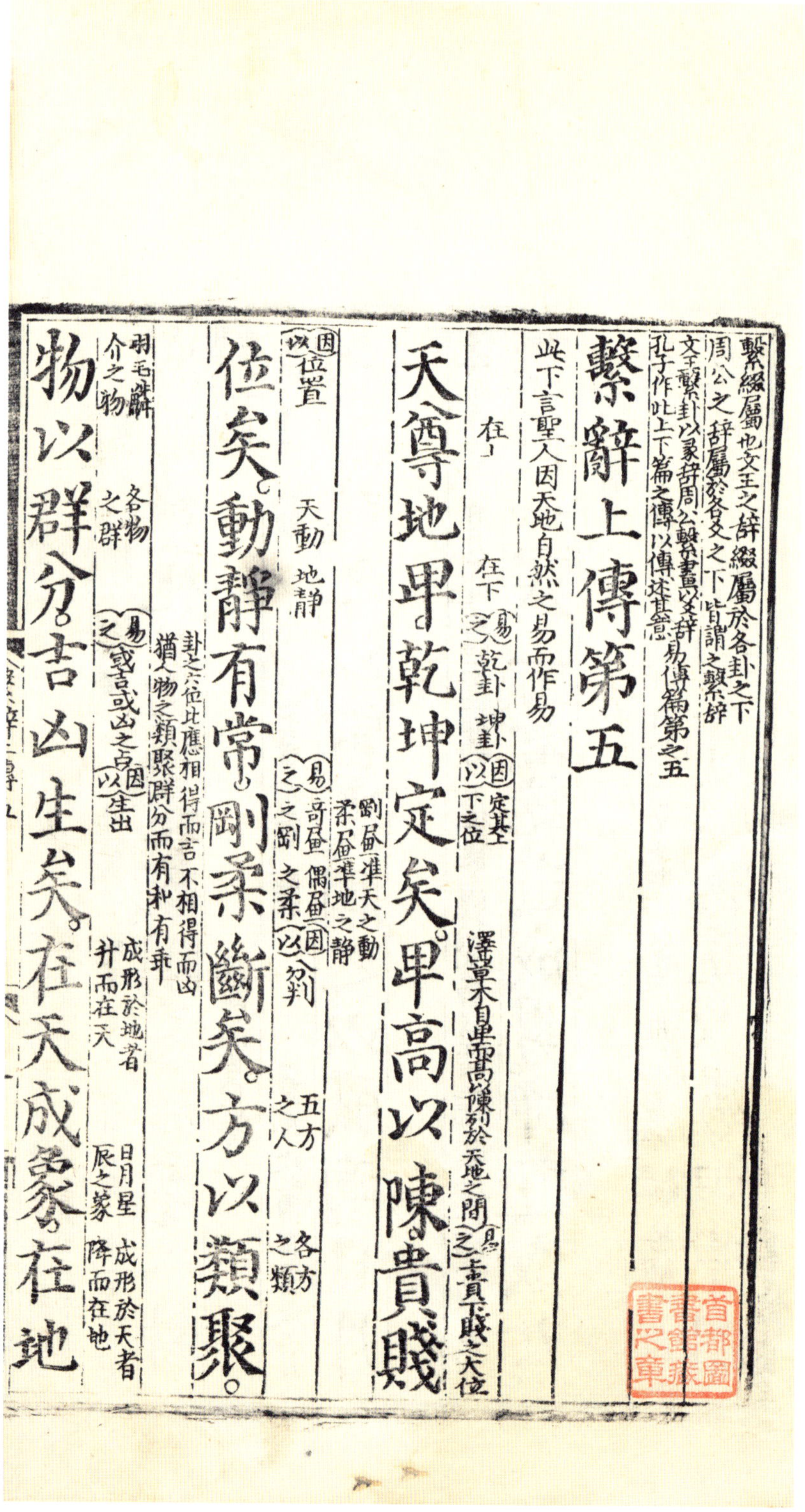

繫緜屬也文王之辭緜屬於各卦之下周公之辭屬於各爻之下皆謂之繫辭文王繫卦以彖辭周公繫爻以爻辭孔子作此上下篇之傳以傳述其意易傳篇第之五

繫辭上傳第五

此下言聖人因天地自然之易而作易

天尊地卑，乾坤定矣。卑高以陳，貴賤位矣。動靜有常，剛柔斷矣。方以類聚，物以群分，吉凶生矣。在天成象，在地

周易旁註二卷前圖二卷卦傳十卷　（明）朱升撰　明嘉靖元年（1522）刻本　一函四册　索書號（乙一）578　第四批《國家珍貴古籍名録》10038 號

半葉九行十四字，前圖半葉十行二十字，卦傳半葉十二行十四字，小字雙行字數不等，粗黑口，四周雙邊，雙順黑魚尾，框高 19.5 厘米，寬 13.7 厘米。

朱升（1299—1370），字允升，元明間徽州府休寧（今安徽休寧）人。元順帝至正五年（1345）舉鄉薦，爲池州學正，避亂弃官隱居石门，學者稱楓林先生。朱元璋克徽州，

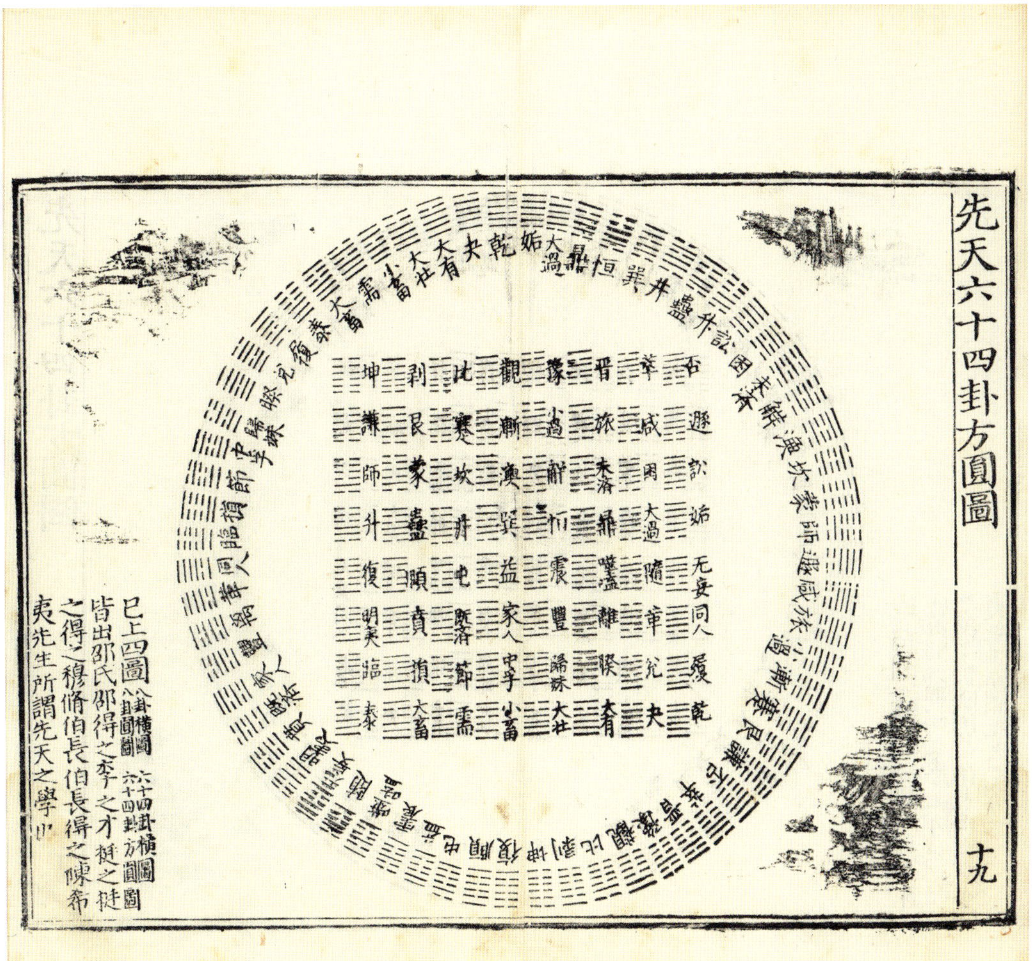

召見问時務，獻策："高築牆，廣積糧，緩稱王。"（《明史・朱升傳》）明初爲翰林學士，於五經皆有旁注，而《易》尤詳。有《楓林集》。《明史》卷一百三十六有傳。

書名據卷端與序文著録爲"周易旁注"，唯目録頁原題"周易傍注"。朱升認爲"《易》之爲《易》，其本也圖像而已"，故"明此經者，不得不求其本也"，成《周易旁注》前圖二卷，包括河圖洛書合一圖、先天後天合一圖、周易卦序圖、六圖、三陳九卦圖、蓍卦變占圖、蓍七卦八圖、三十六宫圖説八圖。旁注二卷和卦傳十卷部分，是朱升多年研讀《周易》所做的注釋，作者自序其内容説："每於本文之旁着字以明其意義。其有不相連屬者，

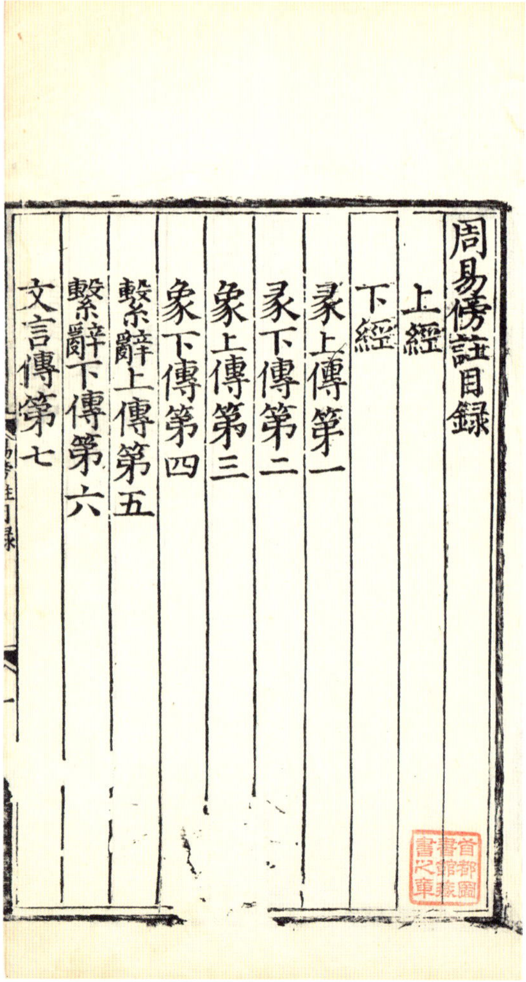
周易傍註目録
上經
下經
彖上傳第一
彖下傳第二
象上傳第三
象下傳第四
繫辭上傳第五
繫辭下傳第六
文言傳第七

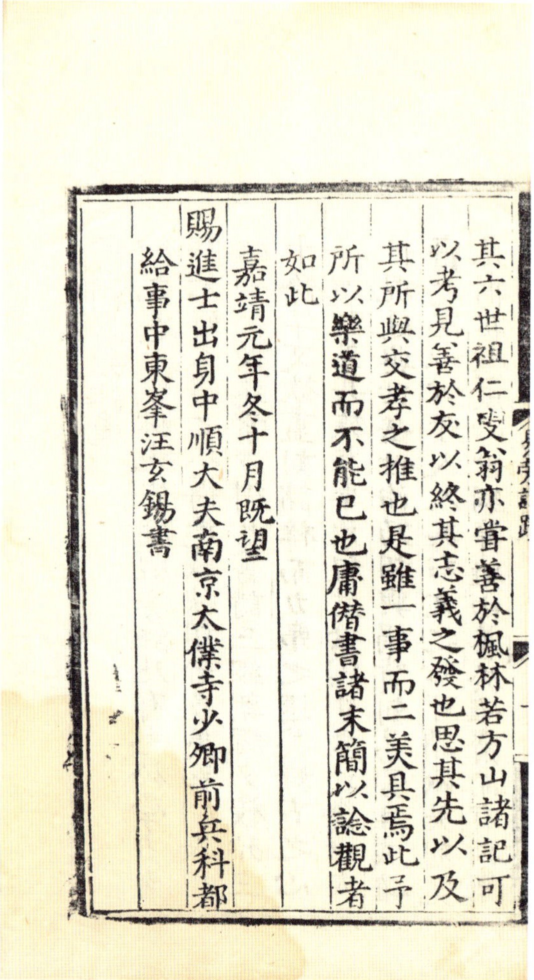
其六世祖仁叟翁亦嘗著於楓林若方山諸記可以考見善於友以終其志義之發也思其先以及其所與交孝之推也是雖一事而二美具焉此予所以樂道而不能已也庸僭書諸末簡以諗觀者如此

嘉靖元年冬十月既望

賜進士出身中順大夫南京太僕寺少卿前兵科都給事中東峯汪玄錫書

則益之於兩字之間；苟又有不明不盡者，則又益之於本行之外。學者讀本文而覽旁注，不見其意義之不足也。”（朱升《周易旁註前圖序》）該書是研究朱升《周易》學術思想的重要文獻，在易學發展史上占有重要地位。

首都圖書館藏本是明嘉靖元年刻本。卷末有嘉靖元年前兵科都給事中東峰汪玄錫《書刻易旁注後》，述是書刊刻經過。其文曰“鄉先達朱楓林先生諸經旁注，凡有志於學古者靡不好之”，後“程確齋旁搜遠索”，得《易》《書》《詩》三經，“欲盡刻諸梓而力弗之逮”，其族友東程君世綱等“乃相與捐資刻《易旁注》，成確齋之志”。明嘉靖元年刻畢，東峰汪玄錫“樂道而不能已”，遂作文以記之。《四庫全書存目叢書》即是以首都圖書館藏本爲底本影印，具有重要的版本價值。

（范猛）

明成化十年晋府刻本《書經章句訓解》

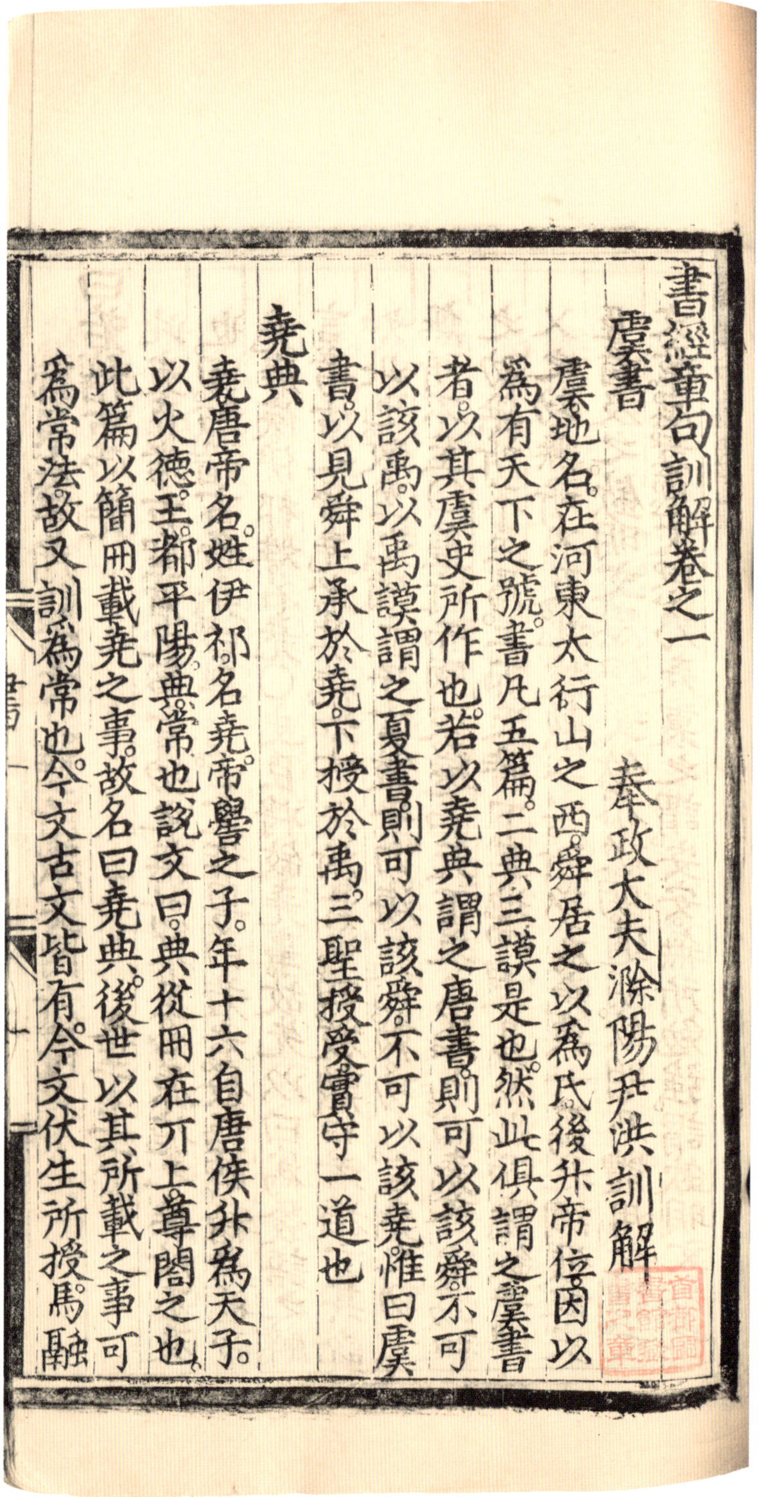
書經章句訓解卷之一
虞書　　奉政大夫滁陽尹洪訓解
虞地名在河東太行山之西舜居之以爲氏後升帝位因以爲有天下之號書凡五篇二典三謨是也然此俱謂之虞書者以其虞史所作也若以堯典謂之唐書則可以該舜不可以該禹以禹謨謂之夏書則可以該舜不可以該堯惟曰虞書以見舜上承於堯下授於禹三聖授受實守一道也
堯典
堯唐帝名姓伊祁名堯帝嚳之子年十六自唐侯升爲天子以火德王都平陽典常也說文曰典從冊在丌上尊閣之也此篇以簡冊載堯之事故名曰堯典後世以其所載之事可爲常法故又訓爲常也今文古文皆有今文伏生所授馬融

書經章句訓解十卷　（明）尹洪撰　明成化十年（1474）晉府刻本　一函五册　索書號（乙一）382　第二批《國家珍貴古籍名録》03250 號

半葉十二行十八至二十二字不等，小字雙行二十五字，粗黑口，四周雙邊，雙順黑魚尾，框高 21.2 厘米，寬 13.8 厘米。

尹洪，滁陽（今安徽滁州）人。明景泰癸酉（1453）中鄉試，初授井陘縣學諭，成化初遷晉府紀善、長史。《［萬曆］滁陽志》有傳。

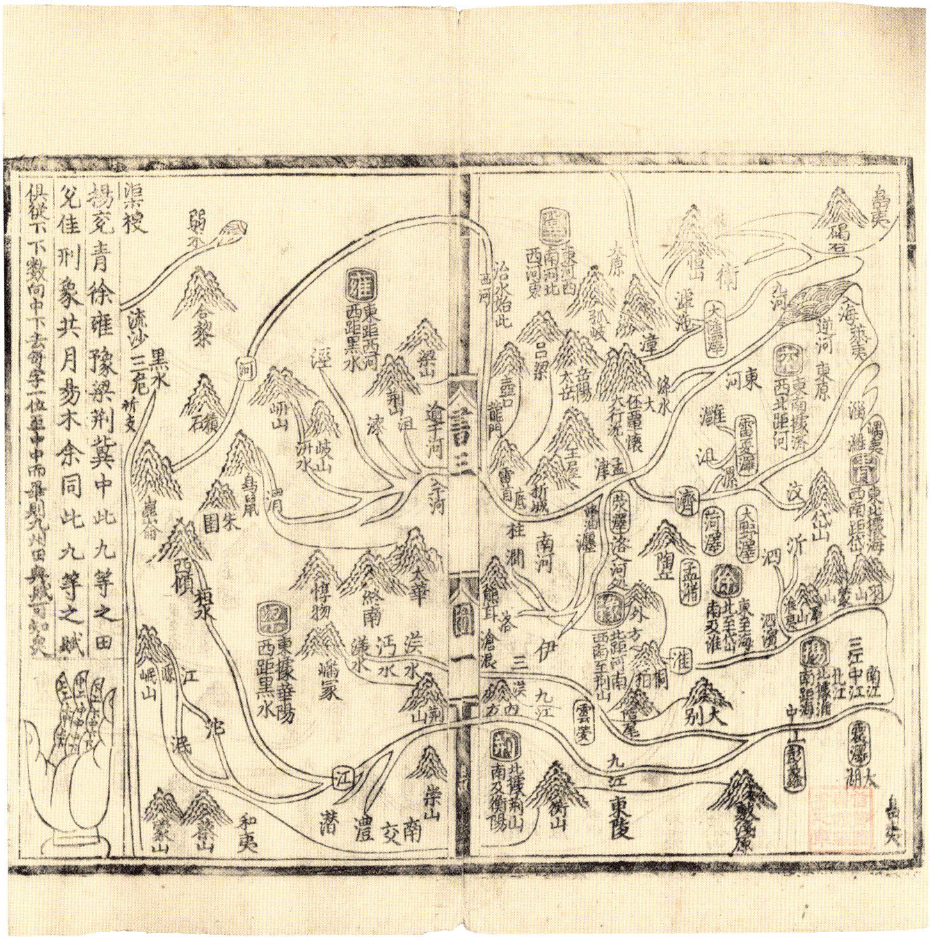

《夏書·禹貢》卷首圖

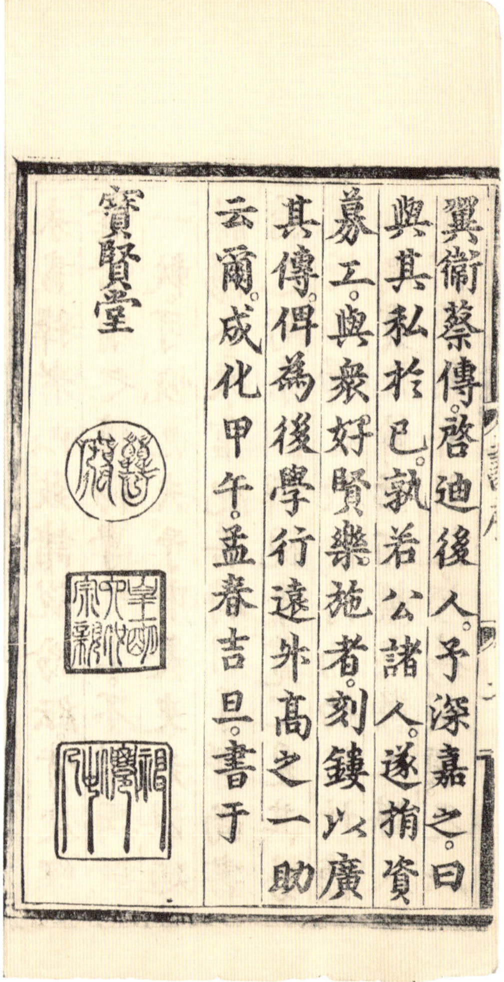
翼衛蔡傳。啓迪後人。予深嘉之。曰與其私於己。孰若公諸人。遂捐資募工。與衆好賢樂施者。刻鏤以廣其傳。俾爲後學行遠升高之一助云爾。成化甲午孟春吉旦。書于
寳賢堂

晉莊王朱鍾鉉序

尹洪典教井陘時，慮及《尚書》古文奇字，佶屈聱牙，遂以南宋蔡沈《書集傳》爲基礎，對《尚書》逐句逐字訓解，成“章句訓解”。據凡例載，此書“對《傳》無明釋者，參考上下文義，比類引證，可通者通之，諸儒所説紛紜處，合經者取之，否則不取。但繁者歸於約，簡者發其意”。據書前朱鍾鉉、胡謐、沈鍾三序，可知此書刊刻緣起及過程大致如下：“尹洪遷晉府長史後，遠近庠生之業是經者，日踵其門請肄焉，尹氏憚傳録之煩，謀鋟梓以行，間進是編於晉府莊王朱鍾鉉，王覽而嘉之，稱此書：‘泛而歸之於切，博而約之於簡，如《禹貢》“杶幹栝柏”，《盤庚》“鞠人謀人”等諸章，參詳引證，頗爲明順，足以翼衛蔡傳，啓迪後人’，亟捐資募工，刻鏤以廣其傳。”

明代藩府刻書爲各代所無，所用紙墨，多選上料，印刷裝背，比較講究，故近人或稱爲明刊之精品。此本爲明成化十年晉府刻本，時藩王爲晉莊王鍾鉉。有明一代晉府刻書現可考者十餘種，大多刻於嘉靖以下；此本刊成時間較早，版本價值較高。另，此書版心間有刻工郝奉、吕宣等。

（史麗君）

明嘉靖吉澄刻本《詩經集傳》

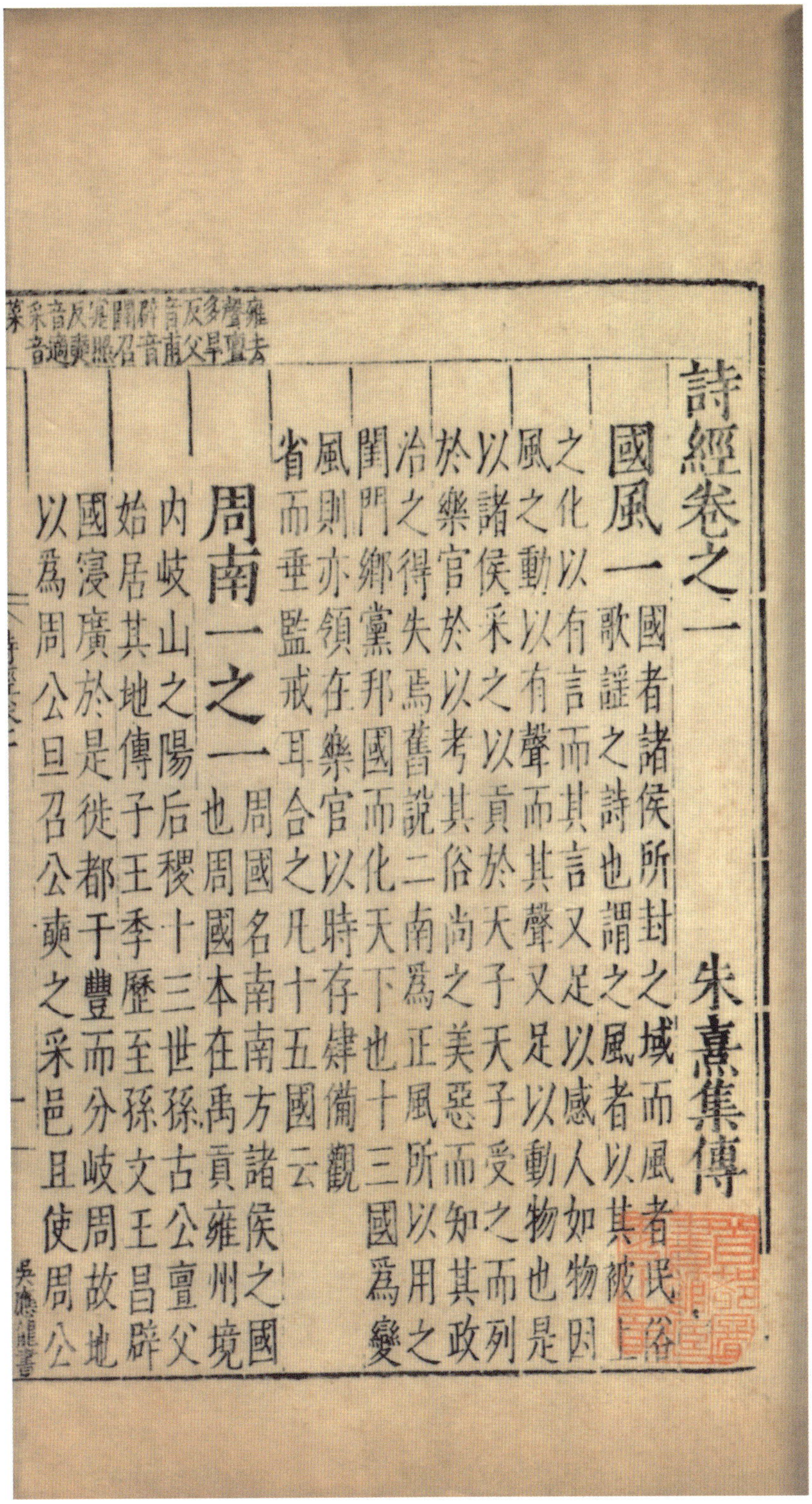
詩經卷之一　朱熹集傳

國風一

國者諸侯所封之域而風者民俗歌謠之詩也謂之風者以其被上之化以有言而其言又足以感人如物因風之動以有聲而其聲又足以動物也是以諸侯采之以貢於天子天子受之而列於樂官於以考其俗尚之美惡而知其政治之得失焉舊說二南爲正風所以用之閨門鄉黨邦國而化天下也十三國爲變風則亦領在樂官以時存肄備觀省而垂監戒耳合之凡十五國云

周南一之一

周國名南南方諸侯之國也周國本在禹貢雍州境內岐山之陽后稷十三世孫古公亶父始居其地傳子王季歷至孫文王昌辟國寖廣於是徙都于豐而分岐周故地以爲周公旦召公奭之采邑且使周公

雍聲多反音辟闢寖反音采菜
去亶旱父甫音召照奭適音

詩經卷之一　一　吳應龍書

詩經集傳八卷　（宋）朱熹撰　明嘉靖吉澄刻本　二函十二册　索書號（丙一）433

第六批《國家珍貴古籍名録》12437 號

半葉九行十七字，小字雙行字同，有眉欄，行二字，白口，左右雙邊，單白魚尾，框高 20.2 厘米，寬 14.5 厘米。

朱熹生平見《晦菴先生文集》叙録。清全祖望稱朱熹學術“致廣大，盡精微，綜羅百代”，《詩經集傳》是朱熹“收伊洛之横瀾，折聖學而歸衷，集傳注之大成”之作。

朱子注《詩》，經歷了從尊《小序》到弃《小序》的過程，《詩經集傳》是朱熹盡去《小序》，蕩滌舊説之作。此本卷前自序作於南宋淳熙四年（1177），普遍認爲此序爲朱子早期之作，但也充分體現了此本解詩風貌：“學詩者，當本之二南以求其端，參之列國以盡其變，正之於雅以大其規，和之於頌以要其止，此學詩之大旨也。於是乎章句以綱之，訓詁以記之，諷咏以昌之，涵濡以體之，察之德性隱微之間，審之言行樞機之始，則修身及家平均天下之道，其亦不待他求而得之於此矣。”此書一出，“説《詩》者遂分攻《序》、宗《序》兩家，角立相争，而終不能以偏废。”（《四庫全書總目》卷十五）

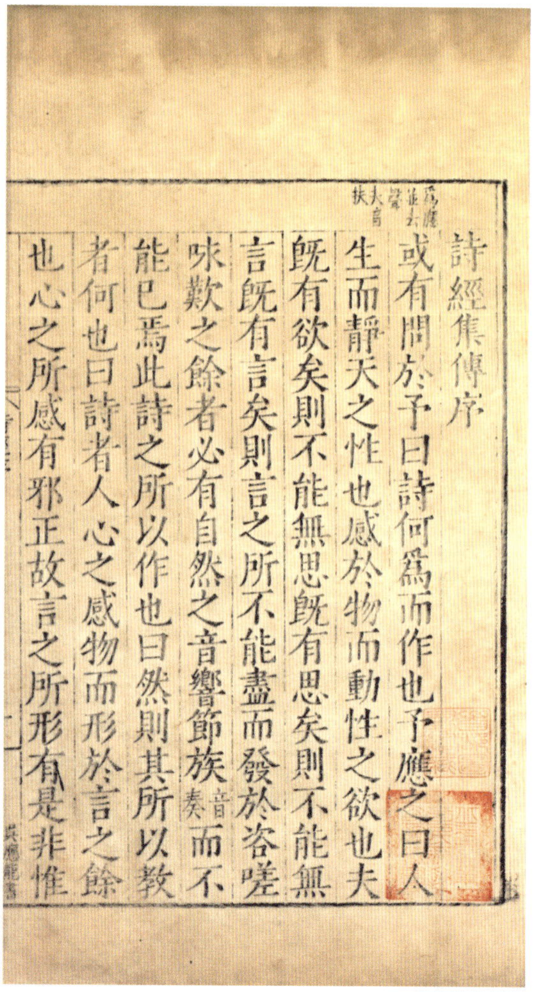
詩經集傳序
或有問於予曰詩何爲而作也予應之曰人
生而靜天之性也感於物而動性之欲也夫
既有欲矣則不能無思既有思矣則不能無
言既有言矣則言之所不能盡而發於咨嗟
咏歎之餘者必有自然之音響節族（音奏）而不
能已焉此詩之所以作也曰然則其所以教
者何也曰詩者人心之感物而形於言之餘
也心之所感有邪正故言之所形有是非惟

朱子《詩經集傳》行世之後，流傳廣泛，版本繁多。現存傳世之本有二十卷本、十卷本、八卷本。宋元時期官私書目著録均爲二十卷本，八卷本最早著録見于明焦竑《國史經籍志》，後逐漸廣爲流傳。此本爲目前可考的最早八卷本。

此本版心下方記有刻工姓名，間記書寫者姓名，如吴應龍、章亨、章意、黄周賢、張憲、唐鳳等；眉欄附注音釋，白口，單白魚尾，字體爲歐體而稍方板，白棉紙刷印，審刻工姓名及版刻風格，屬嘉靖時蘇州地區刻書特點。此本每卷末葉常有“巡按福建監察御史吉澄校刊”雙行牌記。吉澄任福建巡按期間，曾主持刊刻多種典籍，此爲其中之一。

鈐“北平市立第弍民衆教育舘藏書”等印。

（史麗君）

明趙府味經堂刻本《詩緝》

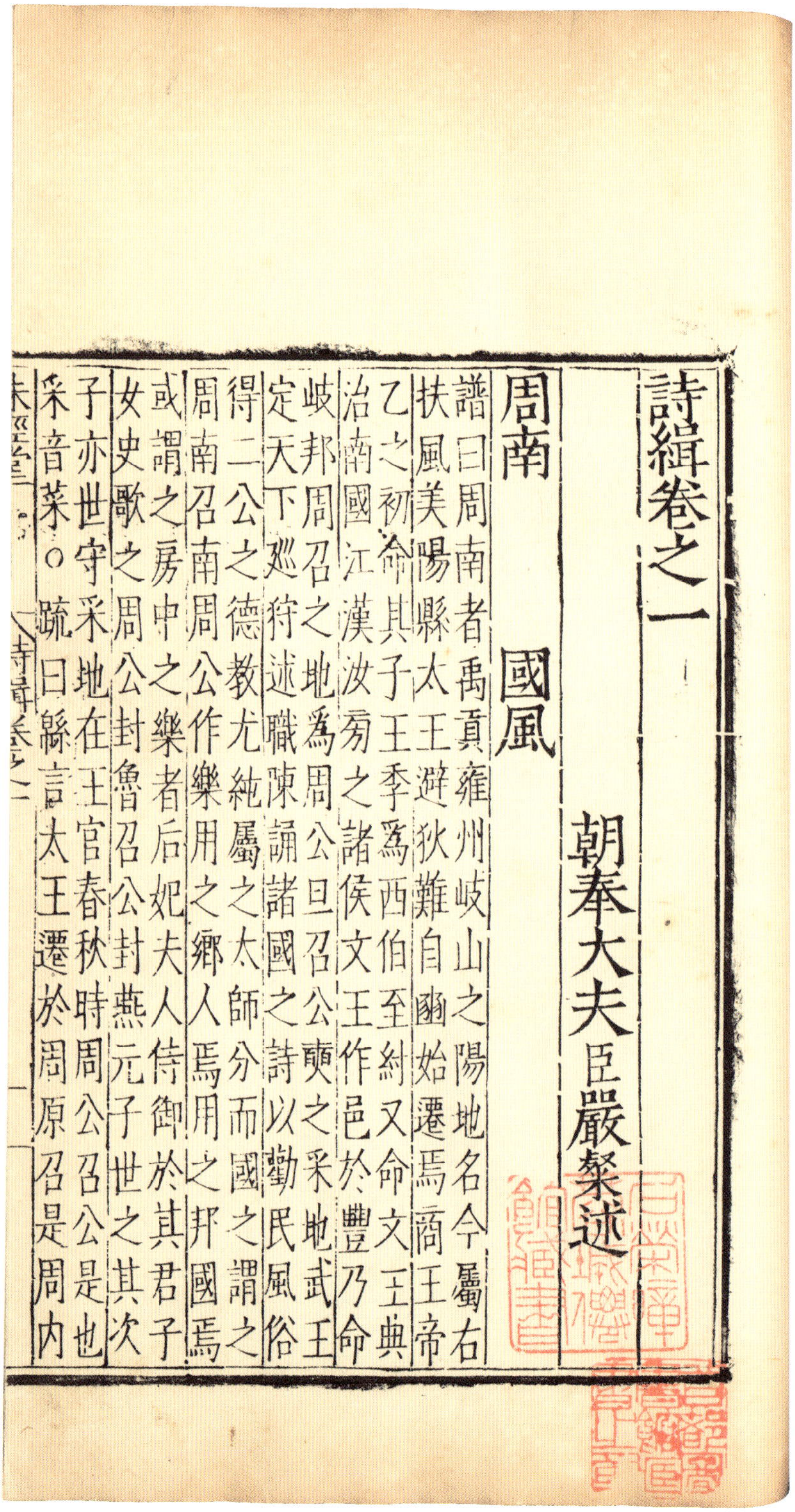

詩緝卷之一

朝奉大夫臣嚴粲述

周南　國風

譜曰周南者禹貢雍州岐山之陽地名今屬右扶風美陽縣太王避狄難自豳始遷焉商王帝乙之初命其子王季爲西伯至紂又命文王典治南國江漢汝旁之諸侯文王作邑於豐乃命岐邦周召之地爲周公旦召公奭之采地武王定天下巡狩述職陳誦諸國之詩以勸民風俗得二公之德教尤純屬之太師分而國之謂之周南召南周公作樂用之鄉人焉用之邦國焉或謂之房中之樂者后妃夫人侍御於其君子女史歌之周公封魯召公封燕元子世之其次子亦世守采地在王官春秋時周公召公是也采音菜○疏曰縣言太王遷於周原召是周內

詩緝三十六卷　（宋）嚴粲撰　明趙府味經堂刻本　四函二十四册　索書號（乙一）288　第二批《國家珍貴古籍名録》03262 號

半葉九行十八字，小字雙行字同，白口，四周雙邊，單白魚尾，框高 20.0 厘米，寬 14.0 厘米。

嚴粲，字坦叔，一字明卿，號華谷，邵武（今福建邵武）人，約南宋嘉定至淳祐間在世。據清王琛《［光緒］重纂邵武府志》載，嚴粲由進士歷官全州清湘令，善爲詩，清迥絶俗，而

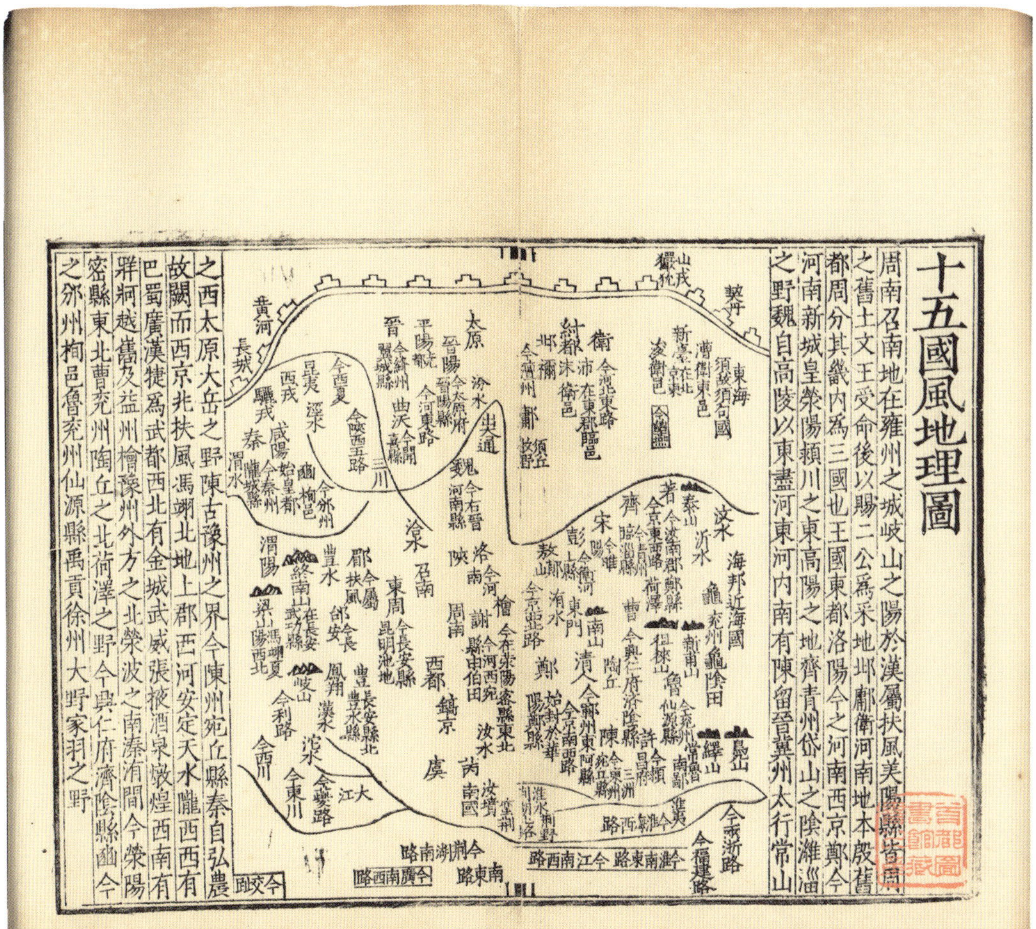

經學尤深邃，本吕祖謙《吕氏家塾讀詩記》作《詩緝》。

是書凡三十六卷，卷前有條例、清濁音圖、十五國風地理圖及毛詩綱目。嚴氏自序記此書緣起曰："二兒初爲《周南》《召南》，受東萊義，誦之不能習，余爲輯諸家説，句析其訓，章括其旨，使之瞭然易見。既而友朋訓其子若弟者，競傳寫之，困於筆札，胥命鋟之木。此書便童習耳。"此書以吕祖謙《吕氏家塾讀詩記》爲基礎，并雜采諸家之説而成，舊説有未妥者則斷以己意。其體例爲字訓句義插注在經文各句之下；各章之後又概括解釋章義，明白易曉，便於初學。此書雖雜采舊説，而時有新義。宋林希逸在《詩緝序》中贊此書："鈎貫根葉，疏析條緒，或會其旨於數章，或發其微於一字，出入窮其機綜，排布截其幅尺，辭錯而理，意曲而通。逆求情性於數千載之上，而興寄所在，若見其人而得之。至於音訓疑似、名物异同、時代之後前、制度之纖悉，訂證精密，開卷瞭然。"四庫館臣對此書也評價甚高，稱："宋代説《詩》之家，與吕祖謙書并稱善本，其餘莫得而鼎立，良不誣矣。"（《四庫全書總目》卷十五）

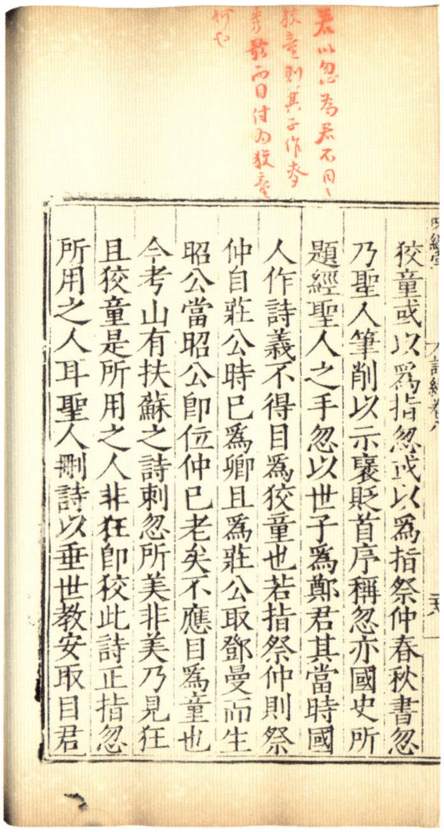

佚名批點

此書嚴粲自序有"命鋟之木"之语，可見当时已有刻本，最早見諸《宋史·藝文志》。此本版心刻"味經堂"，爲明嘉靖趙府味經堂刻本，時藩王爲康王朱厚煜。《明史》記載康王厚煜"嗜學慱古，文藻弘麗，又折節愛賓客，户屨恒滿，名譽蔚然。"《天禄琳琅書目後編》稱此本從宋版重刻，"雖明刻而猶存宋本之舊"，爲明代藩刻之佳品。

有佚名批點。鈐"石榮暲容城僊館臧書"等印章。

（史麗君）

明正統十二年司禮監刻本《春秋胡傳》

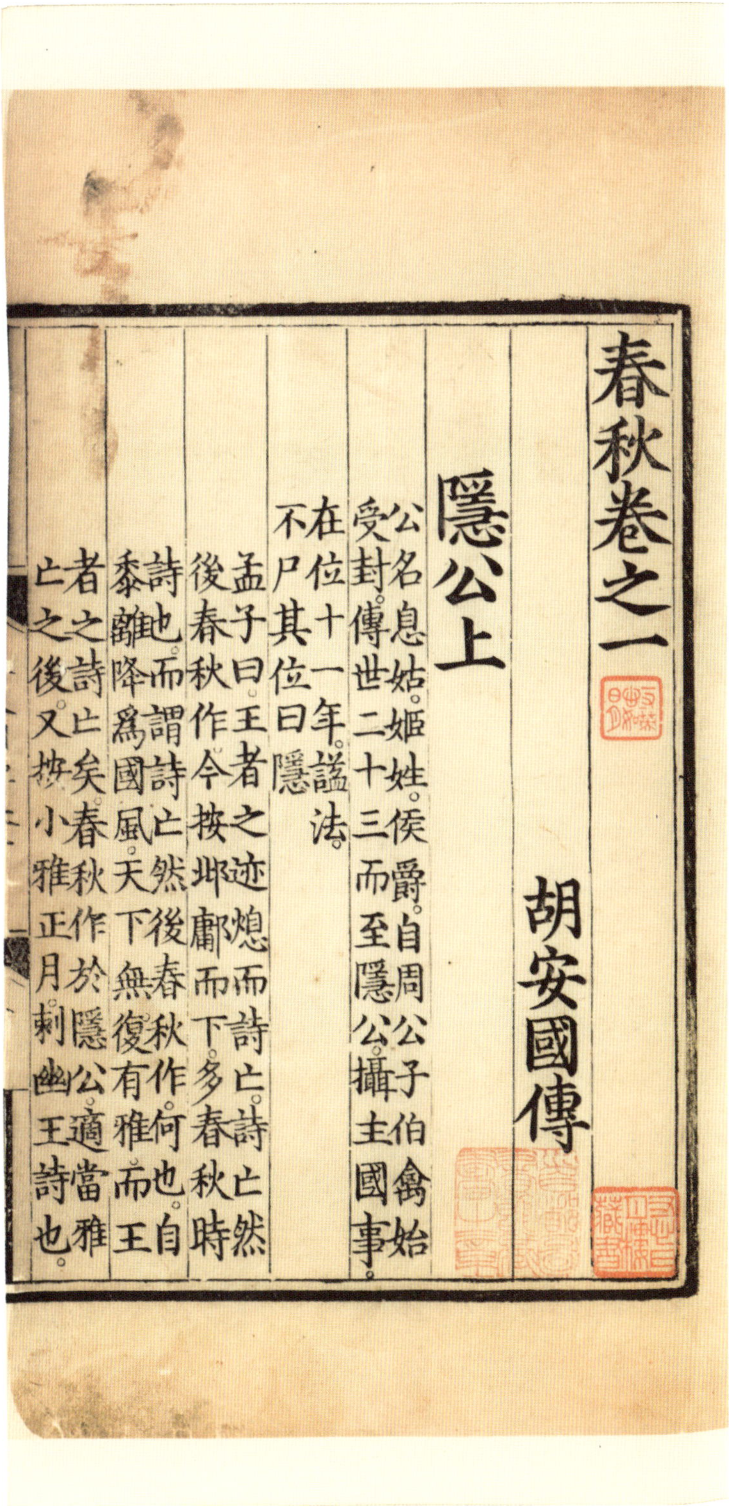
春秋卷之一

胡安國傳

隱公上

公名息姑。姬姓。侯爵。自周公子伯禽始受封。傳世二十三而至隱公。攝主國事。在位十一年。謚法。不尸其位曰隱。

孟子曰王者之迹熄而詩亡詩亡然後春秋作今按邶鄘而下多春秋時詩也而謂詩亡然後春秋作何也自黍離降爲國風天下無復有雅而王者之詩亡矣春秋作於隱公適當雅亡之後又按小雅正月刺幽王詩也

春秋胡傳三十卷　（宋）胡安國撰　明正統十二年（1447）司禮監刻本　二函八册　索書號（丁）12487　第四批《國家珍貴古籍名録》10099號

半葉八行十四字，小字雙行十八字，粗黑口，四周雙邊，雙順黑魚尾，框高23.0厘米，寬16.3厘米。

胡安國（1074—1138），字康侯，謚文定，建州崇安（今福建武夷山市）人。宋哲宗紹聖四年（1097）進士。歷太學博士，提舉湖南、成都學事，以不肯阿附，爲蔡京、耿南仲所惡。高宗即位，爲給事中、中書舍人，上《時政論》二十一篇，力陳恢復方略。旋以疾求去，不允，兼侍讀，專講《春秋》。因反對重用朱勝非去職，提舉宮觀。後遷居衡陽南嶽，從事學術研究，創辦碧泉、文定書院講學，開創“湖湘學派”。著有《春秋傳》《資治通鑑舉要補遺》等。《宋史》卷四百三十五有傳。

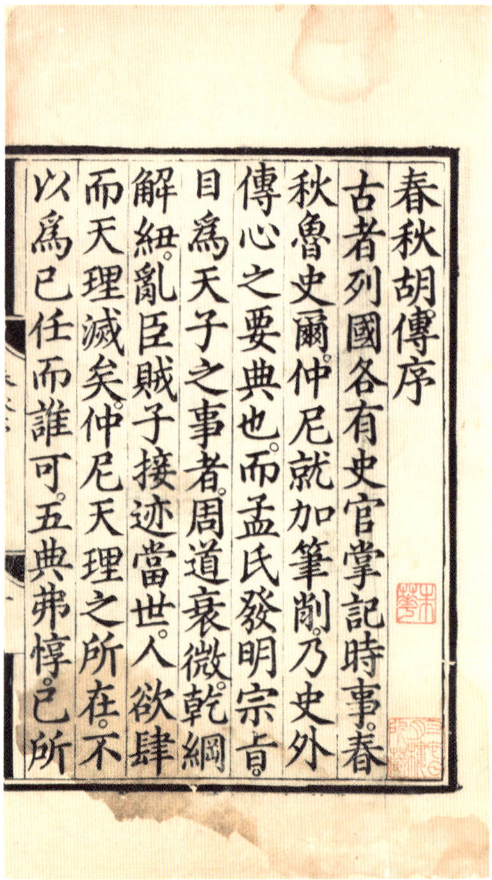
春秋胡傳序
古者列國各有史官掌記時事。春秋魯史爾，仲尼就加筆削，乃史外傳心之要典也。而孟氏發明宗旨，目爲天子之事者。周道衰微，乾綱解紐。亂臣賊子接迹當世。人欲肆而天理滅矣。仲尼天理之所在，不以爲己任而誰可。五典弗惇，已所

胡安國畢生致力於“春秋學”，從宋徽宗崇寧四年（1105）至宋高宗紹興六年（1136），歷時三十餘年，完成了歷史上享有盛譽的《春秋傳》三十卷，共十餘萬字。此書自撰成後，受到歷代統治者高度重視，宋高宗把它列爲經筵讀本，元代時更把它列爲科舉取士的標準解釋。明代的科舉考試承元舊式，宗法程、朱，但程頤《春秋》僅成兩卷，朱子無《春秋》，朝廷以胡安國之學出自程子，張洽之學出自朱子，故考讀《春秋》衹用胡、張兩家之書。以後張著也漸漸不用，而獨用胡安國所作的《春秋傳》。胡安國及其所著《春秋傳》直接影響

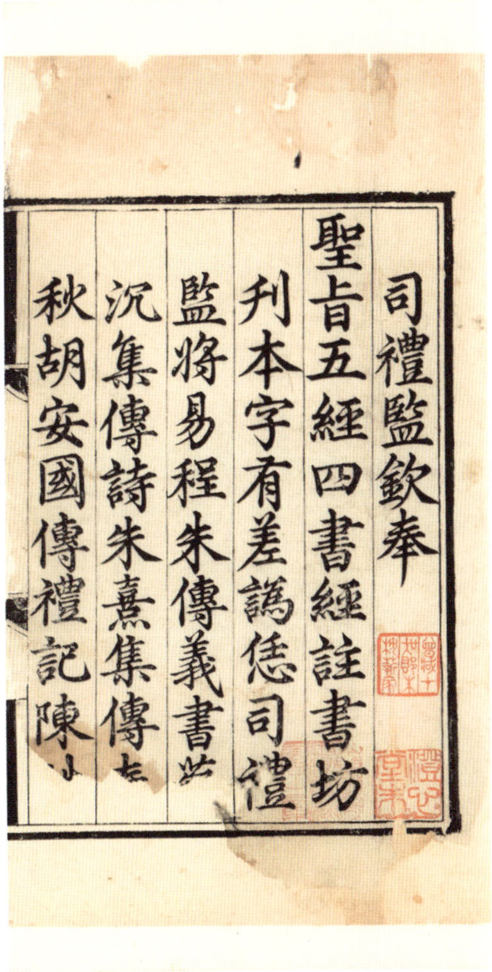
司禮監欽奉
聖旨五經四書經註書坊
刋本字有差譌恁司禮
監將易程朱傳義書
沉集傳詩朱熹集傳
秋胡安國傳禮記陳

了中國社會生活達五、六百年之久，而其間接的影響，直到近代還在發生作用。《四庫全書》收入經部春秋類，云其書“感激時事，往往藉《春秋》以寓意，不必一一悉合於經旨。朱子《語録》曰，胡氏《春秋傳》有牽强處，然議論有開合精神。亦千古之定評也”（《四庫全書總目》卷二十七）。

首都圖書館藏本爲明正統十二年司禮監刻本。前有正統十二年司禮監欽奉聖旨一道，云“五經四書經注，書坊刊本字有差訛”，遂命司禮監將《春秋胡安國傳》等“重新刊印，便於觀覽”。司禮監，明内廷十二監之首，明代内府最有名的刻書機構，下設經廠庫，刻印過大量内府圖書。

此本鈐有“寸心日月樓藏書”“一寸英心如日月”“寸心日月樓所藏”“澄心堂朱”“曾藏在吴郡朱枕薪家”“朱華”等印記。

（范猛）

明嘉靖吉澄刻本《四書章句集註》

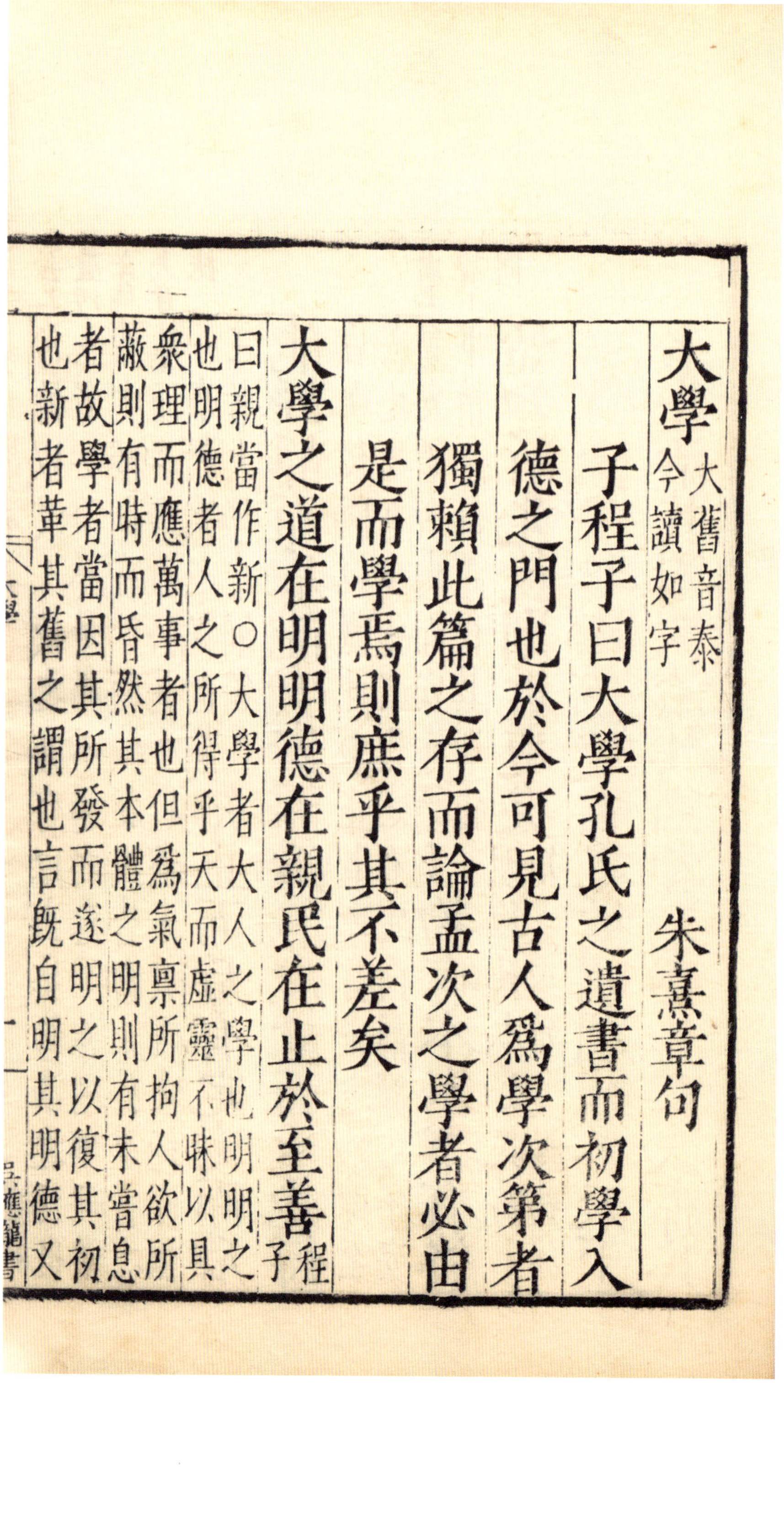

大學（大舊音泰今讀如字）　朱熹章句

子程子曰大學孔氏之遺書而初學入德之門也於今可見古人爲學次第者獨賴此篇之存而論孟次之學者必由是而學焉則庶乎其不差矣

大學之道在明明德在親民在止於至善（程子曰親當作新○大學者大人之學也明明之也明德者人之所得乎天而虛靈不昧以具衆理而應萬事者也但爲氣禀所拘人欲所蔽則有時而昏然其本體之明則有未嘗息者故學者當因其所發而遂明之以復其初也新者革其舊之謂也言既自明其明德又）

大學　一

大學章句一卷大學或問一卷中庸章句一卷中庸或問一卷論語集註十卷孟子集註七卷　（宋）朱熹撰　明嘉靖吉澄刻本　二函十册　索書號（丙三）631　第三批《國家珍貴古籍名録》07398號

半葉九行十七字，小字雙行字同，有眉欄，行二字，白口，左右雙邊，單白魚尾，框高20.2厘米，寬14.5厘米。

漢唐以前，尚無"四書"之稱，僅《論語》列爲官學，有博士傳授，《大學》《中庸》仍各爲《禮記》之一章，而《孟子》則與先秦諸子并稱，未得經典之尊崇。至唐代韓愈、李翱倡導古文運動，對《孟子》乃發生興趣，不斷闡發和宣傳其中的儒家思想。兩宋之際，程頤、程顥等人繼續推波助瀾，逐步將《學》《庸》與《論》《孟》相提并論，共同尊奉爲經典。至南宋紹熙元年（1190），朱熹首次將《大學》《中庸》《論語》《孟子》四書彙集在一起，以章句、集注的形式加以注釋訓解，而後刊刻出版，後人將這套書合稱爲《四書章句集注》，"四書"之名自此而成。

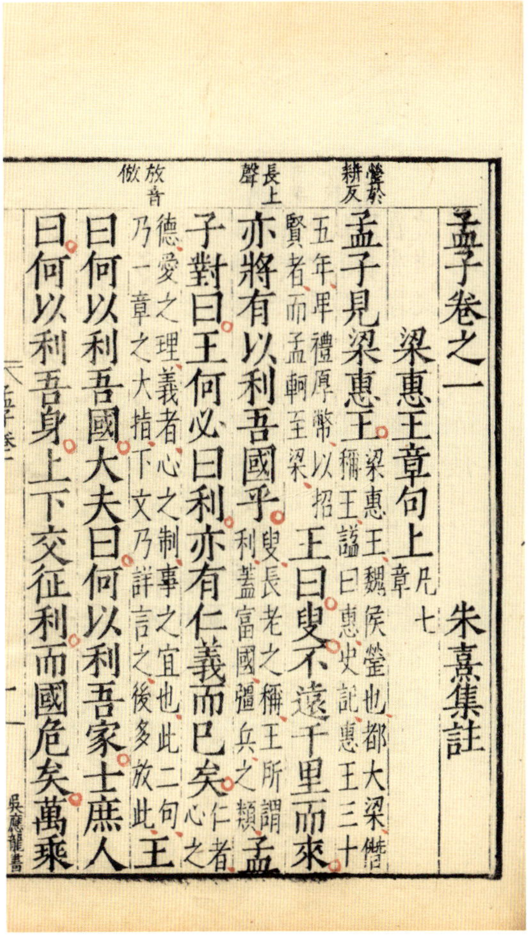

朱熹的四書研究創建頗多。在研究内容上，"《大學》古本爲一篇，朱子則分别經、傳，顛倒其舊次，補綴其闕文；《中庸》亦不從鄭注分節，故均謂之'章句'。《論語》《孟子》融會諸家之説，故謂之'集注'。""復以諸家之説紛錯不一，因設爲問答，明所以去取之意"，是爲"或問"（《四庫全書總目》卷三十五）。在研究方法上，朱熹一

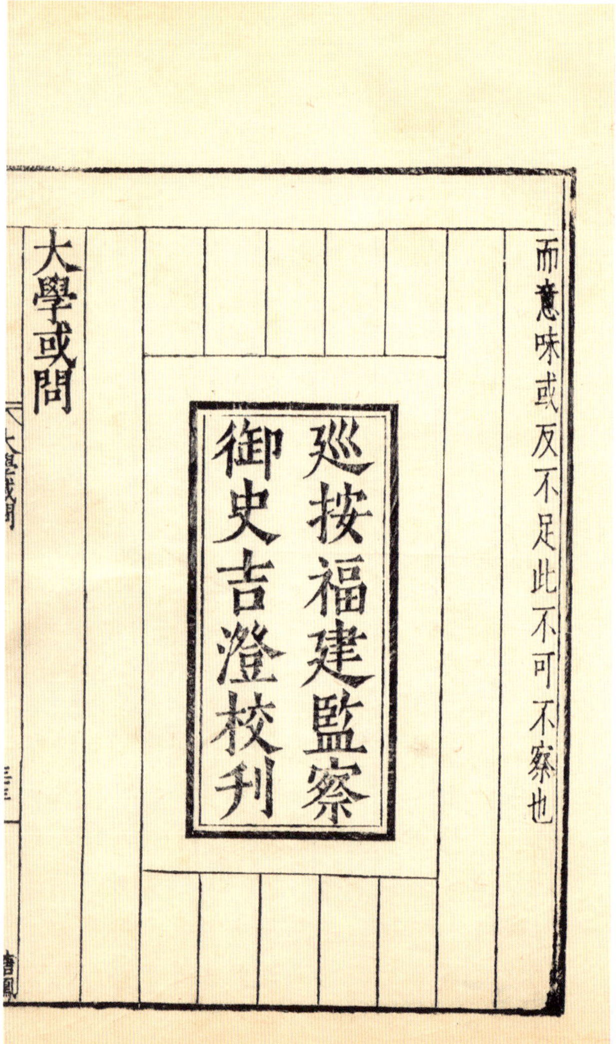

改漢唐學者注重經典原本，追求文字訓詁和名物考證的治學方法，轉而注重闡發“四書”中的“義理”，并加以引申和發揮，其注釋往往超出“四書”原典之外。因此説，朱熹注“四書”，并不單是爲解釋字詞，更重要的目的是藉“四書”闡述其理學思想，將“四書”中的哲理作爲構建其思想體系的框架。經朱熹整理注釋過的“四書”，已經成爲一整套體系完備、條理貫通、無所不包的儒家理學體系大成。南宋以後，伴隨理學的興盛，“四書”地位逐步上升，元至元仁宗皇慶二年（1313），政府首定以“四書”爲題開科取士，確立了“四書”在科舉中的經典地位，并爲後代沿襲。

《四書章句集注》歷代皆有刻印，此本爲明嘉靖間吉澄刻本，每書末皆有“巡按福建監察御史吉澄校刊”牌記。版心下端多有“吴應龍書唐麟刻”“吴應龍書章意刻”等字樣，由此可知當年寫樣、鏤刻人姓名，此外尚有袁宸、夏文德、陳國祥等多人。

吉澄，字静甫，號山泉，明嘉靖間直隸開州（今河南濮陽）人，“開州八都”之一。明嘉靖二十三年（1544）進士，歷任雒南知縣、右僉都御史巡撫遼東等職。吉澄居官清正，輕徭薄賦，恤民困苦，在職期間不畏權相當國，獨持風裁。吉澄不但是一位政績卓著的官員，同時還是明代中後期較爲知名的刻書家。從明代成化年間（1465—1487）起，福建福州、建陽等地的地方官員很多都主持過書籍的刻印出版工作。他們在案牘勞形之餘，醉心梨棗鉛槧之中，刊刻了大量的經史文獻，而吉澄正是他們中的代表人物之一。吉澄任福建巡按期間，曾廣泛參與出版刻印事業，目前已知由他主持刊刻的書籍有《春秋四傳》《詩經集傳》《大學衍義補》等九種，都是較有代表性的閩刻精品。

（張昊）

明萬曆四十三年吴繼仕熙春樓刻本《六經圖》

六經圖六卷　（宋）楊甲撰　（宋）毛邦翰補　明萬曆四十三年（1615）吴繼仕熙春樓刻本　一函六册　索書號（乙一）356　第三批《國家珍貴古籍名録》07418 號

半葉十二行二十三字，白口，四周單邊，框高 35.9 厘米，寬 24.7 厘米。

楊甲（約 1110—1184），字嗣清（一字鼎卿），昌州（今四川大足）人。宋孝宗乾道二年（1166）進士。楊甲與弟楊輔同年考中進士。楊輔歷官四川宣撫使、總領四川財賦、兵部尚書，《宋史》卷三百九十七有傳。而楊甲因對策中指摘時事，孝宗覽對不悦，僅授文職散官“文林郎”。曾官國子學録，後又貶爲“嘉陵教授”，未得大用，終以坐事罷官。晚年寓居四川遂寧靈泉山中，死後葬於遂寧。楊甲工詩文，著有《棣華館小集》一卷，收入《兩宋名賢小集》《宋百家詩存》和《四庫全書》中。

楊甲一生人品清高，不甚得志，最大成就不在詩文，而在撰成《六經圖》。古人以圖書并稱，有左圖右書之制，索像於圖，索理於書，可見圖與書自古即相輔相成。以圖釋解儒家諸經，大約始自兩漢，昌盛於兩宋。宋代重經取士，紹興二十七年（1157）令國子監生及科舉取士習詩賦者，皆習經義。作爲經學指南的經圖，趨於興盛。將六經經圖合輯一處，編爲群經總義圖本，則始於宋代。因教導生員廣爲習經，各州官學往往立有石經

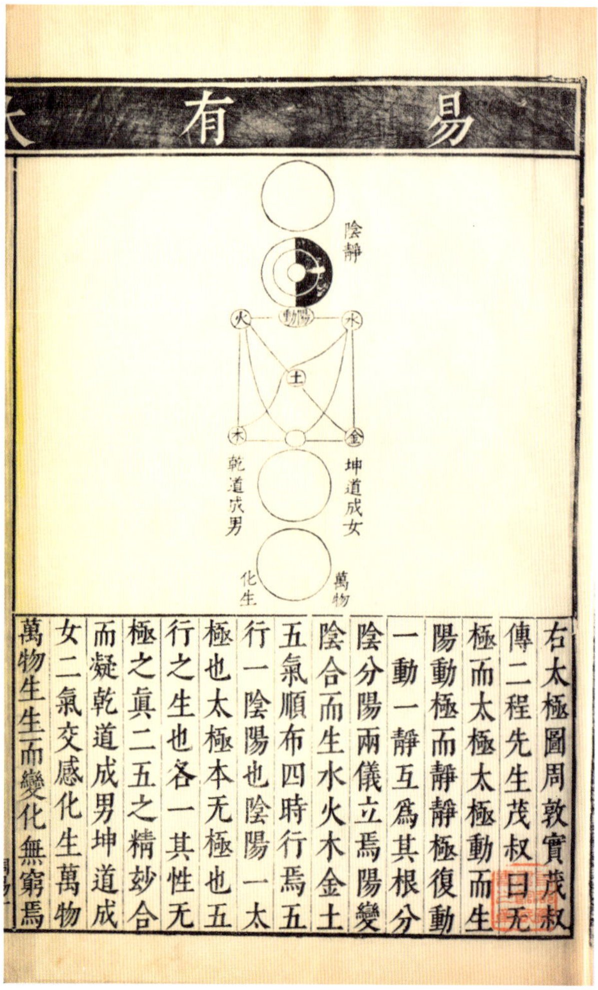

右太極圖周敦實茂叔傳二程先生茂叔曰无極而太極太極動而生陽動極而靜靜極復動一動一靜互爲其根分陰分陽兩儀立焉陽變陰合而生水火木金土五氣順布四時行焉五行一陰陽也陰陽一太極也太極本无極也五行之生也各一其性无極之眞二五之精妙合而凝乾道成男坤道成女二氣交感化生萬物萬物生生而變化無窮焉

圖，以爲習經指南。楊甲《六經圖》大約成於紹興年間；毛邦翰所增補刻印本則告成於乾道中。據王象之《輿地記勝·碑目》載，楊氏之《六經圖》曾勒石於昌州郡學，但無拓本傳世，已難詳考其圖目。宋乾道元年（1165），撫州知州陳森、通判劉濤令州學教授毛邦翰等增補楊甲的《六經圖》，并刻木本成書，二年功成，共爲圖三百零九幅，其中“大易象數鈎深圖”七十幅、“尚書軌範撮要圖”五十五幅、“毛詩正變指南圖”四十七幅、“春秋筆削發微圖”二十九幅、“周禮文物大全圖”六十五幅、“儀禮制度示掌圖”四十三幅。監丞苗昌言爲此本作序。

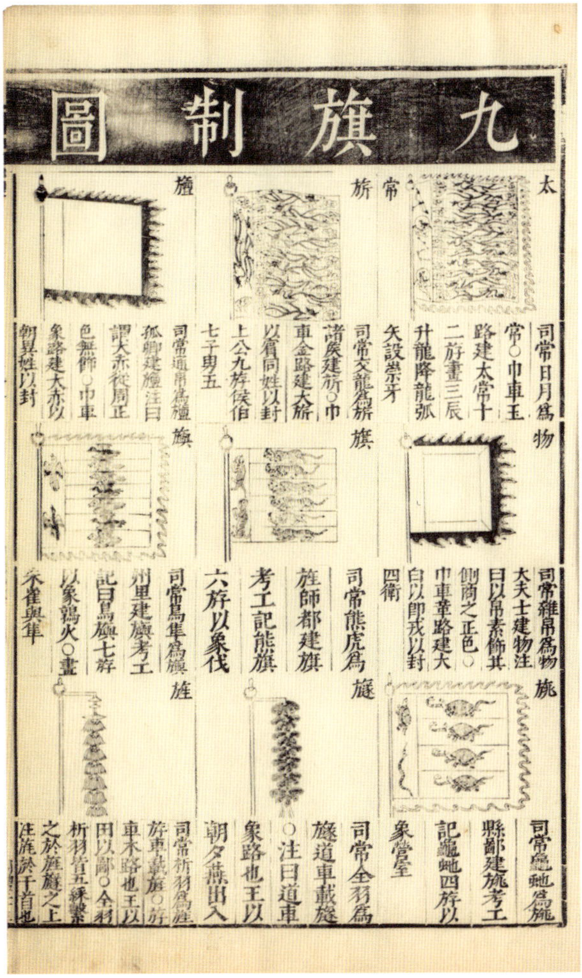

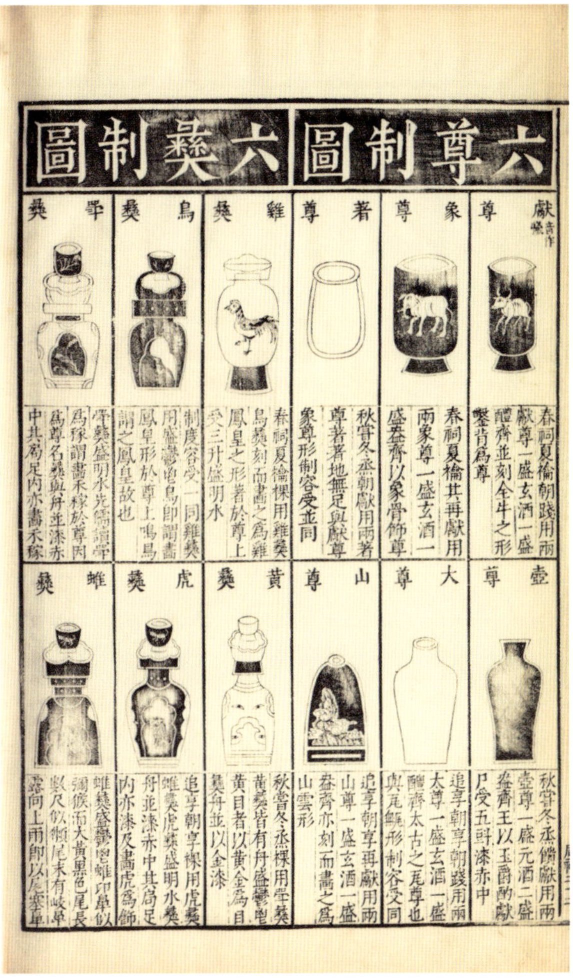

厭翟車制圖

輪人爲蓋

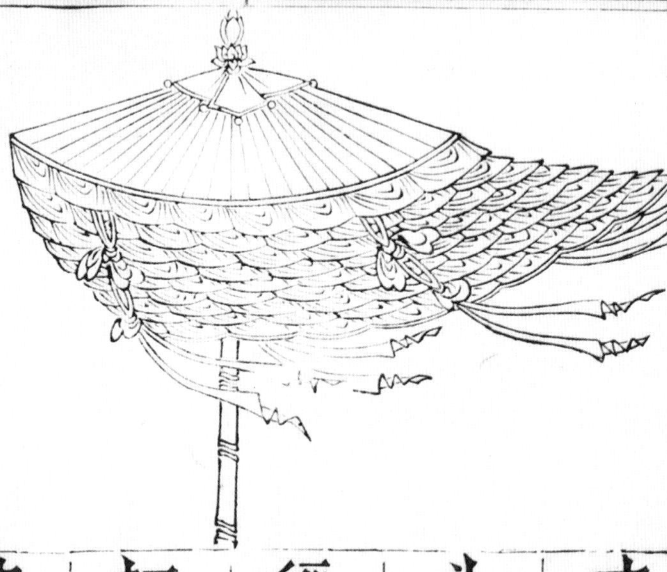

蓋斗曰部部徑六寸厚一寸上隆一分斗下達常長二尺徑一寸達常下入杠杠長八尺徑二寸足以合達常也用弓二十有八每弓長六尺廣四分

巾車玉輅制圖

巾車玉輅金木象革四輅其飾雖異制則同今特圖玉輅之一兼太常之旂以備祭祀所乘其餘車式皆具考工記則諸路可知矣

墨車制度圖

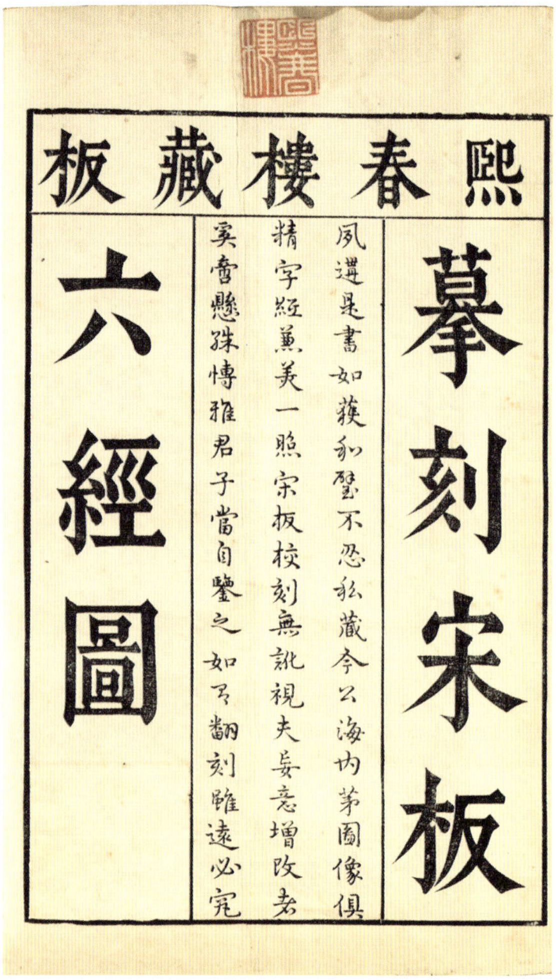

陳森刻本六卷，是《六經圖》最早的書籍本，實爲官修之本。據苗昌言《序》云，陳森爲撫州知州期年，取《六經圖》命爲書，刊之於學。可見，陳森主持了由石本“編類爲書”之事。主要增補者毛邦翰，衢州江山（今屬浙江）人，宋紹興二十七年（1157）進士，乾道初年官撫州州學教授，《浙江通志》有載。

自宋代以後，《六經圖》雖屢經傳刻，但至明代宋本已經十分罕見。明萬曆四十三年（1615），新安吴繼仕購得陳森刻本，并予摹刻。牌記中鎸小字“夙遘是書，如獲和璧，不忍私藏，今公海内”等數語，署“熙春楼藏板”。吴繼仕仿宋刻本，摹刻極真，版畫精美，幾與宋版莫辨，使宋本《六經圖》面貌得以傳及後世。

首都圖書館所藏此本是目前所存《六經圖》最早的刻本。吴繼仕爲明代萬曆年間徽州鹽商，開設書坊熙春樓，并研究經學，撰有音韵學專著《音聲紀元》等，并刻印過多部經史文獻。

（劉乃英）

明嘉靖二十八年益藩刻本《重編廣韻》

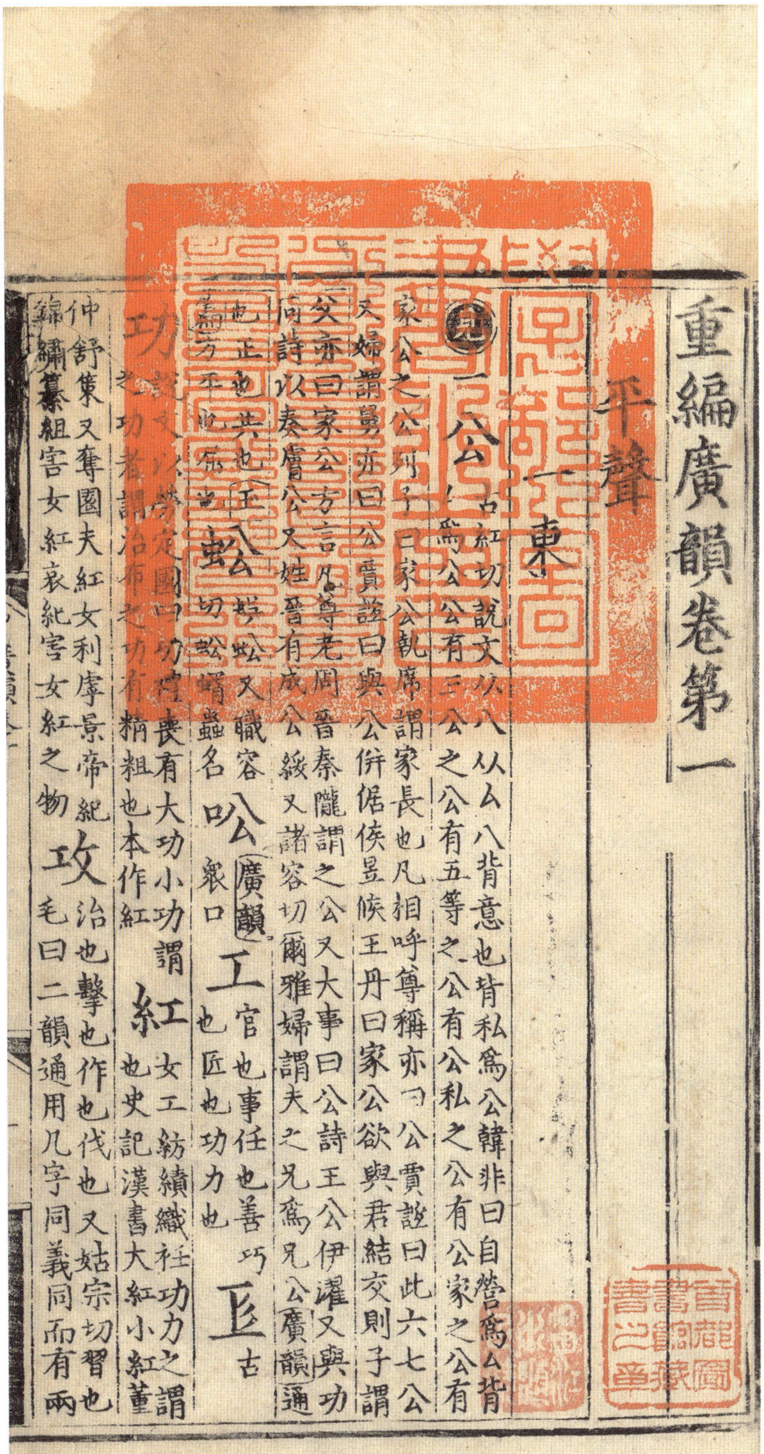

重編廣韻五卷　（明）朱祐檳編　明嘉靖二十八年（1549）益藩刻本　一函五册　索書號（丙一）1098　第六批《國家珍貴古籍名録》12483 號

半葉九行十五字，小字雙行三十字，粗黑口，四周雙邊，雙順黑魚尾，框高 23.0 厘米，寬 15.5 厘米。

朱祐檳（1479—1539），明憲宗朱見深之子，明成化二十三年（1487）七月受封益王，封地在建昌府，府治南城（今江西南城）。於明弘治八年（1495）就藩，明嘉靖十八年（1539）薨，謚號端。《明史》卷一百一十九有傳。《明史》中稱其爲憲宗第六子，但《益端王壙志》中記其爲第四子，似應以後者爲是。

從書名上看，《重編廣韵》是對《廣韵》一書的重新編次，而第二代益王朱厚燁則在《重編廣韵序》中説明此書“以《廣韵》附於《正韵》，復增入《玉篇》。凡切韵七音諧協而分爲二韵者，更入本韵，字各分屬於母，一本於《正韵》之成規”，是在《洪武正韵》基础上增入《廣韵》《玉篇》等韵書和字書的音義，采用等韵化的方式，增廣改編而成。

《重編廣韵》五卷，依次爲平聲（一東至十删）、下平聲（十一先至二十二監）、上聲（一董至二十二琰）、去聲（一送至二十二艷）、入聲（一屋至十葉）。

《重編廣韵》分韵七十六部，其分韵依據《洪武正韵》，又調整了小韵和韵字順序，先把《洪武正韵》的小韵按傳統字母次第重新排列，再將《廣韵》的二百零六韵小韵韵

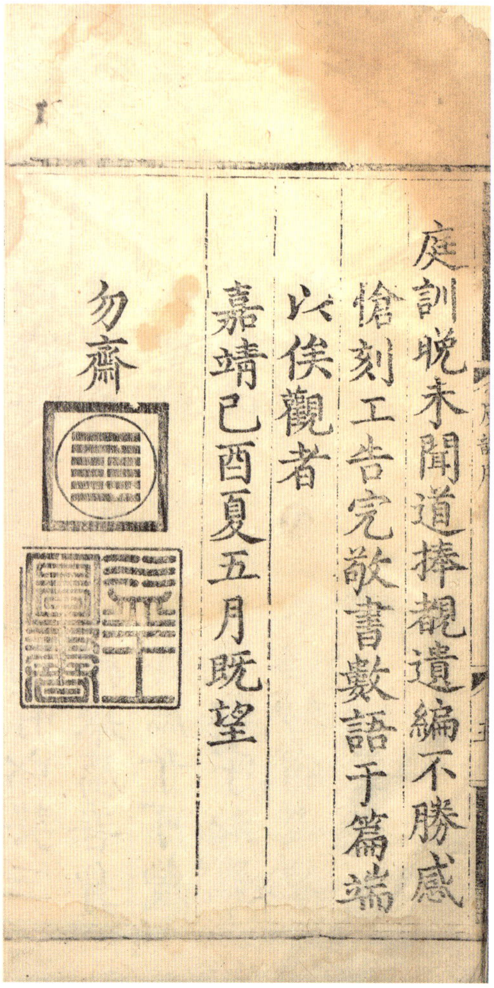
庭訓晚未聞道捧覩遺編不勝感愴刻工告完敬書數語于篇端以俟觀者
嘉靖己酉夏五月既望
勿齋

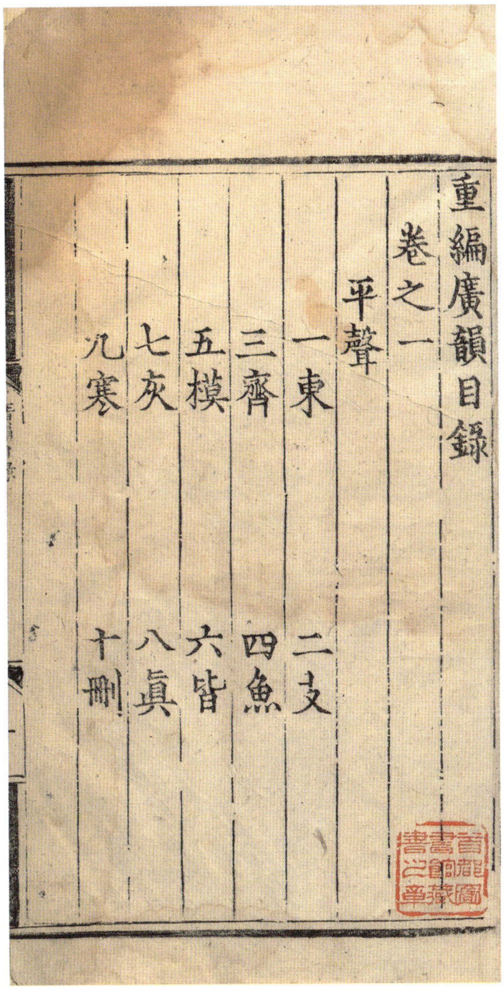
重編廣韻目錄

卷之一

平聲

一東　二支

三齊　四魚

五模　六皆

七灰　八眞

九寒　十刪

字按聲韵對應規律分别編入七十六韵，實際上有自己的内容和形式，反映出編者對語音的獨特認識。

崔樞華的《〈重編廣韵〉考》一文（載於《古漢語研究》1997 年第 2 期）对此書有詳細叙述，并推測其書名成因：“這恐怕和《洪武正韵》的地位以及編纂者作爲一方藩王的處境有關。編次和刻印此書的人不得不避與《洪武正韵》分庭抗禮的嫌疑。”

首都圖書館藏明嘉靖二十八年（1549）益藩刻本《重編廣韵》，刊刻精美，版式闊大，接近内府刻書風格，是明代藩刻本中的精品。

鈐“學部圖書之印”“京師圖書館收臧之印”等。

（邱曉平）

【史部】

明嘉靖洪楩刻本《路史》

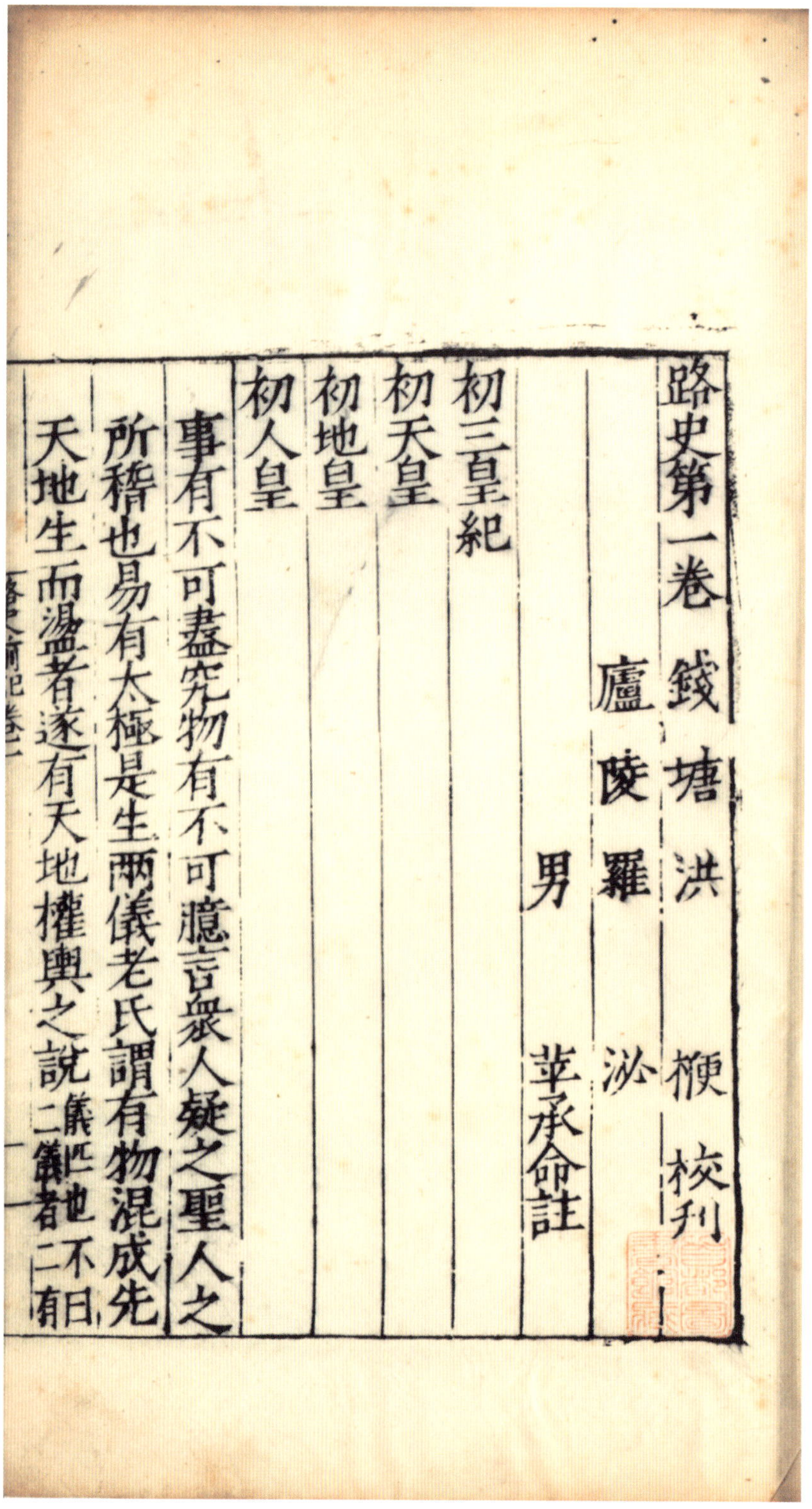
路史第一卷 錢塘洪 楩 校刊
廬陵羅 泌
男 苹承命註
初三皇紀
初天皇
初地皇
初人皇
事有不可盡究物有不可臆言衆人疑之聖人之
所稽也易有太極是生兩儀老氏謂有物混成先
天地生而溢者遂有天地權輿之說儀匹也不曰二儀者二有
史前紀卷一 一

路史四十七卷　（宋）羅泌撰　（宋）羅苹注　明嘉靖洪楩刻本　二函十六册　索書號（乙二）1293　第三批《國家珍貴古籍名録》07728號

半葉十行二十字，小字雙行字同，白口，四周單邊，框高18.1厘米，寬14.0厘米。

羅泌，其名不登《宋史》，考清陸心源《宋史翼》有傳。泌，字長源，南宋孝宗時廬陵（今江西吉安）人。自幼力學，識博才宏，窮畢生之力侈游墳典，搜集百家，成《路史》四十七卷。其子羅苹，能世其學，嘗爲之注。然四庫館臣有疑，“核其詞義，與泌書詳略相補，似出一手，殆自注而嫁名於子與？”（《四庫全書總目》卷五十）

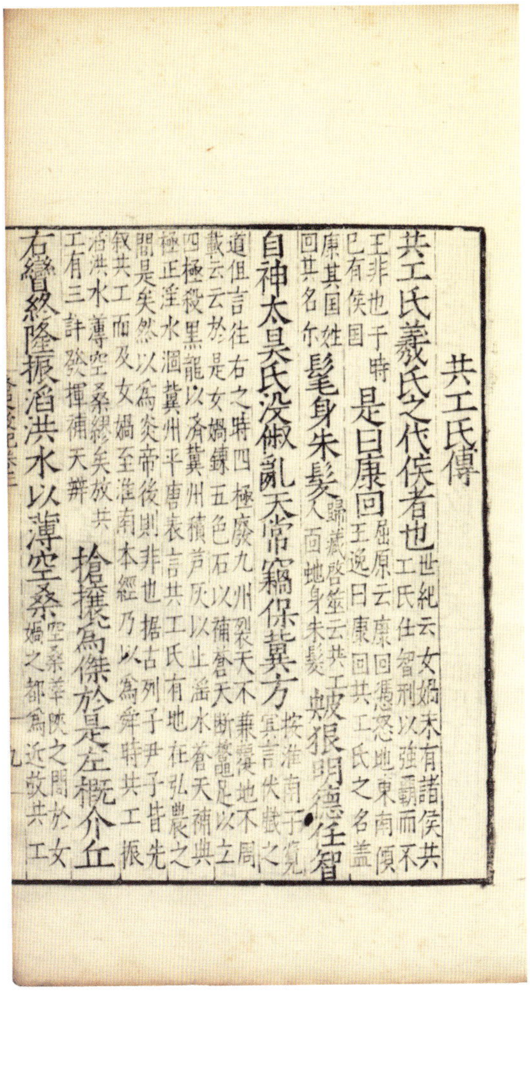
共工氏傳

共工氏羲氏之代侯者也世紀云女媧末有諸侯共工氏任智刑以強霸而不王非也于時已有侯国是曰康回屈原云康回馮怒地東南傾王逸曰康回共工氏之名蓋康其国姓回其名尔髦身朱髮歸藏啓筮云共工人面蛇身朱髮蝮狠明德任智自神太昊氏没敝亂天常竊保冀方按淮南子覽冥言伏戲之道但言往古之時四極廢九州裂天不兼覆地不周載云云於是女媧鍊五色石以補蒼天斷鼇足以立四極殺黑龍以濟冀州積芦灰以止滛水蒼天補典極正滛水涸冀州平唐表言共工氏有地在弘農之閒是矣然以爲炎帝後則非也据古列子尹子皆先叙共工而及女媧至淮南本經乃以爲舜時共工振滔洪水薄空桑綏矣故共工有三許發揮補天辨搶攘爲傑於是乎概介丘右繪絫隆振滔洪水以薄空桑空桑莘陜之間於女媧之都爲近故共工

羅泌嘗惜孔子“删書”斷自唐堯，上古之事茫昧少知，後代史書如“皇甫謐之《世紀》、譙周之《史考》、張愔之《系譜》、馬總之《通歷》、諸葛耽之《帝録》、姚恭年之《歷帝紀》、小司馬之《補史》、劉恕之《通鑑外紀》，亦粗詳矣，其學淺狹，不足取信”（《自序》），遂博采衆説，於乾道年間著成《路史》。其名取自《爾雅》“訓路爲大”，“路史”即大史也。書中詳述了有關上古時期的歷史、地理、風俗、氏族等方面的史事和傳説。内分《前紀》九卷，述初三皇至無懷氏止；《後紀》十四卷，述太昊至夏桀事；《國名紀》八卷，分列上古及三代至漢末諸國姓氏、地理，并加以疏證；《發揮》六卷、《餘論》十卷，皆辨難考證之文。此書雖詞富膏腴，引據浩博，然四庫館臣評曰：“無益經典，而有助文章，是以

後來詞人，采摭英華之用。泌之是書，殆於此類。”（《四庫全書總目》卷五十）

此本爲明嘉靖洪楩刻本。洪楩，字子美，錢塘西溪（今屬浙江杭州）人，明代文學家、藏書家、刻書家。洪氏家族是明清時期著名的錢塘望族。楩繼先祖書香門第之業，勤於耕讀，熱衷購書、藏書，并築藏書樓“清平山堂”，後成爲明嘉靖年間杭州著名的刻書坊。洪楩深於嗜古，餘閑專事校刊，既精且多，尤重宋元珍本。其所刊《路史》依宋本重刊，校讎細緻，刻印精美，是後代傳世刻本中的尚品之一。

（李晶瑩）

明嘉靖二十三年馮焕刻本《唐餘紀傳》

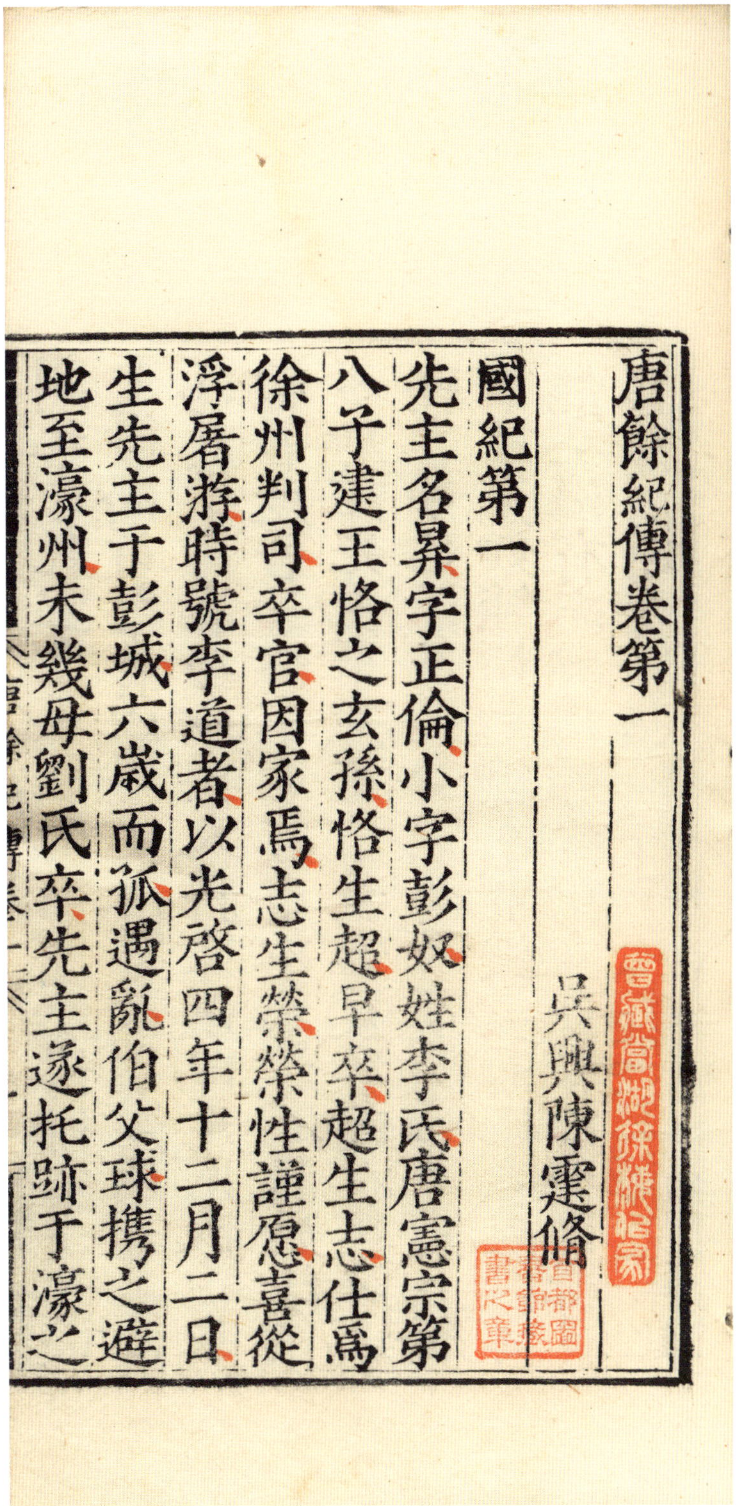
唐餘紀傳卷第一

吳興陳霆脩

國紀第一

先主名昪字正倫小字彭奴姓李氏唐憲宗第八子建王恪之玄孫恪生超早卒超生志仕爲徐州判司卒官因家焉志生榮榮性謹愿喜從浮屠游時號李道者以光啓四年十二月二日生先主于彭城六歲而孤遇亂伯父球携之避地至濠州未幾母劉氏卒先主遂托跡于濠之

唐餘紀傳十八卷　（明）陳霆撰　明嘉靖二十三年（1544）馮焕刻本　一函四册　索書號（甲二）379　第三批《國家珍貴古籍名録》07555號

半葉九行十八字，黑口，四周雙邊，雙順綫魚尾，框高18.3厘米，寬12.2厘米。

陳霆（約1477—1550），字聲伯，號水南居士，後更號渚山真逸，晚號可仙道人，浙江德清人。明弘治十五年（1502）進士，授刑科給事中，正德初以忤劉瑾謫判六安，瑾誅復起，官至山西提學僉事，抵任兩月，命領敕提督學校。未幾，以言路有言詔忤，致仕歸，隱居約四十載。嘉靖中，屢徵不起，進階朝議大夫。博洽多聞，工詩、詞、古文，留心風教，著述頗豐，有《水南稿》《唐餘紀傳》《兩山墨談》《山堂瑣語》《渚山堂詩話》《渚山堂詞話》等。

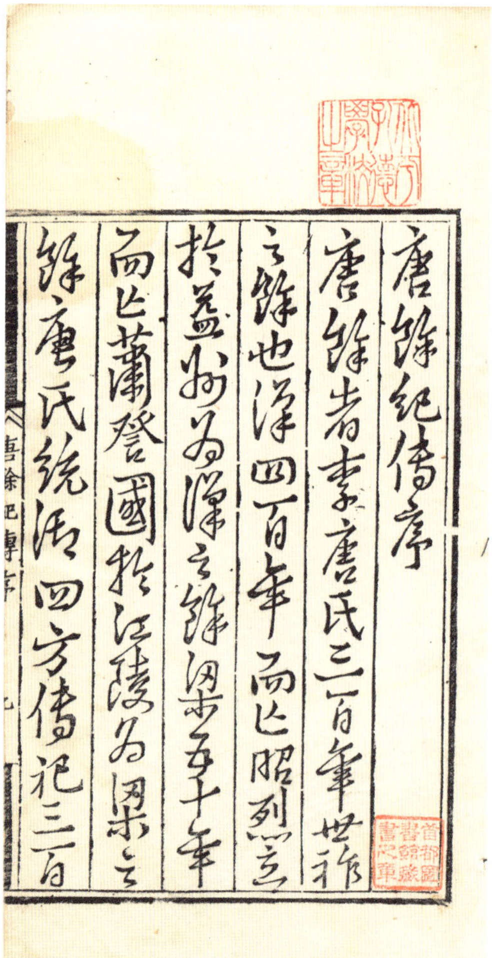

“唐餘”即李唐王朝之餘，在此指南唐。《唐餘紀傳》凡十八卷：《國紀》三卷、《列傳》十五卷。《國紀》分别爲南唐先主李昪、中主李璟、後主李煜傳；《列傳》於别傳之外又有《家人傳》《忠節傳》《義行傳》《隱逸傳》《藩附傳》《列女傳》《方技傳》《伶人傳》等，每傳之後均有論贊，抒發一己之見，卷末有陳霆跋。是書取朱熹《通鑑綱目》帝蜀之意，大旨以南唐承唐之正統，體例多學步《新五代史》，雜采稗官編纂而成。

南唐三世社會經濟、文化之盛，在五代十國甚至中國歷史上所有的割據政權中都是較爲少見的，然而南唐史料稀缺，傳世文獻屈指可數，《唐餘紀傳》便是現存較爲完整的南唐史

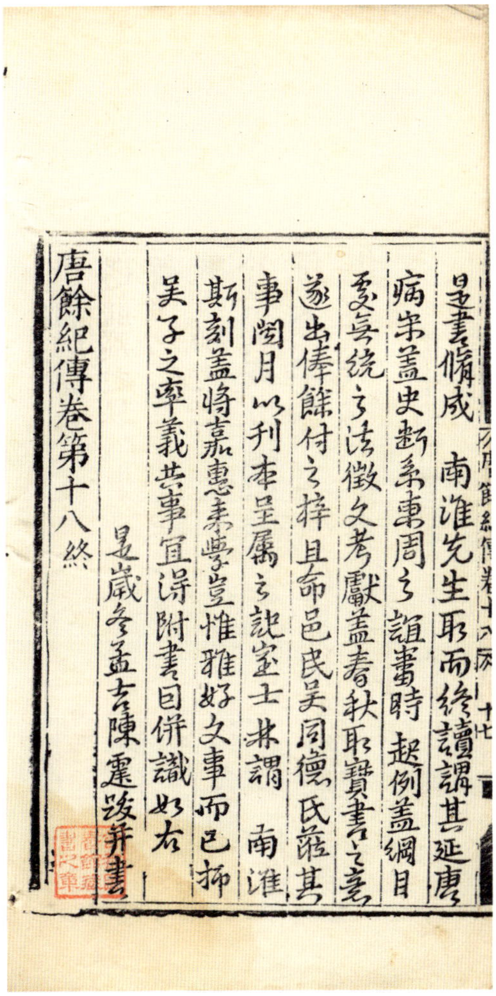

是書脩成　南淮先生取而終讀謂其延唐
痛宋蓋史斷系東周之誼當時起例蓋綱目
受無統之法徵文考獻蓋春秋取實書之意
遂出俸餘付之梓且命邑民吳同德氏蒞其
事閱月以刊本呈屬之記室士林謂　南淮
斯刻蓋將嘉惠來學豈惟雅好文事而已抑
吳子之率義共事宜得附書因併識如右

唐餘紀傳卷第十八終

是歲冬孟古陳霆跋并書

著之一。該書所記内容豐富詳備，能補南唐史料之匱乏，爲研究南唐歷史提供了不可或缺的資料，具有較高的文獻價值。

此本鈐有“曾藏當湖徐梅似家”“北平孔德學校之章”等印記。

（牛小燕）

明嘉靖刻本《宋史新編》

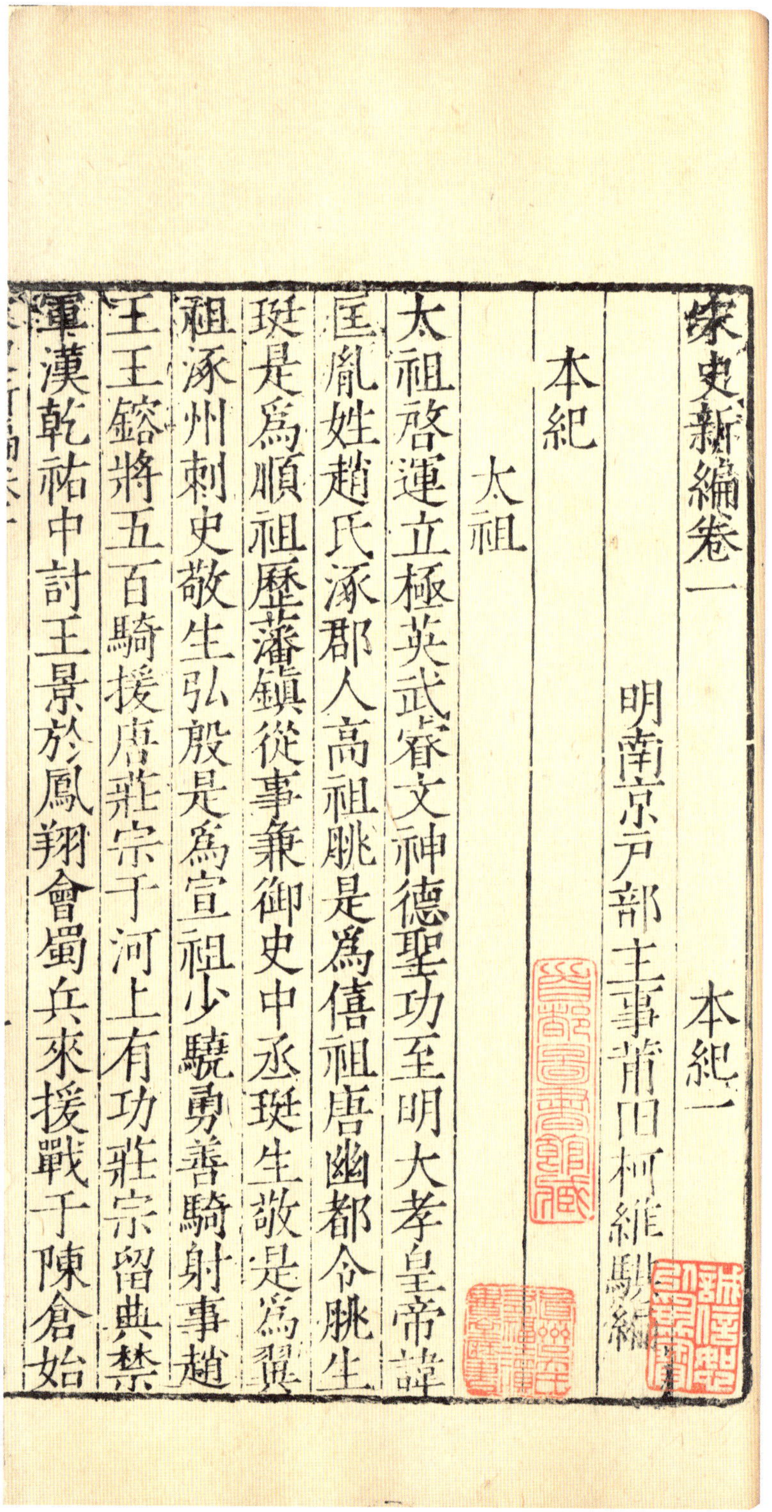

宋史新編卷一　本紀一

明南京戶部主事莆田柯維騏編

本紀

太祖

太祖啓運立極英武睿文神德聖功至明大孝皇帝諱匡胤姓趙氏涿郡人高祖脁是爲僖祖唐幽都令脁生珽是爲順祖歷藩鎭從事兼御史中丞珽生敬是爲翼祖涿州刺史敬生弘殷是爲宣祖少驍勇善騎射事趙王王鎔將五百騎援唐莊宗于河上有功莊宗留典禁軍漢乾祐中討王景於鳳翔會蜀兵來援戰于陳倉始

宋史新編二百卷　（明）柯維騏編　明嘉靖刻本（卷五十二至五十三、一百五十四至一百六十、一百九十二至一百九十三抄配）　八函八十册　索書號（乙二）977　第二批《國家珍貴古籍名録》03571號

半葉十行二十一字，白口，四周單邊，框高18.7厘米，寬13.0厘米。

柯維騏，字奇純，福建莆田人，明嘉靖癸未（1523）進士，授南京户部主事，未任事而引疾歸。後謝賓客，專心讀書，著有《史記考要》《續莆田文獻志》等。《明史》卷二百八十七有傳。

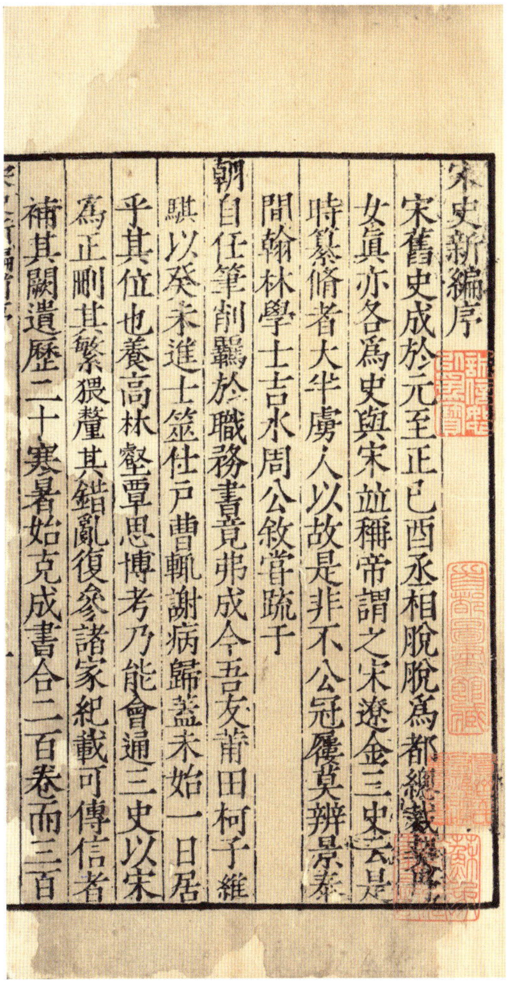
宋史新編序
宋舊史成於元至正乙酉丞相脫脫爲都總裁
女眞亦各爲史與宋並稱帝謂之宋遼金三史云是
時纂脩者大半虜人以故是非不公冠屨莫辨景泰
間翰林學士吉水周公敘嘗疏于
朝自任筆削覊於職務書竟弗成今吾友莆田柯子維
騏以癸未進士筮仕户曹輒謝病歸蓋未始一日居
乎其位也養高林壑覃思博考乃能會通三史以宋
爲正删其繁猥釐其錯亂復參諸家紀載可傳信者
補其闕遺歷二十寒暑始克成書合二百卷而三百

據卷前黄佐序云：“吾友莆田柯子維騏，以癸未進士筮仕户曹，輒謝病歸，蓋未始一日居乎其位也。養高林壑，覃思博考，乃能會通三史，以宋爲正，删其繁猥，釐其錯亂，復參諸家紀載可傳信者，補其闕遺，歷二十寒暑，始克成書。合二百卷，而三百二十年行事，粲然悉備，名之曰《宋史新編》，示不沿舊本也。”據此可知，元人修宋、遼、金三史，維騏合之爲一，以宋爲正統，遼金附之，成《宋史新編》二百卷。卷前《凡例》言此書之大旨甚詳：“以宋爲正，遼、金與宋之交聘、交兵，及其卒、其立，附載本紀，仍詳君臣行事爲傳，列於外國，與西夏同，庶幾《春秋》外夷狄之義云。”此書凡本紀十四卷、志四十卷、表四卷、列傳一百四十二卷，對舊史糾謬補遺，頗有所考訂。清周中孚《鄭堂讀書記》稱是書：“本紀則正大綱而詳詔令，志表則略細務而舉要

領，列傳則崇勳德而誅亂賊。而論贊之文，并非因襲，簡而詳，贍而精，嚴而不刻，直而有體，駸駸乎有兩漢風格焉。”然强援蜀漢，增以《景炎》《祥興》二紀，另又以遼、金二朝置之外國，與西夏、高麗并列，故其體例多受後世批評。

鈐有“蘇象乾藏書記”“真州吴氏有福讀書堂臧書”等印章。

（史麗君）

明范氏天一閣刻本《司馬温公稽古録》

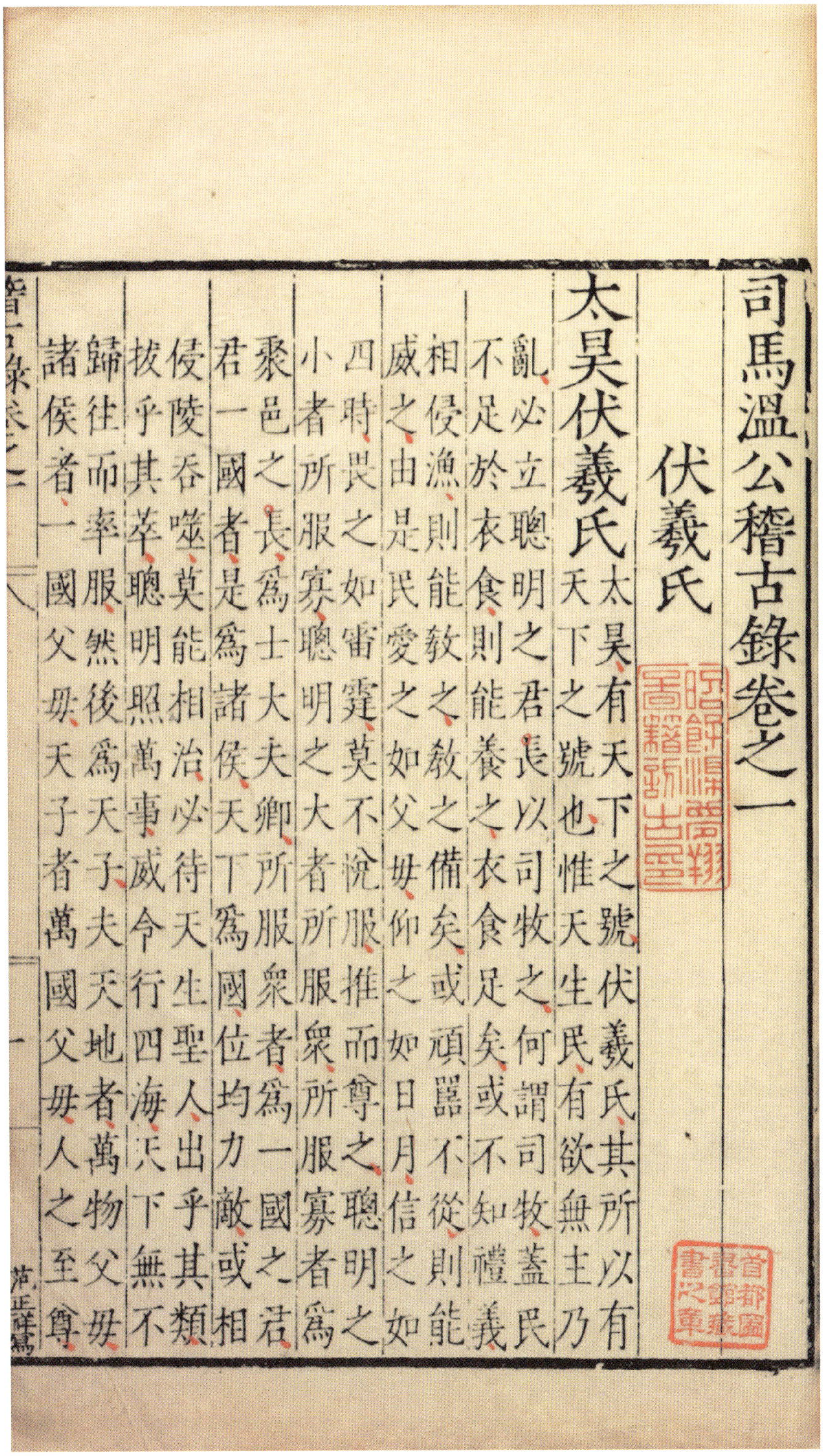

司馬溫公稽古錄卷之一

伏羲氏

太昊伏羲氏 太昊有天下之號伏羲氏其所以有天下之號也惟天生民有欲無主乃亂必立聰明之君長以司牧之何謂司牧蓋民不足於衣食則能養之衣食足矣或不知禮義相侵漁則能教之教之備矣或頑嚚不從則能威之由是民愛之如父母仰之如日月信之如四時畏之如雷霆莫不悅服推而尊之聰明之小者所服寡聰明之大者所服衆所服寡者爲聚邑之長爲士大夫卿所服衆者爲一國之君君一國者是爲諸侯天下爲國位均力敵或相侵陵吞噬莫能相治必待天生聖人出乎其類拔乎其萃聰明照萬事威令行四海天下無不歸往而率服然後爲天子夫天地者萬物父母諸侯者一國父母天子者萬國父母人之至尊

稽古錄卷之一　一　范正祥寫

司馬温公稽古錄二十卷　（宋）司馬光撰　明范氏天一閣刻本　一函六册　索書號（乙二）593　第三批《國家珍貴古籍名録》07605 號

半葉九行十九字，小字雙行字同，白口，四周單邊，單白魚尾，框高 20.5 厘米，寬 15.6 厘米。

司馬光（1019—1086），字君實，號迂叟，陜州夏縣涑水鄉（今山西夏縣）人，世稱涑水先生。宋仁宗寶元元年（1038）進士，仕仁宗、英宗、神宗、哲宗四朝，官至尚書左僕射兼門下侍郎。卒後贈太師、温國公，謚文正。著有《資治通鑑》《書儀》《涑水紀聞》等。《宋史》卷三百三十六有傳。

《稽古録》是司馬光於宋元祐元年（1086）呈進給宋哲宗的一部書，他在《乞令校定〈資治通鑑〉所寫〈稽古録〉札子》中説明了寫作緣由和過程："治天下者，安可以不師古哉？……臣先於英宗皇帝時，嘗采獵經史，上自周威烈王二十三年，下盡周世宗顯德六年，略舉每年大事，編次爲圖……謂之《歷年圖》……臣又於神宗皇帝時，受詔修《國朝百官公卿表》。臣依司馬遷法，自建隆元年至治平四年，各記大事於上方，書成上之，有詔附於國史。臣今更討論經史，上自伏羲，下至周威烈王二十二年，略序大要，以補二書之闕。合爲二十卷，名曰《稽古録》。"

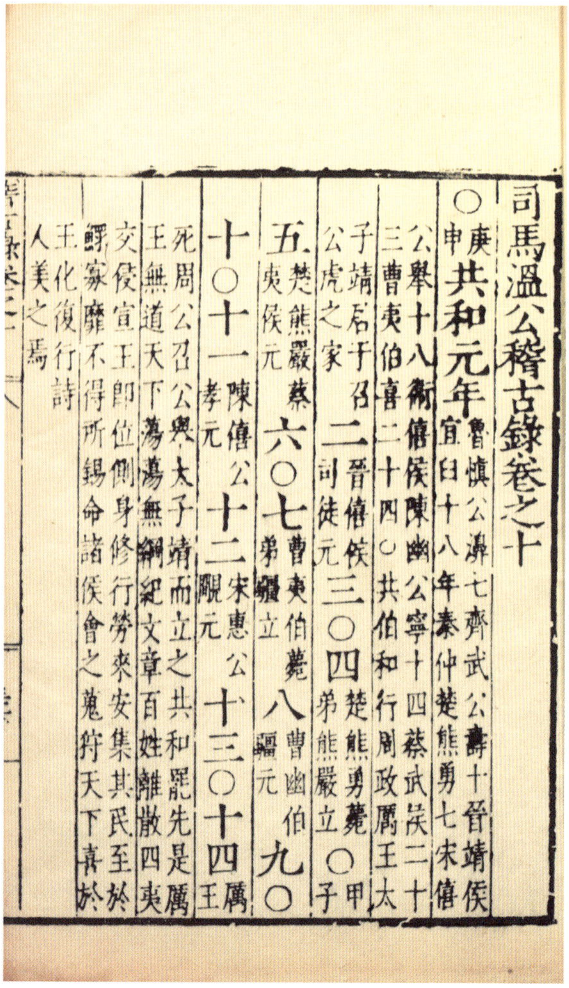
司馬温公稽古錄卷之十

《稽古録》全書二十卷，體例不一，略遠詳近，重點在宋朝歷史。卷一至九，

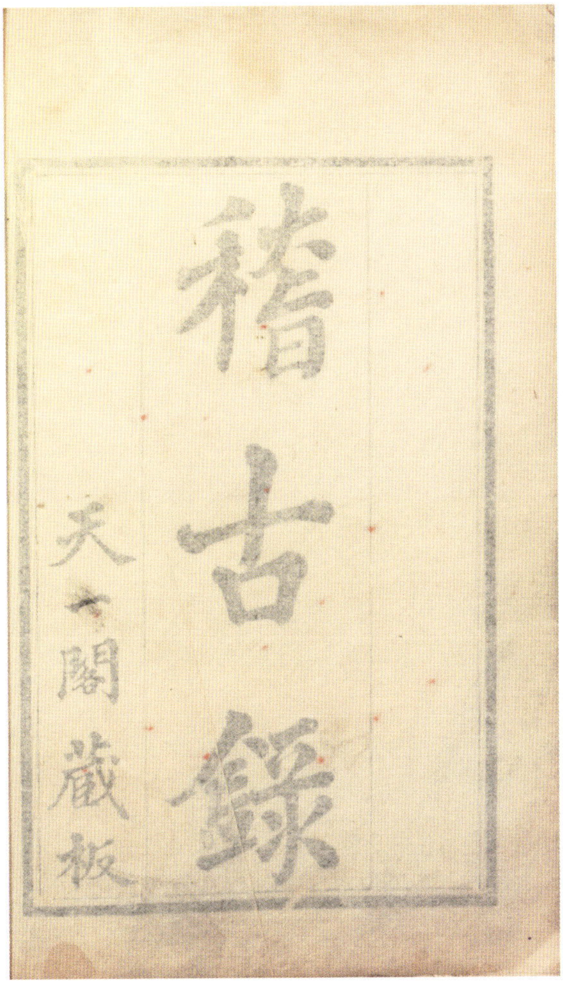

叙述共和（前841）前歷史，是紀傳體形式。卷十至十一前半，起於共和（前841），迄至周威烈王二十二年（前404），逐年記載事略，爲編年形式。卷十一後半周威烈王二十三年（前403）至卷十五後周世宗顯德六年（959），逐年簡記大事，并於各朝各國覆亡加作者評論；卷十六爲總論。卷十七至二十，逐年記述從宋太祖建隆元年（960）至英宗治平四年（1067）的朝廷大事。《四庫全書》中《稽古録》書前提要稱："觀其諸論於歷代興衰治亂之故，反覆開陳，靡不洞中得失，其言誠不悖于六經。《通鑑》文繁，猝不易究，是編言簡而義賅，洵讀史者之圭臬也。"

明弘治十四年（1501）楊璋刻本是《稽古録》現存最早明代刻本，惜刻印粗糙，訛字較多。稍後的明正德二年（1507）陳晦刻本依據楊璋刻本，與之大同小异。天一閣刻本雖稍晚於陳本，但刻印清楚，内容也與楊璋刻本有异，之後的其他版本多脱胎於天一閣本。

首都圖書館所藏明天一閣刻本《司馬温公稽古録》，書名頁有"天一閣藏板"字樣，版心有寫、刻工，如范正祥、徐昇等，正文前有司馬光《進〈稽古録〉表》一文，以及"朱文公與鄭知院書""朱文公語録中語"兩條摘録性文字。

鈐"昭餘渠夢翔圖籍訪古印"。

（邸曉平）

明嘉靖三十五年趙府居敬堂刻本
《資治通鑑綱目》

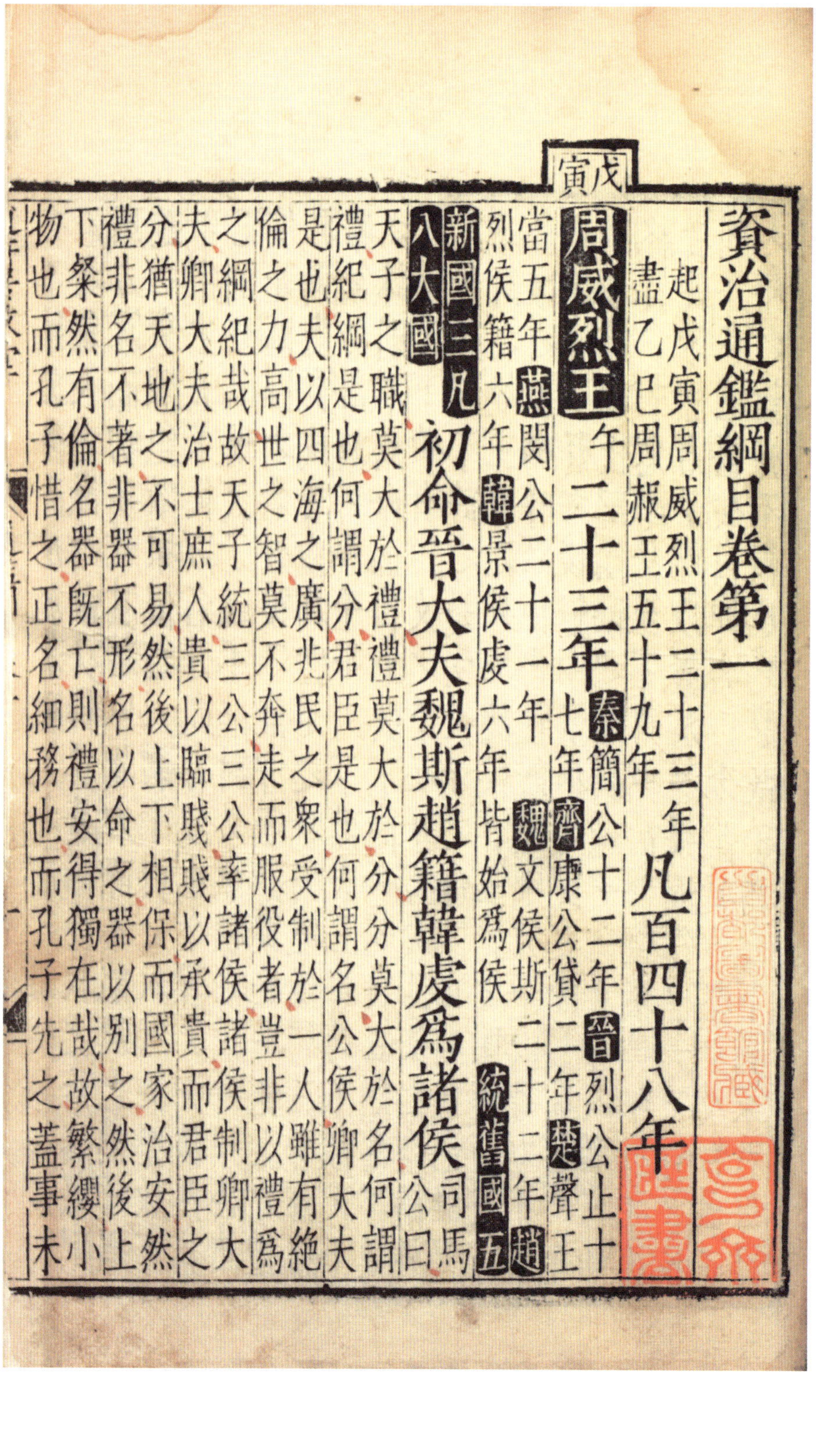

資治通鑑綱目卷第一

起戊寅周威烈王二十三年凡百四十八年

盡乙巳周赧王五十九年

戊寅

周威烈王午二十三年秦簡公十二年晉烈公止十七年齊康公貸二年楚聲王當五年燕閔公二十一年魏文侯斯二十二年趙烈侯籍六年韓景侯虔六年皆始爲侯統舊國五新國三凡八大國

初命晉大夫魏斯趙籍韓虔爲諸侯司馬公曰

天子之職莫大於禮禮莫大於分分莫大於名何謂禮紀綱是也何謂分君臣是也何謂名公侯卿大夫是也夫以四海之廣兆民之衆受制於一人雖有絶倫之力高世之智莫不奔走而服役者豈非以禮爲之綱紀哉故天子統三公三公率諸侯諸侯制卿大夫卿大夫治士庶人貴以臨賤賤以承貴而君臣之分猶天地之不可易然後上下相保而國家治安然禮非名不著非器不形名以命之器以別之然後上下粲然有倫名器既亡則禮安得獨在哉故繁纓小物也而孔子惜之正名細務也而孔子先之蓋事未

資治通鑑綱目五十九卷　（宋）朱熹撰　明嘉靖三十五年（1556）趙府居敬堂刻本　六函三十册　索書號（乙二）693　第二批《國家珍貴古籍名録》03632 號

半葉十行二十字，小字雙行字同，白口，四周雙邊，雙對黑魚尾，框高 20.4 厘米，寬 14.8 厘米。

司馬光的編年體史著《資治通鑑》問世之後，一時被視爲名山之作，但因其篇幅過大，内容繁富，難以披閲，讓人望而生畏。故此，朱熹及其門人趙師淵以《資治通鑑》爲依據，删繁就簡，改作《資治通鑑綱目》。

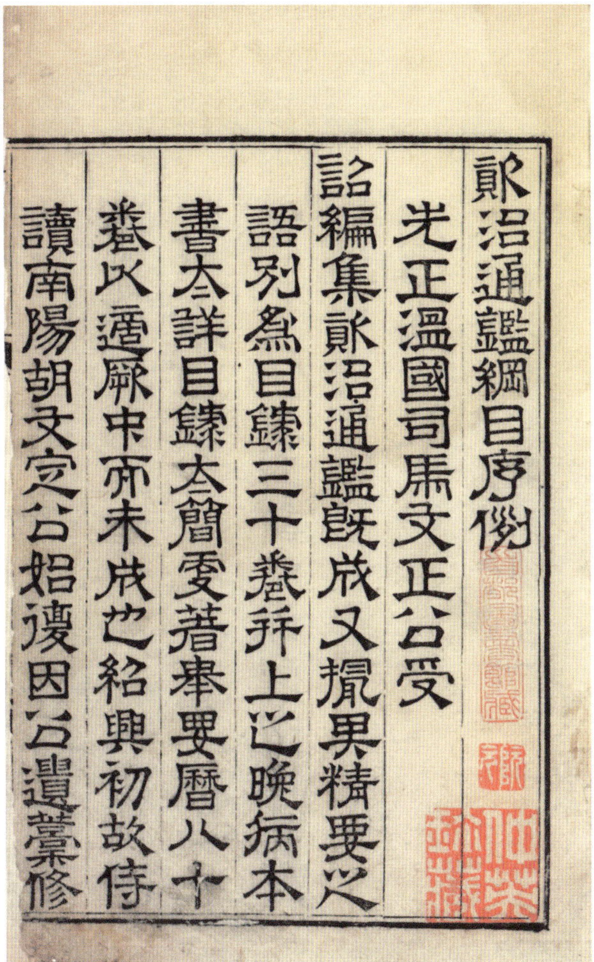
資治通鑑綱目序例
先正溫國司馬文正公受
詔編集資治通鑑既成又撮其精要之
語別為目錄三十卷并上之晚病本
書太詳目錄太簡更著舉要曆八十
卷以適厥中而未成也紹興初故侍
讀南陽胡文定公始復因公遺藁修

内容上，該書基本取材於《資治通鑑》，兼采胡安國《資治通鑑舉要補遺》等書，即“有温公所立之言，所取之論；有胡公所收之説，所著之評；而兩公所遺，與夫近世大儒先生折衷之語，今亦頗采以附於其間”（朱熹《資治通鑑綱目序例》）。體例上，該書首易編年爲綱目，創立了綱目體這一新的史學體裁。書中以大字爲提要，即“綱”，仿《春秋》以明“書法”；小字爲叙事，即“目”，仿《左傳》叙評史事。書前附有凡例百餘條，分統系、歲年、名號、即位、改元、尊立、崩葬、篡賊、廢徙、祭祀、行幸、恩澤、朝會、封拜、征伐、廢黜、罷免、人事、災祥十九門，門下有目，目下有類，詳著義例，述褒貶之旨。朱熹自言：“此書無他法，但其綱欲謹嚴而無脱落，

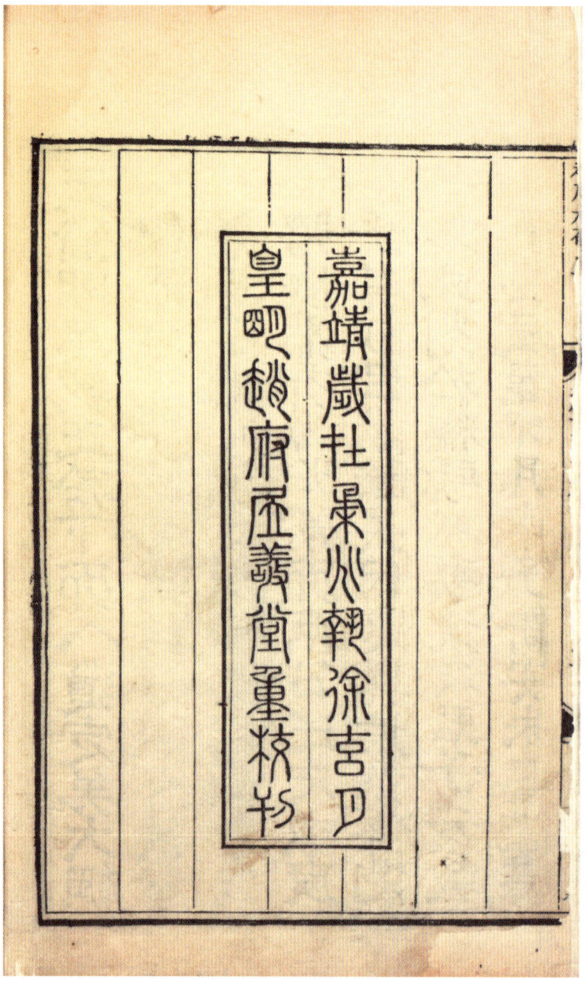
嘉靖歲在柔兆執徐吉月
皇明趙府居敬堂重校刊

目欲詳備而不煩冗耳。”（朱熹《與趙訥齋論綱目書》）

較之卷帙浩繁的《資治通鑑》，該書的内容更爲簡要，條理更加明晰，綱舉目張，使人一目瞭然，易讀易記，是一部適合一般讀者閲讀的通俗史著，對我國通俗史學的發展産生了重要影響。

此本爲明嘉靖三十五年（1556）趙府居敬堂刻本。書首有“資治通鑑綱目序例”，序後有牌記“嘉靖歲在柔兆執徐吉月，皇明趙府居敬堂重校刊”，版心上刻“趙府居敬堂”，下有刻工姓名。居敬堂是明藩趙康王朱厚煜的堂號。明代藩府刻書，多以宋元舊刻爲底本，所刻既多且精，被後人視爲明刻之善本。作爲藩府刻書的一種，此本校刻精審，刊印精良，是該書較爲重要的傳世刻本之一，具有很高的版本和藝術價值。

該書鈐有“仲英珍藏”“阮元”等印記。

（郭芳）

明嘉靖三十六年吉澄刻本《資治通鑑綱目前編》

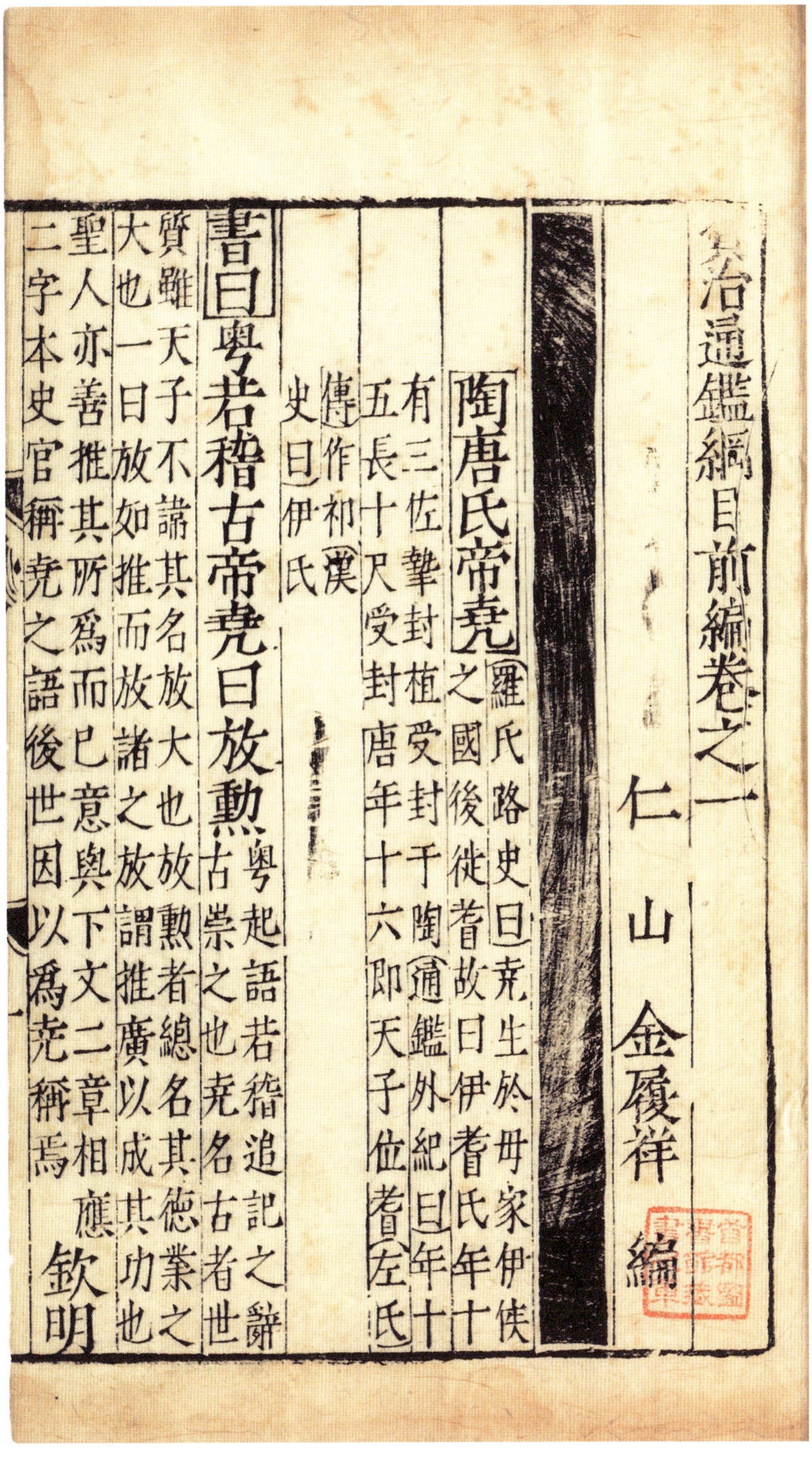

資治通鑑綱目前編卷之一

仁山金履祥編

陶唐氏帝堯羅氏路史曰堯生於母家伊侯之國後徙耆故曰伊耆氏年十有三佐摯封植受封于陶通鑑外紀曰年十五長十尺受封唐年十六即天子位耆左氏傳作祁漢史曰伊氏

書曰粤若稽古帝堯曰放勳粤起語若稽追記之辭古崇之也堯名古者世質雖天子不諱其名放大也放勳者總名其德業之大也一曰放如推而放諸之放謂推廣以成其功也聖人亦善推其所爲而已意與下文二章相應二字本史官稱堯之語後世因以爲堯稱焉

欽明

資治通鑑綱目前編十八卷舉要三卷　（宋）金履祥撰　**外紀一卷**　（明）陳樫撰　明嘉靖三十六年（1557）吉澄刻本　二函十九册　索書號（丙二）3410　第三批《國家珍貴古籍名録》07607 號

半葉九行二十字，小字雙行字同，白口，四周單邊，雙順黑魚尾，框高 20.6 厘米，寬 14.0 厘米。

金履祥（1232—1303），字吉父，號次農，自號桐陽叔子，宋元間婺州蘭溪（今浙江蘭溪）人。少時即有經世致用之志，博覽群書，於天文、地理、曆法、兵書等無不精研。成年後初受學於同郡王柏，後受學於朱熹二傳弟子何基，專治朱熹之學，造詣頗深。德祐初年，朝廷召爲史館編修，堅辭不就。後應嚴州知州聘，主講釣臺書院。宋亡後，隱居金華山中，專意於講學著述，訓迪後學。晚居仁山下，爲浙東金華學派中堅，學者稱仁山先生，卒謚文安。

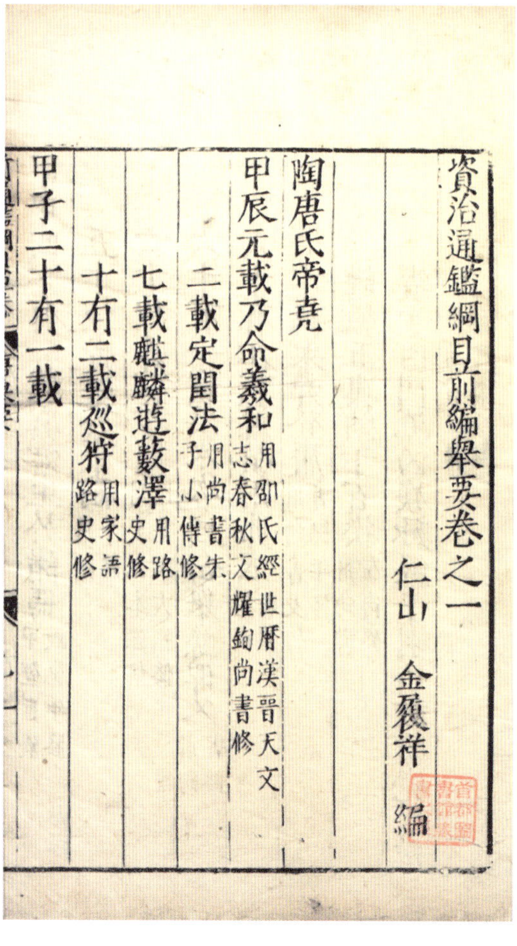
資治通鑑綱目前編舉要卷之一
仁山　金履祥　編
陶唐氏帝堯
甲辰元載乃命羲和 用邵氏經世曆漢晉天文志春秋文耀鉤尚書修
二載定閏法 用尚書朱子傳修
七載麒麟遊藪澤 用路史修
十有二載巡狩 用家語路史修
甲子二十有一載

宋司馬光所撰編年體史書《資治通鑑》，記事始於周威烈王二十三年（前 403）之“三家分晋”，止於五代之末（959），於“三家分晋”之前的歷史并没有觸及。北宋劉恕撰《資治通鑑外紀》記周威烈王二十三年之前事，以補司馬氏所未備。金履祥認爲劉氏《通鑑外紀》“不本於經，而信百家之説，不足傳信”，於是采用邵氏《皇極經世書》、胡氏《皇王大紀》之例，“損益折衷，一以《尚書》爲主。下及《詩》《禮》《春秋》，旁采舊史、諸子，表年繫事，復加訓釋”（柳

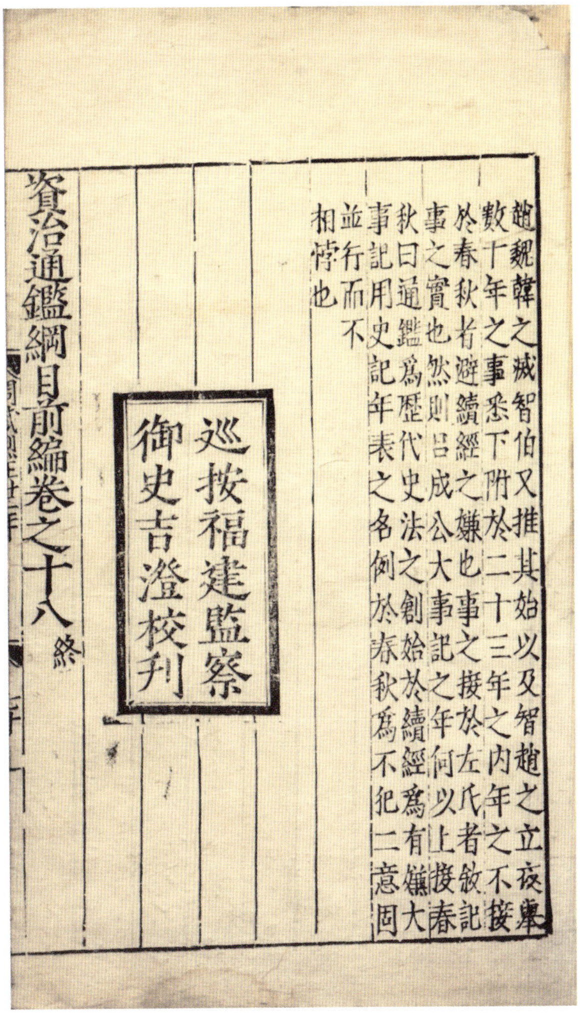

貫《金仁山先生行狀》），成《資治通鑑綱目前編》。《綱目前編》記事始於唐堯以下，止於《資治通鑑》所記之周威烈王二十三年。金氏門人許謙序稱該書“廣博精密，凡帝王經世之大猷，聖賢傳道之微旨，具在是焉”，評價極高。四庫館臣對比劉氏、金氏之書後，認爲劉恕《外紀》確有“頗爲不經”“殆如戲劇”之處，金履祥所論，“未可謂之吹求”，但《資治通鑑綱目前編》引經據典，雖然矯正了《外紀》之失，然亦不乏“好持新説”“臆斷”“附會”之病，至於典籍徵引失當，“未必遽在恕書之上，然援據頗博，其審定群説，亦多與經訓相發明。在講學諸家中，猶可謂究心史籍，不爲游談者矣”（《四庫全書總目》卷四十七）。書成後，金履祥又别爲《舉要》三卷，對書中所引經傳子史之文及訓釋、案語作注，便於對此書之翻檢。該書正文十八卷外，另有陳桱撰《綱目前編外紀》一卷置於正文之前。陳桱，字子經，元末明初浙江奉化（今屬浙江寧波）人，入明爲翰林院編修。《綱目前編外紀》由“三皇紀”“五帝紀”兩部分組成，記事始於盤古氏，止於帝舜有虞氏，是一部較爲完整的上古史。

首都圖書館所藏《資治通鑑綱目前編》爲明嘉靖三十六年吉澄刻本。卷七有六葉係補配，卷十、十八卷末有刊記“巡按福建監察御史吉澄校刊”。

（喬雅俊）

明内府刻本《資治通鑑綱目發明》

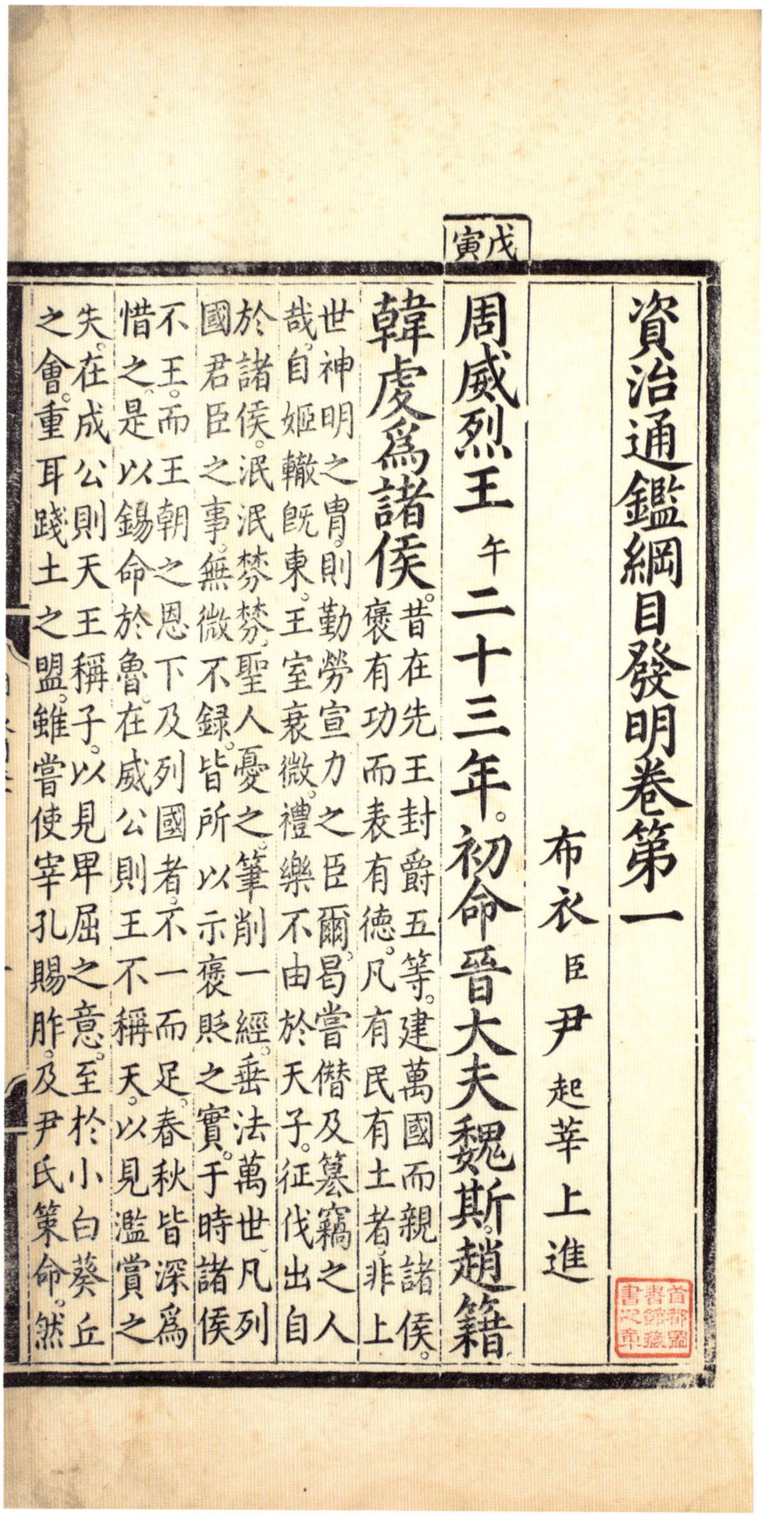

資治通鑑綱目發明卷第一

布衣臣尹起莘上進

戊寅

周威烈王午二十三年初命晉大夫魏斯趙籍韓虔爲諸侯昔在先王封爵五等建萬國而親諸侯褒有功而表有德凡有民有土者非上世神明之胄則勤勞宣力之臣爾昌嘗僭及纂竊之人哉自姬轍既東王室衰微禮樂不由於天子征伐出自於諸侯泯泯棼棼聖人憂之筆削一經垂法萬世凡列國君臣之事無微不録皆所以示褒貶之實于時諸侯不王而王朝之恩下及列國者不一而足春秋皆深爲惜之是以錫命於魯在威公則王不稱天以見濫賞之失在成公則天王稱子以見卑屈之意至於小白葵丘之會重耳踐土之盟雖嘗使宰孔賜胙及尹氏策命然

資治通鑑綱目發明五十九卷 （宋）尹起莘撰 明内府刻本 四册 索書號（丙二）932 第五批《國家珍貴古籍名録》11579 號

半葉八行十八字，小字雙行二十一字，粗黑口，四周雙邊，雙對黑魚尾，框高 27.3 厘米，寬 18.5 厘米。

尹起莘（1220—1278），字耕道，號堯庵，遂昌大柘（今浙江遂昌大柘鎮）人，祖籍河南。據考，其曾祖父尹子道，於乾道年間任遂昌縣令，辭官後因愛遂昌風土人情，卜居

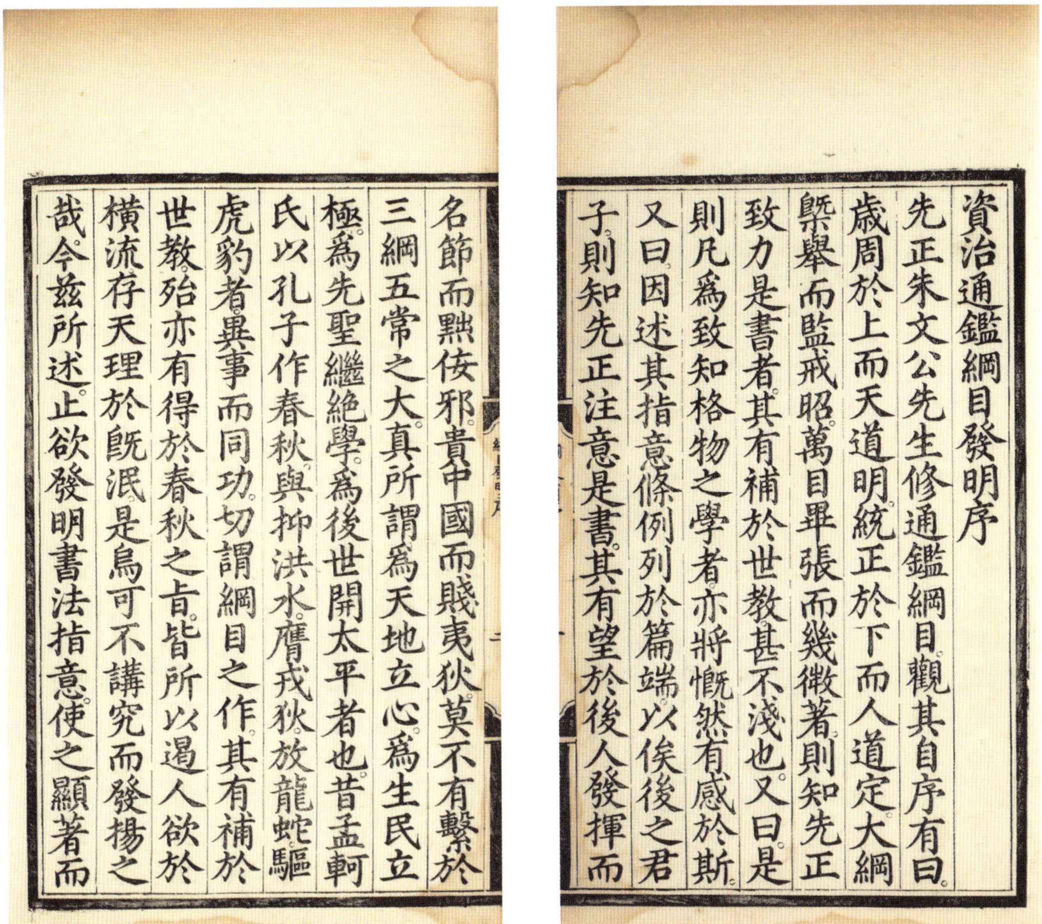
資治通鑑綱目發明序
先正朱文公先生修通鑑綱目觀其自序有曰歲周於上而天道明統正於下而人道定大綱槩舉而監戒昭萬目畢張而幾微著則知先正致力是書者其有補於世教甚不淺也又曰是則凡爲致知格物之學者亦將慨然有感於斯又曰因述其指意條例列於篇端以俟後之君子則知先正注意是書其有望於後人發揮而名節而黜佞邪貴中國而賤夷狄莫不有繫於三綱五常之大真所謂爲天地立心爲生民立極爲先聖繼絕學爲後世開太平者也昔孟軻氏以孔子作春秋與抑洪水膺戎狄放龍蛇驅虎豹者異事而同功切謂綱目之作其有補於世教殆亦有得於春秋之旨皆所以遏人欲於橫流存天理於既泯是烏可不講究而發揚之哉今茲所述止欲發明書法指意使之顯著而

在此，世代以耕讀傳家，不求功名，時人稱爲“布衣秀才世家”。尹公亦遵家訓隱居不仕，而潛心讀書、精研歷史，被後世譽爲“理學世家”“名儒世胄”“賢佐春秋”“布衣史學家”等。

南宋理學家朱熹創綱目體史著《資治通鑑綱目》(下稱《綱目》)一書,既對司馬光的《資治通鑑》有提綱挈領之功，又以義理入史論，對世教影響深遠。後學尹起莘以《綱目》爲本，取其精華，發其奥義，明其意旨，撰成《資治通鑑綱目發明》（下稱《發明》）。此書是众多羽翼《綱目》的代表作之一。内中强化尊君父而討亂賊、崇正統而抑僭僞、褒名節而黜佞邪的思想，明辨倫理綱常，真正爲《綱目》中的義理起到了發揮和講明的作用。

宋代以降，《發明》一書受歷代朝野推崇，刊布不斷，亦列皇家刻書之選。據《大明憲宗純皇帝寶訓》載：明成化九年（1473），“上命儒臣考訂宋儒朱熹《資治通鑑綱目》，盡去後儒所著考异、考證諸書，而以王逄《集覽》、尹起莘《發明》附其後，至是上呈。”可見《發明》一書深得統治者厚愛。

首都圖書館藏本爲明内府所刻單行本，并非《綱目》附書。該書開本寬闊、行格疏朗、楮墨講求，有皇家刻書之風範，展卷令人醒目悦神，具有極高的藝術價值和文物價值。

（李晶瑩）

明内府刻本《資治通鑑綱目集覽》

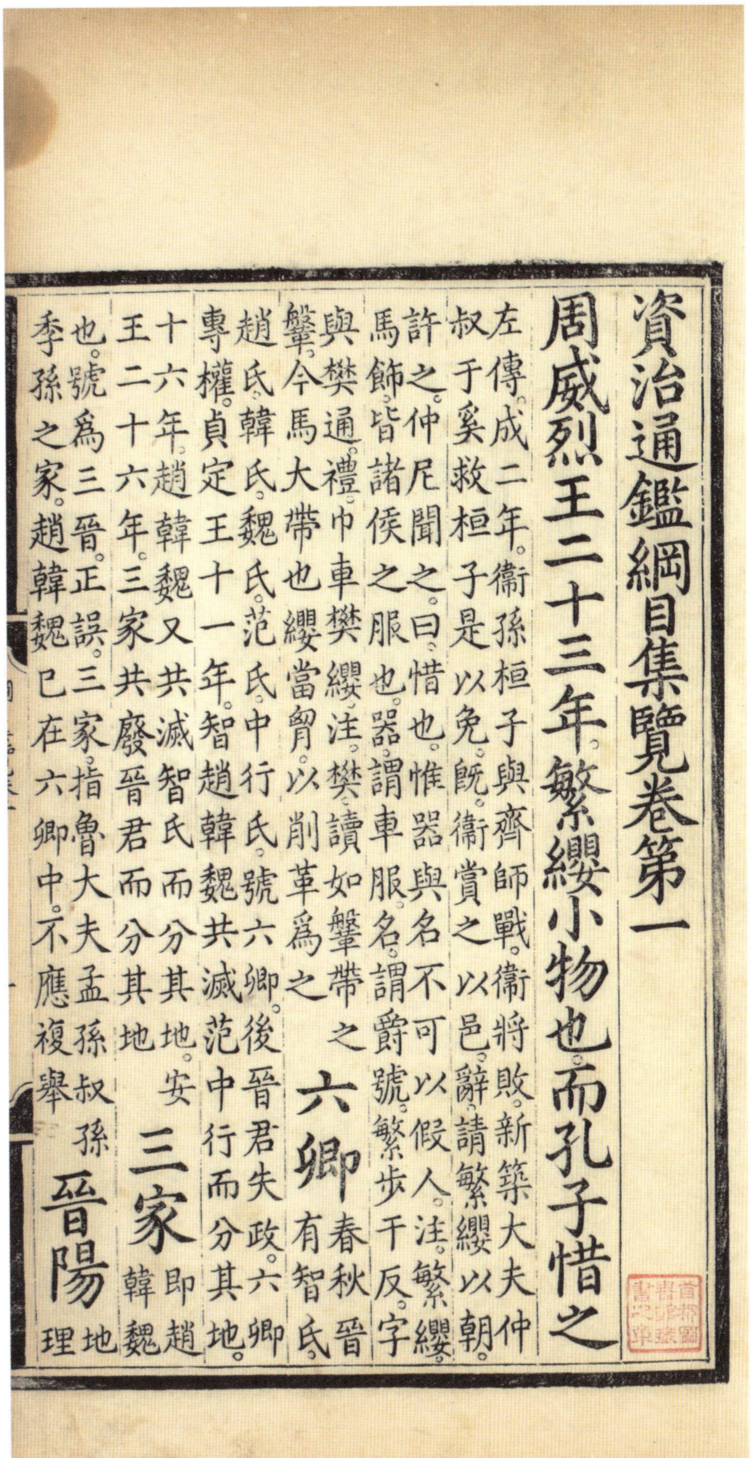

資治通鑑綱目集覽卷第一

周威烈王二十三年繁纓小物也而孔子惜之

左傳成二年衛孫桓子與齊師戰衛將敗新築大夫仲叔于奚救桓子是以免既衛賞之以邑辭請繁纓以朝許之仲尼聞之曰惜也惟器與名不可以假人注繁纓馬飾皆諸侯之服也器謂車服名謂爵號繁步干反字與樊通禮巾車樊纓注樊讀如鞶帶之鞶今馬大帶也纓當胷以削革爲之

六卿

春秋晉有智氏趙氏韓氏魏氏范氏中行氏號六卿後晉君失政六卿專權貞定王十一年智趙韓魏共滅范中行而分其地十六年趙韓魏又共滅智氏而分其地安王二十六年三家共廢晉君而分其地

三家

即趙韓魏也號爲三晉正誤三家指魯大夫孟孫叔孫季孫之家趙韓魏已在六卿中不應複舉

晉陽

地理

資治通鑑綱目集覽五十九卷　（元）王幼學撰　（明）陳濟正誤　明内府刻本　六册　索書號（丙二）932　第五批《國家珍貴古籍名録》11580號

半葉八行十八字，小字雙行二十一字，粗黑口，四周雙邊，雙對黑魚尾，框高27.3厘米，寬18.5厘米。

王幼學（1275—1368），字行卿，別號慈湖，安慶望江（今安徽安慶）人。幼學生逢宋末，元軍南下時被掠至河南洛陽，被陳氏收爲義子。自幼篤志力學，博覽群書，終學業

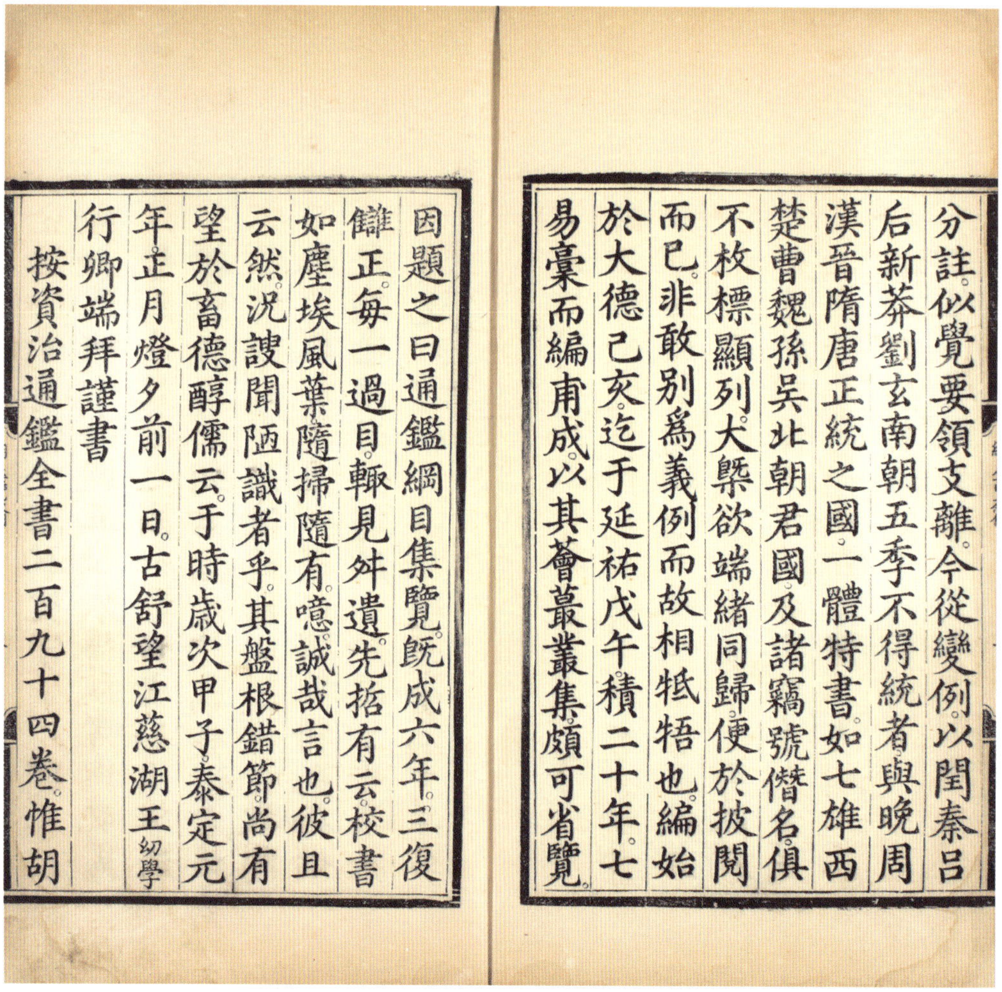
分註似覺要領支離今從變例以閏秦呂
后新莽劉玄南朝五季不得統者與晚周
漢晉隋唐正統之國一體特書如七雄西
楚曹魏孫吴北朝君國及諸竊號僭名俱
不校標顯列大槩欲端緒同歸便於披閲
而已非敢别爲義例而故相牴牾也編始
於大德己亥迄于延祐戊午積二十年七
易稾而編甫成以其薈蕞叢集頗可省覽
因題之曰通鑑綱目集覽旣成六年三復
讎正每一過目輙見舛遺先哲有云校書
如塵埃風葉隨掃隨有噫誠哉言也彼且
云然況謏聞陋識者乎其盤根錯節尚有
望於畜德醇儒云于時歲次甲子泰定元
年正月燈夕前一日古舒望江慈湖王幼學
行卿端拜謹書
按資治通鑑全書二百九十四卷惟胡

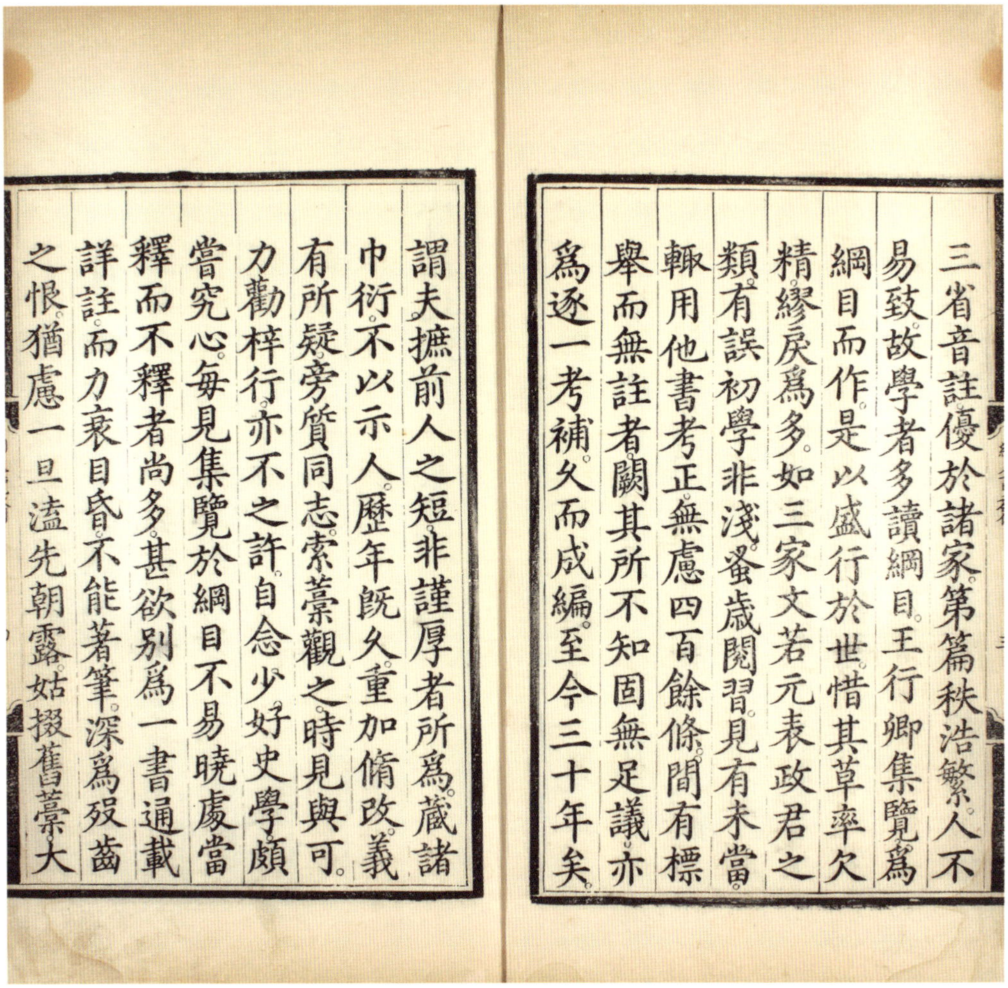
三省音註優於諸家第篇秩浩繁人不
易致故學者多讀綱目王行卿集覽爲
綱目而作是以盛行於世惜其草率欠
精繆戾爲多如三家文若元表政君之
類有誤初學非淺蚤歲閱習見有未當
輙用他書考正無慮四百餘條間有標
舉而無註者闕其所不知固無足議亦
爲逐一考補久而成編至今三十年矣

謂夫摭前人之短非謹厚者所爲藏諸
巾衍不以示人歷年既久重加脩改義
有所疑旁質同志索藁觀之時見與可
力勸梓行亦不之許自念少好史學頗
嘗究心每見集覽於綱目不易曉處當
釋而不釋者尚多甚欲别爲一書通載
詳註而力衰目昏不能著筆深爲歿齒
之恨猶慮一旦溘先朝露姑掇舊藁大

大成，名列“元代八大名儒”之一。王氏一生潛心學問，雖多次被舉薦爲官，終不侍元廷。元至元二年（1336），幼學返鄉望江，於值雪山旁建慈湖書院，講學不輟，人稱“慈湖先生”。有《資治通鑑綱目集覽》（下稱《集覽》）傳世。

宋朱熹所撰《資治通鑑綱目》在元朝廣受推崇，由此産生了許多爲之注釋、辨義、考證的史學新著。《集覽》是其中較有影響的一部書。據卷前自序，該書“編始於大德己亥，迄於延祐戊午，積二十年，七易稿而編甫成……既成六年，三復讎正”，可見王氏所傾心力。是書對《資治通鑑綱目》中的字詞、句讀、訓詁以及義理進行引喻證釋，于世人讀史有極大的輔助之效。故而此書一出，“讀《鑑》者争先快睹，視猶指南，共珍惜而尊信之”（瞿佑《資治通鑑綱目集覽鐫誤》序）。

然而，王幼學的《集覽》也存在諸多訛誤，主要表現在地理不分南北、官制不辨古今、史實失考臆説、音訓謬於理、句讀不成文等方面。進而又有後學爲之糾誤。明代著名史家陳濟即是其一。陳濟（1364—1424），字伯載，武進（今江蘇常州）人。濟學問淵博，通經史百家之言，以布衣爲《永樂大典》都總裁，又拜右贊善，五皇孫皆從受經。平生著述有《書傳補》《元史舉要》《思齋集》等。陳濟對《集覽》的糾誤多達百餘條，具有較高的校勘學價值。

首都圖書館所藏《集覽》爲明内府刻本，與前書《資治通鑑綱目發明》合刻刊行，均爲開本宏闊、紙墨講求的皇家刻書精品，且至今保存完好，品相上乘，不僅是文獻價值極高的典籍，亦是可供鑒賞的文物佳品。

（李晶瑩）

明正德十四年慎獨齋刻本《歷代通鑑纂要》

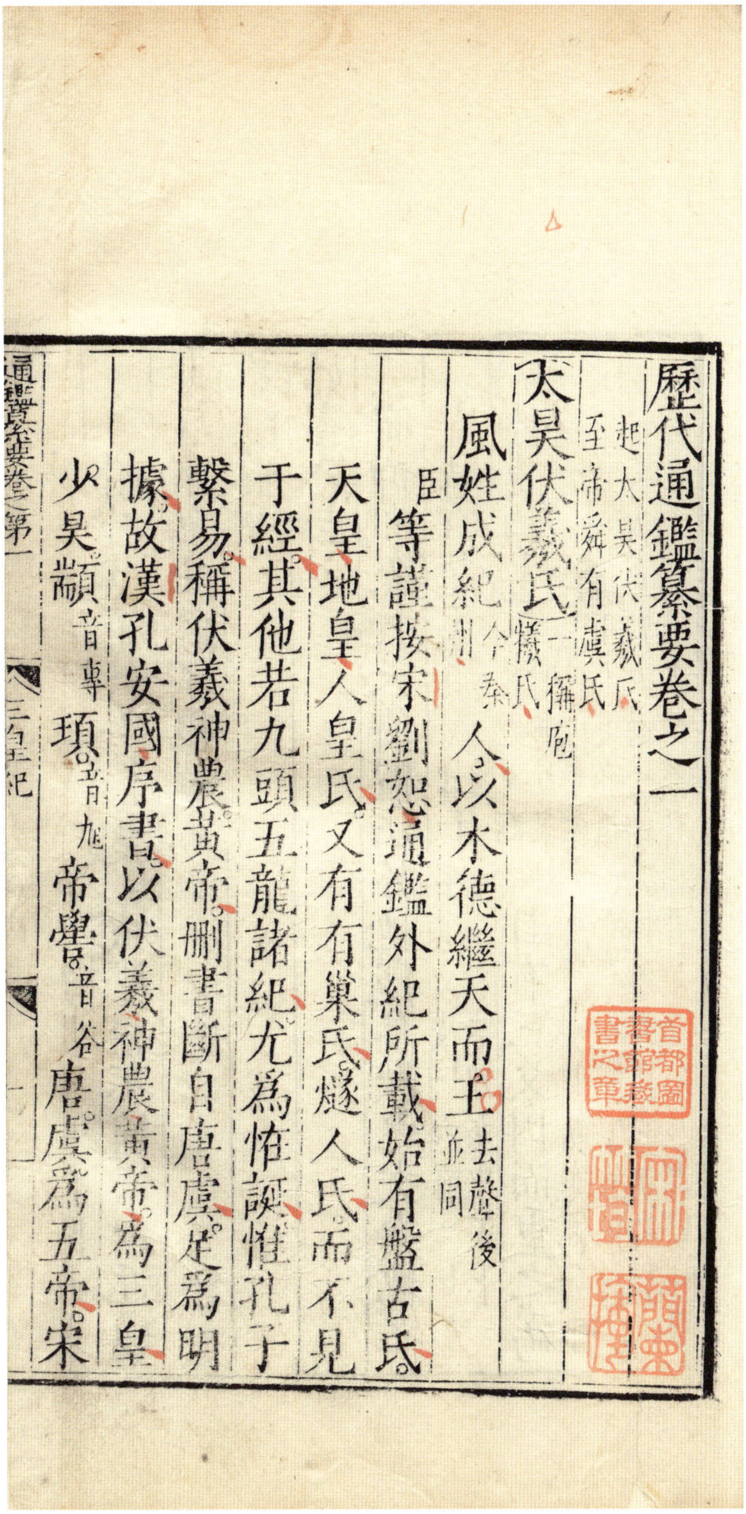

歷代通鑑纂要卷之一

起太昊伏羲氏 至帝舜有虞氏

太昊伏羲氏（一稱庖犧氏）

風姓成紀（今秦州）人以木德繼天而王（王去聲後並同）

臣等謹按宋劉恕通鑑外紀所載始有盤古氏

天皇地皇人皇氏又有有巢氏燧人氏而不見

于經其他若九頭五龍諸紀尤爲怪誕惟孔子

繫易稱伏羲神農黃帝刪書斷自唐虞定爲明

據故漢孔安國序書以伏羲神農黃帝爲三皇

少昊顓（音專）頊（音旭）帝嚳（音谷）唐虞爲五帝宋

通鑑纂要卷之第一　三皇紀　一

歷代通鑑纂要九十二卷　（明）李東陽　劉機等撰　明正德十四年（1519）慎獨齋刻本　六函四十册　索書號（甲二）423、（丙二）1931　第二批《國家珍貴古籍名録》03743、03744 號

半葉十行二十字，小字雙行字同，白口，四周雙邊，雙順黑魚尾，框高 18.4 厘米，寬 13.0 厘米。

李東陽（1447—1516），字賓之，號西涯、壽村逸叟，茶陵（今屬湖南）人。明天順八年（1464）進士，選庶吉士，授編修。孝宗時官至文淵閣大學士，參預機務，閣中疏草多出其手。武宗朝劉瑾專權，忠直之士放逐殆盡，東陽依附周旋，爲氣節之士所譏，然潛移默奪，保全善類，天下陰受其庇。劉瑾誅，東陽上書責己請黜，帝慰留之。卒謚文正。東陽善詩，爲茶陵詩派領袖，又工書，擅長篆、隸。著《懷麓堂集》等，并主持編纂《大明會典》《憲宗實録》《孝宗實録》。事迹見《明史》卷一百八十一，又《懷麓堂集》附録其傳記、年譜。

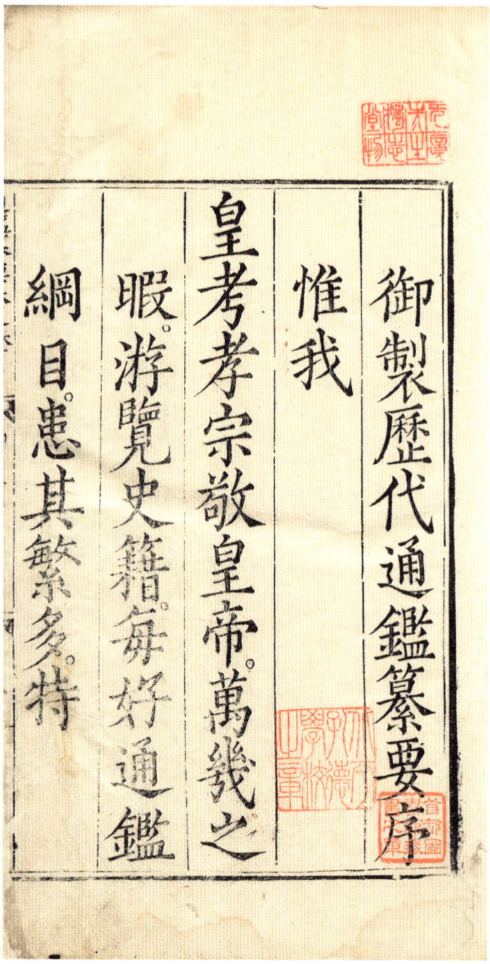
御製歷代通鑑纂要序
惟我
皇考孝宗敬皇帝萬幾之
暇游覽史籍每好通鑑
綱目患其繁多特

據卷前明正德二年（1507）明武宗《御製歷代通鑑纂要序》載，孝宗好觀《通鑑綱目》，苦其繁多，特敕内閣李東陽等纂撮其要略，輯《綱目》及《續編》切於治道者，以備觀覽，賜名《纂要》。是書之作，創始於弘治之末，而竣於正德二年。書凡九十二卷，前序，次李東陽等進書表及編纂儒臣銜名，次凡例，次引用書目，次先儒姓氏。正文起自三皇，終於元末，仿《通鑑綱目》體例，周威烈王之前，參用《通鑑前編》《皇王大紀》等書，宋以後則以《續

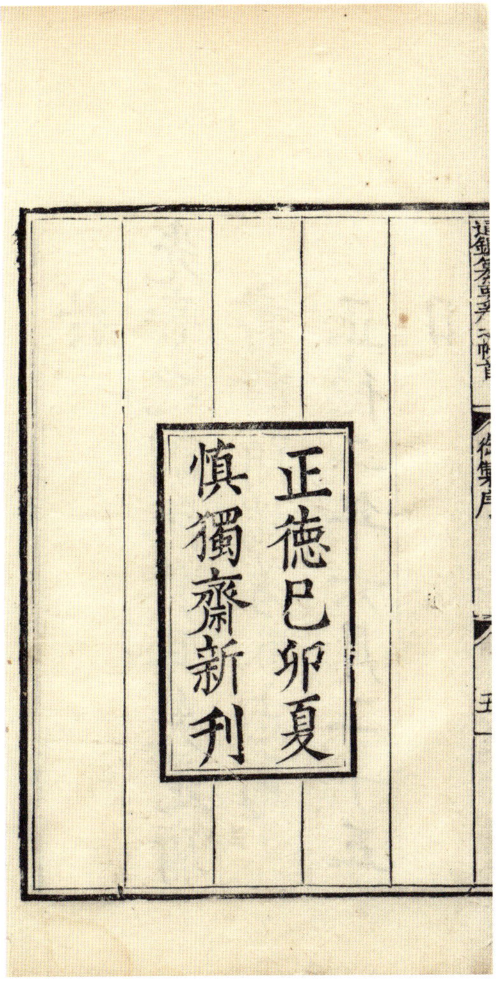

資治通鑑綱目》貫穿，備載古今數千年之事。每朝代之後，皆有論斷，有東陽之作，亦有引用前人之説。對史實有所考訂者，附各句之下，凡奇字發聲及隱義僻事，略加音注，附於字句之下，頗便閱讀。

此書序後有“正德己卯夏慎獨齋新刊”牌記，有刻工之、易等，爲明正德十四年福建建陽書林劉氏慎獨齋刊本。慎獨齋，爲明弘治間建陽人劉洪及其後嗣的書坊名。洪字宏毅，亦作弘毅，號石木山人，以刻印書籍著稱。葉德輝《書林清話》稱“劉洪慎獨齋刻書極夥，其版本校勘之精，亦頗爲藏書家所貴重”。

03743 號有佚名圈點，鈐有“蘭揮”“宋筠”“无竟先生獨志堂物”“北平孔德學校之章”等印。03744 號有佚名圈點。

（史麗君）

明弘治十年吕鏜刻本《東萊先生音註唐鑑》

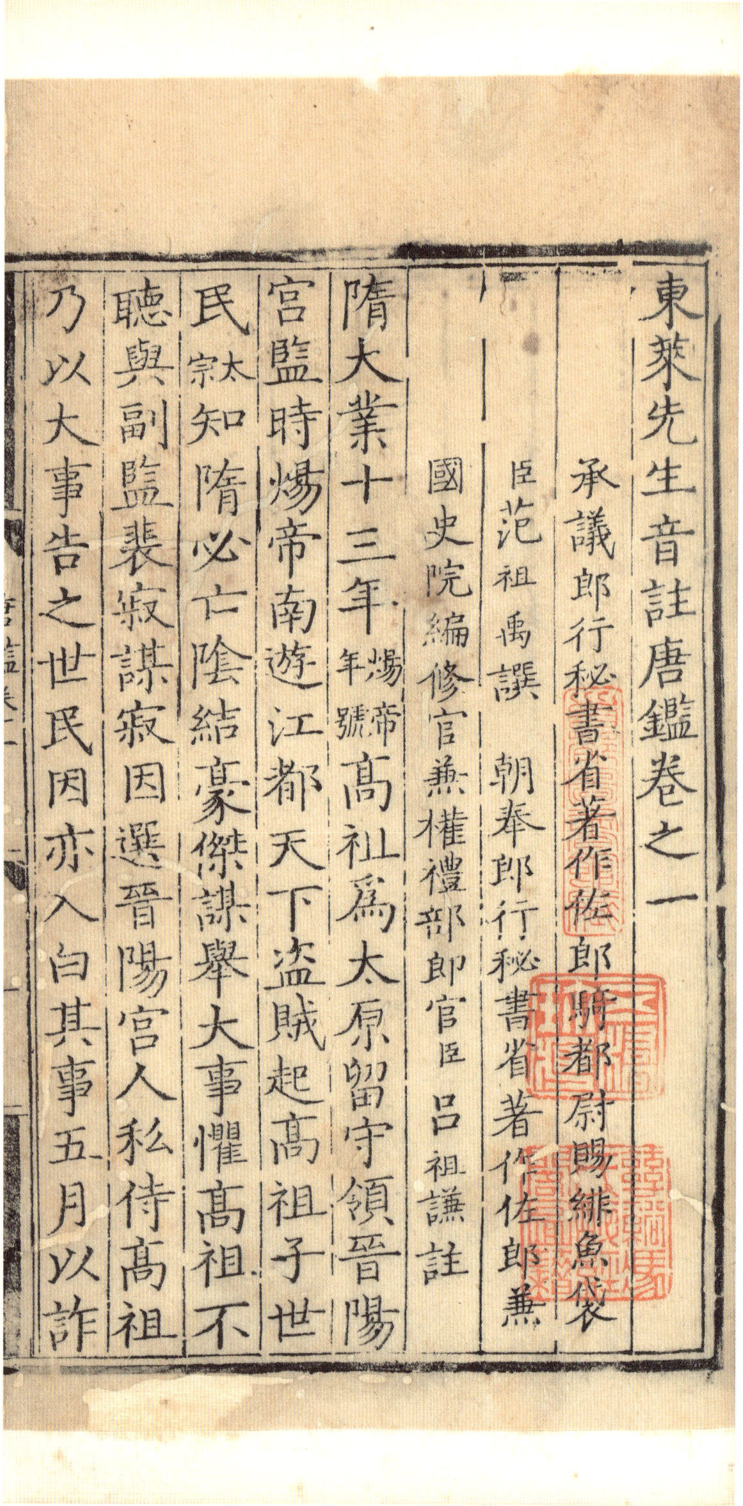
東萊先生音註唐鑑卷之一
承議郎行秘書省著作佐郎騎都尉賜緋魚袋
臣范祖禹譔　朝奉郎行秘書省著作佐郎兼
國史院編修官兼權禮部郎官臣　呂祖謙註
隋大業十三年煬帝年號高祖為太原留守領晉陽
宮監時煬帝南遊江都天下盜賊起高祖子世
民太宗知隋必亡陰結豪傑謀舉大事懼高祖不
聽與副監裴寂謀寂因選晉陽宮人私侍高祖
乃以大事告之世民因亦入白其事五月以詐

東萊先生音註唐鑑二十四卷　（宋）范祖禹撰　（宋）吕祖謙注　明弘治十年（1497）吕鏜刻本　一函八册　索書號（乙二）709　第六批《國家珍貴古籍名録》12611號

半葉九行十八字，小字雙行字同，粗黑口，四周雙邊，雙順黑魚尾，框高20.1厘米，寬13.4厘米。

《唐鑑》原書十二卷，是北宋史學家范祖禹所撰，後南宋理學家吕祖謙爲其作注，成《東萊先生音注唐鑑》二十四卷。

范祖禹（1041—1098），字淳甫，一字夢得，四川華陽人，二十三歲中進士，官至龍圖閣學士。宋神宗熙寧三年（1070），司馬光組織撰修《資治通鑑》，范祖禹作爲編修之一，主要編寫唐史長編，故而對唐史研究尤爲精深。宋元祐元年（1086）范祖禹撰成《唐鑑》一書，并上表進呈哲宗，作爲施政鑒戒。此書是一部以議論爲主的編年體史書，論述上自唐高祖下迄昭宣帝三百年間的興廢治亂、善惡得失，撮取大綱，繫以論斷。

北宋理學家程頤認爲《唐鑑》"自三代以後無此議論"。宋高宗贊曰："讀《資治通鑑》知司馬光有宰相度量，讀《唐鑑》知范祖禹有臺諫手段。"范祖禹一生著述頗豐，另有《帝學》八卷、《仁宗政典》六卷、文集五十五卷。《唐鑑》一書最爲著名，有"萬世君人者之金鏡"美譽，范祖禹也因此被世人尊爲"唐鑑公"。

《唐鑑》問世不及百年，吕祖謙爲其作"音注"，對原書中字詞音義、典章制度、史實典故等多有闡發，成《東萊先生音注唐鑑》二十四卷。

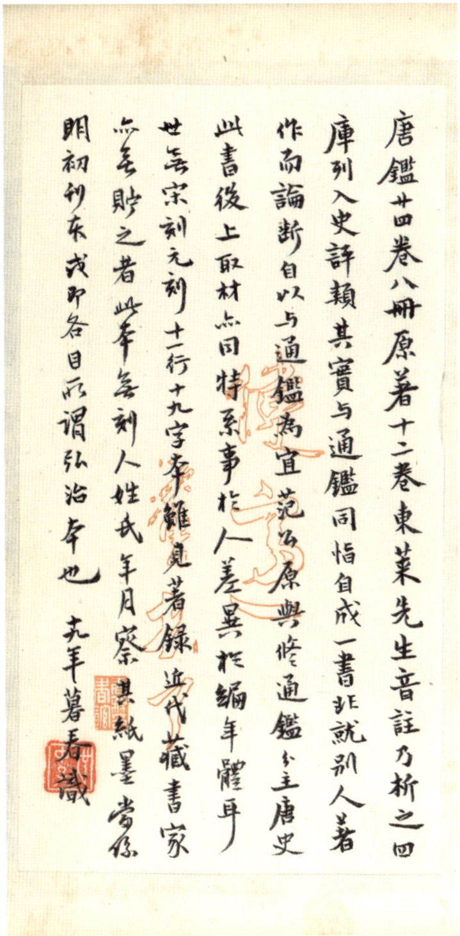
唐鑑廿四卷八册原著十二卷東萊先生音註乃析之四
庫列入史評類其實與通鑑同旨自成一書非就别人著
作而論斷自以與通鑑爲宜范公原與修通鑑分主唐史
此書後上取材亦同特系事於人差異於編年體耳
世無宋刻元刻十一行十九字本雖見著録近代藏書家
亦無貯之者此本無刻人姓氏年月察其紙墨當係
明初刻本或即各目所謂弘治本也
九年暮春識

吴中子題記

吕祖謙（1137—1181），字伯恭，婺州（今浙江金華）人，祖上原籍東萊（今山東東萊），人稱“小東萊先生”。吕祖謙出身名門，宋隆興元年（1163）進士及第，曾任國史院編修，參與重修《宋徽宗實録》，編輯《皇朝文鑑》。他博學多識，开理學“浙東學派”先聲，著有《東萊集》《歷代制度詳説》《東萊博議》等，并與朱熹合著《近思録》。吕祖謙爲《唐鑑》作注，使此書對後世影響愈加深遠。《唐鑑》傳本多爲吕祖謙注本，也是此書唯一的注本。

據傳明太祖曾説：“寧舍玉妃，不舍《唐鑑》”。清仁宗稱：“《唐鑑》一書，臚叙一代事迹，考鏡得失，其立論頗有裨於治道”，并下令館臣仿照《唐鑑》體例，輯成《明鑑》。

此書宋代刻印本存世極爲罕見，僅見國家圖書館藏有一部宋刻元修本。

首都圖書館所藏《東萊先生音注唐鑑》爲明弘治十年吕鏜刻本，書前有民國十九年（1930）吴中子手書題記，簡述該書内容與版本。吕鏜，明代真定府晋州（今河北晋州）人，弘治三年（1490）進士，弘治五年授武进（今屬江蘇常州）知县，弘治十年主持刻印此書。

首都圖書館此本卷首鈐“慈溪馮氏醉經閣圖籍”“五橋珍臧”朱印，可知其曾爲慈溪馮雲濠醉經閣所藏。馮雲濠（1807—1855），號五橋，出身慈溪望族，曾建德潤書院，愛好藏書，《［光緒］慈溪縣志》記其“嘗於所居構醉經閣藏书，多善本”。傅增湘《藏園群書經眼録》、王重民《中國善本書提要》等皆著録其藏书。

此版本浙江大學圖書館、復旦大學圖書館、湖南圖書館亦有收藏，均已入選《國家珍貴古籍名録》。

（劉乃英）

明嘉靖四十四年高思誠刻本《鴻猷録》

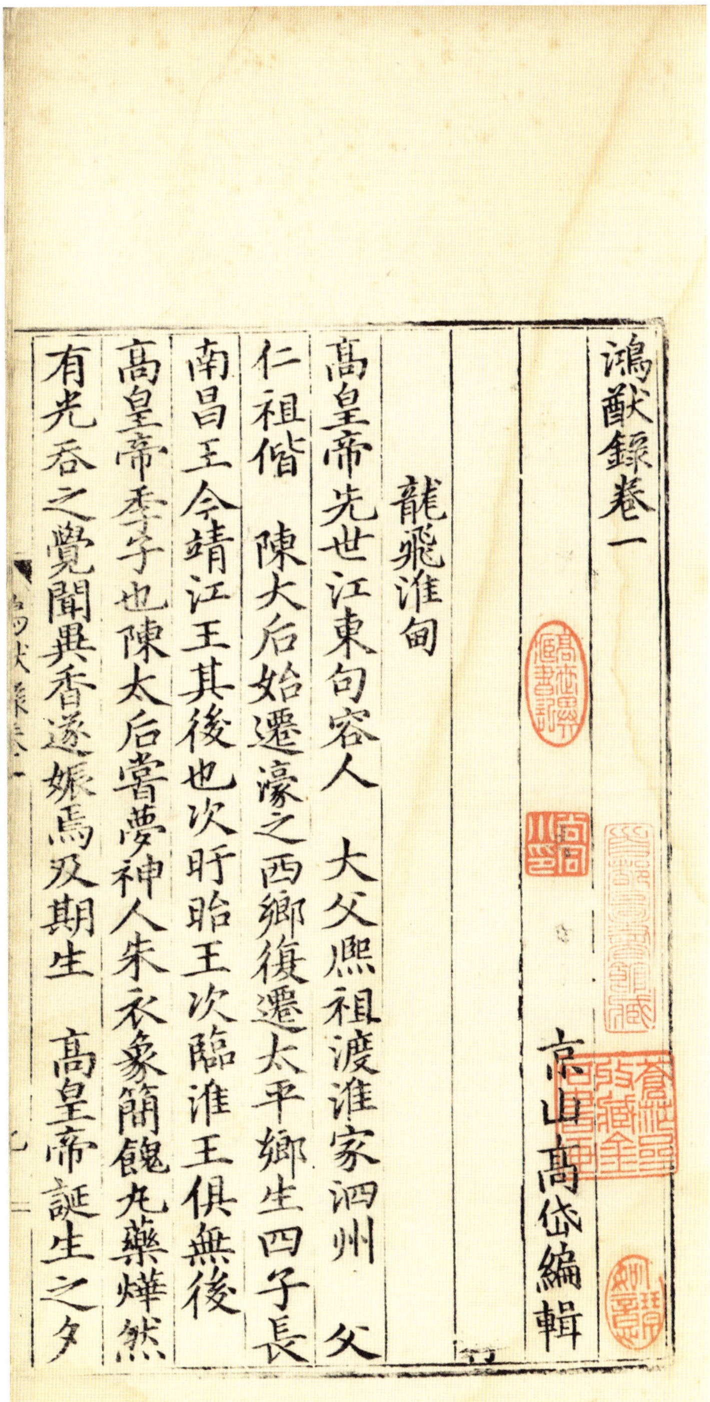

鴻猷録卷一

京山高岱編輯

龍飛淮甸

高皇帝先世江東句容人　大父凞祖渡淮家泗州　父仁祖偕　陳太后始遷濠之西鄉復遷太平鄉生四子長南昌王今靖江王其後也次盱眙王次臨淮王俱無後高皇帝季子也陳太后嘗夢神人朱衣象簡餽丸藥燁然有光吞之覺聞異香遂娠焉及期生　高皇帝誕生之夕

鴻猷録十六卷　（明）高岱撰　明嘉靖四十四年（1565）高思誠刻本　二函十六册　索書號（乙二）700　第四批《國家珍貴古籍名録》10220號

半葉九行二十二字，白口，四周雙邊，單黑魚尾，框高22.2厘米，寬14.3厘米。

高岱（1507—？），字伯宗，號鹿坡居士，京山（今湖北京山）人。明嘉靖二十九年（1550）進士，纍官刑部郎中。時董傳策、張翀、吴時來疏劾嚴嵩父子不法，嵩欲置之死，岱力言於尚書鄭曉，傳策等得以遣歸，岱爲治行裝，送之出郊。嵩父子深恨之，竟以此出爲景王府長史。高岱工詩，爲李攀龍等“後七子”之前茅。任刑部郎中期間，高岱用心輯録明開國以來用兵事，於明嘉靖三十六年纂成《鴻猷録》。又有《樵論》《楚漢餘談》《西曹集》《居鄖稿》等。

《鴻猷録》凡十六卷六十目，采紀事本末體，四字爲題，取材以刑部檔案爲主，雜取稗官野史，叙述明自太祖開國至世宗嘉靖二百餘年間軍政大事。其内容大致由“太祖開創丕基”、“成祖肅清内難”、歷代“誅戮權奸”、“剪除盜賊”、“討伐蠻夷”五部分組成，目的在於通過記述明朝歷代“鴻猷”，激勵當政者。書中對太祖建國之戰、成祖靖難北伐之戰、統治者内部争鬥及明政權與少數民族和戰等主要史實都有詳細記述。一事一卷，内容有多有少，詳略懸殊，每篇末尾都附有史論，系統闡述作者對史事人物的看法。

高思誠乃高岱之子，於明嘉靖四十四年刻成《鴻猷録》，一經刊行即受到時人重視。該書材料豐富，取捨得法，作者的論述和評價頗有可取之處，是明人記載本朝歷史書籍中的佼佼者，其

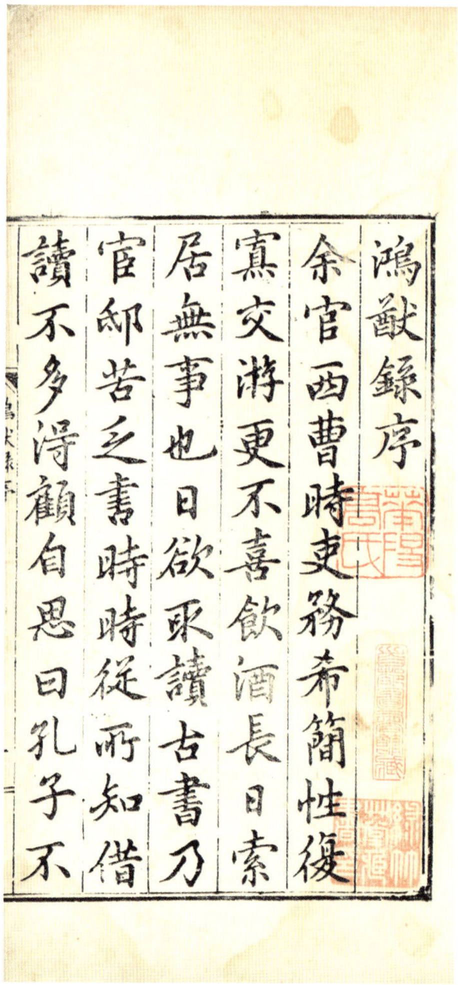
鴻猷錄序
余官西曹時吏務希簡性復
寡交游更不喜飲酒長日索
居無事也日欲取讀古書乃
官邸苦乏書時時從所知借
讀不多得顧自思曰孔子不

所據多爲當時人的傳志、奏疏、案牘，史料比較可靠，保留了許多官書不載或不詳的史實，還有不少記載异於正史，向爲治明史者所重，對後代史家研究明前期歷史具有很高的參考價值。有刻工仁、八等。

此本鈐有“緑竹艸堂臧書印”“王懿榮印”“翰林供奉”“小琴如意”“華陽高氏”“華陽高氏鑒臧”“蒼茫齋收臧精品”“尚同小印”“高世异臧書記”等印記。

（牛小燕）

明嘉靖三十三年張佳胤雙柏堂刻本《越絶書》

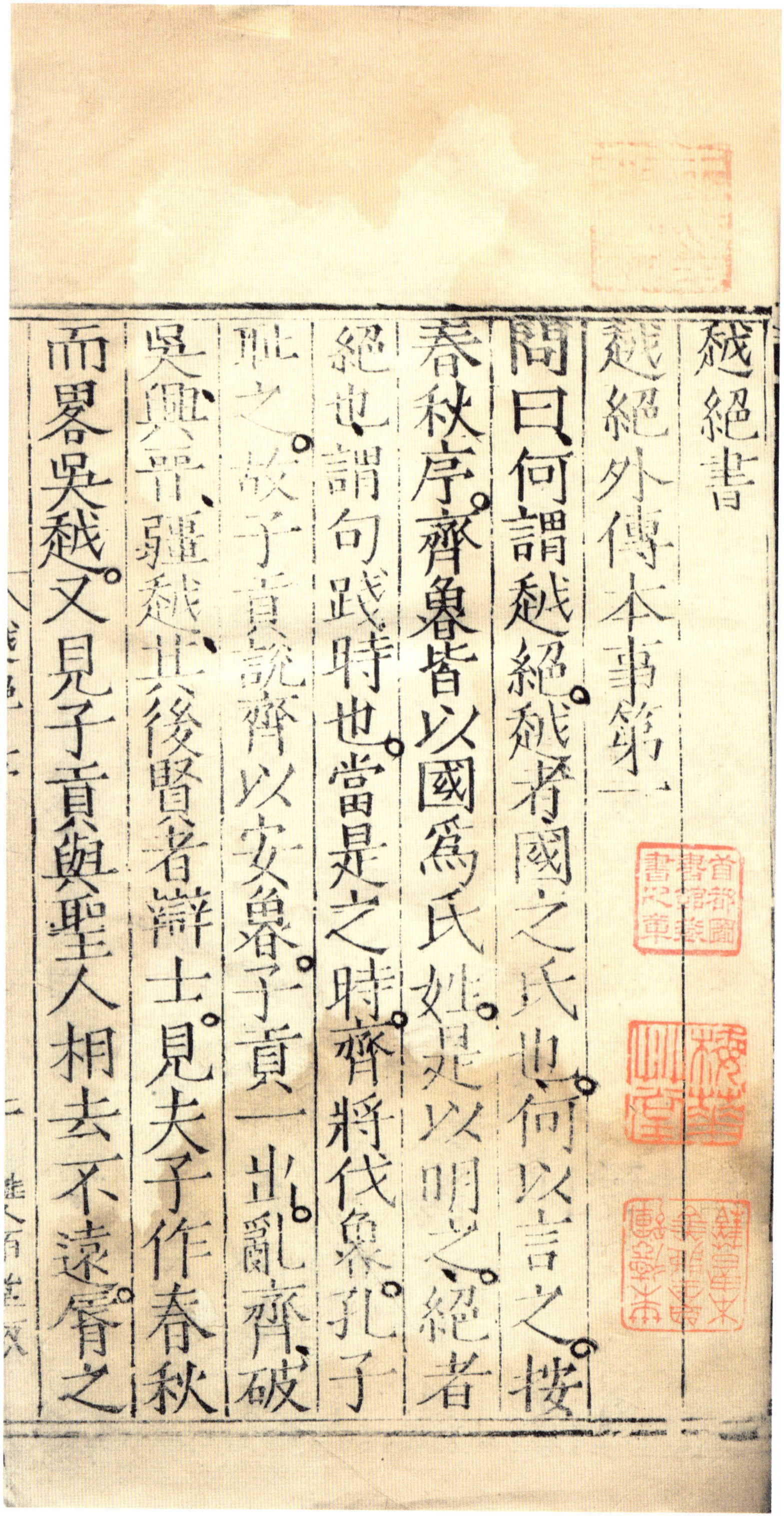

越絶書

越絶外傳本事第一

問曰何謂越絶越者國之氏也何以言之按春秋序齊魯皆以國爲氏姓是以明之絶者絶也謂句踐時也當是之時齊將伐魯孔子耻之故子貢説齊以安魯子貢一出亂齊破吳興晋彊越其後賢者辯士見夫子作春秋而略吳越又見子貢與聖人相去不遠脣之

越絶書十五卷　（漢）袁康撰　明嘉靖三十三年（1554）張佳胤雙柏堂刻本　一函四册　索書號（丙二）3800　第三批《國家珍貴古籍名録》07751 號

半葉八行十七字，白口，四周雙邊，單白魚尾，框高 19.9 厘米，寬 14.1 厘米。

該書著者，歷來説法不一。《隋書·經籍志》認爲乃子貢撰；《崇文總目》以爲伍子胥作；楊慎《丹鉛總録》等認爲作者是東漢初期的袁康；陳振孫《直齋書録解題》以爲是漢人附益戰國後人而成。《四庫全書總目》則根據原書《叙外傳記》之隱語，判定此書乃會稽人袁康所作，同郡吴平校定。今人經研究認爲，該書非一時一人之作，戰國時期即已有之，後經袁、吴二人增益删定以成書。袁康，會稽（今浙江紹興）人，東漢初期史學家，生平事迹不詳。吴平，字君高，袁康同鄉，生平亦無考。

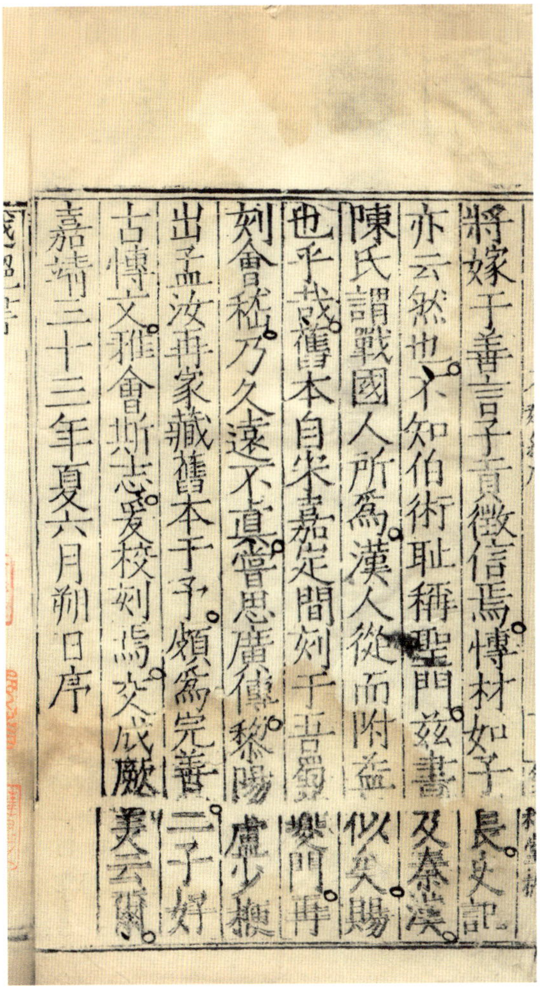
將嫁于善言子貢徵信焉傳材如子長史記
亦云然也不知伯術耻稱聖門茲書乃秦漢
陳氏謂戰國人所爲漢人從而附益似矣賜
也乎哉舊本自宋嘉定間刻于吾蜀嬰門再
刻會稽乃久遠不真嘗思廣傳黎陽盧少楩
出孟汝冉家藏舊本于予頗爲完善二子好
古博文雅會斯志爰校刻焉交成厥美云爾
嘉靖三十三年夏六月朔日序

該書原二十五篇，《崇文總目》稱其“舊有内記八、外傳十七”，北宋之初已有亡佚，今存十九篇。是書以春秋末年至戰國初期吴、越争霸的史事爲主，上溯夏禹，下迄兩漢，旁及諸侯列國，對這一時期吴越地區的政治、經濟、軍事、天文、地理、曆法、社會習俗等多有所涉及，其中有些記述，鮮見於正史記載，而爲此書所獨詳。如：該書所記以越爲主，又兼及吴楚之地，既述吴越争霸，也言吴越共俗，而越滅吴後徙琅琊一事，亦爲正史失載；又如：書中載吴越兩國山川地勢、城池道路、宫殿陵墓、農田水利、生産發展等情況，亦較正史尤詳；

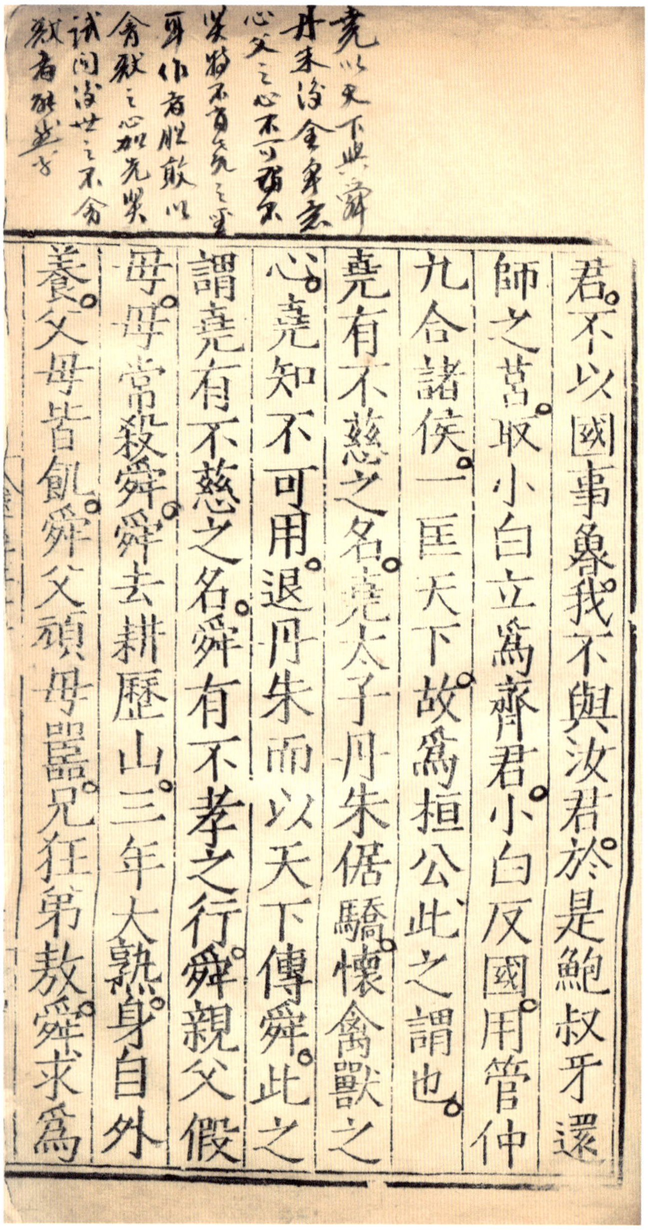
君不以國事導我不與汝君於是鮑叔牙還
師之莒取小白立爲齊君小白反國用管仲
九合諸侯一匡天下故爲桓公此之謂也
堯有不慈之名堯太子丹朱倨驕懷禽獸之
心堯知不可用退丹朱而以天下傳舜此之
謂堯有不慈之名舜有不孝之行舜親父假
母母常殺舜舜去耕歷山三年大熟身自外
養父母皆飢舜父頑母嚚兄狂弟敖舜求爲

佚名題識

再如：該書述計倪、范蠡諸謀臣治國之術，叙歐冶子、干將鑄劍之事等，皆可補正史之不足，具有很高的史料價值。

此本爲明嘉靖三十三年張佳胤雙柏堂刻本，版心下刻“雙柏堂板”。書前有明進士白馬令西蜀張佳胤刻書序，後有無名氏跋一篇，南宋嘉定庚辰（1220）冬徐丁黼跋一篇。該書最早版本爲宋刻，後有元刻，但均已失傳，現存明刻本有：明正德四年（1509）吉水劉恒刻本，明嘉靖二十四年孔天胤刻本及嘉靖二十六年陳塏刻本等。此本亦爲明刻，且傳本極少，各家志目皆鮮有記載，是該書較爲珍貴的傳世刻本之一，具有很高的版本價值。

該書有佚名圈點及清道光十二年（1832）佚名題識。鈐有“王士品印”“葉德輝鑒臧善本書籍”“梅花艸堂”等印記。

（郭芳）

明成化元年内府刻本《貞觀政要》

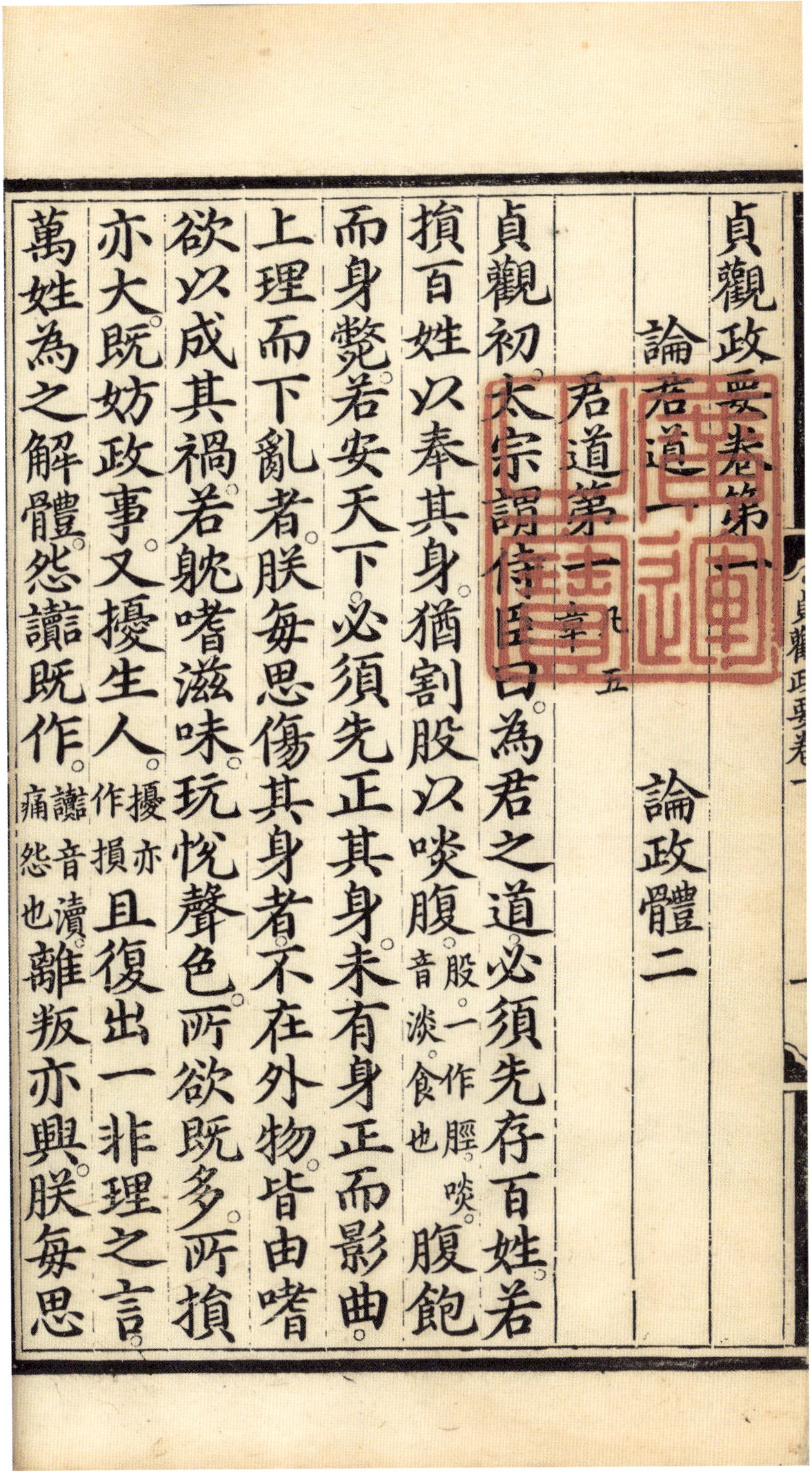

貞觀政要卷第一

論君道一　論政體二

君道第一　凡五章

貞觀初太宗謂侍臣曰為君之道必須先存百姓若損百姓以奉其身猶割股以啖腹（股一作脛啖音淡食也）腹飽而身斃若安天下必須先正其身未有身正而影曲上理而下亂者朕每思傷其身者不在外物皆由嗜欲以成其禍若躭嗜滋味玩悅聲色所欲既多所損亦大既妨政事又擾生人（擾亦作損）且復出一非理之言萬姓為之解體怨讟既作（讟音瀆痛怨也）離叛亦興朕每思

貞觀政要十卷　（唐）吴兢撰　（元）戈直集論　明成化元年（1465）内府刻本　二函十二册　索書號（乙二）800　第二批《國家珍貴古籍名録》03831 號

半葉十行二十字，小字雙行字同，粗黑口，四周雙邊，雙對花魚尾，框高 27.1 厘米，寬 19.0 厘米。

吴兢（670—749），汴州浚儀（今河南開封）人。武周時入史館，纍官太子左庶子，貶荆州司馬，歷洪、舒二州刺史，入爲恒王傅。史稱兢叙事簡核，號良史。事迹見《舊唐書》卷一百零二、《新唐書》卷一百三十二。戈直，元末臨川（今江西臨川）人，初字以敬，師事吴澄，澄爲之改字伯敬。

《貞觀政要》爲唐太宗時期君臣議政之言論集，全書凡十卷，分君道、政體、任賢、求諫、君臣鑒戒、擇官、封建、太子諸王定分、尊敬師傅等四十篇。戈直因本書流傳至元時，

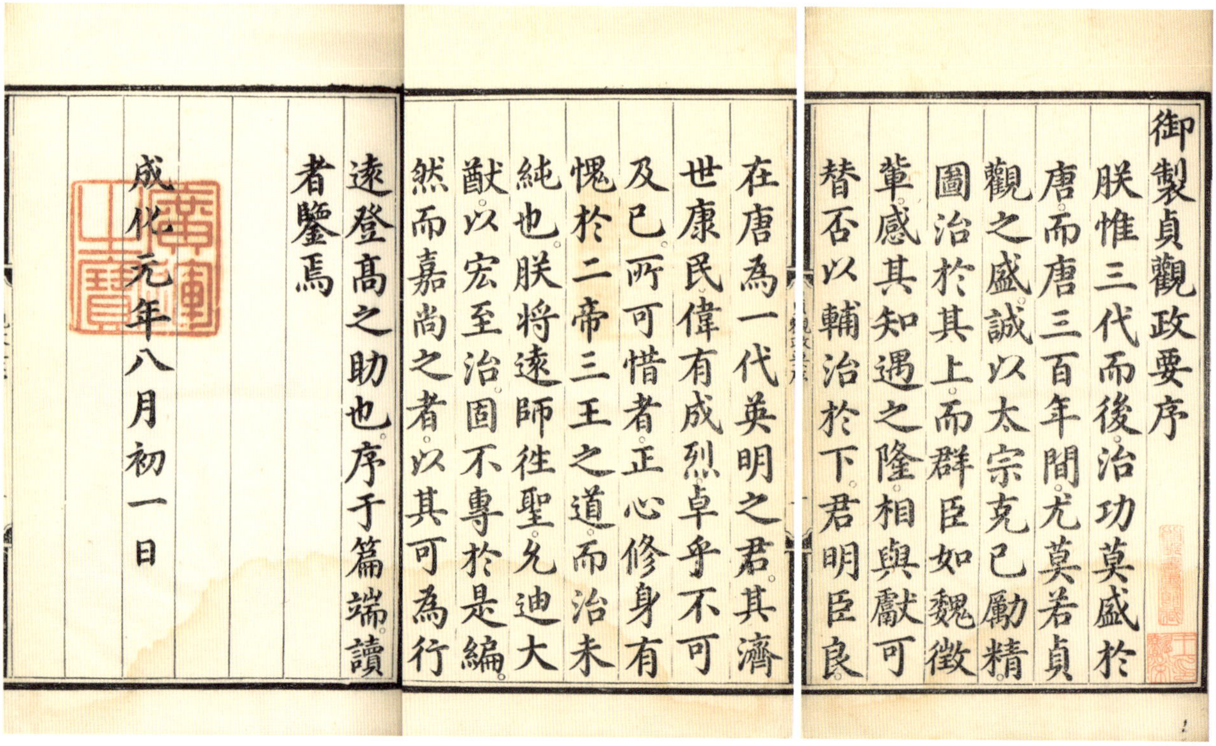
御製貞觀政要序
朕惟三代而後治功莫盛於唐而唐三百年間尤莫若貞觀之盛誠以太宗克己勵精圖治於其上而群臣如魏徵輩感其知遇之隆相與獻可替否以輔治於下君明臣良在唐為一代英明之君其濟世康民偉有成烈卓乎不可及已所可惜者正心修身有愧於二帝三王之道而治未純也朕將遠師往聖允迪大猷以宏至治固不專於是編然而嘉尚之者以其可為行遠登高之助也序于篇端讀者鑒焉
成化元年八月初一日

傳寫謬誤頗多，故“薈萃衆本，參互考訂，而其義之難明，音之難通，字爲之釋，句爲之述，章之不當分者合之，不當合者分之。自唐以來，諸儒之論莫不采而輯之，間亦斷以己意，附於其後”（戈直自序），成“集論本”。此書采唐代柳芳，後晋劉昫，宋代宋祁、孫甫、歐陽修、曾鞏、司馬光、孫洙、范祖禹、馬存、朱黼、張九成、胡寅、吕祖謙、唐仲友、葉適、林之奇、真德秀、陳惇修、尹起莘、程奇及吕氏《通鑑精義》二十二家之説附之，後爲戈直所作之注，卓然可觀。

此本爲明成化元年内府刻本，首有成化元年《御製貞觀政要序》，云：“顧傳刻歲久，字多訛謬，因命儒臣重訂正之，刻梓以永其傳。”此本開本寬大，墨色濃潤，書法仿趙體，方正圓潤，爲内府刻書之上佳者。

鈐有“廣運之寶”“王懿榮印”等印章。

（史麗君）

明正德十三年劉弘毅慎獨齋刻本《十七史詳節》

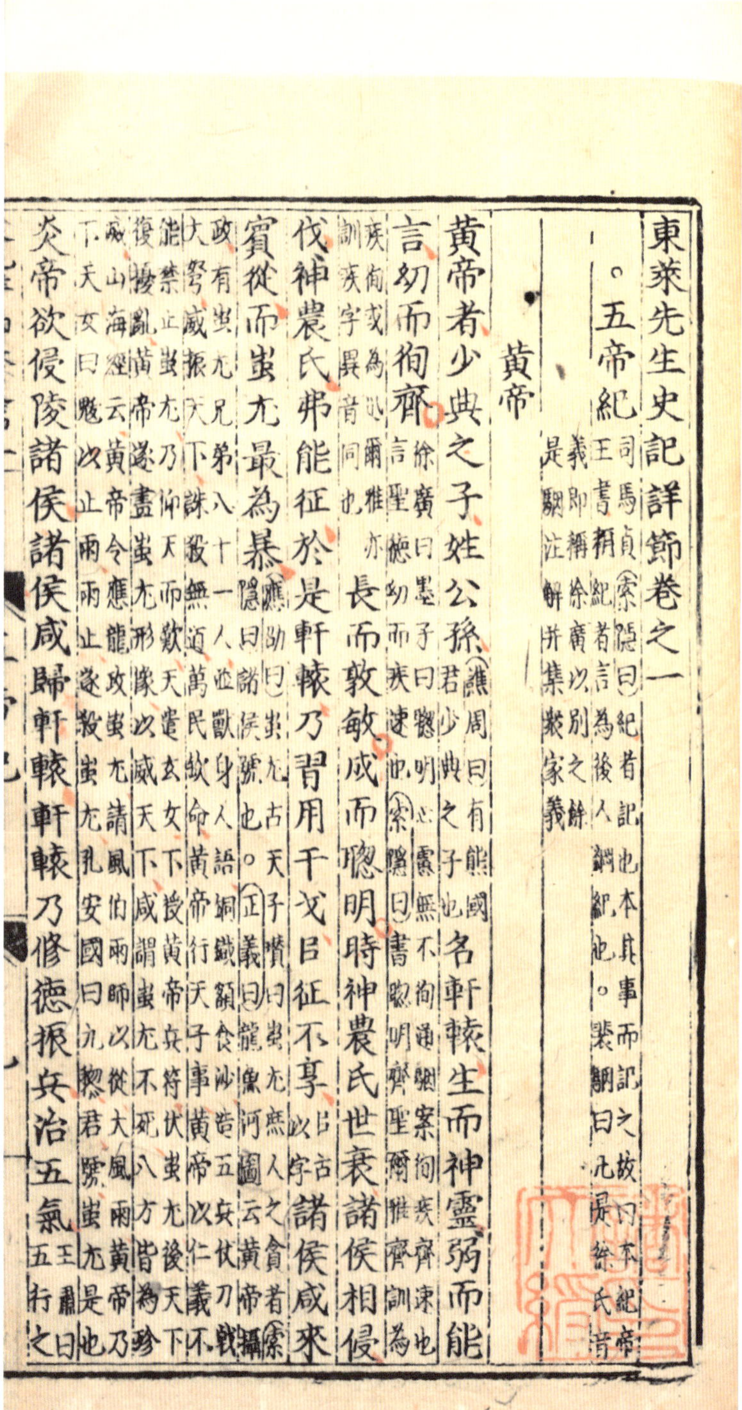

東萊先生史記詳節卷之一

。五帝紀 司馬貞索隱曰紀者記也本其事而記之故曰本紀帝王書稱紀者言為後人綱紀也。裴駰曰凡是徐氏義即稱徐廣以別之餘是駰注解并集衆家義

黃帝

黃帝者少典之子姓公孫譙周曰有熊國君少典之子也名軒轅生而神靈弱而能言幼而徇齊徐廣曰墨子曰聰明心慮無不徇通駰案徇疾齊速也索隱曰書聰明齊聖爾雅齊訓為疾徇亦訓疾字異音同也長而敦敏成而聰明時神農氏世衰諸侯相侵伐神農氏弗能征於是軒轅乃習用干戈吕征不享吕古以字諸侯咸來賓從而蚩尤最為暴應劭曰蚩尤古天子瓚曰蚩尤庶人之貪者索隱曰諸侯號也。正義曰龍魚河圖云黃帝攝政有蚩尤兄弟八十一人並獸身人語銅頭鐵額食沙石五兵杖刀戟大弩威振天下誅殺無道萬民欲命黃帝行天子事黃帝以仁義不能禁止蚩尤乃仰天而歎天遣玄女下授黃帝兵符伏蚩尤後天下復擾亂黃帝遂畫蚩尤形像以威天下天下咸謂蚩尤不死八方皆為殄服山海經云黃帝令應龍攻蚩尤蚩尤請風伯雨師以從大風雨黃帝乃下天女曰魃以止雨雨止遂殺蚩尤孔安國曰九黎君號蚩尤是也炎帝欲侵陵諸侯諸侯咸歸軒轅軒轅乃修德振兵治五氣王肅曰五行之

十七史詳節二百七十四卷　（宋）吕祖謙輯　明正德十三年（1518）劉弘毅慎獨齋刻本（有抄配）　十二函八十册　索書號（丁）16252　第二批《國家珍貴古籍名録》04020號

半葉十三行二十六字，小字雙行字同，細黑口，四周雙邊，雙順黑魚尾，框高18.3厘米，寬11.8厘米。

吕祖謙（1137—1181），字伯恭，婺州（今屬浙江金華）人。南宋隆興元年（1163）進士，歷官著作郎、國史院編修、實録院檢討官。吕氏爲宋代理學大師，與朱熹、張栻齊名，時稱“東南三賢”，爲學主明理躬行，經世致用，開浙東派先聲，又熟諳史學，精提要鈎玄之義，曾參與編修《徽宗皇帝實録》。吕氏另有《東萊博議》《歷代制度詳説》《古周易》等多部著作傳世。《宋史》卷四百三十四有傳。

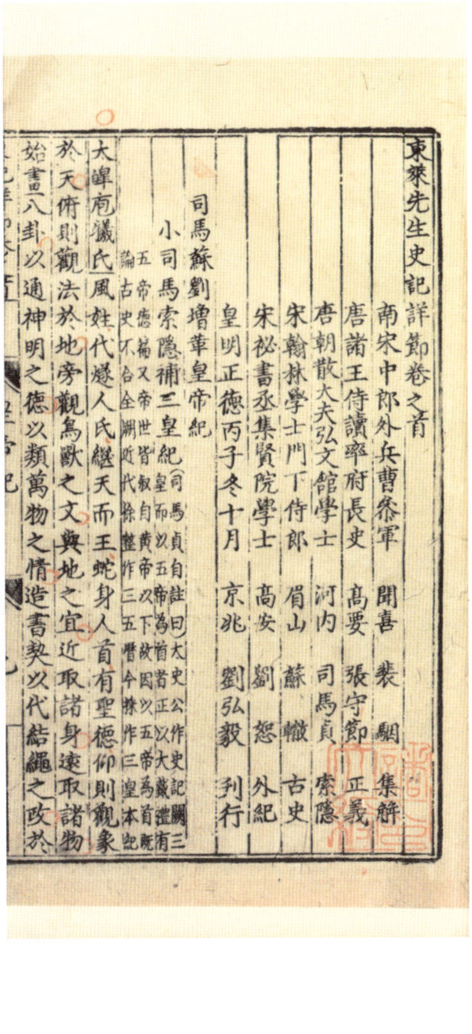
東萊先生史記詳節卷之首
南宋中郎外兵曹參軍　聞喜　裴　駰　集解
唐諸王侍讀率府長史　高要　張守節　正義
唐朝散大夫弘文館學士　河内　司馬貞　索隱
宋翰林學士門下侍郎　眉山　蘇　轍　古史
宋祕書丞集賢院學士　高安　劉　恕　外紀
皇明正德丙子冬十月　京兆　劉弘毅　刋行
司馬蘇劉增華皇帝紀
小司馬索隱補三皇紀（司馬貞自註曰太史公作史記闕三皇而以五帝爲首者正以大戴禮有五帝德篇又帝繫皆叙自黄帝以下故因以五帝爲首既論古史不合全闕近代徐整作三五曆今并作三皇本紀）
大皡庖犧氏風姓代燧人氏繼天而王蛇身人首有聖德仰則觀象於天俯則觀法於地旁觀鳥獸之文與地之宜近取諸身遠取諸物始畫八卦以通神明之德以類萬物之情造書契以代結繩之政於

《十七史詳節》是一部極具影響的史著。所謂“十七史”即指《史記》《漢書》《後漢書》《三國志》《晋書》《宋書》《南齊書》《梁書》《陳書》《魏書》《北齊書》《周書》《南史》《北史》《隋書》《舊唐書》《新唐書》《舊五代史》《新五代史》。這十七部史書，篇帙浩繁，有的文詞艱澀難懂，初涉史學者不足以領其要義。吕祖謙在書院授講《新唐書》時，“患新史難閲，摘要抹出，而門人鈔之，蓋節本之有倫理者也”（陳振孫《直齋書録解題》）。繼之，吕氏及其弟子將上述十七史删蕪擷菁，嚴加校正，各史前冠《地理》《世系》《紀年》之圖。四庫館臣評曰：“用功之深至……雖不能盡諸史之全，而足以爲宋儒不廢史學之明證也。”（《四庫全書總目》卷六十五）此外，由於吕祖謙節

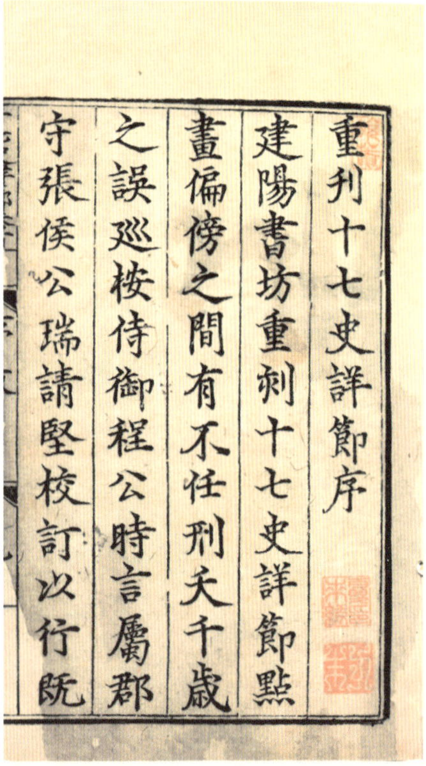
重刊十七史詳節序
建陽書坊重刻十七史詳節點
畫偏傍之間有不任刑夭千歲
之誤巡桉侍御程公時言屬郡
守張侯公瑞請堅校訂以行既

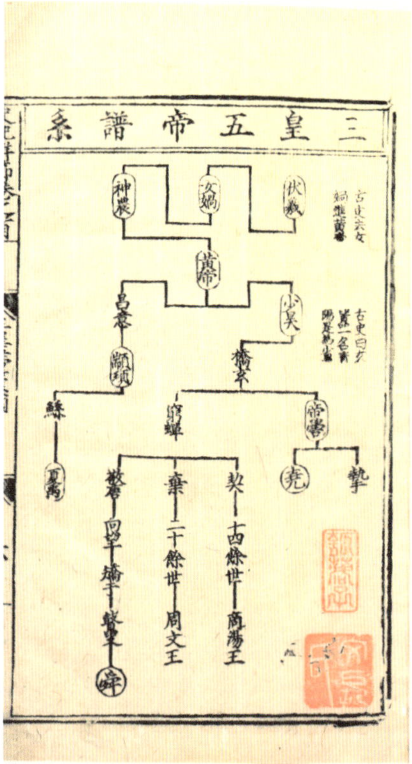

選十七史時所用底本均爲宋本，史料記載更接近原本面目，少了很多後代的誤作或訛傳，使得該書史料價值頗高。

是刻出自明代建陽著名書坊慎獨齋。卷前《重刊十七史詳節序》、卷端署名均清晰可證。主持者劉洪，字弘毅，號木石山人，建陽縣崇化（今建陽市書坊鄉）人。慎獨齋刻書以史籍、類書爲主，多爲巨帙，刻書之精頗受藏家所貴重。《十七史詳節》正是該坊刻書的重要代表作之一。觀其版刻，秀雅精緻，密行細字，頗具古風。

此本有佚名圈點、批校。鈐有“諸大綬印”“夏來綬印”“悦菴”“清白吏子孫”“長宜”“文長氏”“瓠落子”等印章。

（李晶瑩）

明嘉靖四十年胡宗憲刻本《歷代史纂左編》

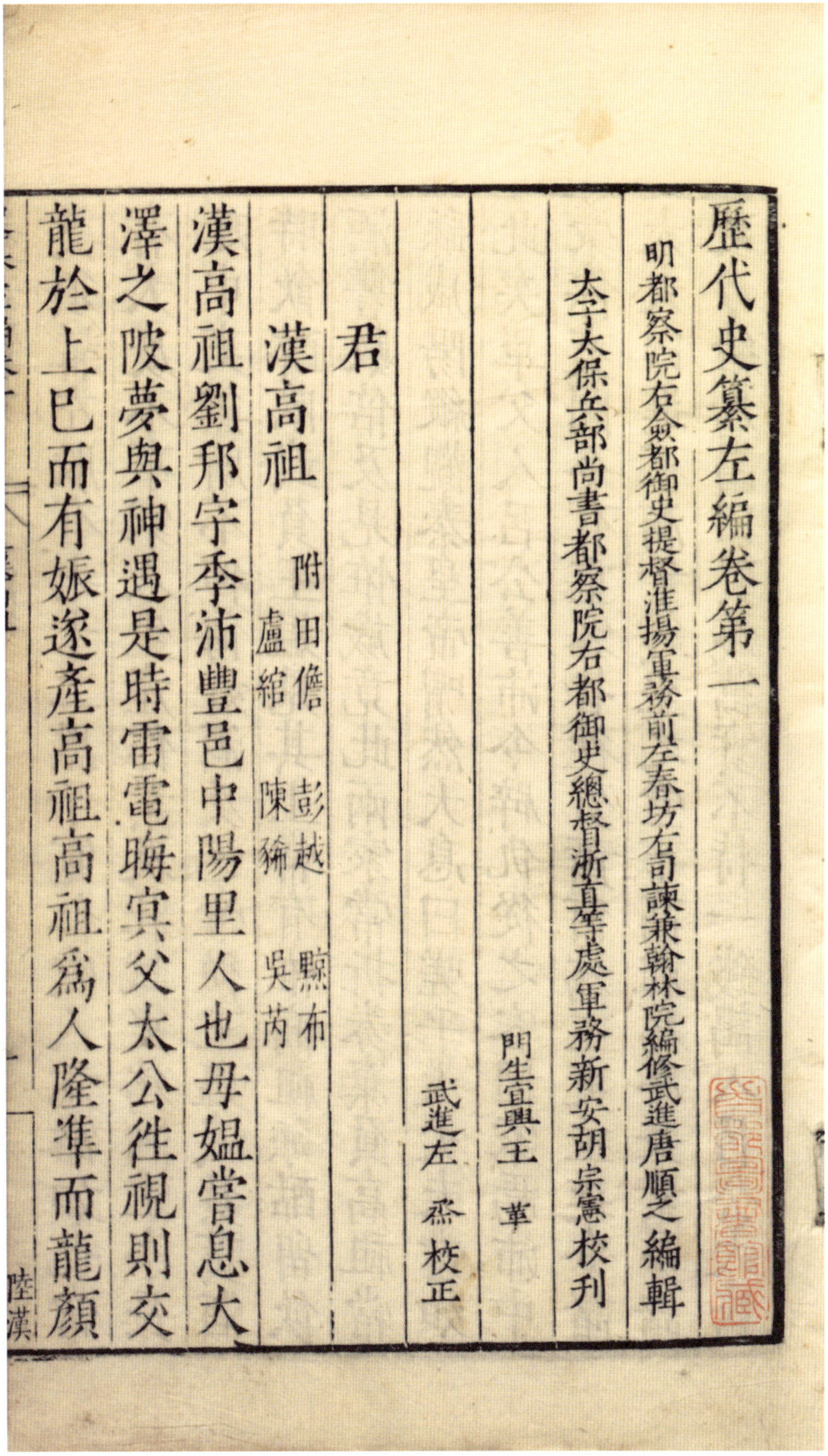
歷代史纂左編卷第一

明都察院右僉都御史提督淮揚軍務前左春坊右司諫兼翰林院編修武進唐順之編輯

太子太保兵部尚書都察院右都御史總督浙直等處軍務新安胡宗憲校刊

門生宜興王　革

武進左　烝校正

君

漢高祖　附田儋　彭越　黥布　盧綰　陳豨　吳芮

漢高祖劉邦字季沛豐邑中陽里人也母媼嘗息大澤之陂夢與神遇是時雷電晦冥父太公往視則交龍於上已而有娠遂産高祖高祖爲人隆準而龍顔

歷代史纂左編一百四十二卷　（明）唐順之輯　明嘉靖四十年（1561）胡宗憲刻本　十函一百零一册　索書號（乙二）886　第二批《國家珍貴古籍名録》04030 號

半葉十行二十字，白口，四周單邊，單白魚尾，框高 20.9 厘米，寬 14.5 厘米。

唐順之（1507—1560），字應德，一字義修，號荊川，常州武進（今江蘇常州）人。明代著名軍事家、散文家。嘉靖八年會試第一，官翰林編修，後調兵部主事。時倭寇屢犯沿海，其以兵部郎中督師浙江，曾親率兵船於崇明破倭寇於海上。以功升右僉都御史、鳳陽巡撫。順之學問廣博，通曉天文、數學、兵法、樂律等，兼擅武藝，提倡唐宋散文，與王慎中、茅坤、歸有光等同爲明代重要文學流派“唐宋派”的代表。著有《荊川先生文集》。《明史》卷二百零五有傳。

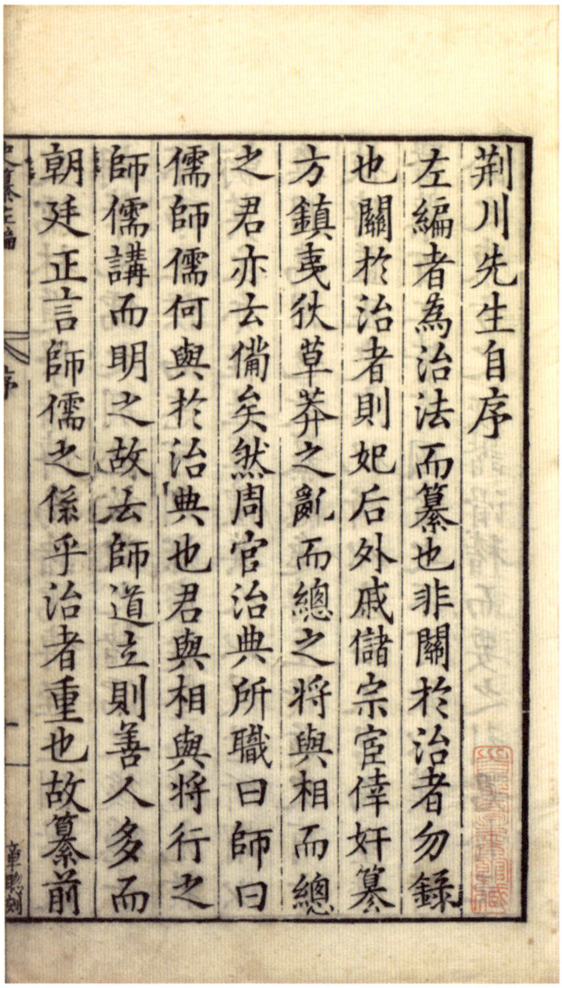
荆川先生自序
左編者為治法而纂也非關於治者勿録
也關於治者則妃后外戚儲宗宦倖奸篡
方鎮夷狄草莽之亂而總之將與相而總
之君亦云備矣然周官治典所職曰師曰
儒師儒何與於治典也君與相與將行之
師儒講而明之故云師道立則善人多而
朝廷正言師儒之係乎治者重也故纂前

該書爲求治法而纂，取歷代諸史所載君臣事迹，旁及諸子百家、稗官野史，擇其有關於治法者，類輯成編。順之選輯此書，歷時二十餘年，先後七易其稿，初名《史大紀》，後更名《史纂左編》。是書一百四十二卷，分爲君、相、名臣、謀臣、將、后、公主、戚、儲、宗、宦、幸、奸、篡、亂、莽、鎮、夷、儒、隱逸、獨行、烈婦、方技、釋、道，凡二十五門。其意欲取千古興衰治亂之大者，切著其所以然，故其體與他史稍异。四庫館臣品評此書，多責其去取失當，褒貶失平，顛倒乖錯之處，不可勝言。然今人研究

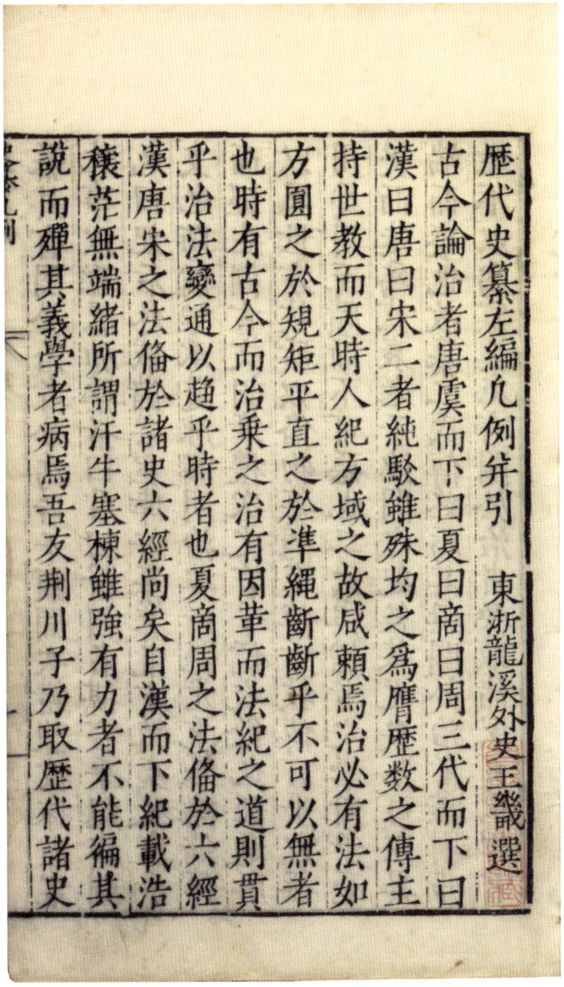
歷代史纂左編凡例并引　東浙龍溪外史王畿選
古今論治者唐虞而下曰夏曰商曰周三代而下曰
漢曰唐曰宋二者純駁雖殊均之爲膺歷數之傳主
持世教而天時人紀方域之故咸賴焉治必有法如
方圓之於規矩平直之於準繩斷斷乎不可以無者
也時有古今而治乘之治有因革而法紀之道則貫
乎治法變通以趨乎時者也夏商周之法備於六經
漢唐宋之法備於諸史六經尚矣自漢而下紀載浩
穰茫無端緒所謂汗牛塞棟雖強有力者不能徧其
說而殫其義學者病焉吾友荊川子乃取歷代諸史

認爲，作者以史爲鑒，輯史求治，選文之立意應予以肯定。又於君臣史事之外，别輯“方技”一門，提出：“諸子百家之异説，農圃、工賈、醫卜、堪輿、占氣、星曆、方技之小道，與夫六藝之節肤碎細，皆儒者所宜究其説而折衷之，未可以爲賾而惡之。”（王畿《歷代史纂左編凡例并引》）亦有可取之處。

此本爲明嘉靖四十年胡宗憲刻本。書前有唐順之自序、王畿撰《歷代史纂左編凡例并引》，目録後有滁上胡松撰《史纂左編後序》。版心下有刻工姓名。胡宗憲（1512—1565），字汝貞，號梅林，明代抗倭名將。生平多著述，喜刻書。所刻之書，皆校勘審慎，刊印精良，多爲善本。此本所刻係該書第七稿，爲順之子家藏，後由宗憲購得，委順之子同窗王革、左悉厘正校讎，付梓以傳於世，是該書最爲重要的傳世刻本之一，版本價值頗高。

（郭芳）

明弘治十二年施槃刻本《新集分類通鑑》

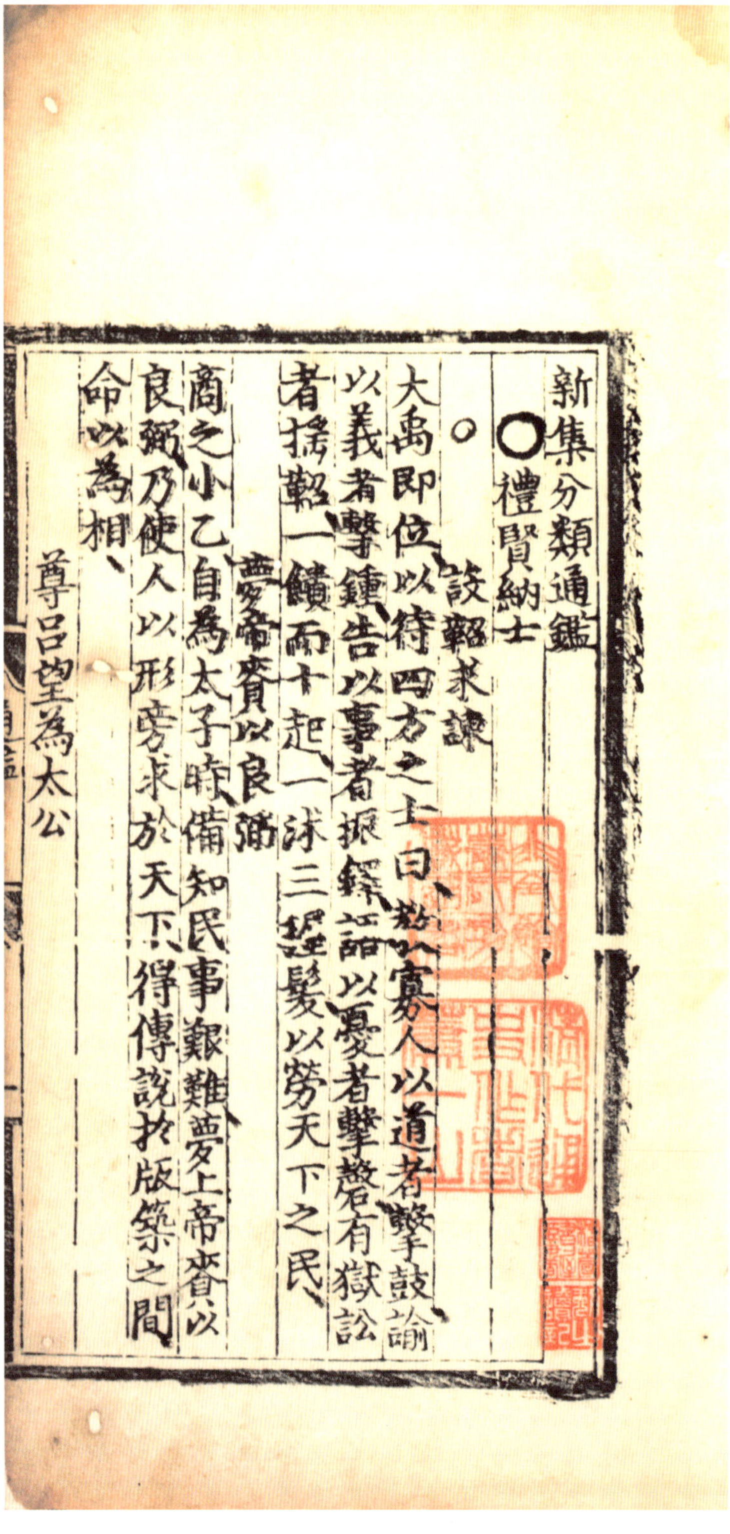

新集分類通鑑

○禮賢納士

○設鞀求諫

大禹即位以待四方之士曰教寡人以道者擊鼓諭以義者擊鍾告以事者振鐸語以憂者擊磬有獄訟者揺鞀一饋而十起一沐三握髮以勞天下之民

夢帝賚以良弼

商之小乙自為太子時備知民事艱難夢上帝賚以良弼乃使人以形旁求於天下得傳說於版築之間命以為相

尊呂望為太公

新集分類通鑑不分卷　明弘治十二年（1499）施槃刻本　一函六册　索書號（丁）15682　第四批《國家珍貴古籍名録》10292號

半葉十一行二十字，粗黑口，四周雙邊，雙順花魚尾，框高19.0厘米，寬11.4厘米。

宋司馬光撰《資治通鑑》，宋朱熹撰《通鑑綱目》，皆“直詞奧旨，褒善貶惡，後學無容議者”，然卷帙浩繁，觀者不免望洋之嘆。爲便於觀覽，於是有人以《資治通鑑》爲基礎，重新構架，精心編排，始有《新集分類通鑑》一書。該書“事以類比，目以條分，一展卷而數千百載政治之得失、人物之賢否、時變之隆替，舉在心目”，閲之一目瞭然。（顧佐《分類通鑑引》）

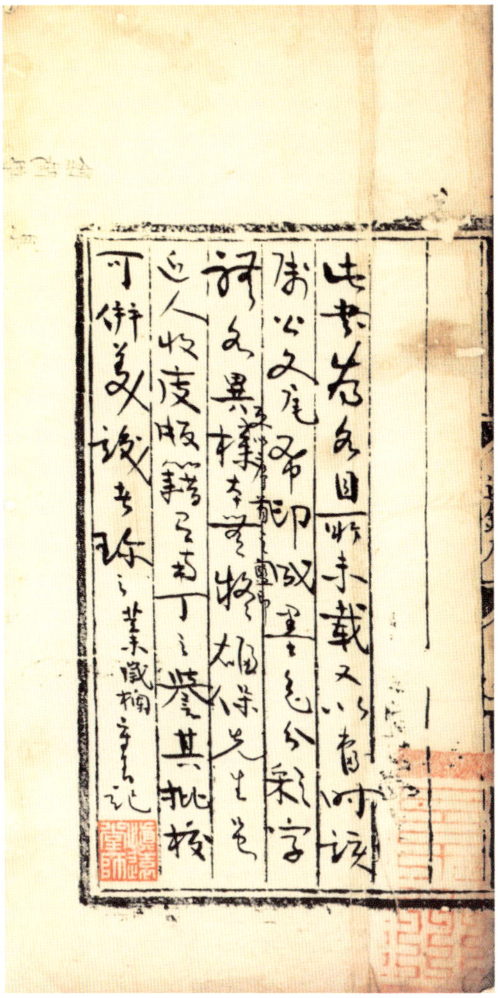

師守玉跋

弘治年間，曾任河間知府的顧佐，發現一部“不著編集者名氏”的《分類通鑑》，認爲“其所載事實，不論世代先後，唯以類而相從，最便學者之觀覽”，遂抄録帶回，欲刊刻以廣其傳。後因離任，將之留於官邸，繼任者謝道顯付之梨棗。謝氏離任後，施槃因公來到該郡。施槃，字彦器，號新齋，台州府黄巖縣（今浙江黄巖）人，明成化二十年（1484）進士，官至山東按察副使，工草書。施氏“因閲此書，病其魯魚帝虎之未正”，於是“手自研校，復捐俸資翻刻”，於弘治十二年刻成。（見顧佐《分類通鑑引》）

此本用當時的公文紙刷印而成，十分獨特。有師守玉批校題跋。鈐有“錢塘丁氏臧書”“瀋陽師守玉勉之甫珍藏善本圖書印信”“勉之讀記”“慎遠堂師”“椿萱書屋藏書”“清代通史作者蕭一山”“北平館蕭氏珍藏圖書”“劉氏圖書”等印記。

（范猛）

明萬曆凌稚隆刻朱墨套印本《史記纂》

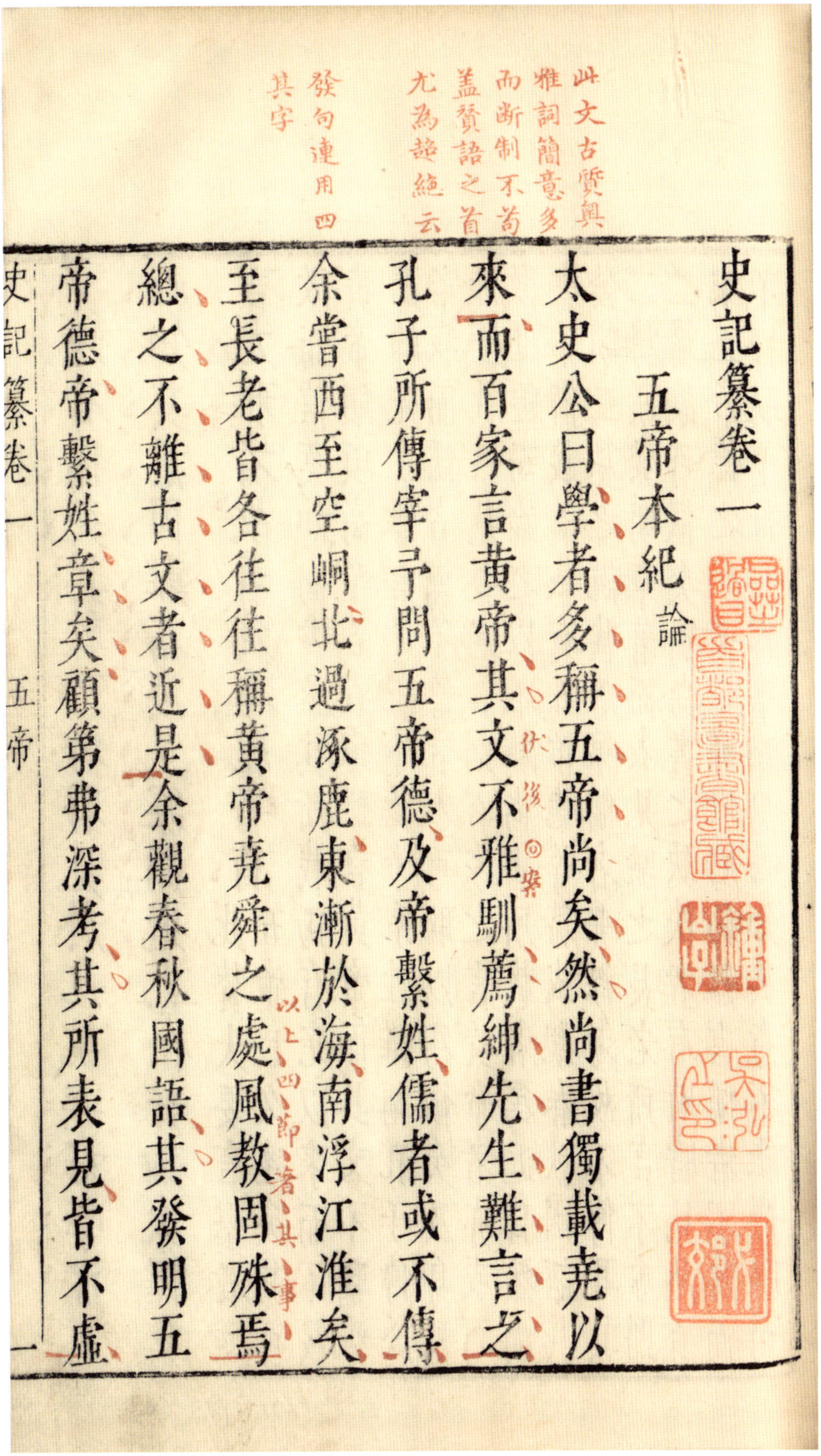

此文古質與雅詞簡意多而斷制不苟蓋贊語之首尤為超絕云

發句連用四其字

史記纂卷一

五帝本紀 論

太史公曰學者多稱五帝尚矣然尚書獨載堯以
來而百家言黃帝其文不雅馴薦紳先生難言之
孔子所傳宰予問五帝德及帝繫姓儒者或不傳
余嘗西至空峒北過涿鹿東漸於海南浮江淮矣
至長老皆各往往稱黃帝堯舜之處風教固殊焉
總之不離古文者近是余觀春秋國語其發明五
帝德帝繫姓章矣顧弟弗深考其所表見皆不虛

伏後句案

以上四節著其事

史記纂卷一 五帝 一

史記纂二十四卷　（明）凌稚隆輯　明萬曆凌稚隆刻朱墨套印本　二函十二册　索書號（乙二）714　第二批《國家珍貴古籍名録》04055 號

半葉九行十九字，書眉鎸評，行字數不等，白口，四周單邊，無界行，框高 20.5 厘米，寬 14.7 厘米。

凌稚隆，本名遇知，更名稚隆，字以棟，一字際叔，號磊泉，明嘉靖間湖州烏程（今浙江湖州）人，邑庠生，以例貢入太學，官鴻臚寺署丞，時人敬稱“凌太學”。凌稚隆自幼“博覽群書，蹇修自好……於《左氏傳》，班、馬二史，自取注釋，評論其言，膾炙人口”（宗源瀚《［同治］湖州府志》卷七十五）。在編纂著述的同時，凌氏還積極從事書籍的雕版印刷事業。他一生編著刊印了大量的經史類著作，有《春秋左傳評注測義》《史記評林》《漢書評林》《五車韵瑞》《漢書纂》《史記纂》《皇朝名臣言行録》《春秋評林》《文選評林》等行世。可以説，凌稚隆既是著作等身的經史學者，又是一位杰出的出版家。

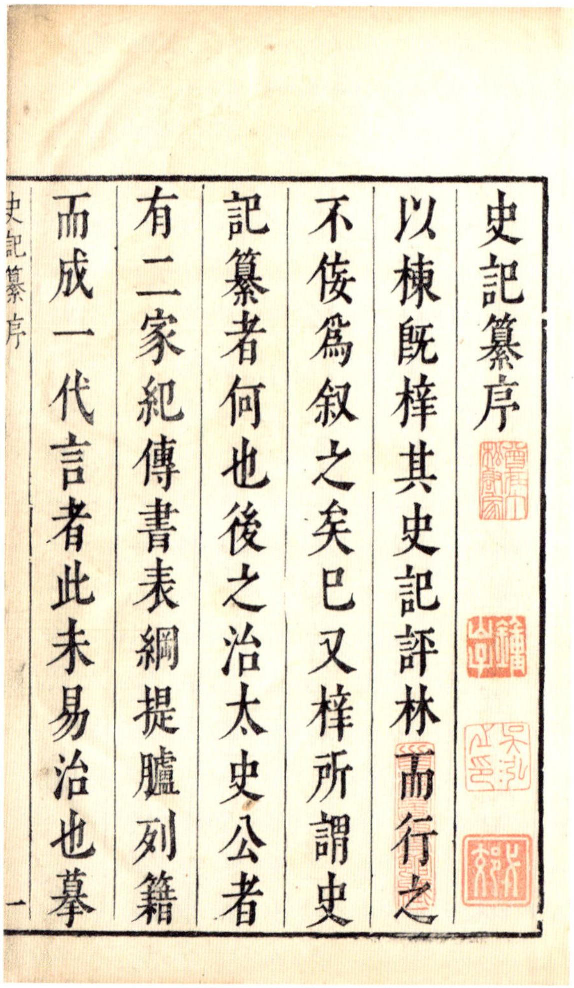
史記纂序
以棟既梓其史記評林而行之
不佞爲叙之矣已又梓所謂史
記纂者何也後之治太史公者
有二家紀傳書表綱提臚列籍
而成一代言者此未易治也摹
史記纂序　一

《史記纂》是一部由凌稚隆編纂的“史記學”研究論著集。凌稚隆針對“評林”類著作“衺重而不逮遠，費巨而不逮貧，編繁而不逮目”、并不能完全滿足士林學子需要的缺點，擇《史記》及諸家評點之精華，“凡《評林》之所載，不復著於篇，而往往雜以不佞（編者按：

凌氏自稱）芻蕘之論”，彙編而成《史記纂》。（凌稚隆《史記纂序》）

全書二十四卷，依《史記》次序排列，以《報任少卿書》附後。《史記》原文以墨色大字單行刷印，卷内各篇所擇章節，凌氏自擬小題，以墨色小字雙行列於篇名之下。凌氏及所引諸家評點，皆以朱色軟體小字刊於書眉。唯鄧以贊、張之象等前人評語以“某某曰”開首，行六字，凌氏自評則直書其文，行五字，低前人一格。此外，正文中凡句讀、圈點、夾注等，亦用朱色刷印。整體版面清晰明朗，賞心悦目，既便於閱讀使用，又具有相當高的藝術欣賞價值。

《史記纂》的出現，爲明代《史記》研究領域又注入了一股新的動力，王世貞在《史記纂序》中説：“斯纂也，令衿裾之士稍能習占畢，握鉛槧者獲一寓耳目焉，不待顓探而法燦然備矣，機躍然若有入矣。是故《史記纂》行而治太史公者固不必皆貴近有力也。”可見其嘉惠學林意義之大。

本書鈐有“吴泓之印”“鍾山子”“曾在丁松壑家”“吴興丁友恭堂珍臧”“烏鎮丁翰高墨林甫臧”“虎門珍頑”“品芝過目”等印。

（張昊）

明嘉靖三十七年黄魯曾刻本《兩漢博聞》

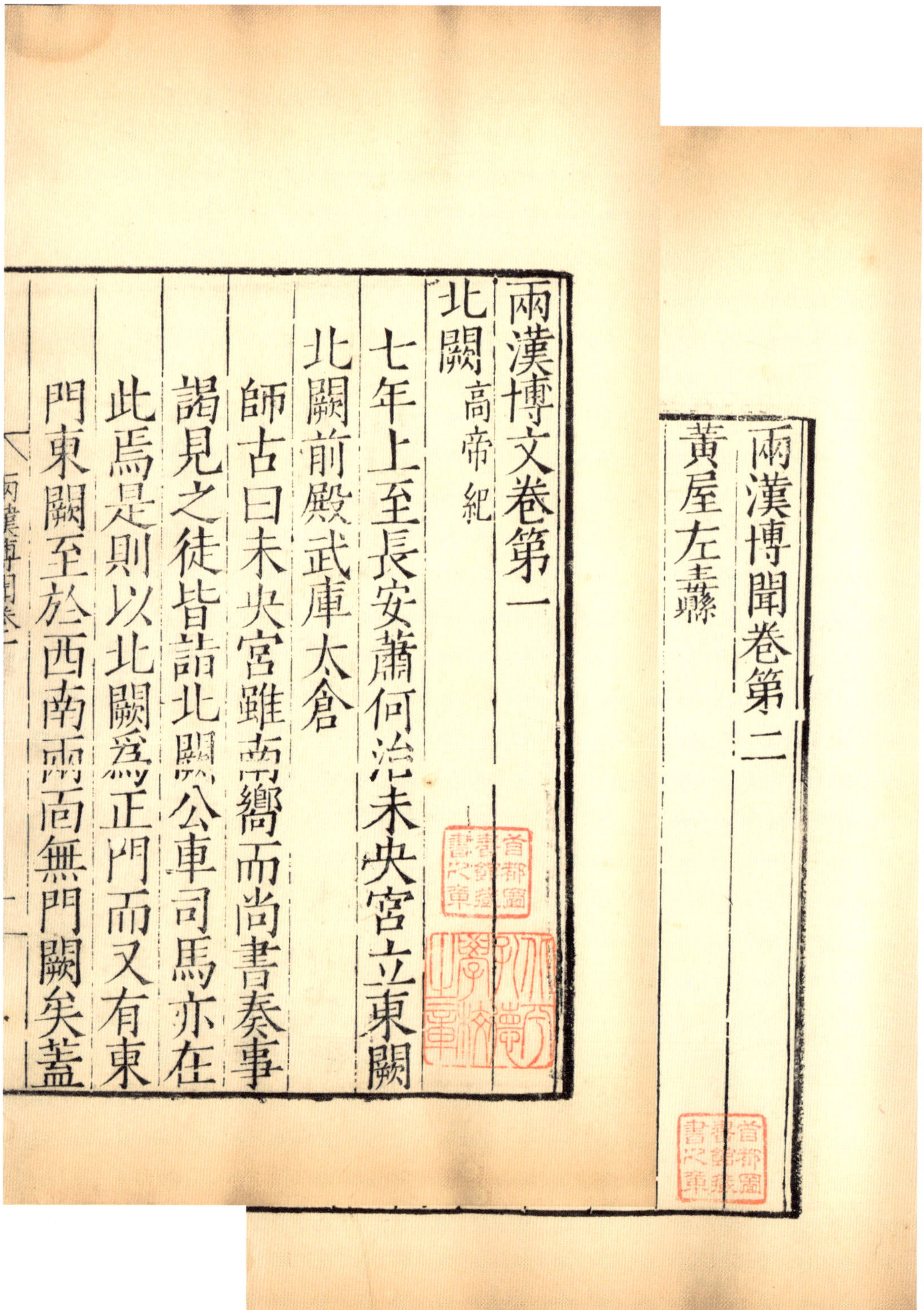
兩漢博文卷第一

北闕 高帝紀

七年上至長安蕭何治未央宮立東闕

北闕前殿武庫太倉

師古曰未央宮雖南嚮而尚書奏事

謁見之徒皆詣北闕公車司馬亦在

此焉是則以北闕爲正門而又有東

門東闕至於西南兩面無門闕矣蓋

兩漢博聞卷一

兩漢博聞卷第二

黃屋左纛

兩漢博聞十二卷　（宋）楊侃輯　明嘉靖三十七年（1558）黃魯曾刻本　二函十二册　索書號（甲二）504　第二批《國家珍貴古籍名録》04063 號

半葉八行十六字，小字雙行字同，白口，左右雙邊，單白魚尾，框高 17.6 厘米，寬 12.4 厘米。

原書未署撰人名氏，據晁公武《郡齋讀書志》所著爲宋人楊侃輯。楊侃（964—1032），因避宋真宗諱，更名大雅，字子正，錢塘（今浙江杭州）人。宋太宗端拱二年（989）

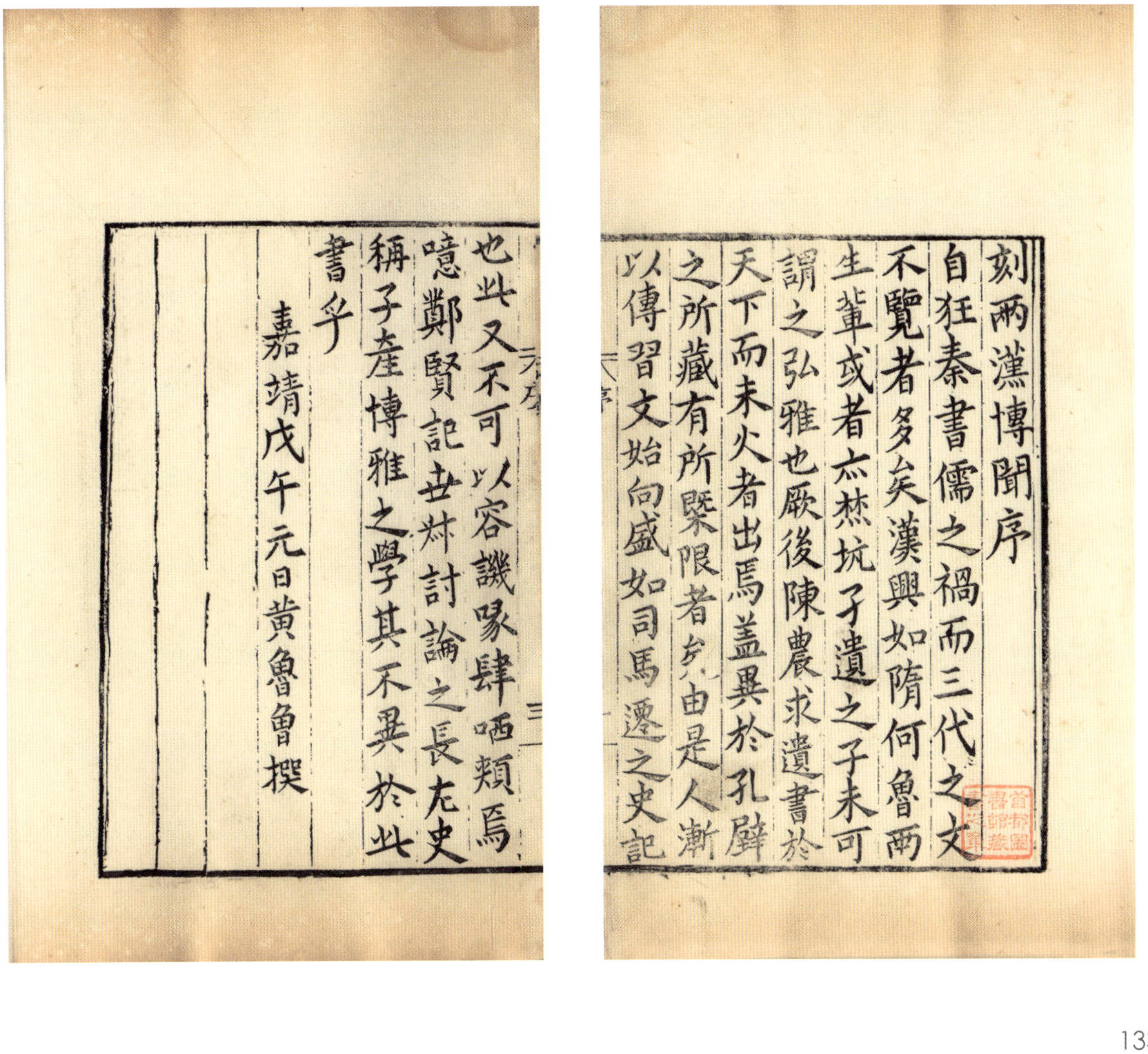
刻兩漢博聞序
自狂秦書儒之禍而三代之文
不覽者多矣漢興如隋何魯兩
生輩或者杰然抗子遺之子未可
謂之弘雅也厥後陳農求遺書於
天下而未火者出焉蓋異於孔壁
之所藏有所緊限者矣由是人漸
以傳習文始向盛如司馬遷之史記
也此又不可以容讖彖肆哂類焉
噫鄭賢記毋対討論之長左史
稱子産博雅之學其不異於此
書乎
嘉靖戊午元日黃魯曾撰

進士，歷新息、鄢陵縣主簿，改光禄寺丞，知新昌縣，真宗咸平中授太常博士，直集賢院，因無所阿附，二十餘年未遷，晚知亳州，卒於任上。大雅好學自信，文風質樸，著有《大隱集》三十卷、《西垣集》五卷、《職林》二十卷等。《宋史》卷三百有傳。

楊侃讀兩《漢書》時，簡擇其字句舉爲標目，隨列出處，并節取顔師古、章懷太子等前儒所註備於下，勒成十二卷，計《前漢書》七卷、《後漢書》五卷。書中條目不依篇第，不分門類，涵蓋名物、掌故、典制及文字訓詁等。就内容而言，“雖於史學無關，然較他類書采摭雜説者，究爲雅馴”（《四庫全書總目》卷六十五）。足見此書約存信史，末流蕪濫者摒之，可資漢史涉獵者循覽，亦可“以此備參考，决疑貳……爲讀《漢書》者之啓鑰”（黄魯曾《刻兩漢博聞序》）。此外，本書所創“割裂詞藻而次之”的編纂體例，爲宋人開創的史抄類典籍四大新體之一，即把原書語句中的詞彙分離出來，單獨注釋。後代《南北史識小録》等即仿此體。

此書自宋代鎸板以來，元代未見刊行，至明嘉靖年間黄魯曾得之，驚嘆晚遇之憾，“乃思立達者天下之公，開鑿者先民之哲，急用鋟諸梓”（黄魯曾《刻兩漢博聞序》）。黄魯曾（1487—1561），字得之，一字德之，號中南山人，吴縣（今江蘇蘇州吴中區）人。明代藏書家、學者。曾得父産千金，悉以購書，兼刻异書善本，《兩漢博聞》即爲其一。四庫開館之時，未獲宋版者，即采黄氏刻本。本書卷一卷端題名誤作“兩漢博文”。

本書鈐有“北平孔德學校之章”。

（李晶瑩）

明刻朱墨套印本《歐陽文忠公五代史抄》

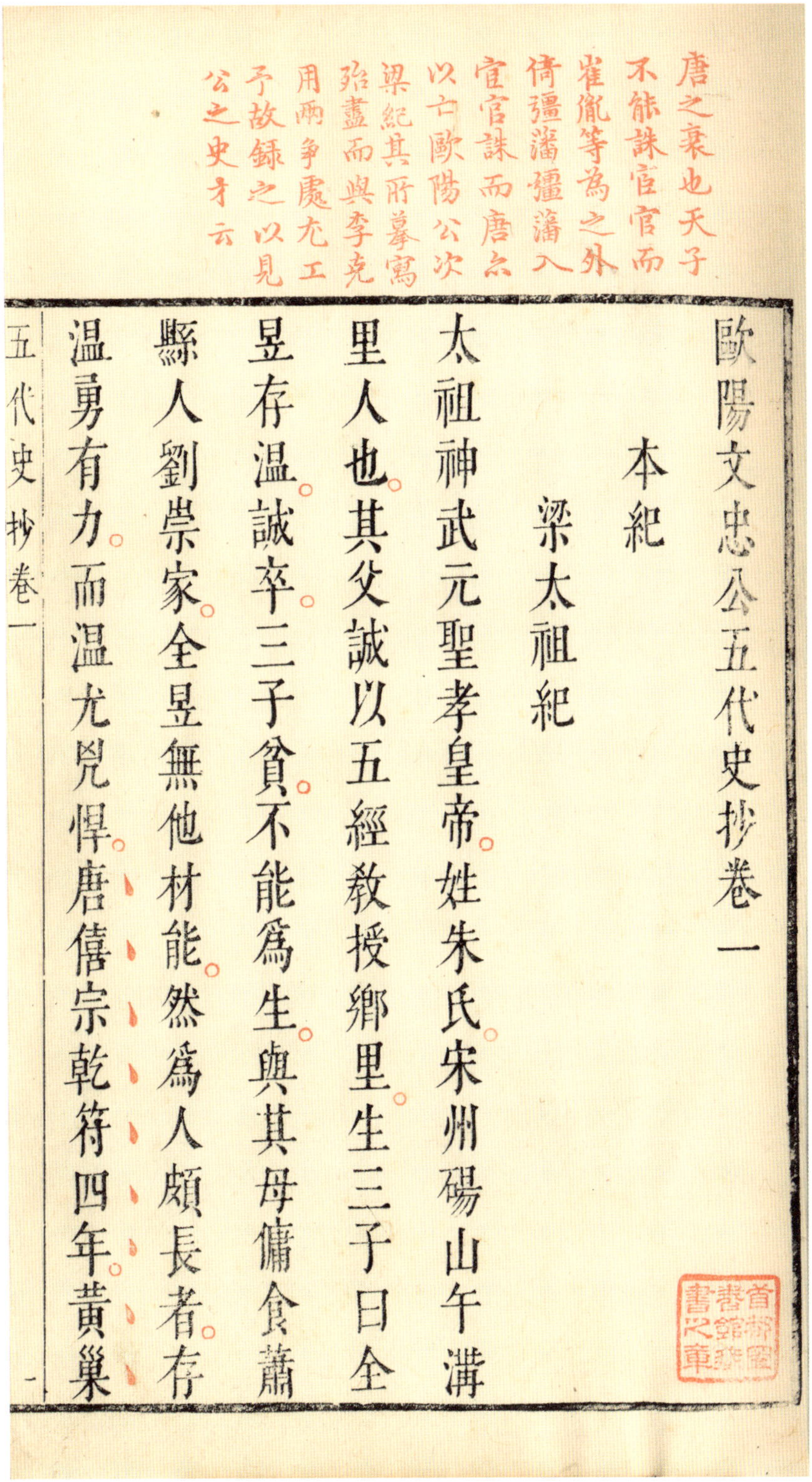
唐之衰也天子不能誅宦官而崔胤等爲之外倚彊藩彊藩入宦官誅而唐亦以亡歐陽公次梁紀其所摹寫殆盡而與李克用兩爭處尤工予故録之以見公之史才云

歐陽文忠公五代史抄卷一

本紀

梁太祖紀

太祖神武元聖孝皇帝姓朱氏宋州碭山午溝里人也其父誠以五經教授鄉里生三子曰全昱存温誠卒三子貧不能爲生與其母傭食蕭縣人劉崇家全昱無他材能然爲人頗長者存温勇有力而温尤兇悍唐僖宗乾符四年黄巢

五代史抄卷一　一

歐陽文忠公五代史抄二十卷　（明）茅坤輯　明刻朱墨套印本　一函六册　索書號（乙二）684　第二批《國家珍貴古籍名録》04089號

半葉八行十八字，書眉鐫評，行六字，白口，四周單邊，無界行，框高20.3厘米，寬14.8厘米。

茅坤（1512—1601），字順甫，號鹿門，歸安（今浙江吴興）人。明嘉靖十七年（1538）進士，歷知青陽、丹徒二縣，擢廣西兵備僉事，纍官至大名兵備副使。不久罷歸，專事著述。

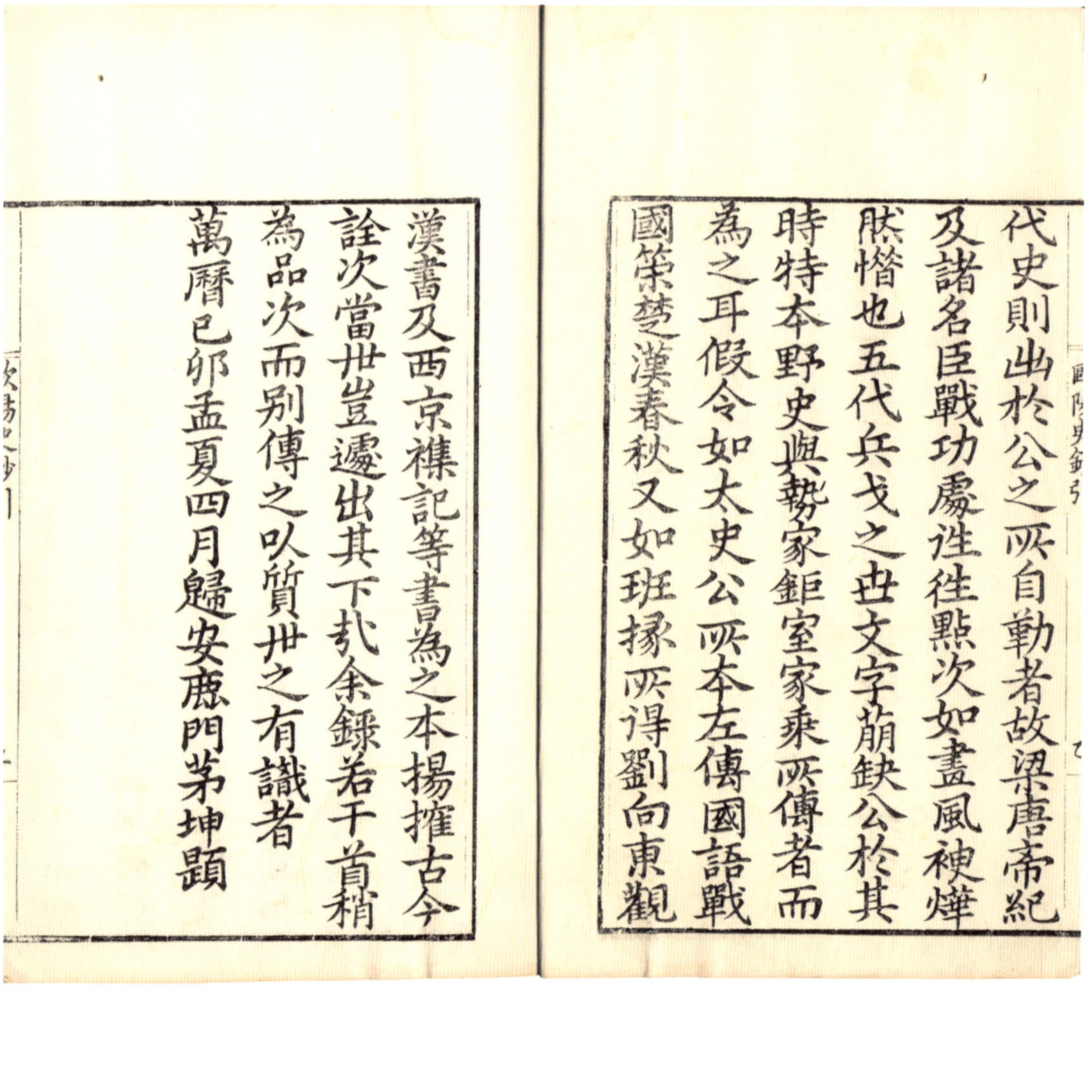
代史則出於公之所自勒者故梁唐帝紀
及諸名臣戰功處往往點次如畫風神燁
肰惜也五代兵戈之世文字萠缺公於其
時特本野史與夫勢家鉅室家乘所傳者而
為之耳假令如太史公所本左傳國語戰
國策楚漢春秋又如班掾所得劉向東觀
漢書及西京雜記等書為之本揚搉古今
詮次當世豈遽出其下哉余錄若干首稍
為品次而別傳之以質世之有識者
萬曆己卯孟夏四月歸安鹿門茅坤題

“坤善古文，最心折唐順之。順之喜唐宋諸大家文，所著《文編》，唐宋人自韓、柳、歐、三蘇、曾、王八家外無所取。故坤選《八大家文鈔》，其書盛行海内，鄉里小生，無不知茅鹿門者。”（《明史·文苑傳》）除此之外，茅坤還著有《白華樓藏稿》《玉芝山房稿》《耄年録》《史記鈔》等書。《明史》卷二百八十七有傳。

《五代史抄》爲茅坤輯評歐陽修所著的兩部史書之一。歐陽修前與宋祁等人合著《新唐書》，後又私撰了一部可與《史記》《漢書》鼎足而三的《新五代史》。此書筆意深得班馬神韵，極富文彩，凸显其独特的文風。茅坤有感於歐公撰史微言大義、文嚴詞簡、説文載道，遂從原書七十四卷中輯抄出本紀三篇、列傳六十三篇、論二篇、世家五篇、四夷附録一篇，精編爲二十卷，同時對内容進行了批評點校。通觀全書，可見茅氏輯評史籍之功，眼光獨到而筆法凝煉。清代大文學家錢謙益對茅坤的評價尤高，贊曰：“司馬子長之後千餘年而得歐陽子，又五百年而得茅子。”（《列朝詩集》丁集卷三）

《五代史抄》最初附於《唐宋八大家文鈔》而行世。據《四庫全書總目》載，《唐宋八大家文鈔》“初刊於杭州，歲久漫漶，萬曆中坤之孫著，復爲訂正而重刊之，始以坤所批《五代史》附入歐文之後”。至此，是稿得以廣布海内。本書爲單行刻本，非《唐宋八大家文鈔》之零本。書中正文以墨色敷印，書眉評語和文中點校均施以朱印，鎸刻秀雅，朱墨燦然，覽之清新悦目，當屬明刻朱墨套印之佳構，展現出了明代套版印刷技術的精湛技藝。

（李晶瑩）

明嘉靖四十年刻本《二史會編》

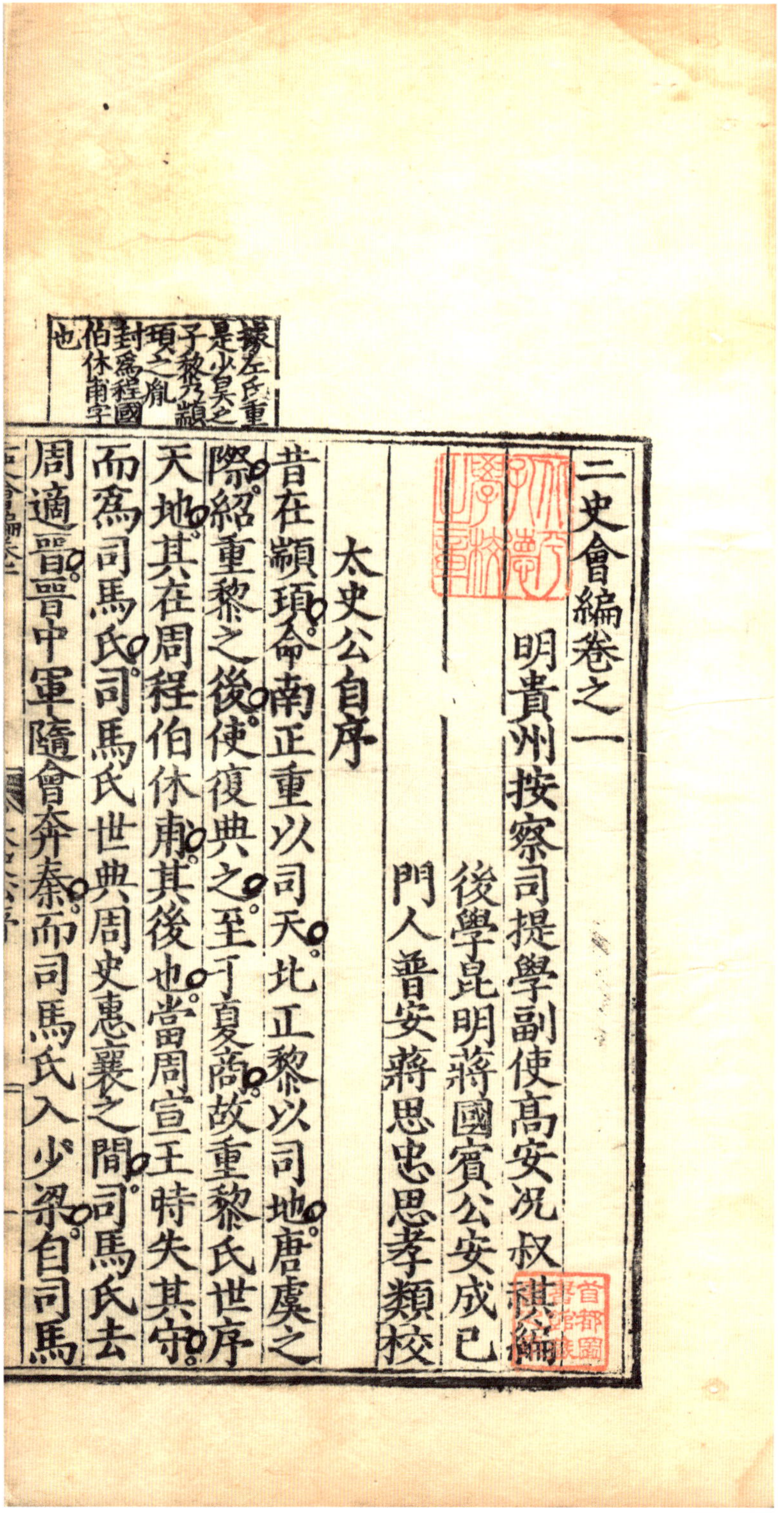
據左氏重是少昊之子黎乃顓頊之胤封爲程國伯休甫字也

二史會編卷之一

明貴州按察司提學副使高安况叔祺編

後學昆明蔣國賓公安成已

門人晉安蔣思忠思孝類校

太史公自序

昔在顓頊命南正重以司天北正黎以司地唐虞之際紹重黎之後使復典之至于夏商故重黎氏世序天地其在周程伯休甫其後也當周宣王時失其守而爲司馬氏司馬氏世典周史惠襄之間司馬氏去周適晉晉中軍隨會奔秦而司馬氏入少梁自司馬

二史會編十六卷　（明）况叔祺輯　明嘉靖四十年（1561）刻本（卷十抄配）　四函三十二册　索書號（甲二）433　第三批《國家珍貴古籍名録》07934號

半葉十行二十字，小字雙行字同，書眉鐫批，行二至五字不等，白口，四周雙邊，單黑魚尾，框高18.9厘米，寬13.0厘米。

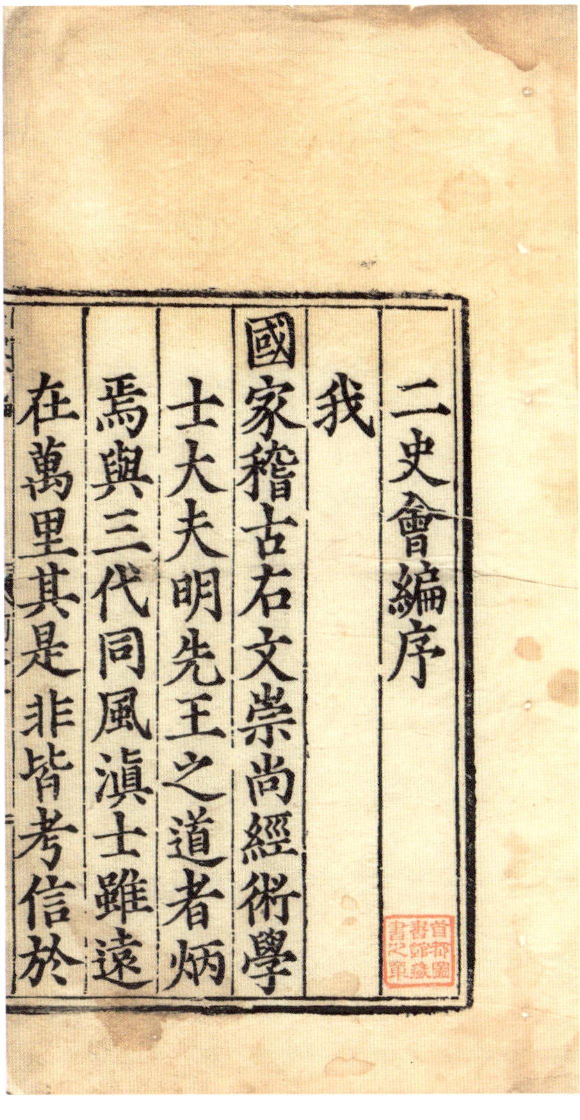
二史會編序
我
國家稽古右文崇尚經術學
士大夫明先王之道者炳
焉與三代同風滇士雖遠
在萬里其是非皆考信於

况叔祺，字吉夫，江西高安人。幼穎异，喜讀書。明嘉靖二十九年（1550）進士，授刑部主事。以公務清閑，得肆力學問。《江西通志》稱，“是時王、李之學盛行，有後五子、廣五子等目，而不及叔祺”。歷禮部郎中，官至貴州提學僉事。貴州僻遠，士多質魯。祺至，日爲諸生講經義，文風始振。後弃官家居，捐金修橋，邑人德之。著有《大雅堂集》《考古詞宗》《丹湖督學稿》等。

該書選取《史記》《漢書》之文，抄撮以成書。書凡十六卷，一百七十三篇。時祺官任貴州，故輯之以淑貴之士。後雲南巡撫蔣宗魯得此書，囑人校刻，亦爲惠及滇之諸生。侯一元稱，該書“獵二子之菁華，既不苦於浩汗，而又具著其全文，無割裂殽雜之病，是其書之善也”（侯一元《二史會編後序》）。

此本爲明嘉靖四十年刻本。書前有雲南巡撫普安蔣宗魯序，後有江西布政使樂清侯一元後序，雲南按察副使錢塘

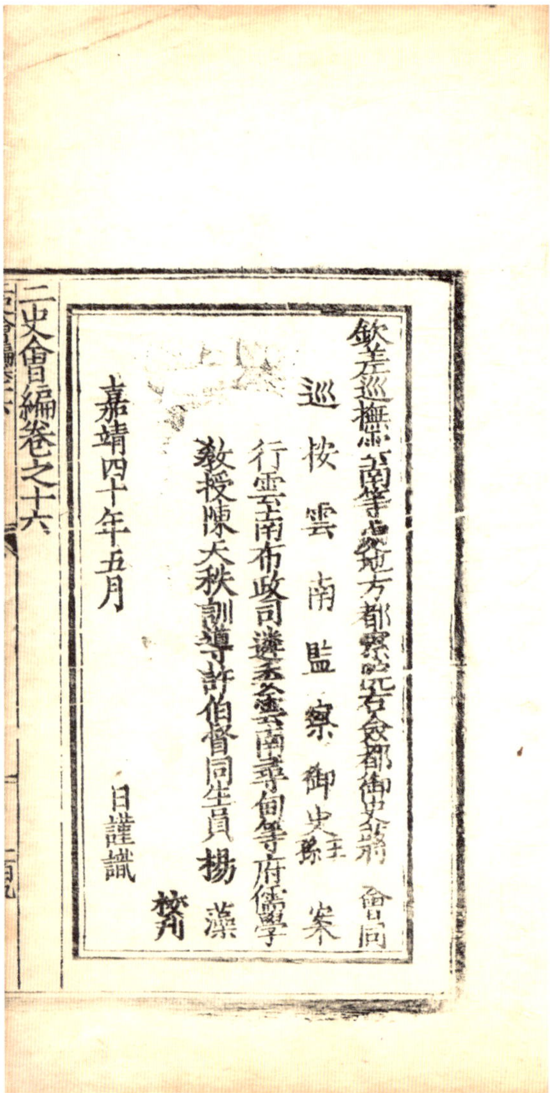

二史會編卷之十六

欽差巡撫雲南等處地方都察院右僉都御史蔣　會同
巡按雲南監察御史孫　案
行雲南布政司遵委雲南尋甸等府儒學
教授陳天秩訓導許伯督同生員楊藻
梓
嘉靖四十年五月　日謹識

陳善後序。版心下有刻工姓名。卷十六末有牌記題蔣宗魯、陳天秩、許伯督、楊藻等人校刊。此本卷十雖係抄配，但并無缺卷，不影響文獻内容的完整，具有較高的版本價值。

該書文中有佚名圈點。鈐“北平孔德學校之章”印。

（郭芳）

明嘉靖八年高賁亨刻本《伊洛淵源録》

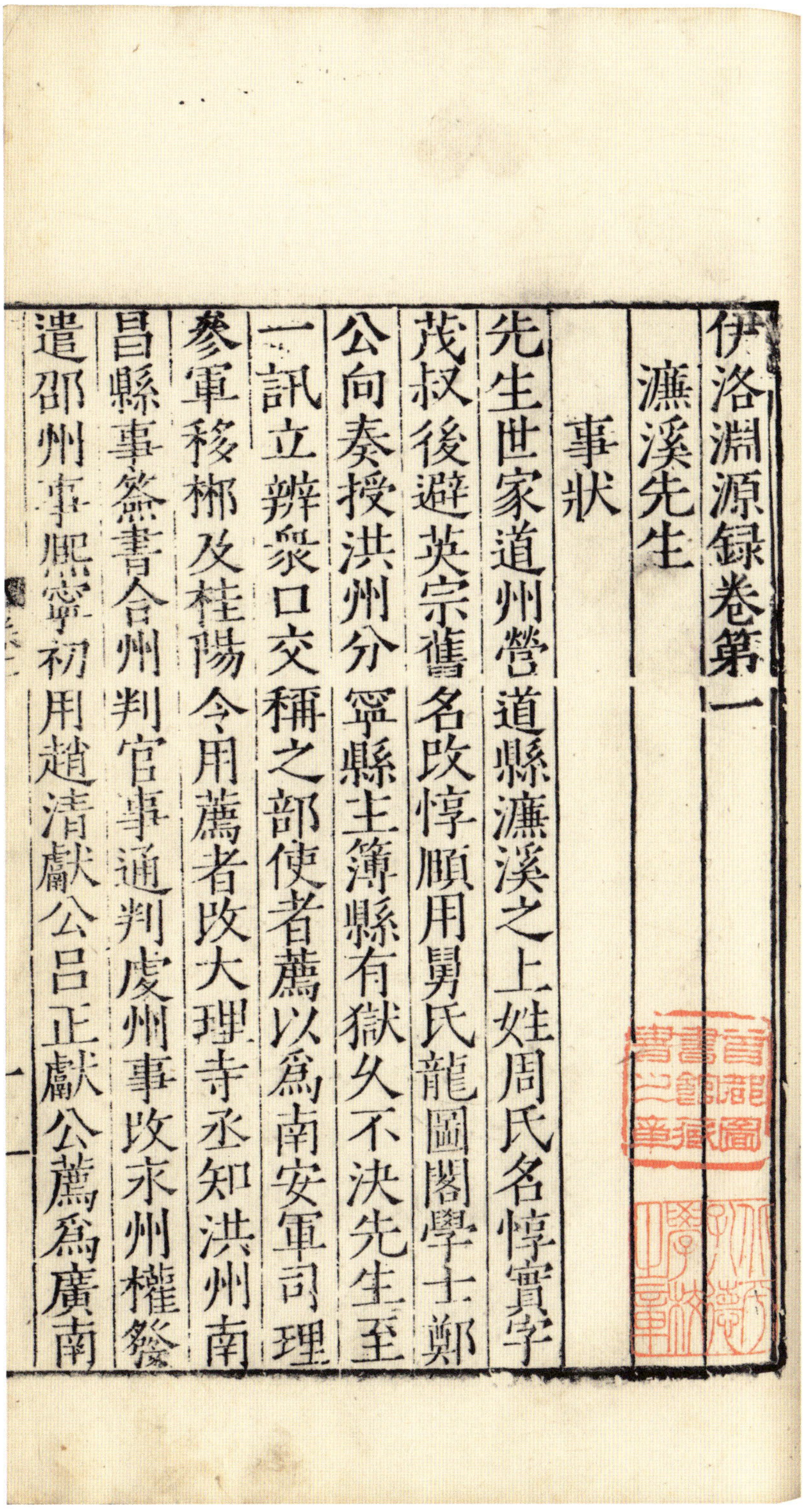
伊洛淵源録卷第一

濂溪先生

事狀

先生世家道州營道縣濂溪之上姓周氏名惇實字茂叔後避英宗舊名改惇頤用舅氏龍圖閣學士鄭公向奏授洪州分寧縣主簿縣有獄久不決先生至一訊立辨衆口交稱之部使者薦以爲南安軍司理參軍移郴及桂陽令用薦者改大理寺丞知洪州南昌縣事簽書合州判官事通判虔州事改永州權發遣邵州事熙寧初用趙清獻公呂正獻公薦爲廣南

伊洛淵源録十四卷　（宋）朱熹撰　**續録六卷**　（宋）謝鐸撰　明嘉靖八年（1529）高賁亨刻本　一函八册　索書號（甲二）107　第二批《國家珍貴古籍名録》03936號

半葉十行二十字，白口，左右雙邊，單黑魚尾，框高19.3厘米，寬14.6厘米。

朱熹（1130—1200），字元晦，一字仲晦，號晦庵，晚號遁翁等，後人尊其爲紫陽夫子、考亭先生。祖籍安徽婺源（今屬江西），後定居福建建陽。高宗紹興十八年（1148）中進士，後歷官泉州同安主簿，纍知南康軍、漳州、潭州，至任焕章閣待制兼侍講止。南宋淳祐元年（1241），奉詔從祀孔廟。主要著作有《周易本義》《詩集傳》《四書章句集註》《資治通鑑綱目》《宋名臣言行録》《伊洛淵源録》《近思録》等。《宋史》卷四百二十九有傳。謝鐸（1435—1510），字鳴治，號方石，浙江太平（今浙江温嶺）人。天順八年（1464）進士，官至禮部侍郎，兼國子監祭酒，謚文肅。經術湛深，爲文有體要，著有《桃溪净稿》《國朝名臣事略》及《朝陽閣書目》等，《明史》卷二百十五有傳。

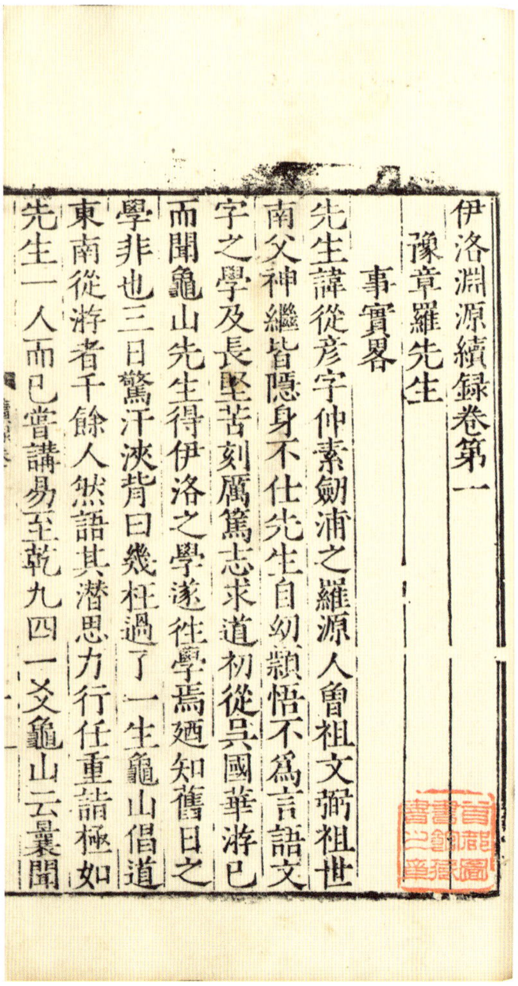
伊洛淵源續録卷第一
豫章羅先生
事實畧
先生諱從彦字仲素劒浦之羅源人曾祖文弼祖世
南父神繼皆隱身不仕先生自幼頴悟不爲言語文
字之學及長堅苦刻厲篤志求道初從吳國華游已
而聞龜山先生得伊洛之學遂往學焉廼知舊日之
學非也三日驚汗浹背曰幾枉過了一生龜山倡道
東南從游者千餘人然語其潛思力行任重詣極如
先生一人而已嘗講易至乾九四一爻龜山云曩聞

《伊洛淵源録》凡十四卷，全書以首倡道學的程顥、程頤爲中心，所記學者上起北宋中葉周敦頤、邵雍、張載，下迄南宋紹興初胡安國、尹焞，通過輯録二程及兩宋間與程氏有學術淵源的諸多學者傳記資料，勾勒出程氏道學的傳承源流。書中所録共四十九人，大致依時間先後爲序，各以學術地位區分類聚，或人自一卷，或數人合卷。其後《宋史》之《道學》《儒林》諸傳多據此爲之，而宋人談道學宗派，亦自此書始。謝鐸之書繼《伊洛淵源録》而作，凡六卷，共録二十一人，以朱熹爲宗主，上録朱熹之師承者羅從彦、李侗等，而佐以朱熹之友張栻、吕祖謙等，後録黄榦、何基、王柏等；辨其授受源委，考其道統源流。

此二書最早合刻本即爲明嘉靖八年高賁亨刻本。高賁亨，字汝白，明浙江臨海人。著有《臺學源流》。高賁亨《重刊伊洛淵源二録跋》中論及此書刊刻緣起曰：“嘉靖已丑，予董學事於閩。懼弗德，無以率先諸士，乃取《伊洛淵源録》及《續録》合而刻之，咸俾觀焉，庶幾有所興起而自得師。”明嘉靖三十四年刊鄭廷鵠《白鹿洞志·鏤版》載，其時白鹿洞書院藏有高賁亨所刻《伊洛淵源録》版片。

鈐有“居敬齋”“北平孔德學校之章”等印。

（史麗君）

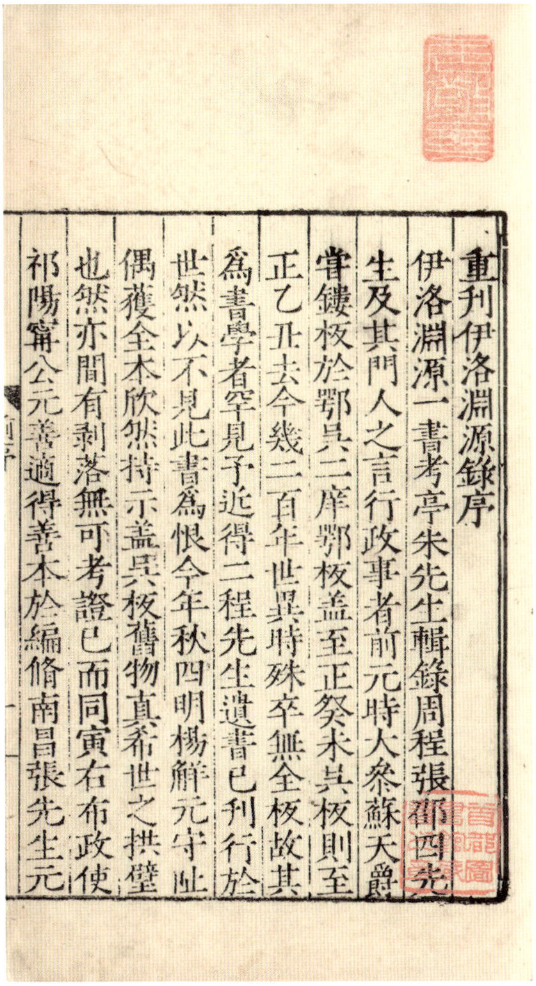
重刊伊洛淵源錄序
伊洛淵源一書考亭朱先生輯錄周程張邵四先生及其門人之言行政事者前元時大參蘇天爵嘗鏤板於鄂吳二庠鄂板蓋至正癸未吳板則至正乙丑去今幾二百年世異時殊卒無全板故其爲書學者罕見予近得二程先生遺書已刊行於世然以不見此書爲恨今年秋四明楊觧元守阯偶獲全本欣然持示蓋吳板舊物真希世之拱璧也然亦間有剥落無可考證已而同寅右布政使祁陽甯公元善適得善本於編脩南昌張先生元

明弘治十三年刻本《岩鎮汪氏重輯本宗譜》

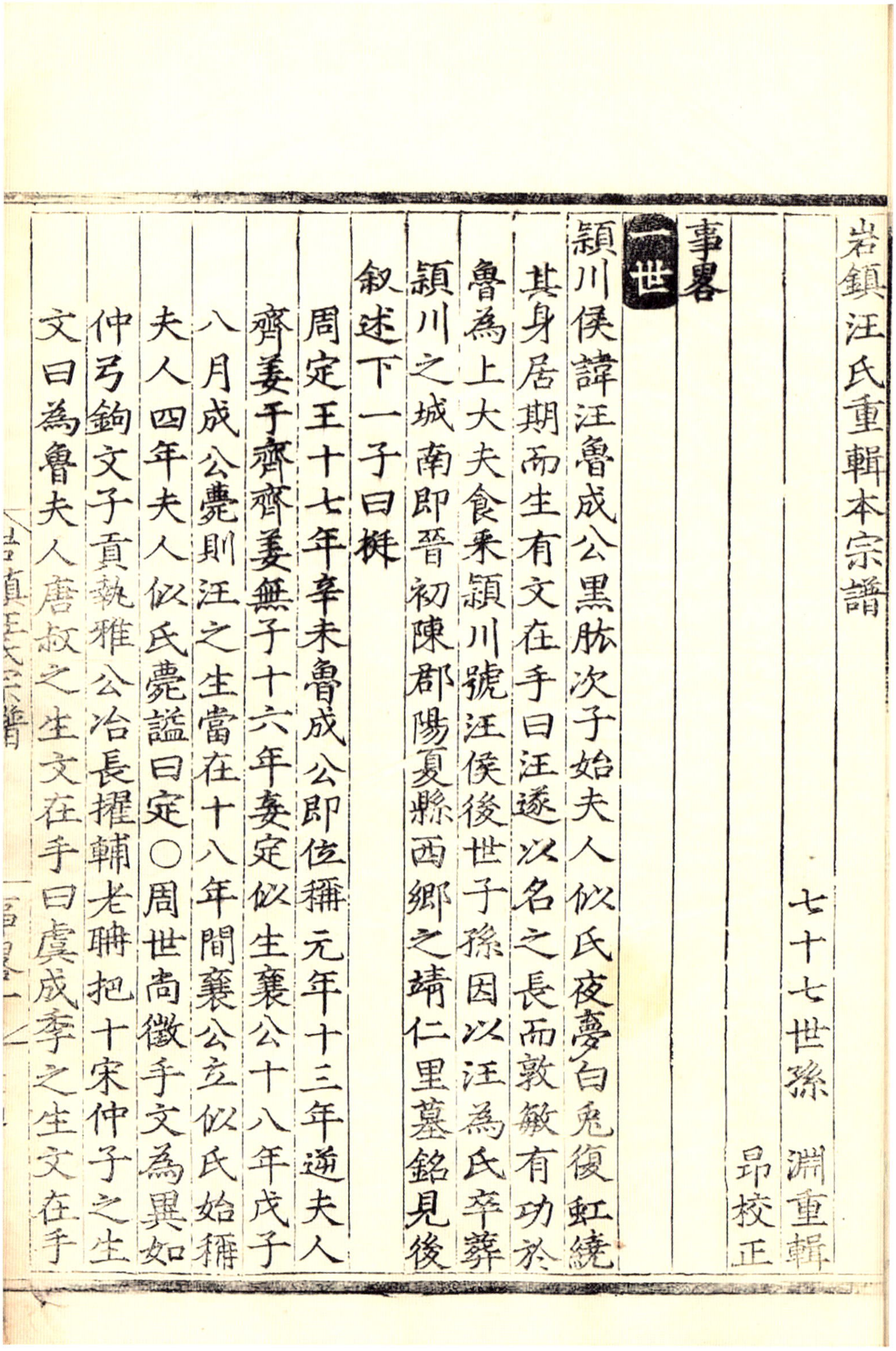
岩鎮汪氏重輯本宗譜

七十七世孫　淵重輯

昂校正

事畧

一世

潁川侯諱汪魯成公黑肱次子始夫人似氏夜夢白兎復虹繞其身居期而生有文在手曰汪遂以名之長而敦敏有功於魯爲上大夫食采潁川號汪侯後世子孫因以汪爲氏卒葬潁川之城南即晉初陳郡陽夏縣西鄉之靖仁里墓銘見後叙述下一子曰誁

周定王十七年辛未魯成公即位稱元年十三年逆夫人齊姜于齊齊姜無子十六年妾定似生襄公十八年戊子八月成公薨則汪之生當在十八年間襄公立似氏始稱夫人四年夫人似氏薨謚曰定○周世尚徵手文爲異如仲弓鈎文子貢執雅公冶長握輔老聃把十宋仲子之生文曰爲魯夫人唐叔之生文在手曰虞成季之生文在手

岩鎮汪氏宗譜　事畧一

岩鎮汪氏重輯本宗譜四卷　（明）汪淵輯　明弘治十三年（1500）刻本　一函一冊　索書號（丁）16044　第三批《國家珍貴古籍名録》07893號

半葉十六行二十四字，白口，四周雙邊，雙對白魚尾，框高29.2厘米，寬24.9厘米。

宗譜的産生與發展源於中國傳統的文化特質，它明脉傳，辨血緣，具有凝聚宗族親和力的作用，作爲一種獨特的文獻形式，承擔了記録與保存中國宗親文化的特殊使命，其功能與價值難以替代。

汪姓始祖爲魯成公黑肱次子汪午。東漢末年，龍驤將軍汪文和遷居新安（今安徽歙縣），發展爲新安一帶望族。宋代以後，汪姓迅速繁衍，成爲中國南方的一個大姓。岩鎮，是新

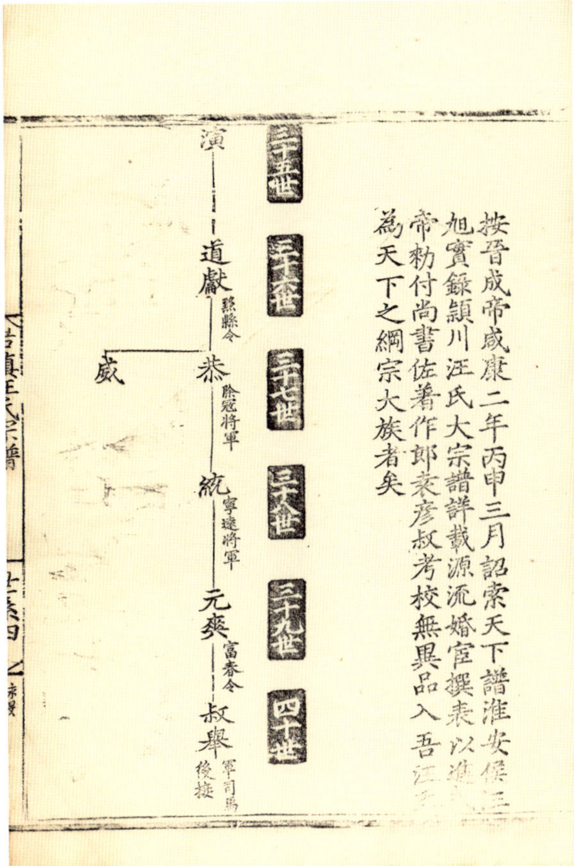
按晉成帝咸康二年丙申三月詔索天下譜淮安侯三
旭實錄潁川汪氏大宗譜詳載源流婚宦撰表以進
帝勅付尚書佐著作郎袁彥叔考校無異品入吾江
為天下之綱宗大族者矣

三十五世　演
三十六世　道獻　縣令
三十七世　恭　除寇將軍　威
三十八世　統　寧遠將軍
三十九世　元爽　富春令
四十世　叔舉　軍司馬　後接

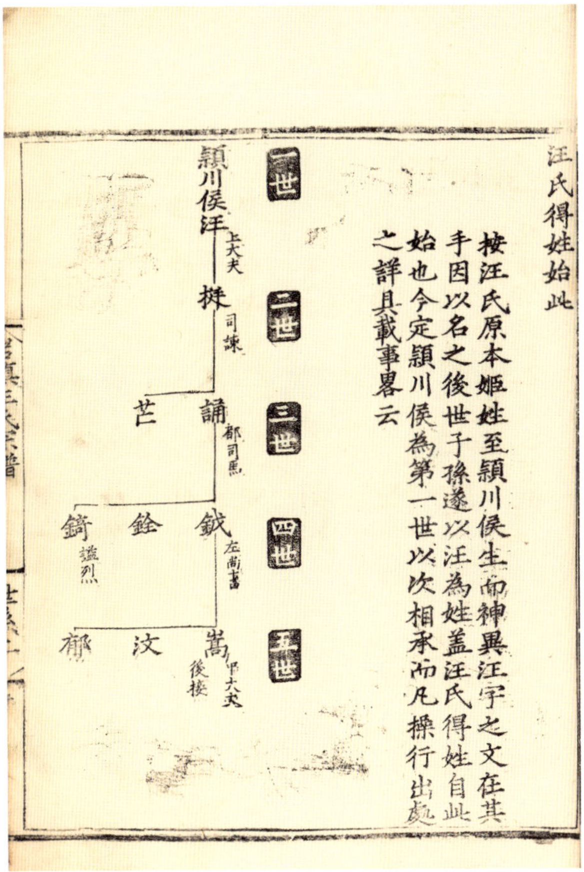
汪氏得姓始此

按汪氏原本姬姓至潁川侯生而神異汪字之文在其手因以名之後世子孫遂以汪為姓蓋汪氏得姓自此始也今定潁川侯為第一世以次相承而凡操行出處之詳具載事畧云

一世　潁川侯汪　上大夫
二世　撲　司諫
三世　誦　都司馬　芒
四世　鈸　左尚書　銓　錡　謚烈
五世　嵩　甲大夫　後接　汶　鄘

安的一個小鎮，明中葉時所居者以汪姓爲主。

汪淵生於岩鎮，明弘治三年進士，官儒林郎後，“恒念宗族日蕃，支流彌遠，不能無塗人相視之嘆，於是遂與從弟仲衡因先世所藏會譜……重加彙正，詳審精密，紀載有法”（費宏《岩鎮汪氏重輯宗譜序》），輯刊了《岩鎮汪氏重輯本宗譜》。

此譜除一般宗譜必有的世系、内宗、外宗、事略外，在正文之前有十八篇序言以及兩封相關書信：《朱晦庵先生答吾祖汪會之書》《宗老汪立信與平章賈似道書》。序言爲之前歷代汪氏宗譜序言，作者多是主編者或當時名人、族中名人，如袁喬、朱熹、周必大、汪澤民、費宏等；或簡述汪氏淵源、故事，或介紹譜牒知識，或教化後輩兒孫，或駁斥錯誤言論，是研究汪氏歷史、汪氏文化、汪氏譜牒和歷代汪氏人物的有益參考。

首都圖書館所藏此書目録標明全書由“序記跋書”“世系”“内宗”“外宗”“事略”“附録”組成，但遍閱全書，未見附録，疑爲殘缺，或附録并未刊刻，尚待考。《國家珍貴古籍名録》著録此書爲“岩鎮汪氏重輯本宗譜四卷”，亦未及附録。

此書版框、開本寬大，版心有刻工姓名。

（邸曉平）

明弘治十四年刻本《新安黃氏會通譜》

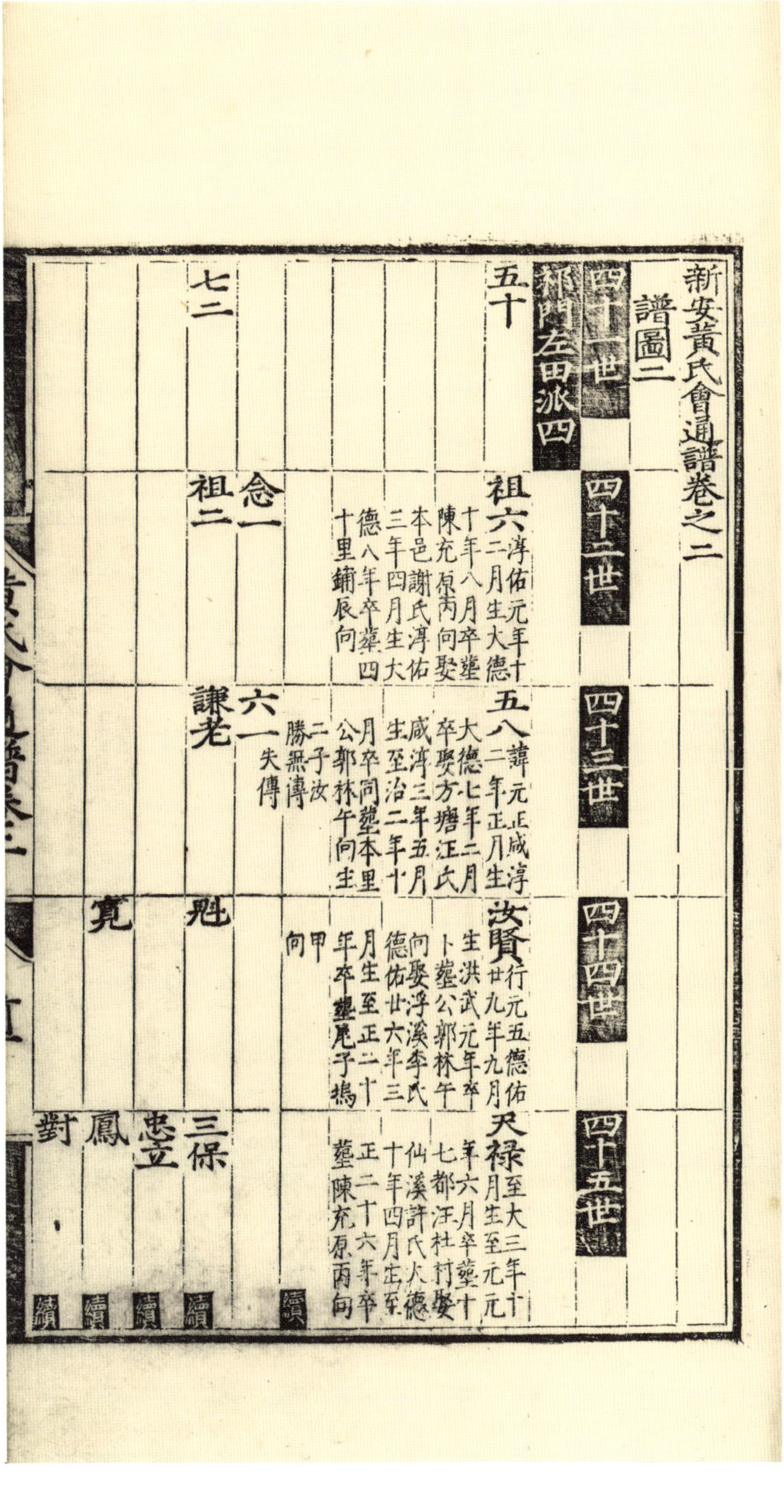

新安黃氏會通譜卷之二

譜圖二

四十一世 四十二世 四十三世 四十四世 四十五世

祁門左田派四

五十

祖六 淳佑元年十二月生大德十年八月卒葬陳充原丙向娶本邑謝氏淳佑三年四月生大德八年卒葬四十里鋪辰向

五八 諱元正咸淳二年正月生大德七年二月卒娶方塘汪氏咸淳三年五月生至治二年十月卒同葬本里公郭林午向生二子汝勝 汝淳

汝賢 行元五德佑廿九年九月生洪武元年卒卜葬公郭林午向娶浮溪李氏德佑廿六年三月生至正二十年卒葬苑子塢甲向

天祿 至大三年十月生至元元年六月卒葬十七都汪杜村娶仙溪許氏大德十年四月生至正二十六年卒葬陳充原丙向

續

念一

六一 失傳

七二

祖二

謙老

魁

三保 續

忠立 續

寬

鳳 續

對 續

新安黃氏會通譜十六卷新安黃氏文獻録二卷新安黃氏文獻録外集三卷　（明）黃禄　程天相纂修　明弘治十四年（1501）刻本（有抄配）　二函八册　索書號（丁）16051　第三批《國家珍貴古籍名録》07904號

半葉十四行二十七字，譜爲表格式，五柱，十四行，粗黑口，四周雙邊，雙順黑魚尾，框高27.9厘米，寬19.0厘米。

黃禄，安徽休寧人，新安黃氏一族。與其族兄黃雲蘇"如浮梁，如樂平，如德興，如鄱陽，如婺源……以考其支派之所由分。既探其本而獲其源，遂舉十邑之族統而一之，以爲會通之譜"（俞芳《集成會通譜敘》）。程天相，黃禄同鄉，助黃氏編輯《會通譜》若干卷。

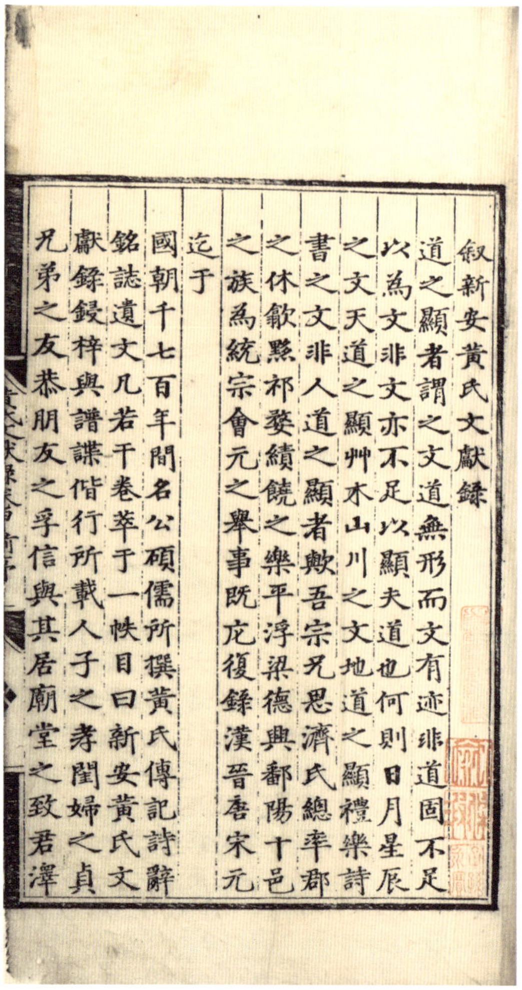
敘新安黃氏文獻録
道之顯者謂之文道無形而文有迹非道固不足
以爲文非文亦不足以顯夫道也何則日月星辰
之文天道之顯艸木山川之文地道之顯禮樂詩
書之文非人道之顯者歟吾宗兄思濟氏總率郡
之休歙黟祁婺績饒之樂平浮梁德興鄱陽十邑
之族爲統宗會元之舉事既庀復録漢晉唐宋元
迄于
國朝千七百年間名公碩儒所撰黃氏傳記詩辭
銘誌遺文凡若干卷萃于一帙目曰新安黃氏文
獻録鋟梓與譜諜偕行所載人子之孝閨婦之貞
兄弟之友恭朋友之孚信與其居廟堂之致君澤

譜牒具有增强本族凝聚力的獨特作用，而家族文獻則具有豐富的社會内容。明代徽州宗族制度發達，世家大族普遍纂修族譜。然會通族譜的家族却爲數不多，程敏政《新安黃氏會通譜序》云："自宗法不明於後世，凡通都大邑之間，號巨室能僅譜其家者，蓋不多得矣，若進而能譜其族，則加鮮焉，況又能推而譜其所同原异流者哉……若五城黃氏，其一焉。"《新安黃氏會通譜》作爲徽州通譜的代表，以江夏黃香爲一世祖，"會千萬人於一家，統千百世於一人，世次有圖，支系有派，同异有辨，文獻有録"（俞芳《集成會通譜敘》）。

《會通譜》首歷代序文，次文原，後依

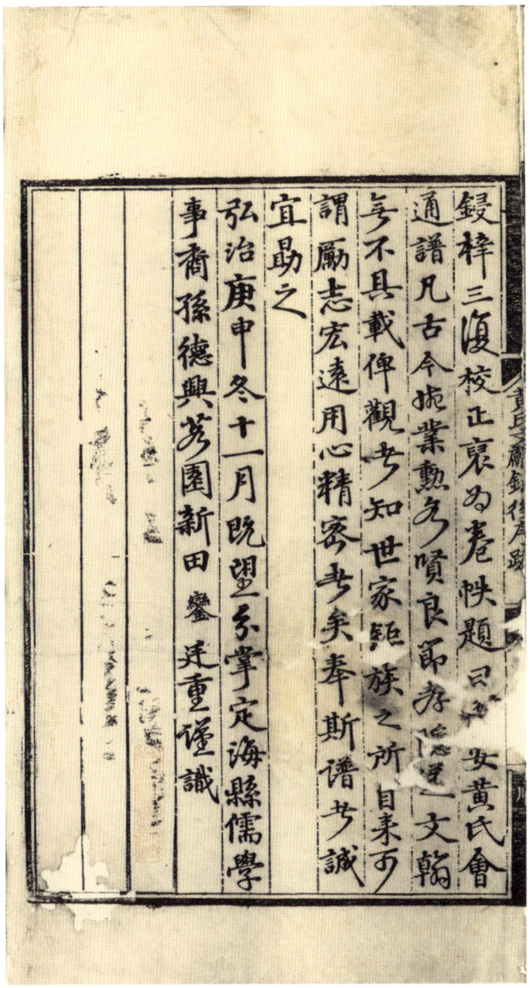
鋟梓三復校正裒爲卷帙題曰[illegible]安黄氏會
通譜凡古今德業勳名賢良節孝[illegible]文翰
無不具載俾觀者知世家鉅族之所自來可
謂勵志宏遠用心精密者矣奉斯譜者誠
宜勗之
弘治庚申冬十一月既望承掌定海縣儒學
事裔孫德興芳園新田鑾廷重謹識

次爲考、凡例、圖、正文，層次分明地記述了新安黄氏自一世祖東漢黄香至明代弘治年間一千四百餘年間、五十四世九十九派的宗族演變情况。《文獻録》《外集》則是黄氏家族文獻的合集，包括傳記、詩文、銘誌、遺文等，不僅展示了新安黄氏家族文化，也從多個側面反映了明初地域社會文化。該書對研究黄氏宗族演變情况具有重要價值，也爲譜牒文化研究提供了翔實的資料。

首都圖書館藏本爲明弘治十四年刻本，首程敏政《新安黄氏會通譜序》前有殘缺。該書“倡於弘治庚戌，成於庚申”，書成後，“鳩金鋟梓，三復校正，裒爲卷帙，題曰《新安黄氏會通譜》”（黄鑾《新安黄氏會通譜後叙》）。新安黄氏以刻書聞名遐邇，刻工輩出，從明正統間一直延續到清道光年間，對中國刻書事業做出了重要貢獻。本書有刻工淳、方等。

此本鈐有“子孫永寶”等印記。

（范猛）

明嘉靖馮天馭刻本《文獻通考》

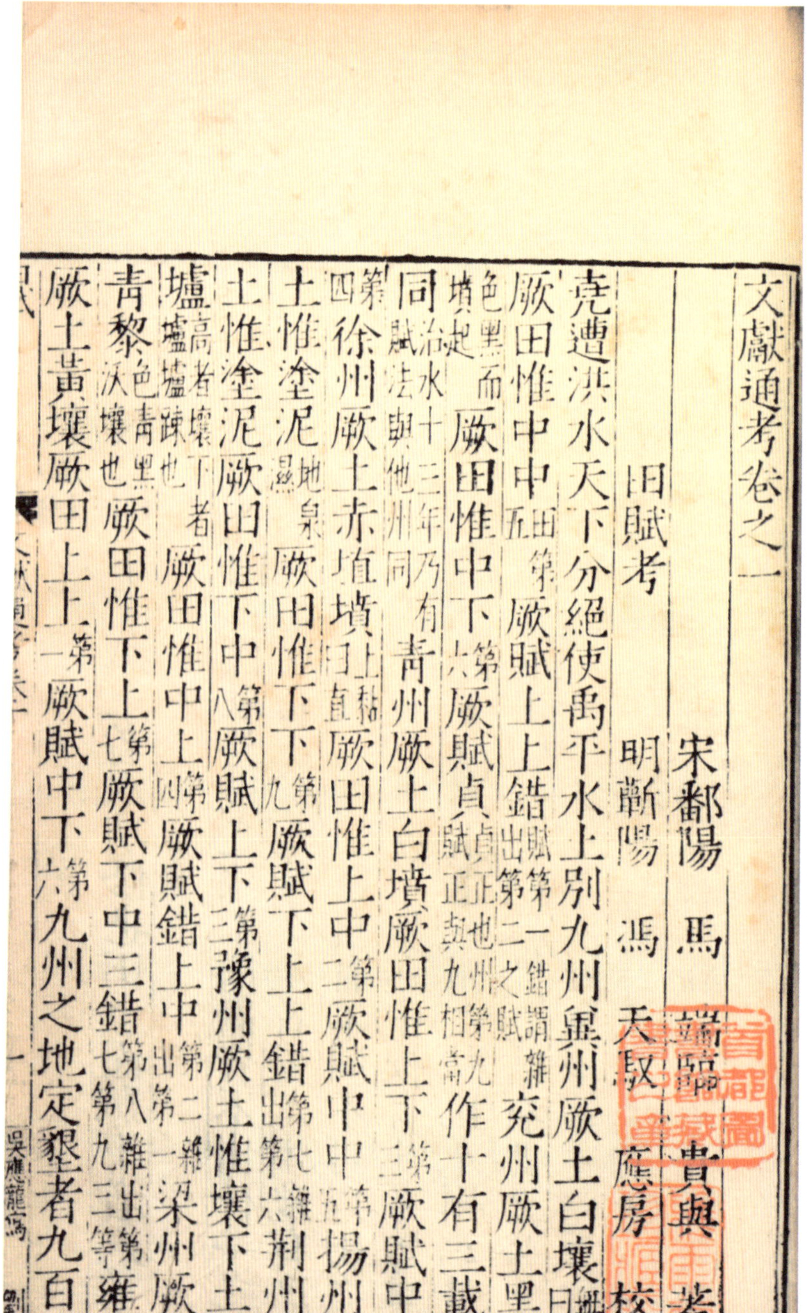

文獻通考卷之一

宋鄱陽　馬　端臨　貴與　著

明鄞陽　馮　天馭　應房　校刊

田賦考

堯遭洪水天下分絕使禹平水土別九州冀州厥土白壤無塊曰壤厥田惟中中田第五厥賦上上錯賦第一錯謂雜出第二之賦兗州厥土黑墳色黑而墳起厥田惟中下第六厥賦貞貞正也州第九賦正與九相當作十有三載乃同治水十三年乃有賦法與他州同青州厥土白墳厥田惟上下第三厥賦中上第四徐州厥土赤埴墳土黏曰埴厥田惟上中第二厥賦中中第五揚州厥土惟塗泥地泉濕厥田惟下下第九厥賦下上上錯第七雜出第六荊州厥土惟塗泥厥田惟下中第八厥賦上下第三豫州厥土惟壤下土墳壚高者壤下者壚壚疏也厥田惟中上第四厥賦錯上中第二雜出第一梁州厥土青黎色青黑沃壤也厥田惟下上第七厥賦下中三錯第八雜出第七第九三等雍州厥土黃壤厥田上上第一厥賦中下第六九州之地定墾者九百一

文獻通考卷之一　一　吳應龍寫　劉霰

文獻通考三百四十八卷首一卷　（元）馬端臨撰　明嘉靖馮天馭刻本（有抄配）　六函六十册　索書號（乙二）4　第二批《國家珍貴古籍名録》04280號

半葉十三行二十四字，白口，左右雙邊，單黑魚尾，框高19.7厘米，寬14.8厘米。

馬端臨（約1254—1323），字貴與，號竹洲，饒州樂平（今屬江西）人。南宋宰相馬廷鸞之子，宋元之際著名史學家。南宋咸淳九年（1273）漕試第一，以蔭補承事郎。宋亡後隱居不仕，後雖起爲學官，任慈湖、柯山兩書院山長、台州儒學教授等職，然歷時不過兩三個月便告老辭官，著述以終。馬端臨著作甚豐，有《多識録》《大學集注》等，惜久已失傳。《新元史》卷二百三十四有傳，然語焉不詳。

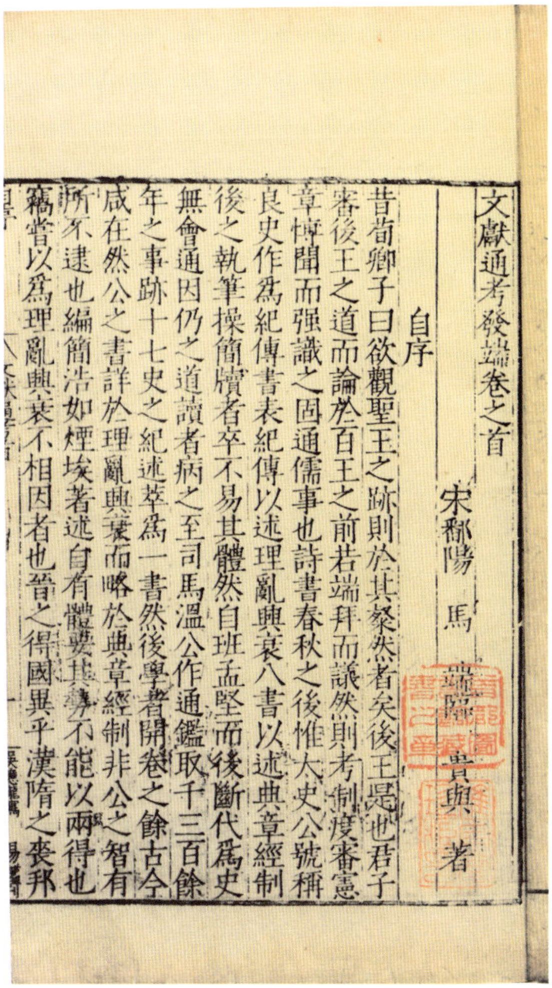

馬端臨積二十餘年之力，始纂成典志體通史《文獻通考》。所謂“文獻”，其自序云“引古經史謂之‘文’，參以唐宋以來諸臣之奏疏、諸儒之議論，謂之‘獻’，故名曰《文獻通考》”。馬氏認爲杜佑《通典》“節目之間未爲明備，而去取之際頗欠精審，不無遺憾焉”，故編《文獻通考》以補《通典》之不足。《文獻通考》通記歷代典章制度的沿革，上溯唐虞，下迄宋代嘉定之末，全書分二十四門（考）、三百四十八卷。每門有小序，門下又分若干子目。二十四門中十九門爲《通典》之原目，自“經籍”至“物异”五門爲《通典》所無。馬氏自序言該書“凡叙事則本之經史而參以歷代會要及百家傳紀之書，

信而有徵者從之，乖异傳疑者不録”，“凡論事，則先取當時臣僚之奏疏，次及近代諸儒之評論，以至名流之燕談、稗官之記録，凡一語一言，可以訂典故之得失，證史傳之是非者，則采而録之”。元代王壽衍《進文獻通考表》稱“其書與唐杜佑《通典》相爲出入……天寶以前者視杜氏加詳焉，天寶以後至宋寧宗者又足以補杜氏之缺”。《四庫全書總目》卷八十一評價該書：“大抵門類既多，卷繁帙重，未免取彼失此。然其條分縷析，使稽古者可以案類而考。又其所載宋制最詳，多《宋史》各志所未備，案語亦多能貫穿古今，折衷至當。雖稍遜《通典》之簡嚴，而詳贍實爲過之，非鄭樵《通志》所及也。”

首都圖書館所藏此本爲明嘉靖馮天馭刻本，卷一卷端第三行下著“明蘄陽馮天馭應房校刊”，書口下有刻工姓名。前有元至大元年（1308）李謹思序、元延祐六年（1319）王壽衍進書表、元至治二年（1322）抄白。首一卷爲馬端臨自序。馮天馭，字應房，號午山，湖北蘄州（今湖北蘄春）人。明嘉靖十四年（1535）進士，曾四遷大理，再爲大中丞。捐資建書院，學者稱“午山先生”。《［咸豐］蘇州志》卷十一《儒林》有傳。

鈐有“雅雨堂珍藏印”印。

（喬雅俊）

明萬曆十五年内府刻本《大明會典》

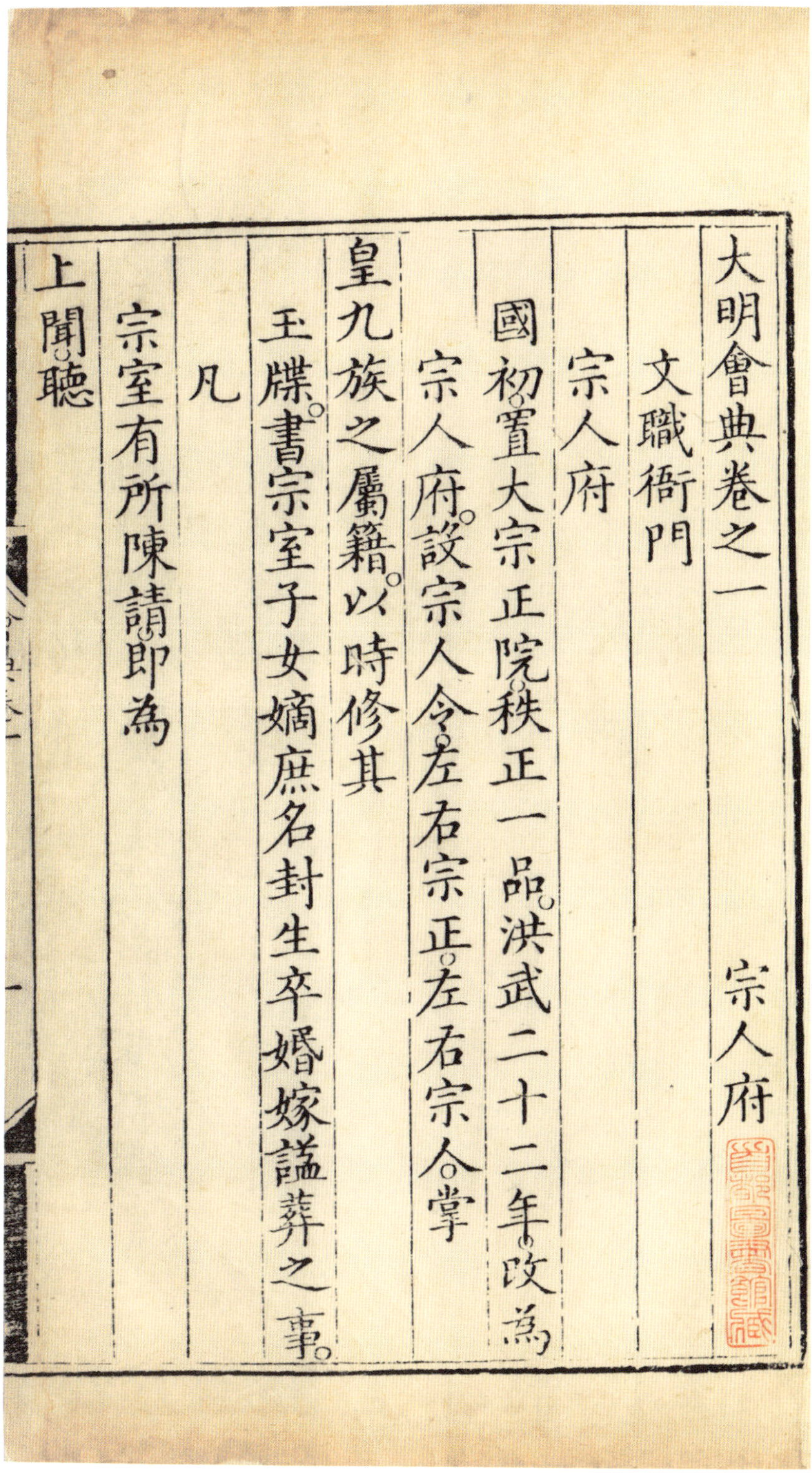
大明會典卷之一　宗人府

文職衙門

宗人府

國初置大宗正院。秩正一品。洪武二十二年改為

宗人府。設宗人令。左右宗正。左右宗人。掌

皇九族之屬籍。以時修其

玉牒。書宗室子女嫡庶名封生卒婚嫁謚葬之事。

凡

宗室有所陳請即為

上聞聽

大明會典二百二十八卷　（明）申時行　趙用賢等纂修　明萬曆十五年（1587）内府刻本　二十函一百二十册　索書號（乙二）892　第二批《國家珍貴古籍名録》04286號

半葉十行二十字，粗黑口，四周雙邊，雙對黑魚尾，框高24.7厘米，寬17.3厘米。

申時行（1535—1614），字汝默，號瑶泉，晚號休休居士，南直隸蘇州府長洲（今江蘇蘇州）人。明嘉靖四十一年（1562）進士第一，歷官翰林院修撰、禮部右侍郎、吏部右侍郎兼東閣大學士、首輔、太子太師、中極殿大學士。著有《書經講義會編》《召對録》

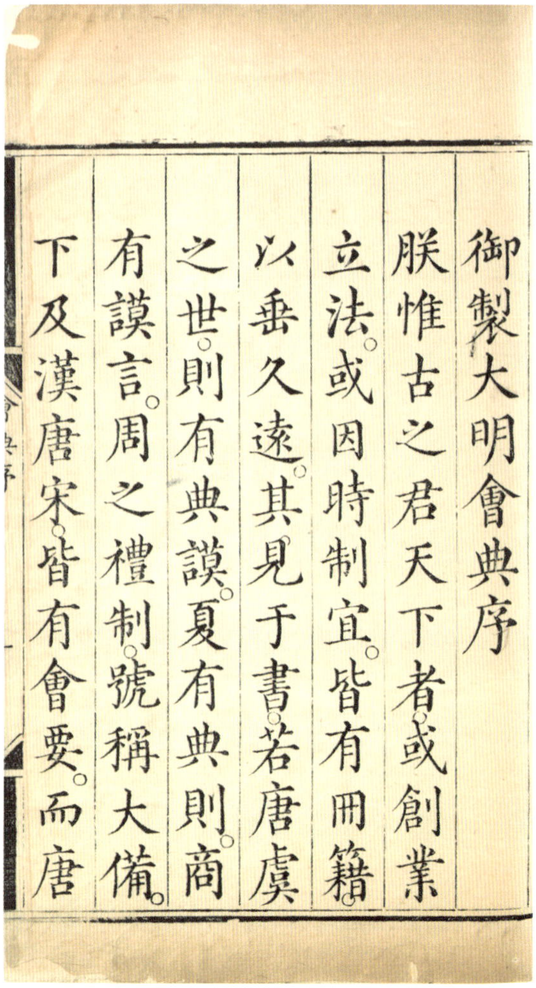
御製大明會典序
朕惟古之君天下者或創業
立法或因時制宜皆有冊籍
以垂久遠其見于書若唐虞
之世則有典謨夏有典則商
有謨言周之禮制號稱大備
下及漢唐宋皆有會要而唐

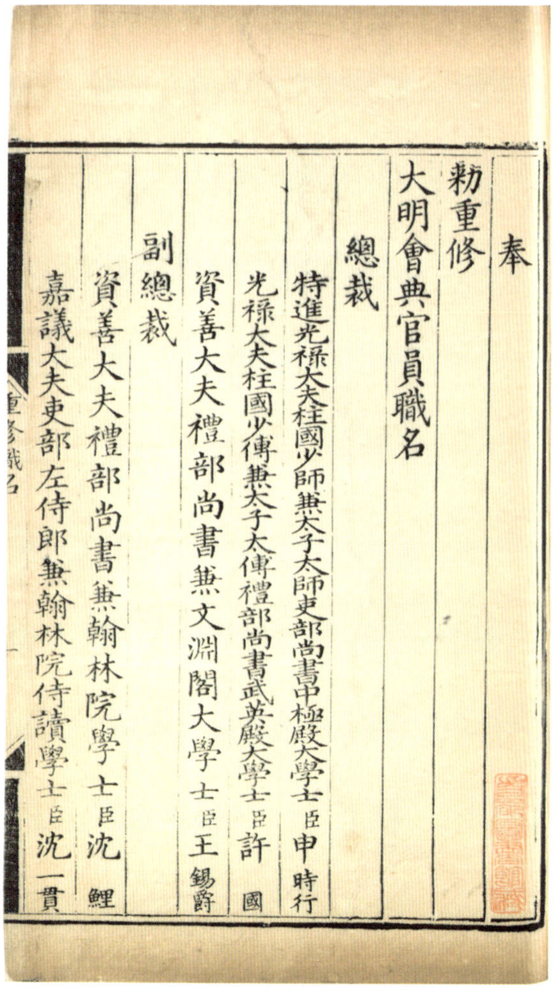
奉
勅重修
大明會典官員職名
總裁
特進光祿大夫柱國少師兼太子太師吏部尚書中極殿大學士臣申時行
光祿大夫柱國少傅兼太子太傅禮部尚書武英殿大學士臣許國
資善大夫禮部尚書兼文淵閣大學士臣王錫爵
副總裁
資善大夫禮部尚書兼翰林院學士臣沈鯉
嘉議大夫吏部左侍郎兼翰林院侍讀學士臣沈一貫

《申定公賜閑堂遺墨》等。《四庫全書總目》評價“其相業無咎無譽，詩文亦如其人”。《明史》卷二百一十八有傳。

此書是明代官修的記載典章制度的史書，又名《明會典》。始纂於明弘治十年（1497）三月，經正德時參校後刊行，共一百八十卷，嘉靖時經兩次增補。萬曆時申時行等人有感於前修《明會典》“歲月既久，議論漸已繁多；法令滋章，推行因之抵牾。事或承訛而襲弊，浸失源流；吏多逞智以舞文，未諳體要”（申時行《進重修大明會典表》），又加修訂，於萬曆十五年撰成重修本二百二十八卷，通稱《萬曆重修會典》。其卷一至卷二百二十六記文職衙門，卷二百二十七、二百二十八記武職衙門。該書輯録明代的法令和章程，爲研究明代中央和地方政府的機構與職掌、官吏的任免、文書制度、少數民族地區的管理、行政管理和監督，農業、手工業、商業和土地制度，賦税、户役、財政等經濟政策，以及天文、曆法、習俗、文教等，提供了比較集中的資料，是研究明代典章制度的重要文獻。

首都圖書館所藏爲明萬曆十五年內府刻本，前有明弘治十五年、正德四年（1509）、萬曆十五年御製序，詳述各時期編纂、重修《明會典》的重要性和宗旨。

（范猛）

明嘉靖七年内府刻本《明倫大典》

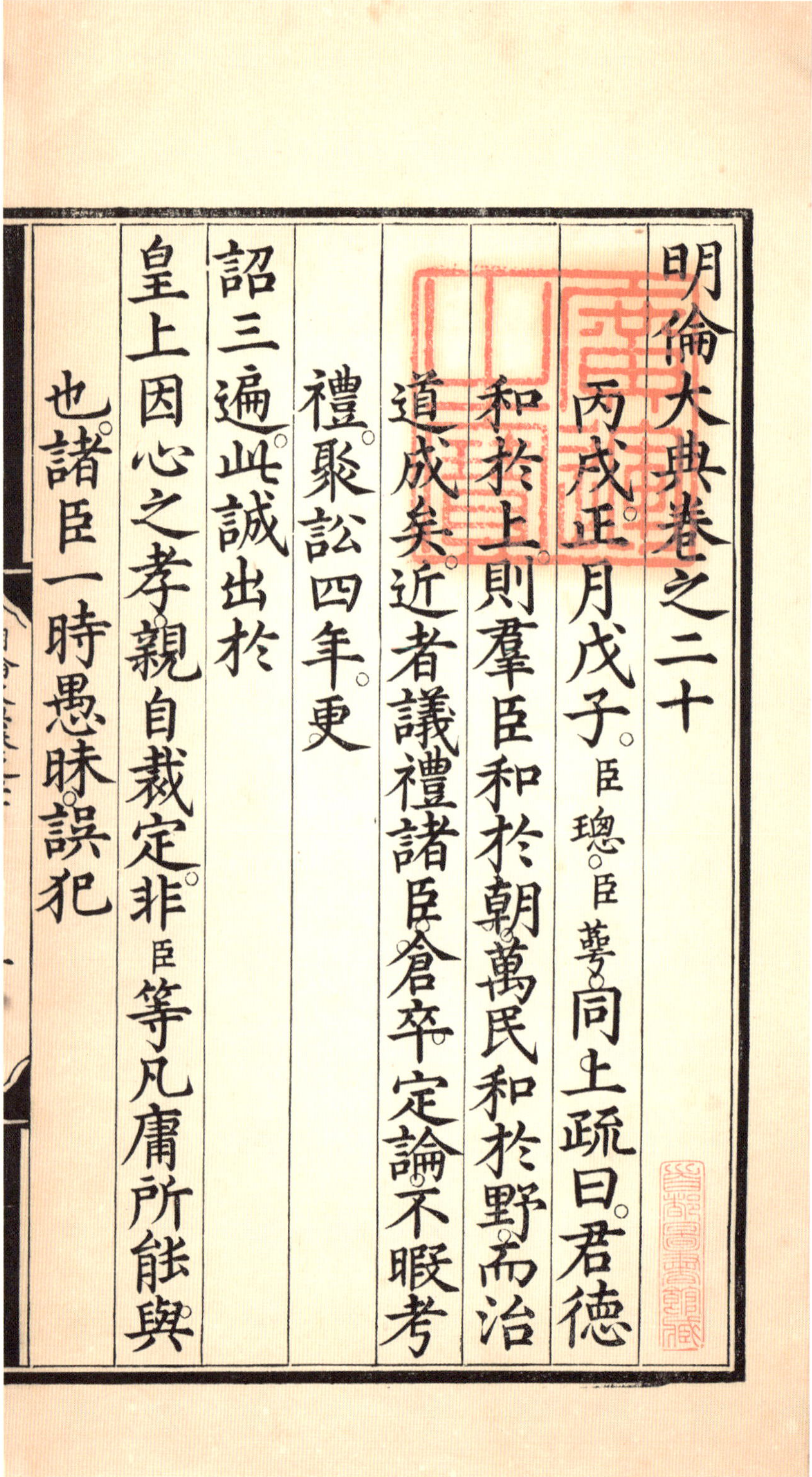
明倫大典卷之二十
丙戌正月戊子臣璁臣萼同上疏曰君德
和於上則羣臣和於朝萬民和於野而治
道成矣近者議禮諸臣倉卒定論不暇考
禮聚訟四年更
詔三遍此誠出於
皇上因心之孝親自裁定非臣等凡庸所能與
也諸臣一時愚昧誤犯

明倫大典二十四卷　（明）楊一清　熊浹等纂修　明嘉靖七年（1528）内府刻本（有抄配）　二函二十四册　索書號（乙二）621　第二批《國家珍貴古籍名録》04302號

半葉八行十八字，粗黑口，四周雙邊，雙對黑魚尾，框高26.9厘米，寬18.2厘米。

楊一清（1454—1530），字應寧，號邃庵，别號石淙，南直隸鎮江府丹徒（今屬江蘇）人。明成化八年（1472）進士，歷經成化、弘治、正德、嘉靖四朝，爲官五十餘年，官至内閣首輔，號稱“出將入相，文德武功”，《明史》本傳稱“其才一時無兩，或比之姚崇云”。

熊浹（1478—1554），字悦之，號北原，謚恭肅，南昌府南昌縣（今江西南昌）人。明正德九年（1514）進士，歷任大理寺卿、吏部尚書等職。《明史》卷一百九十七有傳。楊、熊二人均熟悉歷代朝章典志，又因在“大禮議”事件中支持嘉靖皇帝立生父爲皇考，頗得嘉靖帝賞識，於是分别被委任爲《明倫大典》的總裁、纂修官，負責該書的纂修事宜。

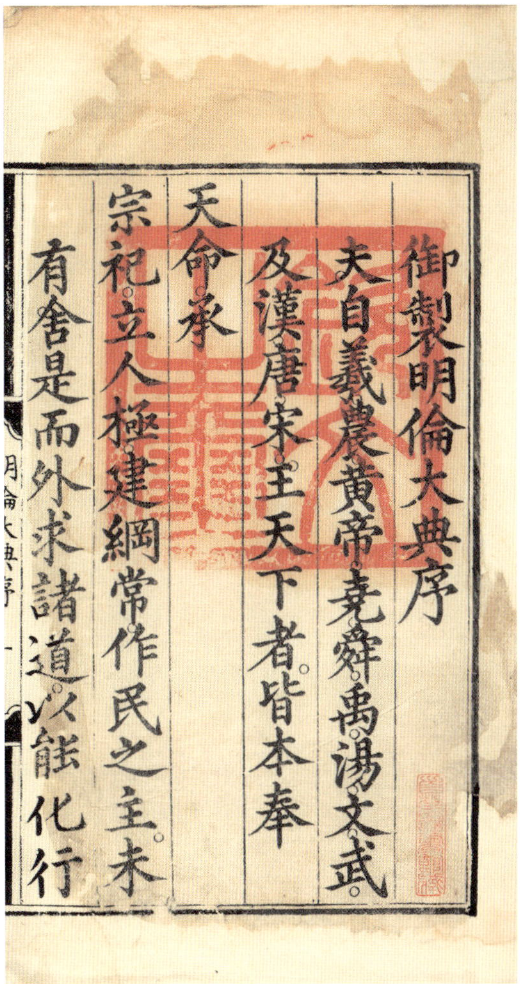
御製明倫大典序
夫自羲農黄帝堯舜禹湯文武
及漢唐宋主天下者皆本奉
天命承
宗祀立人極建綱常作民之主未
有舍是而外求諸道以能化行

《明倫大典》是明嘉靖七年由官方刊布的一本政書性質的史書，具有濃厚的政治色彩，爲明正德十六年至明嘉靖三年關於“大禮議”事件的全部記録。明世宗登基不久，圍繞其生父稱號問題，引發了著名的“大禮議”事件，最終以世宗立生父爲皇考結束。這一過程中，世宗皇帝認爲“位號以正，廟祀已成，豈可無一書以示後世”，遂決定修書以“正厥大倫”，使“尊尊親親各當其宜”（明世宗《皇帝敕諭纂修大禮全書》）。該書的編纂有複雜的政治背景，其成書刊布，也對當時的政治産生了一定的影響。該書對瞭解嘉靖初期複雜的政治形勢，深入研究“大禮議”事件具有重要意義，是研究嘉靖一朝歷史的重要史料。

該書歷時四年，幾易其稿，經數人之手。明嘉靖七年六月修畢，嘉靖皇帝親自爲該書作序，刊行天下，是爲明嘉靖七年内府本。今存《明倫大典》還有明嘉靖鎮江府刻本、明嘉靖八年湖廣刻本等版本。由於内府本所印有限，難以普及，而抄録又恐導致差訛，於是纔有了其他版本。首都圖書館藏本乃明嘉靖七年内府刻本。

本書鈐有“欽文之璽”“廣運之寶”等印。

（范猛）

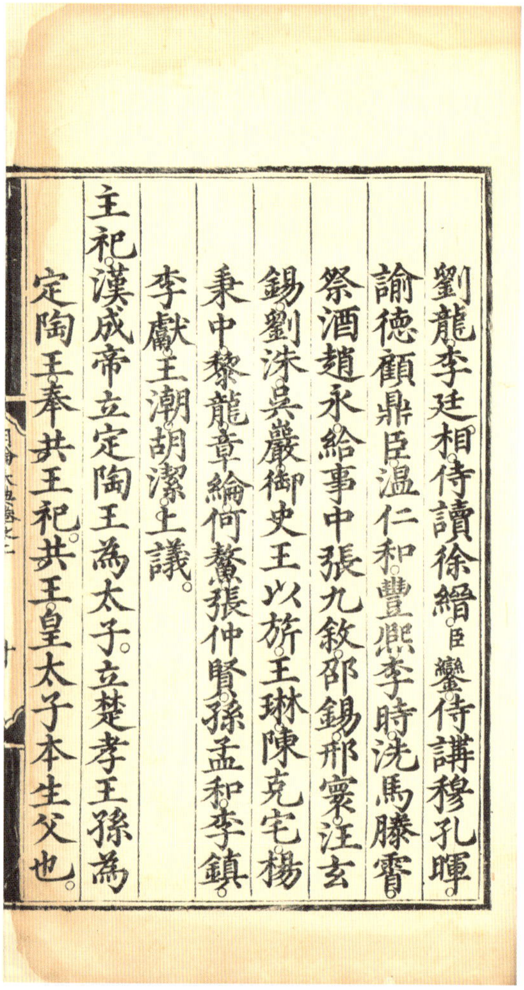
劉龍李廷相侍讀徐縉臣鑾侍講穆孔暉
諭德顧鼎臣溫仁和豐熙李時洗馬滕霄
祭酒趙永給事中張九敘邵錫邢寰汪玄
錫劉淶吳巖御史王以旂王琳陳克宅楊
秉中黎龍章綸何鰲張仲賢孫孟和李鎮
李獻王潮胡潔上議。
主祀漢成帝立定陶王爲太子立楚孝王孫爲
定陶王奉共王祀共王皇太子本生父也。

明嘉靖刻本《鹽政志》

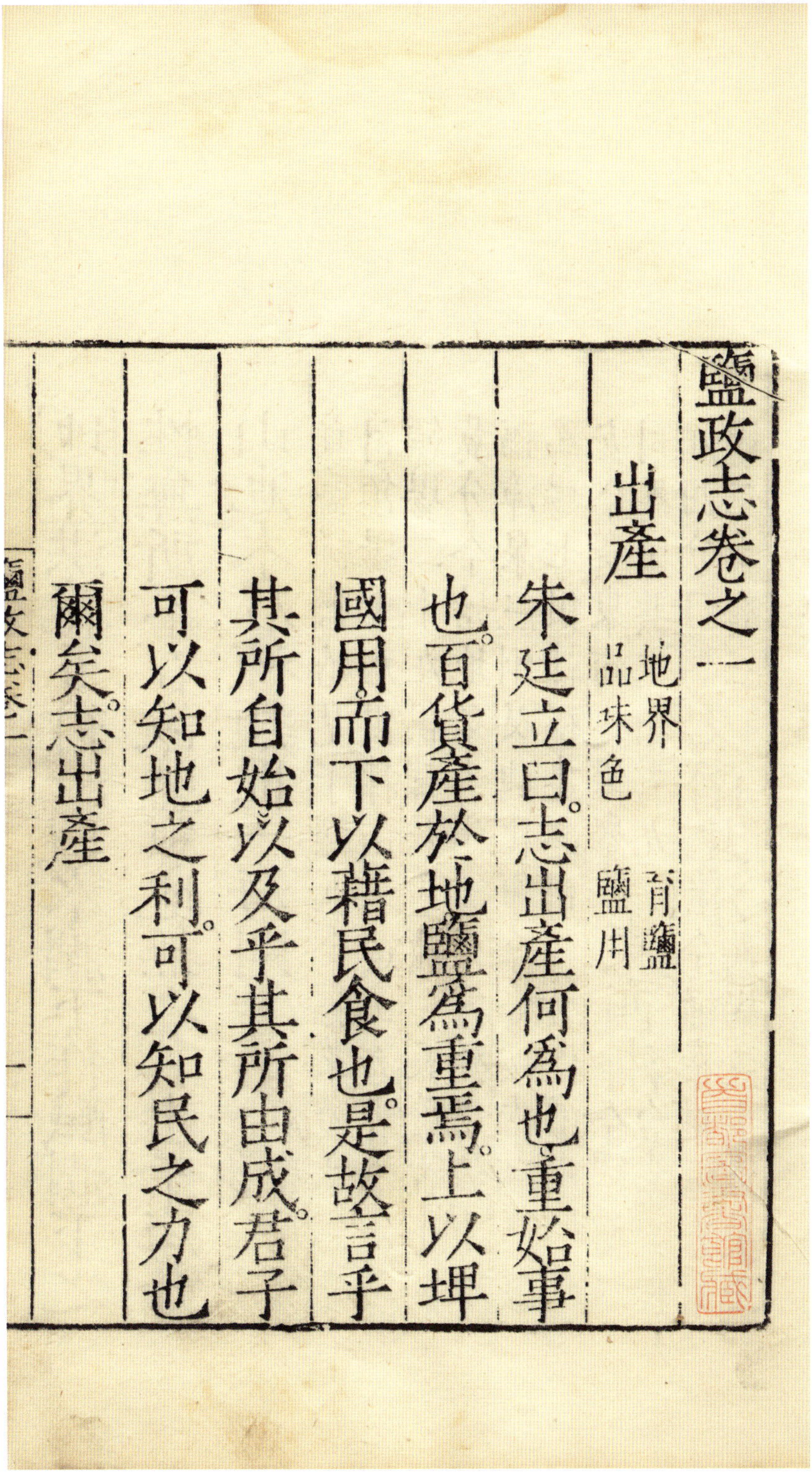
鹽政志卷之一

出產　地界　品味色　青鹽　鹽用

朱廷立曰。志出產何爲也。重始事也。百貨產於地。鹽爲重焉。上以埤國用。而下以藉民食也。是故言乎其所自始。以及乎其所由成。君子可以知地之利。可以知民之力也爾矣。志出產

鹽政志卷之一　一

鹽政志十卷　（明）朱廷立等撰　明嘉靖刻本　一函八册　索書號（乙二）738　第二批《國家珍貴古籍名録》04309 號

半葉八行十七字，小字雙行字同，白口，四周單邊，框高 18.3 厘米，寬 14.4 厘米。

朱廷立（1492—1566），字子禮，號兩崖，湖廣通山（今湖北通山）人，王守仁弟子。明嘉靖二年（1523）進士，巡按順天，督修河道。後督北畿學政，倡正學，精藻鑒，人稱“朱夫子”，官至禮部侍郎。明嘉靖八年任兩淮鹽政使後調整鹽政税率，年增税銀一百七十多

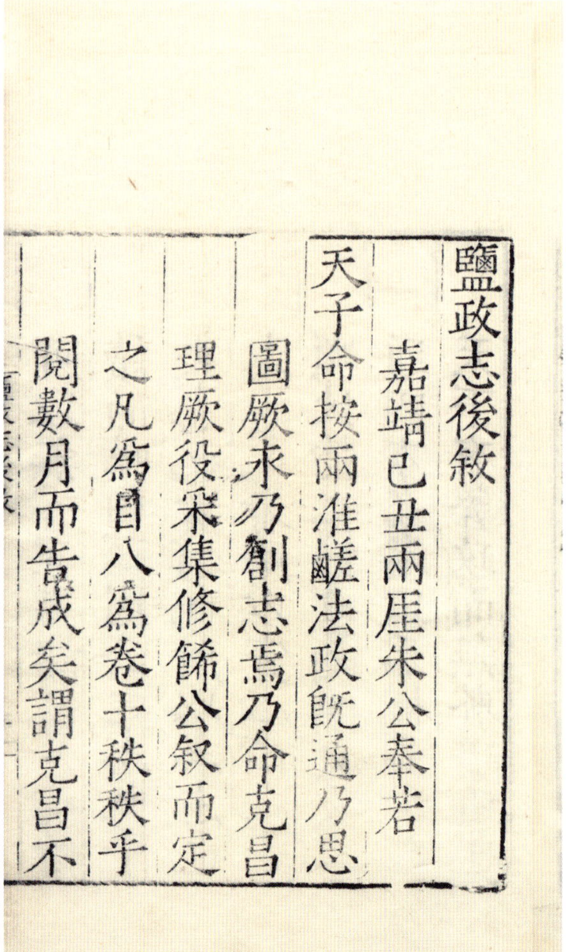
鹽政志後敘
嘉靖己丑兩厓朱公奉若
天子命按兩淮鹺法政既通乃思
圖厥永乃創志焉乃命克昌
理厥役采集修飾公叙而定
之凡爲目八爲卷十秩秩乎
閱數月而告成矣謂克昌不

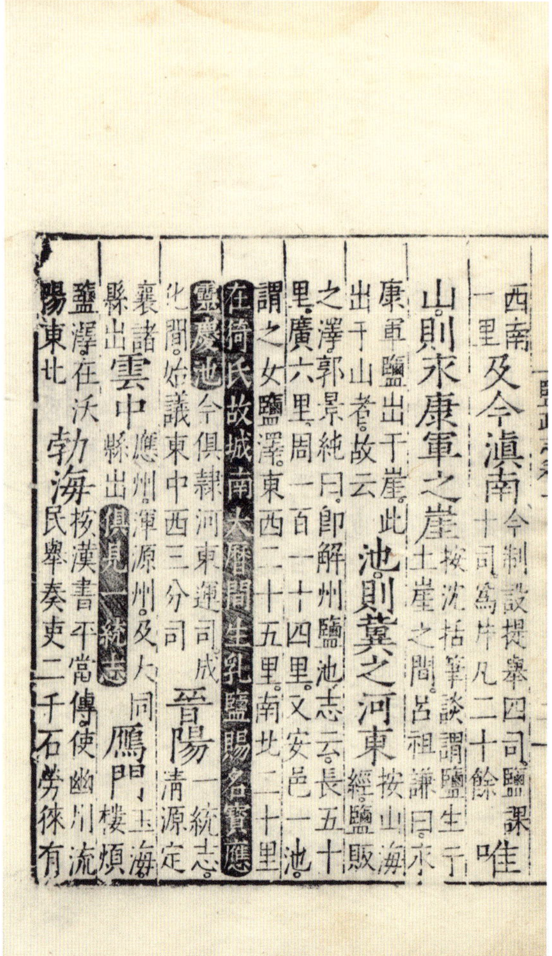
西南一里及今滇南今制設提舉四司鹽課十司爲片凡二十餘唯
山則永康軍之崖按沈括筆談謂鹽生于土崖之間呂祖謙曰永
康軍鹽出于崖此出于山者故云池則冀之河東按山海經鹽販
之澤郭景純曰即解州鹽池志云長五十里廣六里周一百一十四里又安邑一池
謂之女鹽澤東西二十五里南北二十里
在猗氏故城南大曆間生乳鹽賜名寶應
靈慶池今俱隸河東運司成化間始議東中西三分司晉陽一統志清源定
襄諸縣出雲中應州渾源州及大同縣出俱見一統志鴈門玉海樓煩
鹽澤在沃陽東北勃海按漢書平當傳使幽州流民舉奏吏二千石勞徠有

萬兩。在此期間，他博考古今鹽制，根據《兩淮運河志》《兩淮鹽法事宜》《兩淮條約》等八十餘種典籍，撰成《鹽政志》。

書首有周鄆、石唐龍叙各一篇，末有陳克昌後叙。書凡十卷七門：卷一出產，卷二建立，卷三至四制度，卷五制詔，卷六至八疏議，卷九鹽官，卷十禁令。每門正文之前均撰小叙注明其意義之所在，又各列子目，凡三百九十四目。全書詳述兩淮鹽政，兼述夏朝以來古今天下諸制，品評各朝典制之利弊得失。

該書於歷代鹽政變遷載述詳備，鹽法之更替變化脉絡分明，是研究嘉靖時兩淮鹽法乃至嘉靖以前各時期鹽政的重要史料。是志取材嚴謹，來源可靠，疏議皆鹽政大常録製，以備稽考，援引俱從實録，如某事見某書必據出處，以便省覽。陳克昌叙稱斯志“綱舉目張，始終條例，莫不畢備，博而要，約而罔遺”，足資與他史諸志參考。

（牛小燕）

明隆慶五年張佳胤、王叔杲刻本《盡言集》

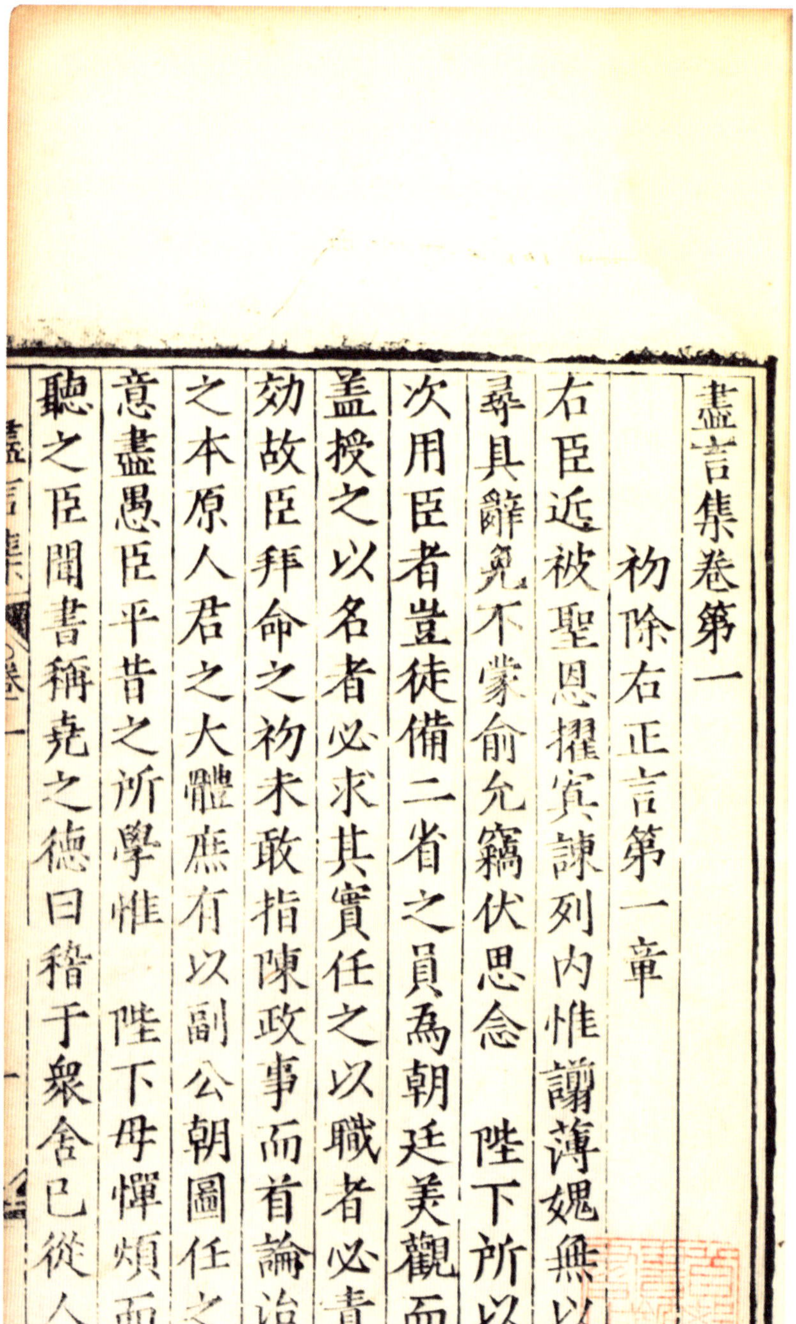

盡言集卷第一

初除右正言第一章

右臣近被聖恩擢寘諫列內惟譾薄媿無以稱尋具辭免不蒙俞允竊伏思念　陛下所以不次用臣者豈徒備二省之員爲朝廷美觀而已盖授之以名者必求其實任之以職者必責其効故臣拜命之初未敢指陳政事而首論治亂之本原人君之大體庶有以副公朝圖任之誠意盡愚臣平昔之所學惟　陛下毋憚煩而試聽之臣聞書稱堯之德曰稽于衆舍己從人舜

盡言集　卷一　一

盡言集十三卷　（宋）劉安世撰　明隆慶五年（1571）張佳胤、王叔杲刻本　一函五册　索書號（丁）2501　第三批《國家珍貴古籍名録》07805號

半葉十行十八字，白口，四周雙邊，雙對黑魚尾，框高18.2厘米，寬13.3厘米。

劉安世（1048—1125），字器之，號元城，魏（今河北大名）人，劉航之子。北宋神宗熙寧六年（1073）進士，不就選，從學於司馬光。宋元祐元年（1086），司馬光入相，薦劉安世爲秘書省正字。宋元祐三年，又以吕公著薦，擢爲右正言，論事剛直，盡言不諱，歷劾章惇、蔡確、范純仁。纍遷左諫議大夫，進樞密都承旨。章惇用事，纍貶應州安置，徙梅州，欲置之死，會徽宗立得赦，歷知衡、鼎、鄆州及鎮定府。蔡京爲相，連謫至峽州羈管。著有《盡言集》《元城集》等。《宋史》卷三百四十五有傳。

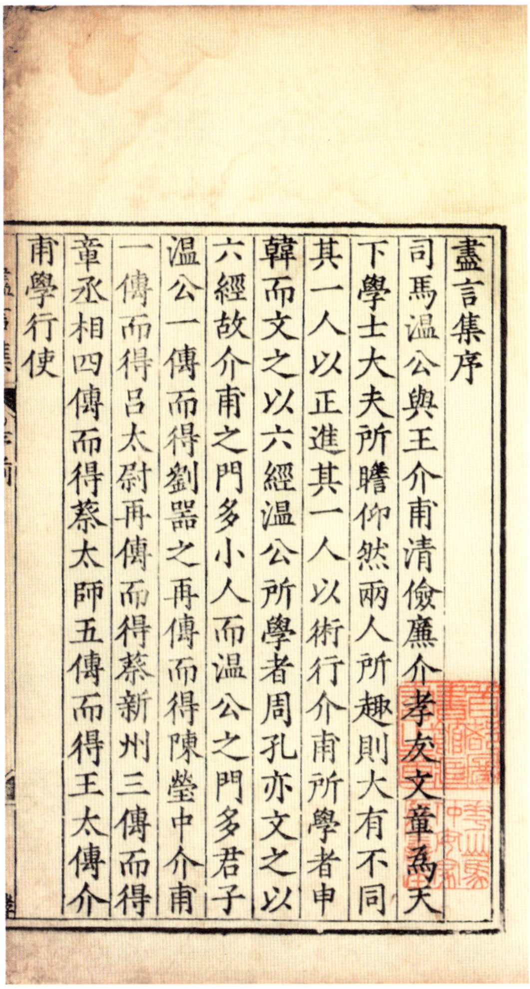
盡言集序
司馬温公與王介甫清儉廉介孝友文章爲天下學士大夫所瞻仰然兩人所趣則大有不同其一人以正進其一人以術行介甫所學者申韓而文之以六經温公所學者周孔亦文之以六經故介甫之門多小人而温公之門多君子温公一傳而得劉器之再傳而得陳瑩中介甫一傳而得呂太尉再傳而得蔡新州三傳而得章丞相四傳而得蔡太師五傳而得王太傳介甫學行使

《盡言集》皆劉安世奏札，不知何人所編，共收録奏議一百九十三篇，分屬七十四篇目，編爲十三卷。是書編排上的最大特點是“一題多奏”，劉安世履行言責，往往“直須要見起倒及至得罪”（胡珵《劉先生護道録》）方才罷論，所以集中同題多論比比皆是，如卷九之《論蔡確作詩譏訕草》論至十二章，卷三、四之《論胡宗愈除右丞不當》則多達二十一章，但一題多奏又并非簡單的重復議論，其間涉及的人和事或有不同，亦有因事態發展而變化者。

《盡言集》今存明刻爲隆慶五年（1571）

張佳胤等所刊。佳胤字肖甫，四川銅梁人，隆慶間飭兵大名，好古崇賢，又以劉安世爲當地名賢，遂刻其集。是集爲存世極少并幾近宋時舊貌的宋人單刻奏議集之一，集中所論諸事，史不具載，頗足以考見時政，宋人王銍評曰：“諏訪審訂，咸有根據，嚴而恕，簡而不苛，氣平守固，辭直事核，皇皇乎仁義之説也。”（王銍《題鈔本盡言集》）《續資治通鑑長編》等史書大都援引其文，其史料價值可見一斑。該集又是劉安世唯一的存世作品集，是殊爲寶貴的歷史文獻，對研究劉安世生平及其學術思想具有較高的參考價值。有刻工孝、第、川等。

此本鈐有“華山馬仲安家臧善本”印記。

（牛小燕）

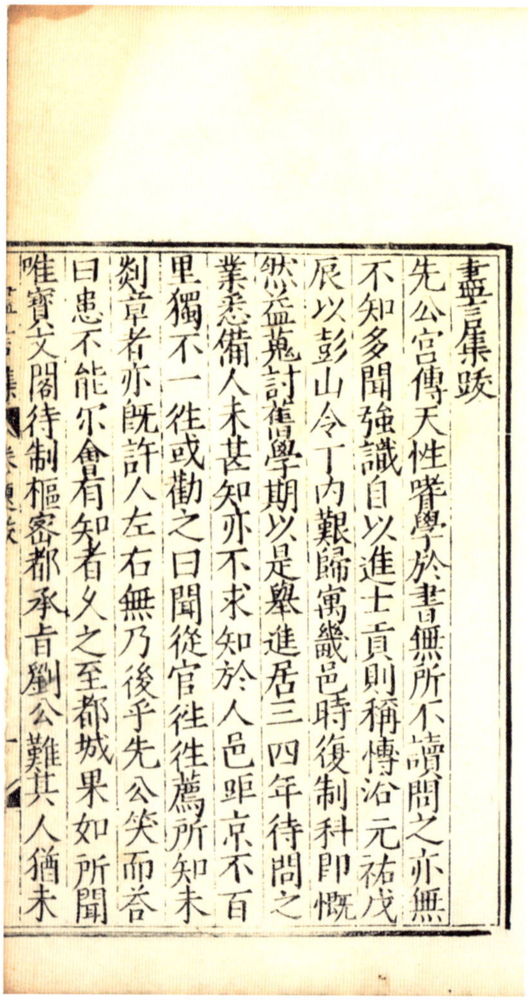
盡言集跋
先公宫傳天性嗜學於書無所不讀問之亦無
不知多聞強識自以進士貢則稱博洽元祐戊
辰以彭山令丁内艱歸寓畿邑時復制科即慨
然益蒐討舊學期以是舉進居三四年待問之
業悉備人未甚知亦不求知於人邑距京不百
里獨不一往或勸之曰聞從官往往薦所知未
刻章者亦既許人左右無乃後乎先公笑而答
曰患不能爾會有知者久之至都城果如所聞
唯寶文閣待制樞密都承旨劉公難其人猶未

明嘉靖刻張鯤重修本《江西奏議》

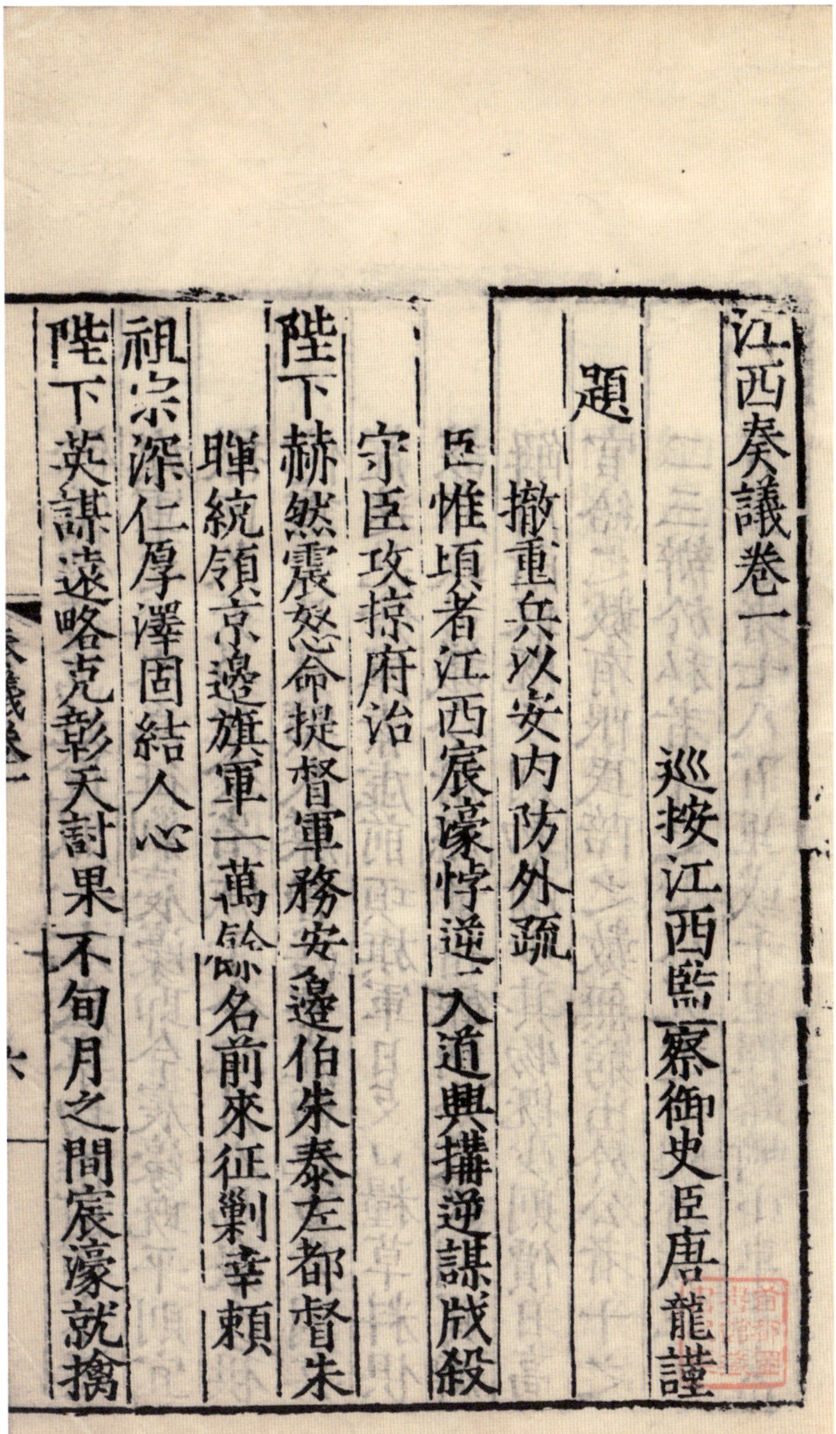
江西奏議卷一
巡按江西監察御史臣唐龍謹
題
撤重兵以安內防外疏
臣惟頃者江西宸濠悖逆入道輿播逆謀戕殺
守臣攻掠府治
陛下赫然震怒命提督軍務安邊伯朱泰左都督朱
暉統領京邊旗軍一萬餘名前來征剿辛賴
祖宗深仁厚澤固結人心
陛下英謀遠略克彰天討果不旬月之間宸濠就擒

江西奏議二卷 （明）唐龍撰 **附録一卷** （明）陳金等撰 明嘉靖刻張鯤重修本 一函二册 索書號（丙二）6 第四批《國家珍貴古籍名録》10248號

半葉十行二十字，白口，四周單邊，單黑魚尾，框高19.2厘米，寬14.1厘米。

唐龍（1477—1546），字虞佐，號漁石，謚文襄，金華府蘭溪縣（今浙江蘭溪）人。明正德三年（1508）進士，歷任陝西提學副使，山西按察使，太僕寺卿，吏部左、右侍郎，兵部、刑部尚書等職，爲官三十八年，政聲卓著。所著有《易經大旨》《漁石集》等。《明史》卷二百零二有傳。陳金（1446—1529），字汝礪，號西軒，湖廣武昌（今湖北武昌）人。明成化八年（1472）進士，歷任江西婺源知縣、南京御史、山西按察使副使、都察院左都御史等職。《明史》卷一百八十七有傳。

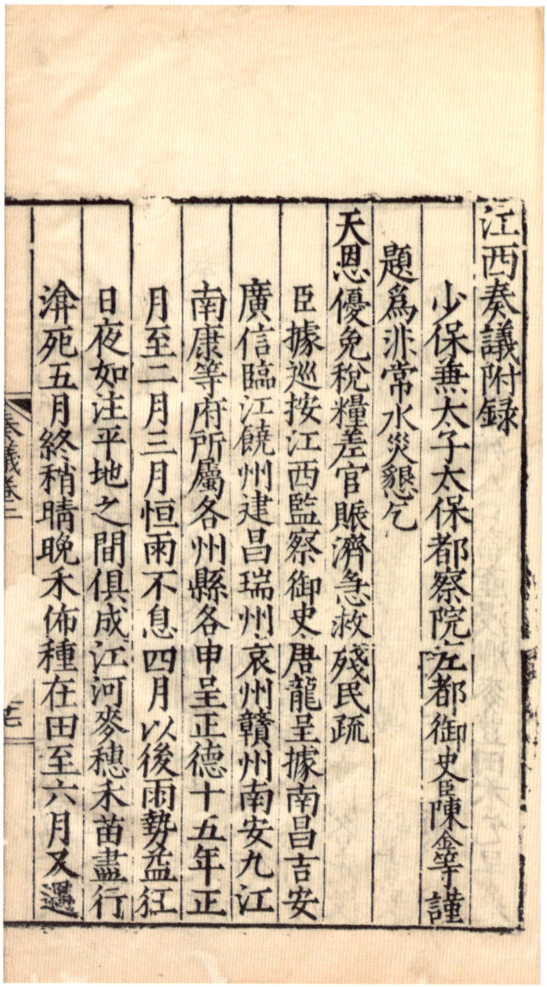
江西奏議附録
少保兼太子太保都察院左都御史臣陳金等謹
題爲非常水災懇乞
天恩優免税糧差官賑濟急救殘民疏
臣據巡按江西監察御史臣唐龍呈據南昌吉安
廣信臨江饒州建昌瑞州袁州贛州南安九江
南康等府所屬各州縣各申呈正德十五年正
月至二月三月恒雨不息四月以後雨勢益狂
日夜如注平地之間俱成江河麥穗未苗盡行
渰死五月終稍晴晚禾佈種在田至六月又遇

朱元璋締造明朝的同時，正式確立封藩制，將諸子和個別宗室封爲藩王，拱衛大明天下。初封寧獻王於大寧（今屬内蒙古寧城），後遷江西南昌。至第四代寧王朱宸濠時，“寧藩之肆狡虐也，聚江右赤子置之猛獸爪牙之間，積十餘年而荼毒既極，繼之以叛亂，因之以寇攘，重之以水旱非常之災”，有識之士頗爲憂慮。後寧藩之亂甫平，唐龍“以監察御史推按其地”，上奏議三十五篇，均是切中當時江西時弊之文，以圖救災彌變、固本善後。後，張汝功等人“有事其地，得見公奏議”，於是“謀鋟梓以傳”（張邦奇《刻漁石唐公

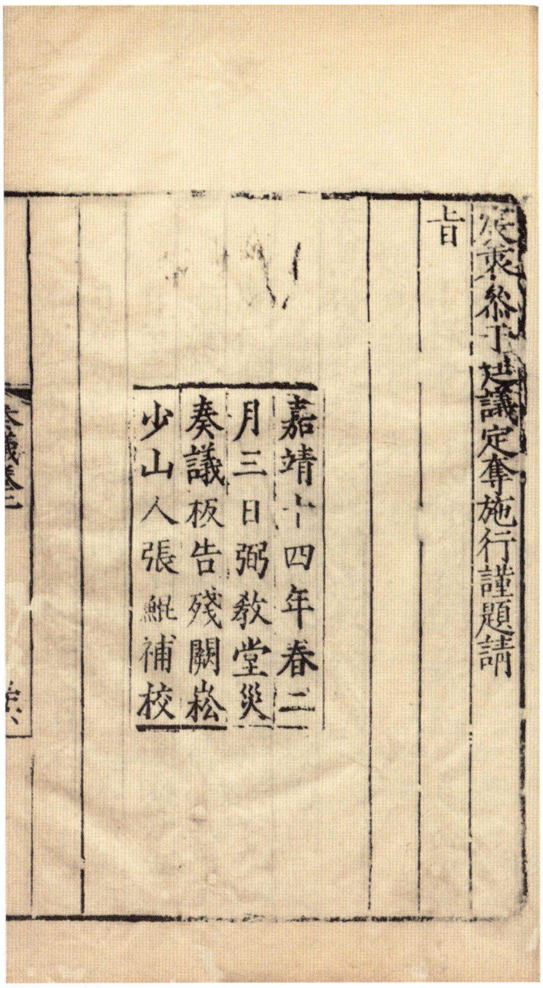

……議定奪施行謹題請

旨

嘉靖十四年春二月三日弼教堂災奏議板告殘闕崧少山人張鯤補校

奏議卷二

奏議序》)，是爲《江西奏議》二卷。《江西奏議附録》一卷則是陳金等所上《優免税糧差官賑濟急救殘民疏》一道，因事關江西，故附於卷末。

首都圖書館藏本是明嘉靖刻本，卷前依次有張邦奇《刻漁石唐公奏議序》、明嘉靖八年（1529）吕柟奏議序、明嘉靖元年姜麟奏議引，卷末有嘉靖八年王邦瑞後叙、陸杰跋，述是書撰、刻之事。卷二末葉有“嘉靖十四年春二月三日，弼教堂災，奏議板告殘闕，崧少山人張鯤補校”牌記，可見，該本曾由張鯤重修。

此本鈐有“曾臧章武高氏小椝庵”“高澤畬收臧金石書畫”“澤畬長壽”“初齋秘笈”等印記。

（范猛）

明初刻本《大明清類天文分野之書》

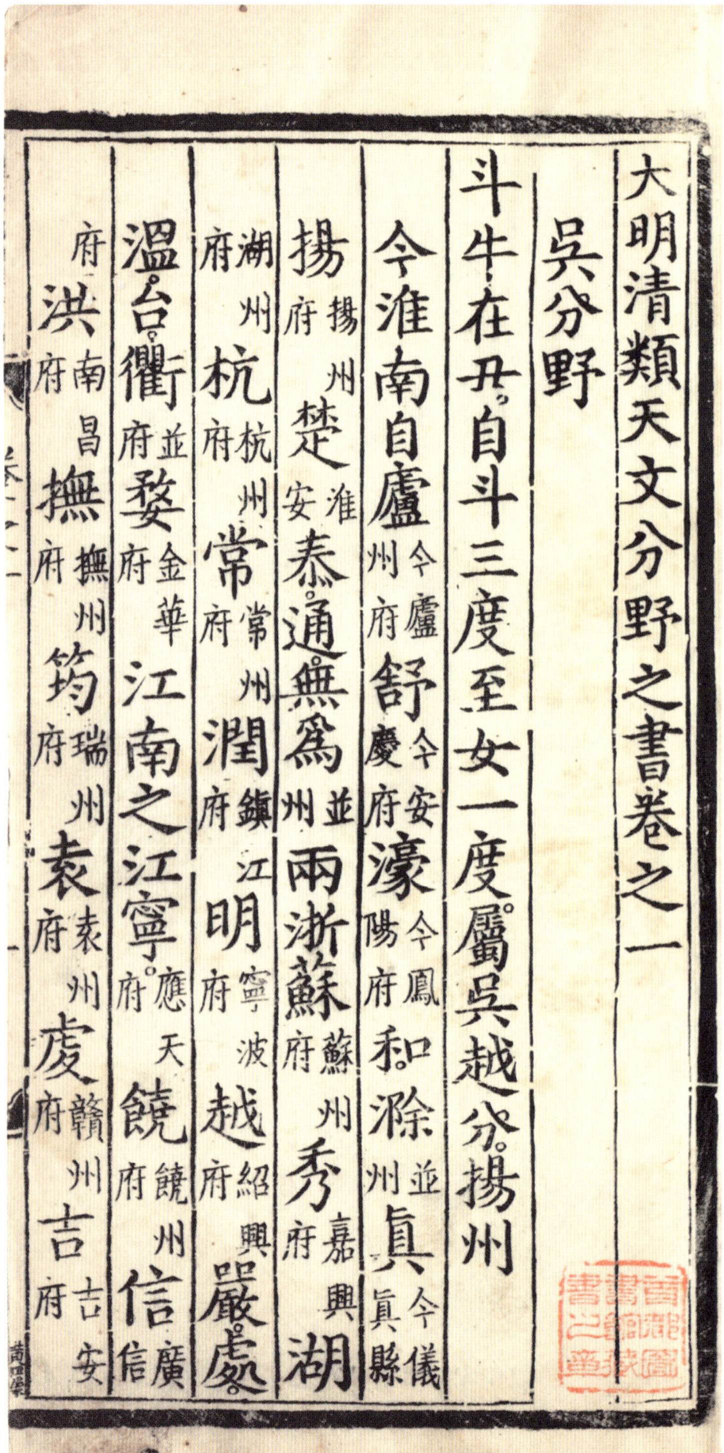
大明清類天文分野之書卷之一

吳分野

斗牛在丑。自斗三度至女一度。屬吳越分。揚州

今淮南自廬(今廬州府)舒(今安慶府)濠(今鳳陽府)和滁(並今滁州)眞(今儀眞縣)

揚(揚州府)楚(淮安)泰。通無爲(並州)兩浙蘇(蘇州府)秀(嘉興府)湖

(湖州府)杭(杭州府)常(常州府)潤(鎭江府)明(寧波府)越(紹興府)嚴。處。

溫。台。衢(並府)婺(金華府)江南之江寧。(應天府)饒(饒州府)信(廣信

府)洪(南昌府)撫(撫州府)筠(瑞州府)袁(袁州府)虔(贛州府)吉(吉安府)

大明清類天文分野之書二十四卷　題（明）劉基等撰　明初刻本　一函十册　索書號（乙三）935　第二批《國家珍貴古籍名録》04103 號

半葉八行二十字，小字雙行字同，黑口，四周雙邊，雙對花魚尾，框高 28.2 厘米，寬 15.8 厘米。

劉基（1311—1375），字伯温，號犁眉、郁離，青田縣南田鄉（今屬浙江文成）人。元順帝元統元年（1333）進士，因獻策不爲當局所用，乃弃官歸隱。元至正二十年（1360），受朱元璋聘至應天，陳時務十八策。明王朝各種制度之建立，劉基多參與其事。明洪武四年（1371），以弘文館學士致仕，官至御史中丞兼太史令，封誠意伯。洪武八年卒。明正德八年（1513）加贈太師，正德九年追謚文成。《明史》卷一百二十八有傳。

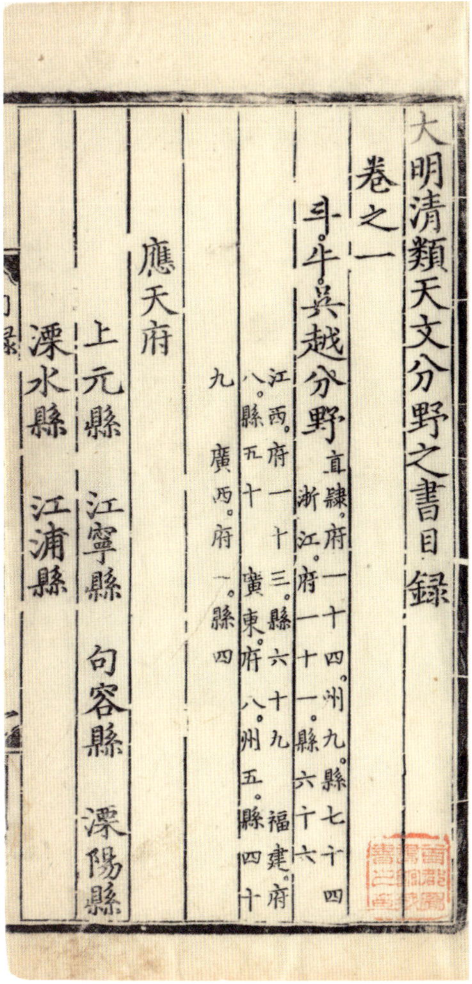
大明清類天文分野之書目録
卷之一
斗。牛。吳越分野 直隸。府一十四。州九。縣七十四 浙江。府一十一。縣六十六 江西。府一十三。縣六十九。福建。府八。縣五十 廣東。府八。州五。縣四十九 廣西。府一。縣四
應天府
上元縣　江寧縣　句容縣　溧陽縣
溧水縣　江浦縣

劉基好學敏求，博覽群書，諸子百家無一不窺，尤精天文、地理、兵法。在文學史上，與宋濂、高啓并稱“明初詩文三大家”。所著有《覆瓿集》《犁眉公集》等傳世。另外，劉基在協助朱元璋統一天下的過程中，也注意搜集各地州郡地理、風土人情，積纍了豐富的方志編修經驗。

明代是我國地理學發展史上的一個重要時期，統治者對方志編修非常重視。爲應付整理全國行政區劃和建立有效的地方行政系統，朱元璋命令劉基等儒臣編修《大明清類天文分野之書》。洪武十七年，是書編纂完成。“凡二十四卷。詔賜秦、晋、燕、周、楚、齊六府。

是書刻在南雍”（鄭曉《今言》卷一）。此書是一部專志體的全國區域志書，以《唐書》和《晋書》天文志爲基礎，以分野星次分配郡縣，記天下州縣分野，將十二分野星次分配於全國郡縣。此書編纂形式特殊，在中國方志史上極爲罕見。所記府州縣建置沿革，對研究元末明初政區變化，提供了許多有價值的資料。明永樂初，編纂《永樂大典》時，多引録此書。

首都圖書館所藏此書是明初刻本，風格古樸、粗獷。刻工劉子和、陳德全等都是元末明初人。明初刻本作爲該書的較早版本，對於研究其版本流變具有重要的參考價值。

（范猛）

明天順五年内府刻本《大明一統志》

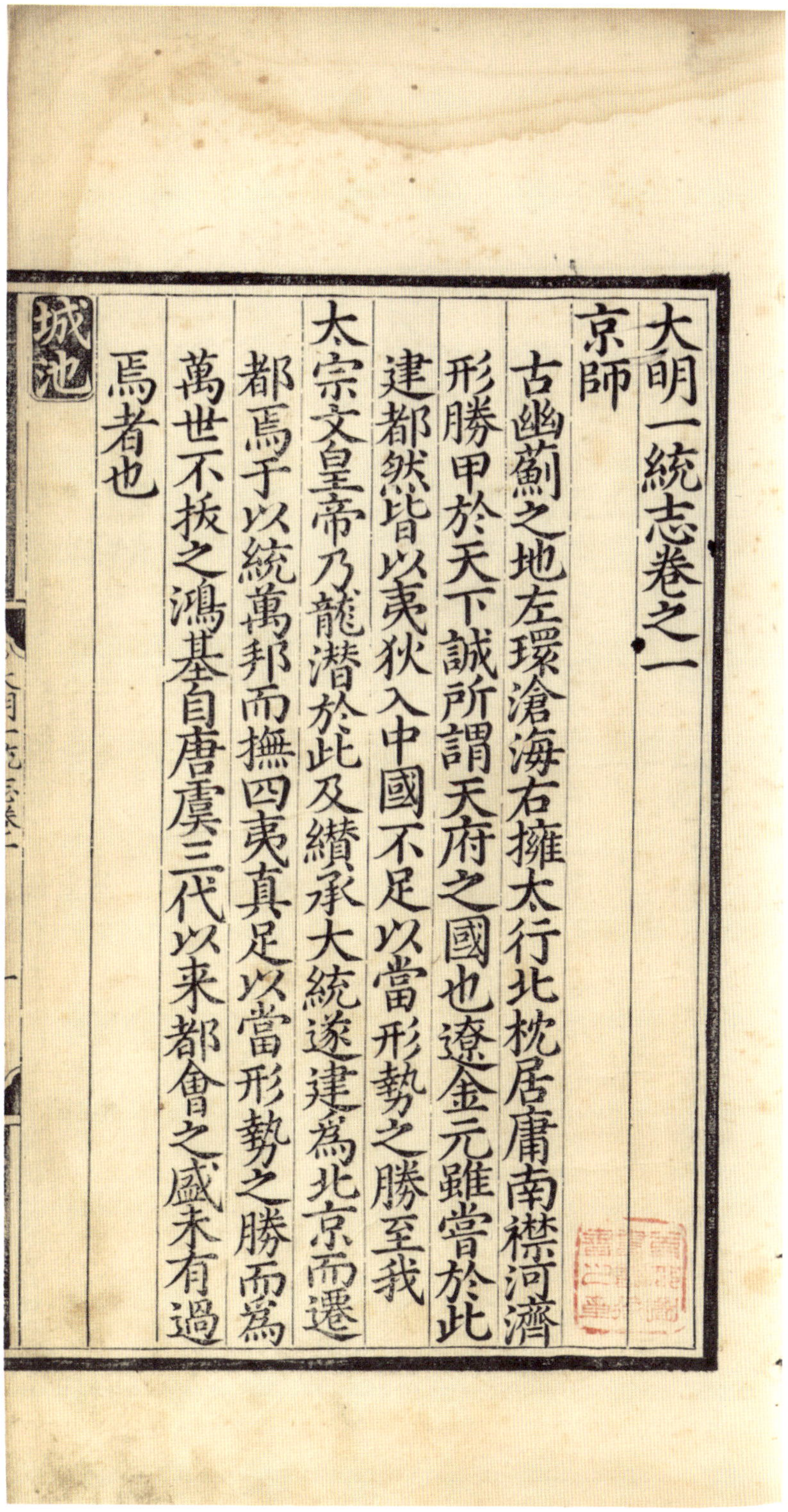

大明一統志卷之一

京師

古幽薊之地左環滄海右擁太行北枕居庸南襟河濟形勝甲於天下誠所謂天府之國也遼金元雖嘗於此建都然皆以夷狄入中國不足以當形勢之勝至我
太宗文皇帝乃龍潛於此及纘承大統遂建爲北京而遷都焉于以統萬邦而撫四夷真足以當形勢之勝而爲萬世不拔之鴻基自唐虞三代以來都會之盛未有過焉者也

城池

大明一統志九十卷　（明）李賢　萬安等纂修　明天順五年（1461）内府刻本（有抄配）　八函七十四册　索書號（丁）4044　第二批《國家珍貴古籍名録》04113 號

半葉十行二十二字，小字雙行字同，粗黑口，四周雙邊，雙對黑魚尾，框高 26.8 厘米，寬 17.8 厘米。

李賢（1409—1467），字原德，鄧州（今河南鄧縣）人。明宣德八年（1433）進士，授吏部驗封主事。明景泰二年（1451）由文選郎中超擢吏部右侍郎。英宗復位，命兼翰林

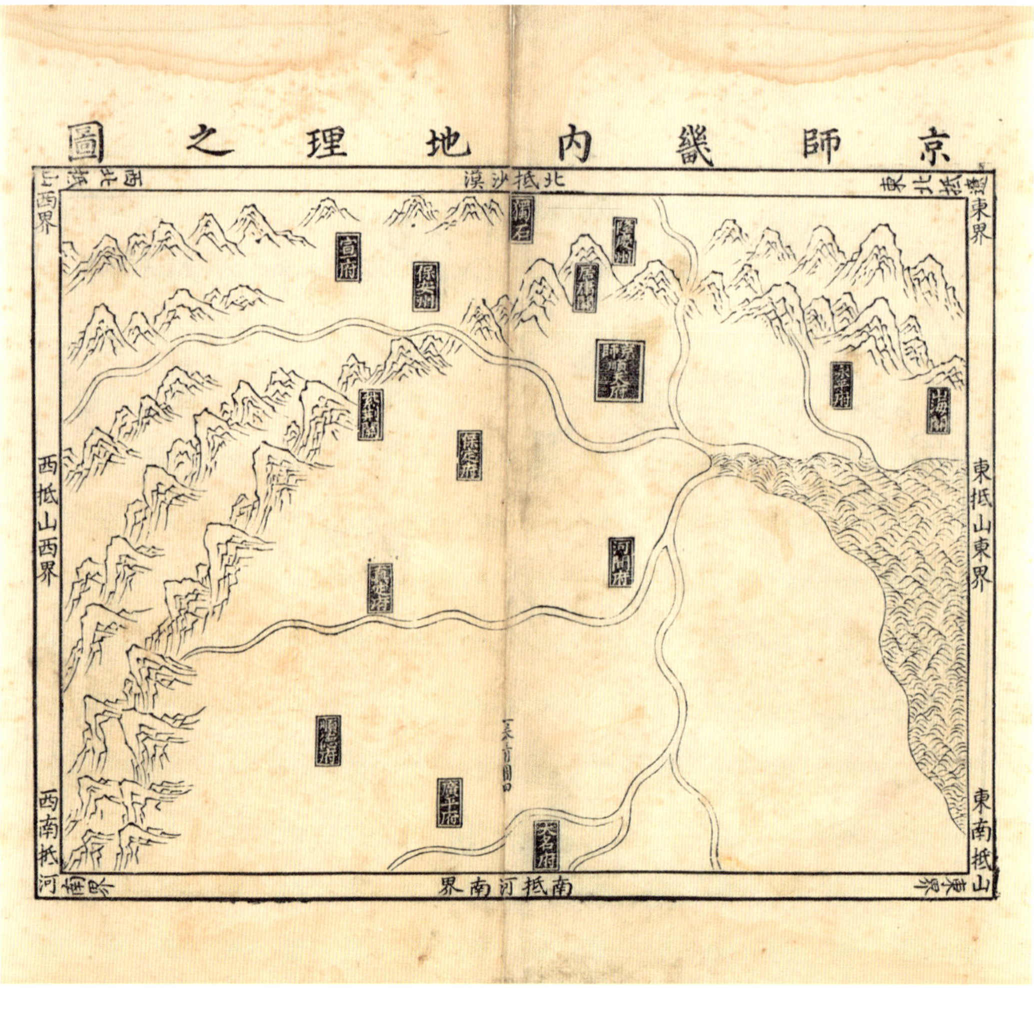

學士，入直文淵閣，尋進尚書，明天順二年（1458）奉敕編修此書。憲宗即位，進少保、華蓋殿大學士，知經筵事，卒贈太師，謚文達。著有《天順日録》二卷、《古穰集》三十卷等。

此書爲明代官修地理總志，成書於明天順五年，同年奏進，賜名《大明一統志》。是書沿襲《大元大一統志》之體，全志以明朝行政區劃爲綱，分卷立目。卷一至五京師，卷六至十八南京，卷十九至二十一山西布政司，卷二十二至二十五山東布政司，卷二十六至三十一河南布政司，卷三十二至三十七陝西布政司，卷三十八至四十八浙江布政司，卷四十九至五十八江西布政司，卷五十九至七十二湖廣布政司，卷七十三天全六番招討使司，卷七十四至七十八福建布政司，卷七十九至八十二廣東布政司，卷八十三至八十五廣西布政司，卷八十六、八十七雲南布政司，卷八十八貴州布政司。兩京和十三布政使司均以每府、直隸州、縣分别記載建置沿革、郡名、形勝、風俗、山川、土産、書院、古迹、人物等數十目。卷八十九、九十爲“外夷”各國。該志内容豐富，貫通古今，分述全國各地自然與社會，歷史和現狀的各種情况，兼及鄰國。條目井然有序，以彰善爲圭臬，載述一代典章制度，對於資政、存史、教化均有重要作用，并推動了明朝修志事業的發展。

《大明一統志》有增修後印本，增入嘉靖、隆慶間事。館藏此本爲原刻初印。有佚名圈點。

（史麗君）

明嘉靖刻本《三遷志》

孟子危坐圖

三遷志六卷　（明）史鶚撰　明嘉靖刻本　一函四册　索書號（乙二）1045　第二批《國家珍貴古籍名録》04214號

半葉十行二十一字，上白口下粗黑口，四周雙邊，雙對黑魚尾，框高22.1厘米，寬13.5厘米。

史鶚，字鼎山，四川蒼溪人，明嘉靖二十年（1541）進士。官奉政大夫、山東按察司僉事、奉敕整飭沂州等處兵備。明嘉靖三十一年“觀兵東魯，幸睹孟子廟”，得知孟氏尚無志書，“乃命教官費子增遍考群籍，删繁存要，集爲全帙。予又重加修訂”，“蓋取孟子作聖之功，由於母氏蒙養之正云耳”（見史鶚《三遷志序》）。遂以“三遷”命名。此書實際執筆者是費增，時任兖州府滋陽縣儒學教諭。

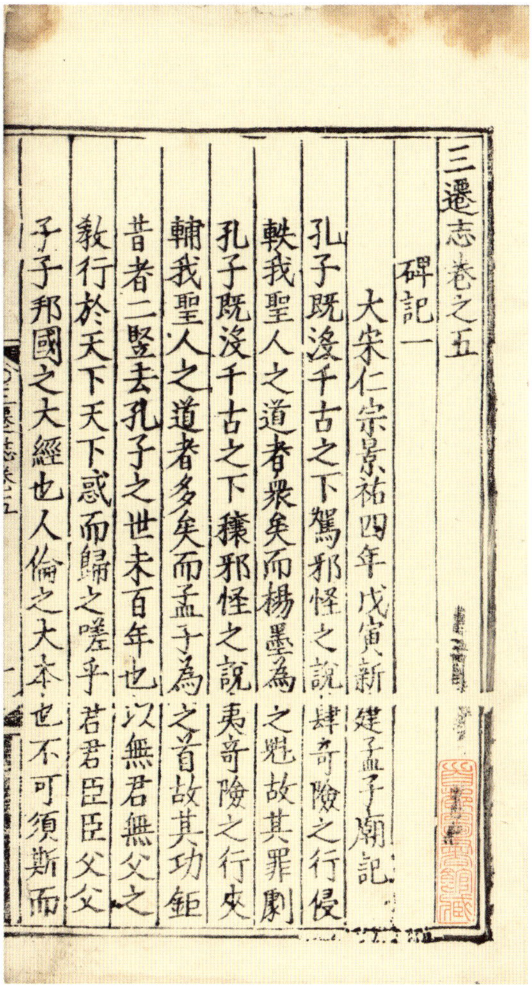
三遷志卷之五
碑記一
大宋仁宗景祐四年戊寅新建孟子廟記
孔子既沒千古之下駕邪怪之說肆奇險之行侵軼我聖人之道者衆矣而楊墨爲之魁故其罪劇孔子既沒千古之下攘邪怪之說夷奇險之行夾輔我聖人之道者多矣而孟子爲之首故其功鉅昔者二豎去孔子之世未百年也以無君無父之教行於天下天下惑而歸之嗟乎君君臣臣父父子子邦國之大經也人倫之大本也不可須斯而

《三遷志》卷一刊圖。卷二列出處事迹、史記列傳、宗子世系、歷代授官恩澤、歷代聞達子孫、廟宇、林墓、户役、封號、章服、祀典、給田、免役、門弟子封爵。卷三録詔敕、恩賜、表。卷四爲奏疏、文移、祭文、贊、詩。卷五爲碑記一。卷六爲碑記二、墓誌。卷首有史鶚作《三遷志序》及《凡例》九條，正文後有費增所作《後序》及孟子五十八代孫、前翰林院世襲五經博士孟公肇《三遷志後語》。嘉靖本《三遷志》是孟氏第一部專志，此前衹有孔、顔、孟三家合志，而孔氏有《闕里志》，顔氏有《陋巷志》。此書奠定了孟氏家志的規制，

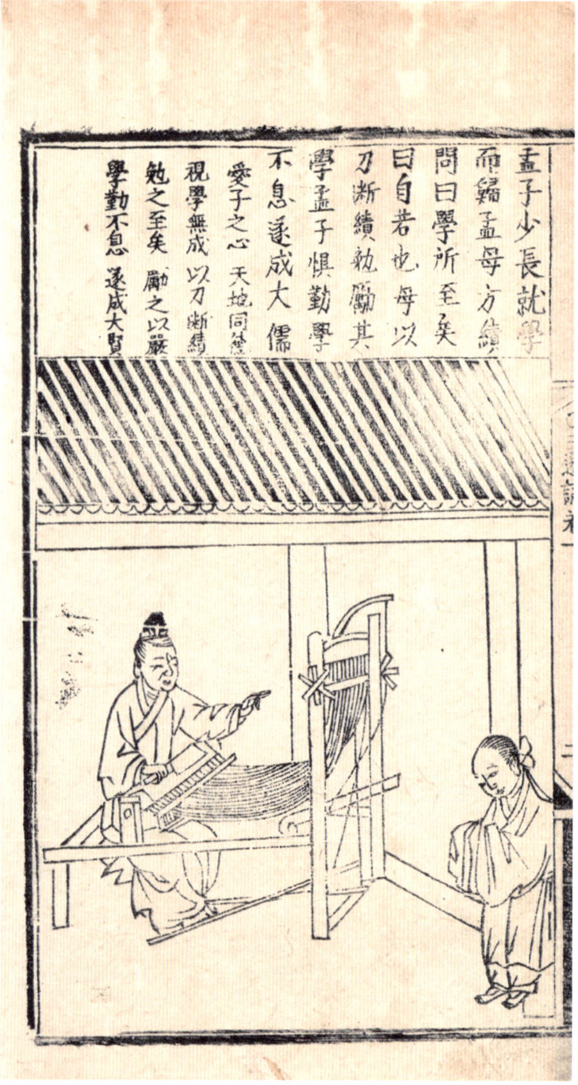

孟母斷機

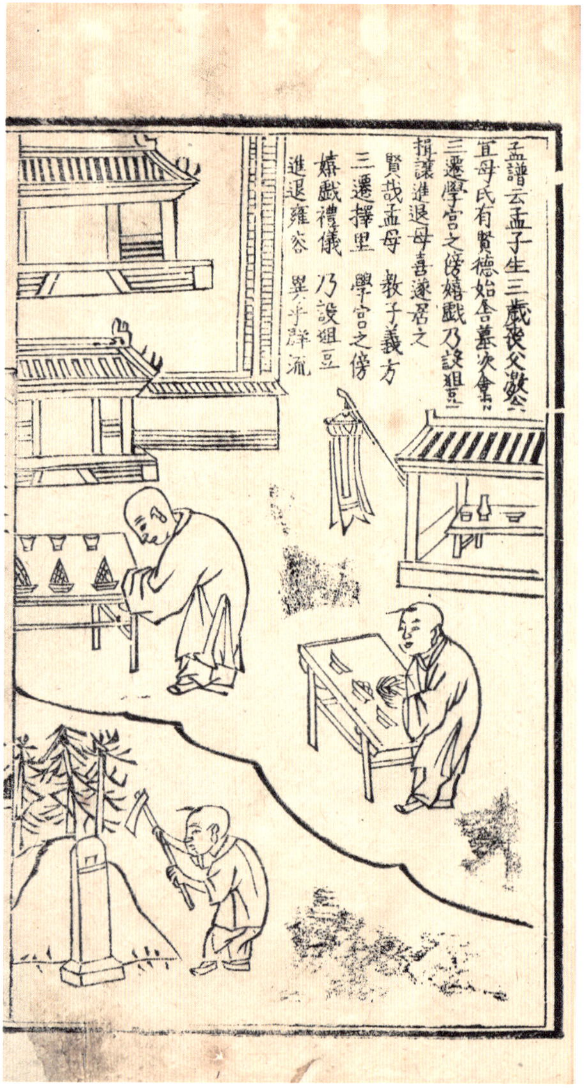

孟母三遷

後世修孟氏志書者，皆感念其創始之功。

此後，《三遷志》經過六次續修，明萬曆、崇禎和清雍正、道光、光緒年间，均有續修本梓行。明嘉靖本傳世稀見，《四庫全書》僅列崇禎本於存目中。

（劉乃英）

明嘉靖四十一年自刻清補刻本《華嶽全集》

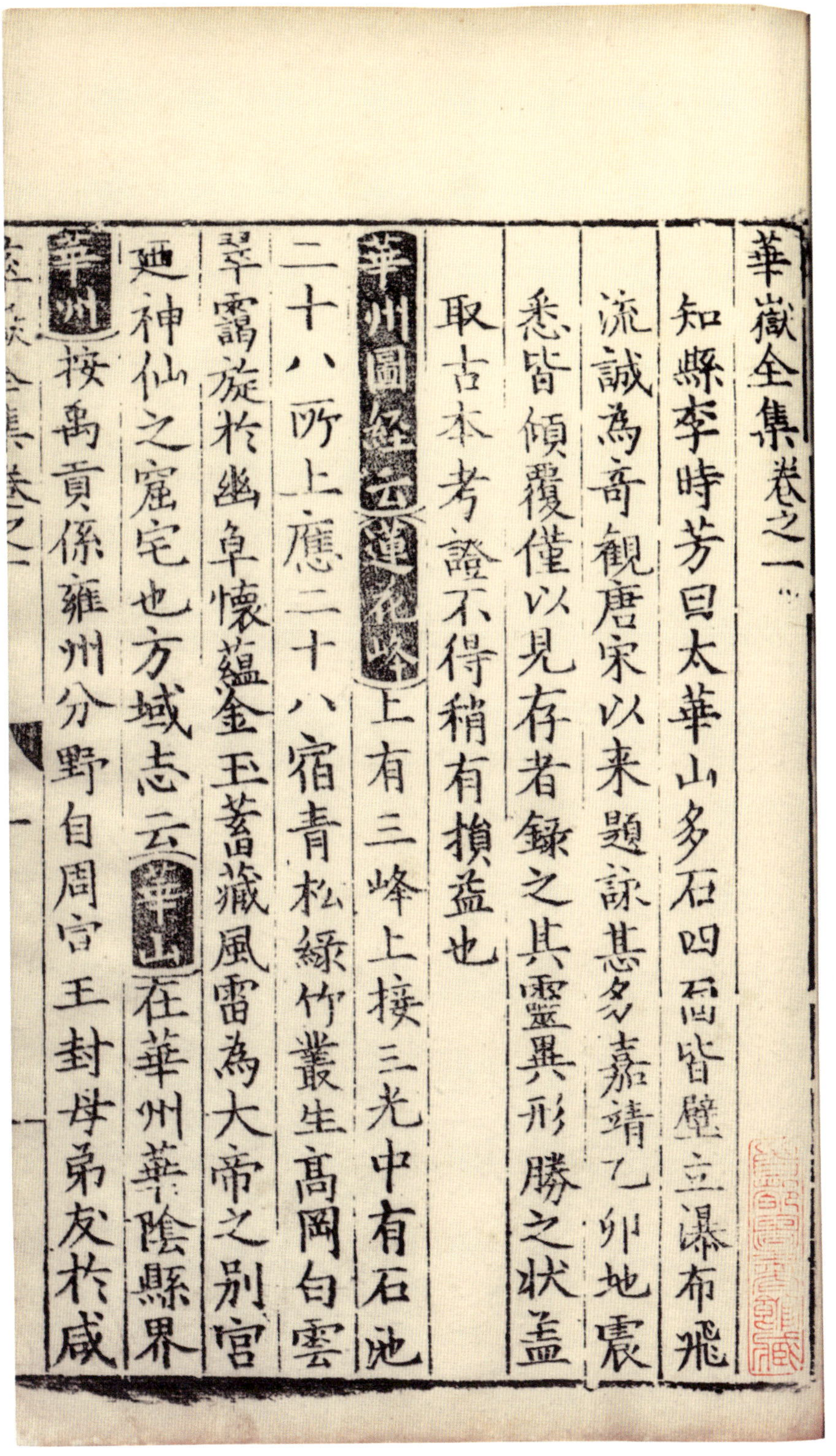

華嶽全集卷之一

知縣李時芳曰太華山多石四面皆壁立瀑布飛流誠為竒觀唐宋以来題詠甚多嘉靖乙卯地震悉皆傾覆僅以見存者録之其靈異形勝之狀盖取古本考證不得稍有損益也

華州圖經云蓮花峰上有三峰上接三光中有石池二十八所上應二十八宿青松綠竹叢生高岡白雲翠靄旋於幽阜懷藴金玉蓄藏風雷為大帝之别宫廼神仙之窟宅也方域志云華山在華州華陰縣界

華州 按禹貢係雍州分野自周宣王封母弟友於咸

華嶽全集十一卷　（明）李時芳撰　明嘉靖四十一年（1562）自刻清補刻本　一函六册　索書號（乙二）707　第二批《國家珍貴古籍名録》04193號

半葉十行二十字，白口，四周單邊，單黑魚尾，框高22.2厘米，寬15.6厘米。

李時芳，號新溪，明代廣西人。明嘉靖三十七年（1558）以興化同知攝知縣，兩度抗擊倭寇，同人謂“禦寇以衛民，改城以興學，其功巨，爲文紀之。先是時芳攝惠安，能爲民禦灾捍患，惠民思其澤亦紀績焉”（《［民國］同安縣志》卷三十五）。嘉靖三十八年官華陰縣知縣。嘉靖四十一年奉命修志，“越明年冬初，新刊果成”。

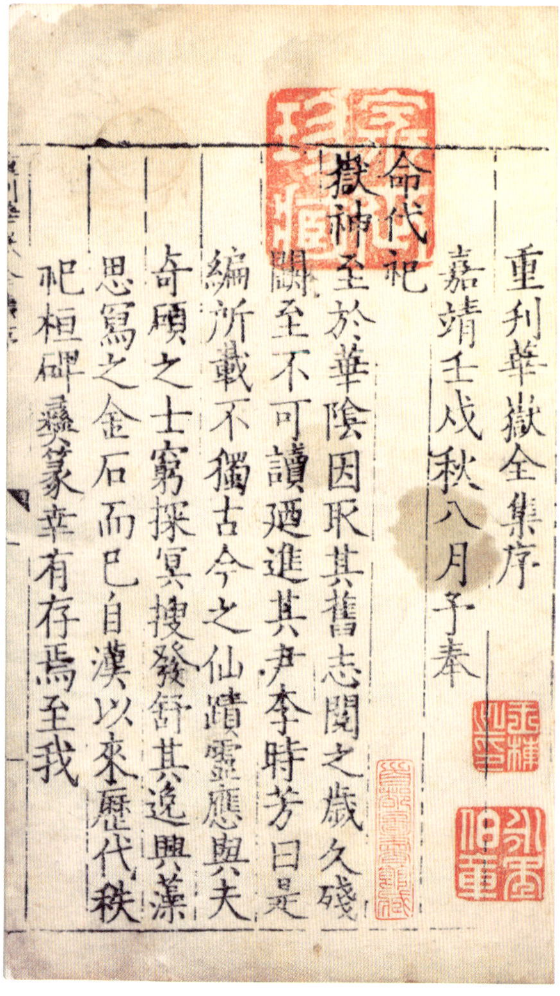
重刊華嶽全集序
嘉靖壬戌秋八月予奉
命代祀
嶽神至於華陰因取其舊志閱之歲久殘
闕至不可讀廼進其尹李時芳曰是
編所載不獨古今之仙蹟靈應與夫
奇頎之士窮探冥搜發舒其逸興藻
思寫之金石而已自漢以來歷代秩
祀桓碑彝篆幸有存焉至我

裴紳序

該書卷首有裴紳、劉大用序及唐玄宗《御製碑序略》各一篇，并附嶽圖四幅。卷一爲華山古迹，卷二爲碑記，卷三爲御祭文，卷四爲歌，卷五爲賦，卷六至十一爲詩。《千頃堂書目》著録該書爲十卷，李榕《華嶽志》序云是集作十三卷，皆爲訛誤。十三卷本乃萬曆時張維新、馬明卿等重撰增補本，《四庫全書》史部地理類存目著録即爲此本。據文獻記載，華山有志，最早始於宋代，其後歷代均有編修。時至今日，明代以前的華山志書中，北宋盧鴻所撰《華山記》一卷、元史志經所撰《華山志》十四卷皆已佚，金王處一所撰《西嶽華山志》所存已經是明萬曆時王民順增補之本，所以李時芳所修之《華嶽全集》十一卷本，當爲現存最早的明修華山志書之一。

雖然張維新十三卷本是因“時芳書多舛錯”而重加銓叙，但李時芳自刻本却是該書現存最早版本，也是保存較完整的一種，其内容也較爲全面，保存了此書的原貌，因此具有一定的史料價值和版本價值。

此本鈐有“永年伯章”“王棟之印”“家世珍藏”等印章。

（牛小燕）

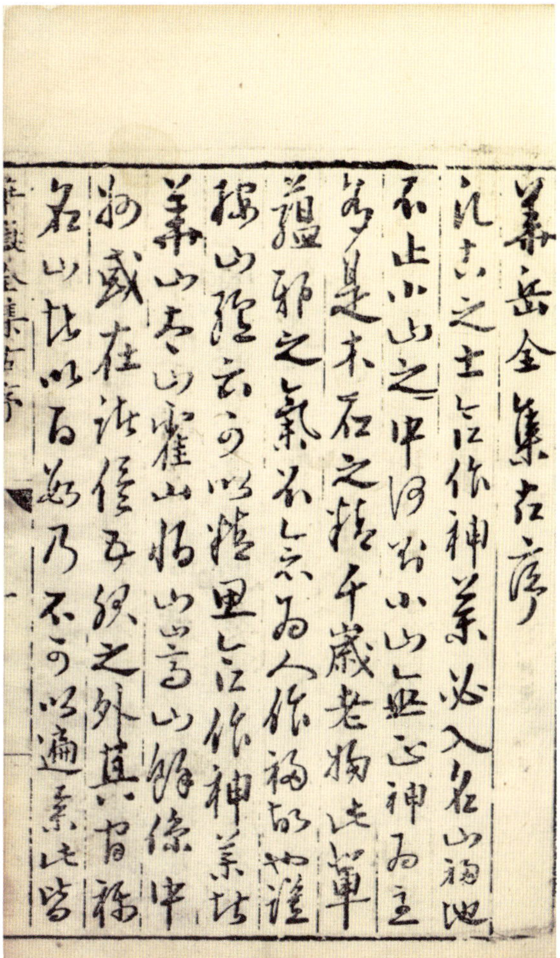
華岳全集古序
凡古之士合作神藥必入名山福地
不止小山之中何者小山無正神爲主
多是木石之精千歲老物此輩
蘊邪之氣不念爲人作福邪如謹
按山經云可以精思合作神藥者

劉大用序

明嘉靖刻本《廬山紀事》

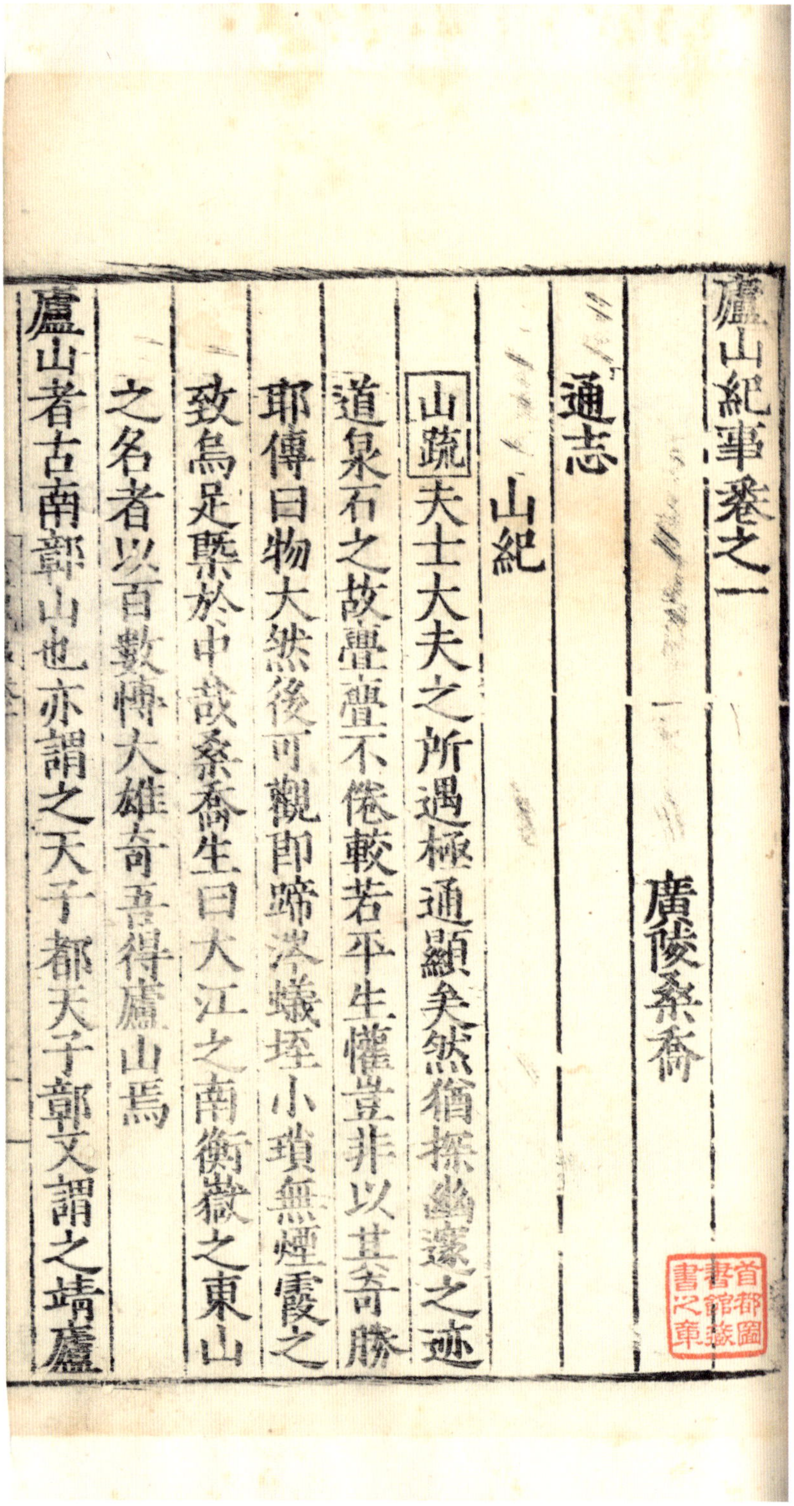

廬山紀事卷之一

廣陵桑喬

通志

山紀

山疏 夫士大夫之所遇極通顯矣然猶探幽邃之迹道泉石之故亹亹不倦較若平生懽豈非以其奇勝耶傳曰物大然後可觀即蹄涔蟻垤小瑣無煙霞之致烏足繫於中哉桑喬生曰大江之南衡嶽之東山之名者以百數博大雄奇吾得廬山焉

廬山者古南鄣山也亦謂之天子都天子鄣又謂之靖廬

廬山紀事十二卷 （明）桑喬撰 明嘉靖刻本 二函十册 索書號（甲二）621 第二批《國家珍貴古籍名録》04195 號

半葉十行二十二字，白口，四周單邊，框高 20.7 厘米，寬 15.2 厘米。

桑喬（？—1564），字子木，揚州府江都（今江蘇扬州）人。明嘉靖十一年（1532）進士，由主事改御史，出按山西，糾奸恤民，有所建樹。二十六年，疏劾嚴嵩尸位誤國，時嵩拜尚書甫半年，尚未露其奸險形迹，而喬獨首發之，終爲嵩構陷，謫戍九江，卒於戍所。此書即其在戍所時作，成於明嘉靖四十年。

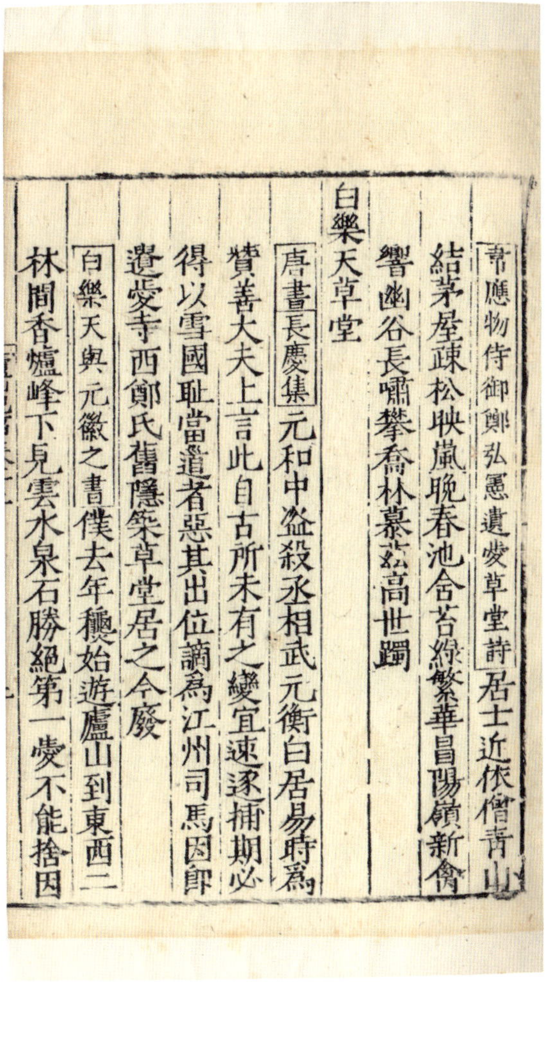
韋應物侍御鄭弘憲遺愛草堂詩居士近依僧青山
結茅屋踈松映嵐晚春池含苔綠繁華昌陽嶺新禽
響幽谷長嘯攀喬林纂茲高世躅
白樂天草堂
唐書長慶集元和中盜殺丞相武元衡白居易時爲
贊善大夫上言此自古所未有之變宜速逐捕期必
得以雪國耻當道者惡其出位謫爲江州司馬因卽
遺愛寺西鄭氏舊隱築草堂居之今廢
白樂天與元微之書僕去年秋始遊廬山到東西二
林間香爐峰下見雲水泉石勝絕第一愛不能捨因

桑喬謫戍九江時，常入廬山考察，对廬山諸峰有獨到見解，遂撰成《廬山紀事》十二卷。卷一爲山紀、品彙、隱逸、僊釋、雜誌、灾祥、怪异、藝文八條，卷二總論山勢道路，其餘各卷則詳細介紹廬山南北區劃山界各處情況，分識形勝。書有桑喬按語，所采擷群籍，俱存其名。清順治十五年（1658），會稽范礽重爲補訂，以山陰、山陽别其條貫，又取喬後百餘年間事迹題咏，綴補於後。

廬山有志始於宋周必大《廬山録》《廬山後録》，然寥寥數語，略而未具。明朝之前有志且存於世者，有南朝宋釋慧遠《廬山紀略》一卷，但所記簡略；又有宋陳舜俞《廬山記》五卷，今宋刻本僅存二卷。因此，桑喬《廬山紀事》便爲現存最早、内容相對較全的廬山志書，“其詳周較舊志，蓋不可以道里計矣！……展讀一過，恍如身歷岩壑間，襟懷爲之一爽，山水移人，洵不虛言！”（潘景鄭《著硯樓書跋》）可見其文獻與文學價值之高。其“采擷群籍，俱存其名”的撰述手法使讀者在瞭解文字來龍去脉的同時，也間接保留了一些散佚的珍貴史料，可謂清以前廬山志書之集大成者。

此本鈐有“北平孔德學校之章”印記。

（牛小燕）

明隆慶三年清風堂刻本《泉河紀畧》

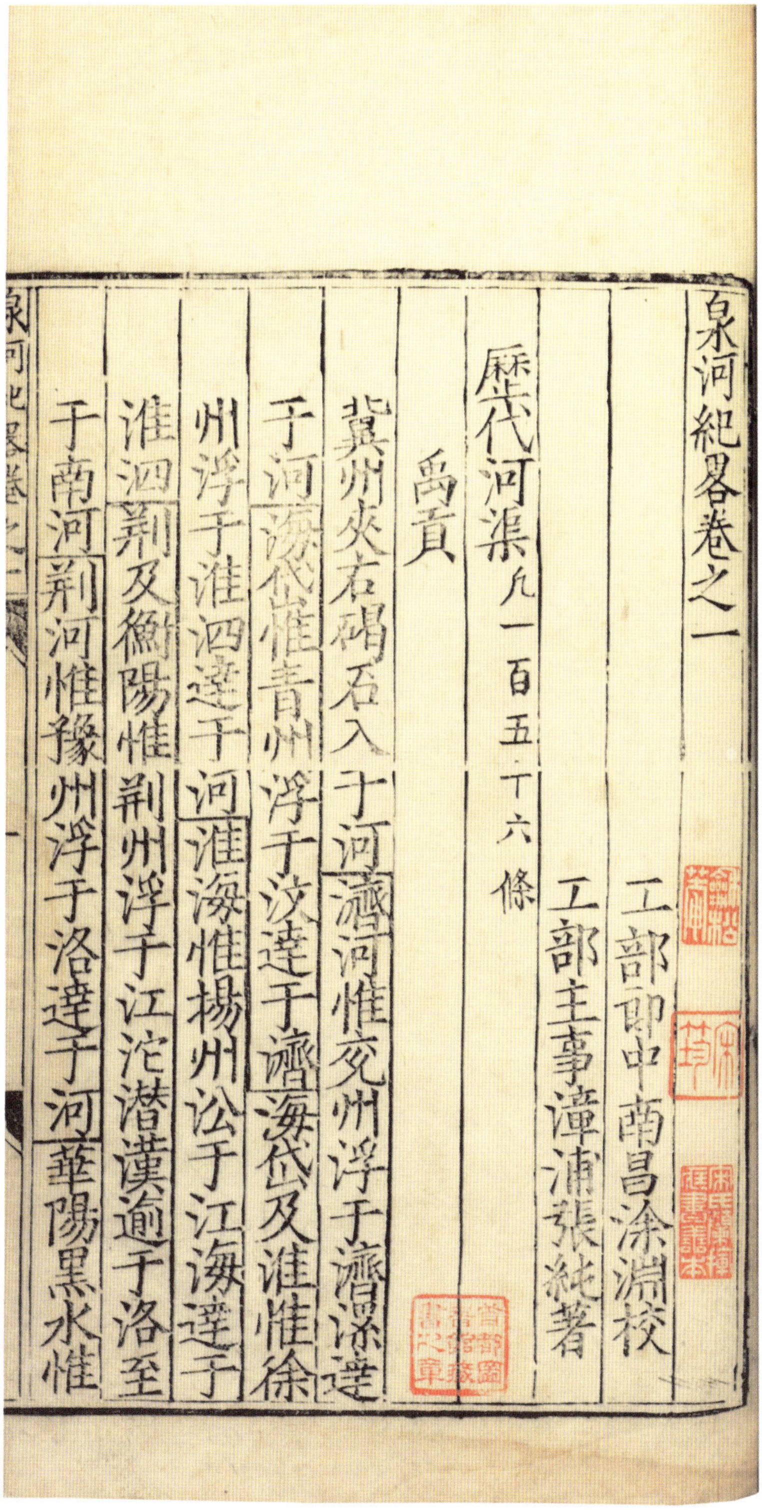

泉河紀畧卷之一

工部郎中南昌涂淵校

工部主事漳浦張純著

歷代河渠凡一百五十六條

禹貢

冀州夾右碣石入于河濟河惟兖州浮于濟漯達于河海岱惟青州浮于汶達于濟海岱及淮惟徐州浮于淮泗達于河淮海惟揚州沿于江海達于淮泗荆及衡陽惟荆州浮于江沱潛漢逾于洛至于南河荆河惟豫州浮于洛達于河華陽黑水惟

泉河紀畧七卷圖二卷　（明）張純撰　（明）涂淵校　明隆慶三年（1569）清風堂刻本　一函四册　索書號（甲二）586　第四批《國家珍貴古籍名録》10323號

半葉十行二十一字，白口，四周雙邊，雙順黑魚尾，框高22.1厘米，寬14.8厘米。

張純，字碩恒，漳浦（今屬福建漳州）人。明嘉靖四十四年（1565）進士，明隆慶四年任工部都水司郎中。張純視漕河建設爲國之命脉，并認爲“泉脉之微大，水勢之順逆，溝渠之流滯，壩堰之堅瑕，與夫疏濬蓄洩之异宜，非履之，固不得而知，非知之，固不得

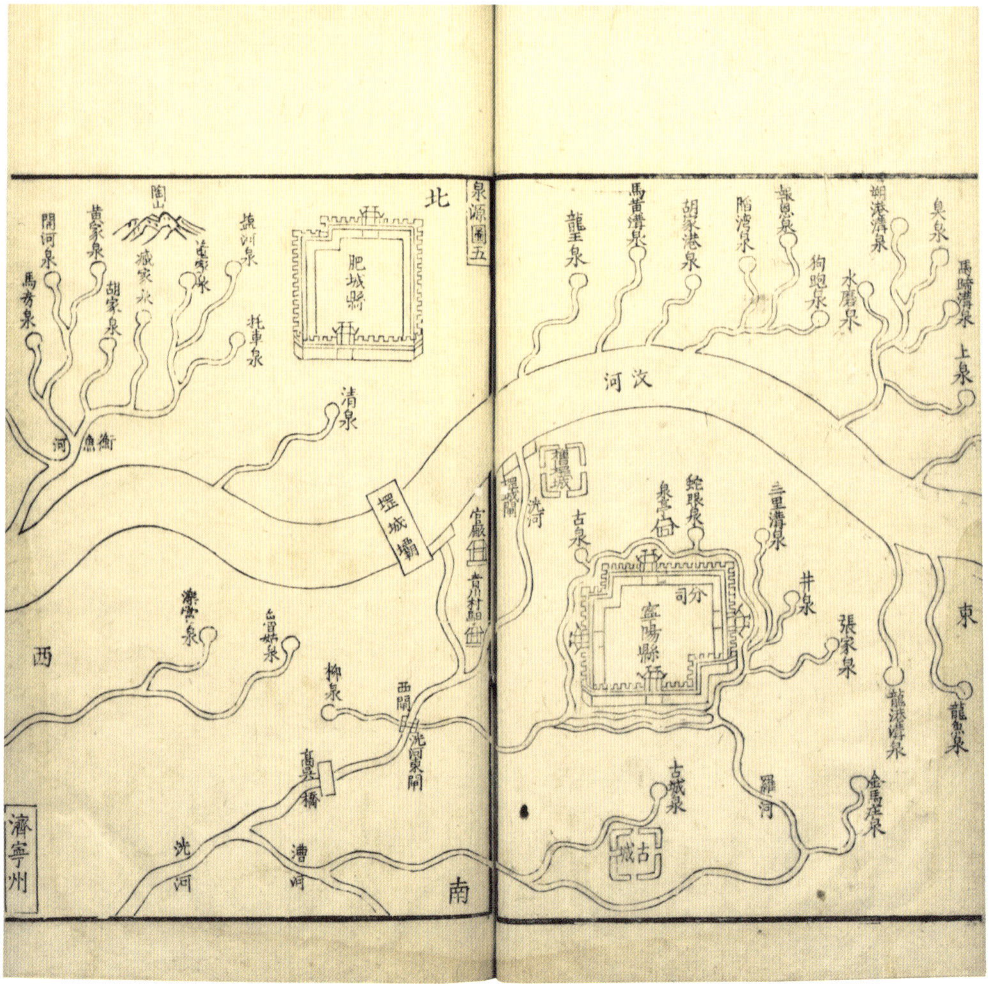

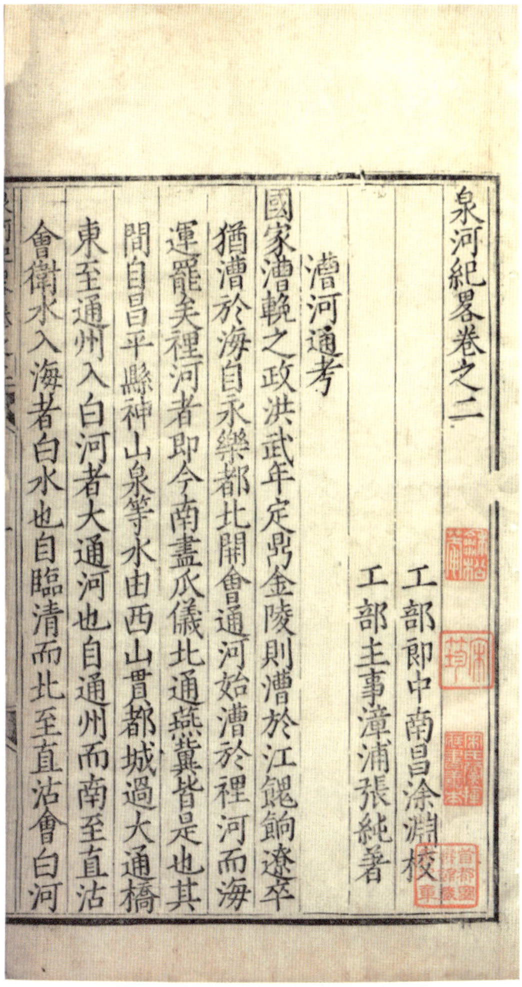
泉河紀畧卷之二

工部郎中南昌涂淵校

工部主事漳浦張純著

漕河通考

國家漕輓之政洪武年定鼎金陵則漕於江餽餉遼卒猶漕於海自永樂都北開會通河始漕於裡河而海運罷矣裡河者即今南盡瓜儀北通燕冀皆是也其間自昌平縣神山泉等水由西山貫都城過大通橋東至通州入白河者大通河也自通州而南至直沽會衛水入海者白水也自臨清而北至直沽會白河

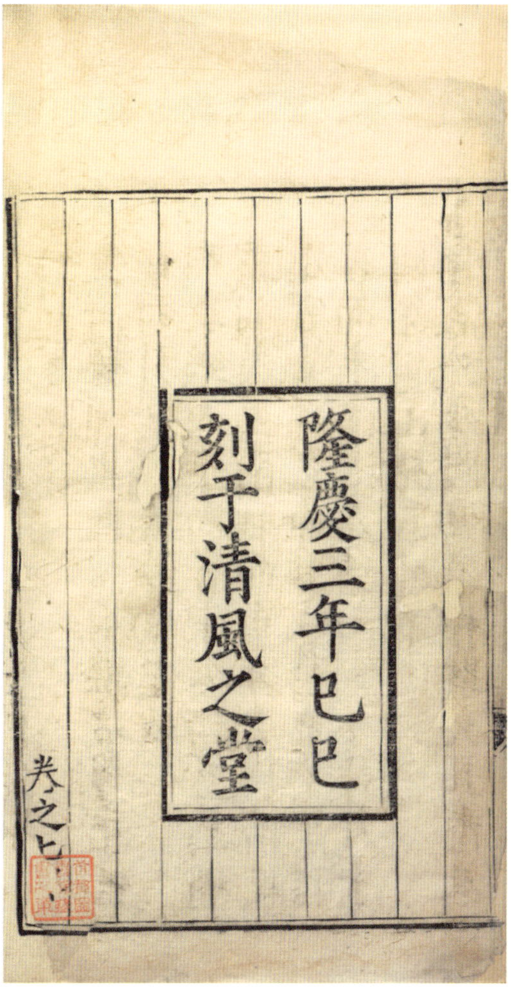
隆慶三年己巳

刻于清風之堂

而述”（張純自序）。爲此，其有志於述而識之，遂寫就一部《泉河紀畧》，以傳後世。

是書爲一部通論我國古代泉源、河渠的專著。張氏參考王寵的《東泉志》和張橋的《泉河志》兩部舊編，泉取諸王而别其圖卷，河取諸張而芟其繁瑣，勒爲七卷。卷前冠以闡河圖和泉源圖各一卷。卷一記歷代治河，卷二輯漕河諸考，卷三爲諸泉分派，卷四録泉司姓字、職掌，卷五列河防聖諭與奏疏，卷六收元、明兩朝河記碑文，末卷附其自論。書中内容龐雜，既備述前聞，又附以己見，或增其所未有，或發其所未發。

書成之後，張氏祇將此稿自用，未敢示人。然而，時任都水司郎中的涂淵（字時躍，江西南昌人，與張純有同年之雅）見而肯之，“始録稿以就正，疑則相與證之，闕則相與補之，樸而不文者則相與修餙而潤澤之”（張純自序）。校勘後，涂氏又捐俸謀刻於清風堂，使之廣布天下，惠澤後世。然而是書流傳較少，目前衹見《明史·藝文志》和《千頃堂書目》有録。

書中鈐有“雪苑宋氏蘭揮藏書記”“宋氏蘭揮臧書善本”“宋筠”“緜松菴”“魚麥堂”“北平孔德學校之章”等多枚印章。

（李晶瑩）

明末彩繪本《九邊圖》

九邊圖　明末彩繪本　九軸　索書號（丁）13954　第五批《國家珍貴古籍名録》12121號

存九軸（一、三至十）。紙本、設色。每幅畫心縱148.0厘米，横51.5厘米。

《九邊圖》是反映明代長城邊防體系的軍事地圖。明朝建立後，爲加强北方邊陲防禦能力，逐漸修築起從遼東山海關至甘肅河西走廊的萬里長城，并沿長城險要地帶陸續建立了遼東、薊州、宣府、大同、太原、榆林、固原、寧夏、甘肅等九個邊防重鎮，合稱“九邊”。明代邊防戍務中“要害重大者莫如九邊，而事之不可臆度者亦莫如九邊”（魏焕《皇

九邊之邊鎮建設特寫

明九邊考·引》）。尤其嘉靖朝以來，北方蒙古部落不斷侵擾邊境，朝廷爲洞悉關塞險易，加强防禦能力，曾責令掌管軍事資料的部門——兵部職方清吏司繪製邊防地圖。文獻記載中出現過多個時期以“九邊”命名的地圖，以及相關的圖説、圖志等解説性典籍。

首都圖書館所藏《九邊圖》未著繪者姓名，按慣例應出自清吏司官員之手。該圖大致繪於明末，圖中凡明崇禎十年（1637）以前修築的營堡等防禦設施多有記載，而後來增築者却未見描繪。因此該圖是目前所見明代《九邊圖》中繪製時間最晚的一套，是反映明末長城邊防體系的重要史料。原圖十軸，現存九軸，佚第二軸《薊州鎮圖》。

首都圖書館藏本區别於其他《九邊圖》的特點有：一、發展了傳統繪製地圖的形象技法。

九邊之山川地貌特寫

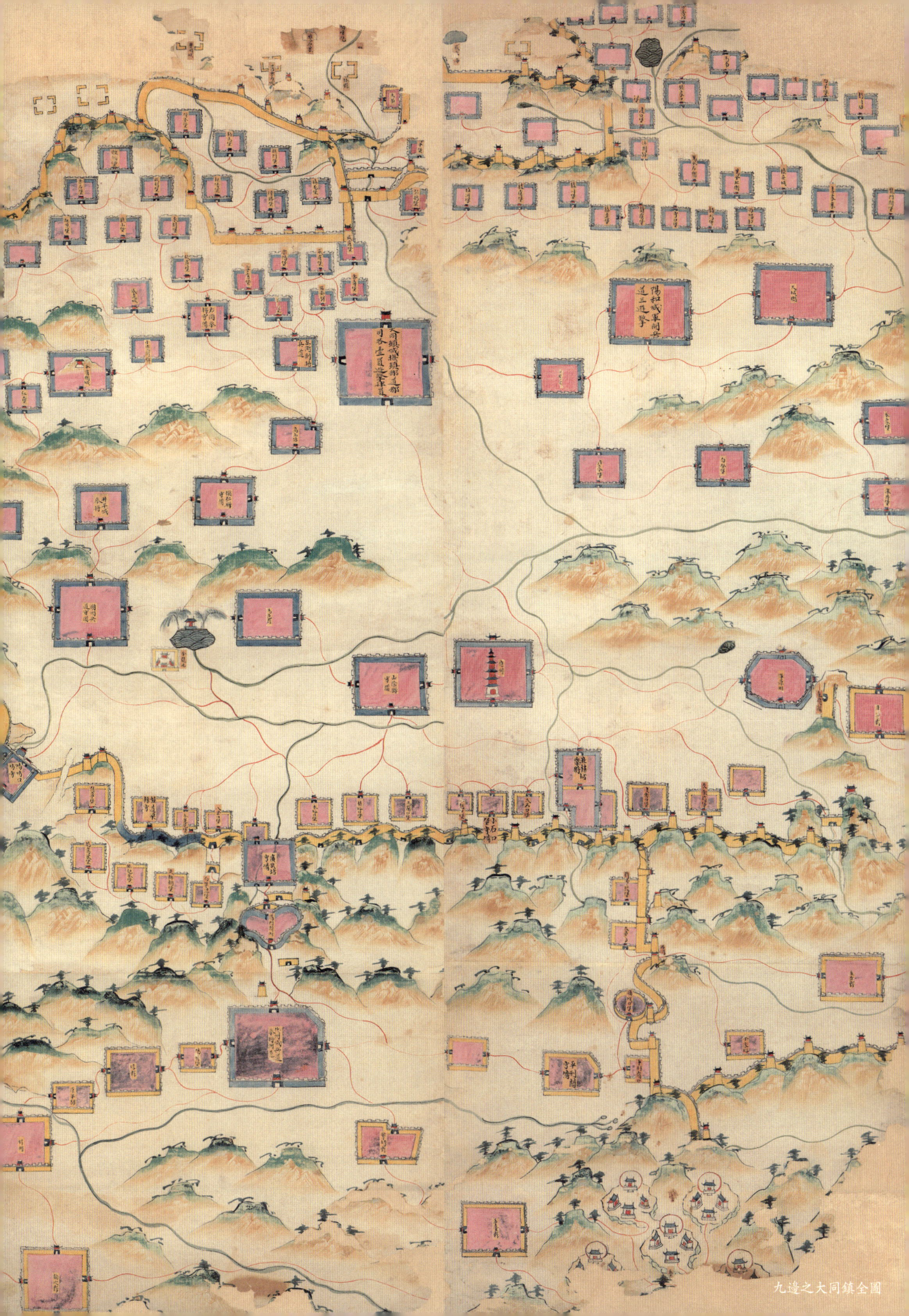

九邊之大同鎮全圖

九邊之域外風光特寫

全圖雖沿用了傳統邊鎮地圖形象法繪製，但進一步發展了此法的特點。例如：圖中的山巒、林木描繪逼真，著色考究，對邊外游牧區域的描繪加入了人、畜活動的場景，對比其他存世的《九邊圖》，該圖形象最爲逼真，彰顯了以直觀、實用爲目的的形象繪法在明代地圖繪製中的繼承與發揚。二、重視對自然地理風貌的描繪。圖中對長城内外的山川、湖泊、水道的記載相對於其他《九邊圖》更爲詳實，對研究明代邊疆風貌、自然地理等問題提供了一份難得的資料，因此該圖具有極高的史料價值和文物價值。

這套《九邊圖》在民國時期曾由建築師汪申收藏。汪申（1895—1989），字申伯，留學法國，曾任中法大學法文系主任、北平市工务局局长、中國營造學會成員等社會職務。原圖本無題名，汪氏據其描繪的内容，於每軸的軸簽上題“九邊圖”，名其實；又記“汪申伯藏”，下鈐“申伯”朱文方印一枚。

（李晶瑩）

【子部】

明嘉靖十二年顧春世德堂刻本《六子書》

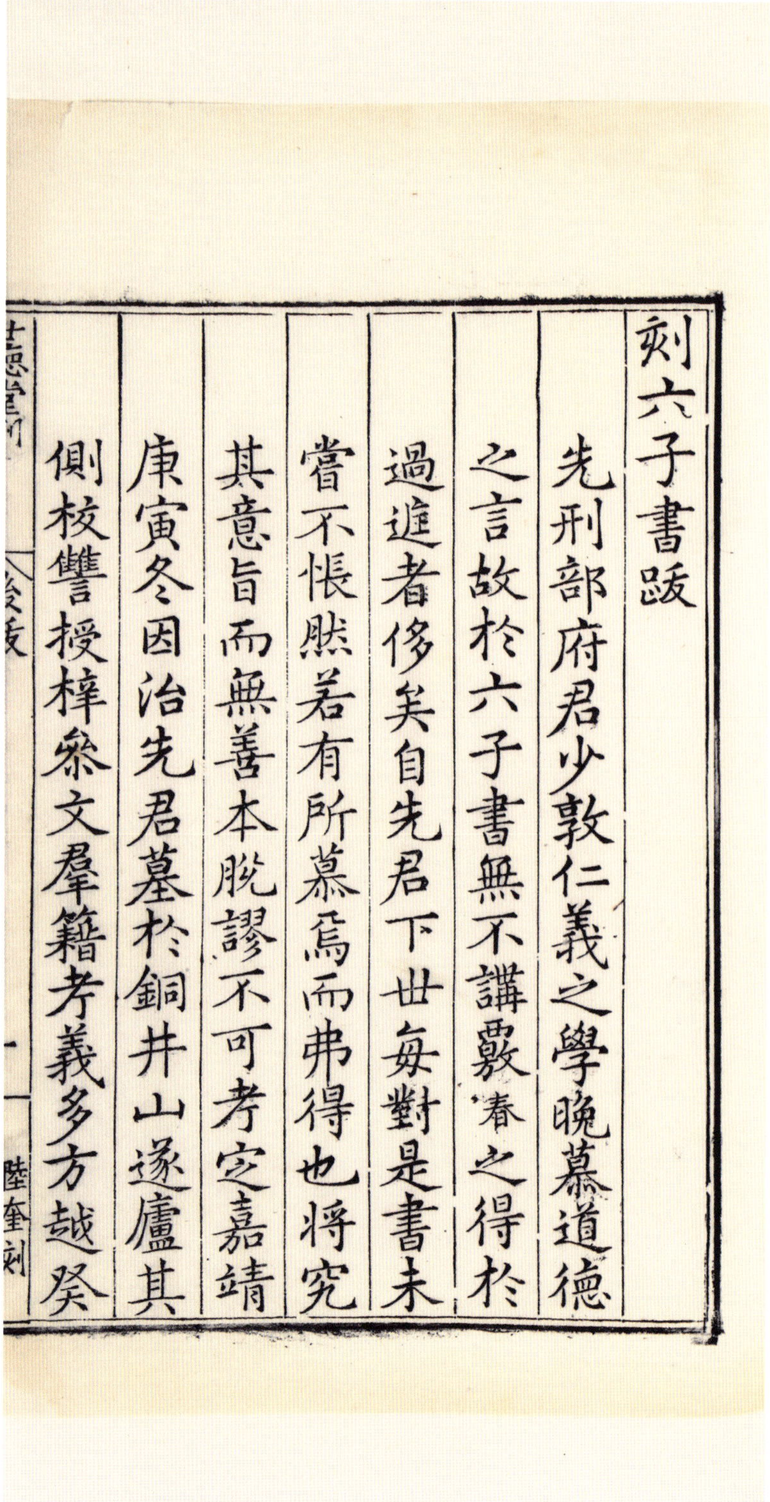

刻六子書跋

先刑部府君少敦仁義之學晚慕道德
之言故於六子書無不講覈春之得於
過庭者侈矣自先君下世每對是書未
嘗不悵然若有所慕焉而弗得也將究
其意旨而無善本脫謬不可考定嘉靖
庚寅冬因治先君墓於銅井山遂廬其
側校讐授梓參文羣籍考義多方越癸

世德堂刊　後跋　一　陸奎刻

六子書六十卷　（明）顧春編　明嘉靖十二年（1533）顧春世德堂刻本　六函三十六册　索書號（乙三）379　第四批《國家珍貴古籍名録》10373號

半葉八行十七字，小字雙行字同，白口，四周雙邊，單白魚尾，框高19.5厘米，寬14.4厘米。

顧春，字元卿，號東滄居士，明嘉靖間吴郡（今江蘇蘇州）人。官懷遠將軍。堂號“世德堂”，以刻書聞名。

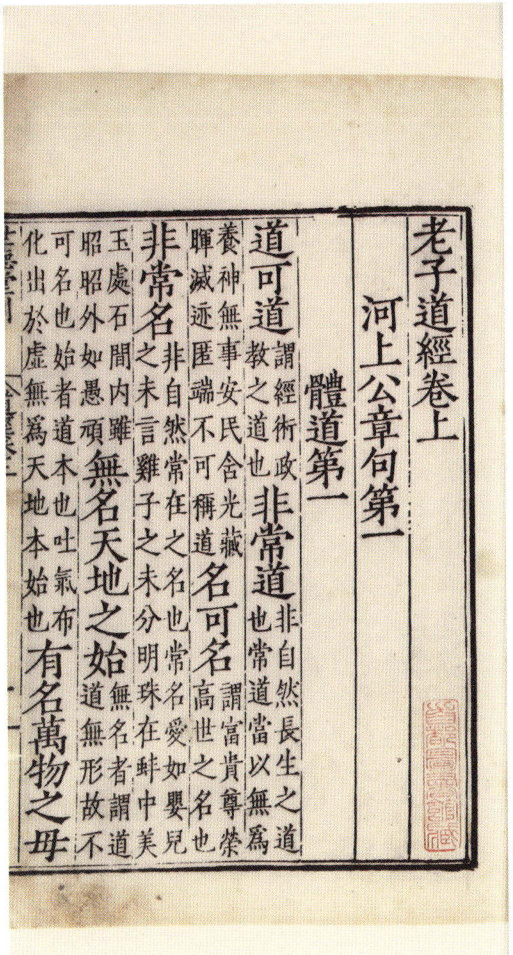

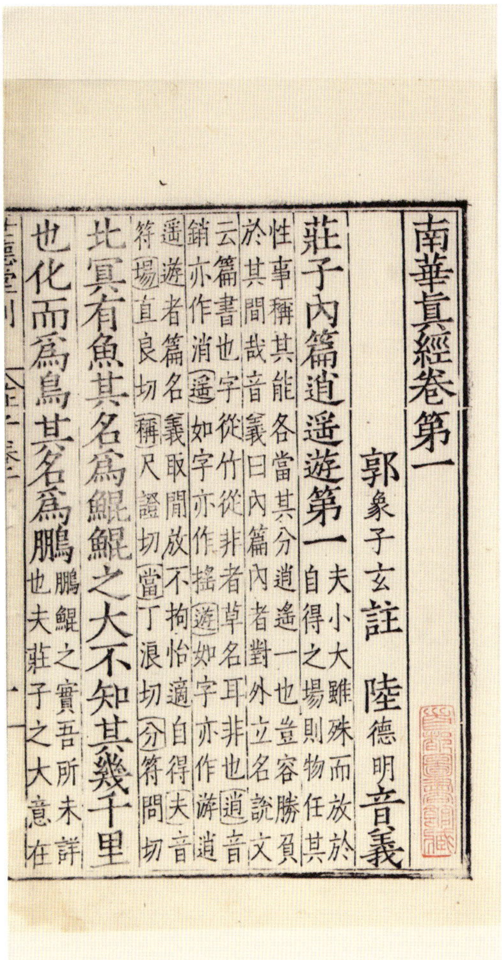

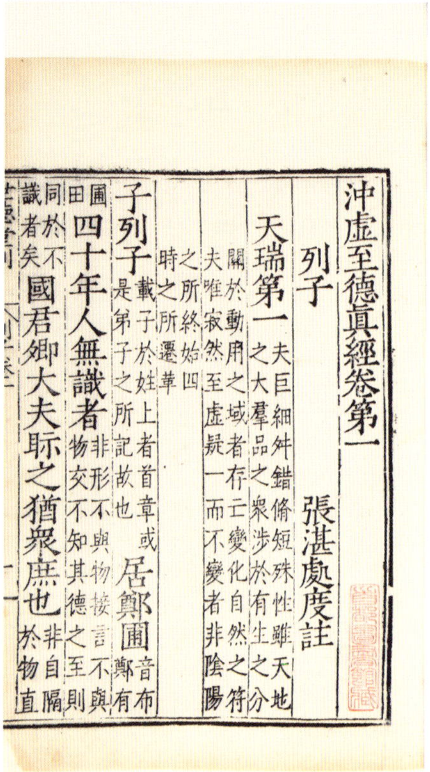

沖虛至德真經卷第一

列子　張湛處度註

天瑞第一 夫巨細舛錯脩短殊性雖天地之大羣品之衆涉於有生之分關於動用之域者存亡變化自然之符夫唯寂然至虛凝一而不變者非陰陽之所終始四時之所遷革

子列子 載子於姓上者首章或是弟子之所記故也 居鄭圃 音布鄭有圃田 四十年人無識者 非形不與物接言不與物交不知其德之至則同於不識者矣 國君卿大夫眡之猶衆庶也 非自隔於物直

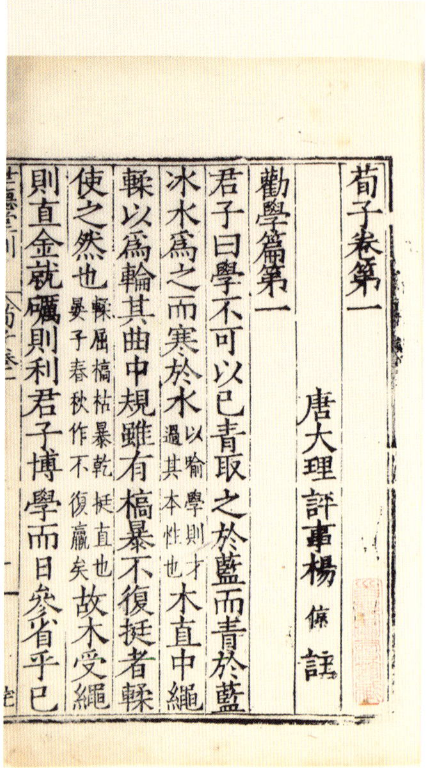

荀子卷第一

唐大理評事楊倞註

勸學篇第一

君子曰學不可以已青取之於藍而青於藍冰水爲之而寒於水 以喻學則才過其本性也 木直中繩輮以爲輪其曲中規雖有槁暴不復挺者輮使之然也 輮屈槁枯暴乾挺直也晏子春秋作不復贏矣 故木受繩則直金就礪則利君子博學而日參省乎已

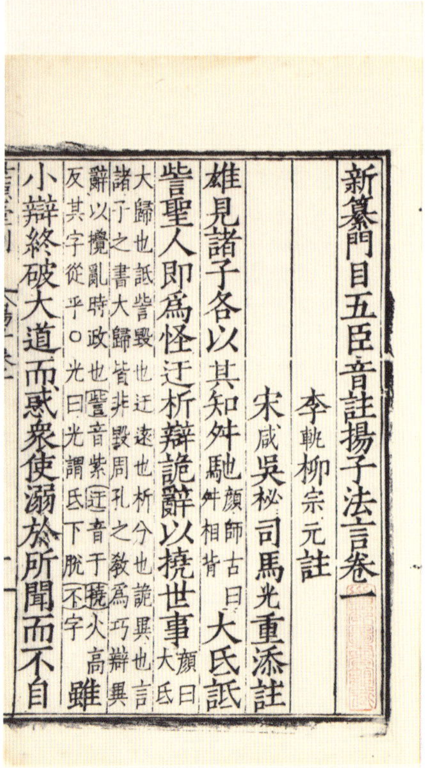

新纂門目五臣音註揚子法言卷一

李軌柳宗元註

宋咸吳秘司馬光重添註

雄見諸子各以其知舛馳 顏師古曰舛相背 大氐詆訾聖人即爲怪迂析辯詭辭以撓世事 顏曰大氐大歸也詆訾毀也迂遠也析分也詭異也言諸子之書大歸皆非毀周孔之教爲巧辯異辭以攪亂時政也訾音紫迂音于撓火高反其字從手○光曰光謂氐下脫不字 雖小辯終破大道而惑衆使溺於所聞而不自

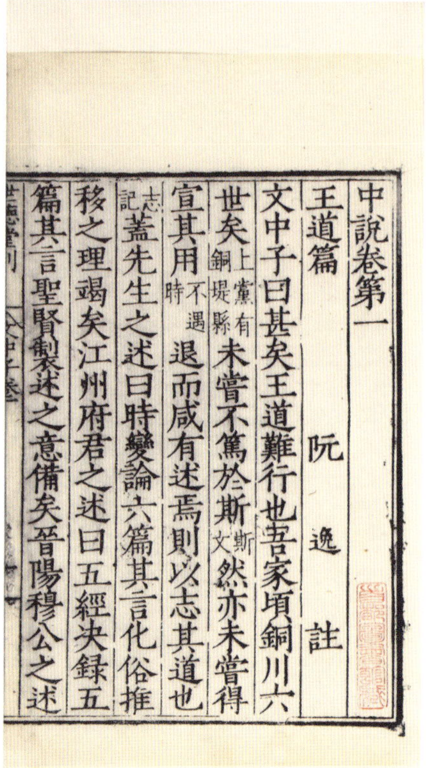

中說卷第一

王道篇　阮逸註

文中子曰甚矣王道難行也吾家頃銅川六世矣 上黨有銅鞮縣 未嘗不篤於斯 斯文 然亦未嘗得宣其用 不遇時 退而咸有述焉則以志其道也 志記 蓋先生之述曰時變論六篇其言化俗推移之理竭矣江州府君之述曰五經決録五篇其言聖賢製述之意備矣晉陽穆公之述

是編包括《老子道德經》二卷，漢河上公注；《南華真經》十卷，晋郭象注，唐陸德明音義；《冲虛至德真經》八卷，晋張湛注；《荀子》二十卷，唐楊倞注；《新纂門目五臣音註揚子法言》十卷，晋李軌，唐柳宗元，宋宋咸、吴秘、司馬光注；《中説》十卷，宋阮逸注。明代中葉崇尚古學，《左傳》《國語》而外，“六子”亦屬熱門，一再刻行。顧春將當時社會上流行的《老子道德經》等六種子書編爲一書，引用權威注本，并“參文群籍，考義多方”（顧春《刻六子書跋》），乃成是編。該書既保留了《六子書》原文，又收入名家注語，是“六子”研究的重要文獻。

此本版心上刻“世德堂刊”，乃顧氏世德堂刊本。始刻於明嘉靖九年，竣於嘉靖十二年，歷四年而成。卷末顧春《刻六子書跋》云：“先刑部府君，少敦仁義之學，晚慕道德之言，故於《六子書》無不講覈，春之得於過庭者侈矣。自先君下世，每對是書，未嘗不悵然若有所慕焉，而弗得也。將究其意旨，而無善本，脱謬不可考定。嘉靖庚寅冬，因治先君墓於銅井山，遂廬其側，校讎授梓……越癸巳夏乃成。”可見，顧春苦於六子之書世無善本，乃刻是書。該本因源出古本，又校刻精良，見重於時，明清以來即被藏家視爲善本。葉德輝《書林清話》將其列入明代私家版刻之精品。

（范猛）

明嘉靖六年司禮監刻本《大學衍義》

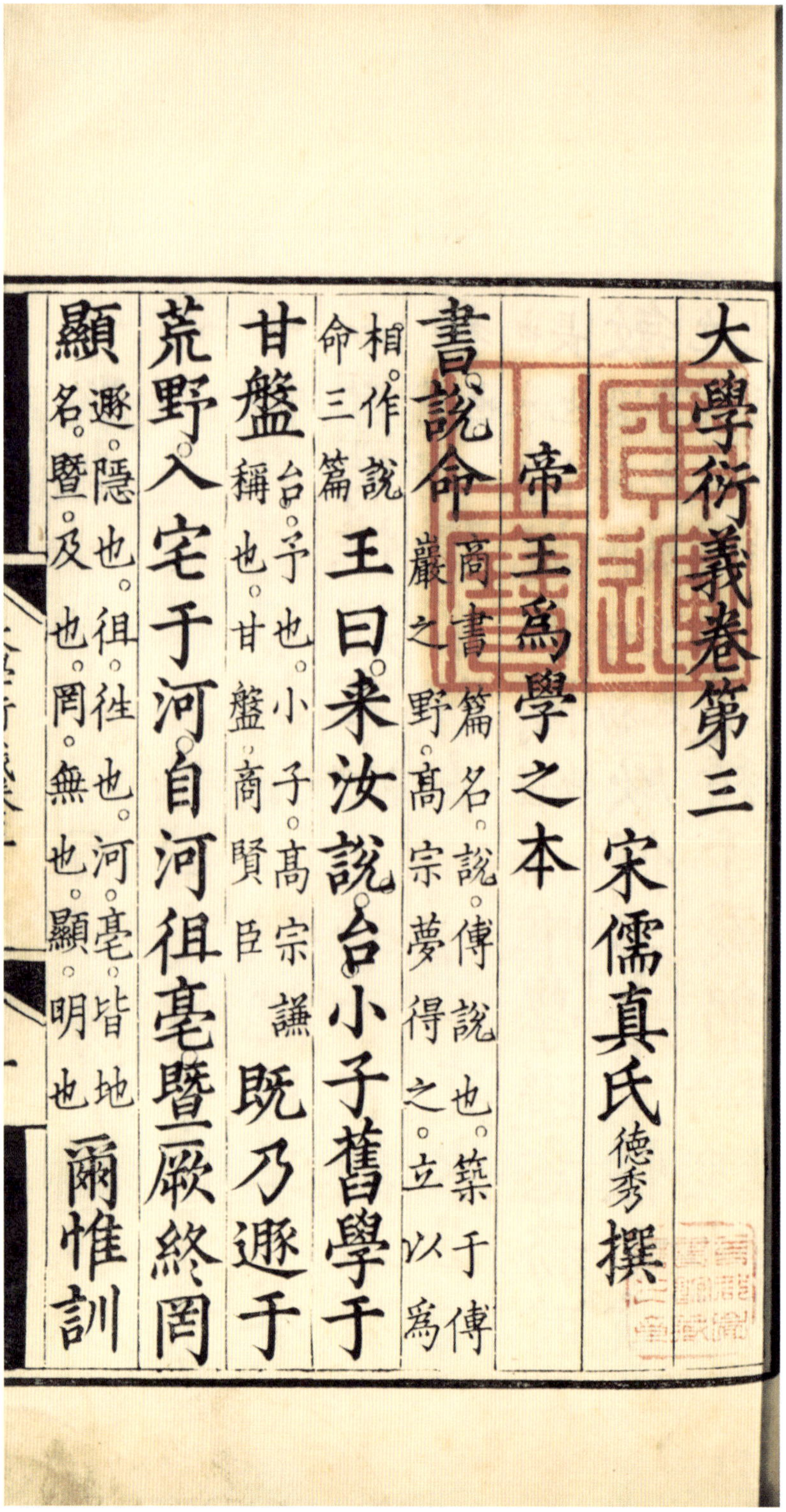
大學衍義卷第三

宋儒真氏德秀撰

帝王爲學之本

書說命商書篇名說傅說也築于傅巖之野高宗夢得之立以爲相作說命三篇王曰来汝說台小子舊學于甘盤台予也小子高宗謙稱也甘盤商賢臣既乃遯于荒野入宅于河自河徂亳暨厥終罔顯遯隱也徂往也河亳皆地名暨及也罔無也顯明也爾惟訓

大學衍義四十三卷　（宋）真德秀撰　明嘉靖六年（1527）司禮監刻本　四函二十册　索書號（丙三）3610　第三批《國家珍貴古籍名録》08278號

半葉八行十四字，小字雙行字同，粗黑口，四周雙邊，雙順黑魚尾，框高22.4厘米，寬16.5厘米。

真德秀（1178—1235），本姓慎，避宋孝宗諱改姓真，字景元，後改希元，號西山，謚文忠，浦城（今福建浦城）人。宋慶元五年（1199）進士，復中博學宏詞科，歷官禮部侍郎、户部尚書、參知政事等，乃一代名臣。其學宗朱熹，爲朱子理學正宗傳人，世稱“小朱子”，著述等身，有《大學衍義》《四書集編》《讀書記》《文章正宗》《西山文集》《西山甲乙稿》等傳世。《宋史》卷四百三十七有傳。

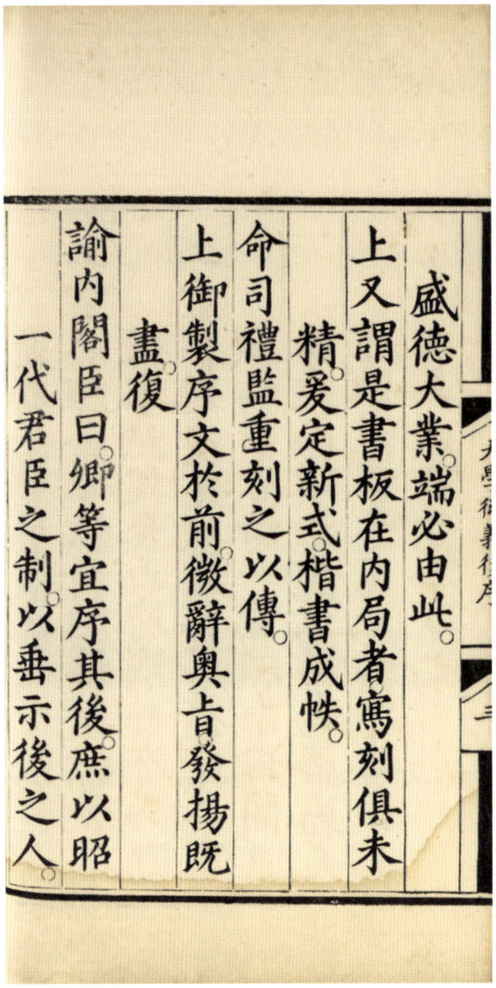
大學衍義序　三

盛德大業端必由此
上又謂是書板在内局者寓刻俱未
精爰定新式楷書成帙
命司禮監重刻之以傳
上御製序文於前微辭奥旨發揚既
盡復
諭内閣臣曰卿等宜序其後庶以昭
一代君臣之制以垂示後之人

《大學衍義》是真德秀“因《大學》之義而推衍”著成的，是對《大學》一書思想的闡釋和發揮。全書分帝王爲治之序、帝王爲學之本、格物致知、正心誠意、修身、齊家六部分，内容“皆徵引經訓，參證史事，旁采先儒之論，以明法戒，而各以己意發明之，大旨在於正君心，肅宫闈，抑權倖”。真德秀被譽爲朱子理學的正宗傳人，正是因爲他没有沾染“浮慕道學”的弊端，所著《大學衍義》更是“陰切時事”，“爲之有節次，行之有實際，非空談心性即可坐而致者”。（《四庫全書總目》卷九十二）正是由於在治國之道、民生之理和廉政思想等方面的精闢論述，此書爲元、明、清歷代統治者所重視，元仁宗就曾評價説：“治天下者，

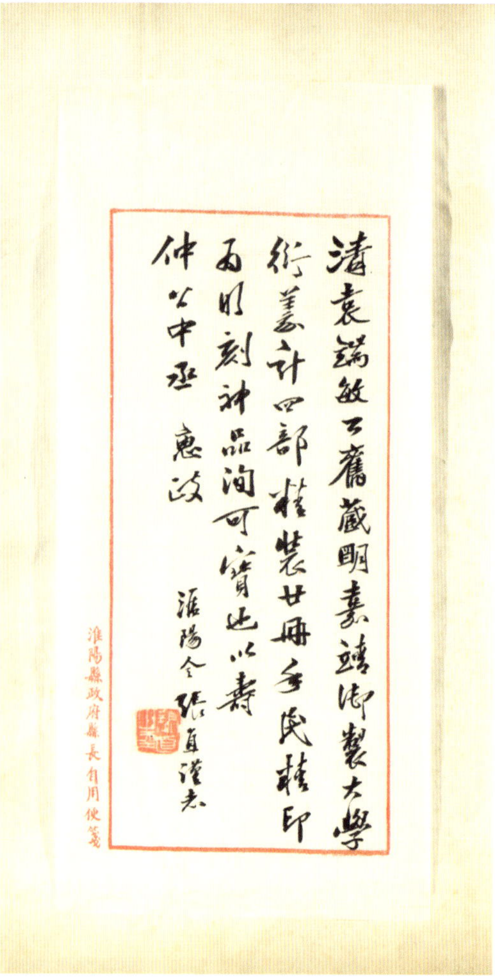

張直題記

此一書足矣。”（《元史》卷二十四）

明嘉靖六年司禮監刻本是此書的重要版本之一。嘉靖六年夏，嘉靖皇帝朱厚熜没有按照“盛暑輟講”的慣例暫停經筵進講，而是要求大臣們專門講授真德秀所著《大學衍義》一書，并規定每月逢三、八日進講，遇有疑問則當面質詢。後來，嘉靖皇帝又認爲“是書板在内局者，寫刻俱未精，爰定新式，楷書成帙，命司禮監重刻之以傳”，還親自撰寫序文列於書前，并責成大臣撰寫後序，“以昭一代君臣之制，以垂示後之人”（楊一清《重刊大學衍義後序》）。正是由於有嘉靖皇帝如此的重視和親力親爲，纔使得司禮監本《大學衍義》成爲明中期内府刻書的精品。

此書内有民國張直題記，并鈐有“欽文之璽”“廣運之寶”“張直之印”等。

（張昊）

明正德元年宗文堂刻本《大學衍義補》

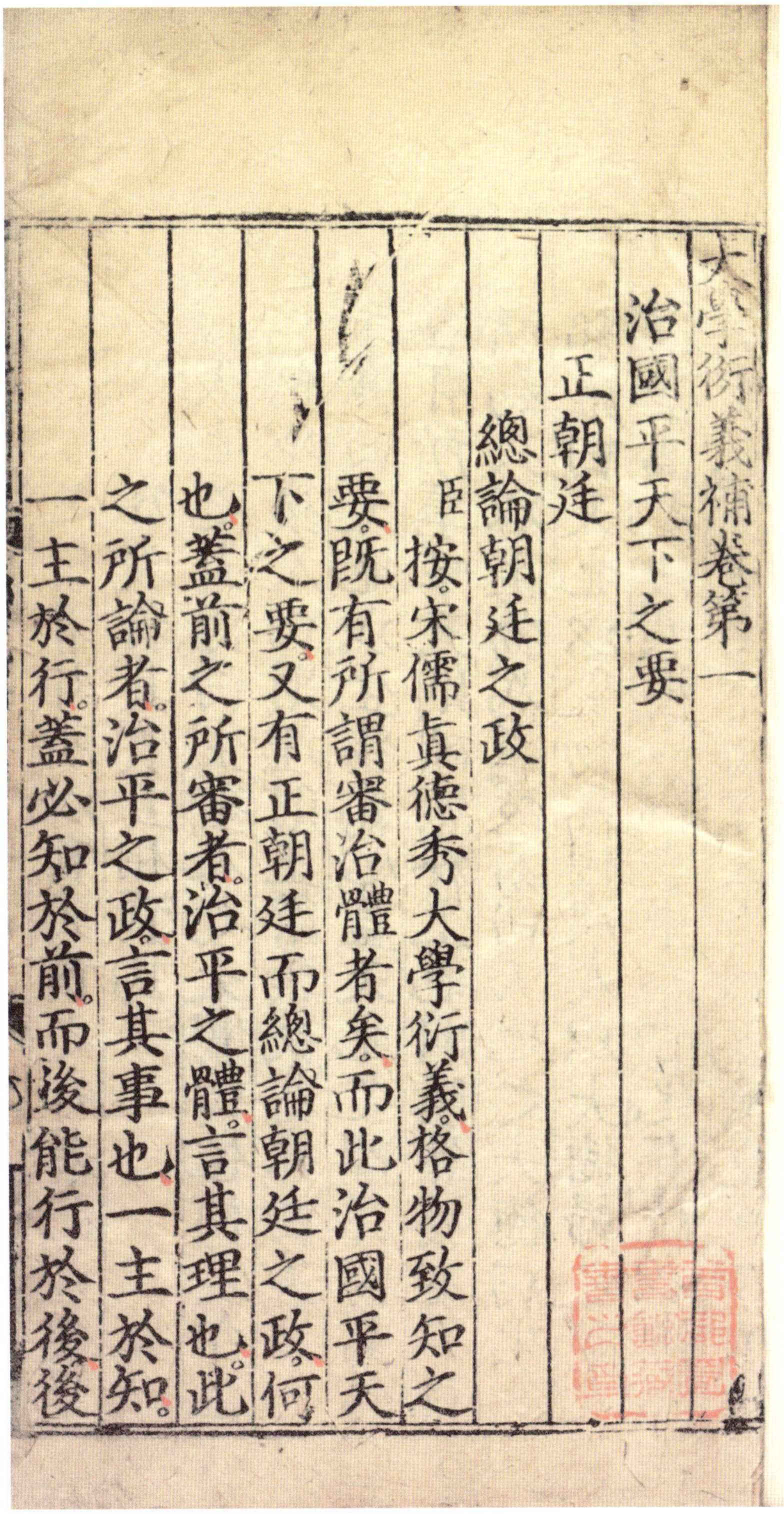

大學衍義補卷第一

治國平天下之要

正朝廷

總論朝廷之政

臣按宋儒真德秀大學衍義格物致知之要既有所謂審治體者矣而此治國平天下之要又有正朝廷而總論朝廷之政何也蓋前之所審者治平之體言其理也此之所論者治平之政言其事也一主於知一主於行蓋必知於前而後能行於後

大學衍義補一百六十卷首一卷　（明）丘濬撰　明正德元年（1506）宗文堂刻本　四函四十册　索書號（丙三）769　第三批《國家珍貴古籍名録》08283號

半葉十行二十字，小字雙行字同，粗黑口，四周雙邊，雙順黑魚尾，框高19.8厘米，寬12.8厘米。

丘濬（1421—1495），字仲深，號深庵、玉峰，別號海山老人，瓊州瓊臺（今海南瓊山）人。明景泰五年（1454）進士，自翰林院編修進侍講，遷國子祭酒，纍官至禮部尚書。明弘治四年（1491），兼文淵閣大學士參預機務，爲尚書入内閣者之始。八年，卒於官。贈太傅，謚文莊。丘濬幼孤，母李氏教之讀書，及長博覽群書，尤熟於當代掌故，晚年右眼失明仍披覽不輟。丘氏所涉領域廣泛，著述甚豐。與修《英宗實録》，實書于謙之功；又作《投筆記》《羅囊記》等傳奇四種；亦工詩，有《瓊臺集》。《明史》卷二百三十七有傳。

宋人真德秀有《大學衍義》一書，闡發《大學》中格物、致知、誠意、正心、修身、齊家諸義，但缺少治國、平天下的部分。因此，丘濬博采六經諸史百家之文，加按語抒發己見，輯成《大學衍義補》一百六十卷。該書包括《正朝廷》《正百官》《固邦本》《制國用》《明禮樂》《秩祭祀》《崇教化》《備規制》《慎刑憲》《嚴武備》《馭夷狄》《成功化》等十二章，内容包羅宏富，史料衆多。清代四庫館臣認爲："真氏原本實屬闕遺，濬博綜旁搜，以補所未備，兼資體用，實足以羽翼而行。且濬學本淹通，又習知舊典，故所條列元元本本，貫串古今，亦復具有根柢。其人雖不足重，其書要不爲無用也。"（《四庫全書總目》卷九十三）

此本爲明正德元年宗文堂刻本。元代建陽鄭天澤首創宗文書堂，從事刊刻事業。從元至順元年（1330）刻《静修先生文集》起，至明萬曆三十九年（1611）鄭世容刻《三國志傳》，鄭氏宗文堂前後持續時間長達282年，爲元明兩代福建坊刻之翹楚，堪與劉氏翠岩精舍和日新堂相媲美。（參見謝天順、李珽《福建古代刻書》）

鈐有"孫華卿章"。

（張昊）

明嘉靖三十八年吉澄、樊獻科等刻本《大學衍義補》

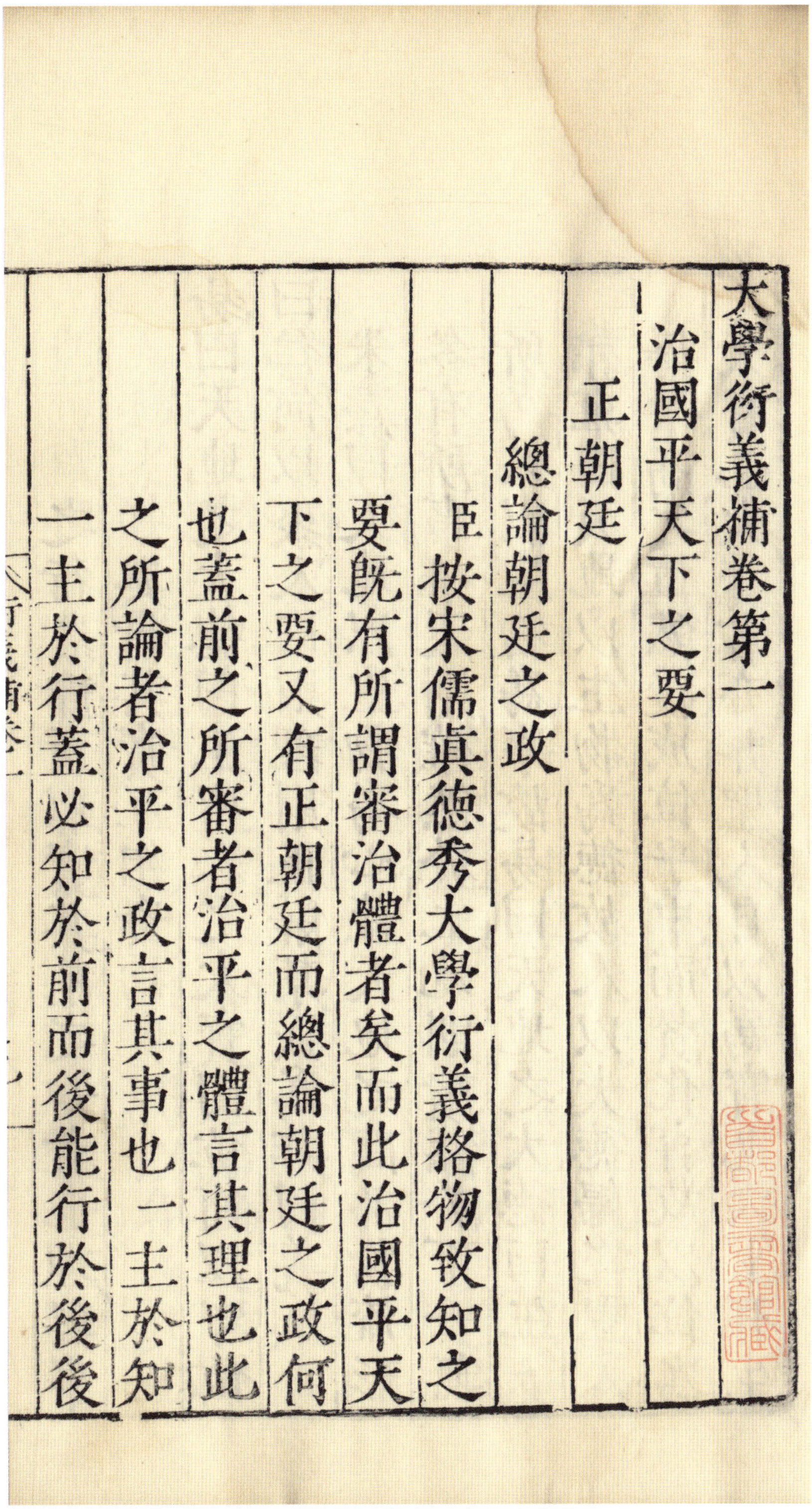

大學衍義補卷第一

治國平天下之要

正朝廷

總論朝廷之政

臣按宋儒真德秀大學衍義格物致知之要既有所謂審治體者矣而此治國平天下之要又有正朝廷而總論朝廷之政何也蓋前之所審者治平之體言其理也此之所論者治平之政言其事也一主於知一主於行蓋必知於前而後能行於後後

大學衍義補一百六十卷首一卷　（明）丘濬撰　明嘉靖三十八年（1559）吉澄、樊獻科等刻本　四函四十册　索書號（乙三）769　第三批《國家珍貴古籍名録》08288號

半葉十行二十字，小字雙行字同，白口，四周單邊間左右雙邊，單白魚尾，框高19.2厘米，寬14.2厘米。

丘濬於明景泰五年（1454）入仕，此後二十餘年身居下僚，至七十一歲高齡時纔入閣爲大學士，行宰相之職。其在相位四年間，一目失明，衰病老邁，在政治上并没有很大的建樹。丘濬一生的功業在於著述。史料記載，丘氏撰有《世史正綱》《家禮儀節》《朱子學的》《大學衍義補》等經史著作，以及《五倫全備記》《投筆記》《舉鼎記》等戲曲作品，而《丘文莊公集》和《瓊臺會稿》二書中還收録了他大量的詩詞、散文，另外，他還參與了《寰宇通志》《英宗實録》《宋元綱目》等典籍的編撰。

在丘濬的衆多著作中，以《大學衍義補》最爲重要，丘氏於此書也用力最深。此書編成後，即受到朝廷和士人們的矚目與推崇，刊刻傳播不斷。據學者考證，僅在明代一朝，該書就有明弘治元年（1488）建寧府、宗文堂，嘉靖間吉澄，萬曆内府、喬應甲等多種版本，可謂流布甚廣。

此本爲明嘉靖三十八年吉澄、樊獻科等刻本，卷一百六十末有“巡按福建監察御史吉澄校刊”木記。

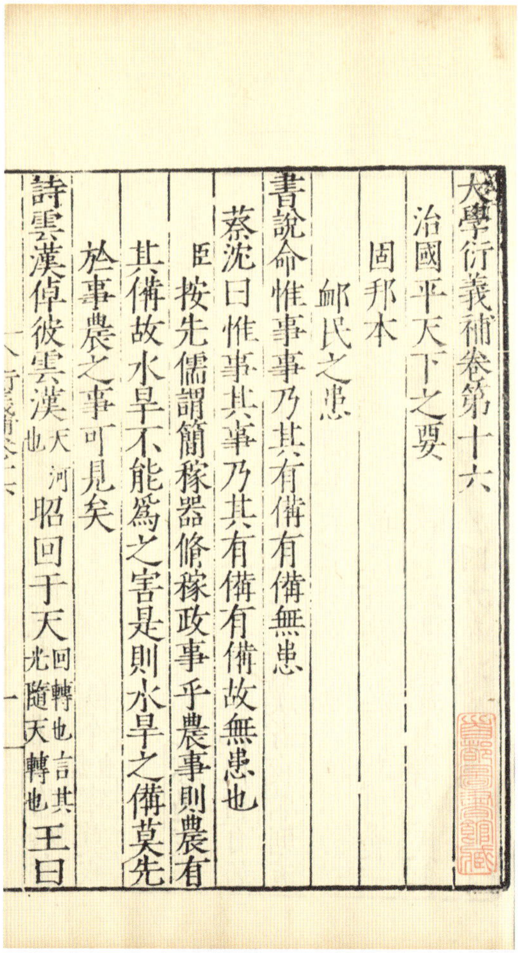
大學衍義補卷第十六
治國平天下之要
固邦本
卹民之患
書說命惟事事乃其有備有備無患
蔡沈曰惟事其事乃其有備有備故無患也
臣按先儒謂簡稼器脩稼政事乎農事則農有
其備故水旱不能爲之害是則水旱之備莫先
於事農之事可見矣
詩雲漢倬彼雲漢（天河也）昭回于天（回轉也言其光隨天轉也）王曰

（張昊）

明隆慶六年廣信府刻本《大學衍義補纂要》

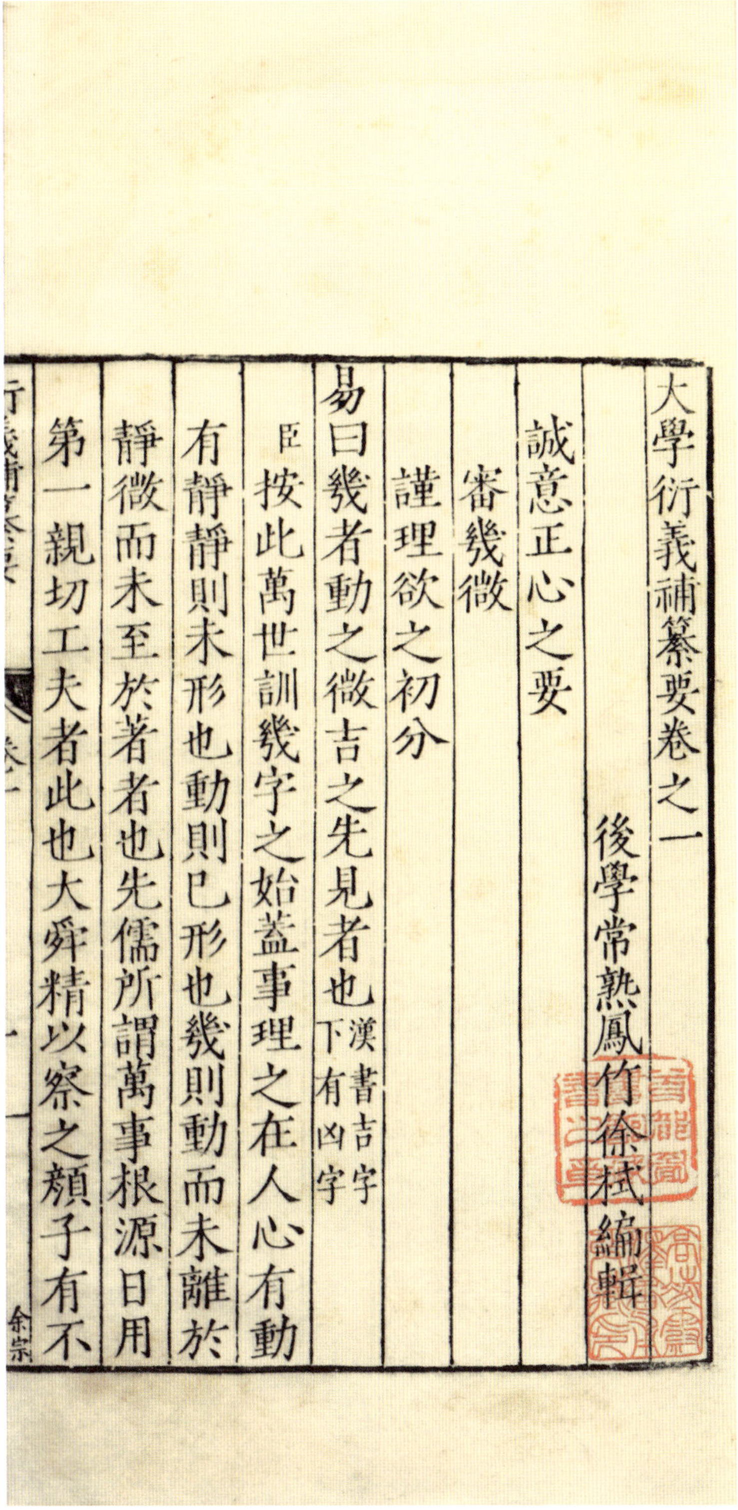

大學衍義補纂要卷之一

後學常熟鳳竹徐栻編輯

誠意正心之要

審幾微

謹理欲之初分

易曰幾者動之微吉之先見者也漢書吉字下有凶字

臣按此萬世訓幾字之始蓋事理之在人心有動有靜靜則未形也動則已形也幾則動而未離於靜微而未至於著者也先儒所謂萬事根源日用第一親切工夫者此也大舜精以察之顏子有不

衍義補纂要　卷之一　一　余宗

大學衍義補纂要六卷　（明）徐栻輯　明隆慶六年（1572）廣信府刻本　一函六册　索書號（丙三）12　第三批《國家珍貴古籍名録》08293 號

半葉十行二十字，小字雙行字同，白口，四周單邊，單黑魚尾，框高 19.4 厘米，寬 14.2 厘米。

徐栻，字世寅，號鳳竹，明嘉靖隆慶間常熟（今江蘇常熟）人。嘉靖二十六年（1547）進士，除宜春知縣，爲政廉明，依法懲治權相嚴嵩家人，嵩莫能奈。隆慶初任雲南按察使，民甚戴之。纍官至南京工部尚書，有《督撫江西奏議》行世。《明史》卷三百十四有傳。

《大學》爲儒家經典，宋真德秀作《大學衍義》，發揮格、致、誠、正、修、齊諸義。入明，丘濬博采六經諸史百家之文，加按語抒發己見，補其所缺治、平，成《大學衍義補》。明清時代，此二書流傳甚廣，但由於篇長幅巨，不易誦讀，因此有多種節本或述要本行世，此即爲其中一種。徐氏在《大學衍義補纂要序》中説："栻自束髮時則知誦習先生之書，而苦於記識之弗强。於是仍其篇目，采摭精要，爲書凡六卷，始之以格致正心之要，而終之以聖神功化之極，中列吏户禮兵刑工六科，以盡天下之務。"可見，徐氏之書重在將儒家理論與現實相結合，以經典理政事，以俗務證經典，二者互爲表裏，相互闡發。

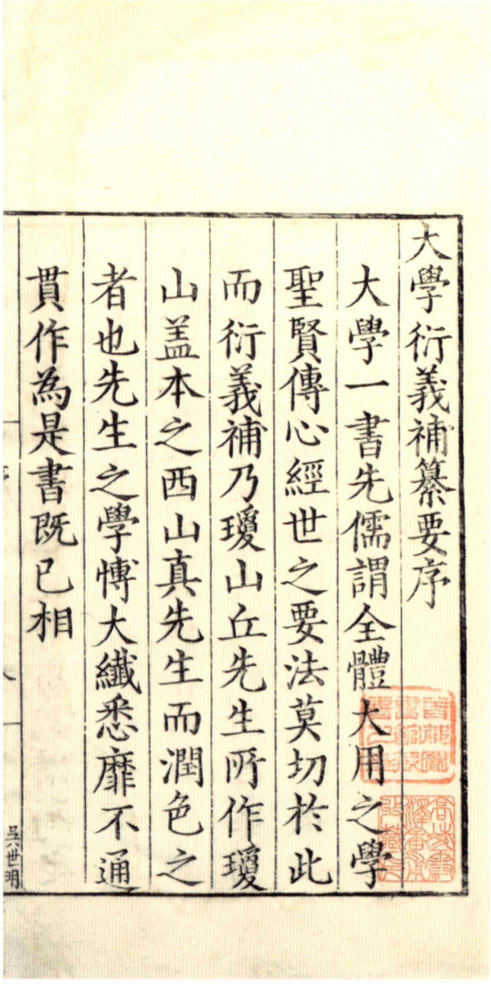
大學衍義補纂要序
大學一書先儒謂全體大用之學聖賢傳心經世之要法莫切於此而衍義補乃瓊山丘先生所作瓊山盖本之西山真先生而潤色之者也先生之學愽大纖悉靡不通貫作為是書既已相

此本爲明隆慶六年廣信府刻本。廣信府，今江西上饒地區，明初置府，此後轄境屢有變遷，至民國二年（1913）廢府改縣。明隆慶六年前後，徐栻任江西巡撫，“取所纂舊本删潤增輯之”，并由廣信府知府錢藻、林敬冕等人，主持校勘及刷印工作，以“頒諸弟子俾卒業、示嚮往”。（錢藻《大學衍義補纂要跋語》）版心下端有書手、刻工“鉛山朱大綸寫　建閩鄒友孫刊”及“蔡昂”“吴世明”等。

此本鈐有“衡陽常氏潭印閣藏書之圖記”“高凌霨澤畬甫收藏印”等印記。

（張昊）

明嘉靖三十一年余氏自新齋刻本
《新刊憲臺釐正性理大全》

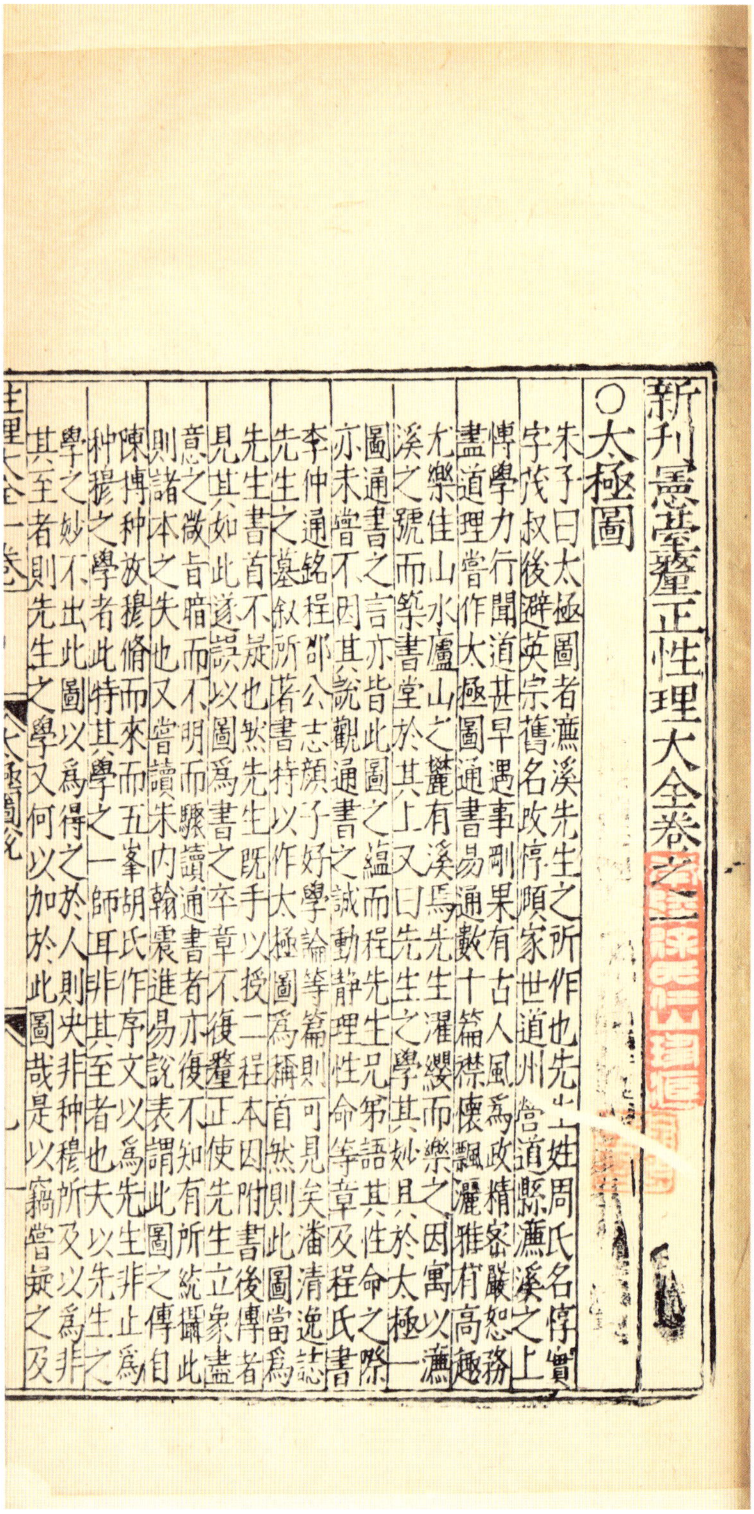

新刊憲臺釐正性理大全卷之二

○太極圖

朱子曰太極圖者濂溪先生之所作也先生姓周氏名惇實字茂叔後避英宗舊名改惇頤家世道州營道縣濂溪之上慱學力行聞道甚早遇事剛果有古人風爲政精密嚴恕務盡道理嘗作太極圖通書易通數十篇襟懷飄灑雅有高趣尤樂佳山水廬山之麓有溪焉先生濯纓而樂之因寓以濂溪之號而築書堂於其上又曰先生之學其妙具於太極一圖通書之言亦皆此圖之緼而程先生兄弟語其性命之際亦未嘗不因其說觀通書之誠動靜理性命等章及程氏書李仲通銘程邵公志顏子好學論等篇則可見矣潘清逸誌先生之墓敘所著書特以作太極圖爲稱首然則此圖當爲先生書首不疑也然先生既手以授二程本因附書後傳者見其如此遂誤以圖爲書之卒章不復釐正使先生立象盡意之微旨暗而不明而驟讀通書者亦復不知有所綂攝此則諸本之失也又嘗讀朱內翰震進易說表謂此圖之傳自陳摶种放穆脩而來而五峯胡氏作序文以爲先生非止爲种穆之學者此特其學之一師耳非其至者也夫以先生之學之妙不出此圖以爲得之於人則決非种穆所及以爲非其至者則先生之學又何以加於此圖哉是以竊嘗疑之及

新刊憲臺釐正性理大全七十卷　（明）胡廣等撰　明嘉靖三十一年（1552）余氏自新齋刻本　四函二十四册　索書號（丙三）4759　第三批《國家珍貴古籍名録》08308 號

半葉十一行二十四字，小字雙行字同，白口，四周雙邊，雙順黑魚尾，框高 18.1 厘米，寬 13.0 厘米。

胡廣（1370—1418），字光大，號晃庵，謚文穆，吉安路吉水州（今江西吉水）人。明建文二年（1400）庚辰科狀元，歷官翰林院修撰、左春坊大學士、文淵閣大學士，永樂

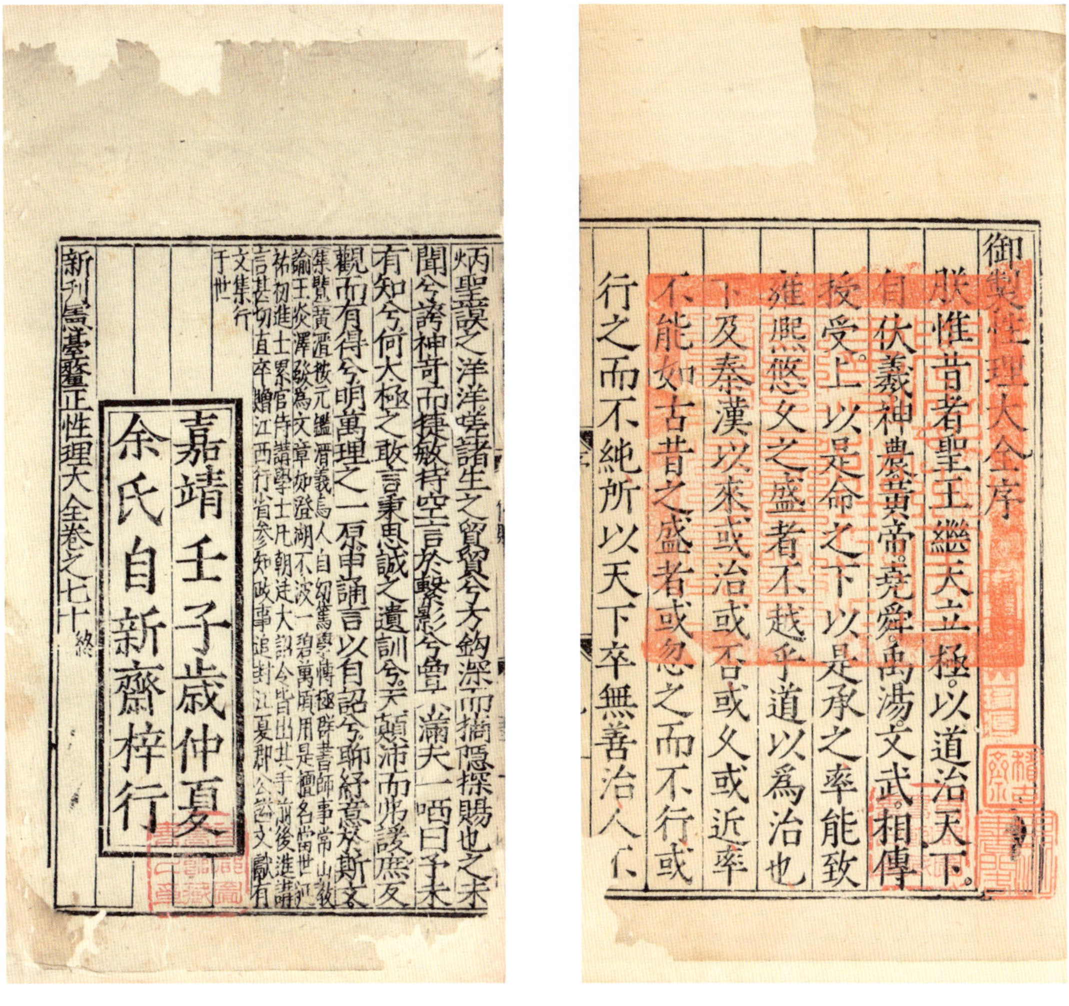

五年至十六年（1407—1418）任内閣首輔。主持編寫《四書大全》《五經大全》《性理大全》等。《四庫全書》子部雜家類收録其《胡文穆雜著》。《明史》卷一百四十七有傳。

明太祖即位後，爲整頓戰亂後的社會風氣，恢復道統秩序，在學術思想領域實行文化專制統治，推崇經學，尤重程朱理學的作用。明洪武三年（1370）明朝恢復科舉，承襲元朝舊規，科舉考試内容基本上以程朱理學爲主。爲實現“使家不异政，國不殊俗”（明永樂十三年御製序）、“家孔孟而户程朱”（永樂十三年胡廣等《進書表》）的目的，永樂十二年，明成祖朱棣命胡廣等人編纂《性理大全》。該書彙輯宋代儒家理學名著與重要論述，專供科舉取士之用，爲明代儒學的典範之作，集理學之大成。其編排方法仿照《朱子語類》的體例，先列原文，後置各家之説，以卷編次。所采宋儒之説共一百二十家。在全書七十卷中，第一至二十五卷爲自成卷帙的著述，計有周敦頤《太極圖説》一卷、《通書》二卷、張載《西銘》一卷、《正蒙》二卷、邵雍《皇極經世書》七卷、朱熹《易學啓蒙》四卷、《家禮》四卷、蔡元定《律吕新書》二卷、蔡沈《洪範皇極内篇》二卷。第二十六卷以下，摘發群言，列爲十三目，分别爲“理氣”“鬼神”“性理”“道統”“聖賢”“諸儒”“學”“諸子”“歷代”“君道”“治道”“詩”“文”，共計四十五章。是書朱學印迹十分明顯，集汗牛充棟的宋人理學名篇名章爲一體，爲後世治儒與研究提供了系統而豐富的資料。它與《五經大全》《四書大全》的編纂，真正確定了程朱理學的統治地位，在中國性理學發展史上占有極爲重要的地位。《四庫全書總目》收入子部儒家類，評以“以後來刻性理者汗牛充棟，其源皆出於是書”。

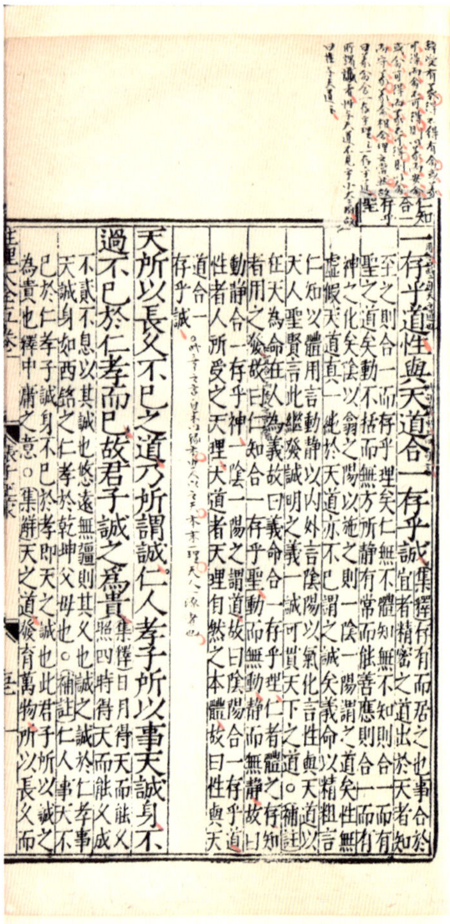
一存乎道性與天道合一存乎誠〔集釋〕存有而居之也事合於宜者精密之道出於天者知至之則合一而存乎理矣仁無不體知無不知則合一而有聖之道矣動不括而無方所靜有常而能善應則合一而有神之化矣陰以翕之陽以施之則一陰一陽謂之道矣性無虛假天道真一此於天道亦不已謂之誠矣義命以精粗言仁知以體用言動靜以内外言陰陽以氣化言性與天道以天人聖賢言此繼發誠明之義一誠可貫天下之道○補註在天為命在人為義故曰義命合一存乎理仁者體之存知者用之發故曰仁知合一存乎聖動而無動靜而無靜故曰動靜合一存乎神一陰一陽之謂道故曰陰陽合一存乎道性者人所受之天理天道者天理自然之本體故曰性與天道合一存乎誠
天所以長久不已之道乃所謂誠仁人孝子所以事天誠身不過不已於仁孝而已故君子誠之為貴〔集釋〕日月得天而能久照四時得天而能久成不貳不息以其誠也悠遠無疆則其久也誠之誠於仁孝事天誠身如西銘之仁孝於乾坤父母也○補註仁人事天不已於仁孝子誠身不已於孝即天之誠也此君子所以誠之為貴也釋中庸之意○集解天之道發育萬物所以長久而

佚名批註

此本卷終有“嘉靖壬子歲仲夏余氏自新齋梓行”長方形牌記，是明嘉靖三十一年余氏自新齋刻本。余氏家族以刻書聞名，刻書歷史可追溯至宋代，至明代已書肆林立，有自新齋、三臺館、萃慶堂等。首都圖書館藏該本雖爲坊刻之本，然流傳至今也不多見。

此本有佚名批注。鈐有“賜書閣”“積古齋”“南陵徐氏仁山珍臧”“學部圖書之印”“京師圖書館收藏之印”等印記。

（范猛）

明嘉靖三十八年樊獻科刻本《性理大全書》

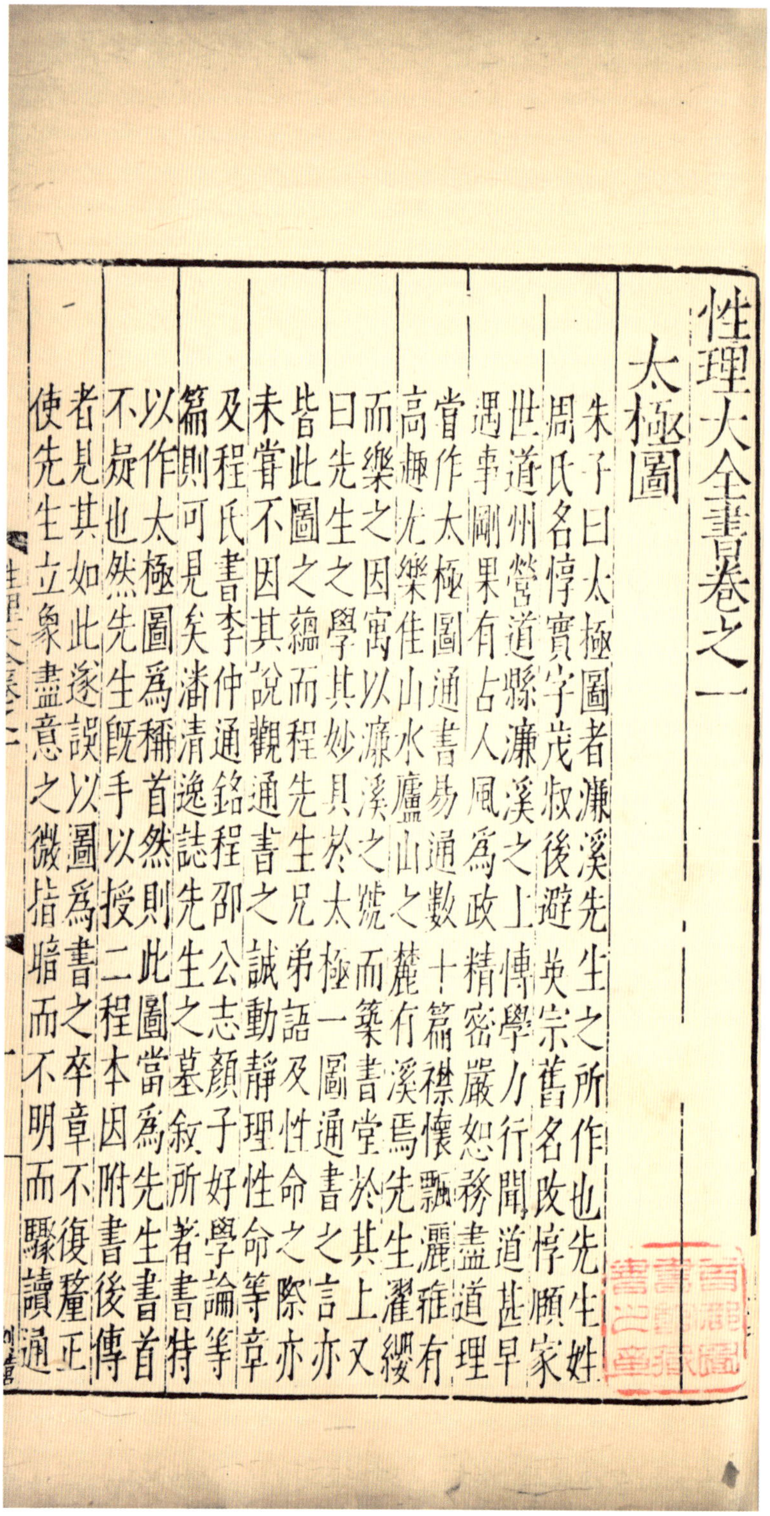
性理大全書卷之一

太極圖

朱子曰太極圖者濂溪先生之所作也先生姓周氏名惇實字茂叔後避英宗舊名改惇頤家世道州營道縣濂溪之上博學力行聞道甚早遇事剛果有古人風爲政精密嚴恕務盡道理嘗作太極圖通書易通數十篇襟懷飄灑雅有高趣尤樂佳山水廬山之麓有溪焉先生濯纓而樂之因寓以濂溪之號而築書堂於其上又曰先生之學其妙具於太極一圖通書之言亦皆此圖之蘊而程先生兄弟語及性命之際亦未嘗不因其說觀通書之誠動靜理性命等章及程氏書李仲通銘程邵公志顏子好學論等篇則可見矣潘清逸誌先生之墓叙所著書特以作太極圖爲稱首然則此圖當爲先生書首不疑也然先生既手以授二程本因附書後傳者見其如此遂誤以圖爲書之卒章不復釐正使先生立象盡意之微指暗而不明而驟讀通

性理大全書七十卷　（明）胡廣等撰　明嘉靖三十八年（1559）樊獻科刻本　四函三十六册　索書號（丙三）664　第二批《國家珍貴古籍名録》04455 號

半葉十行二十字，白口，四周單邊間左右雙邊，雙順黑魚尾，框高21.9厘米，寬14.7厘米。

首都圖書館藏此本是明嘉靖三十八年樊獻科刻本。卷七十末有“巡按福建監察御史樊獻科重訂”方形牌記。樊獻科，浙江縉雲人，字文叔，號斗山，以進士官御史，歷官福建參政、提學副使。該書“建陽書林數有刻本，而字畫差訛，卷帙簡略，讀者憾焉”（程秀民《重刊性理大全書叙》），時任建寧府知府的程秀民於是重加校正并刻之。嘉靖朝，以

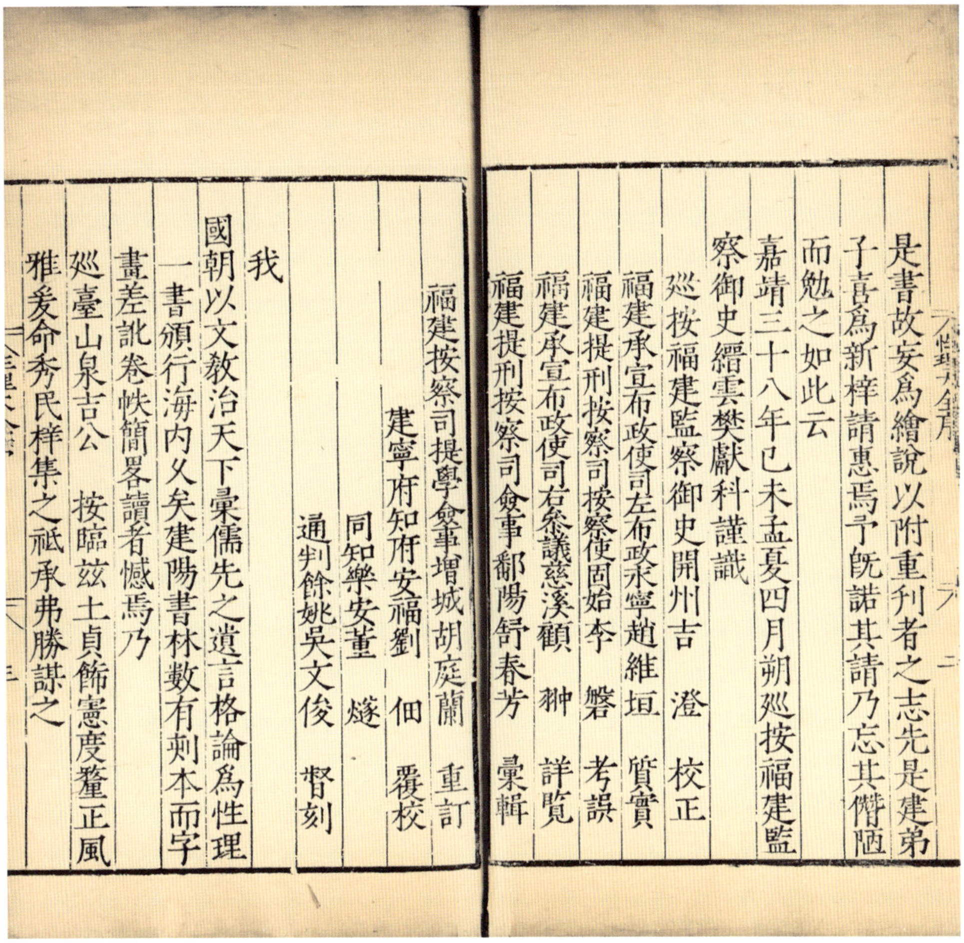
是書故妄爲繪説以附重刊者之志先是建弟
子喜爲新梓請惠焉予既諾其請乃忘其僭陋
而勉之如此云
嘉靖三十八年己未孟夏四月朔巡按福建監
察御史縉雲樊獻科謹識
巡按福建監察御史開州吉　澄　校正
福建承宣布政使司左布政使永寧趙維垣　質實
福建提刑按察司按察使固始李　磐　考誤
福建承宣布政使司右參議慈溪顧　翀　詳覽
福建提刑按察司僉事鄱陽舒春芳　彙輯
福建按察司提學僉事增城胡庭蘭　重訂
建寧府知府安福劉　佃　覆校
同知樂安董　燧
通判餘姚吴文俊　督刻
我
國朝以文教治天下彙儒先之遺言格論爲性理
一書頒行海内久矣建陽書林數有刻本而字
畫差訛卷帙簡畧讀者憾焉乃
巡臺山泉吉公　按臨玆土貞飭憲度釐正風
雅爰命秀民梓集之祗承弗勝謀之

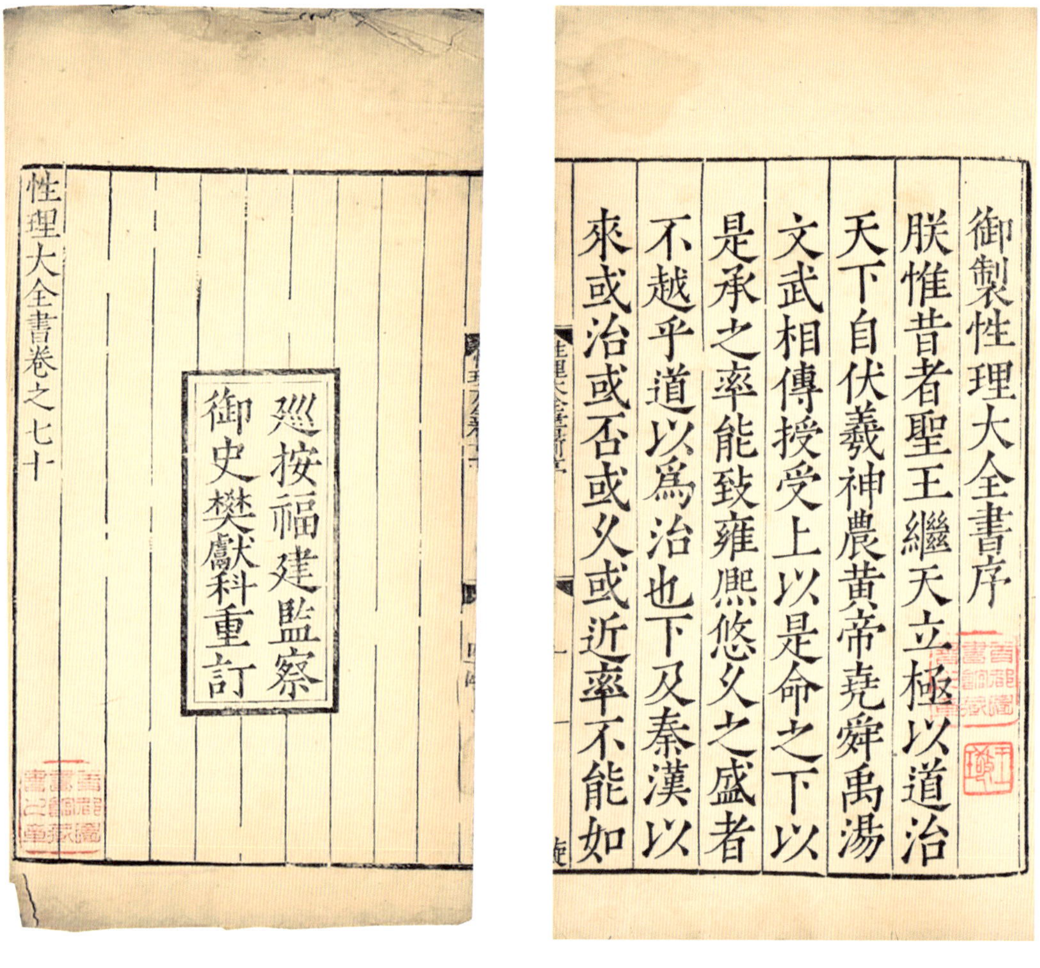
性理大全書卷之七十

巡按福建監察
御史樊獻科重訂

御製性理大全書序
朕惟昔者聖王繼天立極以道治
天下自伏羲神農黄帝堯舜禹湯
文武相傳授受上以是命之下以
是承之率能致雍熈悠久之盛者
不越乎道以爲治也下及秦漢以
來或治或否或久或近率不能如

文教治天下，《性理全書》“頒諸學官弟子員者非一日矣”，巡按福建監察御史樊獻科“手批而日玩之”，認爲“性也，由心生也；理也，與事俱也”，應該達到“人人得而知之”的目的，於是在程秀民刻本的基礎上重刻。因“有感於是書”之刻，故作《紀載》一篇，“妄爲繪説，以附重刊者之志”（樊獻科《紀載》）。有刻工：蔡榮、劉甫等，均爲明嘉靖年間刻字工人。

本書鈐有“王瓛”印記。

（范猛）

明刻本《性理群書大全》

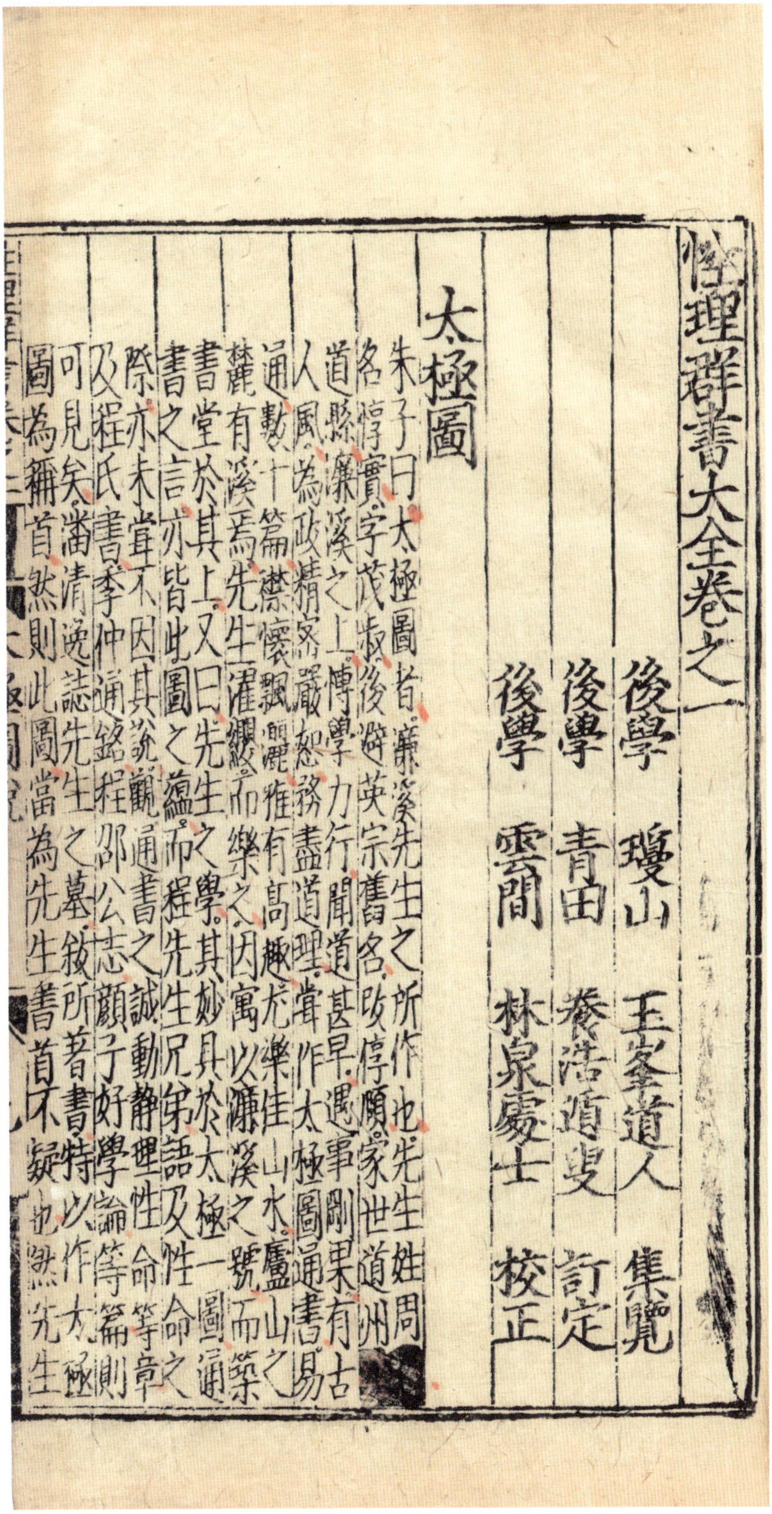

性理群書大全卷之一

後學　瓊山　王峯道人　集覽

後學　青田　養浩道叟　訂定

後學　雲間　林泉處士　校正

太極圖

朱子曰太極圖者濂溪先生之所作也先生姓周
名惇實字茂叔後避英宗舊名改惇頤家世道州[illegible]
道縣濂溪之上博學力行聞道甚早遇事剛果有古
人風為政精密嚴恕務盡道理嘗作太極圖通書易
通數十篇襟懷飄灑雅有高趣尤樂佳山水廬山之
麓有溪焉先生濯纓而樂之因寓以濂溪之號而築
書堂於其上又曰先生之學其妙具於太極一圖通
書之言亦皆此圖之蘊而程先生兄弟語及性命之
際亦未嘗不因其說觀通書之誠動靜理性命等章
及程氏書李仲通銘程邵公志顏子好學論等篇則
可見矣潘清逸誌先生之墓敘所著書特以作太極
圖為稱首然則此圖當為先生書首不疑也然先生

性理群書大全七十卷　題玉峰道人輯　明刻本（有抄配）　六函三十六册　索書號（乙三）770　第三批《國家珍貴古籍名録》08310 號

半葉十一行二十二字，小字雙行字同，黑口，四周雙邊，雙順黑魚尾，框高 19.2 厘米，寬 13.1 厘米。

首都圖書館此本不著撰人名氏，卷一卷端但題“後學瓊山玉峰道人集覽　後學青田養浩遁叟訂定　後學雲間林泉處士校正”，根據現有資料，無法考證作者真實姓名。

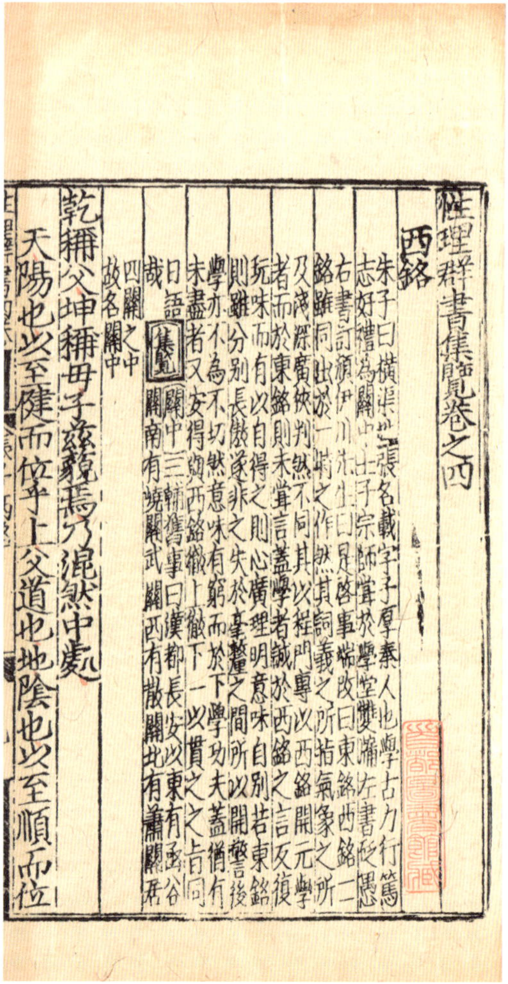
性理群書集覽卷之四
西銘
朱子曰橫渠先生張名載字子厚秦人也學古力行篤
志好禮為關中士子宗師嘗於學堂雙牖左書砭愚
右書訂頑伊川先生曰是啓爭端改曰東銘西銘二
銘雖同出於一時之作然其詞義之所指氣象之所
及淺深廣狹判然不同其以程門專以西銘開元學
者而於東銘則未嘗言蓋學者誠於西銘之言反復
玩味而有以自得之則心廣理明意味自別若東銘
則雖分別長傲遂非之失於毫釐之間所以開警後
學亦不爲不切然意味有窮而於下學功夫蓋猶有
未盡者又安得與西銘徹上徹下一以貫之之旨同
日語哉
集覽　關中三輔舊事曰漢都長安以東有函谷關南有嶢關武關西有散關北有蕭關居四關之中故名關中
乾稱父坤稱母予茲藐焉乃混然中處
天陽也以至健而位乎上父道也地陰也以至順而位

《性理群書大全》，一名《性理群書集覽》，七十卷。該書以永樂時期胡廣等人所編《性理大全》爲基礎，取其中人名、地名、年號、訓詁之類，依王幼學《通鑑綱目集覽》之例，各爲注釋，有增注者，即别標爲附録。首明永樂十三年（1415）御製序，次永樂十三年大學士胡廣、翰林侍講楊榮、金幼孜等進書表，次目録，次先儒姓氏，次纂修職名，次正文。正文中，作者每每於先儒論説之後，冠以“集覽”之名，解文釋義，闡述見解。

該書另有明正德六年（1511）宗德書堂刻本、明書林劉氏日新堂刻本。首都圖書館此本爲明刻本，軟體趙字，實有明初風格，存世稀少。

此本有佚名圈點。鈐有“話雨樓”等印記。

（范猛）

明嘉靖四年刻本《讀書録》《續録》

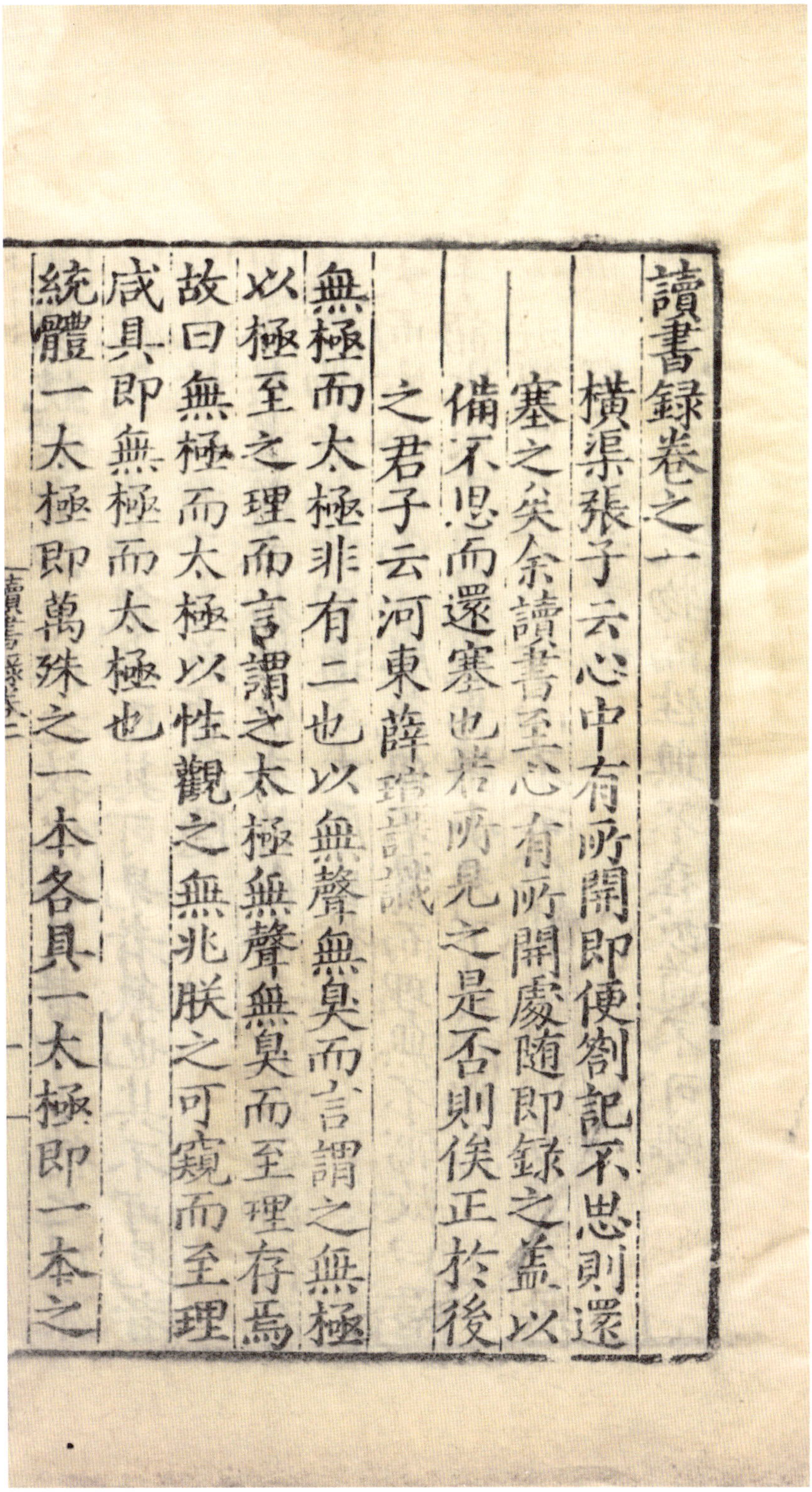

讀書録卷之一

橫渠張子云心中有所開即便劄記不思則還塞之矣余讀書至心有所開處隨即録之蓋以備不思而還塞也若所見之是否則俟正於後之君子云河東薛瑄謹識

無極而太極非有二也以無聲無臭而言謂之無極以極至之理而言謂之太極無聲無臭而至理存焉故曰無極而太極以性觀之無兆朕之可窺而至理咸具即無極而太極也

統體一太極即萬殊之一本各具一太極即一本之

讀書録十一卷續録十二卷　（明）薛瑄撰　明嘉靖四年（1525）刻本　一函四册　索書號（丙三）609　第三批《國家珍貴古籍名録》08312 號

半葉十行二十字，白口，四周單邊，框高 20.3 厘米，寬 13.4 厘米。

薛瑄（1389—1464），字德温，號敬軒，山西河津（今山西萬榮）人。明永樂十九年（1421）進士，景泰二年（1451）爲南京大理寺卿，英宗時拜禮部右侍郎兼翰林院學士，入閣參預機要，後致仕。他是明代著名思想家、理學大師，河東學派創始人，著有《讀書録》《薛文清集》等。《明史》卷二百八十二有傳。

《讀書録》以復性爲本，以主敬爲要，編成於明景泰七年（1456）以後。薛瑄在開篇稱此書是受張載“心中有所開，即便劄記，不思則還塞之矣”一語啓發，讀書每有心得，隨即録之，積二十餘年而成。黄宗羲《明儒學案》稱：“《讀書録》大概爲《太極圖説》《西銘》《正蒙》之義疏，然多重復雜出，未經删削，蓋惟體驗身心，非欲成書也。”可知此書雖不系統，但字裏行間隨處可見一位注重踐履的理學家之真切體會。後來薛瑄又陸續録其心得，編成《續録》。

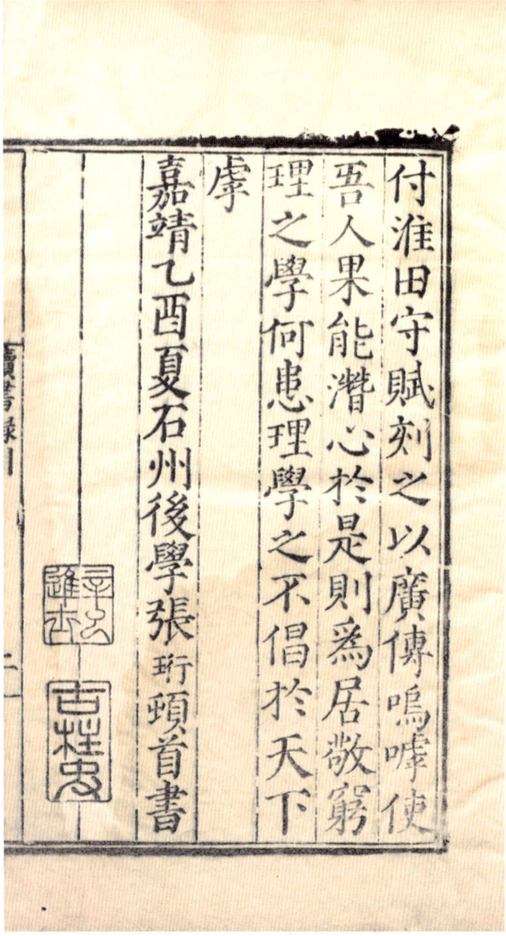

張珩《重刻讀書録引》

許雪濤《薛瑄〈讀書録〉版本源流考》一文（載於《華南師範大學學報》2008 年第 5 期）指出《讀書録》主要有原刊本和經編排整理本兩個系統，“原刊本可能是十一卷，并且十一卷本是《讀書録》流傳過程中的主綫”。最初的刊本保留了“隨即録之”的面貌，等及薛瑄弟子閻禹錫於明成化二年（1466）

刊刻《讀書録》二十四卷本時，則對原書内容做了分門别類的編排，更爲系統，但流傳遠遠不及原本廣泛，“就身心之學言之，《讀書録》隨意的寫作可能更能達到效果，讀之猶經歷作者的體驗過程。”

明嘉靖四年刻本《讀書録》十一卷《續録》十二卷，是現存較早且較完整的刻本。此本前有張珩的《重刻讀書録引》，文中稱“近季得是録而涵泳之，誠爲身心之要領也，但今之世詩文遍天下，而此録不多見，因付淮田守賦刻之以廣傳”。似此書的刊刻者就是張珩。張珩，山西石州人。明正德十六年（1521）進士，授監察御史，官至兵部侍郎，曾總督陝西。可見刊印此書乃官方行爲，亦可見薛瑄的思想在當時很受推崇，是其入祀孔廟的前兆。

（邸曉平）

明嘉靖三十四年沈維藩刻本《讀書録》《續録》

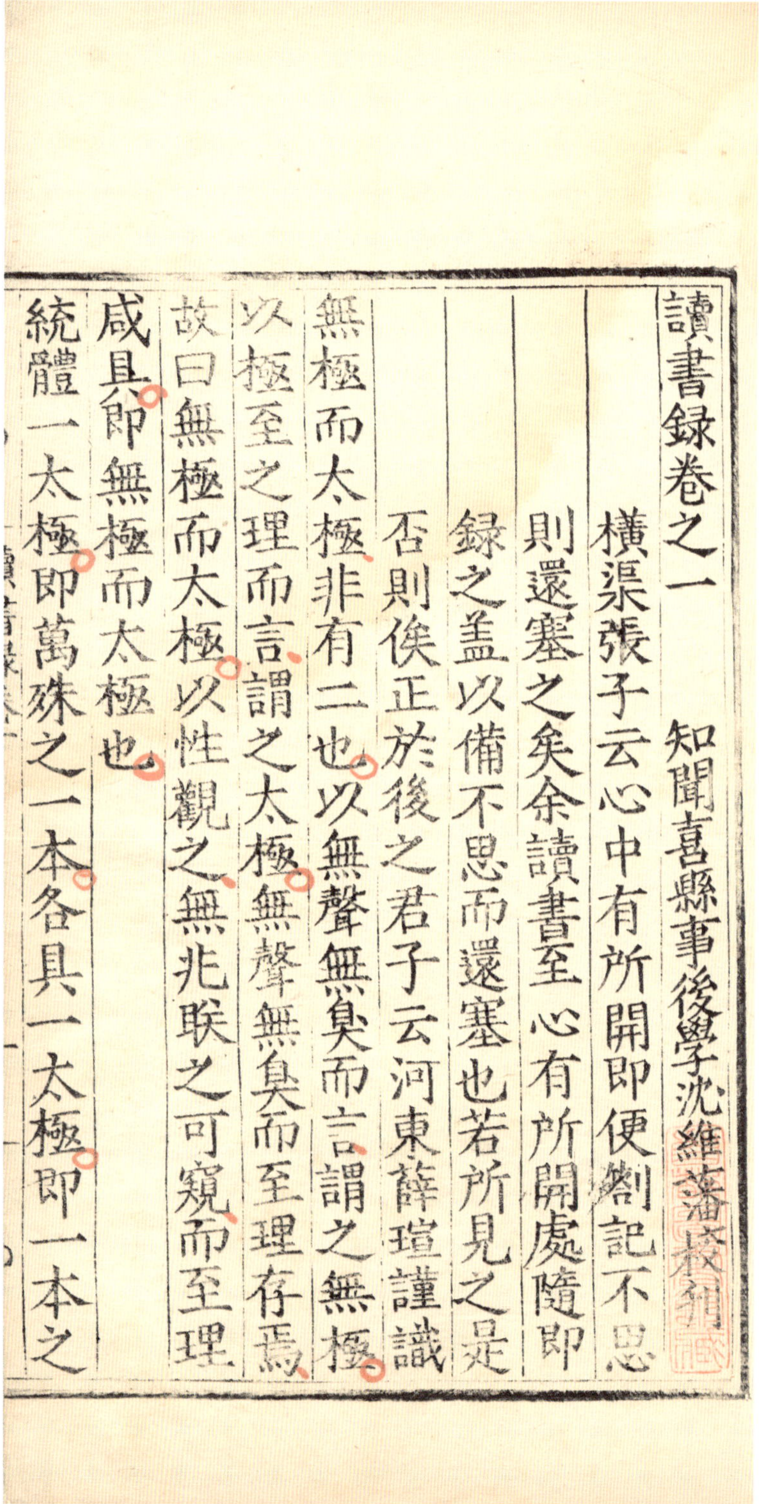

讀書録卷之一　　知聞喜縣事後學沈維藩校刊

横渠張子云心中有所開即便劄記不思則還塞之矣余讀書至心有所開處隨即録之盖以備不思而還塞也若所見之是否則俟正於後之君子云河東薛瑄謹識

無極而太極非有二也以無聲無臭而言謂之無極以極至之理而言謂之太極無聲無臭而至理存焉故曰無極而太極以性觀之無兆眹之可窺而至理咸具即無極而太極也

統體一太極即萬殊之一本各具一太極即一本之

讀書録十卷續録十二卷　（明）薛瑄撰　明嘉靖三十四年（1555）沈維藩刻本　二函十册　索書號（乙三）673　第三批《國家珍貴古籍名録》08311 號

半葉十行二十字，白口，四周雙邊間四周單邊，框高 20.2 厘米，寬 13.0 厘米。

《讀書録》是明代著名理學大師薛瑄一生讀書、講學的筆記，明清兩代曾被多次刊刻。許雪濤的《薛瑄〈讀書録〉版本源流考》（載於《華南師範大學學報》2008 年第 5 期）和陳媛、劉暢的《薛瑄著作在中韓兩國的傳播及影響》（載於《孔子研究》2014 年第 2 期）

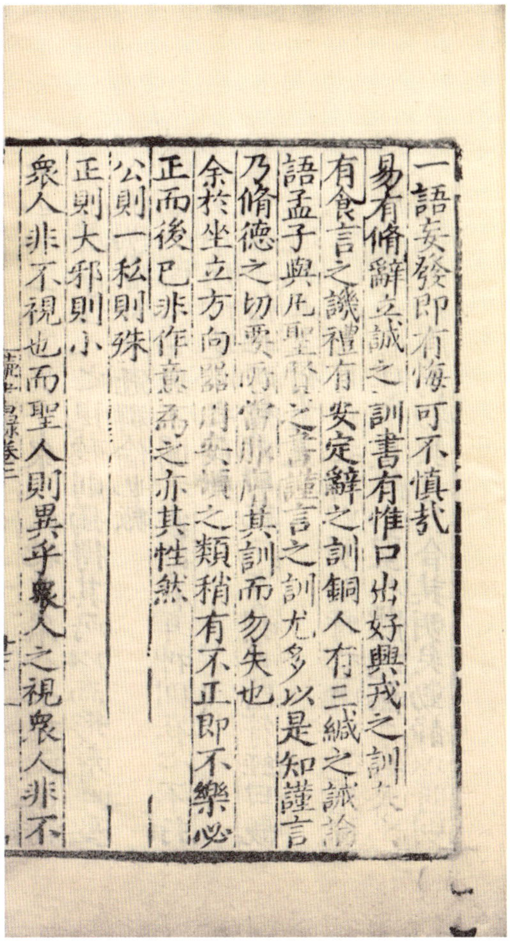
一語妄發即有悔可不慎哉
易有脩辭立誠之訓書有惟口出好興戎之訓詩有
有食言之譏禮有安定辭之訓銅人有三緘之誡論
語孟子與凡聖賢之書謹言之訓尤多以是知謹言
乃脩德之切要所當服膺其訓而勿失也
余於坐立方向器用安頓之類稍有不正即不樂必
正而後已非作意爲之亦其性然
公則一私則殊
正則大邪則小
衆人非不視也而聖人則異乎衆人之視衆人非不

明嘉靖四年（1525）刻本

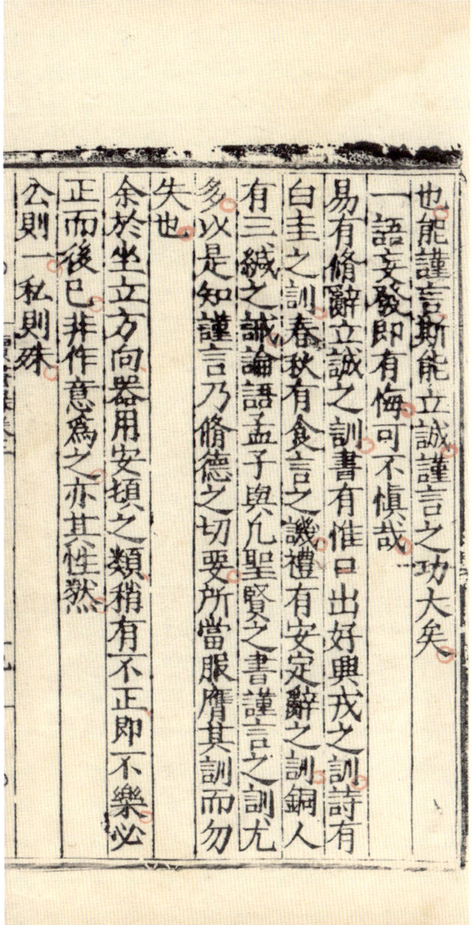
也能謹言斯能立誠謹言之功大矣
一語妄發即有悔可不慎哉
易有脩辭立誠之訓書有惟口出好興戎之訓詩有
白圭之訓春秋有食言之譏禮有安定辭之訓銅人
有三緘之誡論語孟子與凡聖賢之書謹言之訓尤
多以是知謹言乃脩德之切要所當服膺其訓而勿
失也
余於坐立方向器用安頓之類稍有不正即不樂必
正而後已非作意爲之亦其性然
公則一私則殊

明嘉靖三十四年（1555）沈維藩刻本

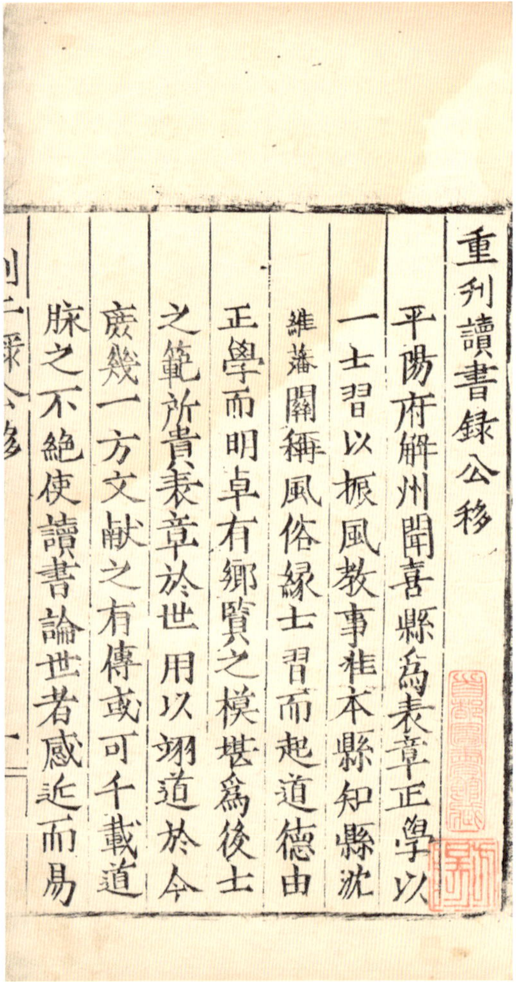
重刊讀書録公移
平陽府解州聞喜縣爲表章正學以
一士習以振風教事准本縣知縣沈
維藩關稱風俗緣士習而起道德由
正學而明卓有鄉賢之模堪爲後士
之範所貴表章於世用以翊道於今
庶幾一方文獻之有傳或可千載道
脉之不絶使讀書論世者感近而易

對其各版本情況有較爲詳細的介紹。

《讀書録》主要有十一卷本、十卷本、二十四卷本、二十卷本、八卷本幾種形式，十一卷本可能是《讀書録》的原刊本。明嘉靖三十四年沈維藩刻本屬十卷本，比較少見。許雪濤曾將所見十卷本最早者明正德十五年（1520）鄭維新刻本與十一卷本相比對，發現十卷本較十一卷本有内容上的補充，如十卷本卷二中“《易》有……”條加入“《詩》有白圭之訓”一句；有順序的調整，如“讀《陰符經》雜言并序”在十卷本的卷十之末，在十一卷本的卷六之首，進而得出結論：“十卷本是在十一卷本的基礎上經過了鄭维新的修訂。”

首都圖書館所藏的明嘉靖三十四年沈維藩刻本《讀書録》十卷《續録》十二卷，是據鄭維新刻本刊印而成。刊刻者沈維藩是明嘉靖三十二年癸丑科進士，時任平陽府解州聞喜縣知縣。此本正文前有平陽府解州聞喜縣的《重刊讀書録公移》，可知刊印此書乃官方行爲，如公移所稱，是爲了“表章正學，以一士習，以振風教”。

明嘉靖三十四年沈維藩刻本《讀書録》十卷《續録》十二卷比較稀見，《中華再造善本》影印了此版的國家圖書館藏本。

（邱曉平）

明永樂七年内府刻本《聖學心法》

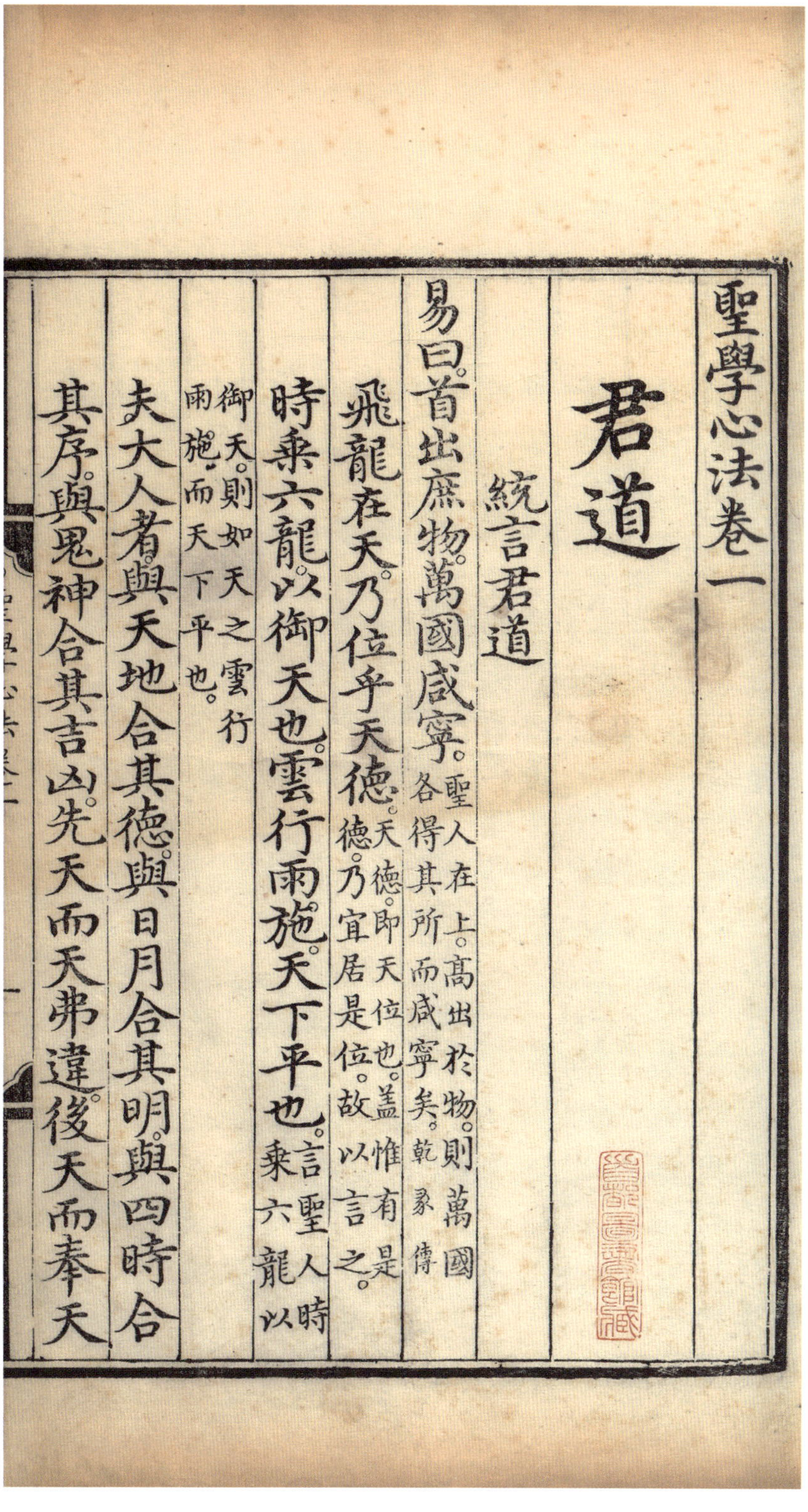

聖學心法卷一

君道

統言君道

易曰。首出庶物。萬國咸寧。聖人在上。高出於物。則萬國各得其所而咸寧矣。乾彖傳

飛龍在天。乃位乎天德。天德。即天位也。蓋惟有是德。乃宜居是位。故以言之。

時乘六龍以御天也。雲行雨施。天下平也。言聖人時乘六龍以御天。則如天之雲行雨施。而天下平也。

夫大人者與天地合其德。與日月合其明。與四時合其序。與鬼神合其吉凶。先天而天弗違。後天而奉天

聖學心法四卷　（明）成祖朱棣撰　明永樂七年（1409）内府刻本　二函十册　索書號（乙二）801　第六批《國家珍貴古籍名録》12630 號

半葉十行二十二字，小字雙行字同，黑口，四周雙邊，雙對花魚尾，框高 26.3 厘米，寬 19.2 厘米。

《聖學心法》一書，是明成祖朱棣“采録聖賢之言”自編而成之書。

朱棣（1360—1424）是明太祖朱元璋第四子，明洪武三年（1370）被册封爲燕王，明建文元年（1399）發動“靖難之役”，建文四年攻克南京，改年號永樂。《明史》雖然對他的“革除之際，倒行逆施慙德”提出批評，但也稱其“躬行節儉，水旱朝告夕振，無有壅蔽。知人善任，表裏洞達，雄武之略，同符高祖，六師屢出漠北，塵清至其季年，威德遐被，四方賓服。受朝命而入貢者殆三十國，幅隕之廣，遠邁漢唐，成功駿烈，卓乎盛矣”。

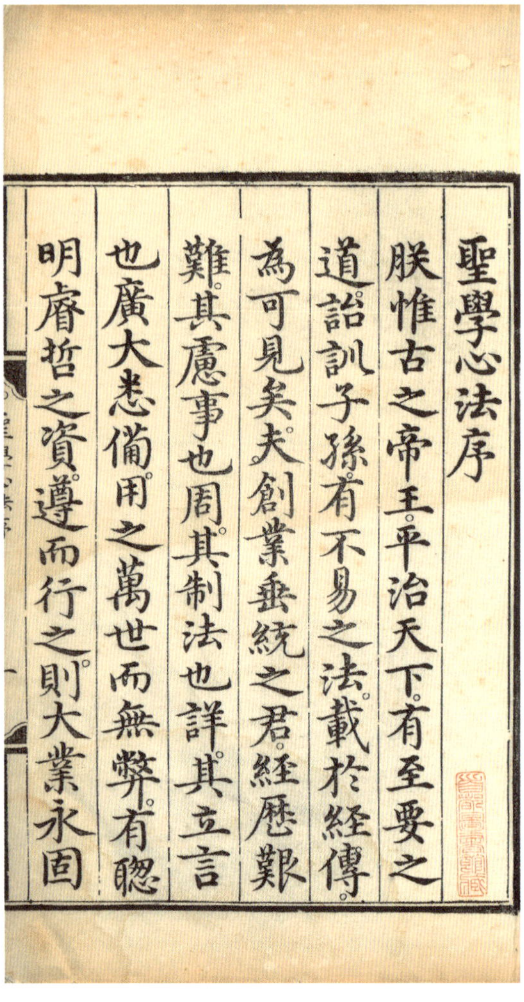
聖學心法序
朕惟古之帝王平治天下有至要之道詒訓子孫有不易之法載於經傳為可見矣夫創業垂統之君經歷艱難其慮事也周其制法也詳其立言也廣大悉備用之萬世而無弊有聰明睿哲之資遵而行之則大業永固

朱棣稱許唐太宗，在《聖學心法》序言中盛贊其“若唐文皇帝，倡義靖難，定天下於一……作《帝範》十二篇，以訓其子……雖未底於精一執中之藴，要皆切實著明，使其子孫能守而行之，亦可以爲治，終無閨門藩鎮閹寺之禍”。加之自己也“長欲立言以訓子孫，顧所聞者不越乎六經聖賢之道，舍是，則無以爲教，尚何言哉！故於幾務之隙，采古聖賢嘉言，編輯爲書，名之曰《聖學心法》。”（《聖學心法》序）

此書分爲四卷，大體所言爲“君道”。卷一“君道”，全卷爲“統言君道”，統説君道。卷二、卷三與卷四上半的“君道”，分二十五子目分述君道，包括卷二的“學問”“敬天”“法天”“祀神”“法祖”“謹好惡”“勤勵”“戒謹”、卷三的“德化”“正内治”“睦親”“仁政”“育材”“用人”“納諫”“辨邪正”“脩禮樂”“正名分”、卷四上半的“禮臣下”“明賞罰”“慎刑”“理財節儉”“馭夷狄”“征伐”。卷四後半部則分述“父道”“子道”“臣道”，其中“父道”“子道”有綱無目，“臣道”除“統言臣道”外，有子目“忠”“勤”“廉”“謹”。全書内容主要采自“四書”、“五經”、《貞觀政要》、《通鑑綱目》、《大學衍義》等典籍及歷代儒者所論，每條摘録典籍内容，其後附有注釋和考實。

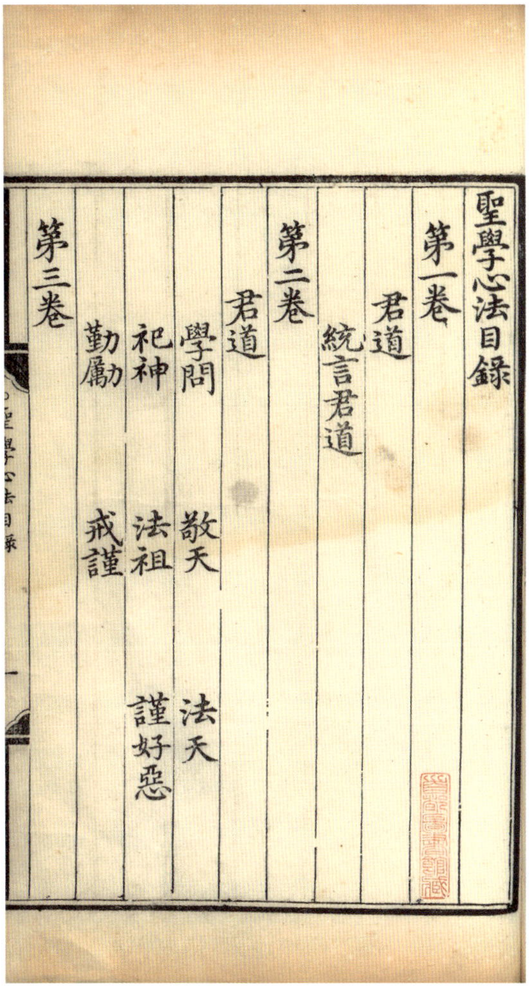
聖學心法目録

第一卷

君道

統言君道

第二卷

君道

學問 敬天 法天

祀神 法祖 謹好惡

勤勵 戒謹

第三卷

首都圖書館所藏《聖學心法》爲明永樂七年内府刻本，此本正文前有明成祖永樂七年所寫序言，當時明都城在南京，此本當是南京内府所刻。此書書品寬大，開本高 35.0 厘米，寬 22.2 厘米，書法仿趙體，方正圓潤，刻制精良，紙墨上乘，非常美觀。

（邸曉平）

明正統十二年内府刻本《五倫書》

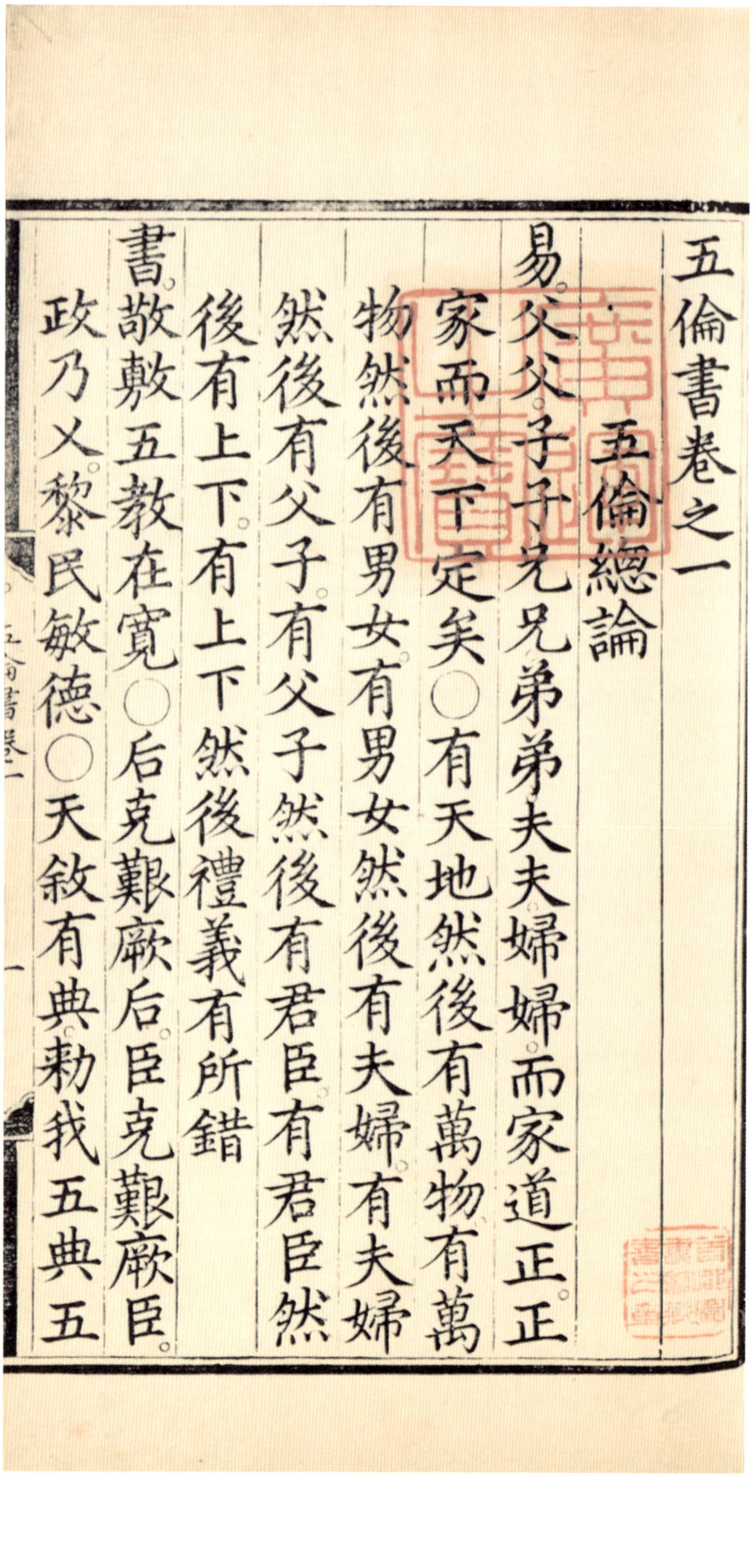

五倫書卷之一

五倫總論

易父父子子兄兄弟弟夫夫婦婦而家道正正家而天下定矣○有天地然後有萬物有萬物然後有男女有男女然後有夫婦有夫婦然後有父子有父子然後有君臣有君臣然後有上下有上下然後禮義有所錯

書敬敷五教在寬○后克艱厥后臣克艱厥臣政乃乂黎民敏德○天敘有典勑我五典五

五倫書卷一　一

五倫書六十二卷　（明）宣宗朱瞻基撰　明正統十二年（1447）内府刻本　四函二十四册　索書號（乙三）865　第三批《國家珍貴古籍名録》08314 號

半葉九行十八字，粗黑口，四周雙邊，雙對花魚尾，框高 29.5 厘米，寬 19.3 厘米。

明宣宗朱瞻基（1399—1435），明仁宗朱高熾長子，明洪武三十一年（1398）生於燕王府邸。他天資慧達，幼時深得皇祖父喜愛，明永樂九年（1411）被明成祖朱棣立爲皇太孫，曾數度隨成祖征討蒙古。明洪熙元年（1425）明仁宗暴病而亡，朱瞻基即位，改元宣德，後平定漢王朱高煦叛亂。當政十年，頗有作爲，時社會安定昌達，史稱“仁宣之治”。史家稱其爲太平天子、守成之君。宣德皇帝治國有方與其個人修養不無關係，他自幼研經讀史，在位期間還曾編纂《帝訓》二十五篇、《歷代臣鑒》三十七卷和《御製官箴》一卷，另有《大明宣宗皇帝御製集》四十四卷存世。他不僅擅詩文，還喜游獵、鬥促織，并精於繪畫，故宫博物院至今仍藏有他親筆繪製的《武侯高卧圖》等多幅真迹。他在位期間是明代宫廷文化鼎盛時期。明宣德十年（1435），朱瞻基染病死於乾清宫，時年 38 歲，廟號宣宗，葬於北京昌平景陵。

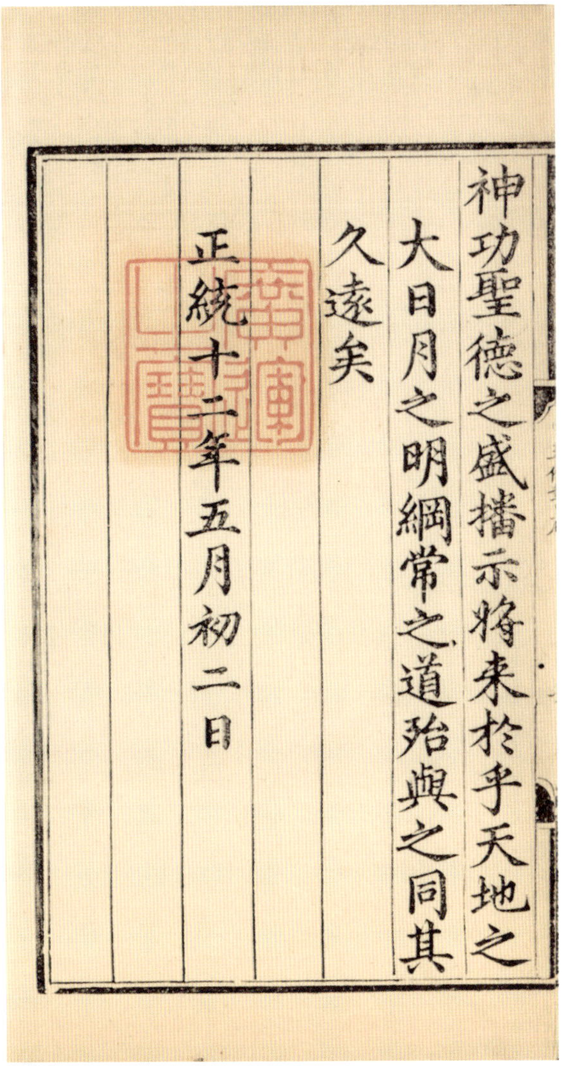
神功聖德之盛播示將來於乎天地之
大日月之明綱常之道殆與之同其
久遠矣
正統十二年五月初二日

《五倫書》是明宣宗朱瞻基生前所編，正統十二年，其子英宗製序刊行。英宗御製序曰：“我皇考宣宗章皇帝纂

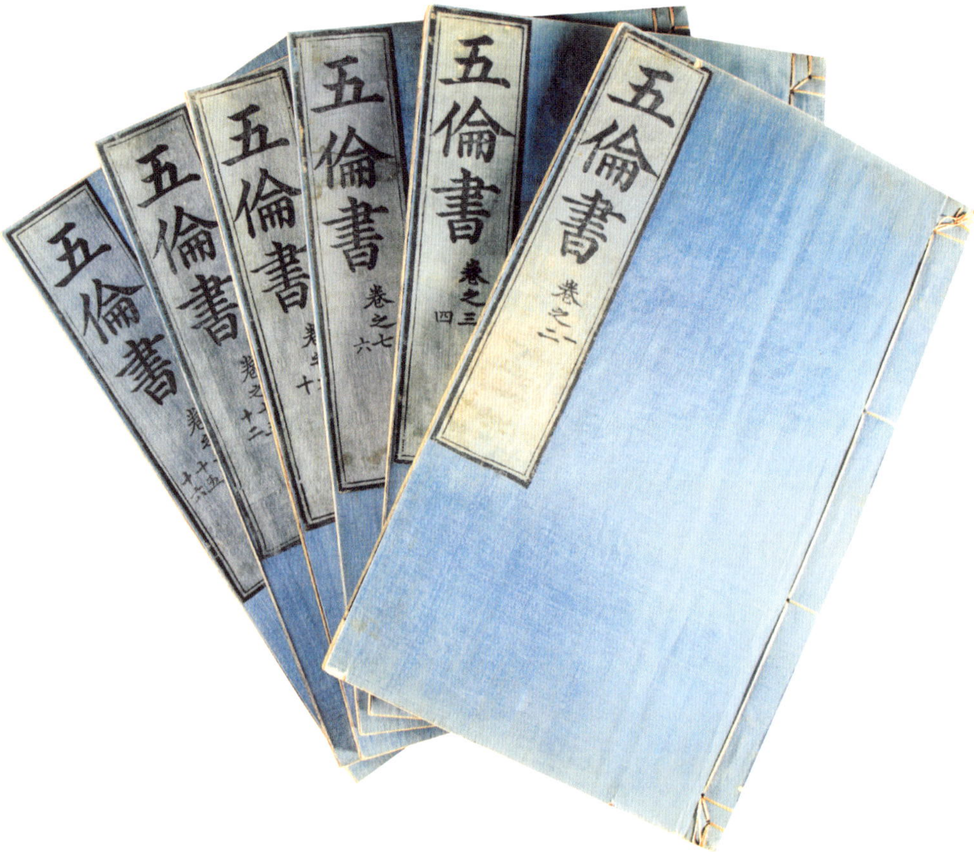

承大統，益隆繼述，嘗於萬機之暇，采輯經傳百家嘉言善行之有關於君臣、父子、兄弟、夫婦、朋友之道者，類分爲六十二卷，命曰《五倫書》。欲嘉與萬方，講求其理，將以施之於身，行之於家，而達之於邦國。俾咸囿仁義、忠厚、慈良之域而後已。"《明英宗實録》載：書成後"命工部刻板"，并"頒《五倫書》於天下儒學"。

此書開本宏闊，刻印精良，序尾和卷首均鈐有明宮"廣運之寶"璽印，是明代早期宮廷刻書的經典之作。

（劉乃英）

明閔齊伋刻朱墨套印本《三子合刊》

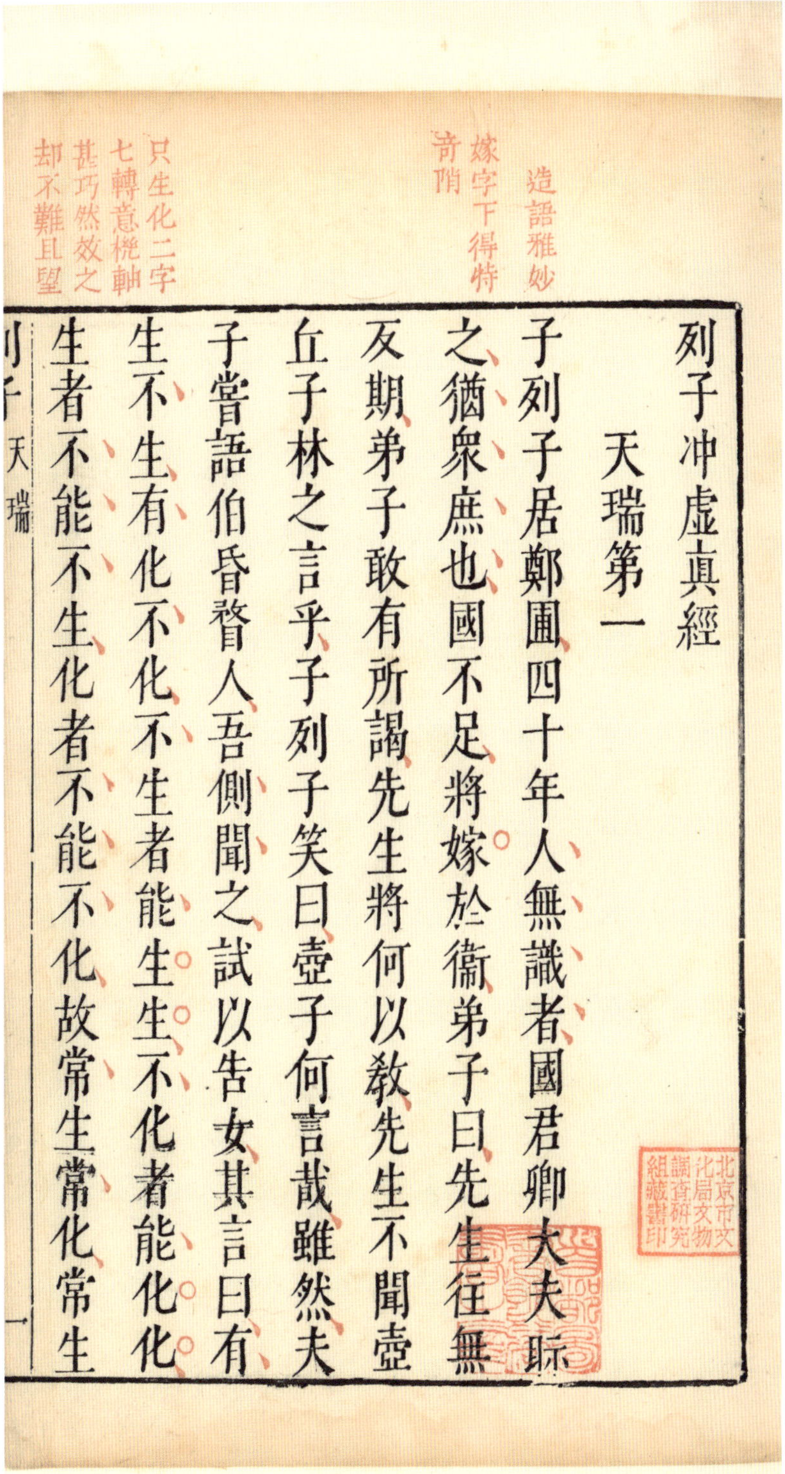

三子合刊　（明）閔齊伋輯　明閔齊伋刻朱墨套印本　二函十册　索書號（丁）12550　第二批《國家珍貴古籍名録》04978 號

半葉九行十九字，書眉鎸評，行五字，白口，四周單邊，無界行，框高 21.5 厘米，寬 15.2 厘米。

本書係閔齊伋輯刻的春秋戰國年間三部子書，包括：一、《老子道德經》二篇，有三國時吴國道士葛玄序，目録題“河上公章句”，列篇目“體道第一”“養身第二”等，正文不列篇目，且無章句内容。原文墨印，圈點朱印。二、《莊子南華真經》四卷，第一卷爲内篇七篇，第二、三卷爲外篇十五篇，第四卷爲雜篇十一篇，共三十三篇。有西晋郭象序。正文墨印，版框内有圈點和旁批，書眉評語，皆朱印。三、《列子冲虚真經》八篇，有西漢劉向序，序後有一段按語：“天寶初奉旨册爲冲虚真人，其書改題曰冲虚真經……大宋景德四年敕加‘至德’二字，號曰‘冲虚至德真經’。”也是正文墨印，版框内圈點、旁批、書眉評語朱印。此書音義附在《老子》書末、《莊子》每卷末、《列子》第四篇和第八篇末。每書後都印有“西吴閔齊伋遇五父校”條記，下有“閔齊伋印”“遇五氏”二朱印。

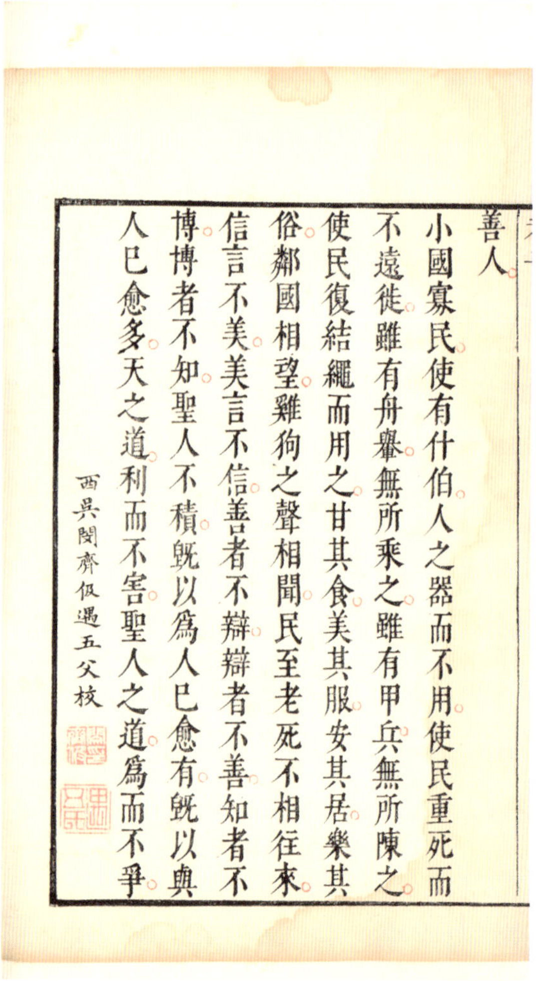
善人
小國寡民使有什伯人之器而不用使民重死而
不遠徙雖有舟轝無所乘之雖有甲兵無所陳之
使民復結繩而用之甘其食美其服安其居樂其
俗鄰國相望雞狗之聲相聞民至老死不相往來
信言不美美言不信善者不辯辯者不善知者不
博博者不知聖人不積既以爲人己愈有既以與
人己愈多天之道利而不害聖人之道爲而不爭
西吴閔齊伋遇五父校

此書評語主要評論文法，未題評點者。蕭天石編《道藏精華》收録閔刻本《列子冲虚真經》，題“明閔齊伋評批”；哈佛燕京圖書館收藏閔刻《三子音義》的縮微膠捲，題“閔齊伋評校”；《［光緒］烏程縣志・著述》收《老莊列子評》，稱“閔齊伋撰”，似指本書。而臺灣“中央圖書館”有閔刻本《老子》一部、《莊子》四部、《列子》一部注“孫鑛撰”，三部《列子》未著録評者，還有一部題名《孫月峰三子評》。另有《孫月峰批點合刻九種全書》三十六卷，書衣題“孫月峰先生批點《左傳》《老子》《莊子》《列子》，郭明龍先生批點《檀弓》《考工》《杜律》《韓文》，蘇老泉先生批點《孟子》，書坊王近川梓行”。書目簡述：“此九種者，均有閔氏朱墨印本，其批點、題記、版刻，無不一一相同，惟將閔氏朱版，一律用墨印耳。持與朱墨原本相校，未免稍有毫髮之差，

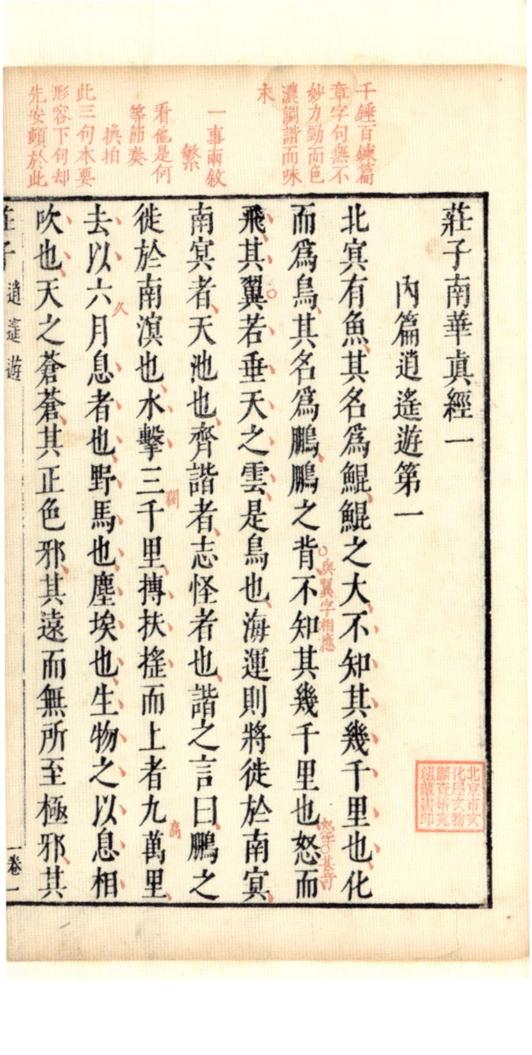

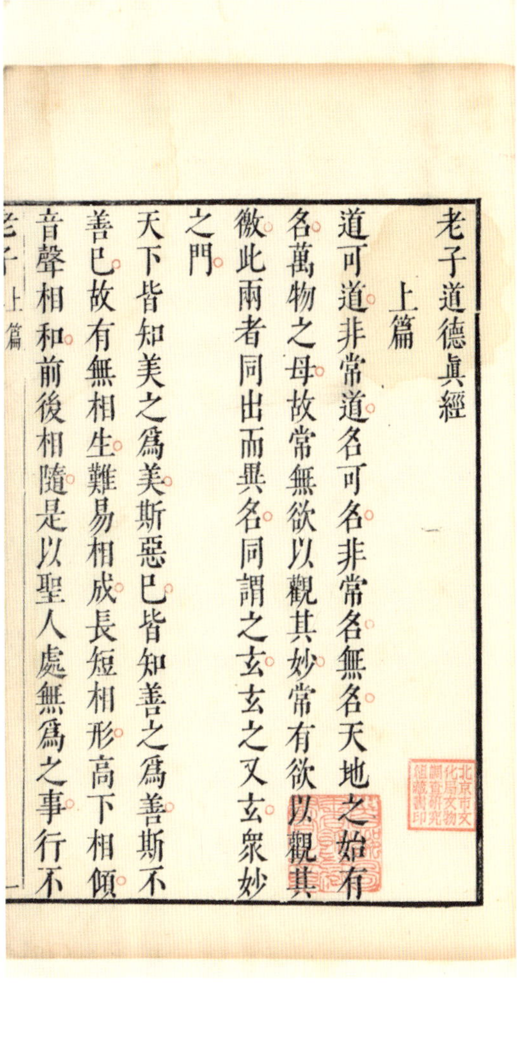

又不得不疑爲重刻也。明龍爲郭正域號，以其名在孫月峰下，故坊賈總歸之月峰。”北京卓德國際拍賣會 2011 年秋季拍賣會出現一部明刻本《列子》八卷，題“勾餘孫鑛文融評　會稽錢櫕仲美閲　會稽錢光彭履寔　山陰王立乾吕仙訂”。比對書影，與閔刻本内容相同。孫鑛（1543—1613），字文融，號月峰、湖上散人，浙江餘姚人。明萬曆二年（1574）會試第一，殿試成進士。歷任文選司郎中、兵部侍郎、加右都御史，官至南京兵部尚書。學問淹貫，精擅文、史、經、子諸學，兼通天文、曆法、地理、兵制、書法、繪畫、戲曲、音韵等。著述宏富，約計九十餘種，可惜亡佚殆半。其對於《莊子》《列子》的批點，除閔刻本，還有明萬曆三十九年王澍刻《孫月峰先生批點南華真經》八卷，明天啓五年（1625）崇雅堂刻《評列子》八卷。

此書字體規整，鎸刻精良，白棉紙印刷，朱墨判然，極便閲讀。

（楊之峰）

明嘉靖刻本《塞語》

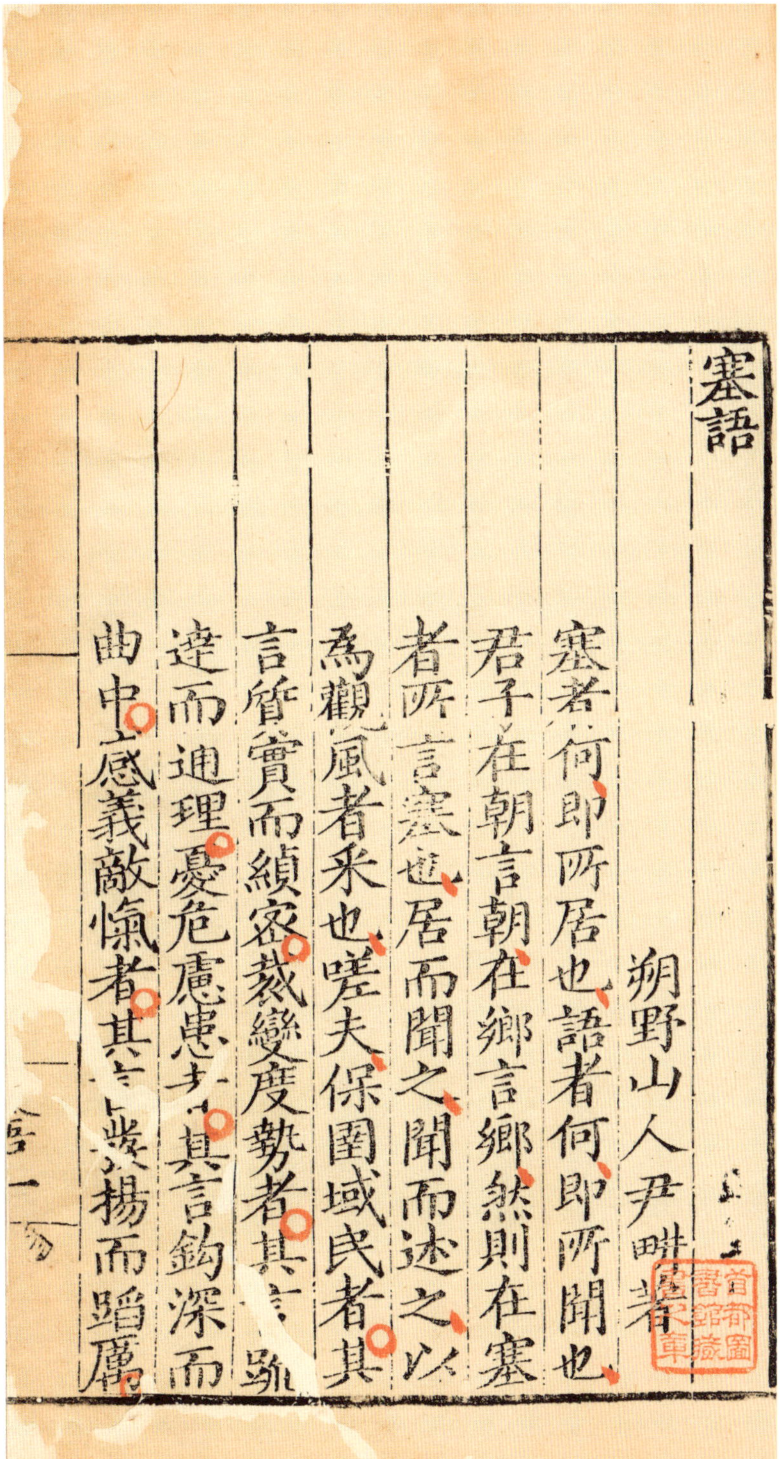
塞語

朔野山人尹畊著

塞者何即所居也語者何即所聞也君子在朝言朝在鄉言鄉然則在塞者所言塞也居而聞之聞而述之以為觀風者采也嗟夫保圉域民者其言質實而縝密裁變度勢者其言疏達而通理憂危慮患者其言鉤深而曲中感義敵愾者其言激揚而蹈厲

卷一

塞語不分卷　（明）尹畊撰　明嘉靖刻本　一函二册　索書號（甲二）515　第二批《國家珍貴古籍名録》04506號

半葉九行十九字，白口，四周單邊，框高18.3厘米，寬13.8厘米。

尹畊（1513—？），字子莘，號朔野，蔚州（今河北蔚縣）人。明嘉靖十一年（1532）进士，官至河南按察司佥事。尹畊自幼長於北部邊地，“少習兵事，識兵機，每欲提一旅横行塞上”（劉應節《塞語序》）。他通曉疆事，痛恨邊臣玩忽、武備廢弛，故作《塞語》一書，申明邊防虜勢之要害。又曾於河間知府任上大力整頓軍事，招募民兵，修建軍事設施，顯示出一定的軍事素養，非僅紙上談兵矣。著述有詩文集《朔野集》、雜史《南泰紀略》以及兵書《鄉約》《塞語》等。其生平事迹於錢謙益《列朝詩集》丁集卷二有載。

《塞語》一書作於明嘉靖二十九年，不分卷。卷前依次有劉應節《塞語序》、嘉靖辛亥趙時春《題塞語前》、嘉靖庚戌郝銘《塞語序》，書末有張瓚《書塞語後》。全書共計十一篇，依次爲：虜情、形勢、城塞、乘塞、出塞、抽丁、官軍户、保馬、練習、民堡、審幾。可謂“近之戎政，遠之虜情，詳而法制，大而形勢，無不論説之也”（郝銘《塞語序》）。尹畊認爲，漢之患在外戚，唐之患在藩鎮，而明之患以備虜爲急，當以宋爲殷鑒，故此書縱横博辨，闡述了“捍禦塞北諸部之術”（《四庫全書總目》卷一百）。

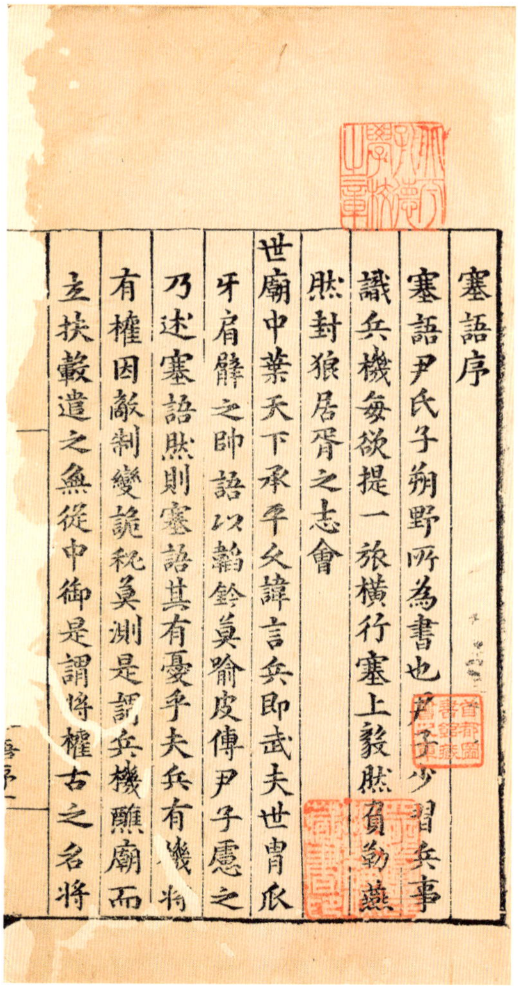
塞語序
塞語尹氏子朔野所為書也尹子少習兵事
識兵機每欲提一旅横行塞上毅然負勤燕
然封狼居胥之志會
世廟中葉天下承平久諱言兵即武夫世胄狃
牙肩髀之帥語以韜鈐莫喻皮傳尹子慮之
乃述塞語然則塞語其有憂乎夫兵有幾將
有權因敵制變詭秘莫測是謂兵機醮廟而
立扶轂遣之無從中御是謂將權古之名將

明嘉靖刻本《塞語》是該書的最早版本，鎸刻精美，墨色濃重，風格古樸雅拙。

首都圖書館藏本有佚名朱筆圈點。鈐有“四明盧氏抱經樓藏書印”“北平孔德學校之章”。

（王玥琳）

明隆慶二年林潤刻本《江南經畧》

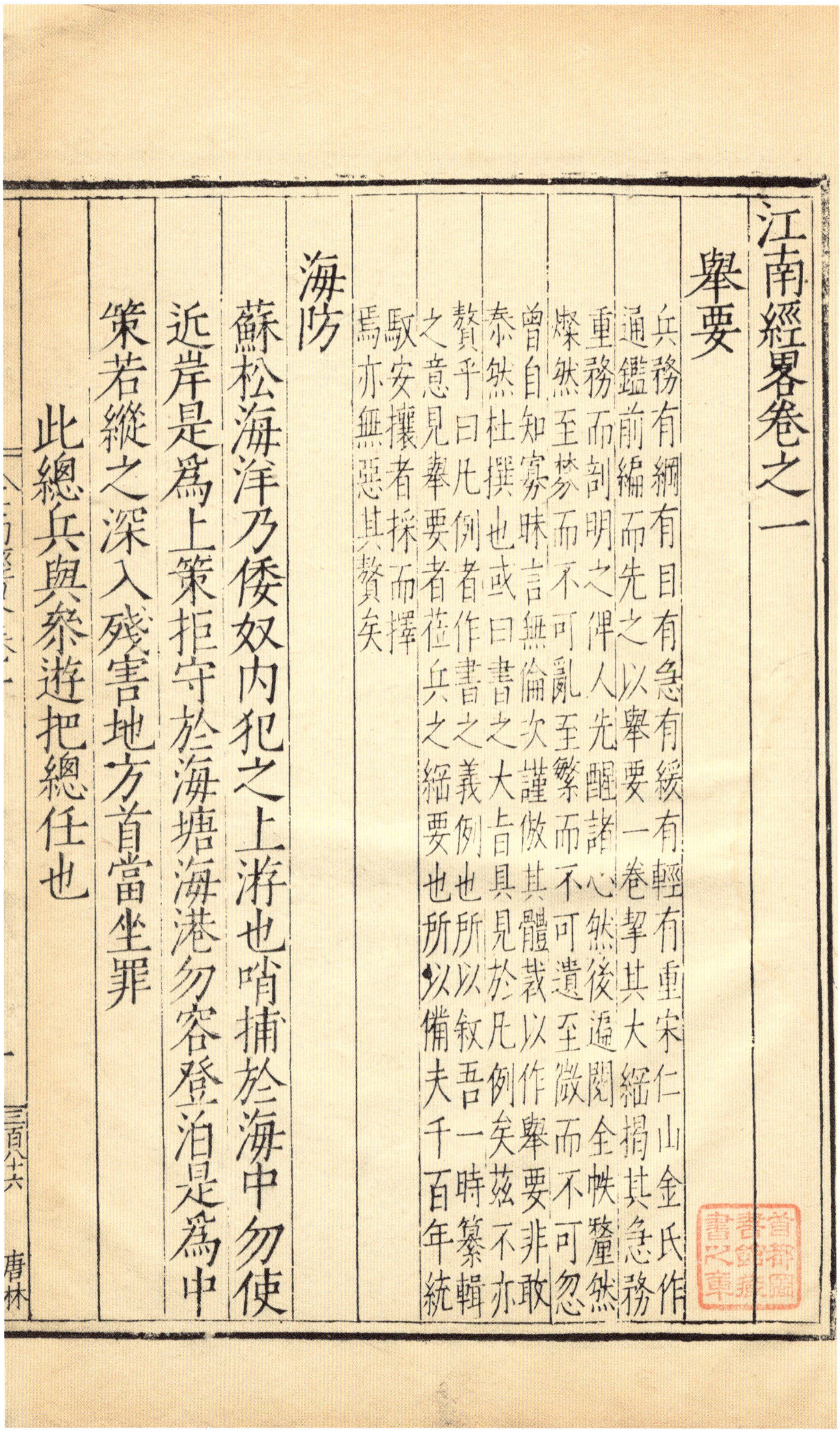

江南經畧卷之一

舉要

兵務有綱有目有急有緩有輕有重宋仁山金氏作通鑑前編而先之以舉要一卷挈其大綱揭其急務重務而剖明之俾人先醒諸心然後遍閱全帙釐然燦然至棼而不可亂至繁而不可遺至微而不可忽曾自知寡昧言無倫次謹倣其體裁以作舉要非敢參然杜撰也或曰書之大旨具見於凡例矣茲不亦贅乎曰凡例者作書之義例也所以叙吾一時纂輯之意見舉要者莅兵之綱要也所以備夫千百年統馭安攘者採而擇焉亦無惡其贅矣

海防

蘇松海洋乃倭奴內犯之上游也哨捕於海中勿使近岸是爲上策拒守於海塘海港勿容登泊是爲中策若縱之深入殘害地方首當坐罪

此總兵與叅遊把總任也

江南經畧八卷　（明）鄭若曾撰　明隆慶二年（1568）林潤刻本　一函八册　索書號（乙二）563　第四批《國家珍貴古籍名録》10410號

半葉十二行二十二字，白口，四周雙邊，單白魚尾，框高21.7厘米，寬15.9厘米。

鄭若曾（1503—1570），字伯魯，號開陽，崑山（今江蘇崑山）人。明嘉靖初貢生，有濟世之志，天文、地理、軍事靡不備覽。曾佐胡宗憲、戚繼光籌備抗倭軍務。平寇後，叙功授錦衣世廕，力辭不受而歸，潛心著書立説。傳世之作頗多，其中《籌海圖編》《萬

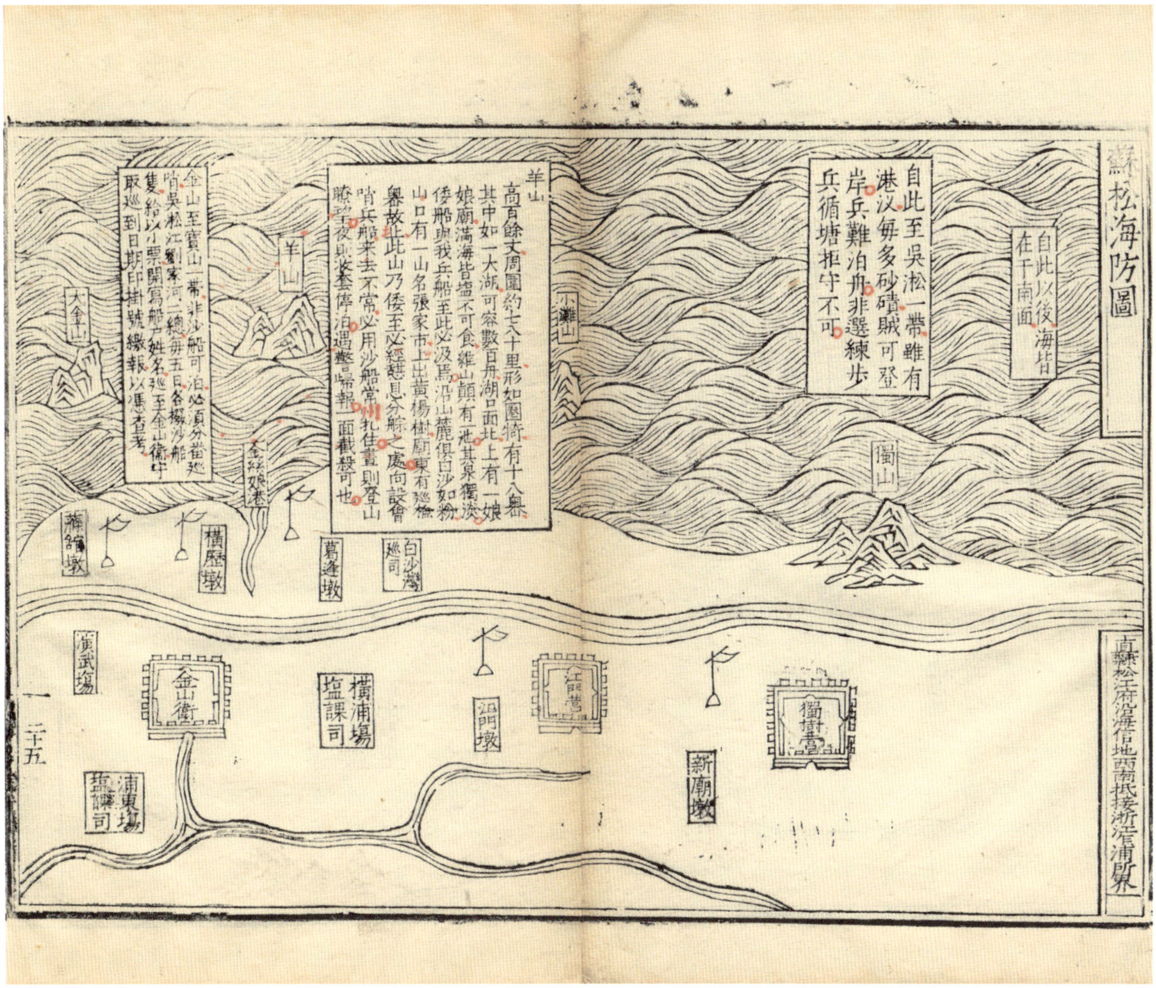

里海防圖論》《江防圖考》，均成爲後世研究海防和海外交通的權威著述。《［同治］蘇州府志》卷九十三有傳。

明中期後武備廢弛，法令如戲，倭寇横行數千里。鄭氏之《江南經略》即爲抗擊倭寇侵入長江而作的江防論著。卷一論江南兵務總要和内外形勢，卷二至六記蘇州、常州、松江、鎮江四府所屬山川險易、城池兵馬，卷七論戰守事宜，卷八則雜論戰具、戰備等。全書以圖列論，如：《南畿全圖》《倭寇海洋來路之圖》《海防圖》《江防圖》等，其中一些繪圖，尚屬首製。雖然此書專爲當時平熄倭患而作，多爲一時權宜之計，然而書中很多記載却有着重要的史料價值和軍事地理學價值。

是刻爲時任應天巡撫的林潤所刻。林潤（1530—1569），字若雨，號念堂，福建莆田人。明嘉靖三十五年（1556）進士，初授臨川知縣，纍官至南京御史。潤慮及東南倭亂，戰士不能爲弱土當鋒，適得此稿，覽而愛之，便“評次附益，且命之梓，俾撫膺時事者，知所嚮方云”（《江南經略序》）。《四庫全書》即收此本，論及林潤“所評亦多遷就時勢之言，然所列江海之險要，道路之衝僻，守禦之緩急，則地形水勢，今古略同，未嘗不足以資後來之考證，究非紙上空談，檢譜而角觝者也”（《四庫全書總目》卷九十九）。是書版心有刻工：顧時中、唐林等。

此書有佚名圈點，并鈐有一枚“念祖堂臧書印”。

（李晶瑩）

明天啓七年自刻本《緯弢》

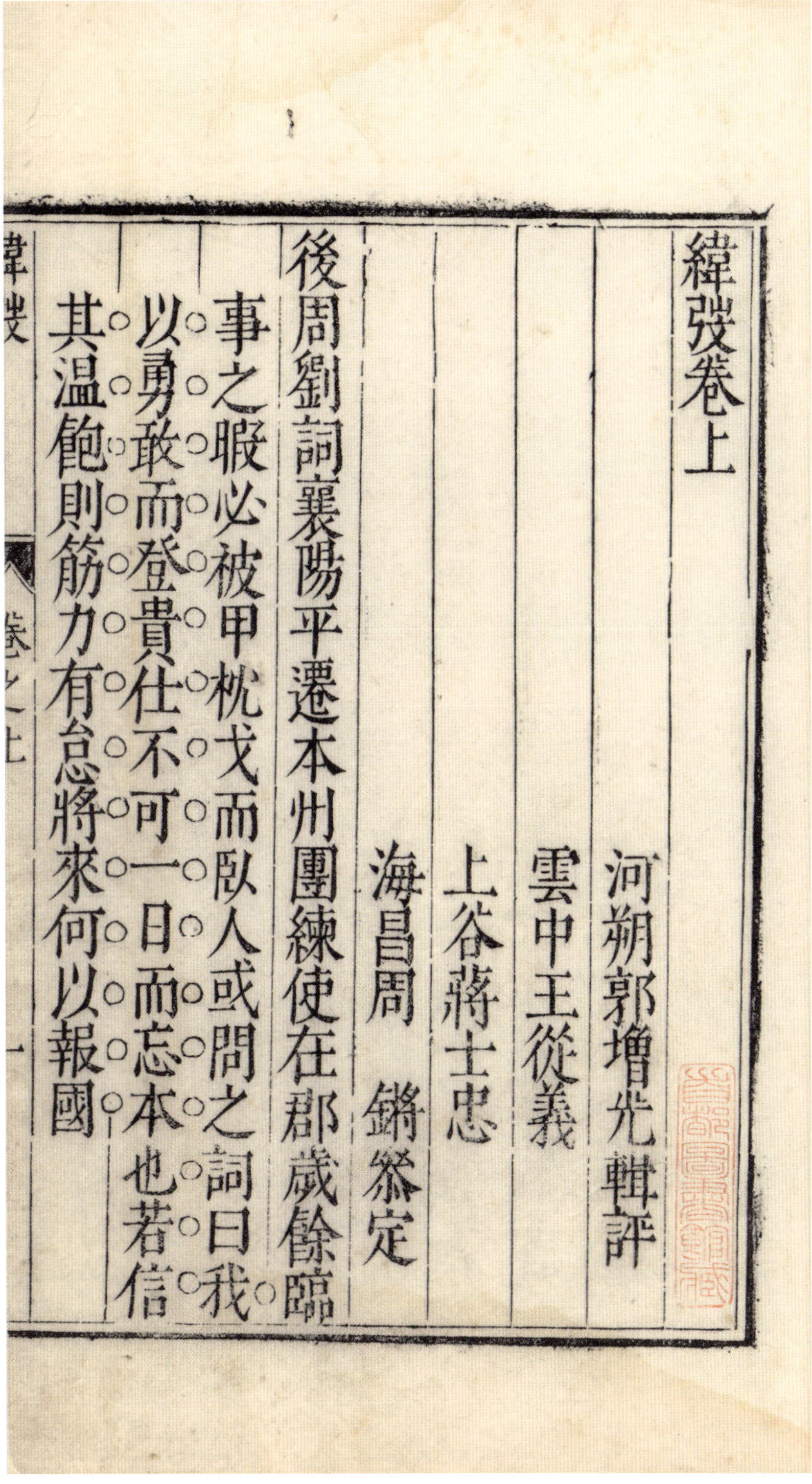
緯弢卷上

河朔郭增光輯評

雲中王從義

上谷蔣士忠

海昌周　鏘　叅定

後周劉詞襄陽平遷本州團練使在郡歲餘臨事之暇必被甲枕戈而臥人或問之詞曰我以勇敢而登貴仕不可一日而忘本也若信其温飽則筋力有怠將來何以報國

緯弢　卷之上　一

緯弢二卷　（明）郭增光輯評　明天啓七年（1627）自刻本　一函六册　索書號（乙三）158　第三批《國家珍貴古籍名録》08354號

半葉九行十八字，白口，四周雙邊，單黑魚尾，框高20.9厘米，寬14.2厘米。

郭增光，字旭陽，河朔平陽（今屬山西臨汾、運城）人。明萬曆三十五年（1607）丁未科進士。任金鄉、萊陽、濰縣令，官至巡撫河南等處地方提督軍務、都察院右僉都御史。著有《撫梁疏稿》四卷、《咨稿》二卷、《緯弢》二卷。

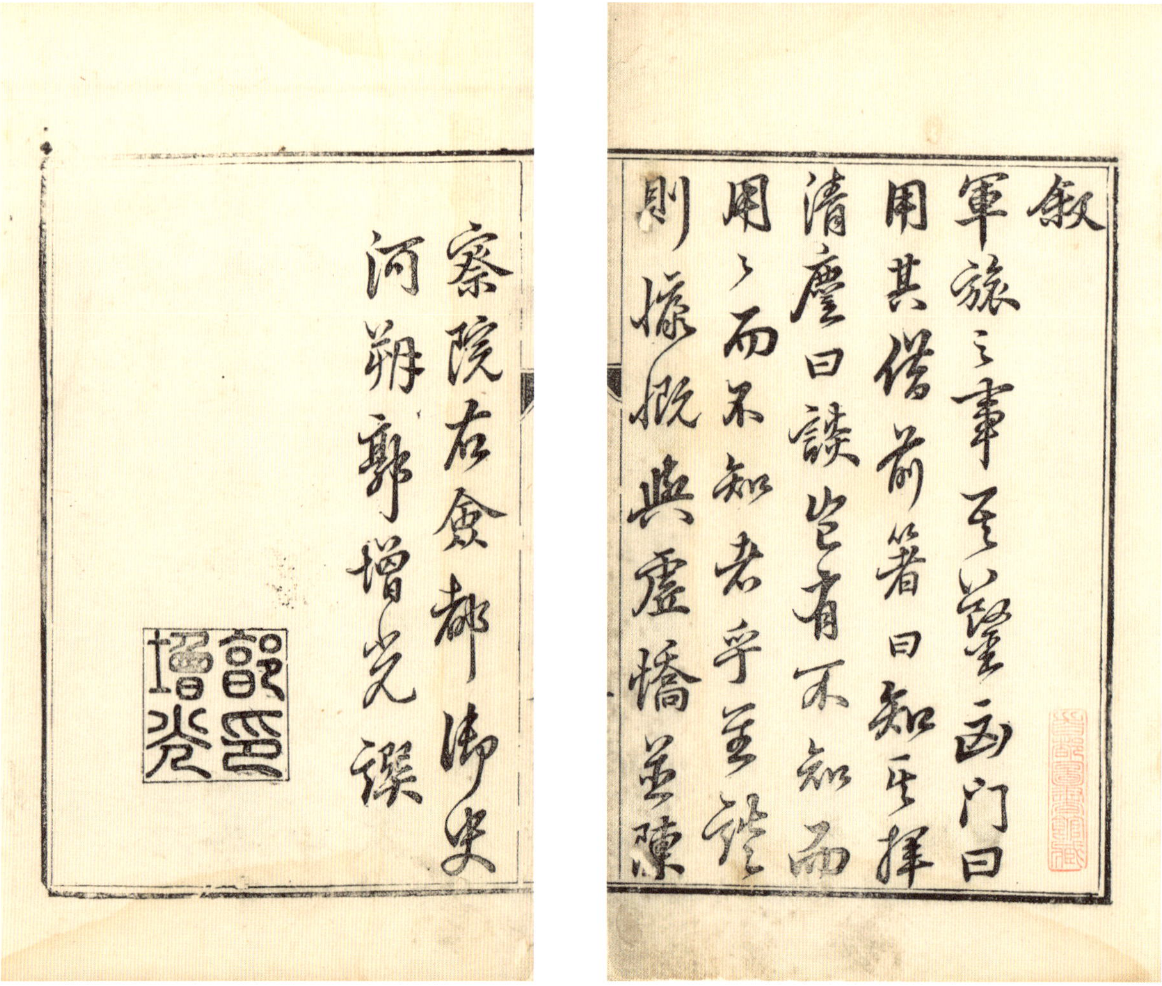
察院右僉都御史
河朔郭增光撰

敘
軍旅之事至營西門曰
用其儲前箸曰知至拜
清塵曰談豈有不知而
用之而不知者乎至營
則據搬與虛憍並陳

《緯弢》乃郭增光所輯前代兵家用兵之法，作爲明末一部經驗總結性質的兵書，具有較强的資料性。他選取漢鄧禹、後周劉詞、宋韓世忠等武將帶兵事迹以及唐太宗擊突厥、宋伐南漢等事件，彙集成上下二卷，每每有自己的品評加入其中，言簡意賅，切中要害。該書較爲集中地反映了郭氏的軍事思想，對於瞭解明代將領的戰爭觀念和思想具有一定的參考價值。

首都圖書館所藏《緯弢》爲明天啓七年郭增光自刻本，是《緯弢》的最早版本之一。前有天啓七年郭增光自叙，詳述該書所作緣由。在吸收前人經驗的基礎上，結合自身實際，日積月纍，成《緯弢》二卷，并刊刻於世，遂有了這部郭氏自刻本《緯弢》。因該書是晚明人所著，内容又多有涉及北方少數民族之處，乾隆年間，被列入四庫館臣奏准全毁書目。首都圖書館藏本，全書字體端莊，墨色精良，具有典型的明末刻書風格。

（范猛）

明嘉靖二十九年顧從德影宋刻本
《重廣補註黃帝内經素問》

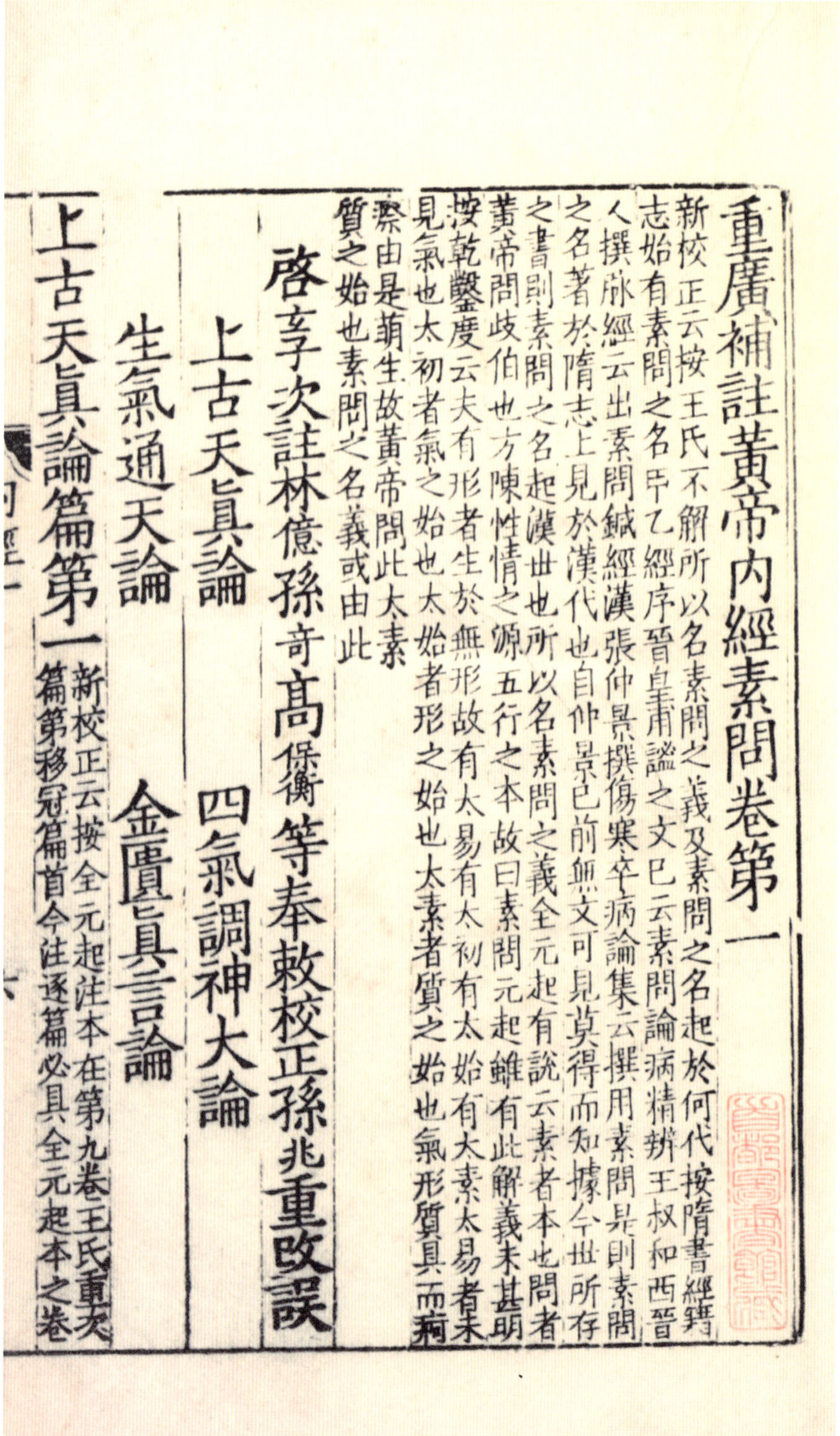

重廣補註黃帝内經素問卷第一

新校正云按王氏不解所以名素問之義及素問之名起於何代按隋書經籍志始有素問之名甲乙經序晉皇甫謐之文已云素問論病精辨王叔和西晉人撰脉經云出素問鍼經漢張仲景撰傷寒卒病論集云撰用素問是則素問之名著於隋志上見於漢代也自仲景已前無文可見莫得而知據今世所存之書則素問之名起漢世也所以名素問之義全元起有說云素者本也問者黃帝問岐伯也方陳性情之源五行之本故曰素問元起雖有此解義未甚明按乾鑿度云夫有形者生於無形故有太易有太初有太始有太素太易者未見氣也太初者氣之始也太始者形之始也太素者質之始也氣形質具而痾瘵由是萌生故黃帝問此太素質之始也素問之名義或由此

啓玄子次註林億孫奇高保衡等奉敕校正孫兆重改誤

上古天真論　四氣調神大論

生氣通天論　金匱真言論

上古天真論篇第一 新校正云按全元起注本在第九卷王氏重次篇第移冠篇首今注逐篇必具全元起本之卷

重廣補註黄帝内經素問二十四卷　（唐）王冰注　（宋）林億等校正　（宋）孫兆改誤　明嘉靖二十九年（1550）顧從德影宋刻本　二函十二册　索書號（乙三）42　第三批《國家珍貴古籍名録》08372號

半葉十行二十字，小字雙行字數不等，白口，左右雙邊，單黑魚尾，框高21.8厘米，寬15.6厘米。

王冰，號啓玄子，唐敬宗寶曆中爲太僕令。年輕時篤好養生之術，留心醫學，潛心研究《素問》達十二年之久。經過分門别類、遷移補缺、闡明奥義、删繁存要以及前後調整篇卷等整理研究工作，著成《補注黄帝内經素問》二十四卷，爲整理保存古醫籍作出了突出的貢獻。後人對於《素問》的研究多是在王冰研究的基礎上進行的。林億，北宋人，官朝散大夫，光禄卿直秘閣，精於醫術。宋嘉祐二年（1057）宋政府設立校正醫書局，林億爲主要校正者之一，他先後參與校定《嘉祐補注神農本草》《黄帝内經素問》《傷寒論》等唐以前多部重要醫著。

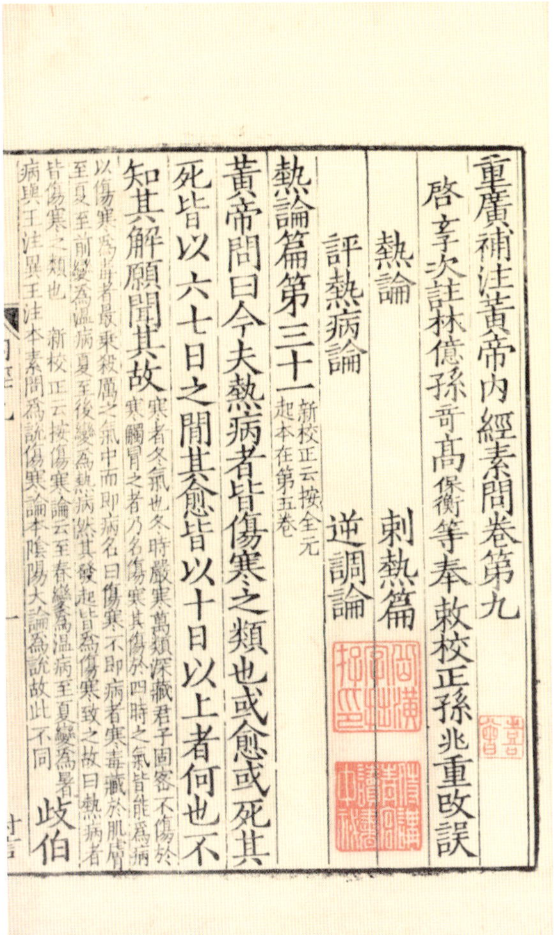
重廣補注黄帝内經素問卷第九
啓玄子次註林億孫奇高保衡等奉敕校正孫兆重改誤
熱論　刺熱篇
評熱病論　逆調論
熱論篇第三十一　新校正云按全元起本在第五卷
黄帝問曰今夫熱病者皆傷寒之類也或愈或死其死皆以六七日之間其愈皆以十日以上者何也不知其解願聞其故　寒者冬氣也冬時嚴寒萬類深藏君子固密不傷於寒觸冒之者乃名傷寒其傷於四時之氣皆能爲病以傷寒爲毒者最乘殺厲之氣中而即病名曰傷寒不即病者寒毒藏於肌膚至夏至前變爲温病夏至後變爲熱病然其發起皆爲傷寒致之故曰熱病者皆傷寒之類也　新校正云按傷寒論云至春變爲温病至夏變爲暑病與王注異王注本素問爲説傷寒論本陰陽大論爲説故此不同
岐伯

《重廣補注黄帝内經素問》，係王冰重新整理編次并注釋《黄帝内經素問》而成。《素問》原爲九卷，八十一篇。自漢以來，屢經增改、傳抄，至唐代已“篇目重叠，前後不倫，文義懸隔，施行不易，披會亦難”（王冰《重廣補注黄帝内經素問序》）。王氏遂以南朝全元起《内經訓解》爲依據，對之進行了編次注釋，故曰次注；

又補入“七篇大論”，并對其中簡脱文斷、義不相接之處搜求經論，遷移補之；篇目墜缺指事不明者，量其旨趣，加以闡明。王氏在增改經文時，態度嚴謹，“凡所加字，皆朱書其文，使今古必分，字不雜糅”（王冰《重廣補注黄帝内經素問序》）。在注釋方面，廣泛徵引多種古籍，對原文詳細注釋。北宋校正醫書局林億等人於嘉祐二年對該書進行校勘，“搜訪中外，裒集衆本，寖尋其義，正其訛舛”，“正繆誤者六千餘字，增注義者二千餘條”（高保衡、林億《重廣補注黄帝内經素問序》）。此後各種刊本雖經或分或合的演變，然均以林億校正本爲依據。

首都圖書館所藏乃明嘉靖二十九年顧從德影宋刻本，是各種版本中較爲優秀的本子。字體古樸秀麗，避宋諱“玄”字等，是明顯的影宋刻本，字口鋒芒畢露，可見刷印較早，且保存完好，實屬難得。

此本鈐有“侍講青宫讀書中秘”“岳潢字拙存印”“岳潢之印”“喜曾”“半巢書屋主人李氏紹白珍藏”等印記。

（范猛）

明趙府居敬堂刻本《補註釋文黃帝内經素問》

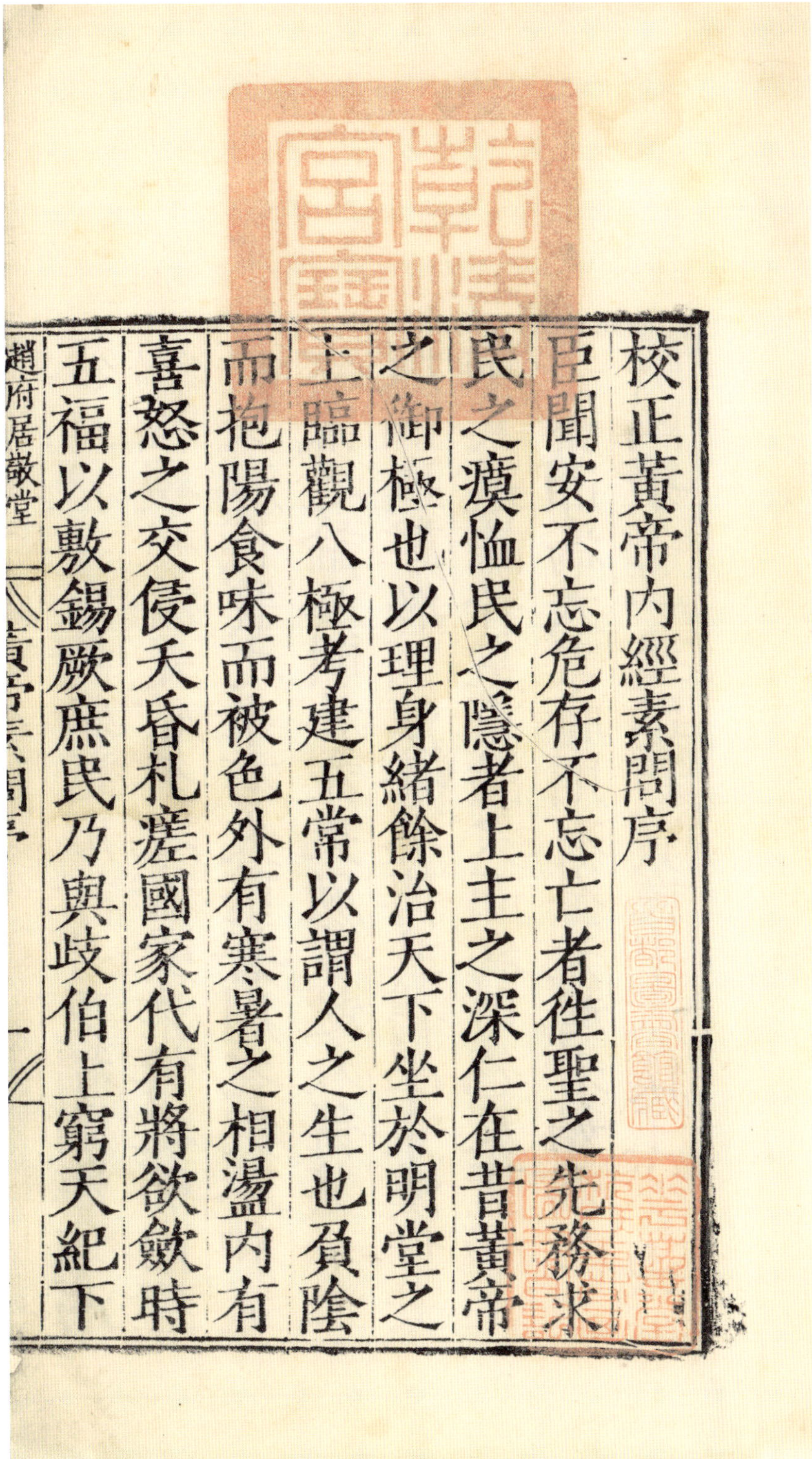
校正黃帝内經素問序
臣聞安不忘危存不忘亡者往聖之先務求
民之瘼恤民之隱者上主之深仁在昔黃帝
之御極也以理身緒餘治天下坐於明堂之
上臨觀八極考建五常以謂人之生也負陰
而抱陽食味而被色外有寒暑之相盪内有
喜怒之交侵夭昏札瘥國家代有將欲斂時
五福以敷錫厥庶民乃與岐伯上窮天紀下

趙府居敬堂　黃帝素問序　一

補註釋文黃帝内經素問十二卷　（唐）王冰注　（宋）林億等校正　（宋）孫兆改誤　**黃帝内經素問遺篇一卷黃帝素問靈樞經十二卷**　（宋）史崧音釋　明趙府居敬堂刻本　二函十册　索書號（乙三）21　第二批《國家珍貴古籍名録》04527 號

半葉八行十七字，小字雙行字同，白口，四周雙邊，雙對綫魚尾，框高 19.9 厘米，寬 14.0 厘米。

史崧，錦官（今四川成都）人。南宋醫學家，於《黃帝内經》尤有研究。

《素問》與《靈樞經》合稱《黃帝内經》，是戰國至西漢成書的中醫理論典籍之一。

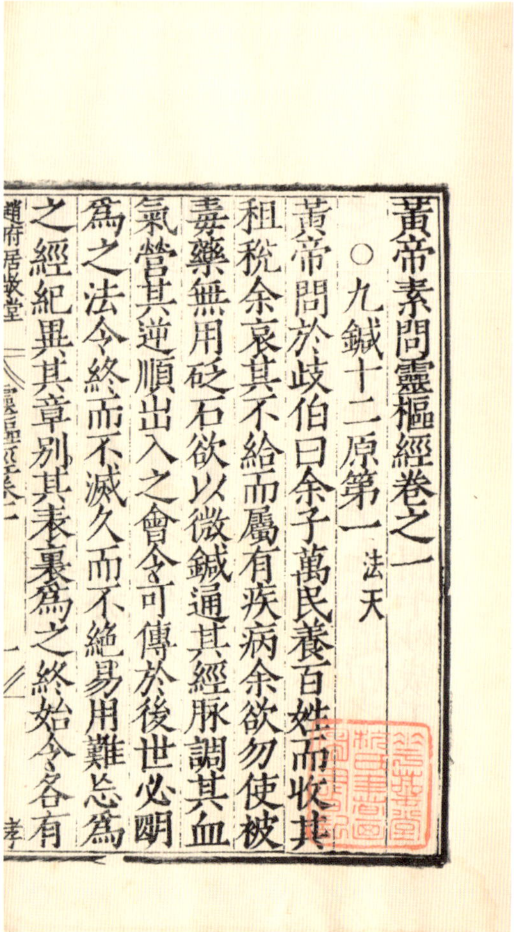
黃帝素問靈樞經卷之一
○九鍼十二原第一 法天
黃帝問於歧伯曰余子萬民養百姓而收其
租稅余哀其不給而屬有疾病余欲勿使被
毒藥無用砭石欲以微鍼通其經脉調其血
氣營其逆順出入之會令可傳於後世必明
爲之法令終而不滅久而不絶易用難忘爲
之經紀異其章別其表裏爲之終始令各有
趙府居敬堂

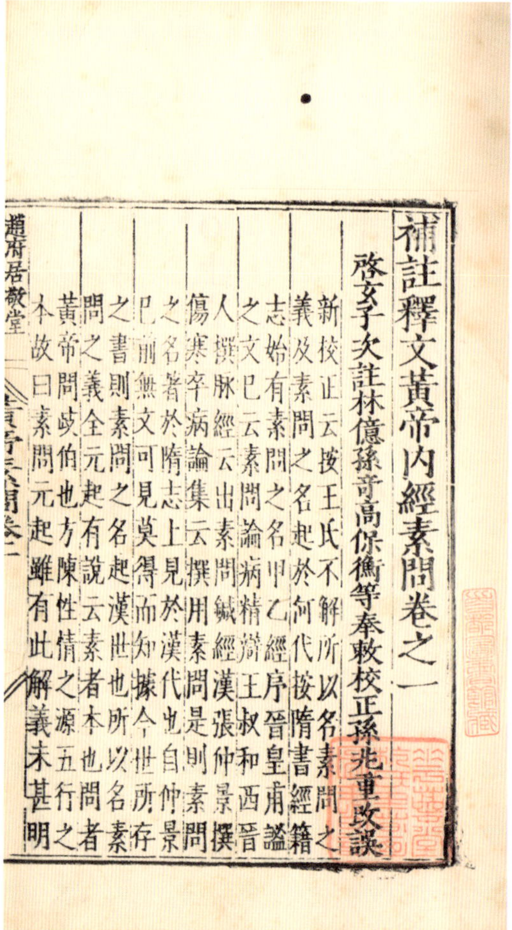
補註釋文黃帝内經素問卷之一
啓玄子次註林億孫奇高保衡等奉敕校正孫兆重改誤
新校正云按王氏不解所以名素問之
義及素問之名起於何代按隋書經籍
志始有素問之名甲乙經序晉皇甫謐
之文已云素問論病精辯王叔和西晉
人撰脉經云出素問鍼經漢張仲景撰
傷寒卒病論集云撰用素問是則素問
之名著於隋志上見於漢代也自仲景
已前無文可見莫得而知據今世所存
之書則素問之名起漢世也所以名素
問之義全元起有說云素者本也問者
黃帝問歧伯也方陳性情之源五行之
本故曰素問元起雖有此解義未甚明
趙府居敬堂

佚名題簽

以黄帝、岐伯、雷公對話問答的形式闡述病機病理，主張不治已病而治未病，同時主張養生、益壽、延年等。該書集中反映了我國古代的醫學成就，創立了祖國醫學的理論體系，奠定了中醫學發展的基礎。

《素問》在漢代以後單行傳世，至唐時已經“篇目重叠，前後不倫，文義懸隔，施行不易，披會亦難”，有感於此，王冰遂重加編注，“合八十一篇，二十四卷，勒成一部”，著成《補注黄帝内經素問》（王冰《黄帝内經素問序》）。《遺篇》一卷則是討論疫病發生規律及防治措施的。北宋林億校正醫書時，《靈樞》已散失。史書記載，北宋時高麗國獻《靈樞經》，以换取中國的《資治通鑑》，《靈樞》纔又重新傳回中國，但此版本由於北宋末年戰亂也已散失。南宋紹興乙亥年（1155）史崧“校定家藏舊本《靈樞》九卷，共八十一篇，增修音釋……勒爲二十四卷”（史崧《黄帝素問靈樞經叙》），刊行於世，成爲後世流傳的版本。

首都圖書館藏本版心上刻“趙府居敬堂”，校刻時將“元本二十四卷……并爲一十二卷，八十一篇”（《補注釋文黄帝内經素問》總目），校刻俱佳，具有重要的醫學、版本價值。

此本有佚名題簽。鈐有“乾清宫寶”“華藻堂杭氏書畫圖書記”“山陰楊氏珍臧書畫記”等印記。

（范猛）

明隆慶三年衡府刻本《攝生衆妙方》《急救良方》

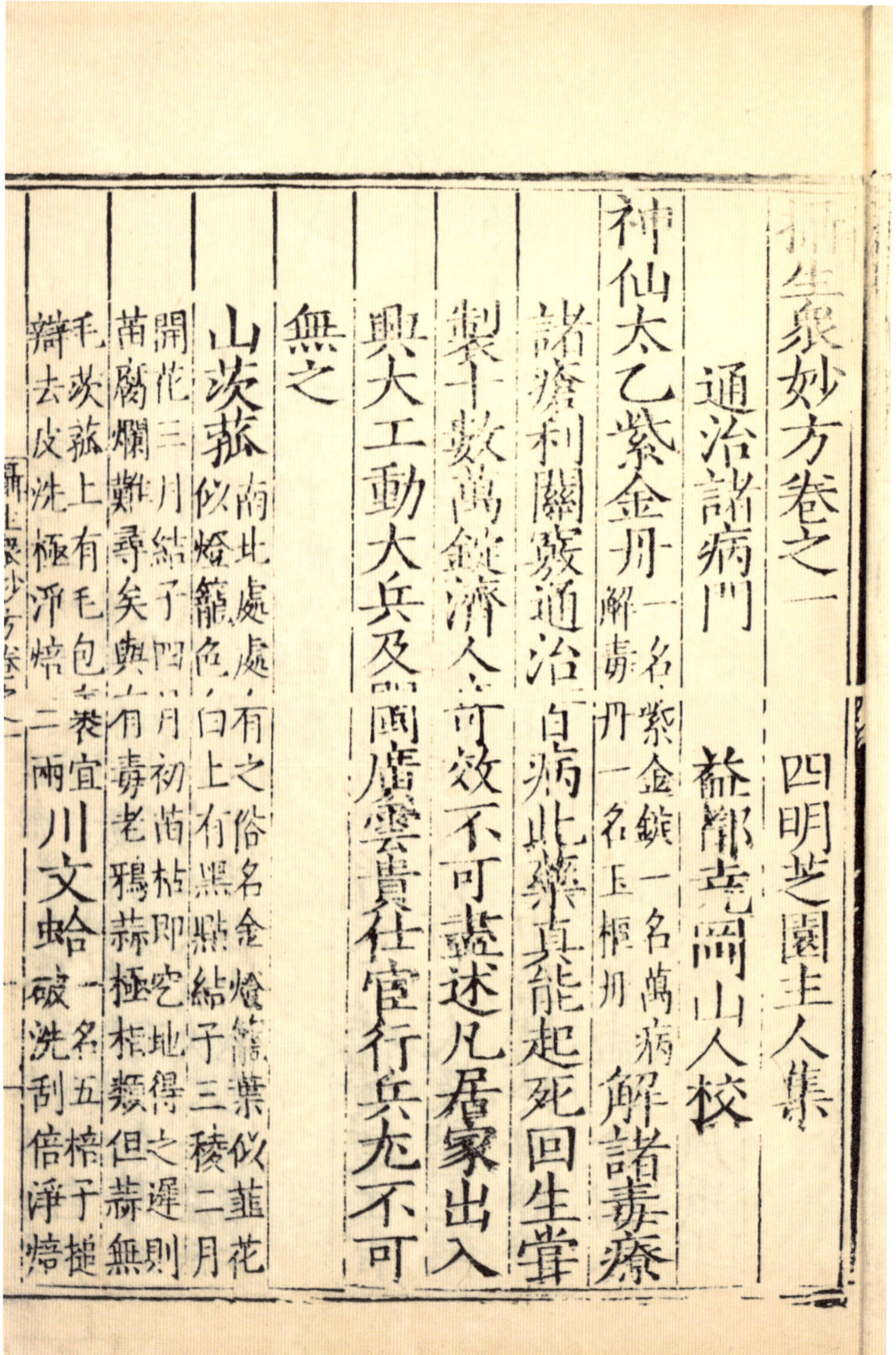

攝生衆妙方卷之一　　四明芝園主人集

通治諸病門　　益都壺岡山人校

神仙太乙紫金丹一名紫金錠一名萬病解毒丹一名玉樞丹解諸毒療諸瘡利關竅通治百病此藥真能起死回生嘗製十數萬錠濟人其效不可盡述凡居家出入興大工動大兵及兩廣雲貴仕宦行兵尤不可無之

山茨菰南北處處有之俗名金燈籠葉似韭花似燈籠色白上有黑點結子三稜二月開花三月結子四月初苗枯即穵地得之遲則苗腐爛難尋矣與有毒老鴉蒜極相類但蒜無毛茨菰上有毛包裹宜辯去皮洗極淨焙二兩

川文蛤一名五棓子搥破洗刮倍淨焙

攝生衆妙方十一卷急救良方二卷　（明）張時徹輯　明隆慶三年（1569）衡府刻本　一函五册　索書號（丙三）6711　第三批《國家珍貴古籍名録》08398號

半葉十行二十字，小字雙行字同，白口，四周雙邊，框高20.0厘米，寬15.9厘米。

張時徹（1500—1577），字維静，號東沙，自號芝園主人，鄞縣（今屬浙江寧波）人。明嘉靖二年（1523）進士，授南京膳部主事，纍官至南京兵部尚書。少時師事族人張邦奇，治程朱理學。有《明文範》《善行録》《芝園定集》等著作留世。《［乾隆］鄞縣志》卷十五有傳。

時徹自序曰："余少嬰多疢，餤藥餌如膏粱，或已己病，或見已人之病，輒以其方録

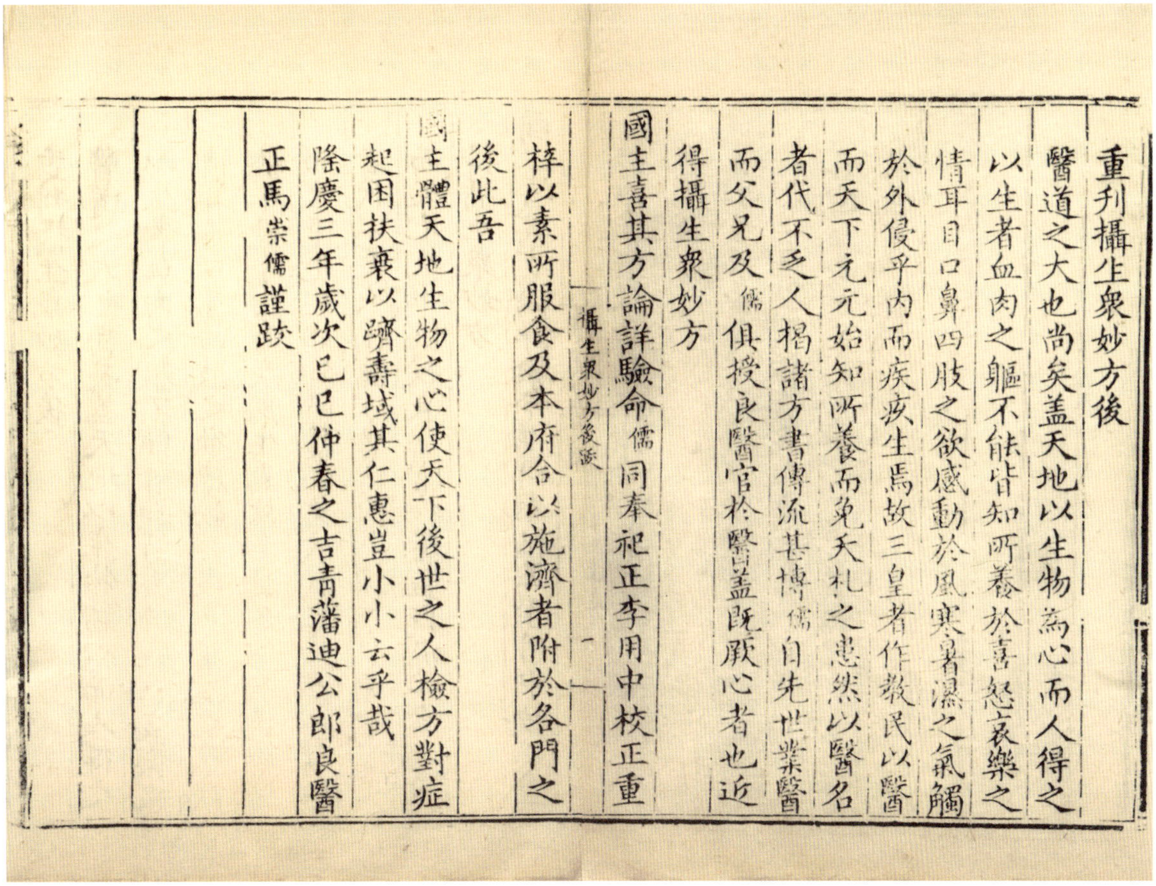
重刊攝生衆妙方後
醫道之大也尚矣蓋天地以生物爲心而人得之以生者血肉之軀不能皆知所養於喜怒哀樂之情耳目口鼻四肢之欲感動於風寒暑濕之氣觸於外侵乎內而疾疢生焉故三皇者作教民以醫而天下元元始知所養而免夭札之患然以醫名者代不乏人摺諸方書傳流甚博儒自先世業醫而父兄及儒俱授良醫官於醫蓋既厭心者也近得攝生衆妙方
國主喜其方論詳驗命儒同奉祀正李用中校正重梓以素所服食及本府合以施濟者附於各門之後此吾
國主體天地生物之心使天下後世之人檢方對症起困扶衰以躋壽域其仁惠豈小小云乎哉
隆慶三年歲次己巳仲春之吉青藩迪公郎良醫正馬崇儒謹跋

攝生衆妙方後跋　一

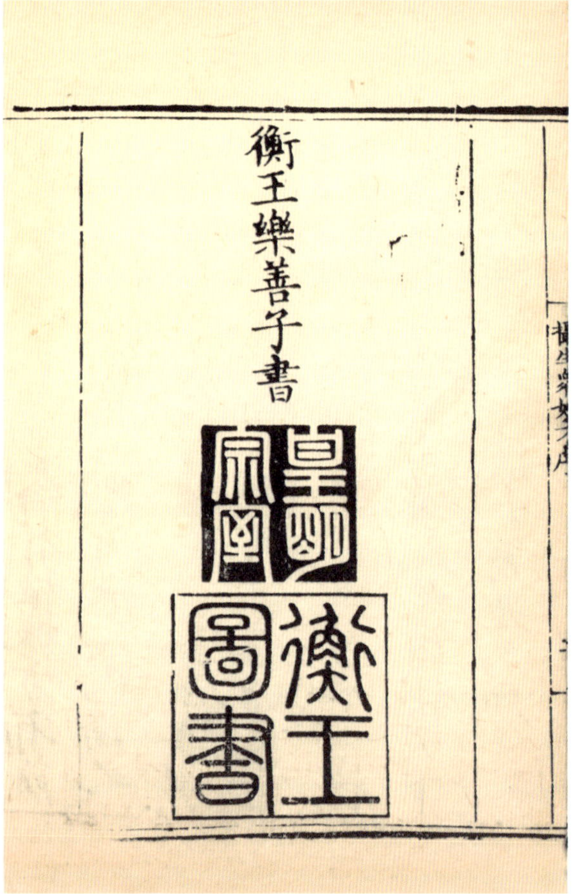

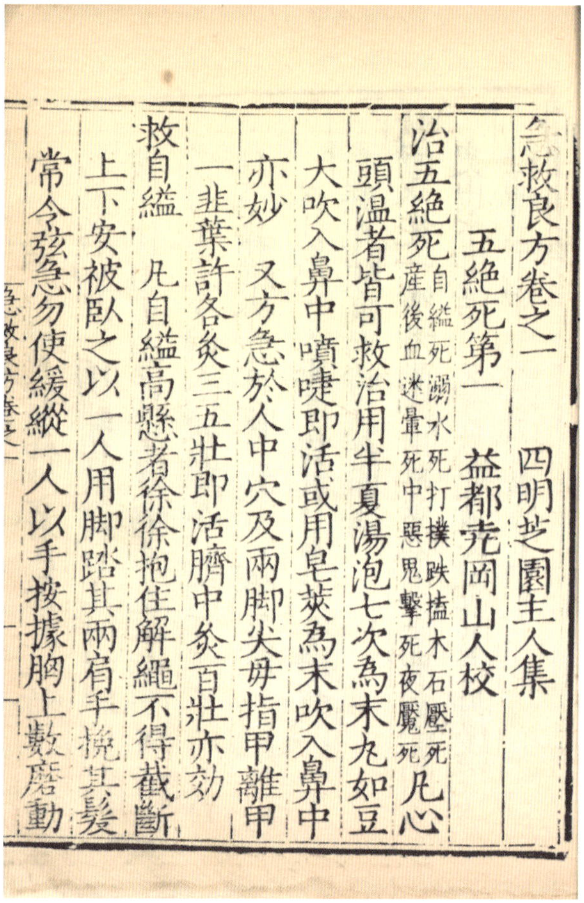

而藏之，久乃遂成簡帙。”後將醫方分表門類，設通治諸病、危病、補養、諸風、婦人、小兒等四十七門，收有效成方八百餘種，詳其藥物炮製、藥劑修製以及服用方法。另附《急救良方》二卷，係作者有感於陬窮之所缺醫少藥，窶户疾民閔閔待斃之患，遂復選各科單驗方而成，舉三十九門，以危重急救爲主。故此書“專爲荒村僻壤之中不諳醫術者而設，藥取易求，方皆簡易”（《四庫全書總目》卷一百五十）。

此青州衡府刻本，爲明代藩府刻書之一，鐫刻精湛，印製考究。據《明史・諸王傳》推知，該書爲二世衡莊王朱厚𤏖在位期間所刊。莊王承襲先王遺風，尚讀書、喜刻書，尤對先賢立論處方之書精研詳究，評贊此書“論有根據，方有驗證，是精於醫者”（重刻序），遂重刻之。以時徹自序所言，明嘉靖二十九年此二書成稿後便付之梓人，初版爲自刻本。明隆慶三年衡府重刻時，莊王將其素日服食及府上合以施濟之方録於各門之後，又命王府良醫正馬崇儒加以校正，故是書較初刻本不僅内容上有所增加，而且校勘精審，文獻價值頗高，爲醫家所珍重。

（李晶瑩）

明嘉靖刻本《原機啓微集》

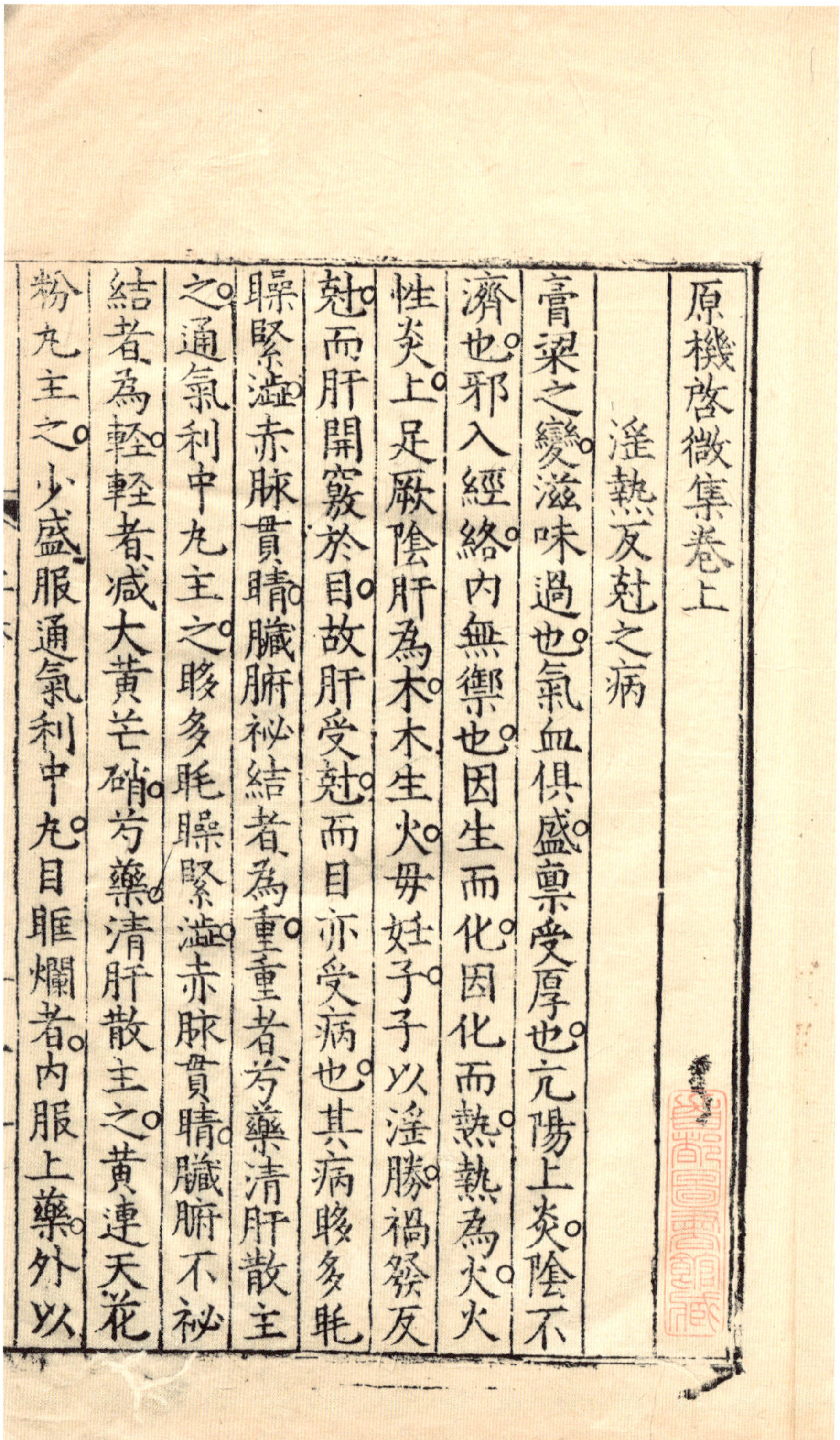
原機啓微集卷上

淫熱反尅之病

膏粱之變滋味過也氣血俱盛禀受厚也亢陽上炎陰不濟也邪入經絡内無禦也因生而化因化而熱熱為火火性炎上足厥陰肝為木木生火母妊子子以淫勝禍發反尅而肝開竅於目故肝受尅而目亦受病也其病眵多眊臊緊澁赤脉貫睛臟腑秘結者為重重者芍藥清肝散主之通氣利中丸主之眵多眊臊緊澁赤脉貫睛臟腑不秘結者為輕輕者减大黄芒硝芍藥清肝散主之黄連天花粉丸主之少盛服通氣利中丸目眶爛者内服上藥外以

原機啓微集二卷　（元）倪維德撰　（明）薛己校補　**附録一卷**　（明）薛己集　明嘉靖二十一年（1542）刻本　一函三册　索書號（乙三）585　第二批《國家珍貴古籍名録》04621號

半葉十行二十二字，白口，四周雙邊間左右雙邊，單黑魚尾，框高19.7厘米，寬14.0厘米。

倪維德（1303—1377），字仲賢，晚年自號敕山老人，吴縣（今屬江蘇蘇州）人，元末明初醫學家。倪維德有感於當時之醫者多采用宋代官修的《和劑局方》治療疾病，故方

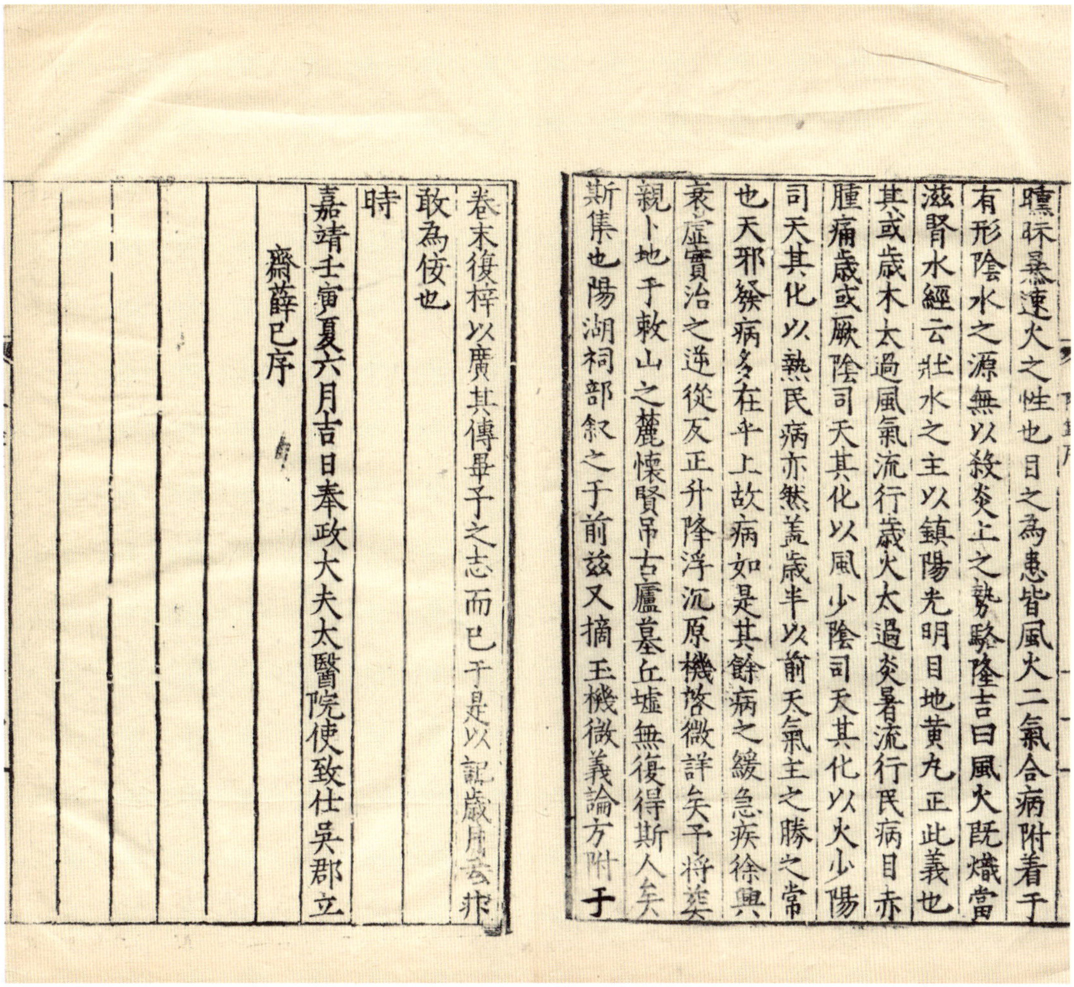
曛烁暴速火之性也目之為患皆風火二氣合病附着于
有形陰水之源無以殺炎上之勢驗隆吉曰風火既熾當
滋腎水經云壯水之主以鎮陽光明目地黄丸正此義也
其或歲木太過風氣流行歲火太過炎暑流行民病目赤
腫痛歲或厥陰司天其化以風少陰司天其化以火少陽
司天其化以熱民病亦然蓋歲半以前天氣主之勝之常
也天邪發病多在乎上故病如是其餘病之緩急疾徐輿
衰虛實治之逆從反正升降浮沉原機啓微詳矣予将粪
親卜地于敕山之麓懷賢吊古廬墓丘墟無復得斯人矣
斯集也陽湖祠部叙之于前茲又摘玉機微義論方附于
卷末復梓以廣其傳畢予之志而已于是以記歲月云非
敢為佞也
時
嘉靖壬寅夏六月吉日奉政大夫太醫院使致仕吴郡立
齋薛己序

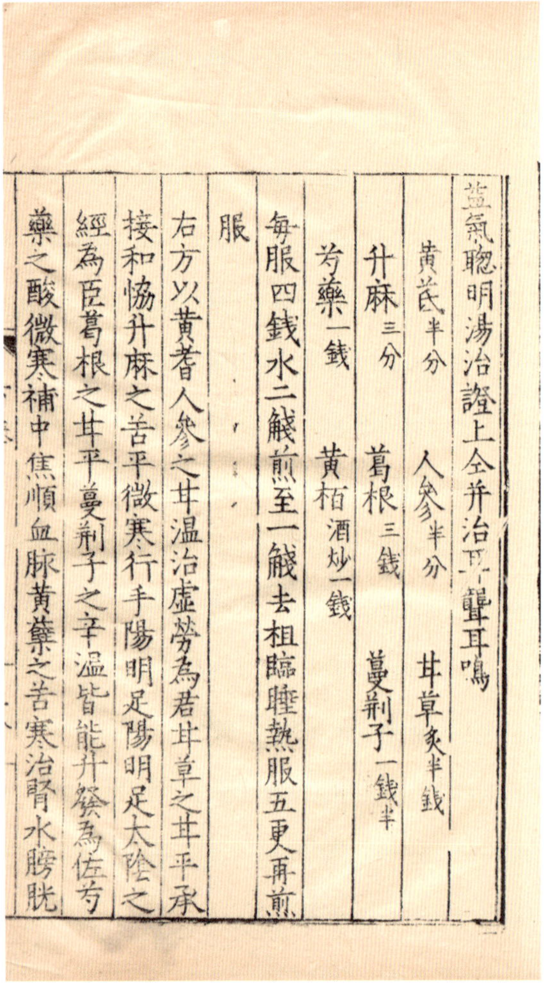
益氣聰明湯治證上全并治耳聾耳鳴
黄芪半分　人參半分　甘草炙半錢
升麻三分　葛根三錢　蔓荊子一錢半
芍藥一錢　黄柏酒炒一錢
每服四錢水二觥煎至一觥去柤臨睡熱服五更再煎
服
右方以黄耆人參之甘温治虚勞為君甘草之甘平承
接和協升麻之苦平微寒行手陽明足陽明足太陰之
經為臣葛根之甘平蔓荊子之辛温皆能升發為佐芍
藥之酸微寒補中焦順血脉黄蘗之苦寒治腎水膀胱

新病多不相合，遂研讀金代名醫劉完素、張從正、李杲著作，并與《内經》融會貫通，臨床療效頗佳，被稱爲三吴名醫。他著有《原機啓微集》，曾校訂李杲的《東垣試效方》。《國朝獻徵録》卷七十八、《明史》卷二百九十九有傳。

倪氏精通各科，鑒於前代眼科專書缺乏，專攻眼科，編撰了《原機啓微集》一書。全書二卷，卷上論眼病病因及治則，首創病因分類法，將眼病分爲淫熱反剋之病、風熱不治之病等十八類；卷下論眼病製方之法，詳述君臣佐使和正反逆從等配伍原則，所附四十六方，皆載炮製方法、方義及適應病症。此書審因論證，按病因病機分析眼病，又與人體功能及外部環境聯繫，立法處方，十分詳備；并主張手術療法與藥物治療兼施，對手術過程也描繪得細致入微。眼科自唐宋分科後，至倪維德此書，始開綜合辨證之先河。

《原機啓微集》爲倪維德晚年所著，到明嘉靖朝，時爲南京太醫院院判的名醫薛己看到此書抄本，對其進行了校正增補，并摘録了明徐用誠《玉機微義》一書中的内容爲附録，《附録》包括十一論，附方三十九首。

首都圖書館所藏爲明嘉靖二十一年刻本《原機啓微集》二卷《附録》一卷，據《中國古籍善本書目》著録，此版本僅首都圖書館、無錫市圖書館有藏。

（邸曉平）

明弘治元年張文昭刻本《霏雪録》

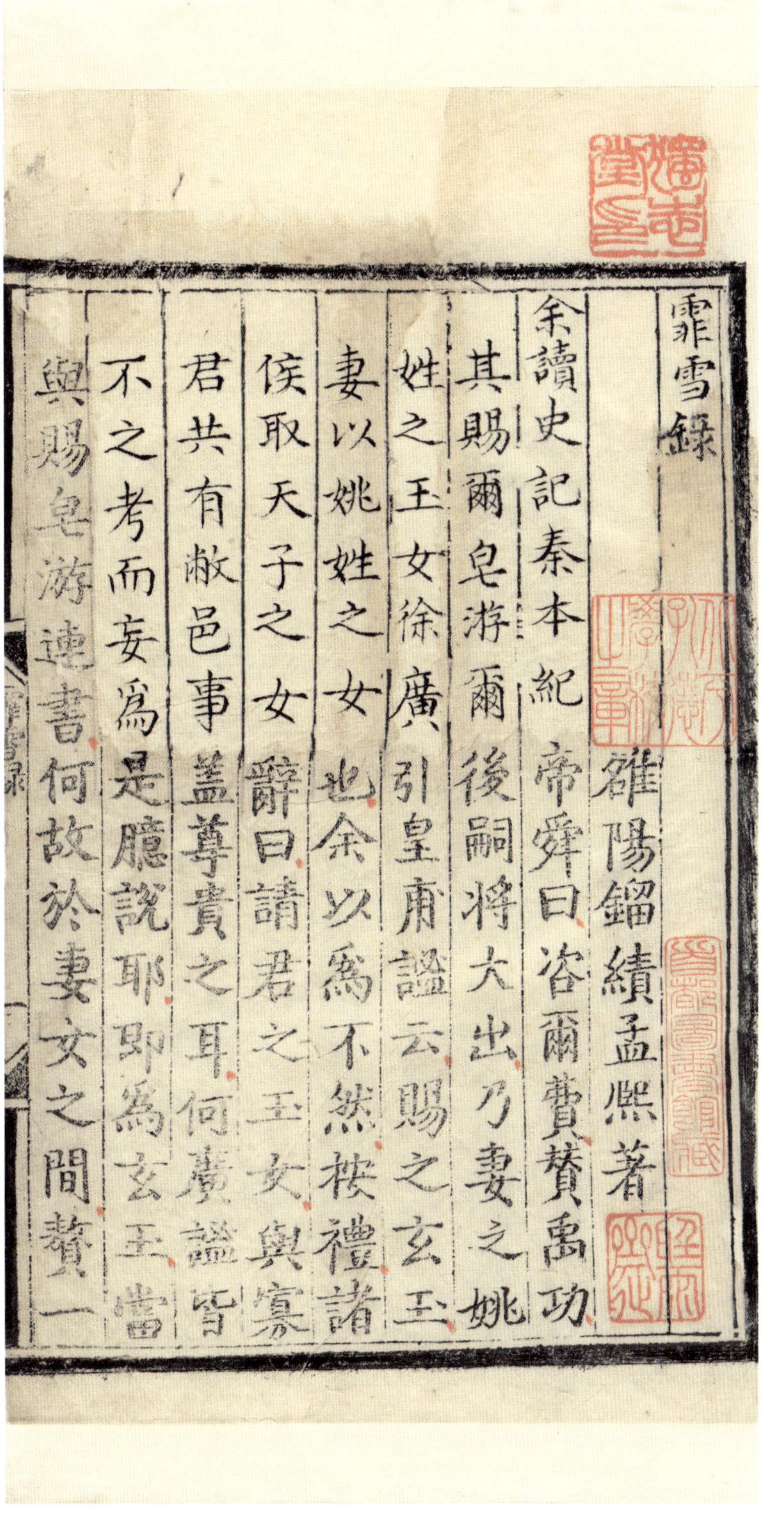

霏雪録

淮陽鎦績孟熙著

余讀史記秦本紀帝舜曰咨爾費贊禹功其賜爾皁游爾後嗣將大出乃妻之姚姓之玉女徐廣引皇甫謐云賜之玄玉妻以姚姓之女也余以爲不然按禮諸侯取天子之女辭曰請君之玉女與寡君共有敝邑事蓋尊貴之耳何廣謐皆不之考而妄爲是臆説耶即爲玄玉當與賜皁游連書何故於妻女之間贊一

霏雪録不分卷　（明）鎦績撰　明弘治元年（1488）張文昭刻本　一函四册　索書號（甲三）719　第二批《國家珍貴古籍名録》04746 號

半葉十行十六字，粗黑口，四周雙邊，雙對黑魚尾，框高 20.6 厘米，寬 14.5 厘米。

《霏雪録》一書之作者，明清時期文獻有稱鎦績者，亦有稱劉績者，今人多著録爲劉績，如《中國古籍善本書目》《中國詩學大辭典》《國家珍貴古籍名録》等。首都圖書館所藏之明弘治元年張文昭刻本《霏雪録》，卷端題爲“雒陽鎦績孟熙著”，正文後胡謐的《書

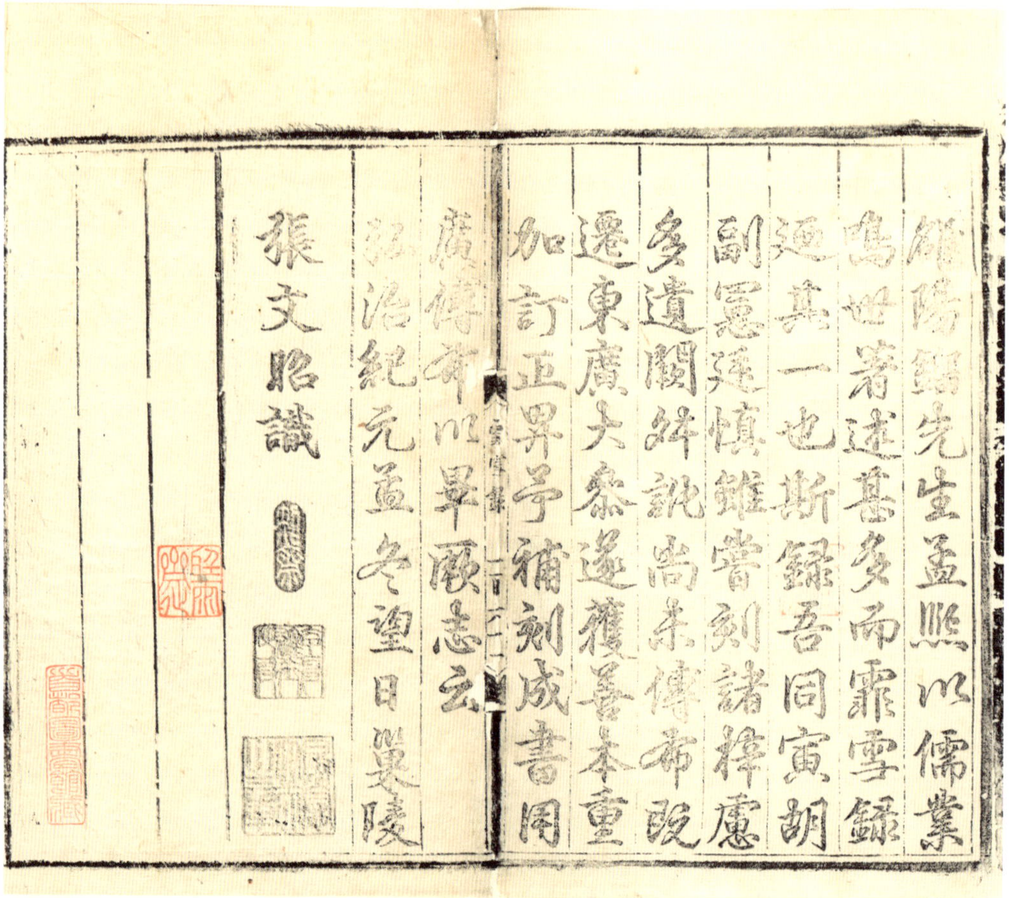
雒陽鎦先生孟熙以儒業
鳴世著述甚多而霏雪録
迺其一也斯録吾同寅胡
副憲廷慎雖嘗刻諸梓慮
多遺闕舛訛尚未傳布旣
遷東廣大參遂獲善本重
加訂正畀予補刻成書用
廣傳布以畢厥志云
弘治紀元孟冬望日巢陵
張文昭識

霏雪録後》及張文昭跋文，亦皆言作者爲鎦績。而《四庫全書》在《霏雪録》正文卷端所署，亦是鎦績，而非劉績。明許東望修、楊家相重訂的《［嘉靖］山陰縣志》卷九《隱逸傳》中有鎦績其人，稱“鎦績，字孟熙”云云。《中華古今姓氏大辭典》解釋“鎦”字稱，“現行罕見姓氏。今湖北之監利有分布。《續通志·姓氏略》亦收載……宋代有鎦文謨，修職郎；明代有鎦泰、鎦師邵、鎦績，祖孫三代皆以文學聞名，世稱‘三鎦’”。可見，作爲姓氏，“鎦”是不能與“劉”混淆的，在這個姓氏雖然罕見但依舊存在的情況下，將《霏雪録》的作者著録爲鎦績，才是準確的。

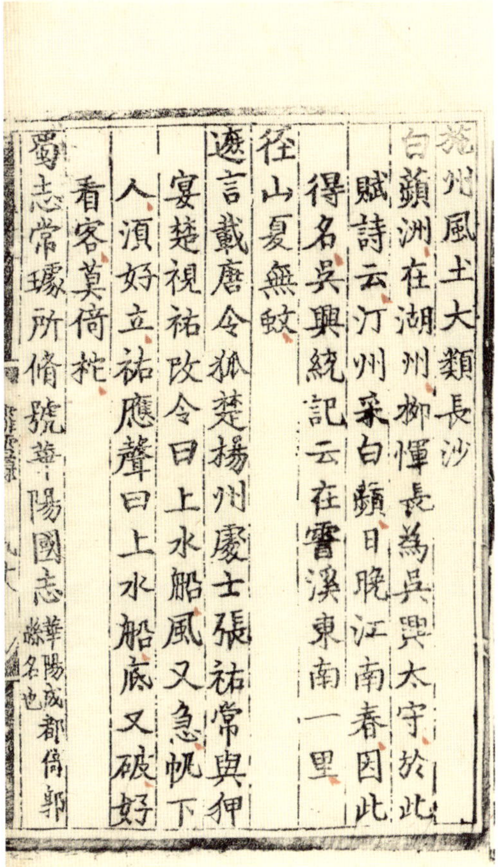
荆州風土大類長沙
白蘋洲在湖州柳惲長爲吳興太守於此
賦詩云汀州采白蘋日晚江南春因此
得名吳興統記云在霅溪東南一里
徑山夏無蚊
遯言載唐令狐楚揚州處士張祜常與狎
宴楚視祜改令曰上水船風又急帆下
人須好立祜應聲曰上水船底又破好
看客莫倚柁
蜀志常璩所脩號華陽國志華陽成都僑郭縣名也

明許東望修、楊家相重訂《［嘉靖］山陰縣志》卷九《隱逸傳》詳細記載鎦績其人：“鎦績，字孟熙。父涣，有雅行，以詩名。績方數歲，涣試以詩，有奇句。既長，遂擅名一時，然素貧，轉徙無常地。所至書鬻文榜於門，所得酬物輒市酒。樂賓客，不事生産計。嘗有客至，呼茗不即出，怪之，因入室，其妻方拾破紙以代所爇薪。家不能具擔石簞瓢，度昕夕晏如也。著有《嵩陽集》《霏雪録》《穿雲集》傳於世。子師邵性超邁，亦工詩辭。鎦祖父孫三人，皆以文學高於世，世稱爲‘三鎦’云。”

《霏雪録》不分卷，包括詩文評論、掌故實録等内容六百五十餘條，材料較豐。《四庫全書總目》曰：“此書辨核詩文疑義，頗有根據。又及與元末諸遺老游，故雜述舊聞，亦多有淵源。然每紀夢幻詼諧之事，頗雜小説家言……未可概信。以其可取者多，録備明初説部一家耳。”

《中國古籍善本書目》著録《霏雪録》有多種刻本，最早者爲明弘治元年張文昭刻本，僅首都圖書館有藏。現將此本與所見其他刻本對照，可以發現《霏雪録》之《四庫全書》本爲張文昭刻本之前半；《古今説海》本或爲張文昭刻本之選本；《説郛續》本、《學海類編》本的内容與《古今説海》本相同，僅文字略有差异。可見，明弘治元年張文昭刻本《霏雪録》不僅是目前所見刻本中最早者，也是最爲完整的。

此本版面疏朗、悦目，版心有字數統計，有刻工李人、李璽等，四册頁碼連排。鈐“獨志堂印”“聽雨齋”“北平孔德學校之章”等印章。

（邸曉平）

明嘉靖三十年刻本《濯舊》

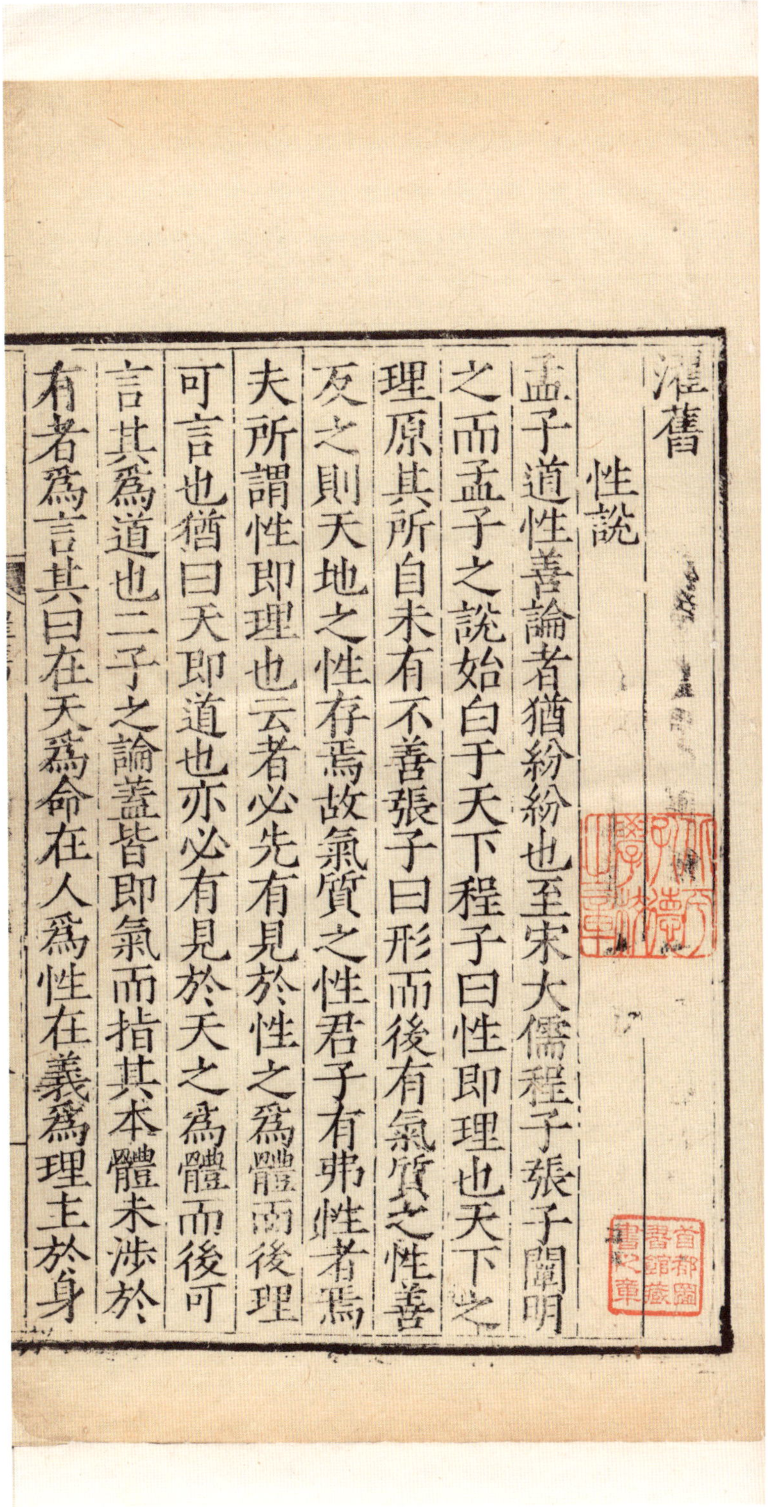

濯舊

性說

孟子道性善論者猶紛紛也至宋大儒程子張子闡明之而孟子之說始白于天下程子曰性即理也天下之理原其所自未有不善張子曰形而後有氣質之性善反之則天地之性存焉故氣質之性君子有弗性者焉夫所謂性即理也云者必先有見於性之爲體而後理可言也猶曰天即道也亦必有見於天之爲體而後可言其爲道也二子之論蓋皆即氣而指其本體未涉於有者爲言其曰在天爲命在人爲性在義爲理主於身

濯舊一卷　（明）汪俊撰　明嘉靖三十年（1551）刻本　一函一册　索書號（甲四）326　第二批《國家珍貴古籍名録》04749 號

半葉十行二十一字，白口，四周雙邊，單黑魚尾，框高 20.0 厘米，寬 14.6 厘米。

汪俊（？—1568），字抑之，號石潭，江西弋陽人。明弘治六年（1493）進士，授庶吉士，進編修，官至禮部尚書兼國史副總裁。“大禮議”之争時，抗疏乞休，被落職。卒贈少保，謚文莊。著有《濯舊》《四夷館則例》《四夷館考》。《明史》卷一百九十一有傳。

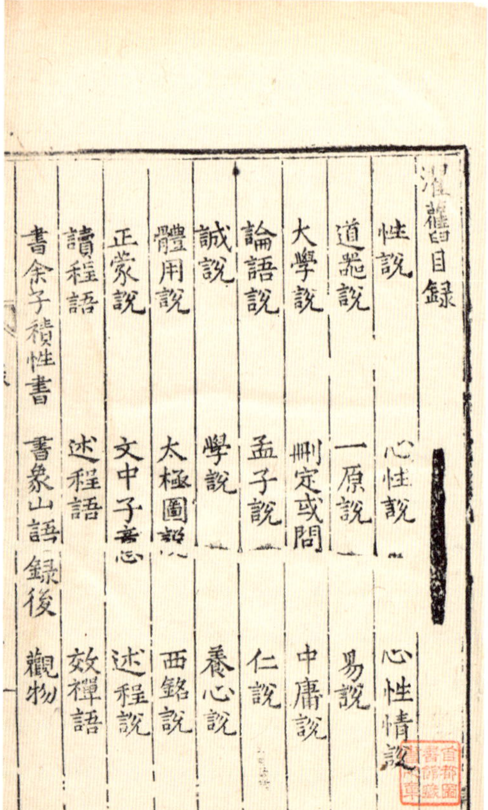
濯舊目録
性說　心性說　心性情說
道器說　一原說　易說
大學說　刪定或問　中庸說
論語說　孟子說　仁說
誠說　學說　養心說
體用說　太極圖說　西銘說
正蒙說　文中子[illegible]　述程說
讀程語　述程語　效禪語
書余子積性書　書象山語録後　觀物

汪俊是明代比較有名的理學、氣學哲學家。他師承程顥、朱熹，然於朱子之言頗有异同。與王陽明交誼甚厚，但亦不贊同其說。從汪俊對朱子的批評中，多少可見明末清初思想界的認識轉向其來有自。

《濯舊》一書主要收反映汪俊學説觀點的文章與詩作，涉及“性説”“心性説”“心性情説”等四十五個方面，較爲集中地反映了他的理學觀點。如其“性説”，認同“性即理”説，認爲“必先有見於性之爲體，而後理可言也”，張載、二程之論“皆即氣而指其本體，未涉於有者爲言”，而朱子以理、氣分性、形，謂“氣以成形，理以爲性”，則已非張、程本旨。其“大學説”，謂“今學者喜言正心而不言誠意，喜言致知而不言格物，汩於异學故耳。誠意所以正心，格物所以致知，内外一理，此乃《大學》之道也”。《四庫全書總目》卷一百二十四稱《濯舊》“多以周子、程子、邵子、張子之言擊排朱子，亦頗攻陸九淵，而其説仍多墮於虚渺。後附諸詩，尤多同禪偈”。

首都圖書館所藏之《濯舊》爲明嘉靖三十年刻本，應是此書最早版本。《四庫全書存目叢書》所收之《濯舊稿》爲清同治十年（1871）叠山書院刻本，其所據應即爲明嘉靖三十年刻本。

書鈐“北平孔德學校之章”。

（邸曉平）

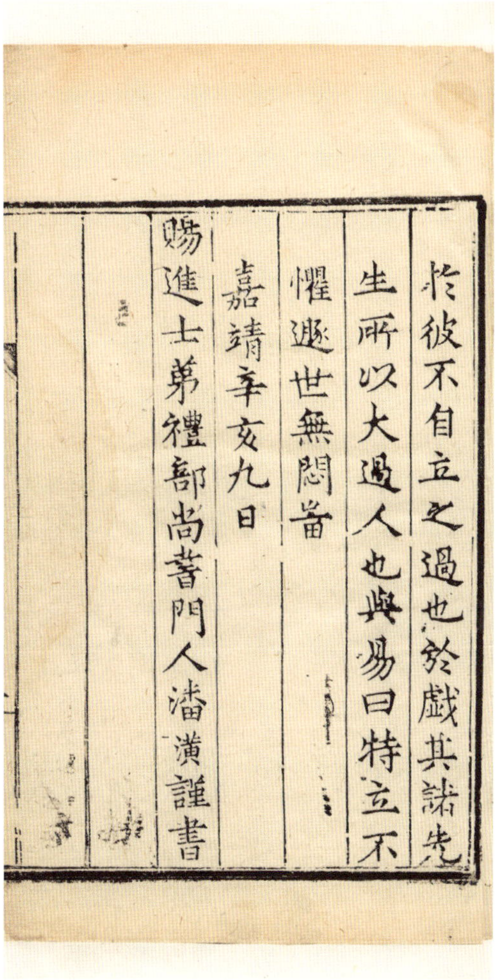
於彼不自立之過也於戲其諸先生所以大過人也與易曰特立不懼遯世無悶當

嘉靖辛亥九日

賜進士第禮部尚書門人潘潢謹書

明萬曆三十九年周傳誦刻本《認字測》

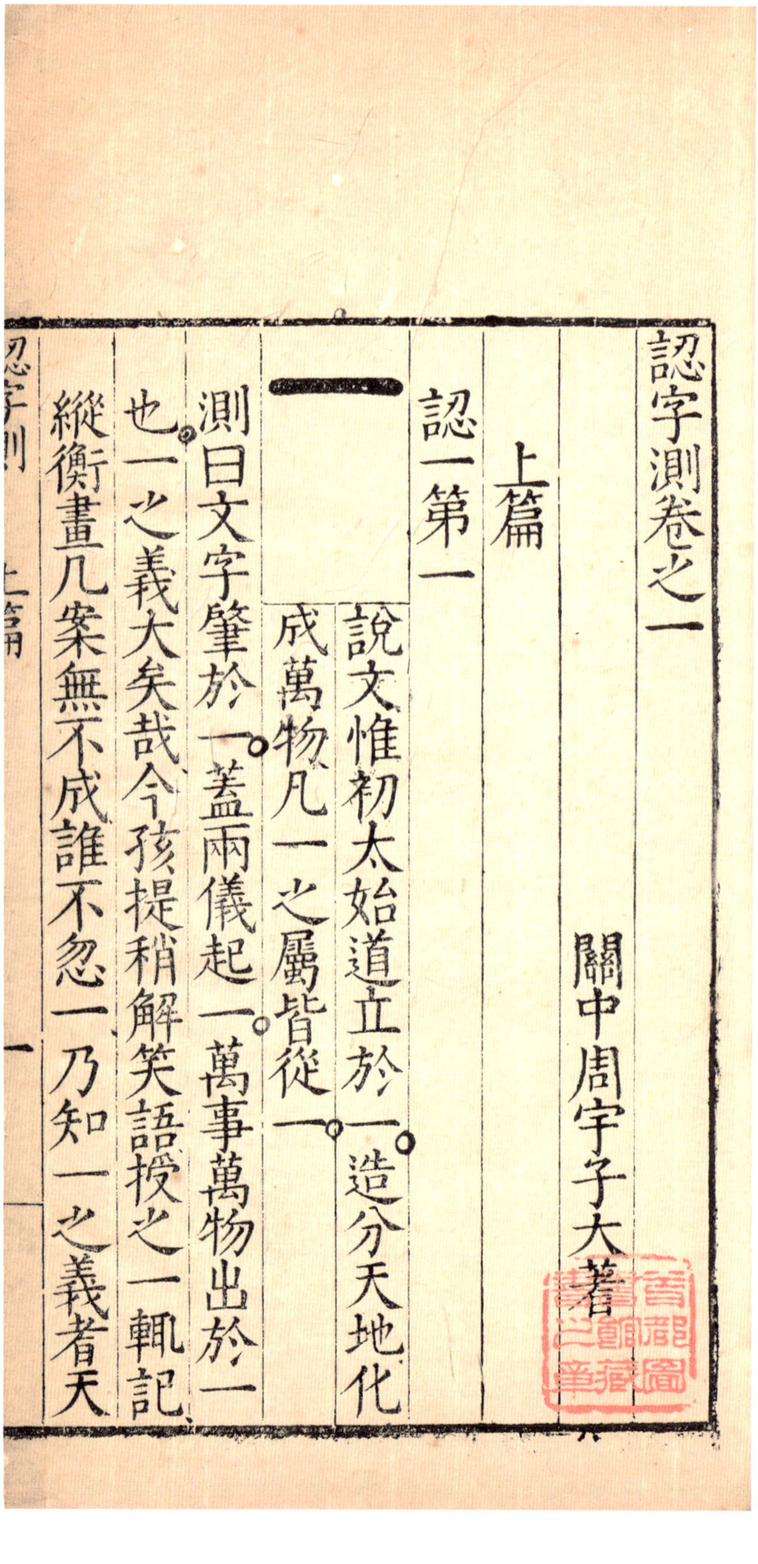
認字測卷之一

關中周宇子大著

上篇

認一第一

一

說文惟初太始道立於一。造分天地化成萬物凡一之屬皆從一。

測曰文字肇於一。蓋兩儀起一。萬事萬物出於一也。一之義大矣哉令孩提稍解笑語授之一輒記、縱衡畫几案無不成誰不忽一、乃知一之義者天

認字測　上篇　一

認字測三卷　（明）周宇撰　明萬曆三十九年（1611）周傳誦刻本　一函四册　索書號（乙一）199　第三批《國家珍貴古籍名録》08507號

半葉九行二十字，白口，四周單邊，框高20.2厘米，寬13.4厘米。

周宇，字子大，西安左衛（今屬陝西西安）人，自署關中人。明嘉靖二十八年（1549）舉人，官至户部主事，奉敕督理山西三關。宇幼承庭訓，潛心問學，爲孝廉時閉户寡交，載籍極博，精識聲律字學、古文奇字，亦工詩文。著有《字考啓蒙》《困言》《槐村集》等。

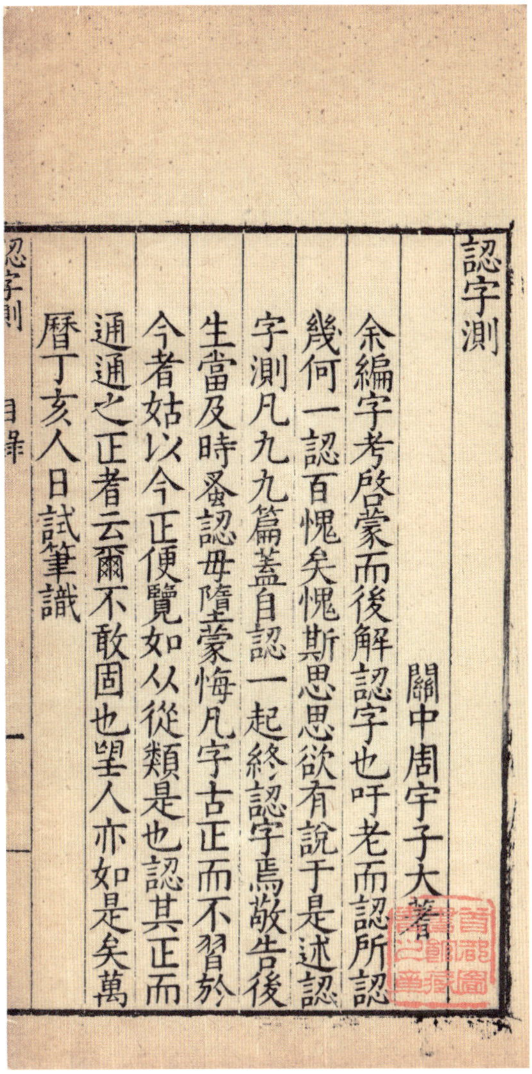
認字測
關中周宇子大著
余編字考啓蒙而後解認字也吁老而認所認幾何一認百愧矣愧斯思思欲有說于是述認字測凡九九篇蓋自認一起終認字焉敬告後生當及時蚤認毋墮蒙悔凡字古正而不習於今者姑以今正便覽如从從類是也認其正而通通之正者云爾不敢固也望人亦如是矣萬曆丁亥人日試筆識
認字測　目録　一

《認字測》爲古代測字著作。測字又稱“相字”，是古人對文字的一種迷信崇拜，表現爲以拆字來預測人事福禍吉凶和決定宜忌趨避。此術起源於周朝，發展至明清時期已集測字之大成，出現頗多相關著作。此書即爲當時測字術的代表作之一。然周宇撰此書自有其意：“余編《字考啓蒙》而後解認字也。吁老而認，所認幾何？一認百愧矣。愧斯思，思欲有説，於是述《認字測》。”（《序》）而四庫館臣另有解：“是書标八十一字，每字各爲疏解一篇。其義欲藉以講學，而穿鑿點畫，實則王安石之緒餘而已。”（《四庫全書總目》卷一百二十八）

周傳誦，宇之子，字淑遠，明萬曆十七年進士，官湖廣左布政。據卷前馮從吾序載，周宇辭世後，傳誦將書稿示於馮氏，馮氏

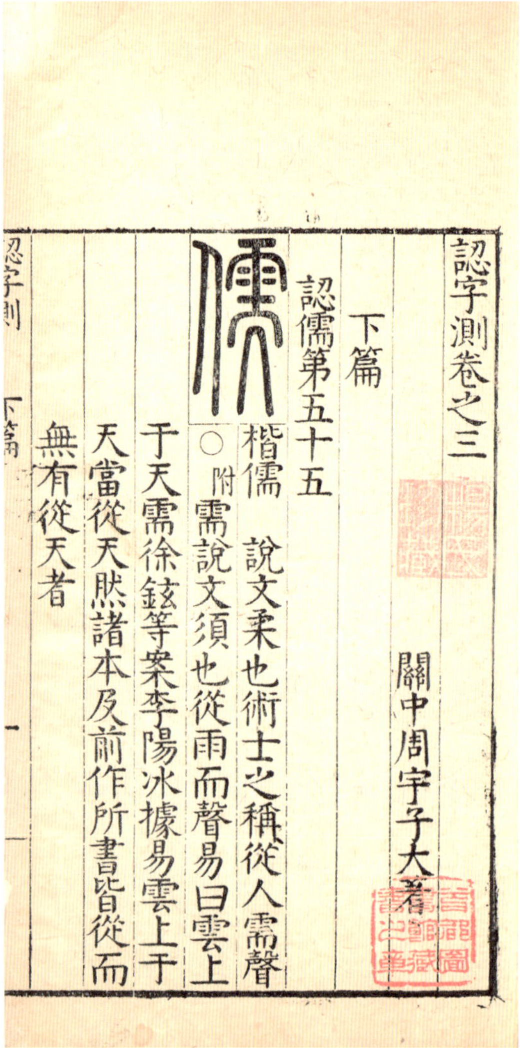
認字測卷之三

關中周宇子大著

下篇

認儒第五十五

儒　楷儒　說文柔也術士之稱從人需聲

○附需說文須也從雨而聲易曰雲上于天需徐鉉等案李陽冰據易雲上于天當從天然諸本及前作所書皆從而無有從天者

認字測　下篇　一

授而讀之，不忍釋手，乃托同僚景氏代爲校讎并付剞劂，以廣其著，當爲是書初刻。後明萬曆三十九年時傳誦又親自校梓，於家塾中重刊此稿，乃爲是刻。此家刻本校勘精審、鎸印精良，由於傳世稀少，足資珍貴。

此書有佚名圈點、批校。鈐有“楊氏珍藏”印章。

（李晶瑩）

明隆慶五年李氏思敬堂刻本《推篷寤語》

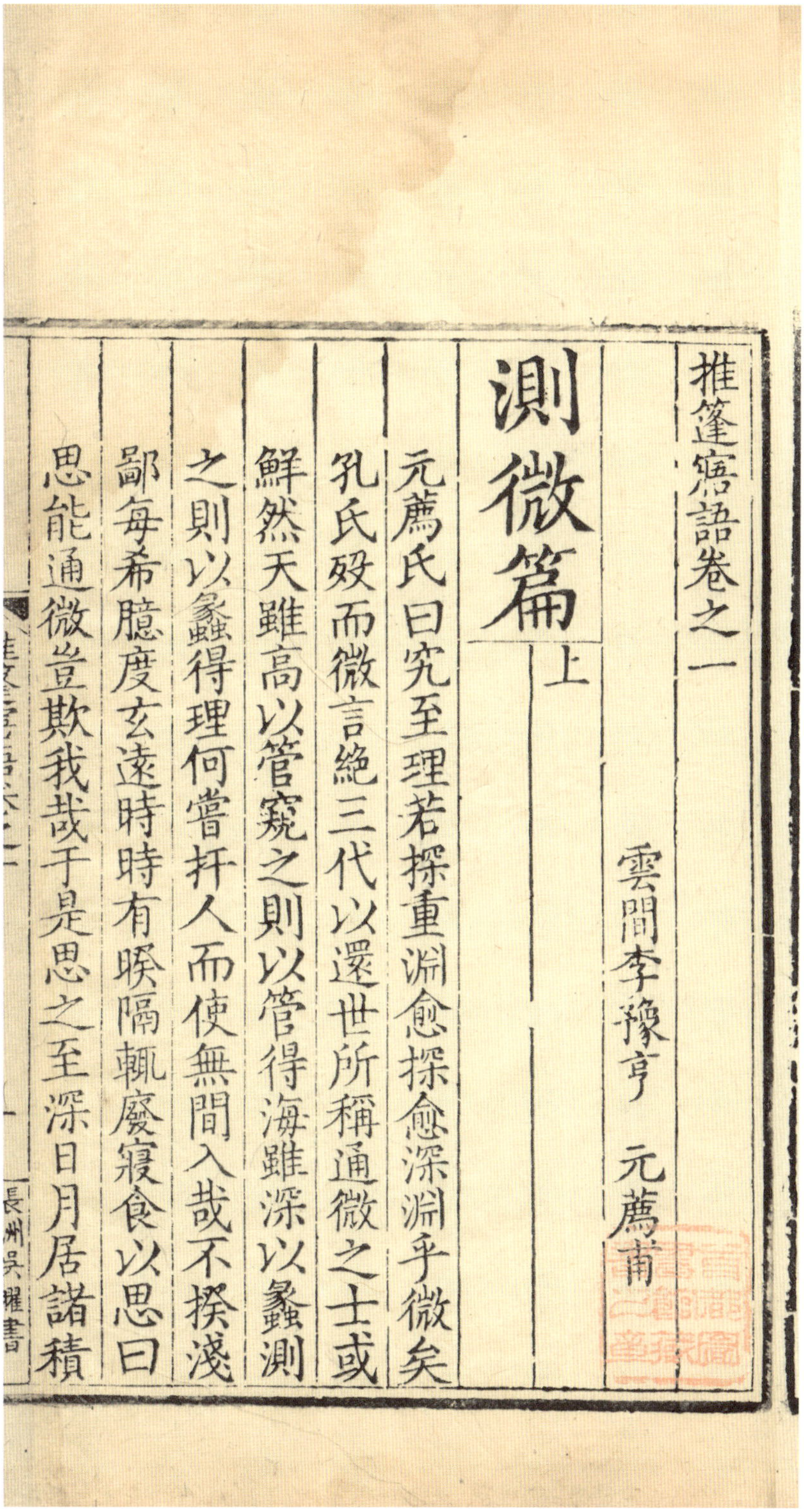
推篷寤語卷之一

雲間李豫亨　元薦甫

測微篇上

元薦氏曰究至理若探重淵愈探愈深淵乎微矣孔氏歿而微言絶三代以還世所稱通微之士或鮮然天雖高以管窺之則以管得海雖深以蠡測之則以蠡得理何嘗扞人而使無間入哉不揆淺鄙每希臆度玄遠時時有睽隔輒廢寢食以思曰思能通微豈欺我哉于是思之至深日月居諸積

推篷寤語卷之一

長洲吳耀書

推篷寤語九卷餘録一卷　（明）李豫亨撰　明隆慶五年（1571）李氏思敬堂刻本（有抄配）　一函六册　索書號（乙三）1025　第四批《國家珍貴古籍名録》10492號

半葉十行二十一字，白口，四周雙邊，單黑魚尾，框高19.5厘米，寬14.2厘米。

李豫亨，字元薦，號中條，又號遵海，松江華亭（今屬上海）人。據其弟升亨所撰後跋云："豫亨自幼性好博覽誦讀，外有見輒好仿效之。始有師好詩，輒學詩。見祈禱有驗，輒學祈禱。先公多集兵書，輒喜談兵，且好習韜鈐、星遁、射弩諸法。游膠庠間，聞衡山諸公

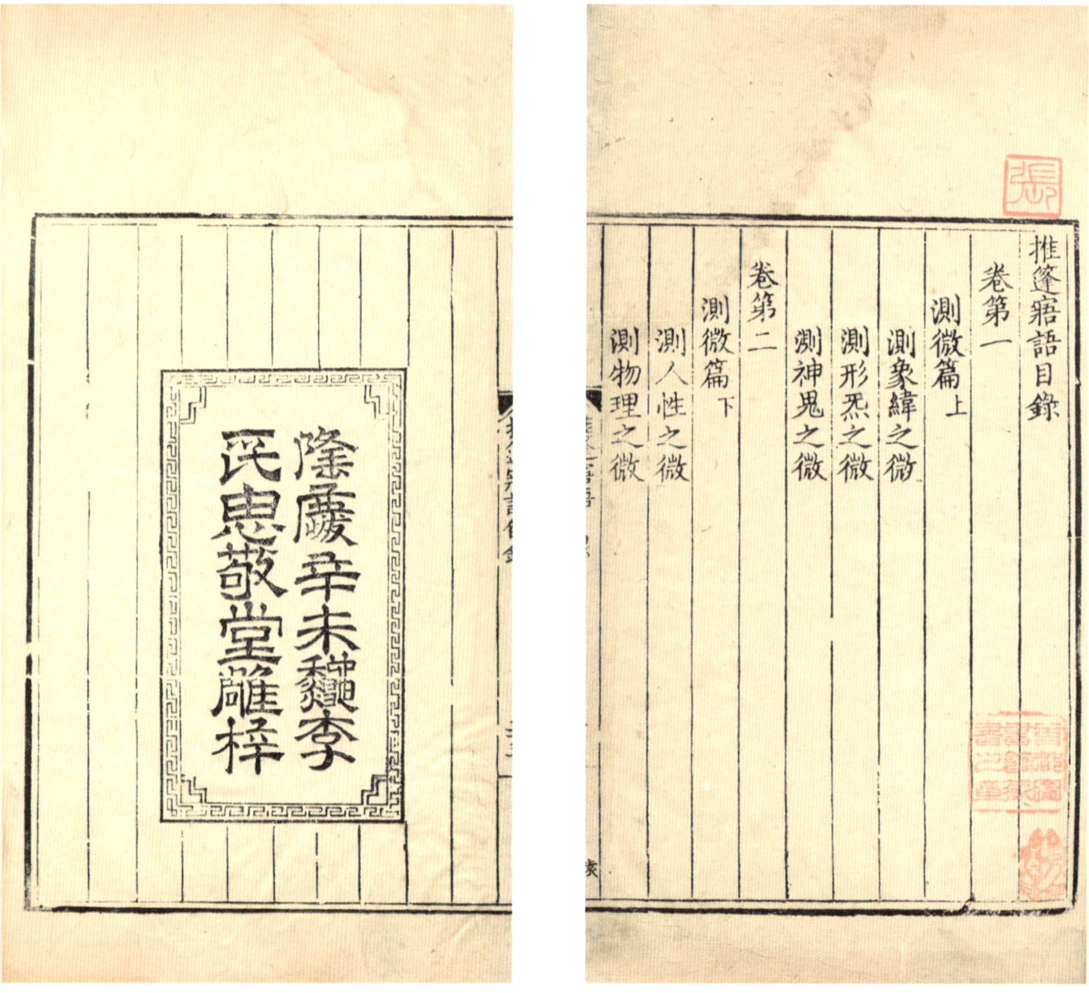

以書鳴，輒學書，又兼及古迹名繪，善鑒賞。繼而有以養生説進者，輒喜談養生。蒐輯玄家、禪梵之説數百種。尤精於醫卜、課命、相術諸家，莫不窺其奥妙。”

明隆慶四年豫亨始捐舉業，後以鴻臚謁選，遂挂帆赴京，舟行暇間每推篷觀景，便攄夙昔所知，解表見古，隨得輒書，纍積數百條，總若干卷。豫亨自釋：“舟之亡所見者，篷蔽之。人之懵所知者，寐障之。舟匪篷，則丹厓碧流在望矣。人匪寐，則開户發牖昭如矣。”（《自叙》）故欲借此書啓昔之寐爲今之覺，即名《推篷寤語》。此後，學人趙謙光校勘時因書稿未以類相從，便析爲測微、原教、本術、還真、訂疑、毗政六篇，共三十類，五百五十章，類别義明，燦然成次，李氏復見之，矍然首肯。其書内容駁雜，楮素多涉釋、道二家，玄章梵語、哲訓仁言，皆修身養性之論。末附《餘録》一卷，爲前書遺味餘音也。

該書末葉有牌記“隆慶辛未秋李氏思敬堂雕梓”，又據序、跋所言，李氏刻本當爲此書初刻。各卷末均題有“長洲吴曜書”，吴工乃蘇州著名寫手。此外書中亦記有多名刻工姓氏，如：張鳳、袁宸、袁宏等，均爲蘇州地區的刻字良工。故此是書精寫精刻，印刷講究，覽之悦目。然而這一版本流傳在世者已甚少，實屬海内稀見，版本價值極高。

是書《推篷寤語引》《跋寤語後》及卷三内數葉係抄配。文中有佚名圈點和批注。并鈐有“張”和一方雙魚圖紋的印章。

（李晶瑩）

明嘉靖四十一年王穀祥刻本《野客叢書》

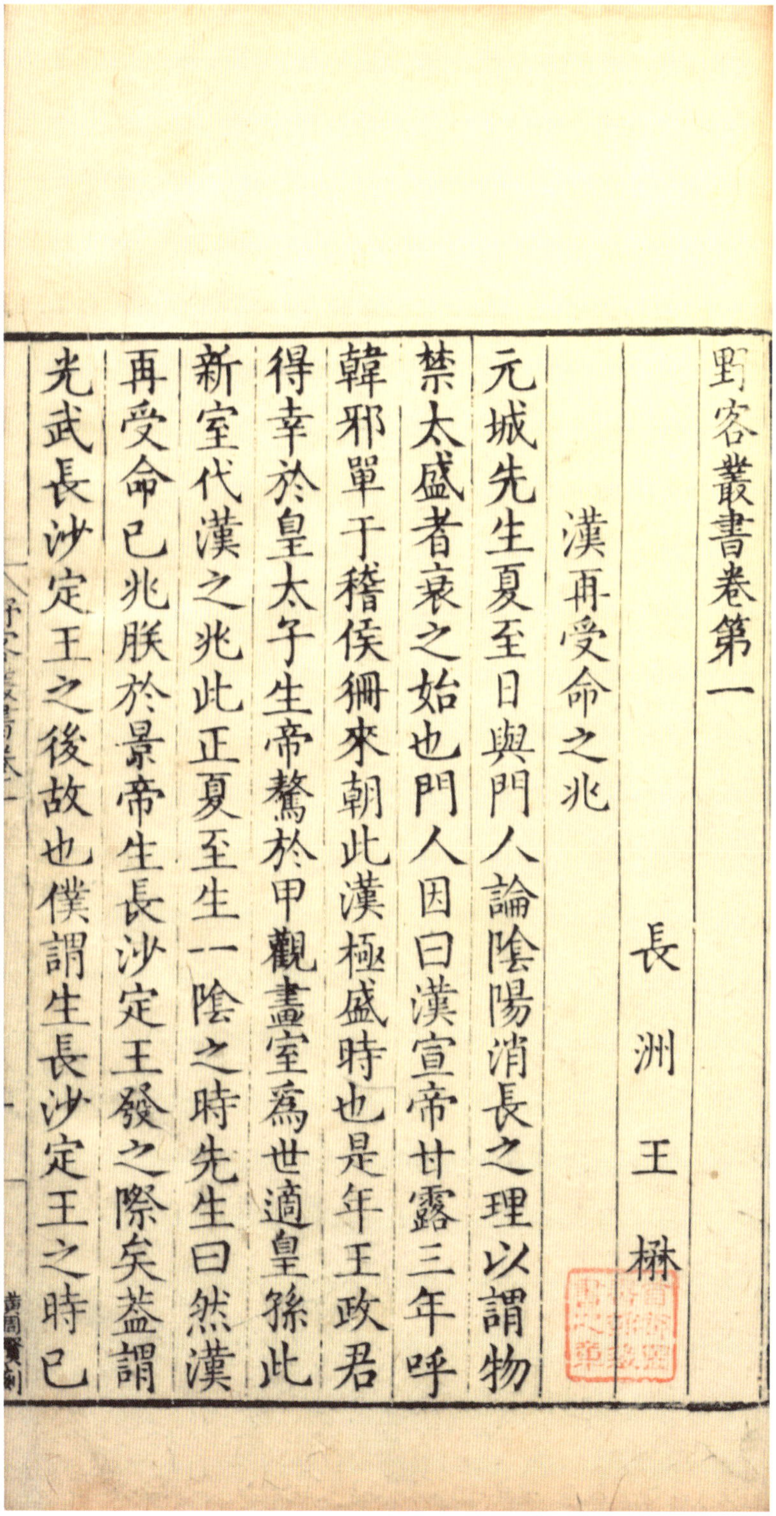

野客叢書卷第一

長洲王楙

漢再受命之兆

元城先生夏至日與門人論陰陽消長之理以謂物禁太盛者衰之始也門人因曰漢宣帝甘露三年呼韓邪單于稽侯狦來朝此漢極盛時也是年王政君得幸於皇太子生帝驁於甲觀畫室爲世適皇孫此新室代漢之兆此正夏至生一陰之時先生曰然漢再受命已兆朕於景帝生長沙定王發之際矣葢謂光武長沙定王之後故也僕謂生長沙定王之時已

野客叢書三十卷附録野老記聞一卷　（宋）王楙撰　明嘉靖四十一年（1562）王穀祥刻本　二函八册　索書號（乙五）332　第三批《國家珍貴古籍名録》08517號

半葉十行二十字，白口，左右雙邊，單白魚尾，框高18.3厘米，寬13.7厘米。

王楙（1151—1213），字勉夫，號分定居士，祖籍福州福清（今福建福州），其先徙居平江，遂爲長洲（今江蘇蘇州）人。王楙“少孤力學，母没，疏食布衣，絶意進取，題所居曰‘定分齋’，恬憺寡欲，好著書”，時人稱爲“講書君”（陳和志《［乾隆］震澤縣志·隱逸》）。晚年得拘攣之疾，仍手不釋卷。著有《野客叢書》三十卷、《巢睫稿筆》五十卷。張昶《吴中人物志》卷九、陳和志《［乾隆］震澤縣志》卷二十有傳。

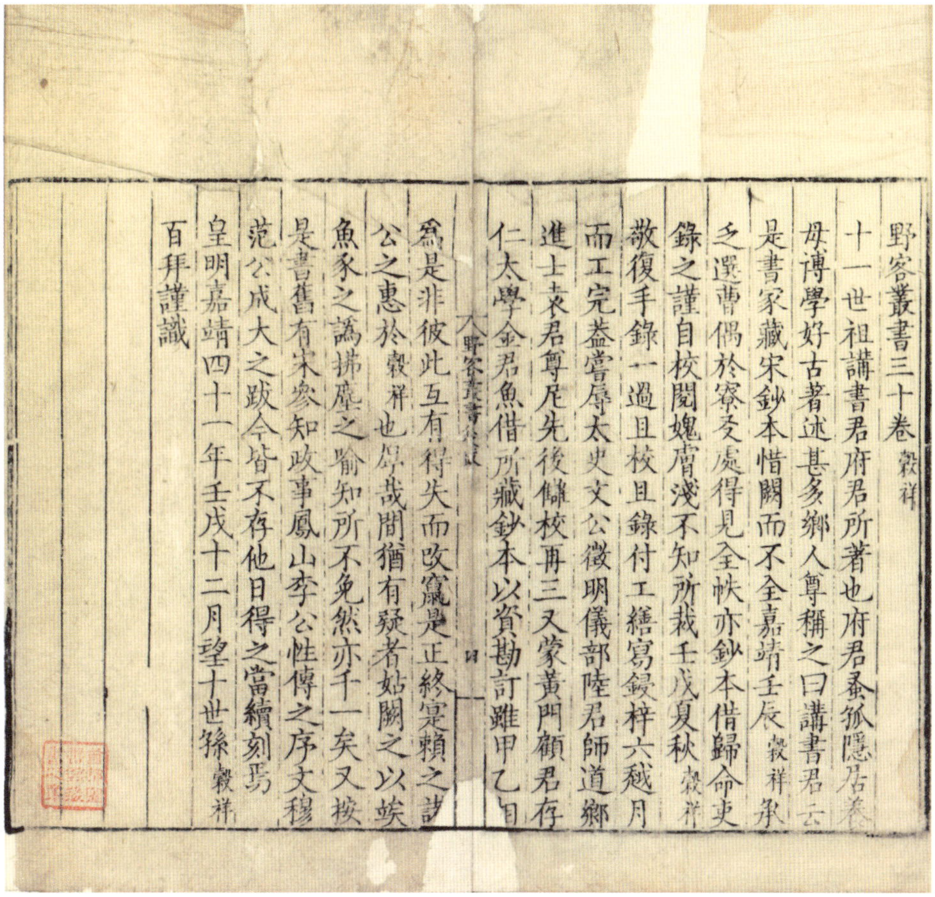
野客叢書三十卷 穀祥
十一世祖講書君府君所著也府君蚤孤隱居養
母博學好古著述甚多鄉人尊稱之曰講書君云
是書家藏宋鈔本惜闕而不全嘉靖壬辰穀祥承
乏選曹偶於寮友處得見全帙亦鈔本借歸命吏
錄之謹自校閱媿膚淺不知所裁壬戌夏秋穀祥
敬復手錄一過且校且錄付工繕寫鋟梓六越月
而工完葢嘗辱太史文公徵明儀部陸君師道鄉
進士袁君尊尼先後讎校再三又蒙黄門顧君存
仁太學金君魚借所藏鈔本以資勘訂雖甲乙自
爲是非彼此互有得失而改竄是正終寔賴之諸
公之惠於穀祥也厚哉間猶有疑者姑闕之以竢
魚豕之譌拂塵之喻知所不免然亦千一矣又按
是書舊有宋參知政事鳳山李公性傳之序文穆
范公成大之跋今皆不存他日得之當續刻焉
皇明嘉靖四十一年壬戌十二月望十世孫穀祥
百拜謹識

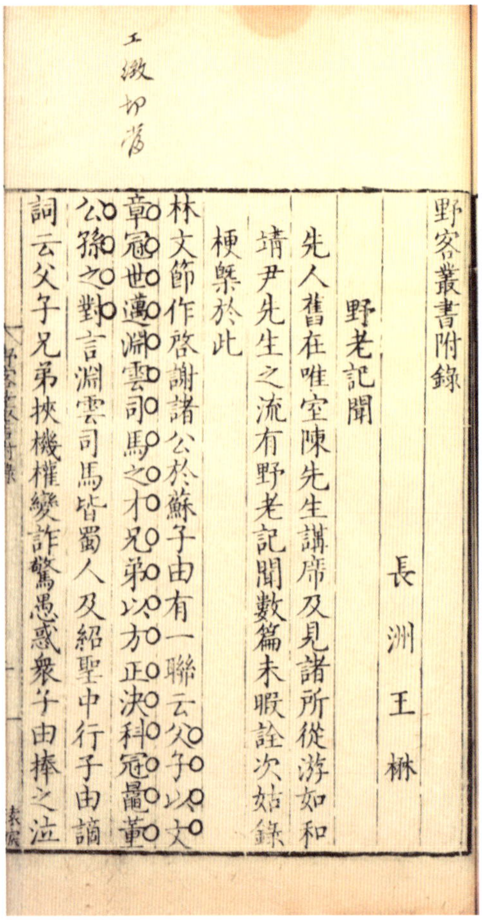

野客叢書附錄

長洲王楙

野老記聞

先人昔在唯室陳先生講席及見諸所從游如和靖尹先生之流有野老記聞數篇未暇詮次姑錄梗槩於此

林文節作啓謝諸公於蘇子由有一聯云父子以文章冠世邁淵雲司馬之才兄弟以方正決科冠晁董公孫之對言淵雲司馬皆蜀人及紹聖中行子由謫詞云父子兄弟挾機權變詐驚愚惑衆子由捧之泣

《野客叢書》是一部著名的宋代雜考類著作。書中考證上至先秦下迄北宋一千餘年間的典籍异同、掌故源流、名人佚事等，“門分類聚，鈎隱抉微，考證經史百氏，下至騷人墨客佚事，細大不捐”。此書一出，“士大夫争先謄寫，親族之仕達者欲鋟木以傳”，可見其在當時的影響力。（郭紹彭《宋王先生壙銘》）四庫館臣評價此書“考辨精核，位置於《夢溪筆談》《緗素雜記》《容齋隨筆》之間，無愧色也”。書後附楙父所編《野老記聞》一卷，卷端“不著其名字，惟據楙題詞知其爲陳長方之弟子，所記多元祐諸人遺事”（《四庫全書總目》卷一百十八）。

此本爲明嘉靖四十一年王穀祥刻本。王穀祥（1501—1568），字禄之，號西室，長洲（今江蘇蘇州）人，王楙十世孫。明嘉靖八年（1529）進士，改庶吉士，歷官工部主事、文選員外郎。穀祥善文詞，兼工書畫，與文徵明、蔡羽、祝允明等齊名，以文翰名吴中。《明史》卷三百零一有傳。

明嘉靖十一年，王穀祥從僚友處偶得先祖王楙《野客叢書》全本，即命人抄録，手自校閲。至明嘉靖四十一年，其又“手録一過，且校且録，付工繕寫鋟梓”。刻成後又延請文徵明、陸師道、袁尊尼等名士“讎校再三”，“猶有疑者，姑闕之”，可謂盡心竭力，敬慎之至。（王穀祥《野客叢書跋》）因此，王穀祥本《野客叢書》校勘之嚴謹、字體之工整、雕版之精妙自不待言。版心下鎸有“唐麒”“姚舜卿”等刻工姓名。

（張昊）

明永樂五年內府刻本《大明仁孝皇后勸善書》

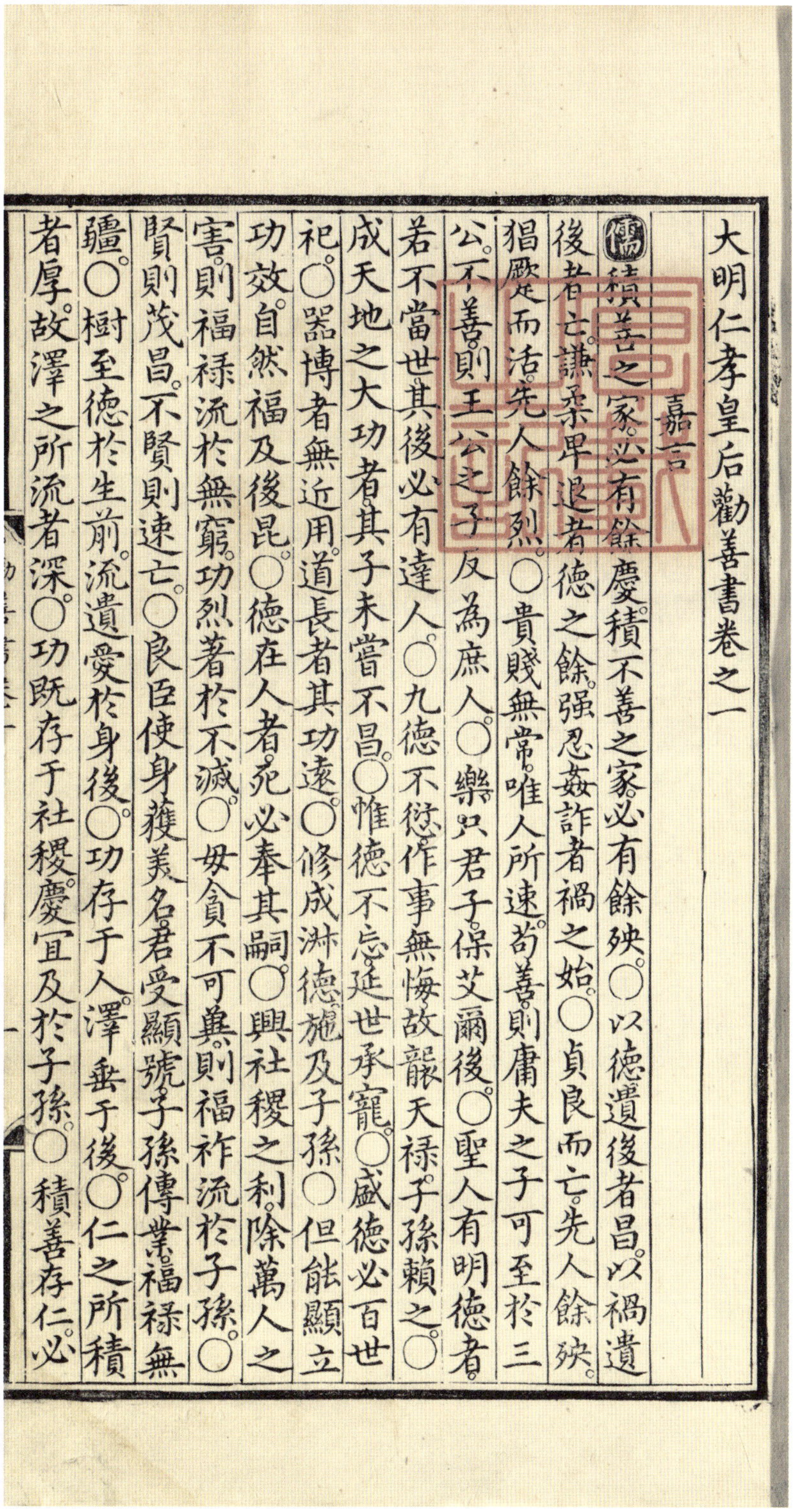

大明仁孝皇后勸善書卷之一

嘉言

積善之家必有餘慶積不善之家必有餘殃○以德遺後者昌以禍遺後者亡謙柔卑退者德之餘強忍姦詐者禍之始○貞良而亡先人餘殃猖蹶而活先人餘烈○貴賤無常唯人所速苟善則庸夫之子可至於三公不善則王公之子反為庶人○樂只君子保艾爾後○聖人有明德者若不當世其後必有達人○九德不愆作事無悔故饗天祿子孫賴之○成天地之大功者其子未嘗不昌○惟德不忘延世承寵○盛德必百世祀○器博者無近用道長者其功遠○修成淑德施及子孫○但能顯立功效自然福及後昆○德在人者死必奉其嗣○興社稷之利除萬人之害則福祿流於無窮功烈著於不滅○毋貪不可冀則福祚流於子孫○賢則茂昌不賢則速亡○良臣使身獲美名君受顯號子孫傳業福祿無疆○樹至德於生前流遺愛於身後○功存于人澤垂于後○仁之所積者厚故澤之所流者深○功既存于社稷慶宜及於子孫○積善存仁必

大明仁孝皇后勸善書二十卷　（明）仁孝皇后徐氏撰　明永樂五年（1407）内府刻本　二函十册　索書號（丙三）5936　第二批《國家珍貴古籍名録》04808號　另一部　二函二十册　索書號（乙三）485　第二批《國家珍貴古籍名録》04809號

半葉十四行二十八字，粗黑口，四周雙邊，雙對花魚尾，框高29.6厘米，寬19.4厘米。

明成祖仁孝文皇后徐氏（1362—1407），濠州（今安徽鳳陽）人，中山王徐達長女，母謝氏。明洪武九年（1376）册封爲燕王妃。明建文元年（1399）與世子朱高熾合力抵抗李景隆三十萬大軍，守衛北平。建文四年十一月册立爲皇后。明永樂五年七月薨於南京，謚“仁孝”。永樂十一年二月葬於北京天壽山。永樂二十二年九月與成祖合葬長陵，明仁宗謚“仁孝慈懿誠明莊獻配天齊聖文皇后”。徐氏仁和賢淑，且“通曉治道，注意民瘼”，曾向成祖諫言：“南北軍民瘡殘疲敝，宜加意休養；當世賢才皆先皇帝所遺，不宜以新間舊。”又召見六卿、翰林命婦，以“婦之事夫大者，宜助成其德行”勉之。在協助朱棣鞏固皇權的同時，徐氏還注意以言行教化整齊人心，史載其“兼通載籍，嘗曰：‘積善如登山，久益高；積惡如穿坎，久必陷。’又曰：‘爲善如夜就旦，漸睹清明；爲惡如旦就夜，漸入幽昏’”（《明史》卷一百五十），并以此訓誡皇太子及諸王。有《勸善書》《内訓》傳世。《明史》卷一百五十有傳。

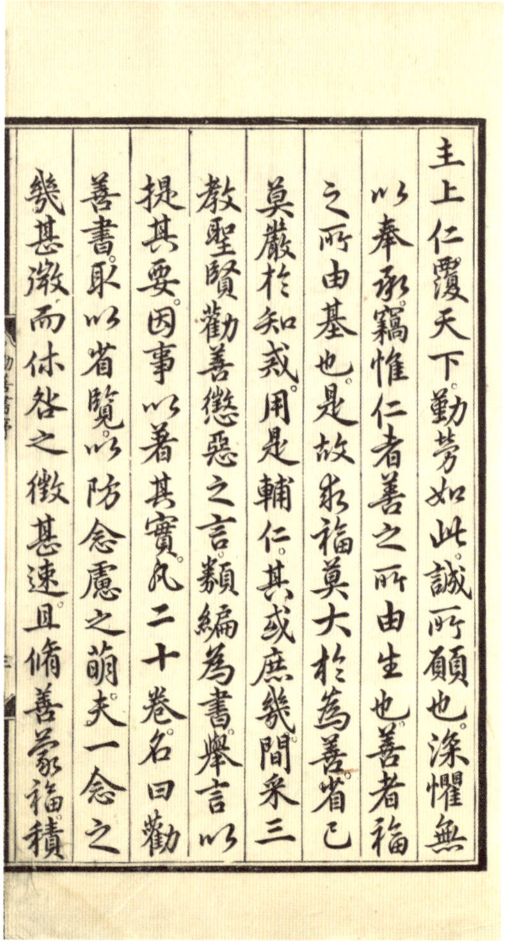
主上仁覆天下勤勞如此誠所願也滌懼無
以奉承竊惟仁者善之所由生也善者福
之所由基也是故求福莫大於為善省己
莫嚴於知戒用是輔仁其或庶幾間采三
教聖賢勸善懲惡之言類編為書舉言以
提其要因事以著其實凡二十卷名曰勸
善書取以省覽以防念慮之萌夫一念之
幾甚微而休咎之徵甚速且脩善蒙福積

《勸善書》二十卷，乃徐氏“間采三教聖賢勸善懲惡之言，類編爲書”。書前有明永樂三年徐氏自序，末有永樂五年皇太子朱高熾、漢王朱高煦、趙王朱高燧後序，及丘福、

胡廣等大臣進表。全書遵循“舉言以提其要，因事以著其實”（徐氏《勸善書序》）的體例，首列儒釋道三教經典之言，以“嘉言”冠首；後附歷代傳記善惡感應故事，標以“感應”，二者互爲表裏。

此書編成後，并未廣泛刊行，僅頒賜給皇太子、趙王、漢王等徐氏親生皇子。及明永樂五年徐氏薨後，皇太子請以仁孝皇后所著《勸善書》頒賜臣民，世間始得刊本。丁丙《善本書室藏書志》載：“此則明時别刊小字本，每葉二十八行，行二十八字，字極精湛，卷面皆藍綾裝潢。”今按，04808 號至今仍保持明時包背裝風格，按天干分爲十集，每集二卷，各卷卷首鈐“厚載之記”朱文印。04809 號除各卷卷首鈐“厚載之記”朱文印外，在卷二卷端還鈐有“佐伯文庫”印。

（張昊）

明刻本《目前集》

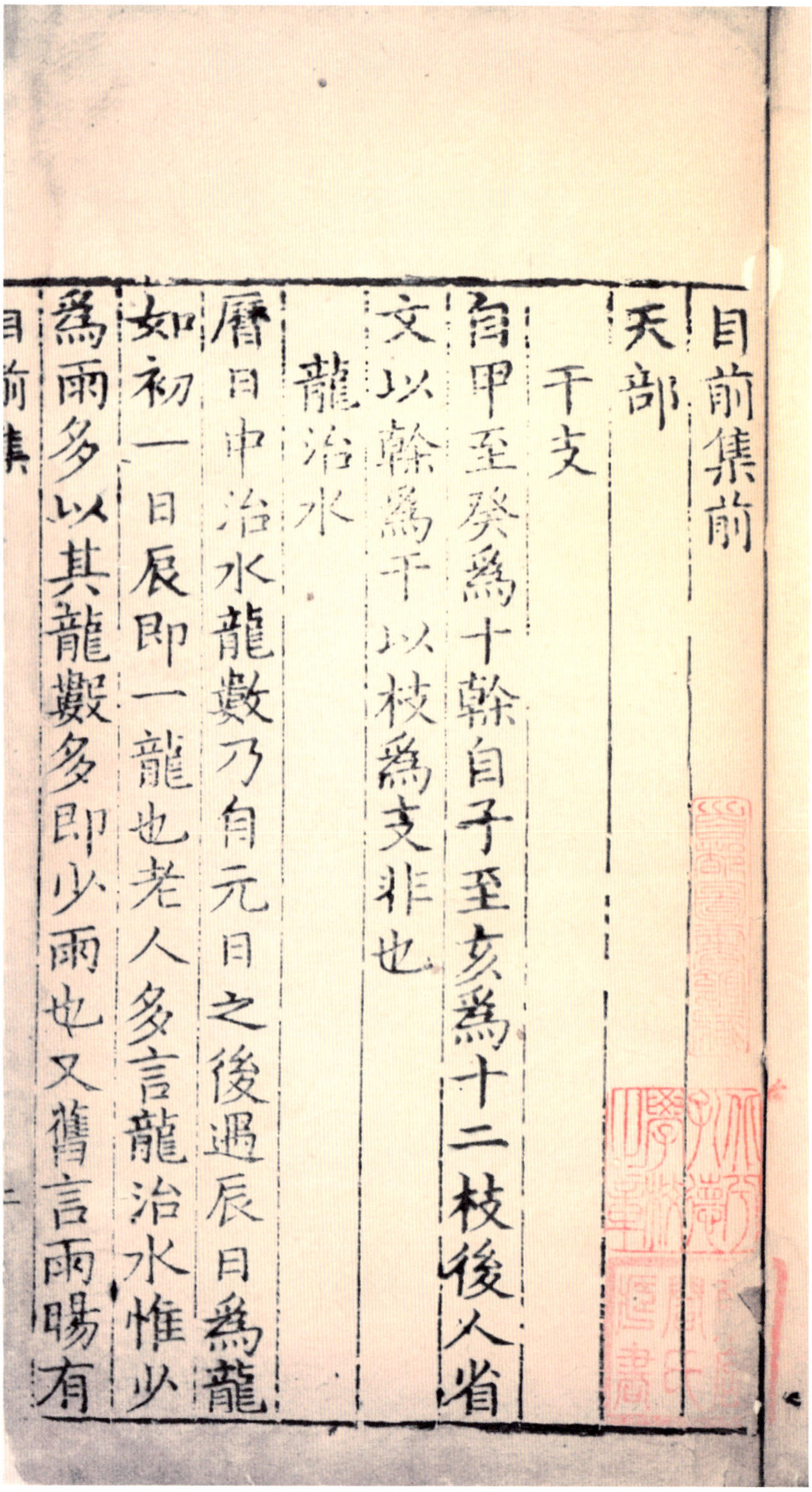

目前集前

天部

干支

自甲至癸爲十榦自子至亥爲十二枝後人省

文以榦爲干以枝爲支非也

龍治水

曆日中治水龍數乃自元日之後遇辰日爲龍

如初一日辰即一龍也老人多言龍治水惟少

爲雨多以其龍數多即少雨也又舊言雨暘有

目前集 一

目前集二卷　明刻本　一函四册　索書號（甲三）451　第三批《國家珍貴古籍名録》08626 號

半葉九行十八字，白口，四周單邊，框高 20.6 厘米，寬 13.0 厘米。

此書未署撰者姓氏，傳統著録爲佚名。今據學者陳東輝介紹，此書與明趙南星撰《味檗齋遺書》（清光緒高邑趙氏刊本）中的同名書作對比，兩書的内容完全一致，由此確認《目前集》的作者係明人趙南星（參見陳東輝《古籍叢書所藴含的中日典籍交流》）。趙南星（1550—1627），字夢白，號儕鶴，别號清都散客，高邑（今河北高邑）人。明萬曆二年（1574）進士，纍官至吏部尚書，是明代著名的政治家，“東林黨”首領之一。他爲政清廉，剛直不阿，因忤魏忠賢削籍，謫戍。崇禎初年追謚忠毅。有《芳茹園樂府》《史韵》《學庸正説》等著述傳世。《明史》卷三百四十三有傳。

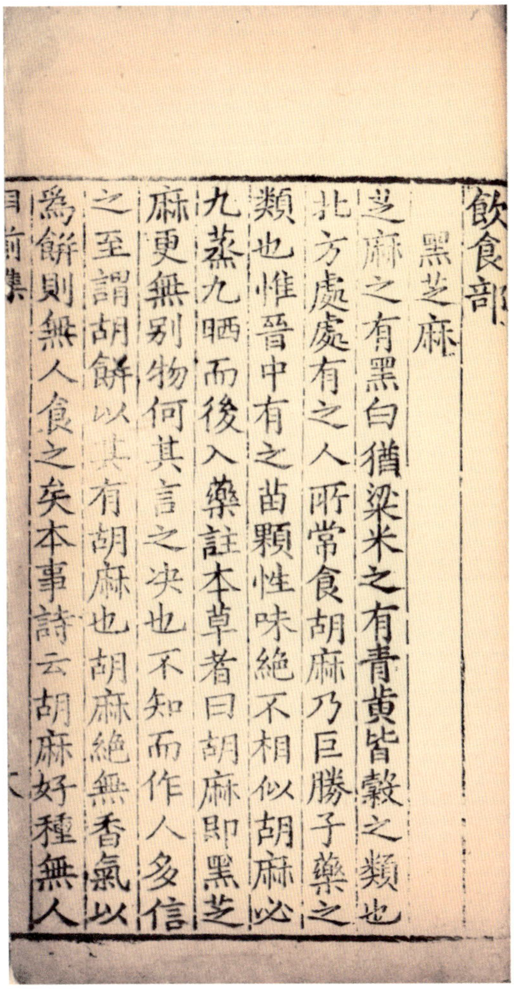
飲食部
黑芝麻
芝麻之有黑白猶粱米之有青黄皆穀之類也北方處處有之人所常食胡麻乃巨勝子藥之類也惟晉中有之苗顆性味絶不相似胡麻必九蒸九晒而後入藥註本草者曰胡麻即黑芝麻更無别物何其言之决也不知而作人多信之至謂胡餅以其有胡麻也胡麻絶無香氣以爲餅則無人食之矣本事詩云胡麻好種無人

目前集

《目前集》成書於明末，是一部收集當時民衆日常生活用語和俗詞的明人筆記，分爲前、後兩集，約有六百七十餘條目，門類繁多。“目前”乃指該書内容的時間維度，即收録詞條均爲當時的常談俗語；然其主旨是要探源釋今。此書采用筆記體行文，但是在結構編排和分類系統的成熟度上，已與同一時期的其他辭書無异，門類劃分比較詳細，因此又具有準辭書的性質。此外，是書也爲研究明代歷史、文學以及民俗語言提供了豐富的文獻資料。

此本鐫刻工整、字體方正，整體風格帶有明本古雅樸拙的特點。此外，是刻傳世稀少，明清以降的書目中鮮有著録，祇見於《中國古籍善本書目》。

書中鈐有“南宫閻氏藏書”“壺園所存書畫金石”“北平孔德學校之章”三枚印記。

（李晶瑩）

明嘉靖二十九年何氏清森閣刻本《何氏語林》

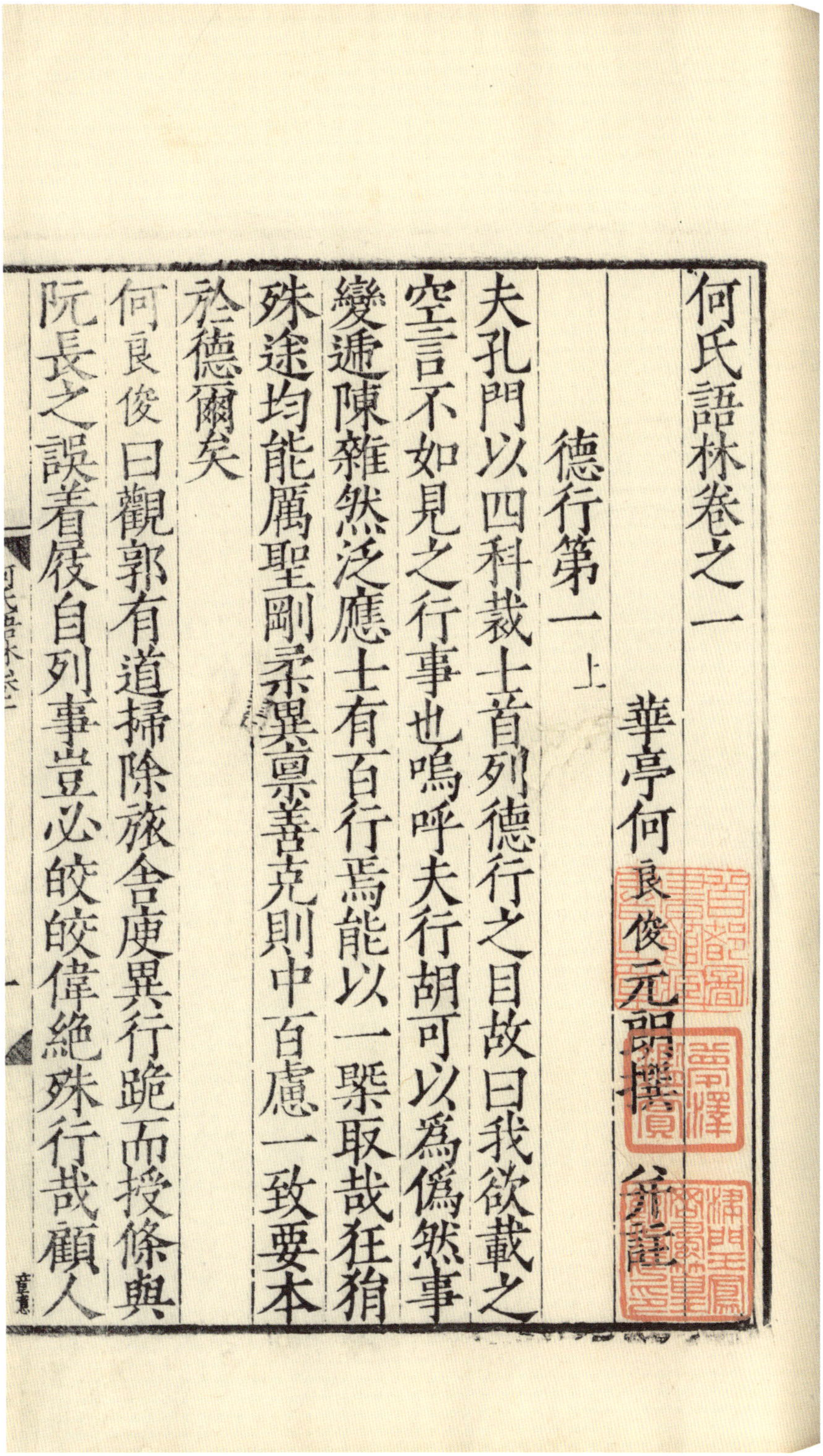
何氏語林卷之一

華亭何良俊元朗撰并註

德行第一上

夫孔門以四科裁士首列德行之目故曰我欲載之空言不如見之行事也嗚呼夫行胡可以爲僞然事變遞陳雜然泛應士有百行焉能以一槩取哉狂狷殊途均能厲聖剛柔異禀善克則中百慮一致要本於德爾矣

何良俊曰觀郭有道掃除旅舍庾異行跪而授條與阮長之誤着屐自列事豈必皎皎偉絶殊行哉顧人

何氏語林卷一

何氏語林三十卷　（明）何良俊撰并註　明嘉靖二十九年（1550）何氏清森閣刻本　四函十六册　索書號（乙五）35　第二批《國家珍貴古籍名録》04793號

半葉十行二十字，小字雙行字同，白口，左右雙邊，雙對黑魚尾，框高20.7厘米，寬15.3厘米。

何良俊（1506—1573），字元朗，號柘湖，華亭（今上海松江）人。嘉靖中，以歲貢生入國學，特授南京翰林院孔目，後弃去。適倭擾海上，留金陵數年，後移居蘇州，與文

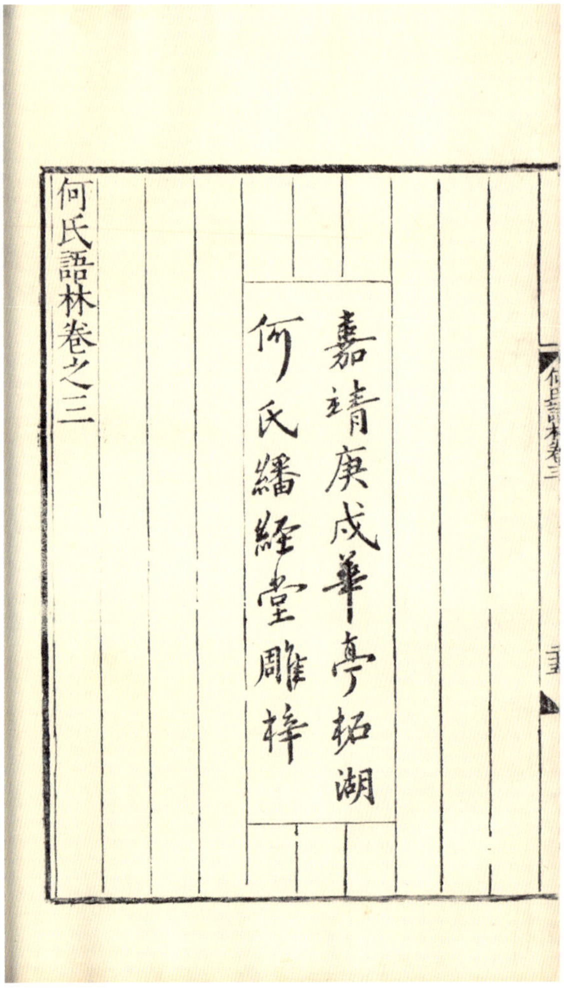

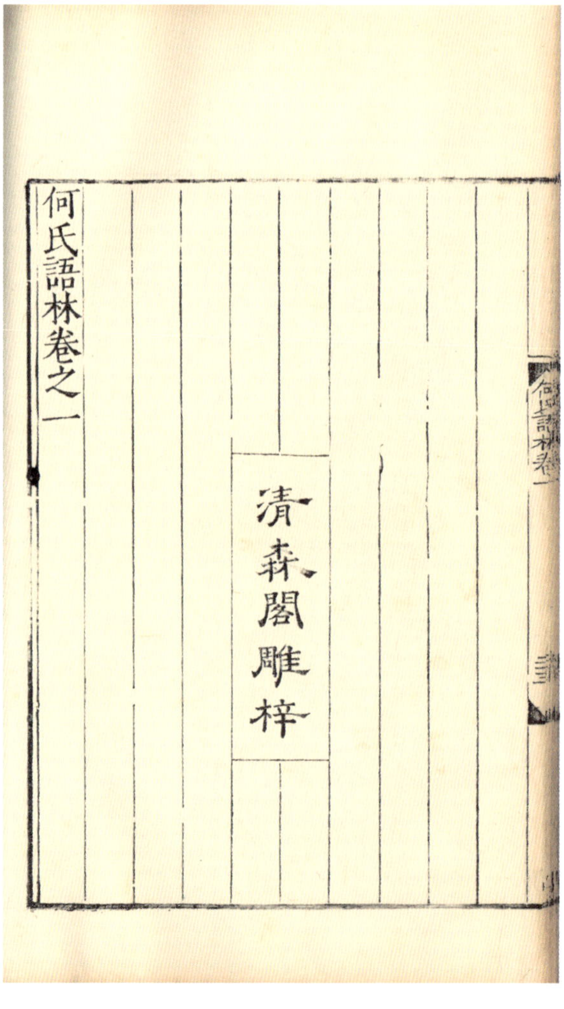

徵明等游，年七十始歸故里。他少而篤學，與弟良傅并有才名，時人比之“二陸”。著有《清森閣集》《柘湖集》《四友齋叢説》等。《明史》卷二百八十七有傳。

《何氏語林》全書三十卷，分“德行”“言語”等三十八門，計二千七百八十六事，上起後漢，下迄金元，取材史傳及各類雜著中人物事迹，内容與《世説新語》多有重叠，但剪裁得當，文字雋雅。“每條之下又仿劉孝標例自爲之注，亦頗爲博贍。其間摭拾既富，間有牴牾……然於諸書舛互，實多訂正”（《四庫全書總目》卷一百四十一）。書中每門之小序説明類目主旨，闡釋儒學宗旨，批評當代思潮，頗有可采；注文多有輯佚價值，可比劉孝標之注《世説新語》；案語則可看出何良俊推重史實考證及徵實的學風。

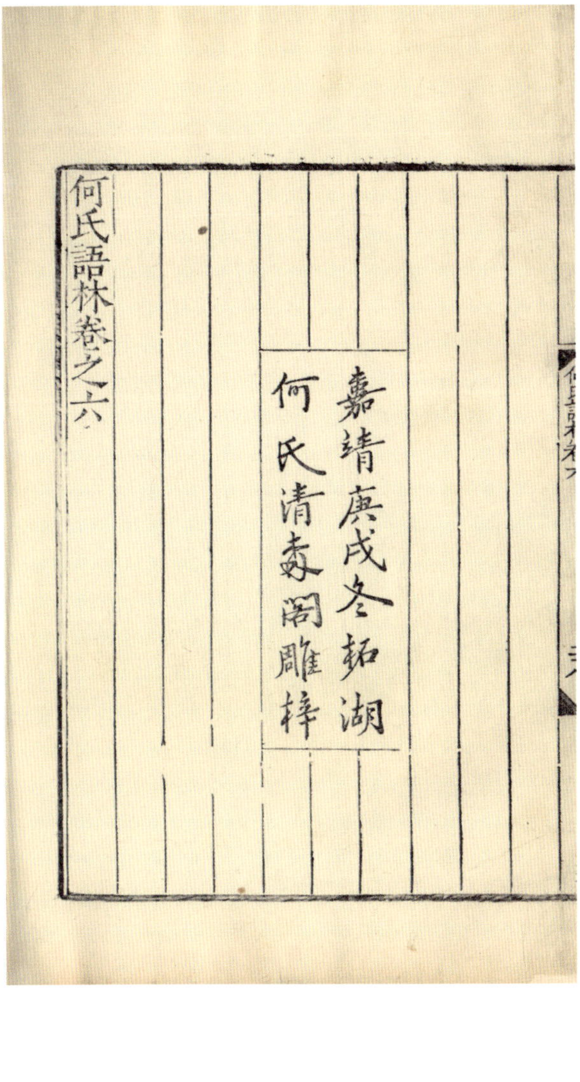

此書仿東晋裴啓《語林》書名，又襲《世説新語》體例，而增“言志”“博識”兩門，爲明清時期産生的首部“世説體”小説，對後世“世説體”小説在體例、内容上都有深遠影響。

何氏喜好藏書，曾建清森閣專門收藏宋元佳槧和珍本，同時刊刻書籍，《何氏語林》即是所刻最有名者。該書字體工整，勁秀有力；幾乎每葉版心都標有刻工；牌記不盡相同，頗具特色。全書以白棉紙細印，十分精良。首都圖書館藏本鈐有“夢澤鑑賞”“津門王鳳岡風篁館收臧印”印記。

（邸曉平）

明隆慶四年獨醒居士刻本《酒史》

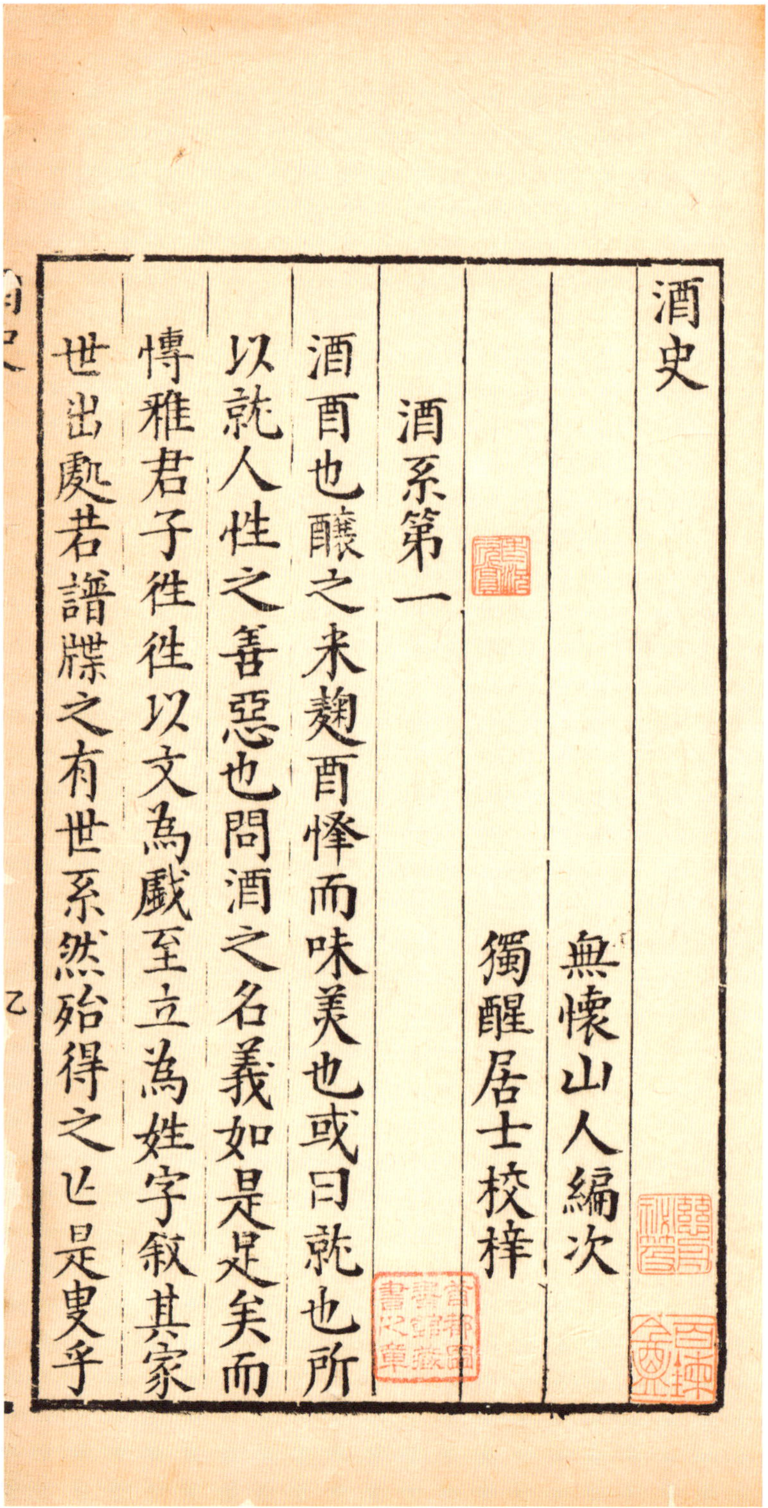

酒史

無懷山人編次

獨醒居士校梓

酒系第一

酒酉也釀之米麴酉懌而味美也或曰就也所以就人性之善惡也問酒之名義如是是矣而博雅君子往往以文為戲至立為姓字叙其家世出處若譜牒之有世系然殆得之亡是叟乎

酒史二卷　（明）馮時化撰　明隆慶四年（1570）獨醒居士刻本　一函二册　索書號（丁）13746　第二批《國家珍貴古籍名録》04714 號

半葉八行十九字，小字雙行字同，白口，四周單邊，框高 20.2 厘米，寬 12.5 厘米。

馮時化（1526—1568），字應龍，號與川，晚號無懷山人，柏鄉（今屬河北邢臺）人。馮氏一生形影孑然，惟好讀書、善文詞，然終身不得志，中年嗜酒成性，加之憂病侵尋，遂在寥落之際，手編《酒史》一帙，以釋憤懷。《［雍正］畿輔通志》卷七十九有傳。

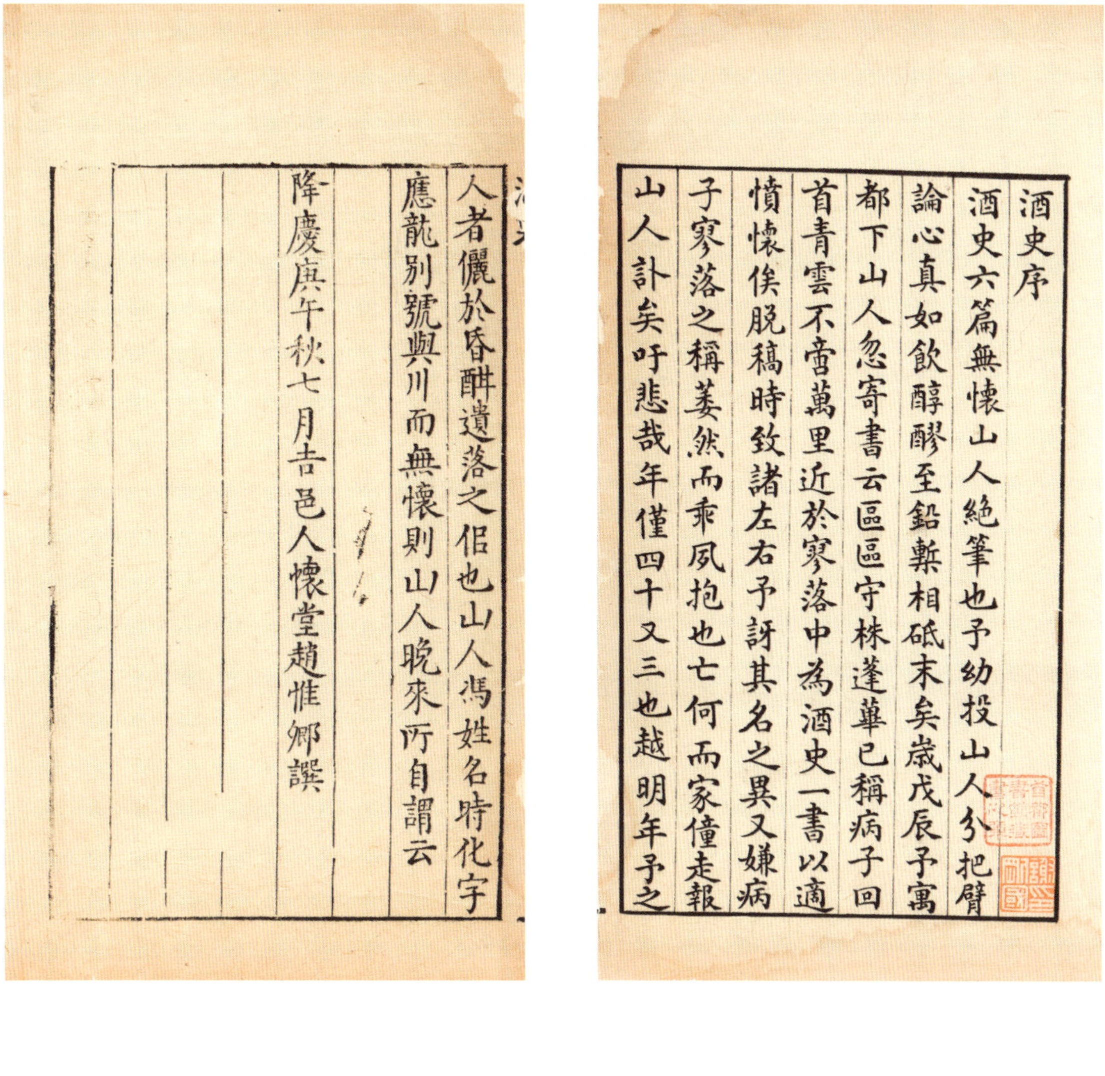

酒史序
酒史六篇無懷山人絶筆也予幼投山人分把臂論心真如飲醇醪至鉛槧相砥末矣歲戊辰予寓都下山人忽寄書云區區守株蓬華已稱病子回首青雲不啻萬里近於寥落中為酒史一書以適憤懷俟脱稿時致諸左右予訝其名之異又嫌病子寥落之稱萎然而乖夙抱也亡何而家僮走報山人訃矣吁悲哉年僅四十又三也越明年予之

人者儷於昏酣遺落之侶也山人馮姓名時化字應龍别號與川而無懷則山人晚來所自謂云

隆慶庚午秋七月吉邑人懷堂趙惟卿譔

此書以摘引前人有關酒的各種論著爲主要素材，細化爲酒系、酒品、酒獻、酒述、酒餘、酒考六篇，分門别類地介紹酒的歷史、種類、釀製方法、著名産地以及歷代名人咏酒的詩賦、評酒的文章和有趣的酒人故事等。全書内容廣博而龐雜，然體系清晰而簡約，如前序所云："有系以溯其源，有品以秩其等，有獻以立之徵，有述以頌其庥，有餘以啚其音，有考以廣其識。"足見《酒史》是一部内容相對完整的介紹酒文化的專著。此外，該書保留了大量原始資料，對後世研究中國古代酒文化有重要的參考價值。《四庫全書總目》《善本書室藏書志》《八千卷樓書目》《鄭堂讀書記》等書目有録。

是刻爲明隆慶四年獨醒居士刻本，乃《酒史》行世的第一版本。據序載：馮時化辭世前書稿未及鎸梓。至第二年，序作者趙惟卿前往馮家祭奠，得知山人遺言將生前所書《酒史》"命兒輩并藏之笥，云必以示懷堂公（按：趙惟卿字懷堂）"。爲不負良友之托，惟卿"乃揮泣而收其書，携之以東"，示書稿於博雅君子孫少泉，少泉讀後更發出"文人達士持掃愁之箒者，不可不知《酒史》"之慨，便授之梨棗。關於此書的出版者，卷端署"獨醒居士校梓"，然而目前尚無史料可考"獨醒居士"之真實姓名，此人是否與序作者趙惟卿和序言所及孫少泉有關聯，不得而知。因此，傳統著録稱此本爲"獨醒居士刻本"。

本書有佚名圈點。鈐有"百鍊盦""慈舟祕笈""老况欣賞""謝剛國印""况翁歡喜""萬卷藏書宜子弟"等印。

（李晶瑩）

明永樂十八年朱高熾刻本《彌陁往生淨土懺儀》

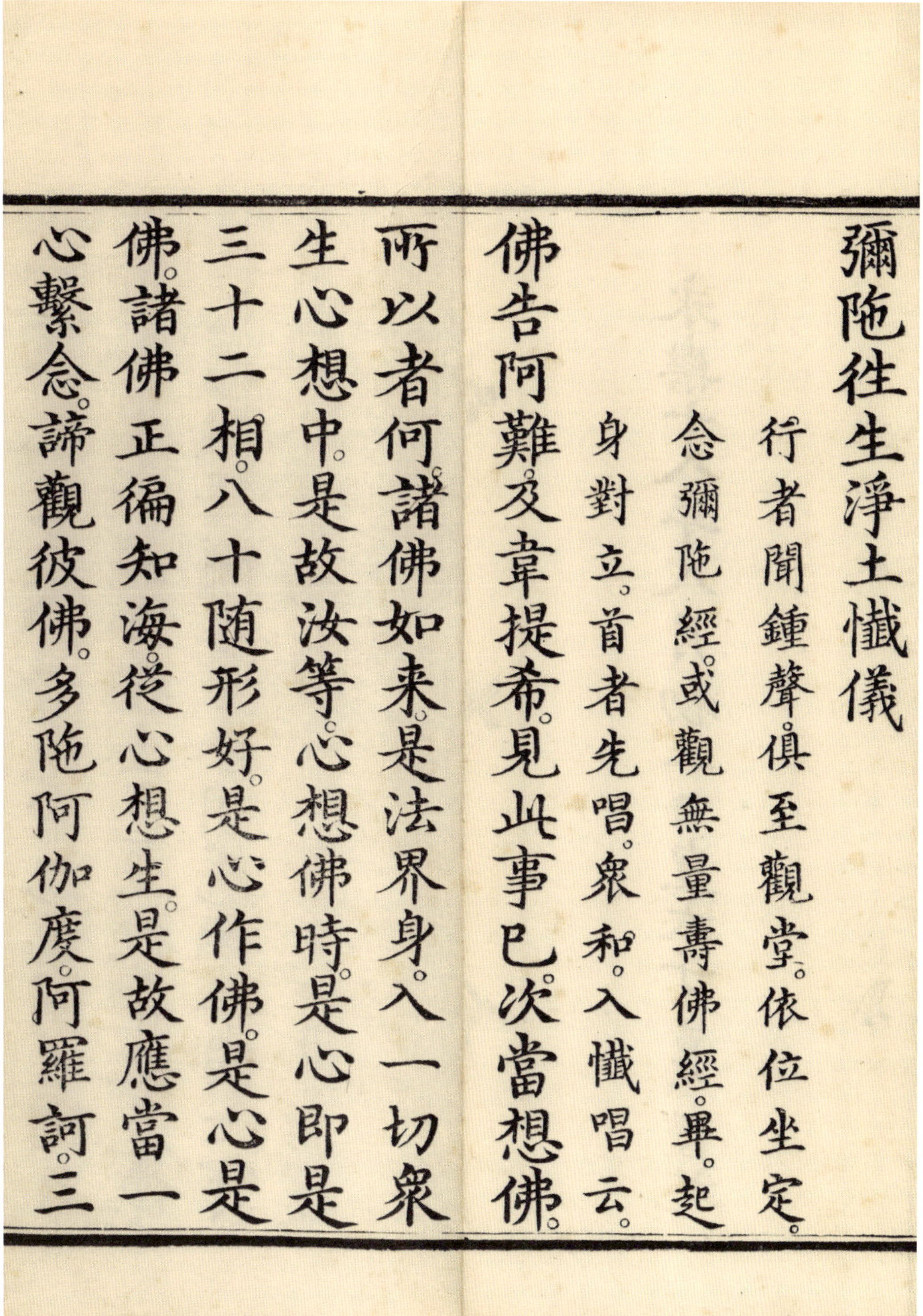

彌陁往生淨土懺儀

行者聞鍾聲。俱至觀堂。依位坐定。念彌陁經。或觀無量壽佛經。畢。起身對立。首者先唱。衆和。入懺唱云。

佛告阿難。及韋提希。見此事已。次當想佛。所以者何。諸佛如來。是法界身。入一切衆生心想中。是故汝等。心想佛時。是心即是三十二相。八十隨形好。是心作佛。是心是佛。諸佛正徧知海。從心想生。是故應當一心繫念。諦觀彼佛。多陁阿伽度。阿羅訶。三

彌陁往生淨土懺儀不分卷 明永樂十八年（1420）朱高熾刻本 一函一册 索書號（丁）15603 第四批《國家珍貴古籍名録》10539 號

每版五個半葉，半葉五行，行十六字，上下雙邊，框高 27.2 厘米，寬 12.3 厘米。

此書未署作者，一説宋代遵式大師撰於大中祥符八年（1015）。遵式（964—1032），俗姓葉，字知白，台州寧海（今浙江寧海）人。投天台義全出家，又從釋守初習律，從寶雲寺義通學天台宗典籍，爲天台宗山家派代表人物。宣講《法華》《維摩》《涅槃》《金光明》等經，并集僧俗專修净土，著《大彌陀懺儀》《小彌陀懺儀》《往生净土懺願儀》《金園集》等數十種，世稱慈雲懺主、慈雲尊者。宋仁宗明道元年（1032）圓寂。

遵式依據《大本無量壽經》《稱贊净土經》等諸大乘經，集爲《往生净土懺願儀》，略分十科：嚴净道場，明方便法，明正修意，燒香散華，禮請法，贊嘆法，禮佛法，懺願法，旋誦法，坐禪法。懺文爲專修極樂净土之行法，隨净土信仰之流行而廣爲流傳。本書題名《彌陁往生净土懺儀》，與遵式之書名略异；正文從第四科“燒香散華”開始，其前録《佛説觀無量壽佛經》十六觀之第八觀原文，後半部分又録第九觀原文；其他各科相同，衹是文字略异，不標科名，遵式稱“偈同前，但改佛名”者，此書皆重録偈文，更適合讀誦。此書當是遵式原書之改編本。

此本是明永樂十八年八月，皇太子朱高熾爲其庶母昭獻貴妃所刊。昭獻貴妃王氏，蘇州人，明永樂七年封貴妃。有賢德，事朱高熾生母仁孝皇后徐氏恭謹。徐氏與高麗權貴妃早逝。永樂帝晚年多急怒，王氏曲爲調護，自太子、諸王、公主以下皆倚賴之。明永樂十八年七月薨，禮視太祖成穆孫貴妃，即由庶子服葬期年（見《明史》卷一百三十四本傳）。朱高熾曾得到王氏回護，得其訃報，“哀思彷徨，著存不忘於心”，遂施刊《彌陁往生净土懺儀》，“集兹善利，資崇冥福，仰報慈恩於萬一”，并“泪筆謹題辭”，作《奉施彌陁往生净土懺儀序》。卷前有“西方極樂世界依正報相”，卷後有護法韋陀像。刻印精良，版畫精美。

書後有藏書家周肇祥 1942 年題跋，考訂朱高熾、昭獻貴妃事迹，并鈐其“百鏡庵藏古雕刻記”“極樂”“周肇祥”等印。

（楊之峰）

十四品上生
三心圓發
諦理深明
金臺隨往
即證無生
上品中生
達諸法空
了無驚動
有願即生
不必讀誦
上品下生
但發道心
未窮妙理
到彼開明
獲菩提記
十五中品上生

此明仁宗昭皇帝為太子時為庶母妃所捐刊造印施以資冥福者也按明史后妃傳昭獻貴妃王氏蘇州人永樂七年封貴妃
妃有賢德事仁孝皇后恭謹為帝所重帝晚年多急怒妃曲為調護太子諸王公主以下皆倚賴焉永樂十八年七月薨
禮視太祖成穆貴妃何作院法士淨土懺儀之造像永樂十八年八月初二日距妃之逝曾未逾時又皇嬪御甚少王
氏外僅高麗權妃仁孝賢而共惠雖及崩不再立后太子與漢王高煦趙王高燧皆后出高熾不知誰之事
靖安侯妃之事后恭謹入宮當已久夙為帝重故能出力調護子女皆倚賴之勤勞至矣成穆孫貴妃薨無子
太祖命周王橚行慈母服三年東宮諸王皆期又命儒臣作孝慈錄庶子為生母服三年眾子為庶母期自妃
始禮視成穆則太子以期服視其庶文書禮致敬哀思因報乃捐資揭力齋造有感夢授經之事殊非偶
然故所因緣而以興慈孝學而妃平日奉佛修善坐化靈逝生有自來後所福報豈不諮歟

壬午八月三十有四日元畏居士周肇祥謹跋

【集部】

明萬曆二十八年凌毓枏刻朱墨套印本《楚辭》

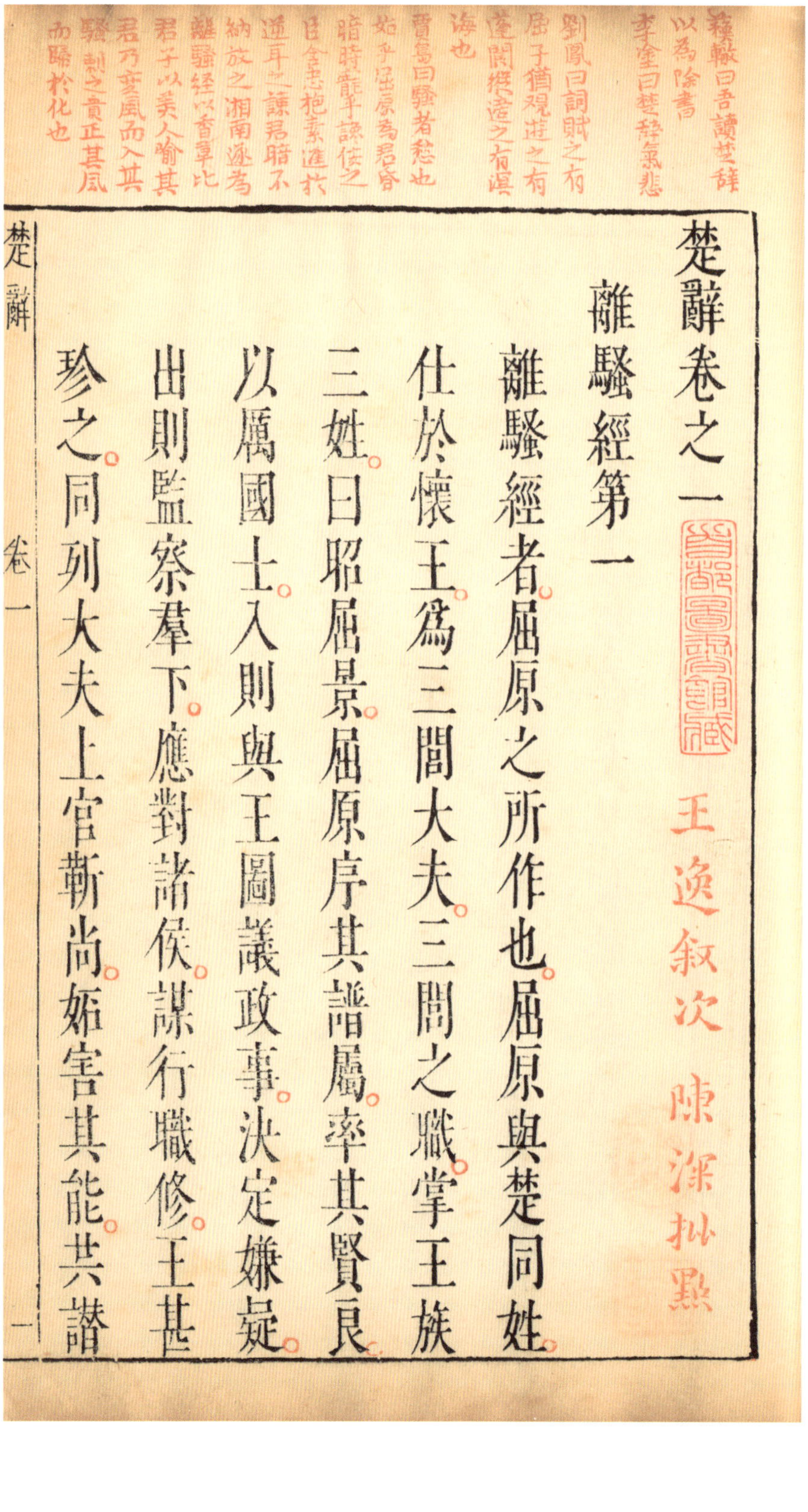
蘇轍曰吾讀楚辭以爲除書
李奎曰楚辭氣悲
劉鳳曰詞賦之有屈子猶觀進之有蓬閬從途之有溟海也
賈島曰騷者愁也始乎屈原爲君昏暗時寵乎讒佞之臣含忠抱素進於逆耳之諫君暗不納放之湘南遂考
離騷經以香草比君子以美人喻其君乃變風而入其騷刺之貴正其風而歸於化也

楚辭卷之一

離騷經第一

王逸叙次　陳深批點

離騷經者屈原之所作也屈原與楚同姓仕於懷王爲三閭大夫三閭之職掌王族三姓曰昭屈景屈原序其譜屬率其賢良以厲國士入則與王圖議政事決定嫌疑出則監察羣下應對諸侯謀行職修王甚珍之同列大夫上官靳尚妬害其能共譖

楚辭　卷一　一

楚辭十七卷　（宋）洪興祖　（明）劉鳳等注　（明）陳深批點　**附録一卷**　明萬曆二十八年（1600）凌毓枏刻朱墨套印本　一函四册　索書號（乙四）510　第二批《國家珍貴古籍名録》05051 號

半葉八行十八字，書眉刻評，行六、七字不等，白口，四周單邊，無界行，框高 21.8 厘米，寬 14.7 厘米。

《楚辭》是西漢劉向在前人基礎上輯録的一部“楚辭”體詩歌總集，收入戰國楚人屈原、宋玉、景差作品分别爲七篇、二篇、一篇，以及漢代賈誼、淮南小山、莊忌、東方朔、王褒、劉向諸人仿騷作品各一篇。東漢安帝時校書郎王逸籍貫屬於故楚，長於訓詁名物，作《楚辭章句》十七卷，最後一卷爲自作的《九思》，且在每篇前加小序。南宋初年，洪興祖作《楚辭補注》十七卷，先列王逸注，再標“補曰”申述己説，徵引詳贍。朱熹認爲以上二書詳於訓詁，未得意旨，作《楚辭集注》八卷。明代評點者衆多，如長洲（今江蘇吴縣）劉鳳，字子威，明嘉靖二十三年（1544）進士，官至河南按察使僉事，著有《劉子威集》五十二卷；陳深，字子淵，浙江長興人，明嘉靖四年舉人，官至雷州府推官，著有《諸子品節》五十卷、《諸史品節》三十九卷等。

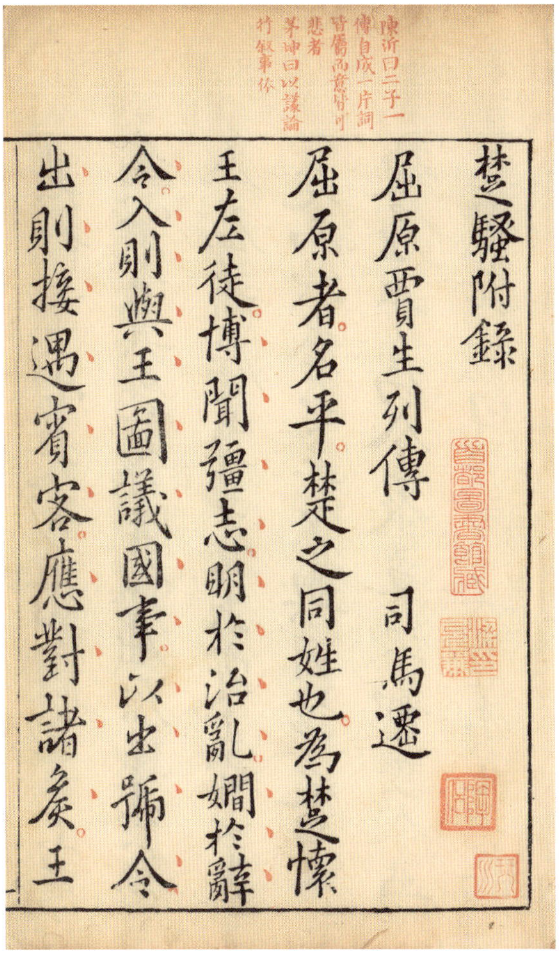
楚騷附錄
屈原賈生列傳　司馬遷
屈原者名平楚之同姓也為楚懷
王左徒博聞彊志明於治亂嫻於辭
令入則與王圖議國事以出號令
出則接遇賓客應對諸侯王

此本是明萬曆二十八年凌毓枏刻朱墨套印本。正文收録《楚辭》原文和王逸小序，用仿宋體墨色印刷，框内圈點、旁批、校記和書眉評語用手寫體朱色印刷，依次爲蘇轍、李塗、劉鳳、賈島、洪興祖、宋祁、馮覲、蘇軾、朱熹、王世貞、劉知幾、鍾嶸、張之象、郭正域、唐順之、楊慎、陳深、王慎中、劉次莊、汪道昆、何景明、李夢陽、嚴滄浪、吴國倫、楊起元、吕延濟、張銳、姚寬、沈括、洪邁、祝堯、張鳳翼、樓昉、王逸、王應麟、葛立方、王維禎、吕向、何孟春、高似孫等四十家。卷一卷端題“王逸叙次陳深批點”。卷首附録《史記·屈原賈生列傳》，末題“萬曆庚子九月既望王穉登書”，後接劉勰《辨騷》，南宋晁公武《郡齋讀書志》“王逸《楚辭》十七卷”解題。書後附王世貞跋，末有“吴興凌毓枏殿卿父校”一行。此書是在明萬曆十四年馮紹祖刊本基礎上略加刪削、補充而成，如陳深評語從八條增至二十條，既保存各家評注，又便於讀者使用。

首都圖書館藏本鈐有“梁允襄印”“陶佀”“琴川”“梁讎之印”“常山世家”等印。

（楊之峰）

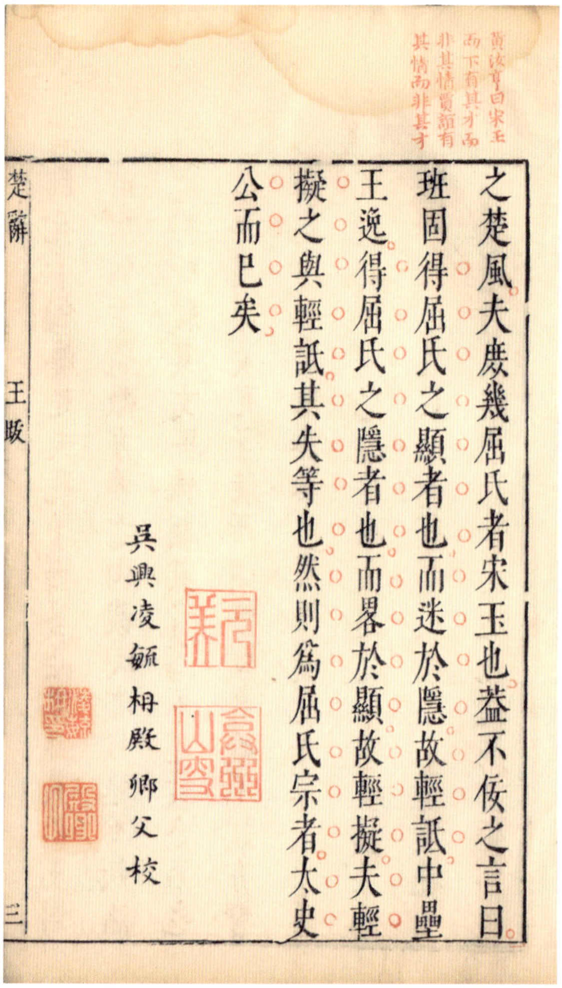
黃汝亨曰宋玉而下有其才而非其情賈誼有其情而非其才

之楚風夫庶幾屈氏者宋玉也葢不佞之言曰班固得屈氏之顯者也而迷於隱故輕詆中壘王逸得屈氏之隱者也而畧於顯故輕擬夫輕擬之與輕詆其失等也然則爲屈氏宗者太史公而已矣

吴興凌毓枏殿卿父校

楚辭 王跋 三

明凌毓枬刻朱墨套印本《唐駱先生集》

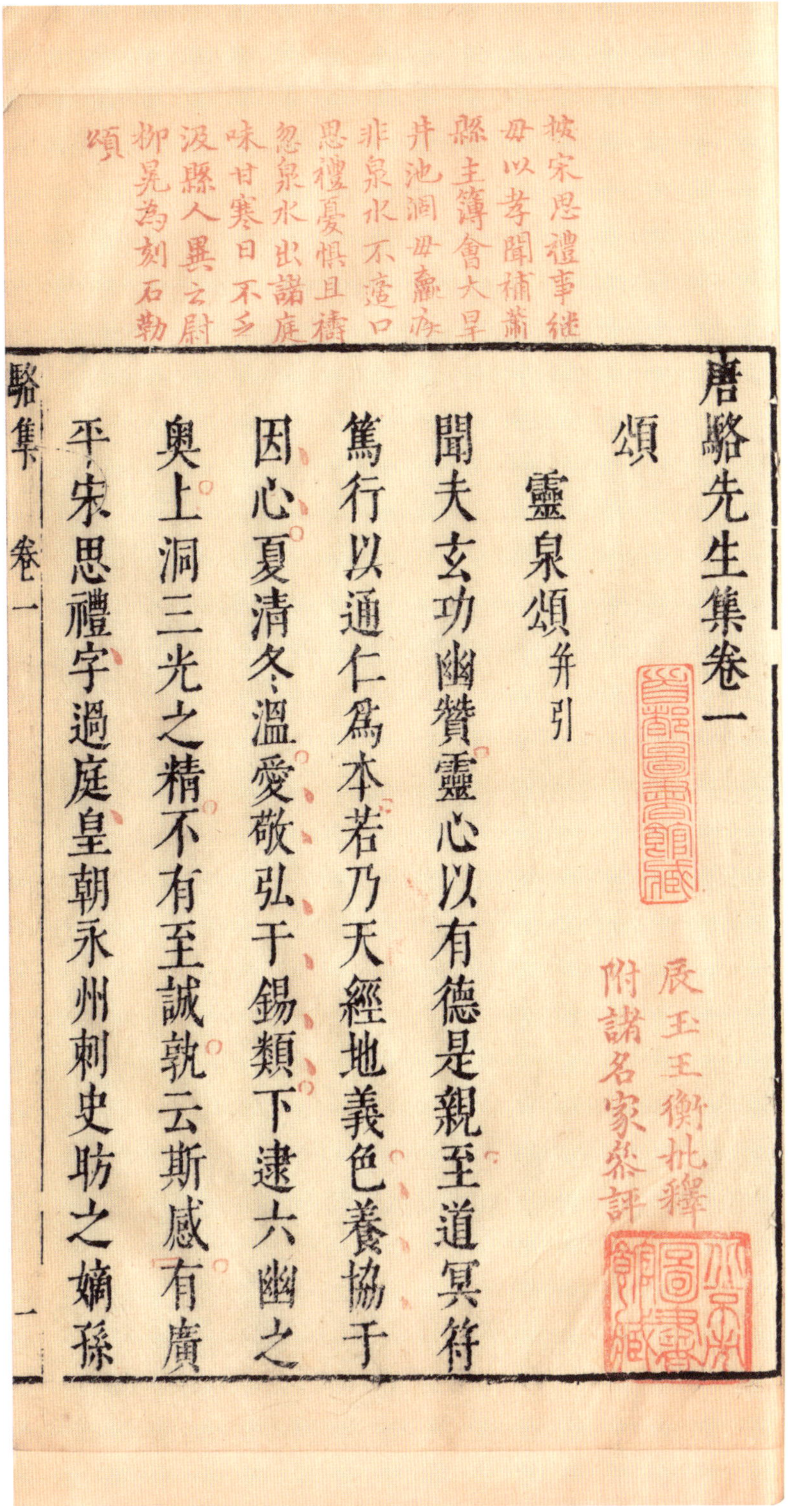
按宋思禮事繼母以孝聞補蕭縣主簿會大旱井池涸母羸疾非泉水不適口思禮憂懼且禱忽泉水出諸庭味甘寒日不乏汲縣人異之尉柳晃為刻石勒頌

唐駱先生集卷一

辰玉王衡批釋
附諸名家叅評

頌

靈泉頌并引

聞夫玄功幽贊靈心以有德是親至道冥符篤行以通仁爲本若乃天經地義色養協于因心夏清冬溫愛敬弘于錫類下逮六幽之奧上洞三光之精不有至誠孰云斯感有廣平宋思禮字過庭皇朝永州刺史昉之嫡孫

駱集　卷一　一

唐駱先生集八卷　（唐）駱賓王撰　（明）王衡等評釋　**附録一卷**　明凌毓枏刻朱墨套印本　一函四册　索書號（丙四）63　第二批《國家珍貴古籍名録》05129號　另一部　一函四册　索書號（乙四）315　第二批《國家珍貴古籍名録》05130號

半葉八行十八字，書眉刻評，行六字，白口，四周單邊，無界行，框高19.4厘米，寬14.7厘米。

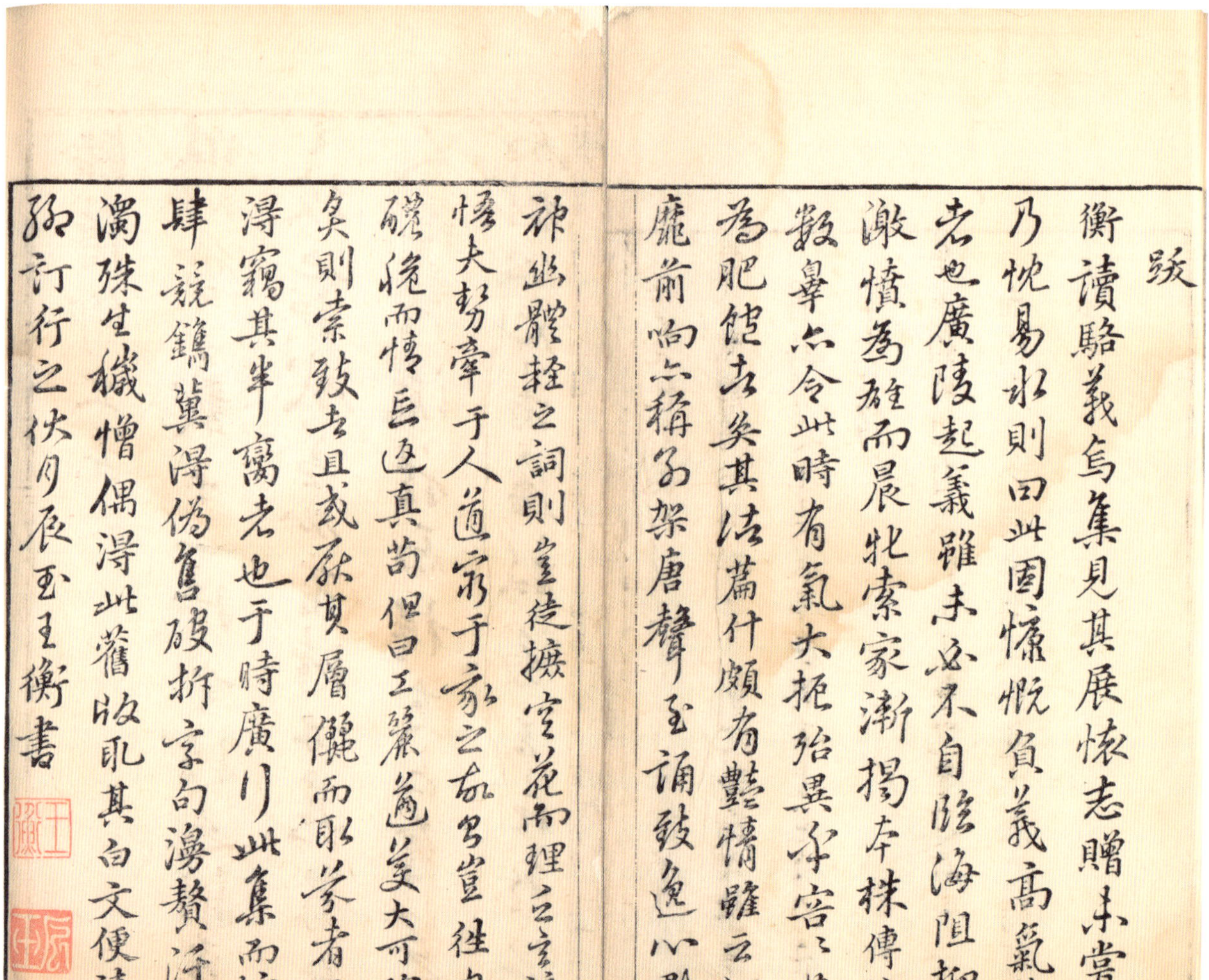
跋
衡讀駱義烏集見其展懷志贈未嘗不
乃忱易水則回此國慷慨負義高氣節
者也廣陵起義雖未必不自臨海阻抑
激憤為雄而晨牝索家漸揭本株傳檄
數舉亦令此時有氣大抵殆異乎宮之苟
為肥飽者矣其詩篇什頗有艷情離云江
麗前尚亦稱為架唐聲至誦致逸心興
神幽體輕之詞則皇徒擬空花而理亦玄諦
悽夫駢章于人道窮于家之故曷豈徒有
磋繞而情亦迫真苟但曰王駱為更大可膾
炙則索致者且或厭其層儷而取筹者思
得窺其半窺者也于時廣川此集而坊
肆競鐫冀得偽售破折字句謬贅浮
濫殊甚機僧偶得此舊版取其白文便讀
緣訂行之伏月辰玉王衡書

駱賓王（約619—約687），字觀光，唐婺州義烏(今浙江義烏)人，“初唐四杰”之一。七歲作《咏鵝》，世人稱“神童”。早年喪父，家境清寒。唐高宗永徽中爲道王李元慶府屬，後拜奉禮郎，爲東臺詳正學士。因事被謫，從軍西域，久戍邊疆。後調任長安主簿。唐儀鳳三年（678），入朝爲侍御史，因事下獄，次年遇赦。唐調露二年（680）出任臨海縣丞，世稱“駱臨海”。武則天光宅元年（684），駱賓王爲起兵揚州反武則天的徐敬業作《代李敬業傳檄天下文》。敬業敗北，駱亡命不知所之，或云被殺，或云爲僧。唐中宗復位後，詔求駱文，得數百篇。駱賓王在初唐四杰中詩作最多，尤擅七言歌行，名作《帝京篇》爲初唐罕有的長篇，時人以爲絶唱。因曾久戍邊城，亦多有邊塞詩。

後人輯録駱賓王詩文有多種版本，宋至明、清刊本均有傳世。《四庫全書》收録《駱丞集》四卷，《四庫全書總目》言：“其集新、舊《唐書》皆作十卷。宋《藝文志》載有《百道判》三卷，今并散佚。此本四卷，蓋後人所裒輯。其注則明給事中顔文選所作。援引疏舛，殆無可取。以文選之外别無注本，而其中亦尚有一二可采者，故姑并録之，以備參考焉。”

此《唐駱先生集》八卷，附録一卷，爲

明王衡等評釋，明萬曆十九年（1591）吴興凌氏刻書世家凌毓枏刻朱墨套印本。此集内收駱賓王所撰頌、賦、序、檄文、古詩、絶句、雜言等九十六篇，眉間録焦竑、李贄、陳仁錫、鍾惺、皇甫汸、顧璘等諸名家參評和王衡批釋。品評精審，批語精絶。附録爲郭子章撰《駱賓王李敬業論》。王衡（1561—1609）字辰玉，號緱山，别署蘅蕪室主人，江蘇太倉（今屬江蘇蘇州）人，萬曆間宰輔王錫爵之子，畫家王時敏之父。王衡於明萬曆十六年順天鄉試中會元，因是宰輔之子，有言官彈劾主試官，疑爲作弊，故在其父任内未參加進士會考。明萬曆二十九年，王錫爵退隱後，王衡纔重進科場，以榜眼及第，授翰林院編修。後辭官歸隱，中年而卒。著有《緱山集》及《鬱輪袍》雜劇等。《唐駱先生集》批釋應是其明萬曆十九年之前所作。卷首有湯賓尹、汪道昆書序，卷末王衡書跋。

此書首都圖書館藏有兩部，書品皆完好，刻印亦精良。一部05129號鈐有“天津高澤畬氏小槼庵珍藏”“初齋秘笈”“高淩霨澤畬甫收藏印”等印記。另一部05130號鈐有“孫華卿章”印記。

（劉乃英）

明嘉靖十五年玉几山人刻本
《集千家註杜工部詩集》

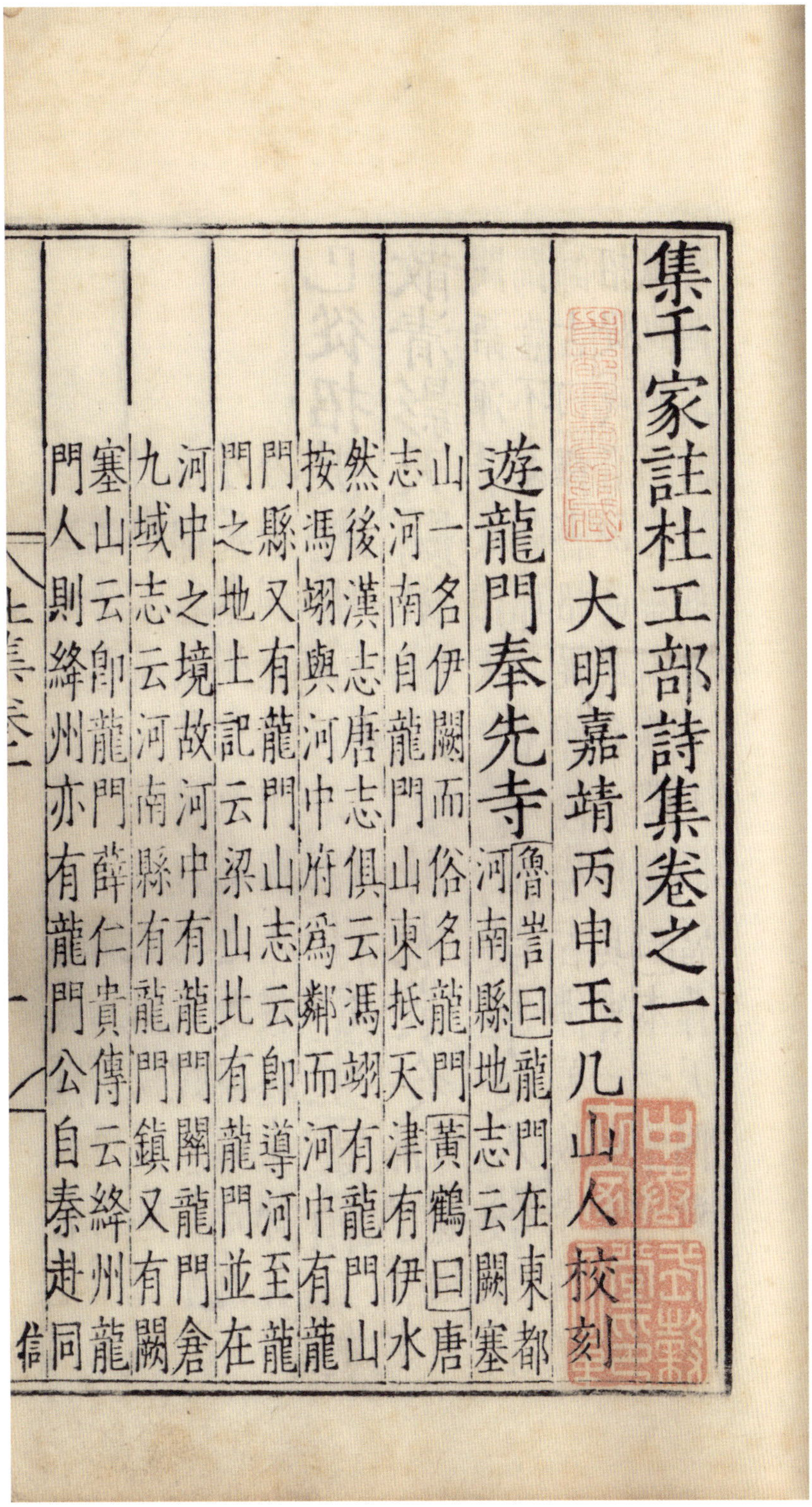
集千家註杜工部詩集卷之一
大明嘉靖丙申玉几山人校刻
遊龍門奉先寺 魯訔曰龍門在東都河南縣地志云闕塞
山一名伊闕而俗名龍門 黃鶴曰唐志河南自龍門山東抵天津有伊水
然後漢志唐志俱云馮翊有龍門山按馮翊與河中府爲鄰而河中有龍
門縣又有龍門山志云即導河至龍門之地土記云梁山北有龍門並在
河中之境故河中有龍門關龍門倉九域志云河南縣有龍門鎮又有闕
塞山云即龍門薛仁貴傳云絳州龍門人則絳州亦有龍門公自秦赴同

集千家註杜工部詩集二十卷文集二卷　（唐）杜甫撰　（宋）黄鶴補注　**附録一卷**
明嘉靖十五年（1536）玉几山人刻本　一函十二册　索書號（乙四）402　第二批《國家珍貴古籍名録》05232 號

半葉八行十七字，小字雙行同，白口，四周雙邊，雙對白魚尾，框高 22.3 厘米，寬 14.1 厘米。

杜甫（712—770），字子美，祖籍襄陽，曾祖時遷居河南鞏縣（今河南鞏義）。初舉進士不第，唐天寶年間以獻《三大禮賦》待制集賢院。唐肅宗至德二年（757）任左拾遺，唐代宗廣德二年（764）節度使嚴武舉薦爲檢校工部員外郎，故又稱“杜拾遺”“杜工部”。杜甫工於詩歌，與李白齊名，并稱“李杜”，世人譽爲“詩聖”。“凡出處去就、動息勞佚、悲懽憂樂、忠憤感激、好賢惡惡一見於詩，讀之可以知其世”（胡宗愈《成都草堂詩碑序》），故其詩被稱爲“詩史”。杜甫一生創作不輟，爲世傳頌的名篇甚多。《舊唐書》卷一百九十、《新唐書》卷二百零一有傳。

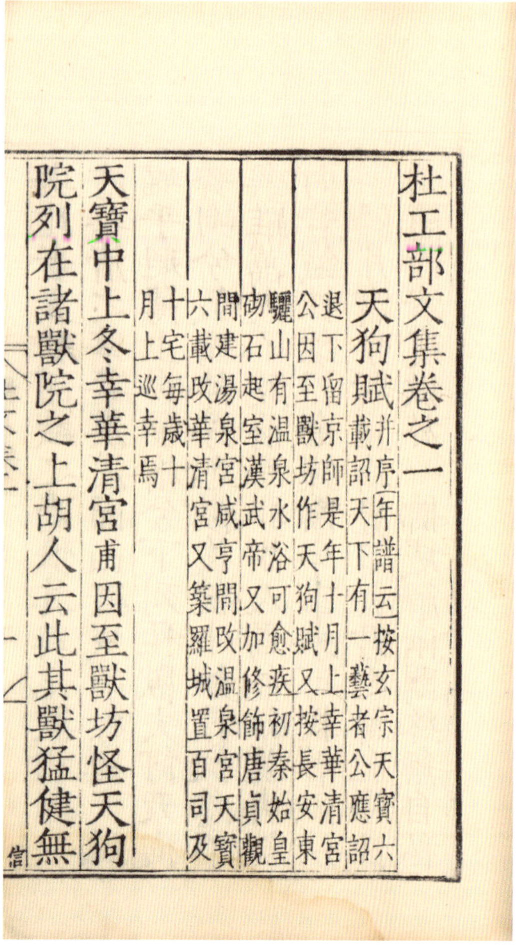
杜工部文集卷之一
天狗賦并序年譜云按玄宗天寶六載詔天下有一藝者公應詔退下留京師是年十月上幸華清宮公因至獸坊作天狗賦又按長安東驪山有温泉水浴可愈疾初秦始皇砌石起室漢武帝又加修飾唐貞觀間建湯泉宮咸亨間改温泉宮天寶六載改華清宮又築羅城置百司及十宅每歲十月上巡幸焉
天寶中上冬幸華清宮甫因至獸坊怪天狗
院列在諸獸院之上胡人云此其獸猛健無

《新唐書·藝文志》載：“杜甫集六十卷，小集六卷。”然此六十卷本，經唐末五代之亂，至北宋已不復可見。時雖有杜集數種，然皆散佚或藏於私人，世人極爲難見。宋王洙曾廣爲搜集整理，“除其重複，定取千四百有五篇……分十八卷，又别録賦、筆、雜著二十九篇爲二卷，合二十卷。”（王洙《杜工部詩史舊集序》）。王安石曾增補“世所不傳者二百餘篇，自《洗兵馬》下序而次

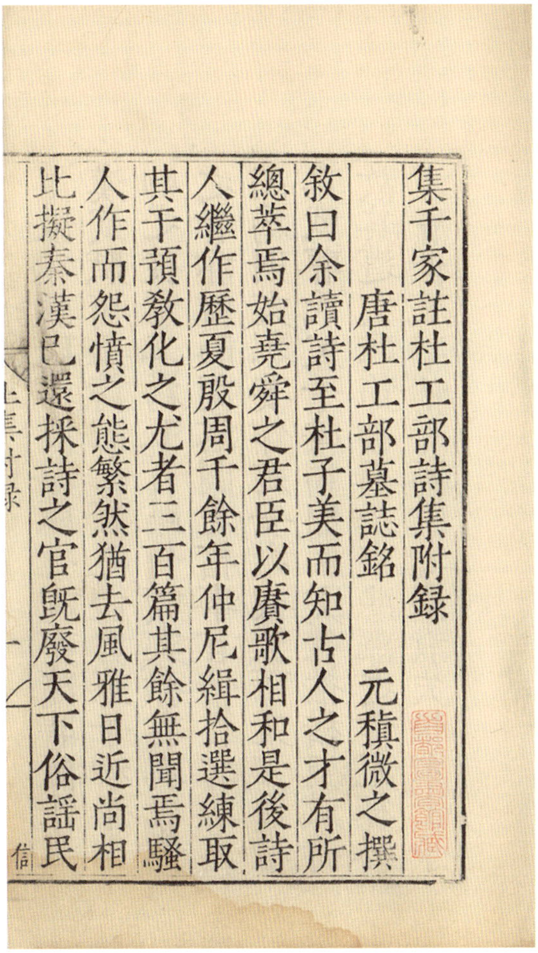
集千家註杜工部詩集附録
唐杜工部墓誌銘　元稹微之撰
敘曰余讀詩至杜子美而知古人之才有所
總萃焉始堯舜之君臣以賡歌相和是後詩
人繼作歷夏殷周千餘年仲尼緝拾選練取
其干預教化之尤者三百篇其餘無聞焉騷
人作而怨憤之態繁然猶去風雅日近尚相
比擬秦漢已還採詩之官既廢天下俗謡民

之”，成《杜工部詩後集》。後黄鶴又在其父黄希輯注的基礎上對杜集予以補注。黄鶴，字叔似，臨川（今江西臨川）人。其父黄希“以杜詩舊注，每多遺舛，嘗爲隨文補輯，未竟而殁。鶴因取槧本輯注，即遺稿爲之正定，又益以所見，積三十餘年之力，至嘉定丙子，始克成編”。南宋劉辰翁始對杜詩進行鑒賞、評點。元大德間，劉辰翁門人高宗蘭（字楚芳）以蔡夢弼《草堂詩箋》、黄氏《補千家集注》爲底本，加入劉辰翁批點，“復删舊注無稽者、泛濫者，特存精確必不可無者”（劉將孫《集千家注批點杜工部詩集序》），最終形成《集千家注批點杜工部詩集》。全書收杜詩一千四百餘首，文二十八篇，詩文編年排序。注者“題曰千家”，所采實不滿百家，“蓋務誇摭拾之富”。《四庫全書總目》云：“宋以來注杜諸家，鮮有專本傳世，遺文緒論，頗賴此書以存，其篳路藍縷之功，亦未可盡廢也。”（卷一百四十九）

首都圖書館所藏爲明嘉靖十五年玉几山人刻本，首有王洙、王安石、胡宗愈、蔡夢弼四序。卷端題名後刻“大明嘉靖丙申玉几山人校刻”字樣。附録爲元稹撰《唐杜工部墓誌銘》、宋祁撰《新唐書·文藝傳·杜甫傳》及《文集》二卷。玉几山人，即曹道，休寧（今屬安徽）人。版心下刻寫工、刻工名。

鈐“式穀堂印章”“中丞世家”印。

（喬雅俊）

明凌濛初刻朱墨套印本《孟東野詩集》

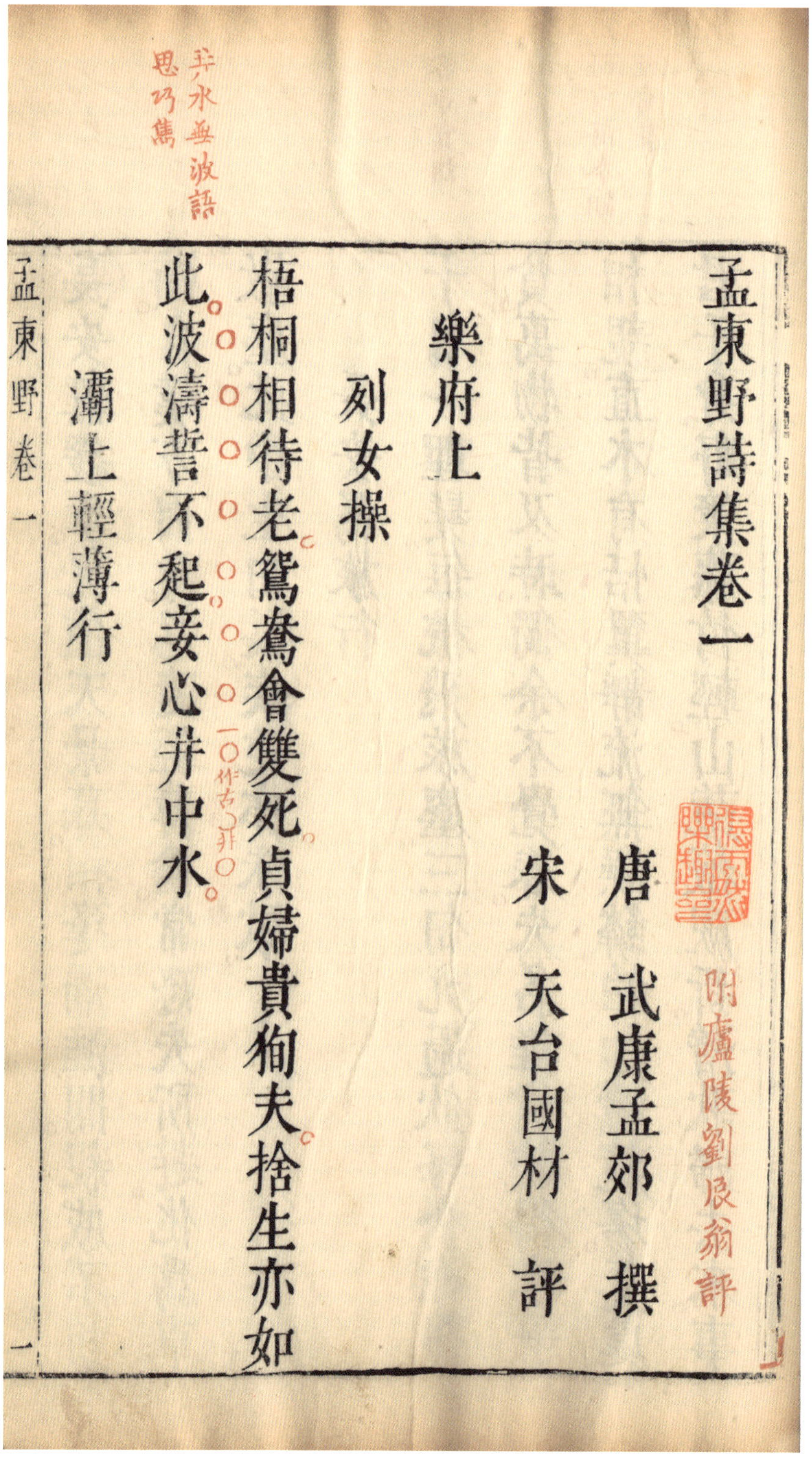

井水無波語思巧雋

孟東野詩集卷一

唐　武康孟郊　撰

宋　天台國材　評

明廬陵劉辰翁評

樂府上

列女操

梧桐相待老。鴛鴦會雙死。貞婦貴殉夫。捨生亦如此。波濤誓不起。妾心井中水。

一作古井

灞上輕薄行

孟東野卷一　一

孟東野詩集十卷　（唐）孟郊撰　（宋）國材　劉辰翁評　明凌濛初刻朱墨套印本　一函四册　索書號（丁）13915　第二批《國家珍貴古籍名録》05417 號

半葉八行十九字，書眉鐫評，行五字，白口，左右雙邊，框高 20.6 厘米，寬 14.7 厘米。

孟郊（751—814），字東野，湖州武康（今浙江德清）人。早年生活貧困，周游湖北、湖南、廣西等地，無所遇合。年五十始登進士第。唐貞元十七年（801），任江南溧陽尉，徘徊賦詩，漕務多廢，被罰半俸。不久弃官。元和初，河南尹鄭餘慶奏爲河南水陸轉運從事，試協律郎。六十歲時，因母喪去官。鄭餘慶鎮守興元（今陝西漢中），又奏爲參謀、試大理評事。唐元和九年（814），孟郊應邀赴任，行至閿鄉（今河南靈寶），暴

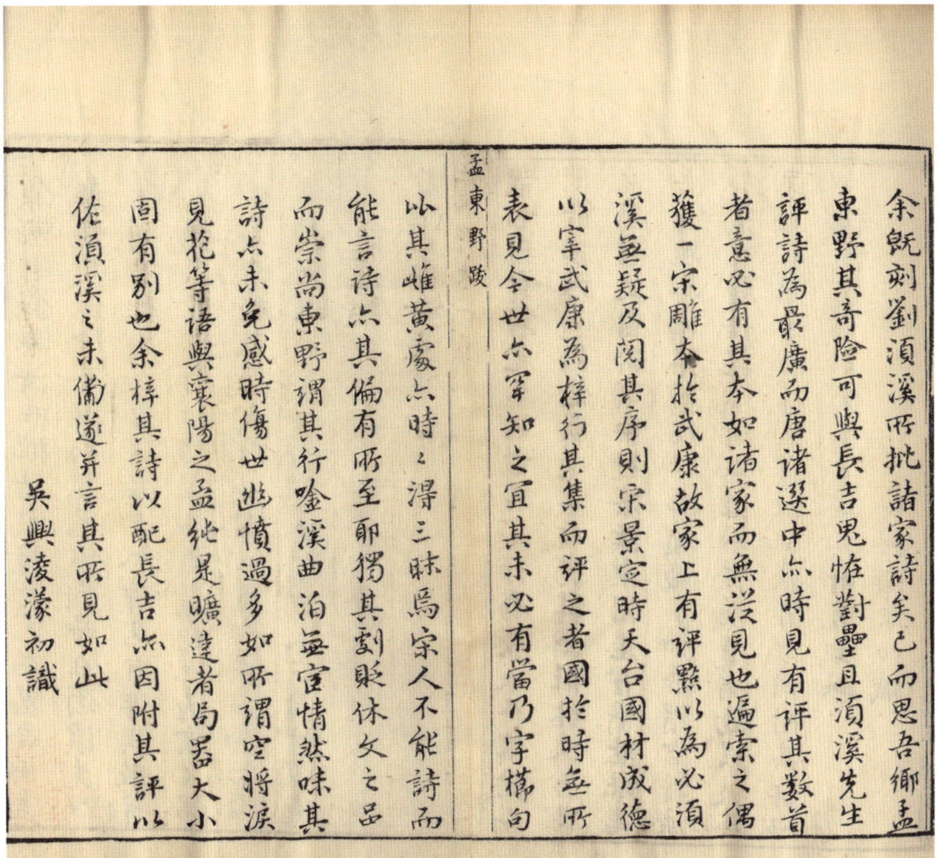
余既刻劉須溪所批諸家詩矣已而思吾鄉孟東野其奇險可與長吉鬼怪對壘且須溪先生評詩爲最廣而唐諸選中亦時見有評其數首者意必有其本如諸家而無從見也遍索之偶獲一宋雕本於武康故家上有評點以爲必須溪無疑及閱其序則宋景定時天台國材成德以宰武康爲梓行其集而評之者國於時無所表見今世亦罕知之宜其未必有當乃字櫛句比其雌黃處亦時時得三昧焉宋人不能詩而能言詩亦其偏有所至耶獨其劉聦休文之品而崇尚東野謂其行唫溪曲泊無宦情然味其詩亦未免感時傷世幽憤過多如所謂空將淚見花等語與襄陽之孟純是曠達者局量大小固有别也余梓其詩以配長吉亦因附其評以佐須溪之未備遂并言其所見如此

吳興淩濛初識

孟東野跋

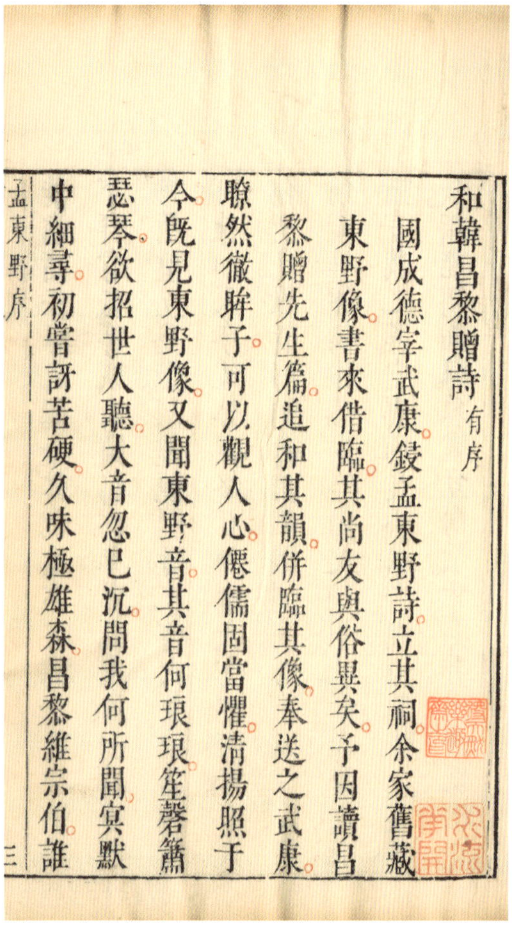

病而逝。現存詩歌五百餘首，後人輯爲《孟東野詩集》，以五言古詩爲多，精思苦煉，雕刻奇險。與賈島同屬苦吟詩人，人稱“郊寒島瘦”。《舊唐書》卷一百六十一、《新唐書》卷一百七十六有傳。

國材，字成德，天台（今屬浙江）人。宋理宗景定三年（1262）任武康縣令，懷賢訪古，與本邑之士共評孟郊之詩，以宋敏求本爲底本，復鋟諸梓。并在當地“孟井”旁立碑，得進士舒岳祥祖傳孟郊遺像，重建孟郊祠。

吴興凌濛初是明末著名文學家和刻書家，曾用朱墨套印技術刻宋末劉辰翁評點諸家詩集。偶從武康故家得宋刻本《孟東野詩集》，以爲劉辰翁所評，却原來是國材評本，字櫛句比，認爲得詩中三昧，“宋人不能詩而能言詩，亦其偏有所至”（凌濛初識語）。凌氏遂重刻此書，從諸唐詩選本摘録劉辰翁評語附其中。書首録國材序、舒岳祥贈詩、宋敏求序、韓愈撰墓志銘。分樂府、感興、咏懷、游適、居處、行役、紀贈、懷寄、酬答、送别、咏物、雜題、哀傷、聯句十四類，收詩五百一十一首，結尾附贊一篇、書二篇。正文墨印，圈點、校記、眉批朱印，版式規整，朱墨分明，在孟郊詩集衆多刻本中，是罕見的批點本。

此書存世無多，首都圖書館藏本鈐“舊雨艸堂”“十羽齋”“水流花開”“得天然樂趣齋之印”“得天然樂趣齋”“彭氏福德”“和廷藏書畫印”“龢廷過目”等印。

（楊之峰）

明正統十三年善敬堂刻遞修
《增廣註釋音辯唐柳先生集》

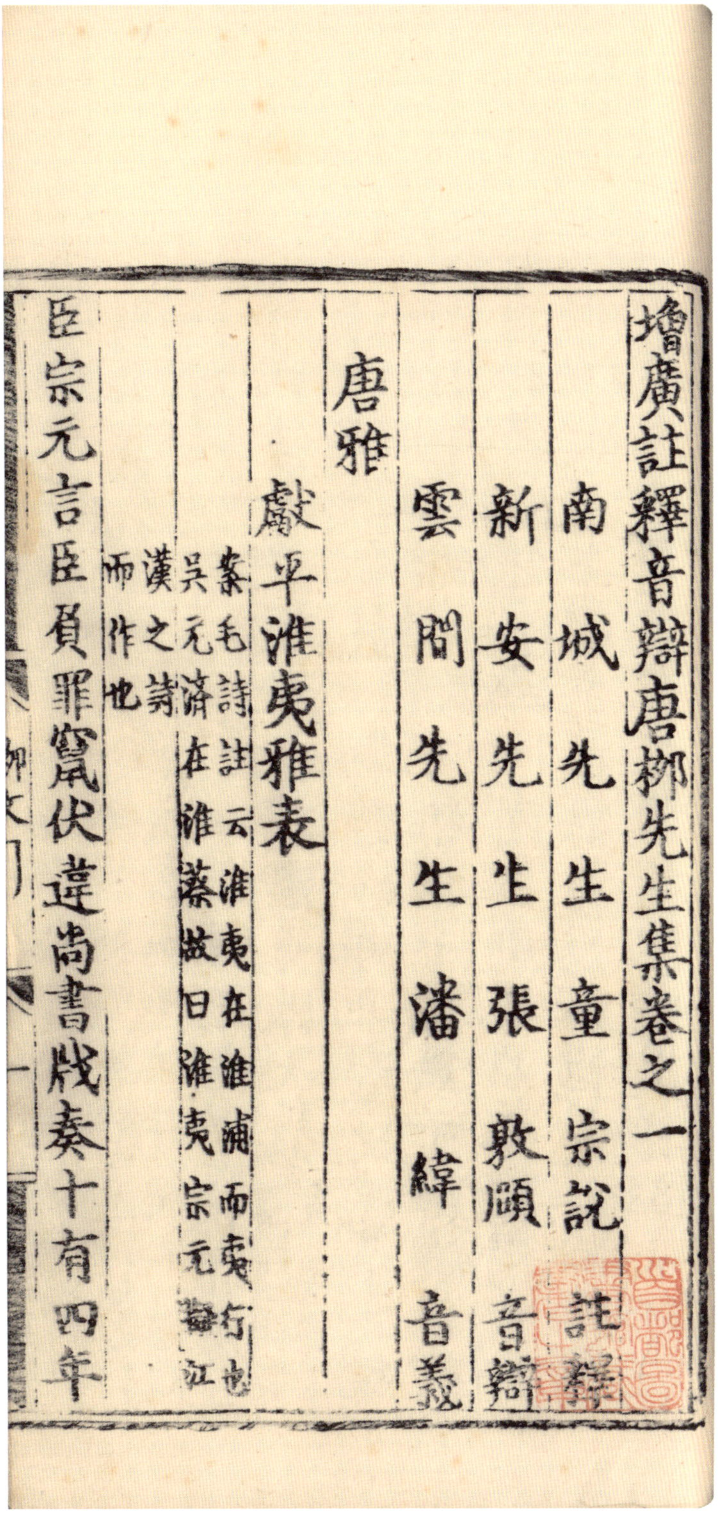

增廣註釋音辯唐柳先生集卷之一

南城先生童宗説註釋

新安先生張敦頤音辯

雲間先生潘緯音義

唐雅

獻平淮夷雅表 案毛詩註云淮夷在淮浦而夷行也吳元濟在淮蔡故曰淮夷宗元擬江漢之詩而作也

臣宗元言臣負罪竄伏違尚書牋奏十有四年

增廣註釋音辯唐柳先生集四十三卷別集二卷外集二卷　（唐）柳宗元撰　（宋）童宗説注釋　（宋）張敦頤音辯　（宋）潘緯音義　**附録一卷**　明正統十三年（1448）善敬堂刻遞修本　四函二十四册　索書號（丁）7358　第二批《國家珍貴古籍名録》05388 號

半葉九行十八字，小字雙行字同，粗黑口，四周雙邊，雙順黑魚尾，框高 22.4 厘米，寬 14.0 厘米。

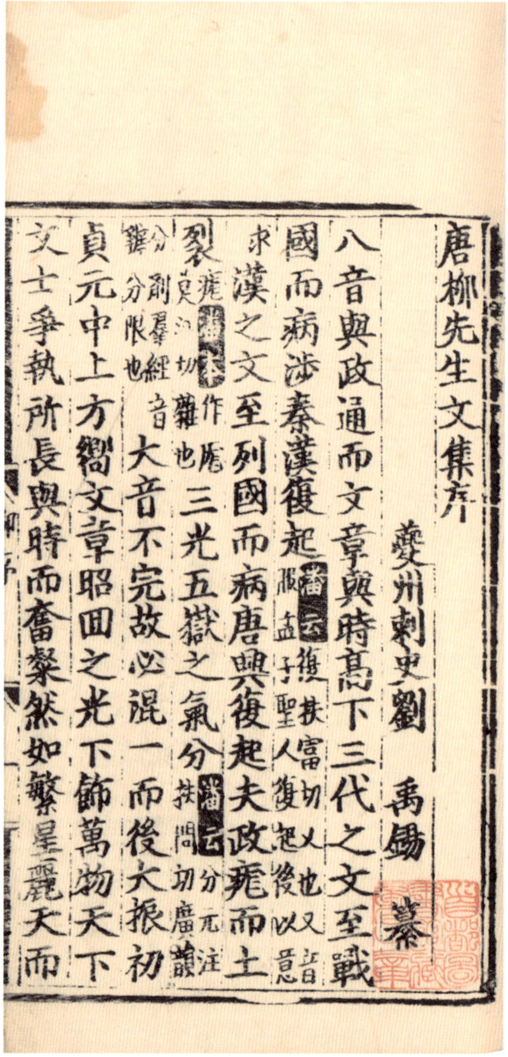
唐柳先生文集序
夔州刺史劉　禹錫　纂
八音與政通而文章與時高下三代之文至戰
國而病涉秦漢復起
漢之文至列國而病唐興復起夫政厖而土
裂　三光五嶽之氣分
大音不完故必混一而後大振初
貞元中上方嚮文章昭回之光下飾萬物天下
文士爭執所長與時而奮粲然如繁星麗天而

柳宗元（773—819），字子厚，河東解（今山西運城西）人，世稱柳河東。唐德宗貞元九年（793）進士及第，十四年登博學鴻詞科，授集賢殿正字。參與永貞革新，失敗後被貶永州司馬。唐憲宗元和十年（815）徙柳州刺史，故又稱柳柳州，卒於任上。柳宗元在詩、賦、文諸方面皆有很高成就，與韓愈同爲唐古文運動的倡導者，并稱“韓柳”；唐代著名文學家、思想家，“唐宋八大家”之一。《舊唐書》卷一百六十、《新唐書》卷一百六十八有傳。

柳宗元文集在唐時有劉禹錫輯三十卷本，北宋時三十卷本流傳已少。宋初穆修重加校訂編次，成四十五卷。宋人沈晦又輯遺文爲《外集》二卷。南宋始有人爲柳集作注，如張敦頤《柳文音釋》、童宗説《柳文音注》、潘緯《柳文音義》等。張敦頤（1097—1183），字養正，婺源（今屬江西）人，宋高宗紹興八年（1138）進士，著有《六朝事迹編類》等。童宗説，字夢弼，南城（今屬

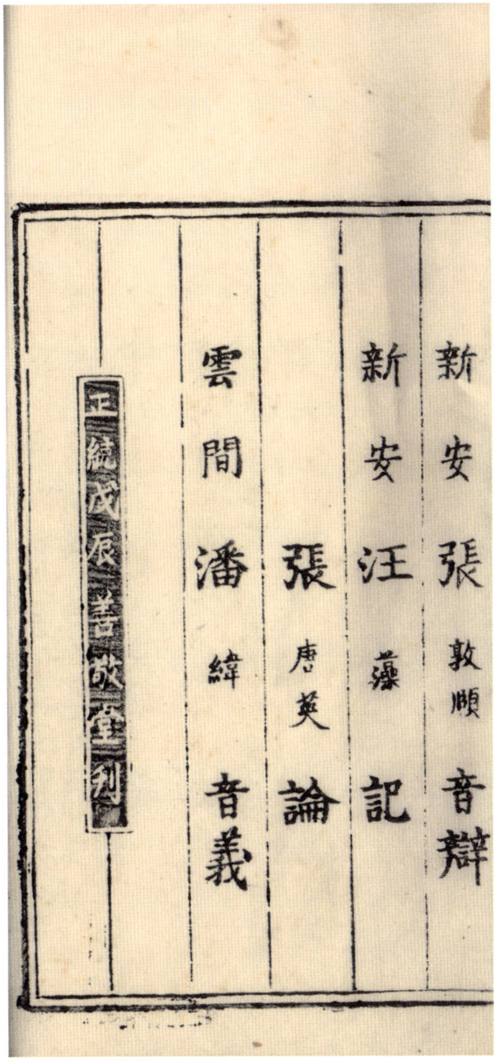
新安張敦頤音辯
新安汪藻記
張唐英論
雲間潘緯音義
正統戊辰善敬堂刊

江西）人，紹興二十一年進士，著有《盱江志》。潘緯，字仲寶，雲間（今上海松江）人。此三家注產生於南宋，反映此一時期對柳集的整理偏重於音釋注解。

綜合各家注釋之集注本流傳後，單注本漸廢。《增廣註釋音辯唐柳先生集》即爲集注本之一。此集合童宗説注釋、張敦頤音辯、潘緯音義而成，凡正集四十三卷、别集二卷、外集二卷、附録一卷。其中正集是將《非國語》分出作爲别集二卷，因此在内容上實與四十五卷本無异。該書首爲宋乾道三年（1167）十月陸之淵《柳文音義序》、劉禹錫《唐柳先生文集序》。卷前有“諸賢姓氏”，載中山劉禹錫編、河南穆修叙、眉山蘇軾評論等凡九家。《四庫全書總目》評價該輯注本“書中所注，各以童云、張云、潘云别之，亦不似緯自撰之體例。蓋宗説之注釋、敦頤之音辯，本各自爲書，坊賈合緯之音義，進爲一編，故書首不以《柳文音義》標目，而别題曰《增廣注釋音辯唐柳先生集》”（卷一百五十）。童氏音注、張氏音辯與潘氏音義三家注占此書注文的絶大多數。

首都圖書館所藏爲明正統十三年善敬堂刻遞修本。是書“諸賢姓氏”後刻有刊記“正統戊辰善敬堂刊”。善敬堂，明正統間王宗玉的書坊名，王氏一族世代刻書。

本書鈐有“洪静淵”印。

（喬雅俊）

明嘉靖十一年太原府刻本《重刊嘉祐集》

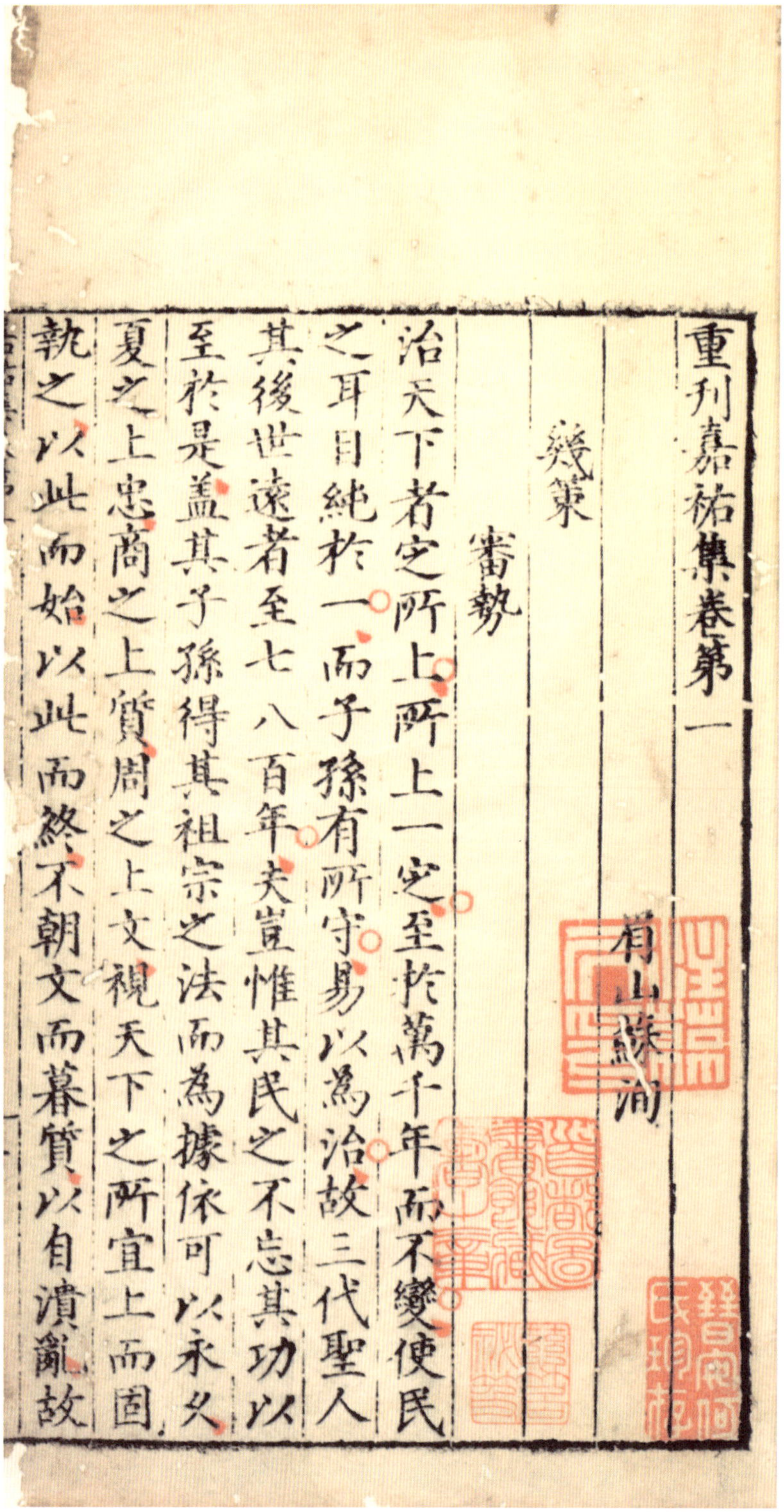
重刊嘉祐集卷第一

眉山蘇洵

幾策

審勢

治天下者定所上所上一定至於萬千年而不變使民之耳目純於一而子孫有所守易以為治故三代聖人其後世遠者至七八百年夫豈惟其民之不忘其功以至於是蓋其子孫得其祖宗之法而為據依可以永久夏之上忠商之上質周之上文視天下之所宜上而固執之以此而始以此而終不朝文而暮質以自潰亂故

重刊嘉祐集十五卷　（宋）蘇洵撰　明嘉靖十一年（1532）太原府刻本　一函六册　索書號（丁）7359　第四批《國家珍貴古籍名録》10631號

半葉十行二十一字，小字雙行字同，白口，四周單邊，框高19.6厘米，寬13.4厘米。

蘇洵（1009—1066），字明允，號老泉，眉州眉山（今屬四川）人。史載蘇洵年二十七始發憤爲學，宋至和、嘉祐間，與其二子軾、轍皆至京師，翰林學士歐陽修上其所著《權書》《衡論》等二十二篇，士大夫争相傳之，洵遂以文章名。後官秘書省校書郎，

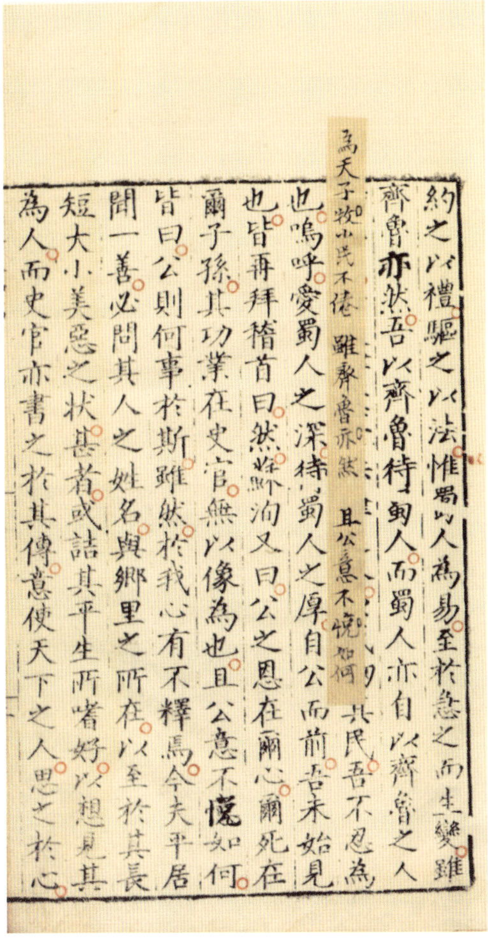
約之以禮驅之以法惟蜀之人為易至於急之而生變雖
齊魯亦然吾以齊魯待蜀人而蜀人亦自以齊魯之人
為天子牧小民不倦　雖齊魯亦然　其公意不悅如何
其民吾不忍為
也嗚呼愛蜀人之深待蜀人之厚自公而前吾未始見
也皆再拜稽首曰然蘇洵又曰公之恩在爾心爾死在
爾子孫其功業在史官無以像為也且公意不欲如何
皆曰公則何事於斯雖然於我心有不釋焉今夫平居
聞一善必問其人之姓名與鄉里之所在以至於其長
短大小美惡之狀甚者或詰其平生所嗜好以想見其
為人而史官亦書之於其傳意使天下之人思之於心

佚名浮簽校改

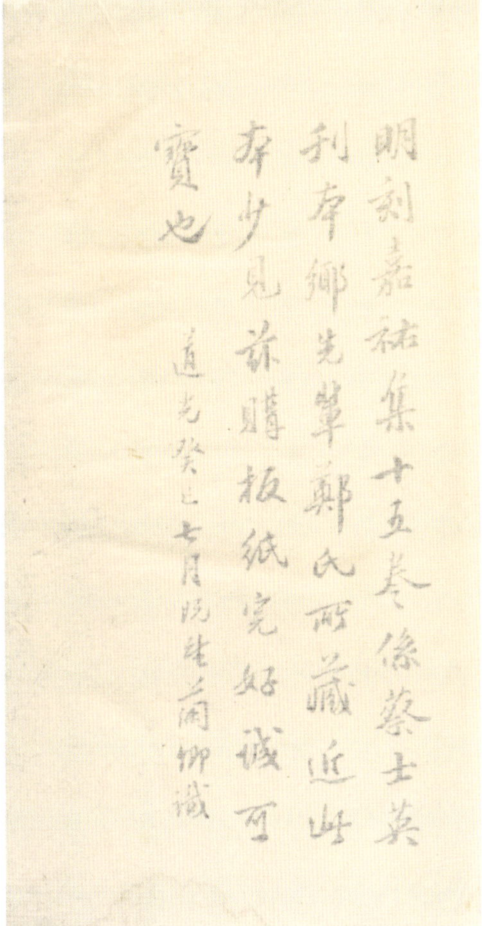
明刻嘉祐集十五卷係蔡士英
刊本鄉先輩鄭氏所藏近時
本少見詳晴板紙完好誠可
寶也
道光癸巳七月既望蘭卿識

蘭卿題識

以霸州文安縣主簿修《太常因革禮》，書成而卒，追贈光禄寺丞。著有《嘉祐集》十五卷、《謚法》三卷。《宋史》卷四百四十三有傳。

據宋代諸家著録，蘇洵集有十五卷、二十卷、三十卷本。今存宋刻三部，一部十五卷，題《嘉祐集》；一部爲殘本，卷數不詳，題《類編增廣老蘇先生大全文集》；一部爲二十卷，題《東萊標注老泉先生文集》。元刻本未見著録。首都圖書館此本爲明嘉靖太原府刻本。明嘉靖十一年，王獻任山西道監察御史，出家藏本令太原知府張鏜翻刻，發給闔省士子。書凡十五卷，卷一爲幾策，卷二、三爲權書，卷四至八爲論，卷九至十二爲書，卷十三爲譜牒，卷十四爲記、贊、志銘、祭文等，卷十五爲雜詩。蘇洵之文兼得詩人之優柔，騷人之清深，孟、韓之温淳，遷、固之雄剛，孫、吴之簡切，曾鞏稱其文“持事析理、引物托諭，侈能盡之約，遠能見之近，大能使之微，小能使之著。煩能不亂，肆能不流。其雄壯俊偉，若江河而下也；其輝光明白，若星辰而上也”（《蘇明允哀辭》）。

目録四葉係抄配。卷前有清道光十三年（1833）蘭卿題識，文中有佚名朱筆圈點、墨筆浮簽。鈐“晋安何氏珍存”“注韓居印”“慈竹居秘笈”“蔭亭”“黄曾樾印”等印章。

（史麗君）

明嘉靖二十八年安如石刻本《南豐曾先生文粹》

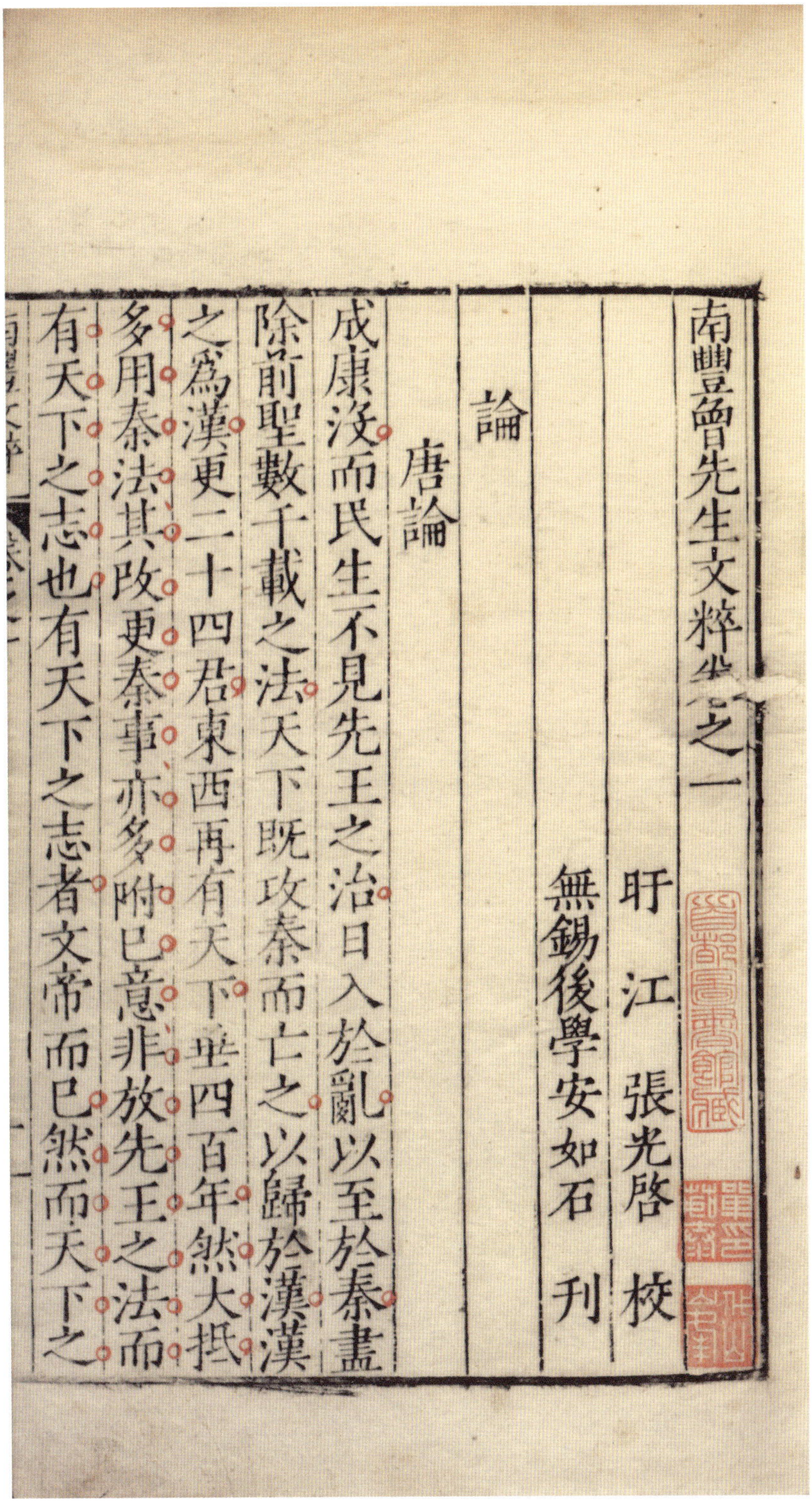
南豐曾先生文粹卷之一
盱江 張光啓 校
無錫後學安如石 刊
論
唐論
成康沒而民生不見先王之治日入於亂以至於秦盡
除前聖數千載之法天下既攻秦而亡之以歸於漢漢
之爲漢更二十四君東西再有天下垂四百年然大抵
多用秦法其改更秦事亦多附已意非放先王之法而
有天下之志也有天下之志者文帝而已然而天下之

南豐曾先生文粹十卷　（宋）曾鞏撰　明嘉靖二十八年（1549）安如石刻本　一函四冊　索書號（甲四）1425　第三批《國家珍貴古籍名録》08838 號

半葉十行二十一字，白口，左右雙邊，單黑魚尾，框高 20.1 厘米，寬 14.4 厘米。

曾鞏（1019—1083），字子固，建昌軍南豐（今江西南豐）人，世稱南豐先生。北宋仁宗嘉祐二年（1057）進士。少有文名，爲歐陽修所賞識，又曾與王安石交游。歷官太平州司法參軍、館閣校勘、集賢校理、英宗實録院檢討官。通判越州，歷任齊、襄、洪、福、明、亳諸州知州，所至多有政績。宋神宗元豐四年（1081），加史館修撰，典修五朝國史，旋擢中書舍人。曾校理《戰國策》《説苑》《新序》《列女傳》等典籍，元豐六年卒於江寧府。曾鞏一生作品衆多，尤擅散文，長於史傳與策論，名列“唐宋八大家”之一，他與歐陽修等人一起，爲當時的詩文革新運動作出了杰出的貢獻。著作有《元豐類稿》《隆平集》。《宋史》卷三百一十九有傳。

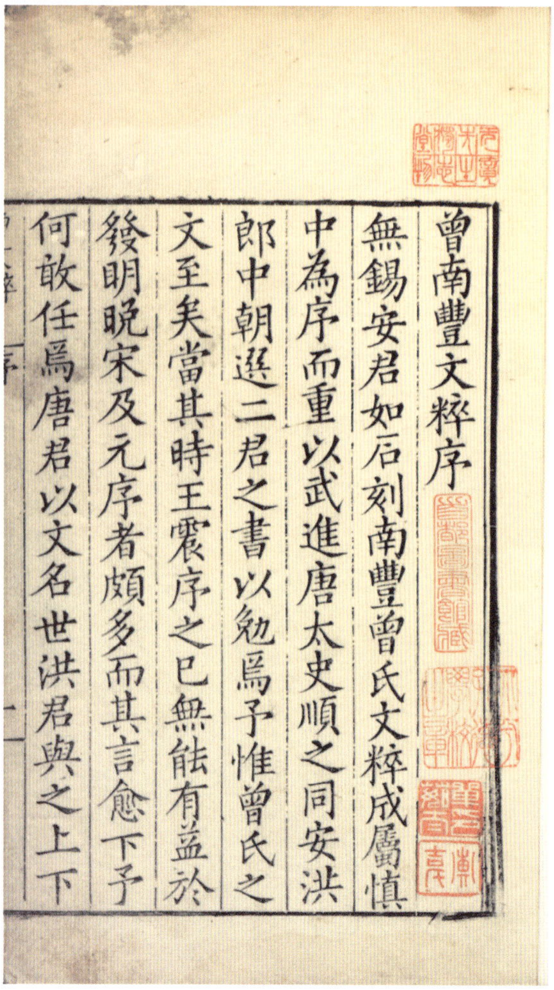
曾南豐文粹序
無錫安君如石刻南豐曾氏文粹成屬慎
中為序而重以武進唐太史順之同安洪
郎中朝選二君之書以勉爲予惟曾氏之
文至矣當其時王震序之已無能有益於
發明晩宋及元序者頗多而其言愈下予
何敢任爲唐君以文名世洪君與之上下

曾鞏創作主要成就在文。《宋史·曾鞏傳》論其文曰：“立言於歐陽修、王安石間，紆徐而不煩，簡奥而不晦，卓然自成一家，可謂難矣。”曾鞏之文對後世影響頗大，明代唐宋派古文家王慎中、唐順之等將他的文章奉爲圭臬。王慎中尤其推崇曾鞏，其在序言中稱“曾氏之文至矣”“宜與《詩》《書》之作者并立天地無窮而與之俱久”，評價可謂高矣。又言其文“折衷諸子之同异，會通於聖人之旨……信乎能道其中之所欲言，而不醇不該之蔽亦已少矣”（《曾南豐文粹序》）。王慎中作爲明代文壇“唐宋派”代表人物之一，希望藉助唐宋文尤其曾鞏文之特色，引導文壇改變復古主義艱深僻澀之文風，使文學語言歸於自然之本色。

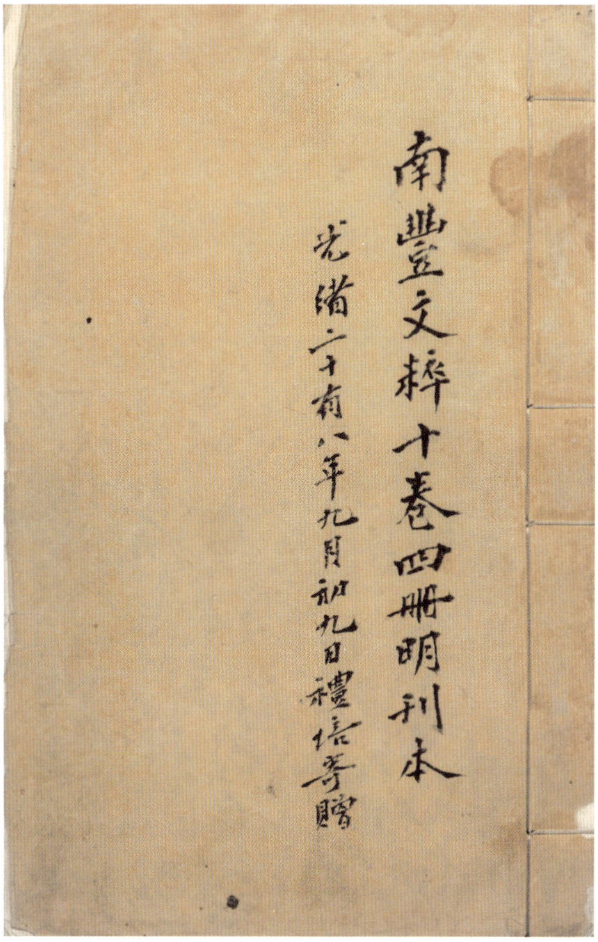

封面題識

曾鞏文集《曾南豐先生文粹》有宋刻本十卷傳世。首都圖書館藏《南豐曾先生文粹》十卷本爲明嘉靖二十八年無錫安如石刻。前有明嘉靖四年王慎中序。每卷首題“盱江張光啓校”“無錫後學安如石刊”。卷末有“許文會寫”四字。全書收文凡一百二十篇，有論一、議四、序三十三、書十九、記三十、詔三、策問二、疏一、劄子七、狀五、哀辭一、墓誌銘九，補遺五篇，所收篇目多於宋刻本。曾鞏一生整理古籍，編校史書，頗有成就，每校一書，必撰序文，該書所收校書序録十一篇，對歷代圖書聚散以及學術源流多所論述。安如石，字子介，明嘉靖間直隸無錫（今江蘇無錫）人，爲著名出版家安國第三子，因居膠山之南，故又有“膠陽”之號。除本書外，還刻有《重刊校正唐荆川先生文集》等書。

有佚名朱筆圈點。鈐“岱峰”“單茹泰印”“无竞先生獨志堂物”“北平孔德學校之章”等印。

（喬雅俊）

明天啓元年凌濛初刻朱墨套印本《東坡禪喜集》

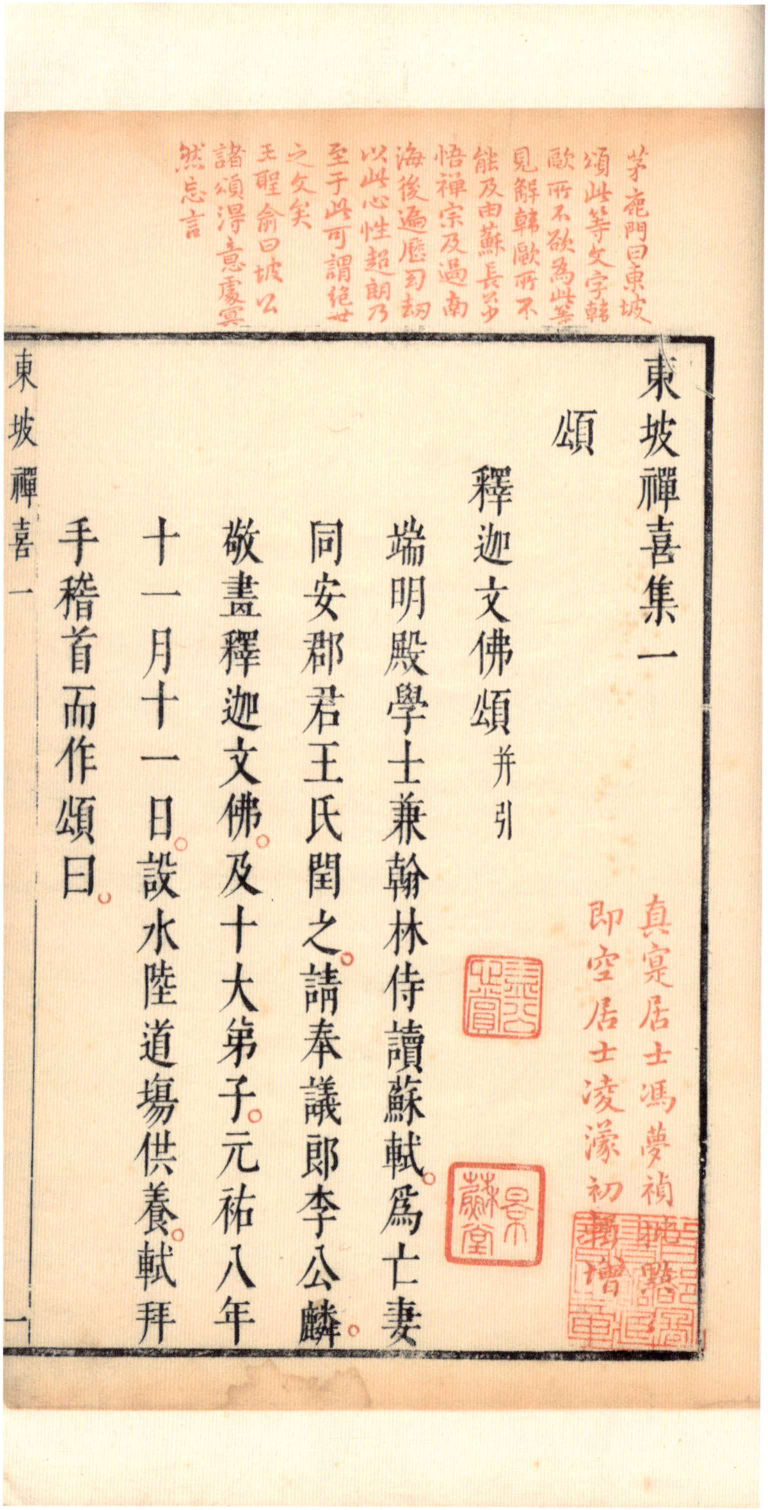
茅鹿門曰東坡頌此等文字韓歐所不欲爲此等見解韓歐所不能及由蘇長公悟禪宗及過南海後遍歷刧劫以此心性超朗乃至于此可謂絕世之文矣
王聖俞曰坡公諸頌得意處冥然忘言

東坡禪喜集一

真寔居士馮夢禎批點
即空居士凌濛初輯增

頌

釋迦文佛頌并引

端明殿學士兼翰林侍讀蘇軾爲亡妻同安郡君王氏閏之請奉議郎李公麟敬畫釋迦文佛及十大弟子元祐八年十一月十一日設水陸道場供養軾拜手稽首而作頌曰

東坡禪喜一　　一

東坡禪喜集十四卷　（宋）蘇軾撰　（明）馮夢禎批點　（明）凌濛初輯　明天啓元年（1621）凌濛初刻朱墨套印本　一函四册　索書號（丁）4038　第二批《國家珍貴古籍名録》05575號

半葉八行十八字，書眉鎸評，行六字，白口，四周單邊，無界行，框高20.7厘米，寬14.7厘米。

蘇軾（1037—1101），字子瞻，又字和仲，號東坡居士，眉州眉山（今屬四川）人。宋仁宗嘉祐二年（1057）進士，官至翰林學士、禮部尚書，除龍圖閣學士，謚號文忠。蘇

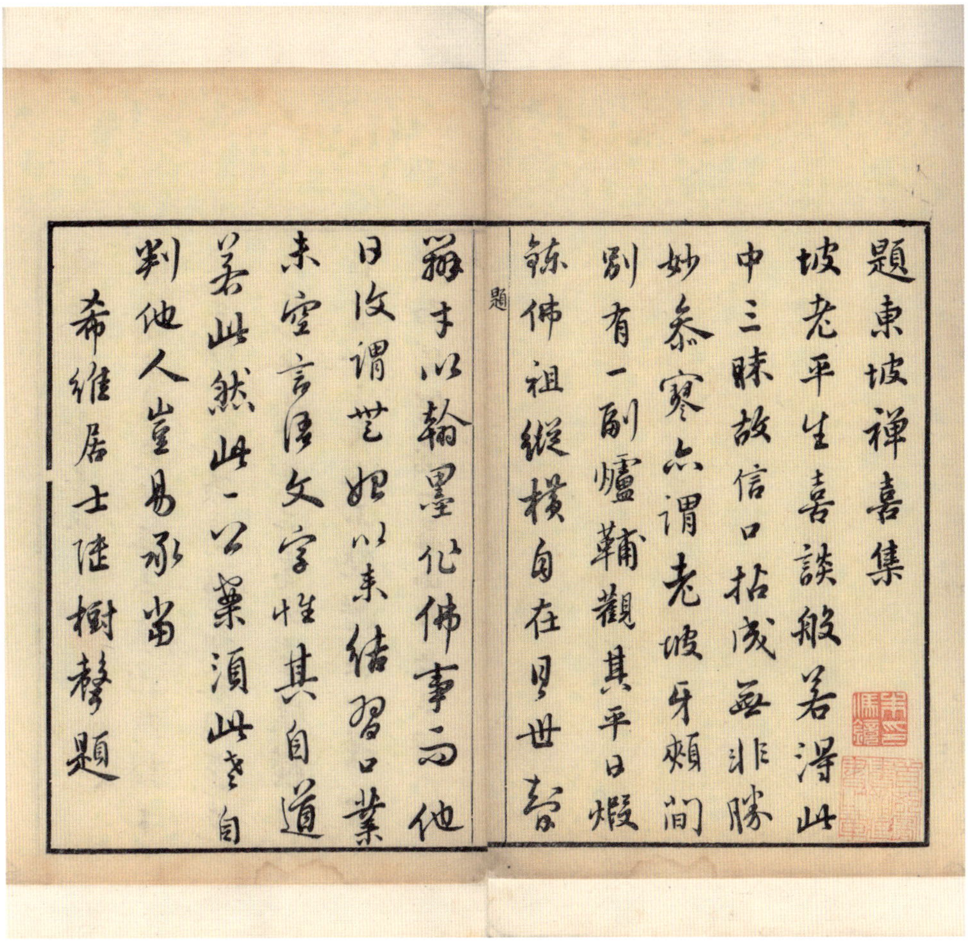
題東坡禪喜集
坡老平生喜談般若得此
中三昧故信口拈成無非勝
妙參寥謂老坡牙頰間
别有一副爐鞴觀其平日煆
鍊佛祖縱横自在具世諦
題
辯才以翰墨作佛事而他
日彼謂世姻以來結習口業
未空言語文字性其自道
若此然此一公案須此等自
判他人豈易承當
希維居士陸樹聲題

軾一生深受黨争之苦，以致仕途多舛，屢遭貶謫。然學識淵博，天資極高，在詩、詞、文、書法、繪畫等文學藝術方面都取得了突出的成就。《宋史》卷三百三十八有傳。

蘇軾思想通達，出入三教，禪宗在其精神世界與文學創作中都可謂影響深遠，正如陸樹聲所言："坡老平生喜談般若，得此中三昧，故信口拈成，無非勝妙。"(《題東坡禪喜集》)先是明人徐長孺，彙蘇文中闡發禪理者爲《東坡禪喜集》一書九卷，明萬曆十八年（1590）陳繼儒、陸樹聲爲之作序，唐文獻爲之作跋，刊行於世。天啓元年，凌濛初又在前者基礎上，輯刻而成《東坡禪喜集》十四卷本。

《四庫全書總目》卷一百七十四載："濛初以其（按：指明萬曆十八年刻本）未備，

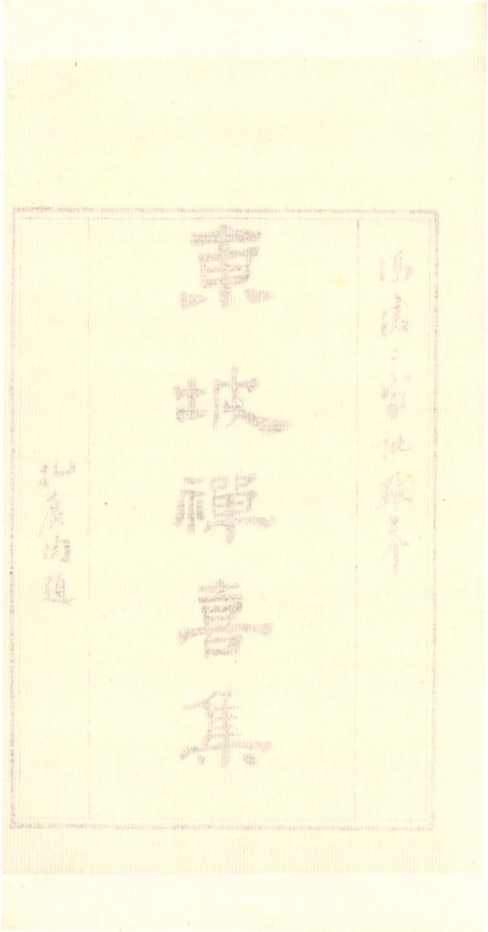

更爲增訂。明萬曆癸卯，濛初與馮夢禎游吴閶，携是書舟中，各加評語於上方。至明天啓辛酉，與《山谷禪喜集》并付之梓。”馮夢禎（1548—1606），字開之，號具區，又號真寔居士，秀水（今浙江嘉興）人。明萬曆五年進士，官至南京國子監祭酒，晚年隱居杭州孤山，於東南一帶聲名甚著，有《快雪堂集》六十四卷等。

凌刻本較明萬曆十八年刻本在内容上有所增加，同时訂正了前者次序凌亂處，重新編爲十四卷，分頌、贊、偈、銘、書後、記、序、傳、文、疏、雜文、書、雜志和禪喜紀事。凌刻本除馮夢禎親加朱批，還移録了茅坤、李贄、陳繼儒、王聖俞、錢士鼇、陶望齡等名家的評語，對於後人解讀此書，不無益助。

本書函套上有民國文人唐益公的題簽，卷前有清末廣東南海藏書家孔廣陶題寫的書名葉。鈐有“心漢室”“景蘇堂”“唐叟”“益公心賞”“成山唐益公臧典籍書畫之記”“長宜子孫”“朱馮鏡印”等收藏印記。

（王玥琳）

明凌啓康刻朱墨套印本《蘇長公小品》

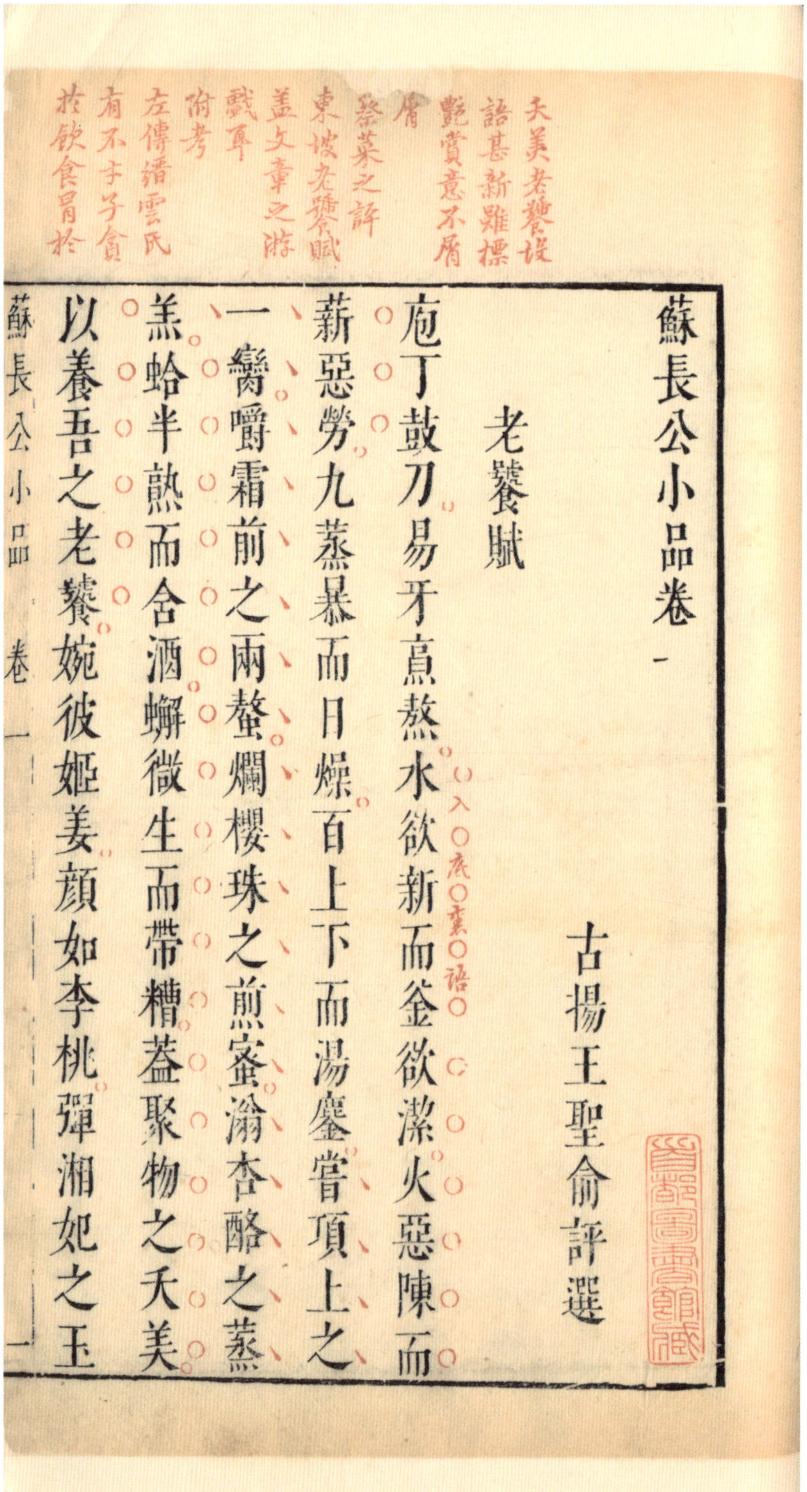

夭美老饕設語甚新雖標豔賞意不屑屑餐菜之評東坡老饕賦蓋文章之游戲耳

附考　左傳縉雲氏有不才子貪於飲食冒於

蘇長公小品卷一

古揚王聖俞評選

老饕賦

庖丁鼓刀易牙烹熬水欲新而釜欲潔火惡陳而（入底囊語）薪惡勞九蒸暴而日燥百上下而湯鏖嘗項上之一臠嚼霜前之兩螯爛櫻珠之煎蜜瀹杏酪之蒸羔蛤半熟而含酒蠏微生而帶糟蓋聚物之夭美以養吾之老饕婉彼姬姜顏如李桃彈湘妃之玉

蘇長公小品　卷一　一

蘇長公小品四卷 （宋）蘇軾撰 （明）王納諫輯并評 明凌啓康刻朱墨套印本 一函四册 索書號（乙四）46 第二批《國家珍貴古籍名録》05608號

半葉八行十九字，書眉鎸評，行五字，白口，四周單邊，無界行，框高21.0厘米，寬14.7厘米。

“小品”一詞，原是六朝時期對佛經節本的稱謂。如七卷本的《小品般若波羅蜜經》，就是與二十四卷本的《摩訶般若波羅蜜經》相對而言。《世説新語·文學》記：“殷中軍

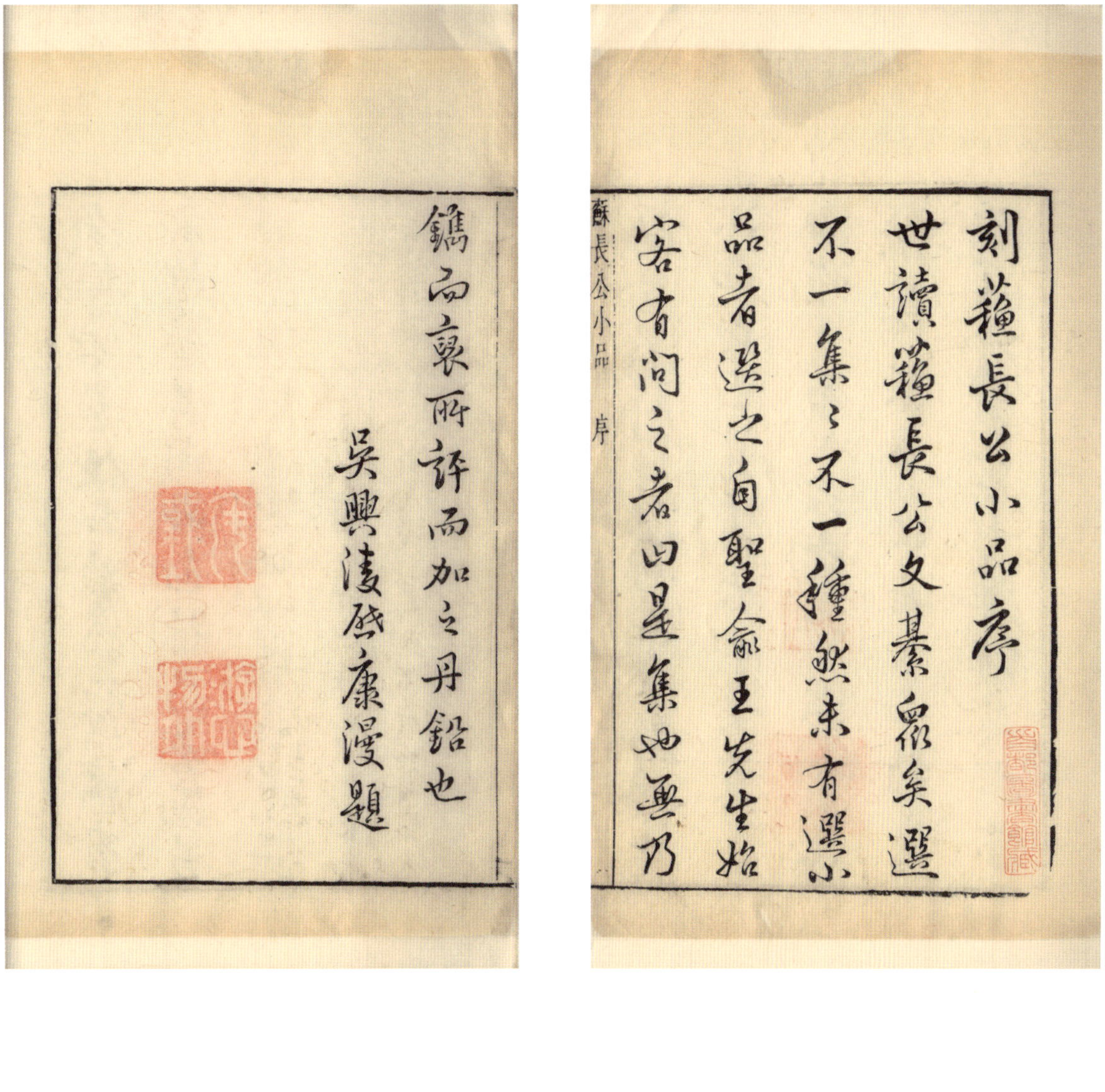
刻蘇長公小品序
世讀蘇長公文綦衆矣選
不一集〻不一種然未有選小
品者選之自聖俞王先生始
客有問之者曰是集也無乃
蘇長公小品 序

鐫而衷所許而加之丹鉛也
吴興淩啓康漫題

讀《小品》，下二百籤，皆是精微，世之幽滯。嘗欲與支道林辯之，竟不得，今《小品》猶存。”劉孝標注云：“釋氏《辨空經》有詳者焉，有略者焉，詳者爲《大品》，略者爲《小品》。”後來用以指稱中國古代散文中那些篇幅簡短、精美雋秀的作品。作爲散文之名的“小品”始見於明代王納諫所輯《蘇長公小品》，此後以“小品”名集者漸多。

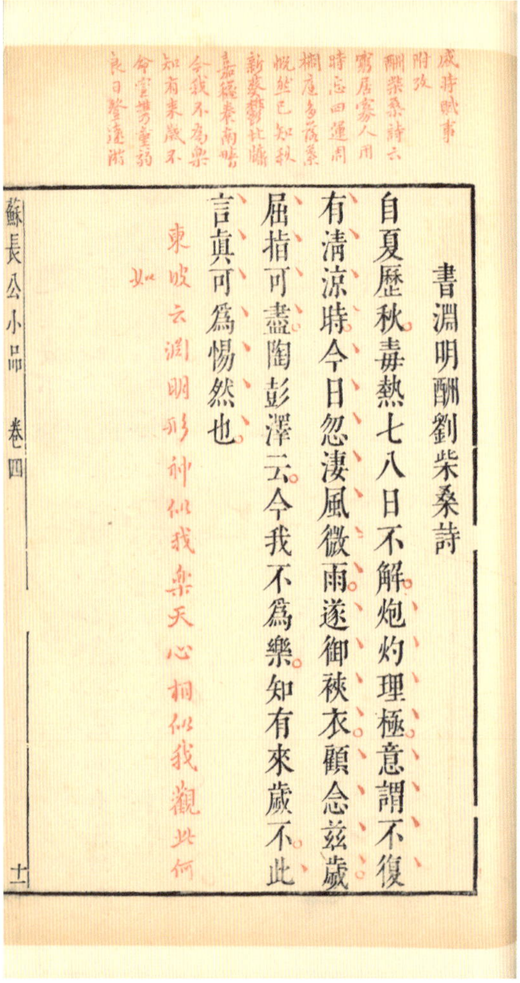
咸時賦事 附攷 酬柴桑詩云 窮居寡人用 時忘四運周 櫚庭多落葉 慨然已知秋 新葵鬱北牖 嘉穟養南疇 今我不爲樂 知有來歲不 命室攜童弱 良日登遠游

書淵明酬劉柴桑詩

自夏歷秋毒熱七八日不解炮灼理極意謂不復有清涼時今日忽淒風微雨遂御裌衣顧念茲歲屈指可盡陶彭澤云今我不爲樂知有來歲不此言眞可爲惕然也

東坡云淵明形神似我樂天心相似我觀此何如

蘇長公小品　卷四　十一

王納諫，字聖俞，江都（今屬江蘇）人。明萬曆三十五年（1607）進士，著有《四書翼注》等。《［雍正］江都縣志》卷十四人物志有傳。蘇文浩瀚如海，正如明人所評：“夫宋室文章風流藻采，至蘇長公而極矣，語語入玄，字字飛仙。其大者，恣韵瀉墨，有雪浪噴天、層巒遍地之勢，人即取之；其小者，命機巧中，有盆山蘊秀、寸草函奇之致，人或忽之。自兹拈出，遂使片楮隻言，共爲珍寶。”（凌啓康《刻蘇長公小品序》）宋代以降，各類蘇集選本不計其數，而王納諫獨闢蹊徑，專收東坡文中短而雋逸者，賦、序、記、傳、啓、策問、尺牘、頌、偈、贊、銘、評史、雜著、題跋、詞、雜記諸體不限，尤以題跋居多，次則尺牘、雜記等。“試取而披玩之，春風緑蔭，可以倦游；夜雨青燈，可以却寢；孔樽徐榻，則片語可驚四座；漂唐流漢，則單詞可足千秋。”（施宸賓《蘇長公小品序》）

此書初成於明萬曆三十九年，二卷，由王聖俞之友章萬椿作序付梓，是爲心遠軒刻本。又有明萬曆四十一年盱江游藝齋刻本，亦爲二卷。再後則爲凌啓康刻朱墨套印本。凌啓康，字安國，又字天放，號旦庵主人，明萬曆年間烏程（今浙江吳興）人。凌啓康自謂“是乃聖俞之所以評，而古生章氏鎸之，予讀而好，好而再鎸，鎸而哀所評，而加之丹鉛也”（《刻蘇長公小品序》）。凌本將二卷重編爲四卷，采用朱墨二色套印。除王聖俞原有評語外，又增補了唐順之、茅坤、姜寶、錢穀、樓昉、李贄等十三家評語。卷前另有《蘇長公小品凡例》，書末附評名家姓氏。

（王玥琳）

明閔氏刻朱墨套印本《東坡文選》

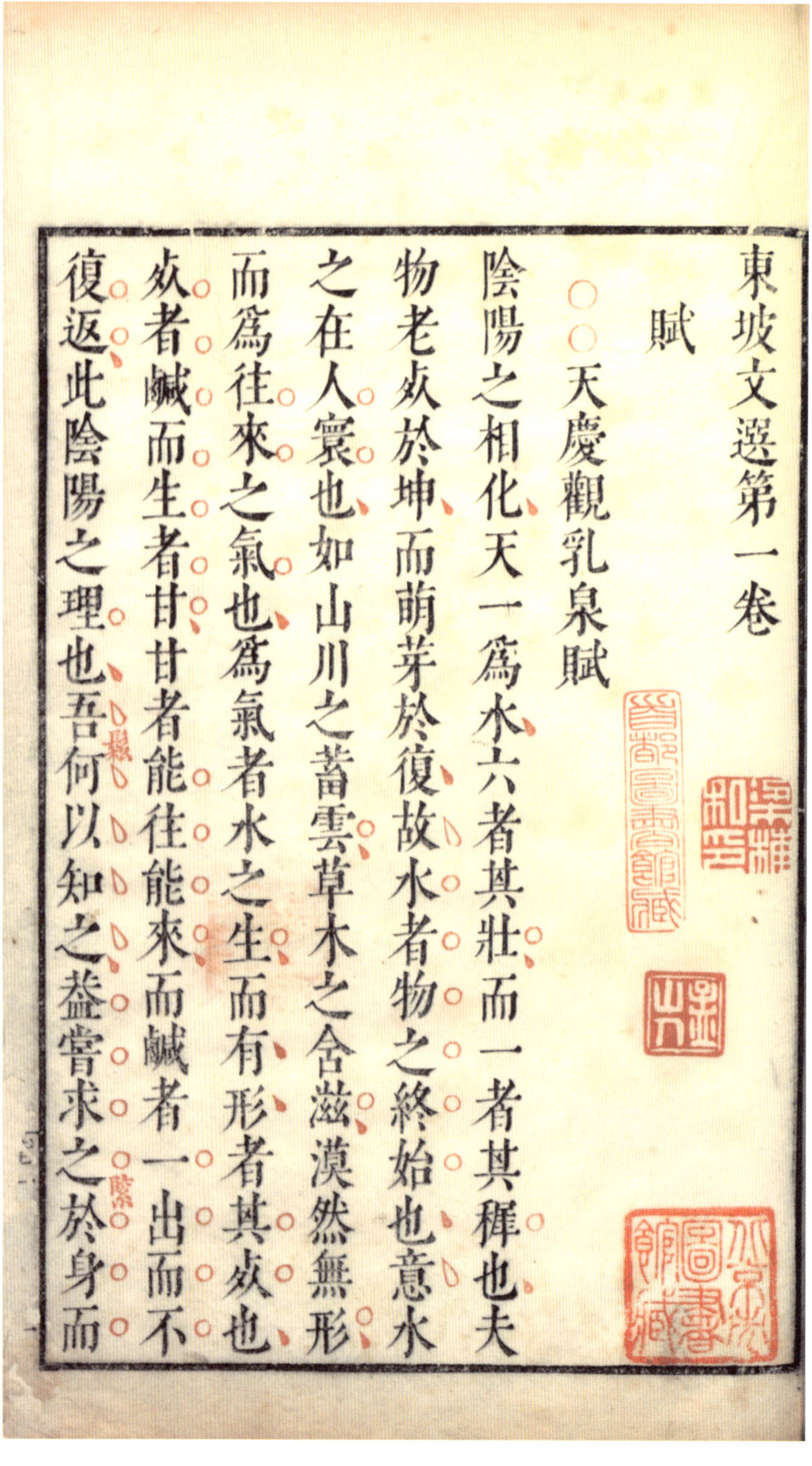
東坡文選第一卷

賦

天慶觀乳泉賦

陰陽之相化天一爲水六者其壯而一者其稺也夫
物老死於坤而萌芽於復故水者物之終始也意水
之在人寰也如山川之蓄雲草木之含滋漠然無形
而爲往來之氣也爲氣者水之生而有形者其死也
死者鹹而生者甘甘者能往能來而鹹者一出而不
復返此陰陽之理也吾何以知之葢嘗求之於身而

東坡文選二十卷　（宋）蘇軾撰　（明）鍾惺輯并評　明閔氏刻朱墨套印本　一函八册　索書號（乙四）55　第二批《國家珍貴古籍名録》05606號

半葉九行二十字，書眉鎸評，行四字間有五至七字，白口，四周單邊，無界行，框高21.0厘米，寬15.4厘米。

鍾惺（1574—1624），字伯敬，號退谷，竟陵（今湖北天門）人。明萬曆三十八年（1610）進士，授行人，遷工部主事，尋改南京禮部，進郎中，擢福建提學僉事，以父憂歸，卒於家。明中葉之後，公安派矯“後七子”之弊，詩歌倡以清真；鍾惺復矯公安派之弊，變爲幽深孤峭。曾與同里譚元春評選唐人之詩，作《唐詩歸》三十六卷；又評選隋以前詩，作《古詩歸》十五卷，名揚一時，世稱“竟陵派”。著有《隱秀軒集》五十四卷。《明史》卷二百八十八有傳。

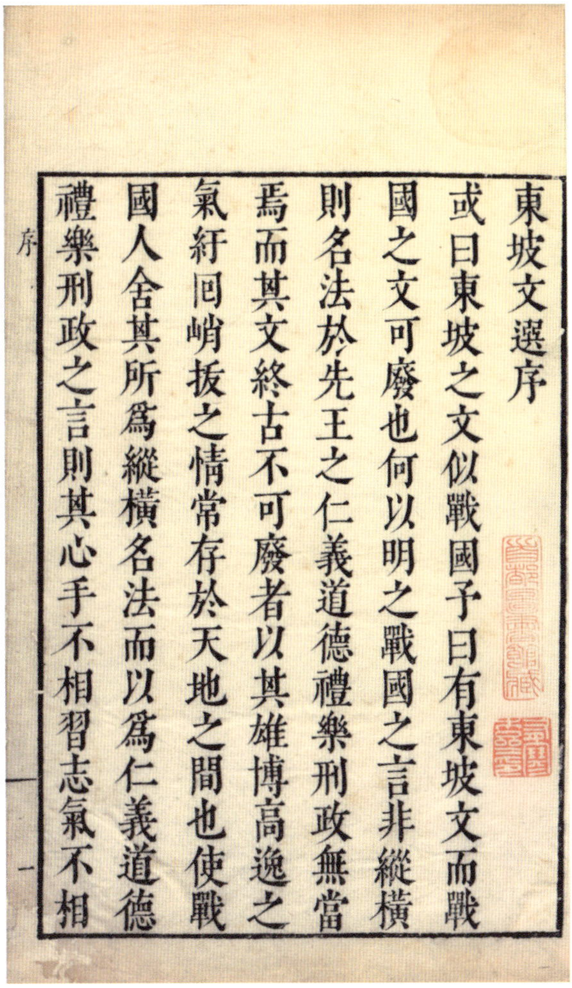
東坡文選序
或曰東坡之文似戰國予曰有東坡文而戰
國之文可廢也何以明之戰國之言非縱橫
則名法於先王之仁義道德禮樂刑政無當
焉而其文終古不可廢者以其雄博高逸之
氣紆回峭拔之情常存於天地之間也使戰
國人舍其所爲縱橫名法而以爲仁義道德
禮樂刑政之言則其心手不相習志氣不相
序

是書爲蘇文選本。蘇文受戰國文章滋養甚深，具有孟子和縱橫家文章雄放奇縱的氣勢，同時又有莊子散文自由恣肆的氣質，説理、抒情，無不揮灑隨意，自然暢達。其特質，正是鍾惺在《東坡文選序》中所盛贊的“雄博高逸之氣，紆回峭拔之情”。

是書二十卷，前有明萬曆四十八年鍾惺《東坡文選序》。卷一賦一篇，卷二序四篇，卷三記、傳十五篇，卷四至六論二十二篇，卷七至九策十六篇，卷

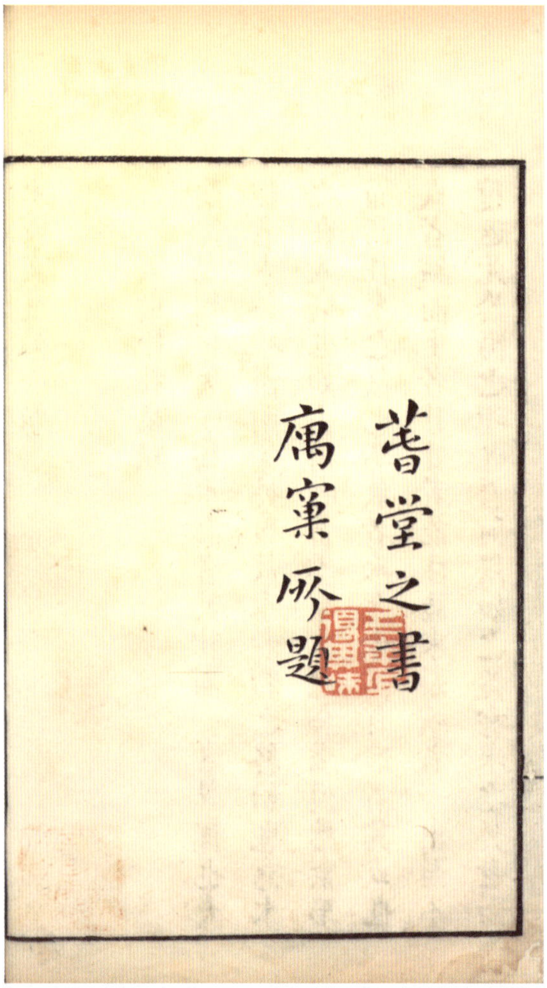

十至十一奏議九篇，卷十二表、啓十四篇，卷十三至十五書五十三篇，卷十六碑三篇，卷十七墓誌六篇，卷十八祭文、説、跋、書事、贊二十一篇，卷十九銘、頌、祝文、偈、雜文二十四篇，又《志林》十條，卷二十外制、内制。鍾惺又加以總批、眉批、夾批及圈點。

此本《東坡文選》爲明閔氏刻朱墨套印本，朱墨燦然，開卷悦目。目録後有楷書墨筆題跋："菩堂之書鬳窠所題。"鈐"梁梅私印""孟山人""有寒齋印""三年乃得其味"等印記。

（王玥琳）

明天啓元年刻朱墨套印本《蘇長公密語》

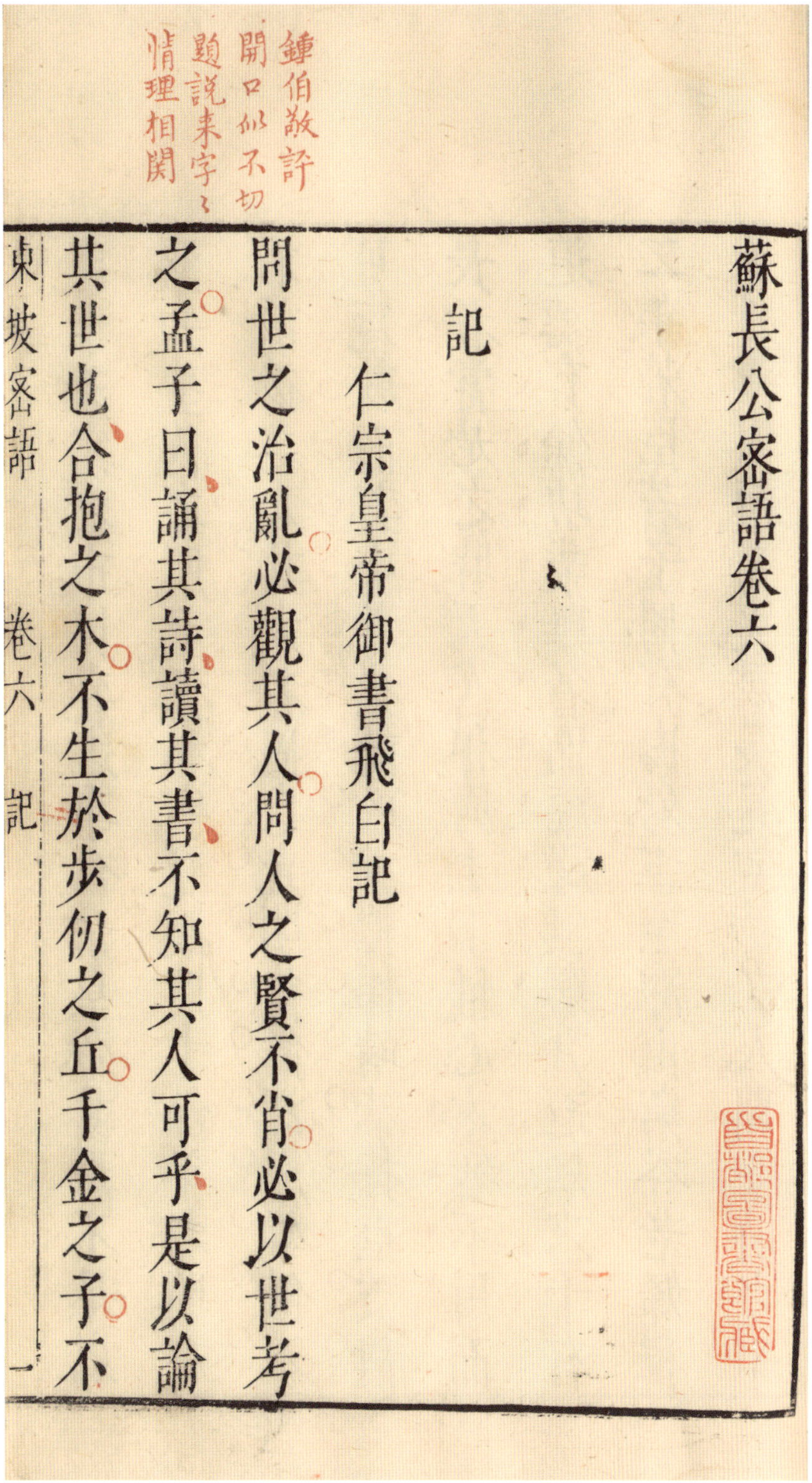

鍾伯敬評
開口似不切
題說来字〻
情理相関

蘇長公密語卷六

記

仁宗皇帝御書飛白記

問世之治亂必觀其人問人之賢不肖必以世考之孟子曰誦其詩讀其書不知其人可乎是以論其世也合抱之木不生於步仞之丘千金之子不

東坡密語　卷六　記　一

蘇長公密語十六卷　（宋）蘇軾撰　（明）李一公輯　**首一卷**　明天啓元年（1621）刻朱墨套印本　一函八册　索書號（乙四）511　第二批《國家珍貴古籍名録》05620號

半葉八行十九字，小字雙行字同，書眉鎸評，行五字，白口，四周單邊，無界行，框高20.9厘米，寬14.3厘米。

李一公，字闇生，南直隸繁昌（今安徽蕪湖）人。明萬曆三十八年（1610）進士，知成都府，晋西川副使，擢山東參政，致仕。《［光緒］重修安徽通志》卷一百九十三有傳。

據卷首李一公《東坡密語引》可知，此書於東坡文“略其論、策、奏疏諸文之顯易窺者，而獨取頌、偈、銘、贊、記、傳諸文之最沈密者，時密密佩服不置。既乃遍輯諸名公評選附録參證”。是書編成之後，李一公視爲家藏“密諦”，未嘗輕易示人，後取以課子，才逐漸流傳於世。書名稱“密語”，蓋兼以上諸意。

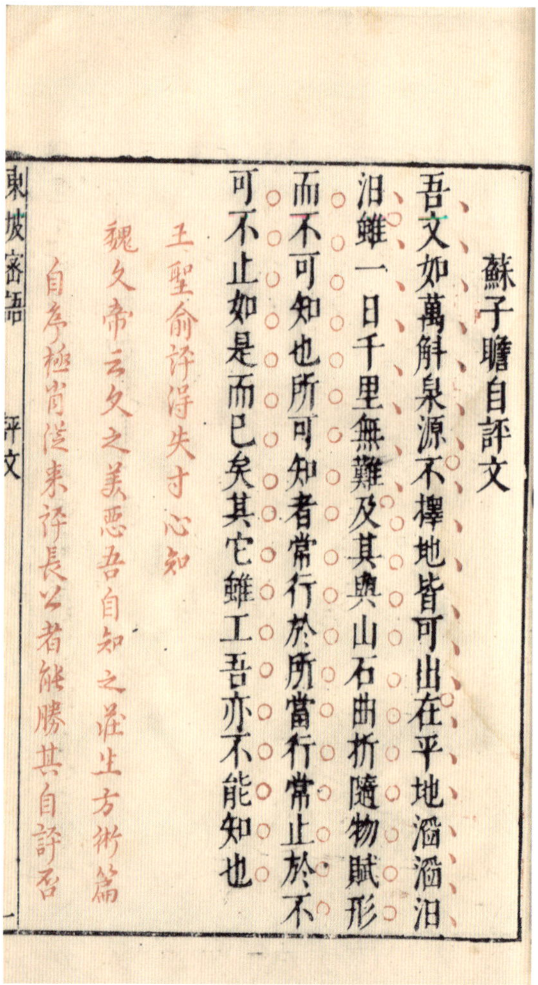

是書卷一詩二篇、賦七篇，卷二銘二十八篇，卷三頌七篇、偈九篇，卷四贊二十七篇，卷五序七篇，卷六記二十篇，卷七傳二篇，卷八評史十一篇，卷九雜著二十四篇，卷十論説四篇，卷十一尺牘、啓三十八通，卷十二書後二十九篇，卷十三題跋、記事三十三篇，卷十四誌銘三篇、碑文一篇、詞二首，卷十五祭文五篇、祝文六篇，卷十六志林。大抵皆短文小品。全書密加圈點，有朱文旁批、眉批及篇末總評。評語輯自王聖俞、李贄、鍾惺、茅坤、

鄭之惠、陳繼儒、陶望齡、姜寶等名家。首一卷有蘇東坡本傳、黄庭堅作《蘇子瞻像贊》一篇、《蘇子瞻自評文》一則。

《中國古籍善本書目》著録《蘇長公密語》有三種版本：一爲李一公輯，明天啓元年刻朱墨套印本，卷端署“姑孰古繁李一公闇生甫選三衢杜承仕邦用甫校”；二爲吴京輯，明天啓四年刻朱墨套印本，卷端署“新安後學吴京省之甫纂輯”；三爲詹兆聖輯，明刻朱墨套印本，卷端署“浙東詹兆聖叡叔甫評選　古淝錢中維四張甫參閲”。據吴格先生研究，三者實爲同一版本；然李一公序文與詹兆聖序文“均稱自出機杼，所言違异，必有一非”

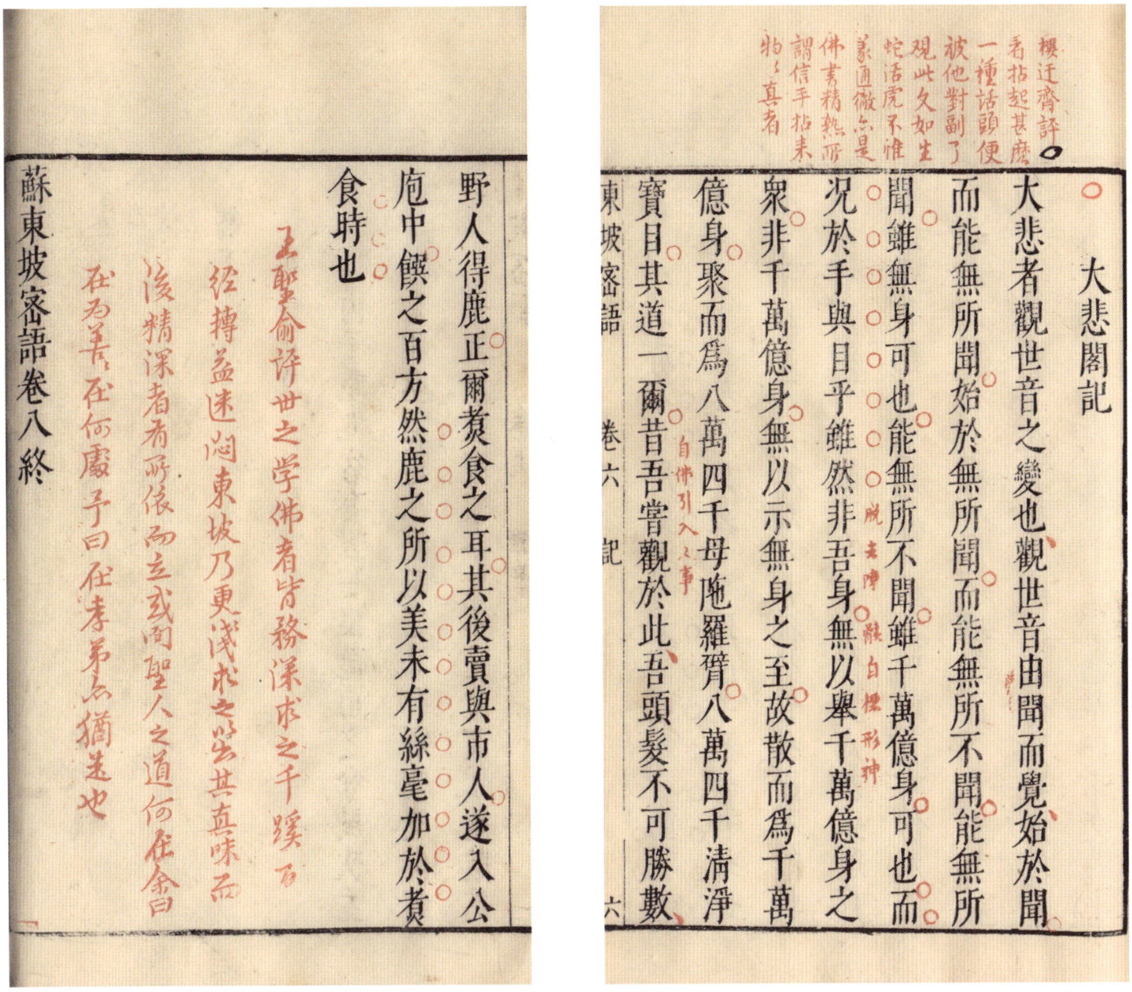
野人得鹿正爾煑食之耳其後賣與市人遂入公庖中饌之百方然鹿之所以美未有絲毫加於煑食時也

蘇東坡密語卷八終

大悲閣記

大悲者觀世音之變也觀世音由聞而覺始於聞而能無所聞始於無所聞而能無所不聞能無所聞雖無身可也能無所不聞雖千萬億身可也而況於手與目乎雖然非吾身無以舉千萬億身之衆非千萬億身無以示無身之至故散而爲千萬億身聚而爲八萬四千母陁羅臂八萬四千清淨寶目其道一爾昔吾嘗觀於此吾頭髮不可勝數

東坡密語　卷六　記　六

（《伯克萊加州大學東亞圖書館中文古籍善本書志》）。三種版本之間的複雜關係，還有待學者詳加考證。

首都圖書館此本爲明天啓元年刻朱墨套印本，鎸刻精緻，開卷悦目。鈐有“慎思明辨”小印一方。

（王玥琳）

明嘉靖三十三年晁氏寶文堂刻本
《具茨晁先生詩集》

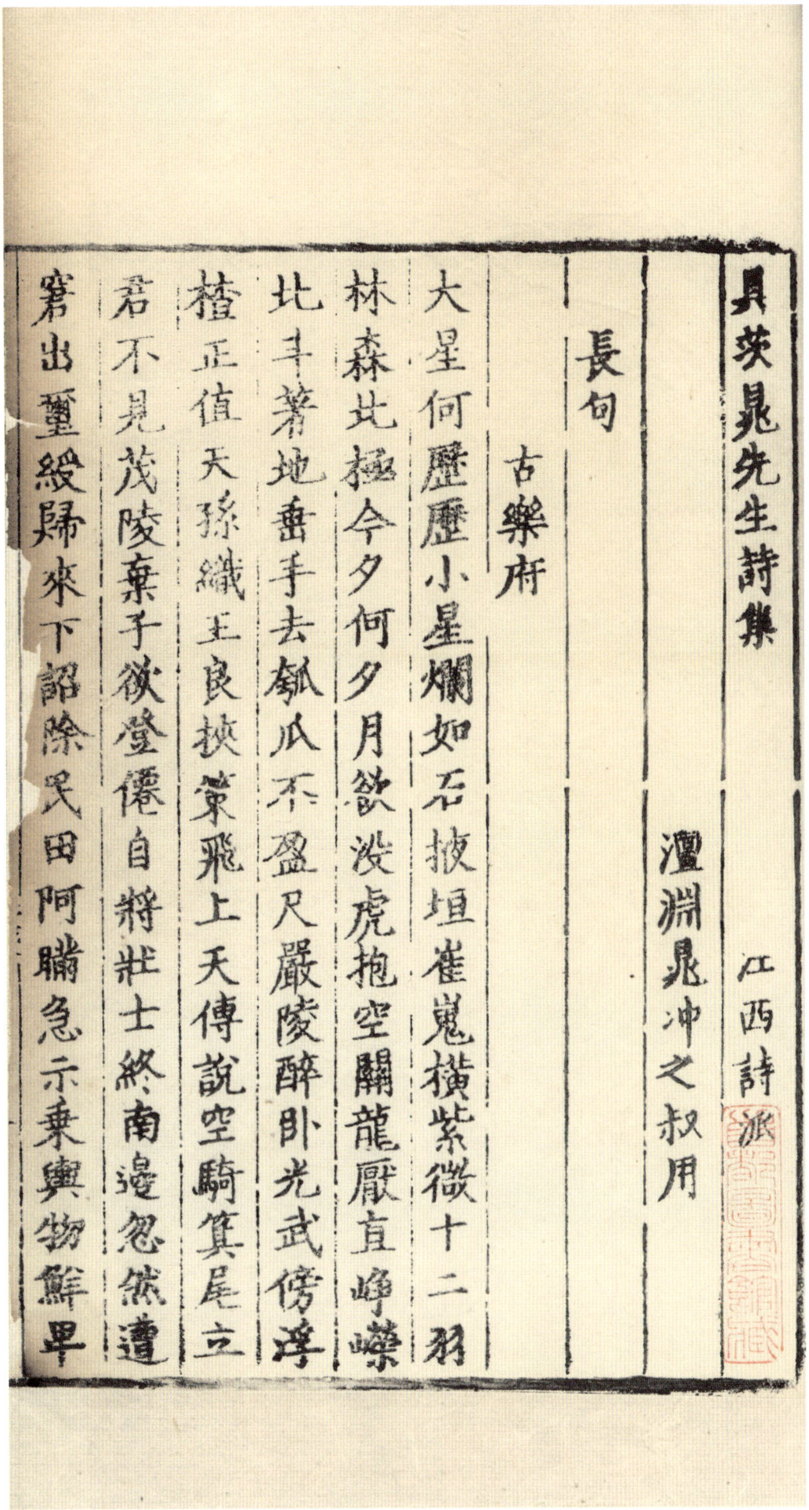
具茨晁先生詩集

江西詩派

澶淵晁冲之叔用

長句

古樂府

大星何歷歷小星爛如石披垣崔嵬橫紫微十二列
林森比極今夕何夕月欲沒虎抱空關龍厭直崢嶸
比斗著地垂手去鈲爪不盈尺嚴陵醉卧光武傍浮
槎正值天孫織王良挾策飛上天傳說空騎箕尾立
君不見茂陵棄予欲登僊自將壯士終南邊忽然遣
窘出璽綬歸來下詔除民田阿瞞急示乘輿物鮮卑

具茨晁先生詩集一卷　（宋）晁冲之撰　明嘉靖三十三年（1554）晁氏寶文堂刻本　一函一册　索書號（丙四）1032　第二批《國家珍貴古籍名録》05637號

半葉十行二十字，白口，四周單邊，框高19.9厘米，寬14.7厘米。

晁冲之（1073—1126），字叔用，一字用道，濟州巨野（今山東巨野）人，晁補之從弟。北宋哲宗紹聖初年，黨争激烈，晁氏兄弟輩多人遭謫貶放逐，冲之於陽翟（今河南禹州）具茨山隱居，屢拒薦舉，世稱“具茨先生”，以詩擅名於世。冲之早年曾受“蘇門六君子”之一的陳師道教導，同吕本中爲知交，來往密切，吕本中稱贊他“少穎悟絶人，其爲詩文，悉有法度”（吕本中《東萊吕紫微師友雜志》），是《江西詩社宗派圖》所列的二十五人之一。

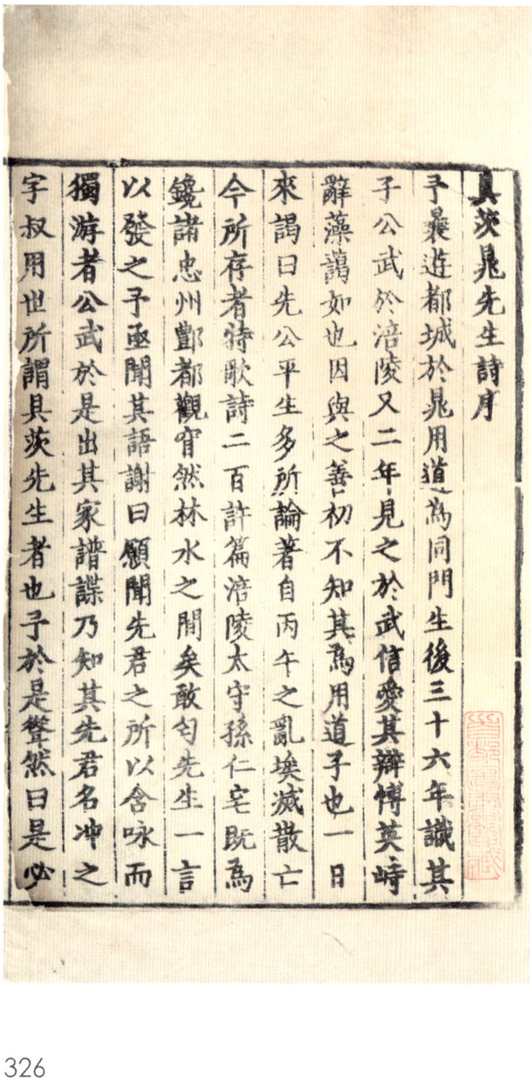
具茨晁先生詩序
予曩遊都城於晁用道爲同門生後三十六年識其
子公武於涪陵又二年見之於武信愛其辯博英峙
辭藻藹如也因與之善初不知其爲用道子也一日
來謁曰先公平生多所論著自丙午之亂坱滅散亡
今所存者特歌詩二百許篇涪陵太守孫仁宅既爲
鏤諸忠州酆都觀宵然林水之閒矣敢匄先生一言
以發之予亟閱其語謝曰願聞先君之所以含咏而
獨游者公武於是出其家譜諜乃知其先君名冲之
字叔用世所謂具茨先生者也予於是聳然曰是必

《具茨晁先生詩集》卷首有南宋紹興十一年（1141）九月五日陵陽俞汝礪序，卷端標題下有“江西詩派”四字，卷末刻有“慶元己未校官黄汝嘉刊　嘉靖甲寅裔孫瑮東吴重刊”字樣，共收録晁冲之詩作一百六十七首，包括長句十五首、古詩十五首、七言律詩三十六首、五言律詩四十二首、七言絶句四十五首、五言絶句十四首。這些詩歌内容廣泛，意境幽遠，吕本中認爲晁冲之的詩“獨專學老杜”，但實際上各體詩的風格不盡相同，宗法對象也有差别。

此本由晁冲之裔孫晁瑮據南宋慶元五年（1199）本重刊於東吴，原刊本現已不存，此本爲現存晁冲之詩集之最早刻本，是系統瞭解和研究晁冲之及其作品的第一手資料，具有很高的史料價值和文學價值。晁氏寶文堂刊本又因其爲家刻本，在底本的選擇和校勘及刊刻等方面都很考究，具有其他版本無法替代的優勢。此本傳世稀少，僅國家圖書館、首都圖書館等少數館有藏。《四庫全書存目叢書》即以首都圖書館藏本爲底本影印出版。

（牛小燕）

明正統五年劉謙、何濴刻天順六年重修本《梅溪先生廷試策》《奏議》《文集》《後集》

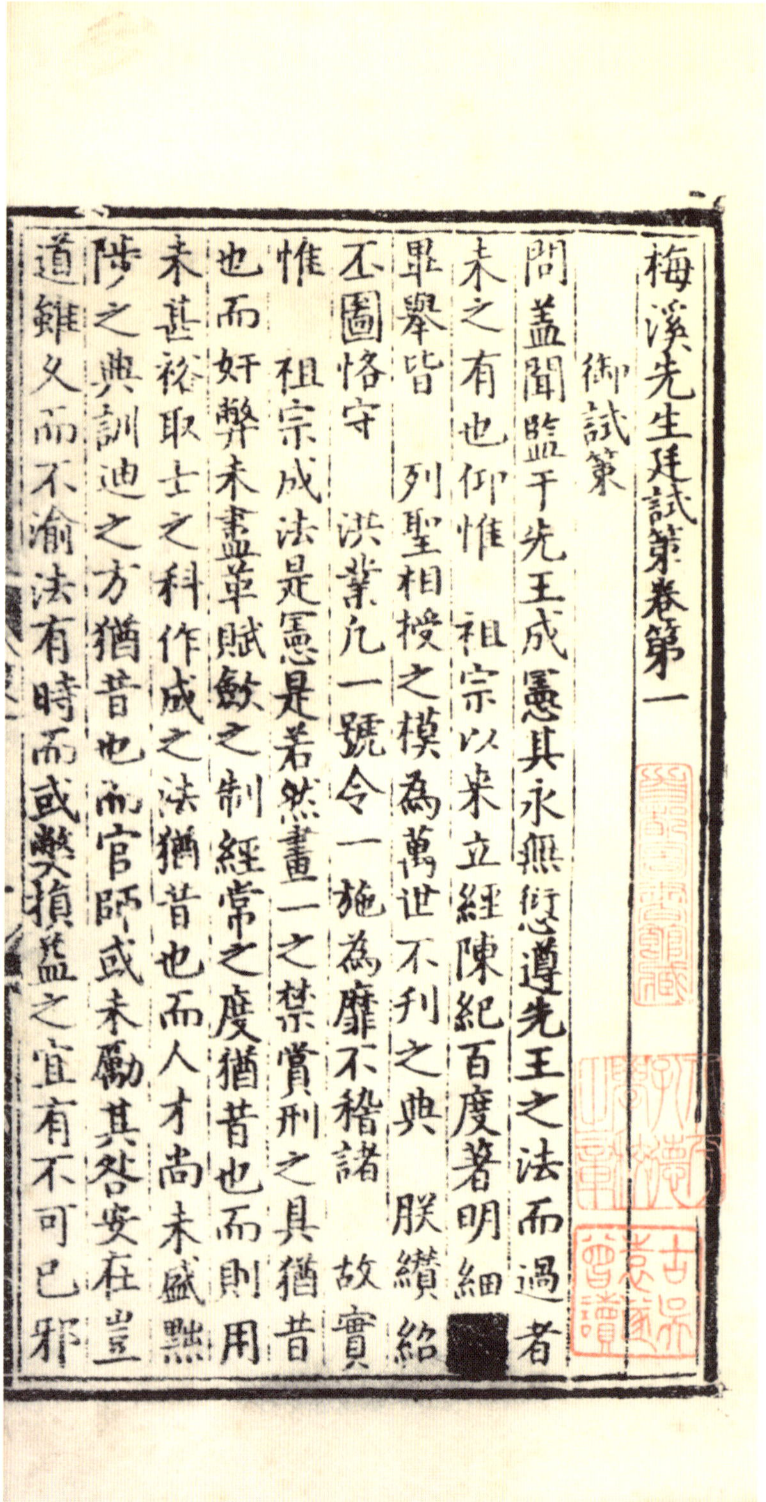

梅溪先生廷試策卷第一

御試策

問蓋聞監于先王成憲其永無愆遵先王之法而過者

未之有也仰惟　祖宗以來立經陳紀百度著明細■

畢舉皆　列聖相授之模為萬世不刊之典　朕纘紹

丕圖恪守　洪業凡一號令一施為靡不稽諸　故實

惟　祖宗成法是憲是若然畫一之禁賞刑之具猶昔

也而奸弊未盡革賦斂之制經常之度猶昔也而財用

未甚裕取士之科作成之法猶昔也而人才尚未盛黜

陟之典訓迪之方猶昔也而官師或未勵其咎安在豈

道雖久而不渝法有時而或弊損益之宜有不可已邪

梅溪先生廷試策一卷奏議四卷文集二十卷後集二十九卷　（宋）王十朋撰　**附録一卷**

明正統五年（1440）劉謙、何瀇刻天順六年（1462）重修本　一匣二十四册　索書號（甲四）1388　第三批《國家珍貴古籍名録》08927 號

半葉十一行二十一字，粗黑口，四周雙邊，雙對黑魚尾，框高 21.7 厘米，寬 13.5 厘米。

王十朋（1112—1171），字龜齡，號梅溪，謚忠文，温州樂清（今浙江樂清）人。南宋高宗紹興二十七年（1157）進士第一，官秘書郎。曾數次建議整頓朝廷，起用抗金將領。

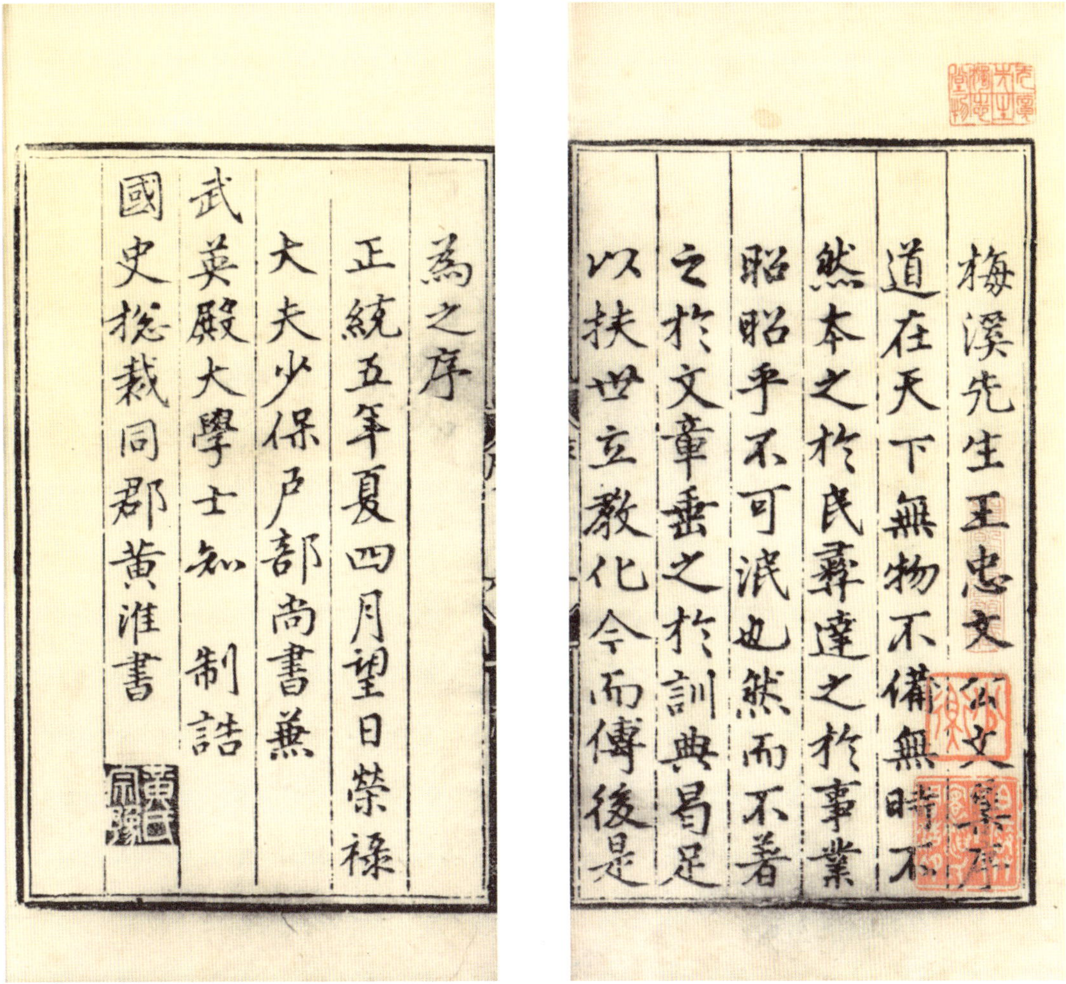
梅溪先生王忠文公文集序
道在天下無物不備無時不
然本之於民彝達之於事業
昭昭乎不可泯也然而不著
之於文章垂之於訓典曷足
以扶世立教化令而傳後是

為之序
正統五年夏四月望日榮祿
大夫少保戶部尚書兼
武英殿大學士知　制誥
國史總裁同郡黃淮書

孝宗立，纍官侍御史，力陳抗金恢復之計。歷知饒、夔、湖、泉諸州，救灾除弊，頗有治績。《四庫全書總目》評其“立朝剛直，爲當代偉人”。著述甚豐，有《梅溪集》《杜陵詩史》《尚書解》《春秋解》《論語解》《周禮詳説》《唐書詳節》等。《宋史》卷三百八十七有傳。

此本目録題書名爲“梅溪先生文集”，計有廷試策并奏議五卷、詩文前集二十卷、詩文後集二十九卷、附録一卷。廷試策實爲一卷，卷端題“梅溪先生廷試策卷第一”；奏議爲四卷，第一卷卷端題“梅溪先生奏議卷第二”，版心則標“卷一”。附録實際在廷試策并奏議五卷之後。計有詩一千七百多首，賦七篇，奏議四十六篇，其他如記、序、書、啓、論、策問、行狀、墓誌銘、祭文、銘、贊等散文、雜文一百四十多篇。此外還有《春秋》《論語》講義八篇等，内容廣泛。《四庫全書總目》入集部别集類，評價其集“淳淳穆穆，有元祐之遺風”。該書全面收録了王十朋所作詩文、奏議等，對研究其政治、學術思想具有重要價值。

十朋文章頗受重視，多有刊刻。明朝時，“文集舊嘗鏤版，歲久寖廢”，前御史劉謙“繼守是郡，旁求博訪，乃得其刻本”，於是“命郡學教授何濊重加訂正，鳩工刊刻，用廣其傳”，於正統五年刻成。（黄淮《梅溪先生王忠文公文集序》）

此本鈐有“少衡”“无竞先生獨志堂物”“古吴袁遂曾讀”“北平孔德學校之章”等印記。

（范猛）

明嘉靖三十五年程元昞刻本《程端明公洺水集》

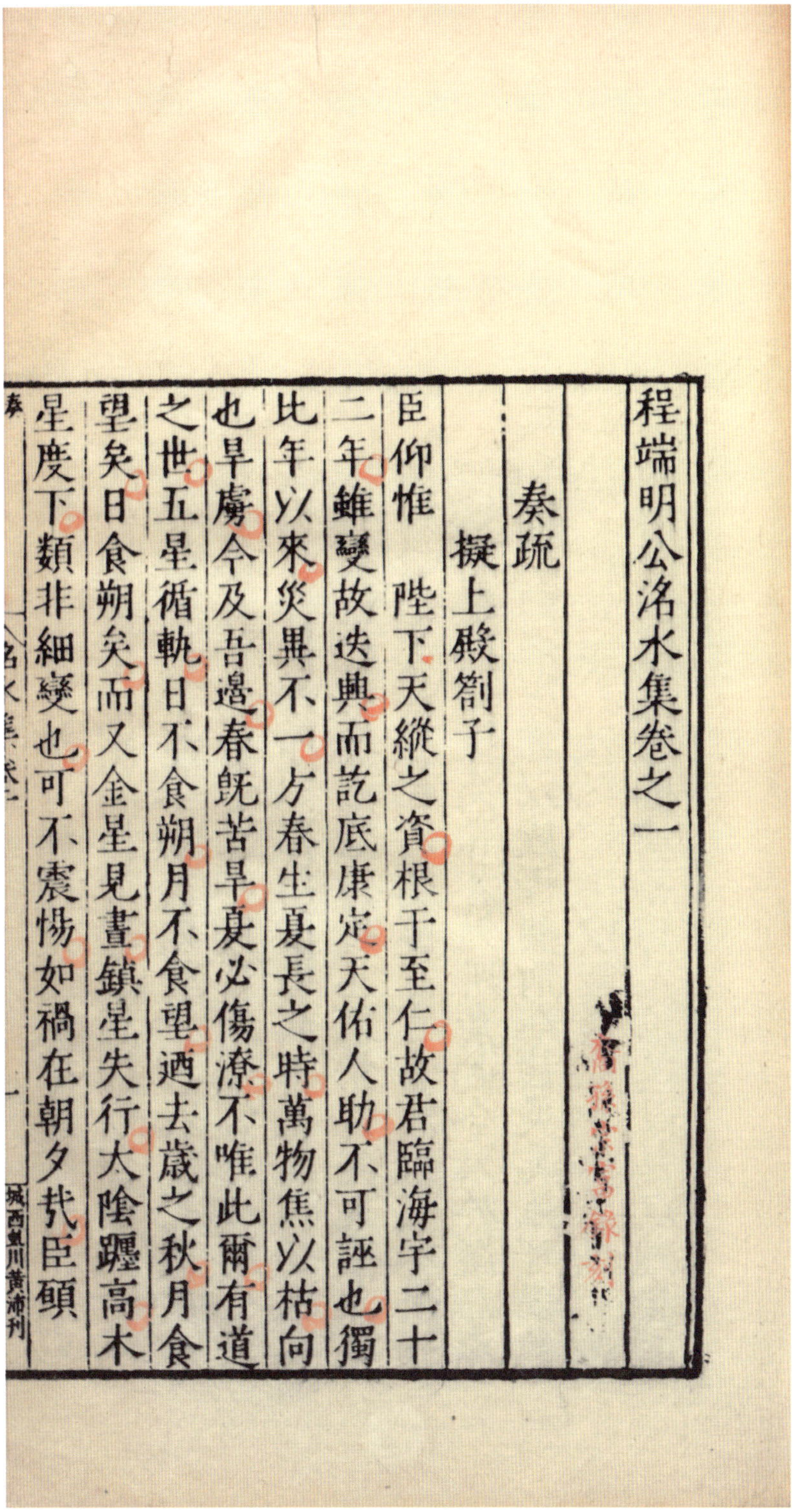

程端明公洺水集卷之一

奏疏

擬上殿劄子

臣仰惟　陛下天縱之資根于至仁故君臨海宇二十二年雖變故迭興而訖底康定天佑人助不可誣也獨比年以來災異不一方春生夏長之時萬物焦以枯向也旱虐今及吾邊春既苦旱夏必傷潦不唯此爾有道之世五星循軌日不食朔月不食望迺去歲之秋月食望矣日食朔矣而又金星見晝鎮星失行太陰躔高木星度下類非細變也可不震惕如禍在朝夕哉臣頋

奏　洺水集卷之一　一　城西貞川黃沛刊

程端明公洺水集二十六卷　（宋）程珌撰　**附録二卷**　（明）程元昞等輯　明嘉靖三十五年（1556）程元昞刻本（有抄配）　一函十二册　索書號（丙四）4315　第四批《國家珍貴古籍名録》10658號

半葉十一行二十一字，白口，左右雙邊，單白魚尾，框高18.8厘米，寬13.2厘米。

程珌（1164—1242），字懷古，號洺水遺民，徽州休寧（今安徽休寧）人。南宋光宗紹熙四年（1193）進士，授昌化主簿。南宋寧宗嘉定二年（1209）改知富陽縣，七年除主管官誥院，歷宗正寺主簿、樞密院編修官，兼權右司郎官、秘書丞，亹遷禮部侍郎兼直學士院、同修國史。南宋紹定元年（1228）出知建寧府，尋除福建路招捕使節制軍馬；三年提舉隆興府玉隆萬壽宫。南宋淳祐二年（1242）以端明殿學士致仕，尋卒。有《洺水集》。《宋史》卷四百二十二有傳，《新安文獻志》卷九十四有宋吕午撰《程公行狀》。

程珌祖上世居河北洺洲，傍居洺水，因以爲號，并以此名集。是集以程珌歷官歲月次其表疏，餘文則各以類相從，編爲二十六卷，共計四百餘篇，前有程珌自序，卷首爲辭命七篇，卷一至二十四依次爲：奏疏、議、策問、講義、記、序、題跋、墓誌、行狀、祭文、哀辭、書、尺牘、啓、致語、祝版、説、銘、贊、賦、詩，卷二十五、二十六爲附録，卷末有程元昞跋。

程元昞乃程珌裔孫，據元昞《書重刻端明公洺水集後》：明嘉靖三十四年（1555）

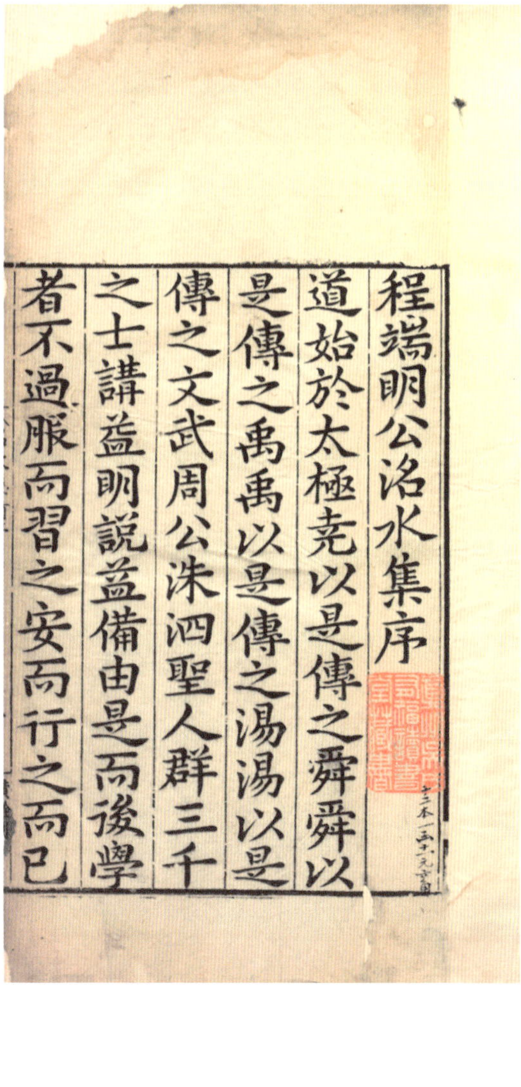
程端明公洺水集序
道始於太極堯以是傳之舜舜以
是傳之禹禹以是傳之湯湯以是
傳之文武周公洙泗聖人羣三千
之士講益明説益備由是而後學
者不過服而習之安而行之而已

春，族裔程霄以程霖家藏録本出示，所存蓋六十卷，間有殘闕失次，次年（1556）元昞等輯定爲二十六卷刊刻而成。《洺水集》雖非程珌作品全貌，但也保留了相當一部分作品，爲後世的程珌研究提供了彌足珍貴的資料，具有較高的史料價值。該書目前已被收入《宋集珍本叢刊》中。有刻工黃銓、黄沛等。

此本鈐有“真州吳氏有福讀書堂藏書”印記。

（牛小燕）

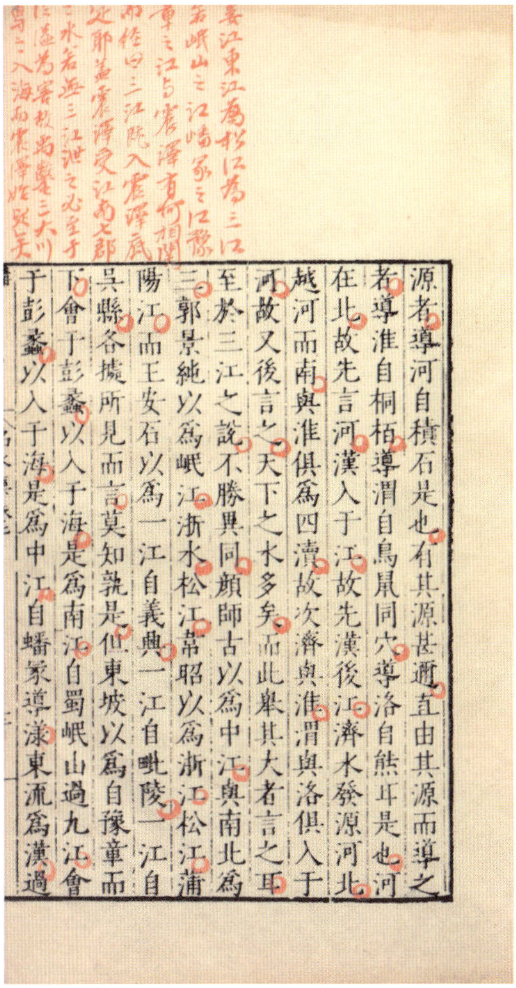
源者導河自積石是也有其源甚遠直由其源而導之
者導淮自桐栢導渭自鳥鼠同穴導洛自熊耳是也河
在北故先言河漢入于江故先漢後江濟水發源河北
越河而南與淮俱爲四瀆故次濟與淮渭與洛俱入于
河故又後言之天下之水多矣而此舉其大者言之
至於三江之說不勝異同顔師古以爲中江與南北爲
三郭景純以爲岷江浙水松江韋昭以爲浙江松江浦
陽江而王安石以爲一江自義興一江自毗陵一江自
吳縣各據所見而言莫知孰是但東坡以爲自豫章而
下會于彭蠡以入于海是爲南江自蜀岷山過九江會
于彭蠡以入于海是爲中江自嶓冢導漾東流爲漢過

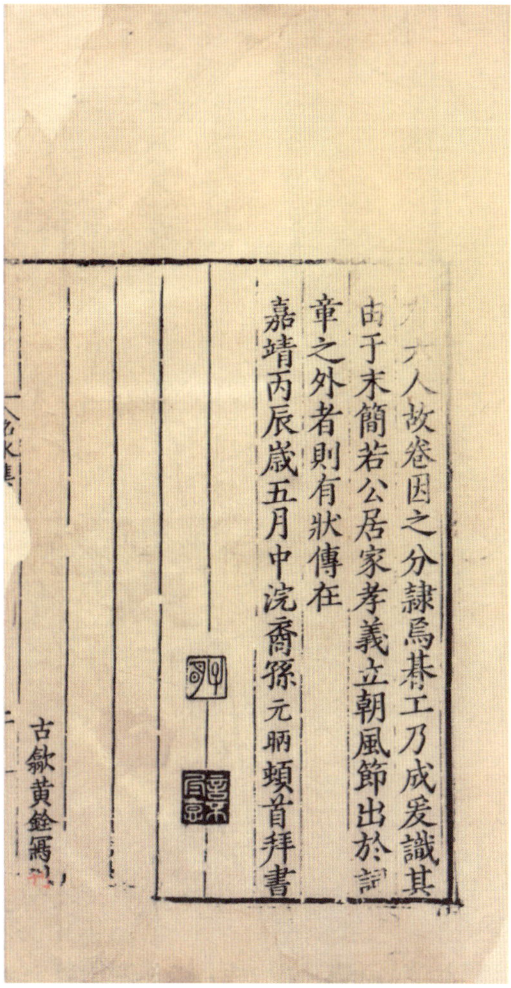
大人故卷因之分隸爲朞工乃成爰識其
由于末簡若公居家孝義立朝風節出於記
章之外者則有狀傳在
嘉靖丙辰歲五月中浣裔孫元昞頓首拜書
古歙黃銓寫刻

明正德三年何歆、羅縉刻本《雲峯胡先生文集》

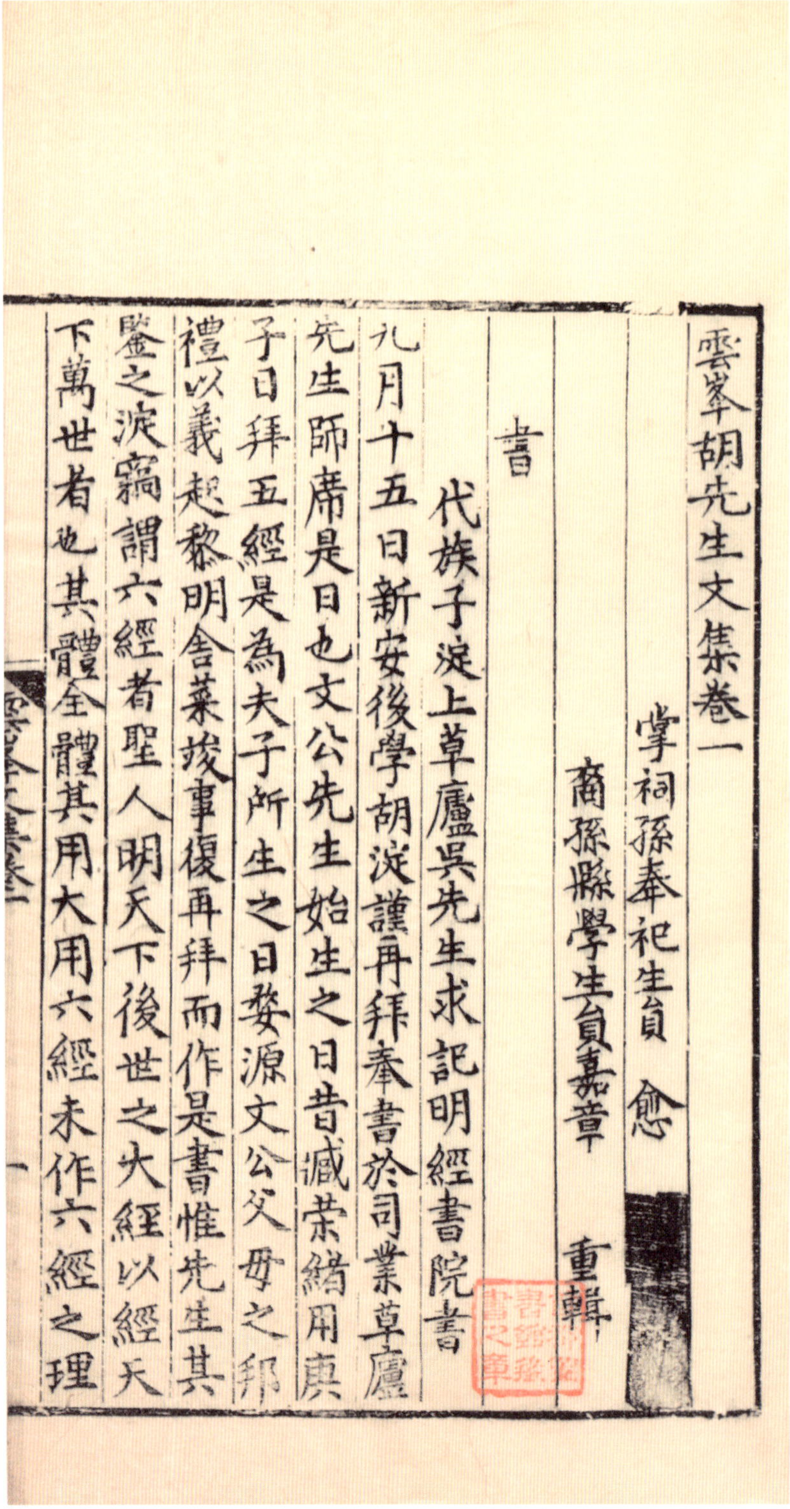
雲峯胡先生文集卷一

掌祠孫奉祀生員 愈

裔孫縣學生員嘉章 重輯

書

代族子淀上草廬吳先生求記明經書院書

九月十五日新安後學胡淀謹再拜奉書於司業草廬先生師席是日也文公先生始生之日昔臧荣緒用庚子日拜五經是為夫子所生之日婺源文公父母之邦禮以義起黎明舍菜𤼵事復再拜而作是書惟先生其鑒之淀竊謂六經者聖人明天下後世之大經以經天下萬世者也其體全體其用大用六經未作六經之理

雲峯胡先生文集十卷　（元）胡炳文撰　明正德三年（1508）何歆　羅縉刻本　一函二册　索書號（丙四）4347　第四批《國家珍貴古籍名録》10680號

半葉十一行二十一字，白口，四周單邊，單白魚尾間單黑魚尾，框高18.8厘米，寬13.1厘米。

胡炳文（1250—1333），字仲虎，號雲峰，婺源（今江西婺源）人。幼嗜學，既長，篤志朱子之學，於諸子百氏、陰陽醫卜、星曆術數亦多推究。元初爲信州道一書院山長，調蘭溪州學正，不赴，卒謚文通。有《周易本義通釋》《四書通》《雲峰集》等。《元史》卷一百八十九、《新安文獻志》卷七十一有傳。

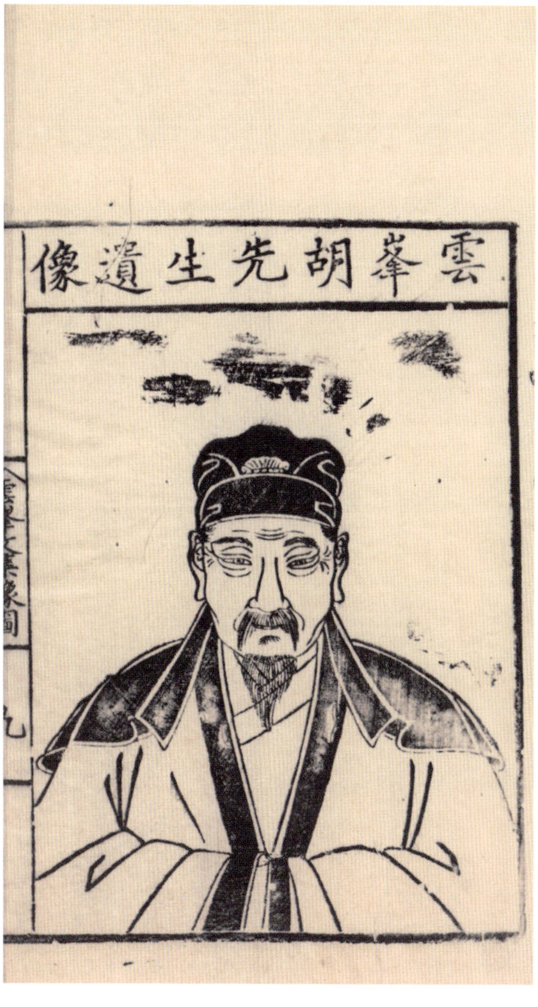

炳文以易名，於朱熹所注四書用力尤深。其於注疏經書之外，“復有論著應酬所謂文集二十卷，兵燹之餘所存無幾”（參考汪循序）。七世孫用光及八世孫濬集其遺文百餘篇，由江西按察僉事汪舜民校正，婺源縣令藍章梓行，未幾毁於市火。濬之子璉復加博訪各方，搜其遺文，以類入梓。全書十卷，卷前有序言四篇，依次爲明正德三年汪循《雲峰先生文集序》、明弘治元年（1488）陳音《雲峰胡先生文集序》、儲巏《雲峰胡先生文集序》（未署時間）、明弘治二年汪舜民《校正雲峰胡先生文集序》，末有跋二篇，爲明正德二年何歆《書胡雲峰先生文集後》、明正德三年胡濬《重刊雲峰文集後序》。其中卷一書七篇、論

一篇，卷二記十七篇，卷三序十六篇，卷四題跋七篇、字説十二篇，卷五碑一篇、墓誌銘三篇、傳一篇，卷六上梁文一篇、啓八篇、箴四篇，卷七銘九篇、賦三篇、辭一篇，卷八詩二十八篇、詩餘三篇，卷九、卷十爲附録，彙《元史》列傳、炳文行實，及諸人爲其所做序記碑贊之屬，卷九計十四篇，卷十計十二篇。《四庫全書總目》云其雜文"平正醇雅"，詩如《贈鶴菴相士四言》《北寺昏鐘》《廖塢晚烟》《拜鄂岳王墓》《濠觀亭》《贈二齊生》諸篇，皆"不失雅韵"，評價較高，亦稱公允。

《雲峰集》現存明弘治二年藍章刻本，十四卷附録一卷；正德三年何歆、羅縉刻本，十卷；清道光十一年（1831）胡積城刻本，十卷；《四庫全書》本，文津閣本十卷、文淵閣本八卷等。本館所藏爲正德三年刻本，篇目最多。與弘治刻本相比，目次有所變化，篇目增多，内容亦有少量不同，可資互補。較之道光刻本，多記二篇、啓二篇。四庫本則無序跋、附録。可見本書具有重要的版本價值。

鈐有"長水胡氏藏書"印。

（楊曉煒）

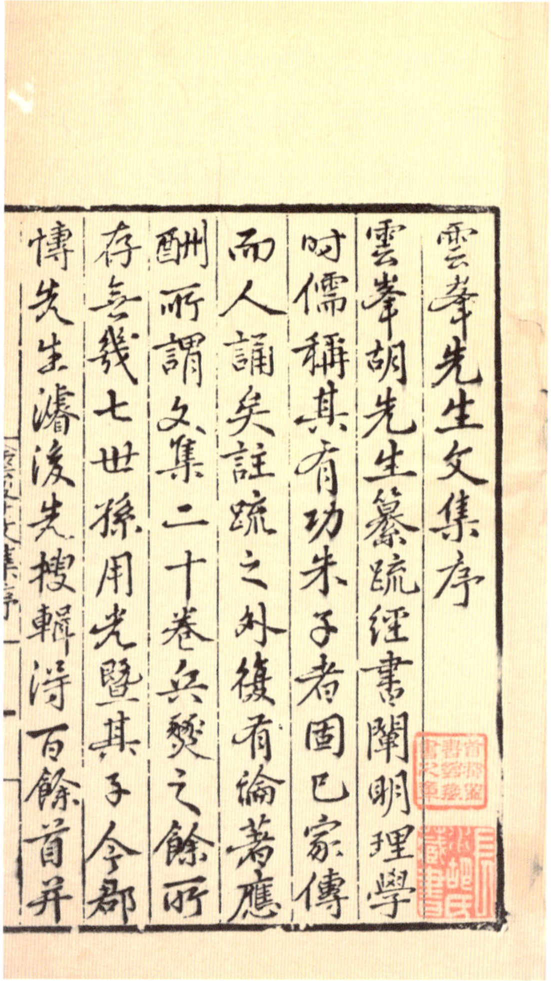

明隆慶六年謝廷傑、陳烈刻本
《太師誠意伯劉文成公集》

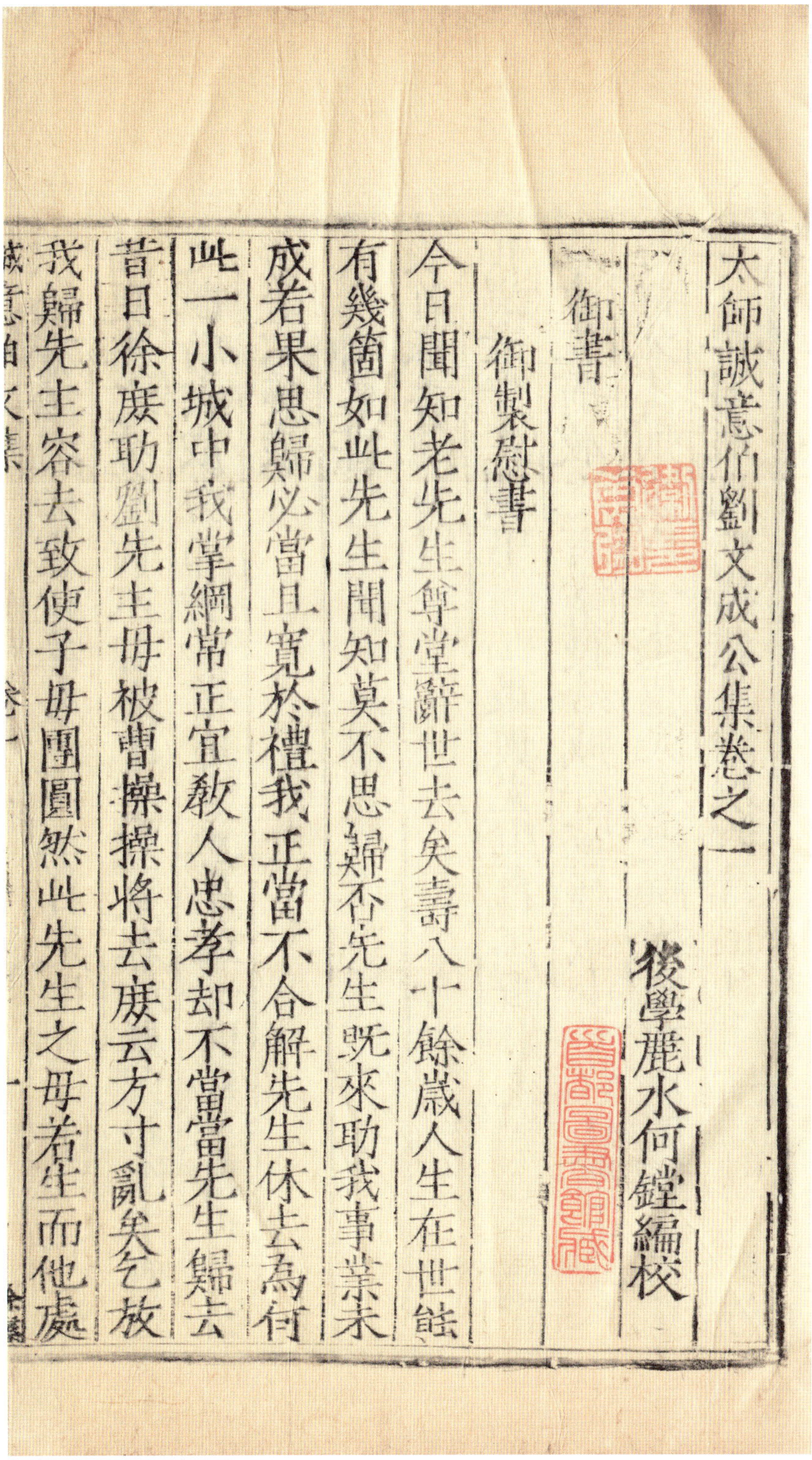

太師誠意伯劉文成公集卷之一

後學麗水何鏜編校

御書

御製慰書

今日聞知老先生尊堂辭世去矣壽八十餘歲人生在世能有幾箇如此先生聞知莫不思歸否先生旣來助我事業未成若果思歸必當且寬於禮我正當不合解先生休去為何此一小城中我掌綱常正宜教人忠孝却不當當先生歸去昔日徐庶助劉先主毋被曹操操將去庶云方寸亂矣乞放我歸先主容去致使子毋團圓然此先生之毋若生而他處

誠意伯文集　卷一

太師誠意伯劉文成公集二十卷　（明）劉基撰　明隆慶六年（1572）謝廷傑、陳烈刻本　二函二十册　索書號（丙四）1032　第二批《國家珍貴古籍名録》05814 號

半葉十行二十三字，白口，四周雙邊，框高 20.1 厘米，寬 14.5 厘米。

劉基（1311—1375），字伯温，號黎眉，青田縣南田鄉（今浙江文成）人。元順帝元統元年（1333）以明經登進士第。曾任高安縣丞、浙東行省都事等職，爲官廉直。後弃官歸隱。明太祖朱元璋平定括蒼，聞基名，禮聘至金陵。劉基陳時務十八策，佐太祖定天下，爲明開國勳臣。明洪武三年（1370），封誠意伯，武宗時追贈太師，謚號“文成”。劉基精通天文、兵法、數理等，尤以詩文見長，與宋濂、高啓并稱爲“明初詩文三大家”。

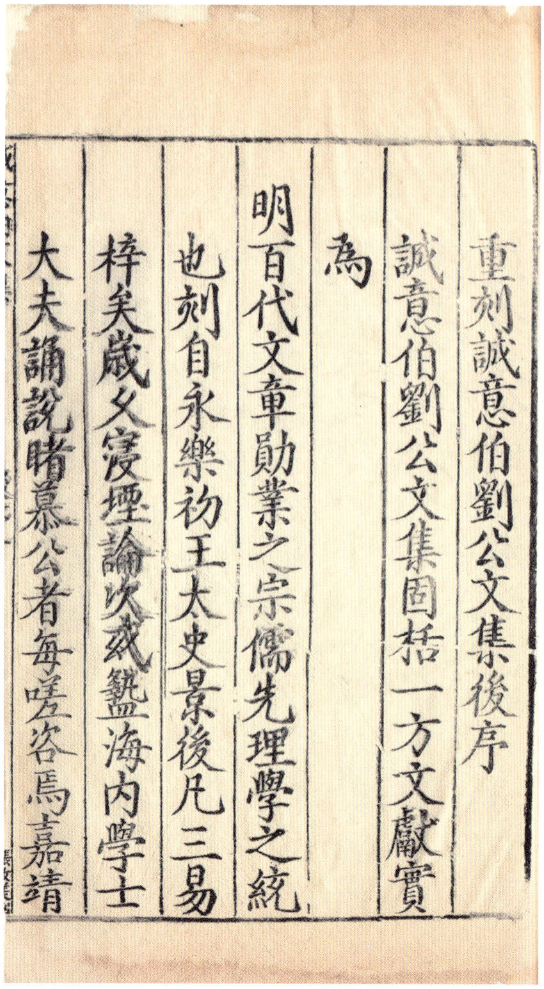
重刻誠意伯劉公文集後序
誠意伯劉公文集固括一方文獻實
為
明百代文章勛業之宗儒先理學之統
也刻自永樂初王太史景後凡三易
梓矣歲久寖堙論次亥盭海内學士
大夫誦說睹慕公者每嗟咨焉嘉靖

劉基著述甚富，其子仲景、孫薦先後編成《鬱離子》《覆瓿集》《春秋明經》《犁眉公集》等。明成化六年（1470），戴用、張僖等始將諸書合爲一秩，且冠以劉薦所輯《翊運録》，成《誠意伯劉先生文集》二十卷。《四庫全書》所采即此本，四庫館臣以“開卷乃他人之書，殊乖體例”，將《翊運録》所收詔旨制敕等移置卷末。明嘉靖三十五年（1556），樊獻科等編《太師誠意伯劉文成公集》，將《覆瓿集》《犁眉公集》之詩文按體裁類次，合《鬱離子》等成十八卷。明隆慶六年謝廷傑“奉命按行東浙，以瓣香謁公祠……屬太守陳君烈，萃諸文學，重加訂正”（謝廷傑《誠意伯

劉文成公文集序》）。該本由何鏜以樊氏本爲據對劉集重新校訂，沿用其詩文按體裁編次之法，而卷次則恢復成化本之二十卷。

首都圖書館所藏即爲明隆慶六年謝廷傑、陳烈刻本。該書目録編排與正文有違。目録顯示爲卷一至八、卷十九至二十，缺卷九至十八。驗之正文，則正文卷一至十八的内容實爲目録中卷一至八的内容。卷首載明隆慶六年謝廷傑序，明洪武十三年葉蕃《寫情集序》，明洪武十九年徐一夔、吴從善《鬱離子序》，明永樂二年（1404）《翊運録序》，明宣德五年（1430）羅汝敬《覆瓿集序》，李時勉《犁眉公集序》，明成化六年楊守陳《重鋟誠意伯文集序》，明正德十四年（1519）林富《重鋟誠意伯劉公文集序》，明嘉靖七年葉式《題誠意伯劉公集》，明嘉靖三十五年李本《重編誠意伯文集序》，樊獻科《刻誠意伯文集引》，明隆慶六年何鏜《重刻誠意伯劉文公集序》，末爲陳烈後序。卷一卷端題“後學麗水何鏜編校”。版心下鎸刻工名。

（喬雅俊）

明嘉靖四十年王可大刻本《遜志齋集》

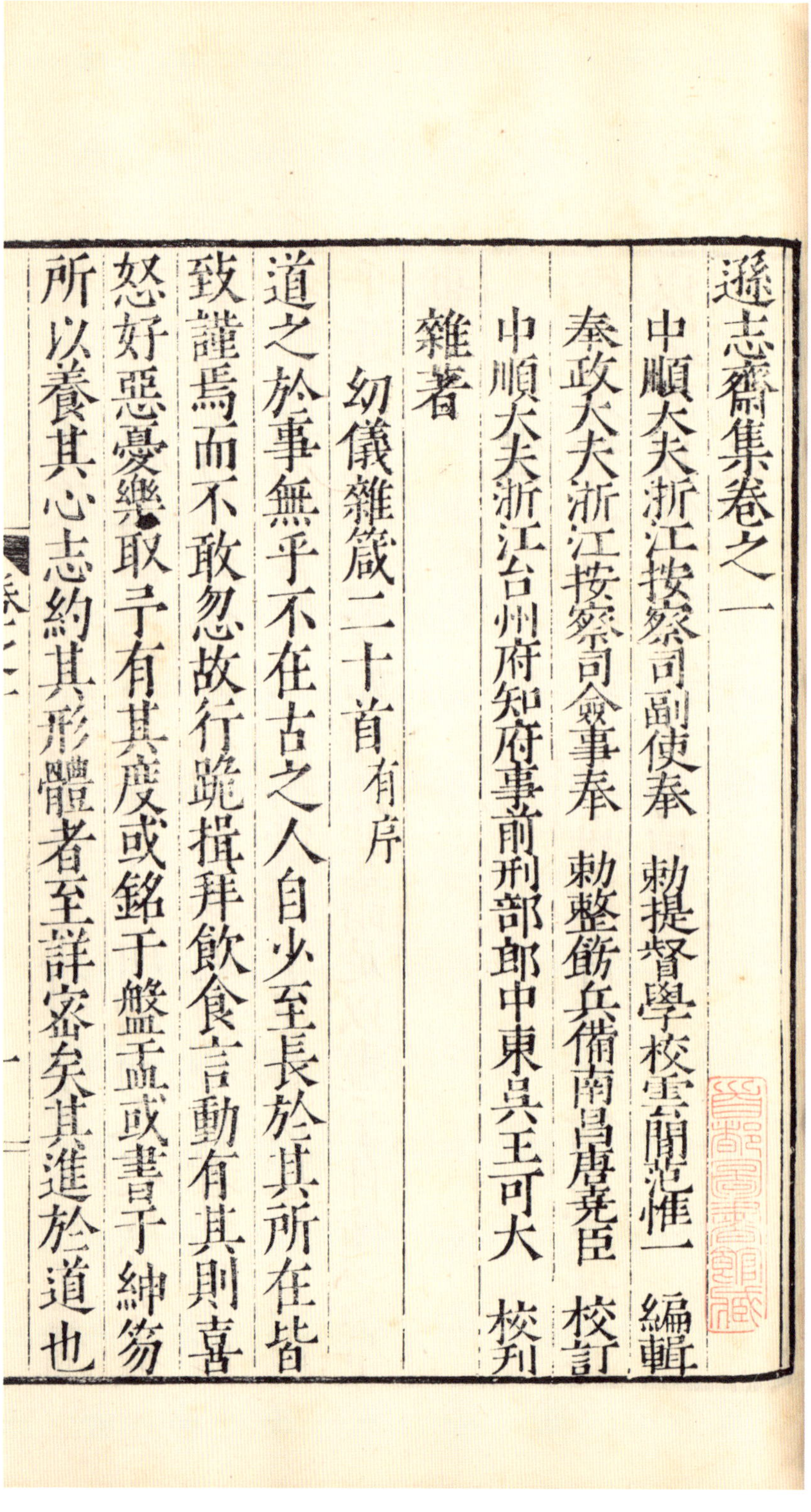

遜志齋集卷之一

中順大夫浙江按察司副使奉　勅提督學校雲間范惟一　編輯

奉政大夫浙江按察司僉事奉　勅整飭兵備南昌唐堯臣　校訂

中順大夫浙江台州府知府事前刑部郎中東吳王可大　校刊

雜著

幼儀雜箴二十首有序

道之於事無乎不在古之人自少至長於其所在皆致謹焉而不敢忽故行跪揖拜飲食言動有其則喜怒好惡憂樂取予有其度或銘于盤盂或書于紳笏所以養其心志約其形體者至詳密矣其進於道也

遜志齋集二十四卷 （明）方孝孺撰 **附録一卷** 明嘉靖四十年（1561）王可大刻本（卷二十四、附録抄補） 二函十三册 索書號（丙四）1408 第二批《國家珍貴古籍名録》05852 號

半葉十行二十字，小字雙行字同，白口，左右雙邊，單黑魚尾，框高 19.0 厘米，寬 14.4 厘米。

方孝孺（1357—1402），字希直，一字希古，寧海（今屬浙江寧波）人，宋濂弟子。明洪武時，以薦召授漢中府學教授，蜀獻王聘爲世子師。建文中，官至翰林侍講學士，改文學博士。燕王起兵篡位，命其草即位詔，抗節死。福王時追謚文正，清乾隆時賜謚忠文。《明史》卷一百八十三有傳。

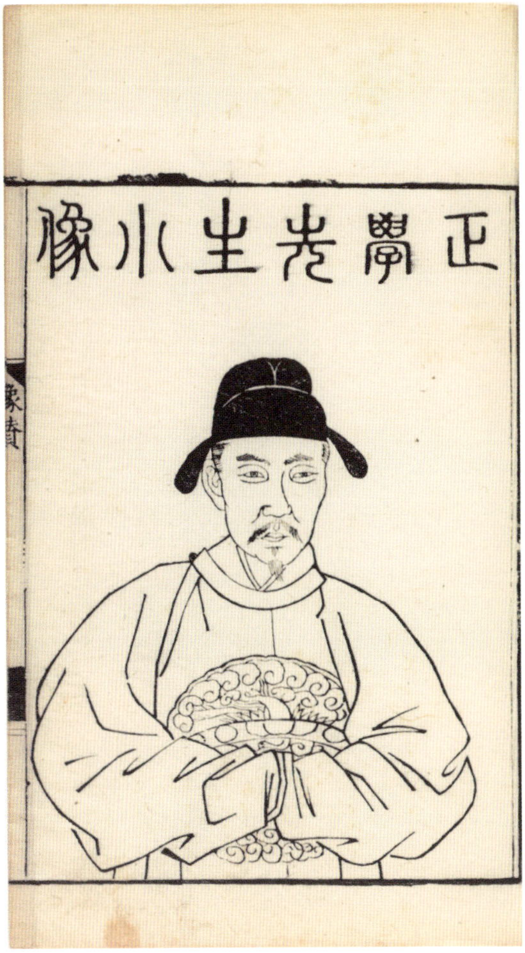

《遜志齋集》爲孝孺遺集。“遜志”，其書齋名，語出《尚書·説命下》：“惟學遜志，務時敏，厥修乃來。”宋儒蔡沈釋曰：“遜，謙抑也。務，專力也。時敏者，無時而不敏也。遜其志如有所不能；敏於學如有所不及，虚以受人，勤以勵己，則其所修，如泉始達，源源乎其來矣！”（《書集傳》）故以齋名定書名。其内容包括雜著八卷，表、箋、啓、書三卷，序三卷，記三卷，題跋一卷，贊一卷，祭文、誄、哀辭一卷，行狀、傳一卷，碑、表、誌一卷，古詩一卷，律詩、絶句一卷。附録集蜀獻王與同時名公贈遺諸作，以及傳狀、祠記、吊祭詩文等。卷前有“正學先生小像”并贊。因孝孺被聘世子師時，名其書室爲“正學”，遂世稱“正學先生”。

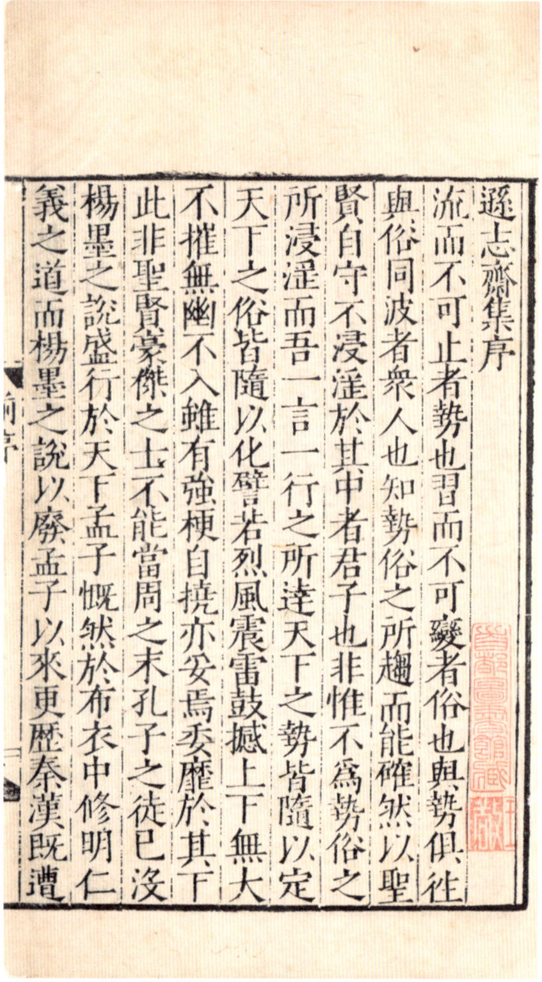
遜志齋集序
流而不可止者勢也習而不可變者俗也與勢俱往
與俗同波者衆人也知勢俗之所趨而能確然以聖
賢自守不浸淫於其中者君子也非惟不爲勢俗之
所浸淫而吾一言一行之所達天下之勢皆隨以定
天下之俗皆隨以化譬若烈風震雷鼓撼上下無大
不摧無幽不入雖有強梗自撓亦妥焉委靡於其下
此非聖賢豪傑之士不能當周之末孔子之徒已沒
楊墨之說盛行於天下孟子慨然於布衣中修明仁
義之道而楊墨之說以廢孟子以來更歷秦漢既遭

據四庫館臣考："史稱孝孺殉節後，文禁甚嚴。其門人王稌，藏其遺稿，宣德後始稍傳播，故其中闕文脱簡頗多。原本凡三十卷，拾遺十卷。"（《四庫全書總目》卷一百七十）又《凡例》載："先生殁後六十年，臨海趙學諭始得散落詩文三百一十四篇，梓於蜀者，爲蜀本。又二十年，太平謝文肅公、黄岩黄文毅公編輯四方所藏，得四十卷，郭令尹梓於寧海者，爲邑本。又四十年，郡守姑蘇顧公梓於郡齋者，爲郡本。"是刻即據上述三本參酌改定而成。謀刻者王可大，字元簡，南京（今江蘇南京）人，明嘉靖三十二年進士，曾知台州府。在任上，因受浙江按察司副使范惟一、僉事唐堯臣二公所托重刊此書。

書中鈐有"王瓛"印。

（李晶瑩）

明嘉靖刻本《壽梅集》

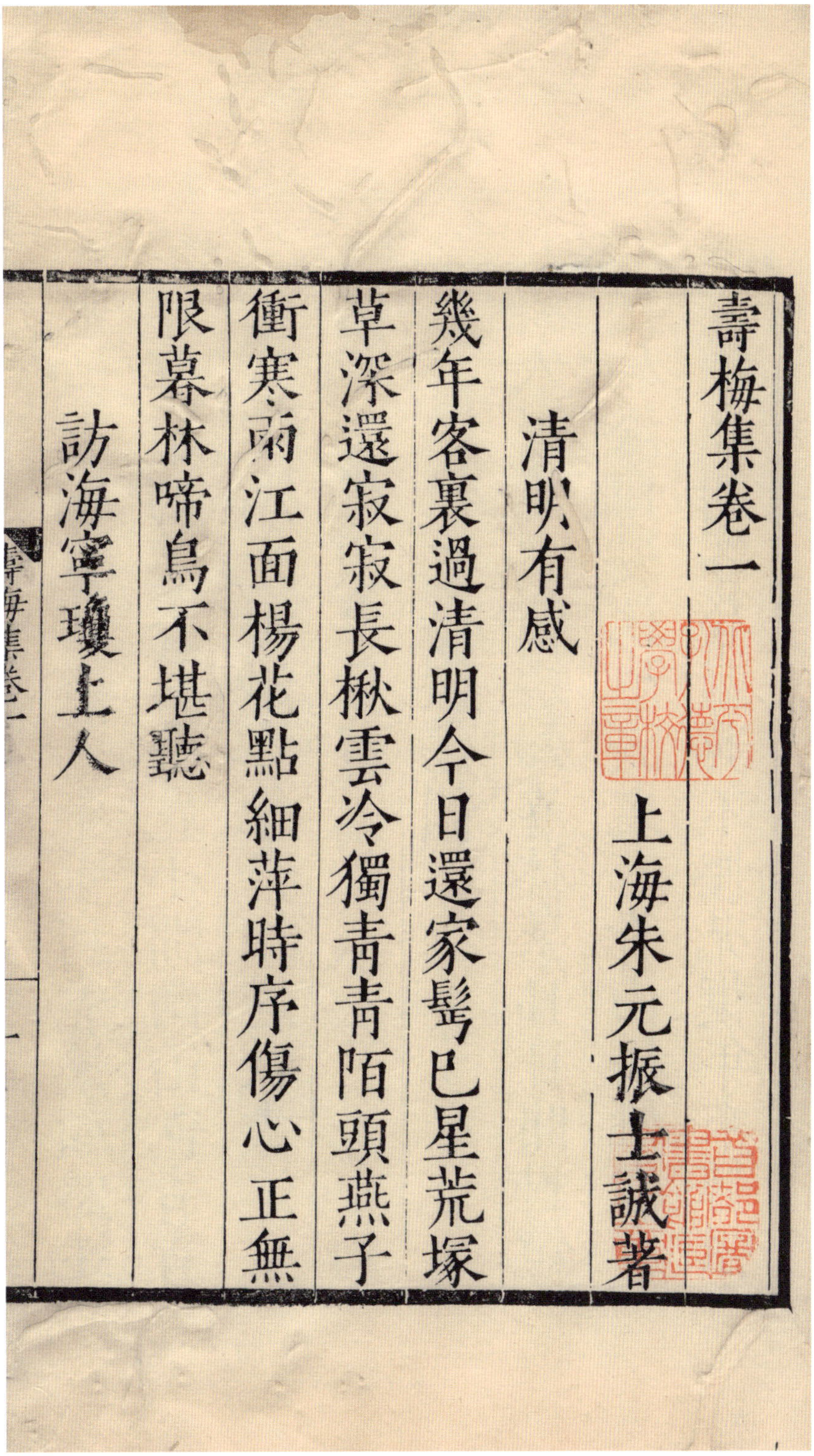

壽梅集卷一

上海朱元振士誠著

清明有感

幾年客裏過清明今日還家鬢巳星荒塚草深還寂寂長楸雲冷獨青青陌頭燕子銜寒雨江面楊花點細萍時序傷心正無限暮林啼鳥不堪聽

訪海寧瓊上人

壽梅集卷一

壽梅集二卷　（明）朱元振撰　明嘉靖刻本　一函一册　索書號（甲四）1148　第三批《國家珍貴古籍名録》09063 號

半葉八行十六字，白口，左右雙邊，單黑魚尾，框高 17.9 厘米，寬 13.9 厘米。

朱元振，字士誠，號壽梅，明宣德至天順間松江（今上海松江）人。據王兆雲《明詞林人物考》，朱姓爲上海著姓，世傳經學。朱元振之父朱木，字楚材，號静翁，以布衣召至公車，上《安邊十二策》，深見嘉納，著有《静翁集》《静軒行稿》。静翁之子士誠，

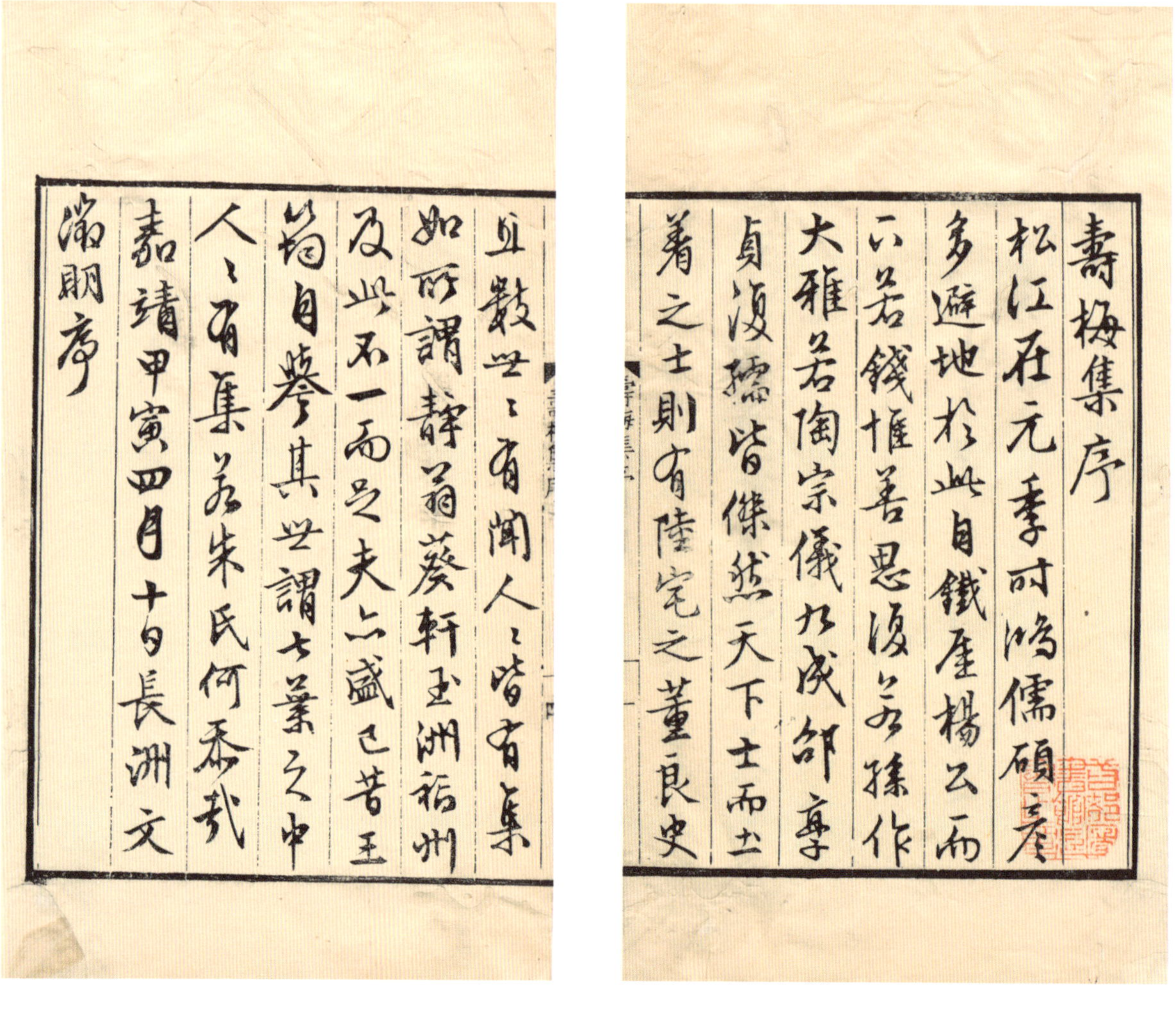
壽梅集序
松江在元季时鴻儒碩彥
多避地於此自鐵崖楊公而
下若錢惟善思復吳孫作
大雅若陶宗儀九成邵亨
貞復孺皆傑然天下士而土
著之士則有陸宅之董良史
亘數世〻有聞人〻皆有集
如所謂靜翁葵軒玉洲梧州
及此不一而足夫亦盛已昔王
筠自舉其世謂七葉之中
人〻有集若朱氏何忝哉
嘉靖甲寅四月十日長洲文
徵明序

爲清修積學之士，生當承平極盛之際，隱居求志，外無兵戈之擾，而居有丘樊之樂，文酒燕游，親戚情話，發爲音詞，時以詩名。其後嗣搜羅訪求，於蛛絲煤尾之餘得詩百篇，輯成《壽梅集》。

據卷前明嘉靖甲寅（1554）長洲文徵明序，《壽梅集》爲朱元振後人察卿與福州公子文再世搜訪而得。朱察卿，字邦憲，號象江，自稱醉石居士，布衣稱詩，有沈明臣所編訂之《朱邦憲集》傳世。《明詞林人物考》稱邦憲白皙飄髯，善談笑，而特好飲，任俠豪邁，隆慶、萬曆間以貴公子擅才華。明何三畏《雲間志略》卷十八有傳。邦憲父朱豹，字子文，官至福州知府，其《朱福州集》爲明嘉靖三十一年（1552）朱察卿所刻，《朱邦憲集》卷九有傳。《壽梅集》《朱福州集》皆賴察卿之功得以傳世，誠如文徵明所言："非察卿之賢而有文，安望其慎葺而有傳哉。"文徵明序中不僅盛贊察卿搜羅之功，亦對《壽梅集》評價甚高，認爲朱元振之詩清新爾雅，緣情寫事，隨物賦形，命意鑄詞，無一長語，文辭紆回冲遠，無有籲咈，真鳴盛之作也。此本版面疏朗，紙墨俱佳，具有較高的版本價值。

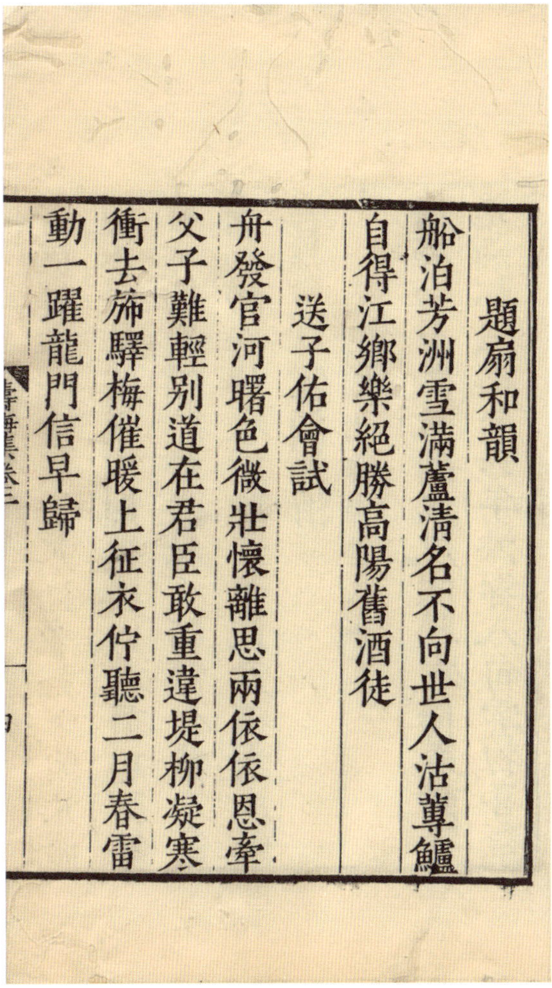
題扇和韻
船泊芳洲雪滿蘆清名不向世人沽蓴鱸
自得江鄉樂絕勝高陽舊酒徒
送子佑會試
舟發官河曙色微壯懷離思兩依依恩牽
父子難輕別道在君臣敢重違堤柳凝寒
衝去旆驛梅催暖上征衣佇聽二月春雷
動一躍龍門信早歸

鈐有"北平孔德學校之章"印。

（史麗君）

明正德三年吴奭刻本《匏翁家藏集》

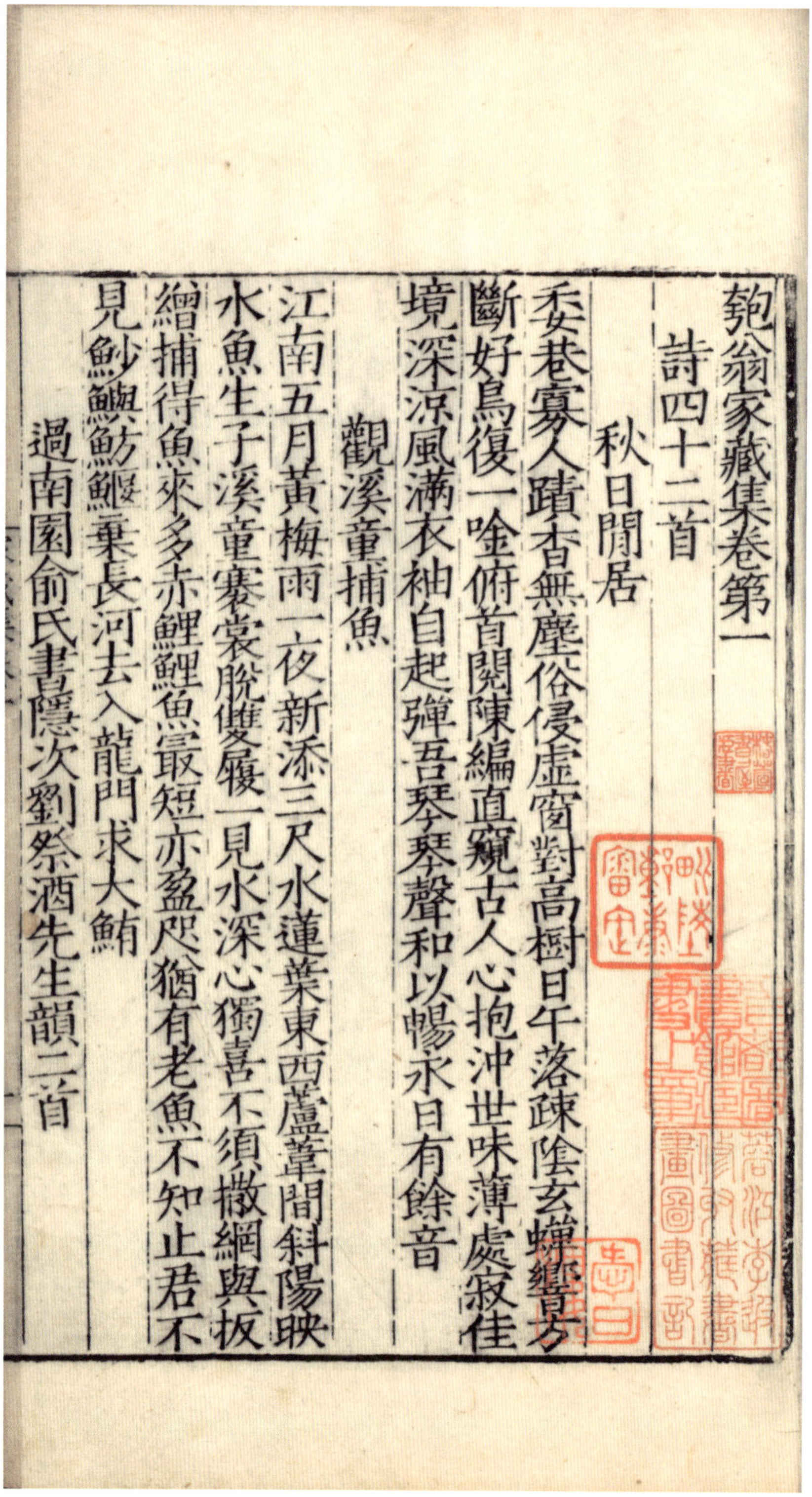
匏翁家藏集卷第一

詩四十二首

秋日閒居

委巷寡人蹟杳無塵俗侵虛窗對高樹日午落疎陰玄蟬響乍斷好鳥復一唫俯首閱陳編直窺古人心抱沖世味薄處寂佳境深涼風滿衣袖自起彈吾琴琴聲和以暢永日有餘音

觀溪童捕魚

江南五月黃梅雨一夜新添三尺水蓮葉東西蘆葦間斜陽映水魚生子溪童褰裳脫雙屨一見水深心獨喜不須撒網與扳罾捕得魚來多赤鯉鯉魚最短亦盈咫猶有老魚不知止君不見鯋鱮魴鰋棄長河去入龍門求大鮪

過南園俞氏書隱次劉祭酒先生韻二首

匏翁家藏集七十七卷補遺一卷　（明）吴寬撰　明正德三年（1508）吴奭刻本　一函十册　索書號（乙四）109　第四批《國家珍貴古籍名録》10742 號

半葉十二行二十四字，白口，左右雙邊，框高 19.8 厘米，寬 15.0 厘米。

吴寬（1435—1504），字原博，號匏庵，長洲（今江蘇蘇州）人。明成化八年（1472）會試、廷試皆第一，入翰林，授修撰。歷遷至禮部尚書，卒謚文定。寬博學工書，詩文有聲，著有《家藏集》。《明史》卷二百四十三、《獻徵録》卷十八有傳。

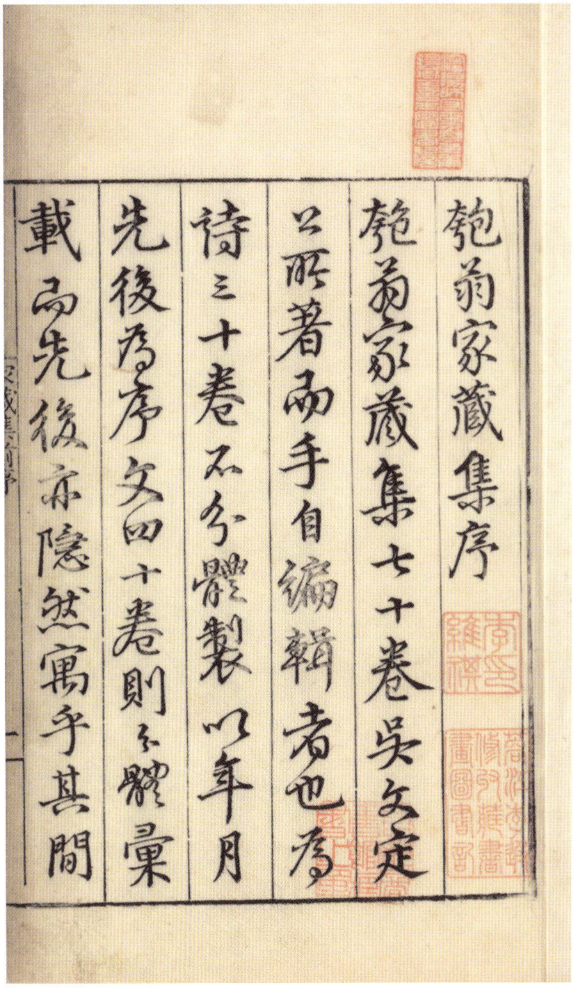
匏翁家藏集序
匏翁家藏集七十卷吴文定
公所著而手自編輯者也序
詩三十卷不分體製以年月
先後為序文四十卷則分體彙
載而先後亦隱然寓乎其間
家藏集序　一

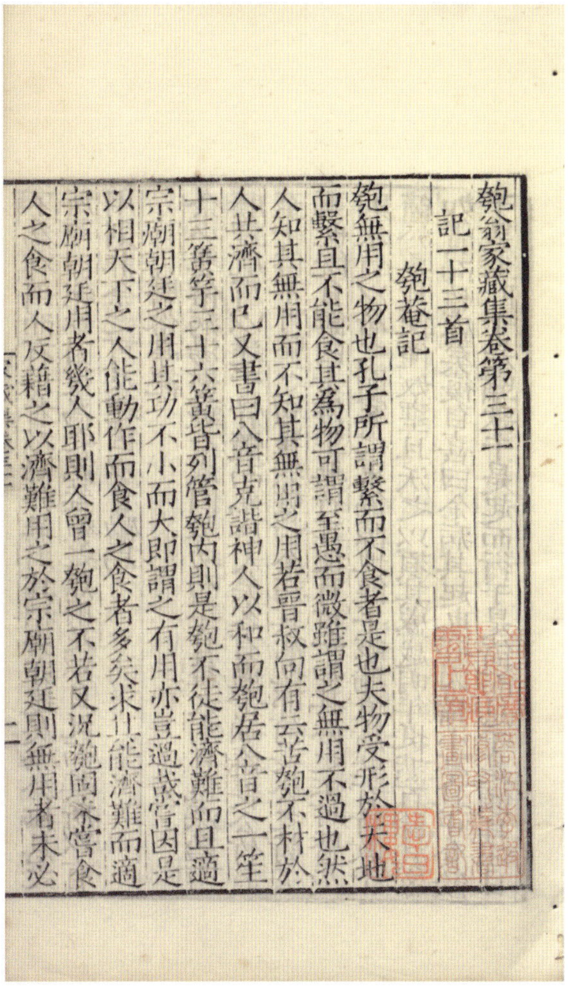
匏翁家藏集卷第三十一
記一十三首
匏菴記
匏無用之物也孔子所謂繫而不食者是也夫物受形於天地
而繫且不能食其爲物可謂至愚而微雖謂之無用不過也然
人知其無用而不知其無用之用若晉叔向有云苦匏不材於
人共濟而已又書曰八音克諧神人以和而匏居八音之一笙
十三簧竽三十六簧皆列管匏內則是匏不徒能濟難而且適
宗廟朝廷之用其功不小而大即謂之有用亦豈過哉嘗因是
以相天下之人能動作而食人之食者多矣求其能濟難而適
宗廟朝廷用者幾人耶則人曾一匏之不若又況匏固不嘗食
人之食而人反藉之以濟難用之於宗廟朝廷則無用者未必

是書首有李東陽序，言“匏翁家藏集七十卷，吴文定所著而手自編輯者也”，其中詩三十卷，文四十卷。王鏊序亦言總爲七十卷。而本書實爲詩三十卷、文四十七卷，補遺六篇是爲一卷。觀卷末徐源後序云“其子中書舍人奭與其從兄奎齋奕搜閱笥稿，得公手筆存録諸體詩凡三十卷，序記誌説之類凡卌十七卷，自題曰家藏集”，可知或前七十卷爲吴寬自訂，末七卷及補遺爲奭及從兄所增補。詩不分體制，以年月先後爲序，共收諸體詩一千四百六十九首、詩餘三十二首。文則分體彙載，而先後亦隱然寓乎其間，其中記九十七篇、序九十篇、引七篇、説五篇、表六篇、頌二篇、致語七篇、箴二篇、銘二十三篇、贊二十五篇、題跋二百七十一篇、祭文二十六篇、雜文二十四篇、行狀述四篇、傳十一篇、墓誌銘一百零三篇、壙志三篇、壽藏銘三篇、埋銘一篇、墓記一篇、墓表六十九篇、墓碑銘九篇、墓碣銘二篇、神道碑七篇，補遺一卷收記二篇、碑文四篇，共收各體文章八百零四篇。

吴寬爲詩風格渾厚，用事果切，無漫然嘲風弄月之語。（參考朱承爵《存餘堂詩話》）爲文宗韓愈、蘇軾，典而不俗，多有自得。《四庫全書總目》評論其詩文“和平恬雅，有鳴鸞佩玉之風”，概括了其主要風格特色。

《匏翁家藏集》筆者僅見明正德三年刻本，足見珍貴。本館所藏刻印精美，卷帙完整，具有重要的文學與文獻價值。

鈐“蓉江李遐修所藏書畫圖書記”“李維祺印”“愛日樓”“吴鶚”“董康暨侍姬玉奴珍臧書籍記”“毗陵董康審定”“潘陽師守玉勉之甫珍臧善本圖書印信”“師氏守玉守章昆仲印”“椿萱書屋臧書”“慎遠堂師”等印。

（楊曉煒）

明正德元年張九逵刻本《篁墩程先生文粹》

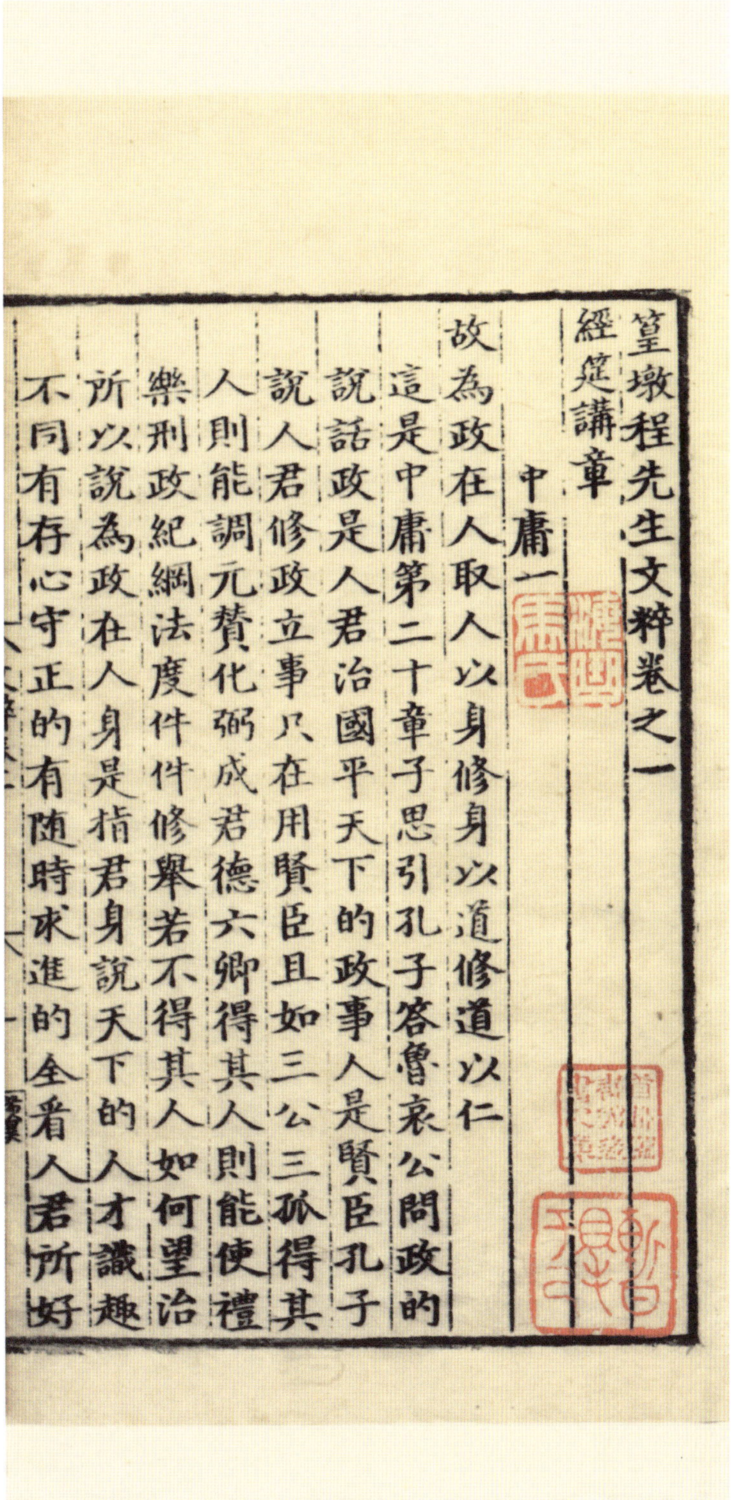
篁墩程先生文粹卷之一

經筵講章

中庸一

故為政在人取人以身修身以道修道以仁

這是中庸第二十章子思引孔子答魯哀公問政的說話政是人君治國平天下的政事人是賢臣孔子說人君修政立事只在用賢臣且如三公三孤得其人則能調元賛化弼成君德六卿得其人則能使禮樂刑政紀綱法度件件修舉若不得其人如何望治所以說為政在人身是指君身說天下的人才識趣不同有存心守正的有隨時求進的全看人君所好

篁墩程先生文粹二十五卷　（明）程敏政撰　（明）程曾　戴銑輯　明正德元年（1506）張九逵刻本　二函十二册　索書號（甲四）788　第三批《國家珍貴古籍名録》09077號

半葉十一行二十一字，白口，四周單邊，雙順白魚尾，框高19.0厘米，寬13.0厘米。

程敏政（1446—1499），字克勤，徽州休寧（今安徽休寧）人，後居歙縣篁墩（今屯溪篁墩），故號篁墩、篁墩居士，時人稱爲程篁墩。明成化二年（1466）一甲第二名進士，授翰林院編修。歷任左諭德，直講東宫，學識淵博，爲一時之冠，官至禮部右侍郎。明弘治十二年（1499），主持會試，因試題外泄，被劾下獄，後經查釋放，革職歸鄉，旋因悲憤發病而卒，追贈禮部尚書。著有《明文衡》《篁墩文集》《新安文獻志》《休寧志》等。《明史》卷二百八十六有傳。

篁墩程先生小像

該書二十五卷，集程敏政平生所撰講章、奏議、考論、雜著、記、序、題跋、行狀、碑志、書簡、箴銘等，凡三百餘篇。敏政一生，學識淹博，勤於著述，才學文章皆爲一時之冠。其生前曾親輯文稿百有餘卷，惜未能刊行。歿後七年，族子程曾、門人戴銑有感於“先生文集什藏於家，顧學者思欲閲之而不可得，且卷帙繁多，難於傳録”（戴銑後序），故摘其文稿篇章，重加詮次，刻於徽州。序稱，先生“得朱之深，故形諸論議，發爲詞章，不惟理無所悖，而文亦似之，又濟之以雄渾之氣，敏贍之才，博綜之學，此其著作所以超然獨詣，追古大家而軼之”（戴銑後序）。

此本爲明正德元年張九逵刻本。書前有正德元年南京吏部尚書林瀚序，序後爲《誥命》、程公畫像及户部尚書周經撰《程公畫像記》。目録後附北海仇東之撰《篁墩程學士傳》與休寧知縣張九逵刻書序。書後有明弘治十八年（1505）南京户科給事中戴銑序。版心下有刻工姓名。王重民《中國善本書提要》謂，“此本爲戴銑所編次，而張九逵所刻者，付梓在全集前，恐全集不能即刻也。”刊後一年，即明正德二年（1507），徽州知府何歆、休寧知縣張九逵等，於敏政子錦衣千户程塤處得文集全稿，刊印付梓。

該書鈐有“衡陽常氏潭印閣藏書之圖記”“暫得於己”“海曲馬氏”“北平孔德學校之章”等印記。

（郭芳）

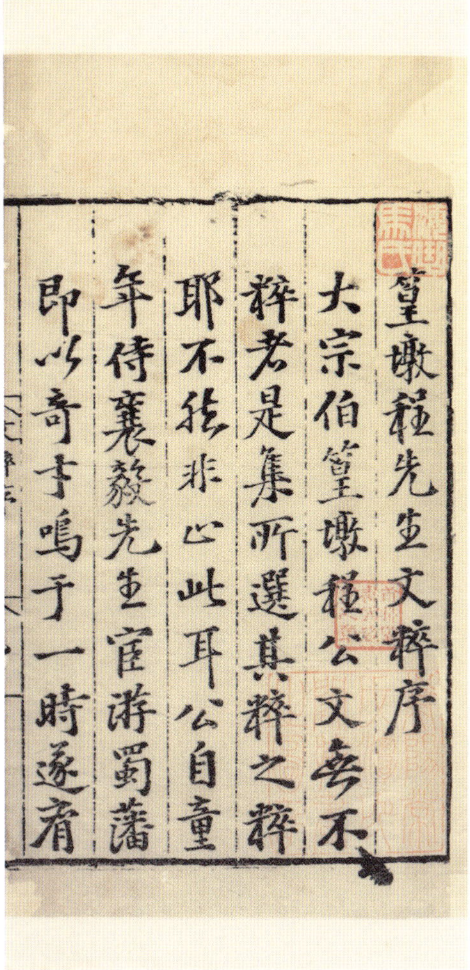
篁墩程先生文粹序
大宗伯篁墩程公文無不
粹者是集所選其粹之粹
耶不能非心此耳公自童
年侍襄毅先生宦游蜀藩
即以奇才鳴于一時遂肩

明正德二年何歆刻本《篁墩程先生文集》

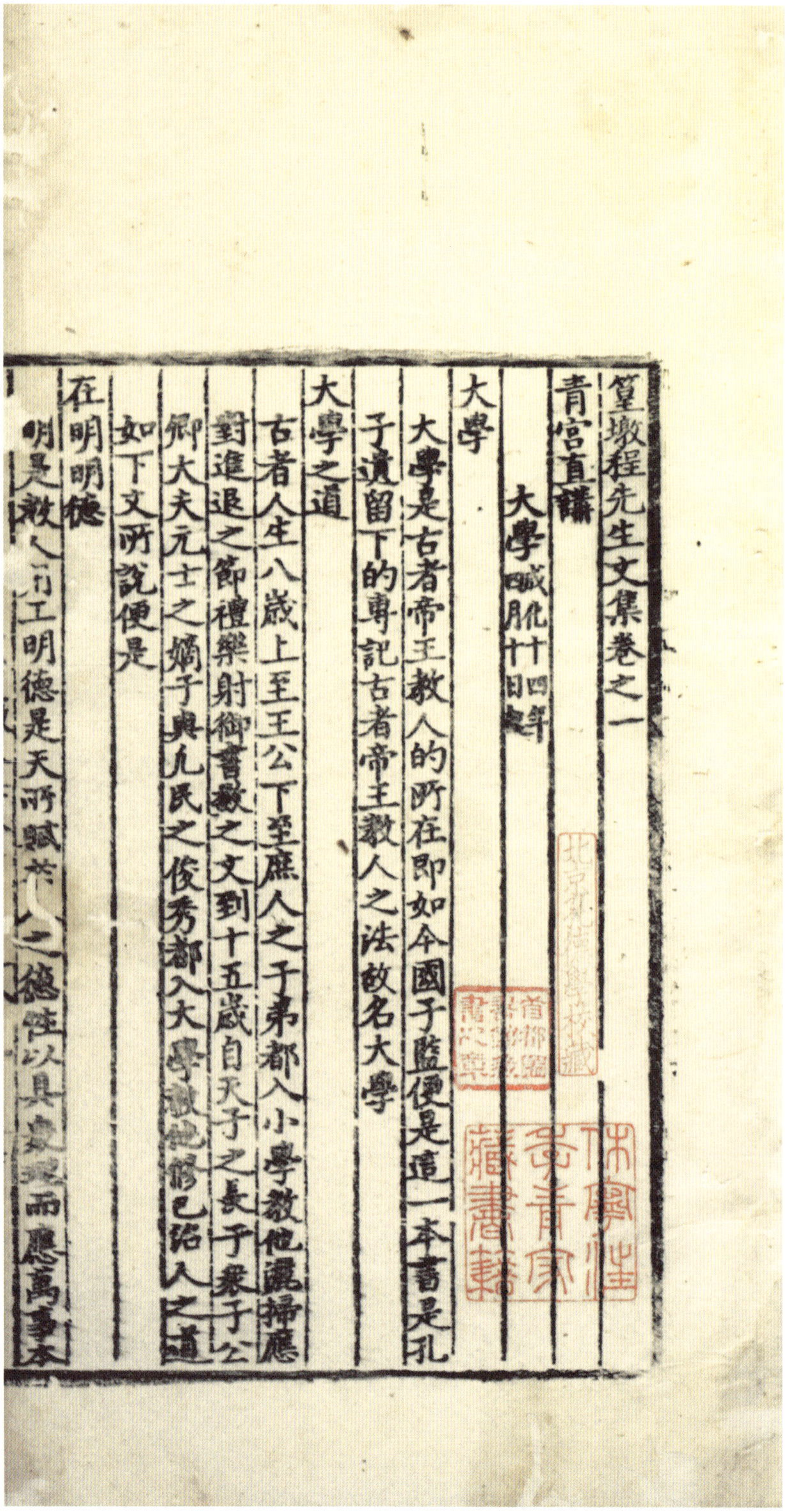

篁墩程先生文集卷之一

青宮直講

大學 成化十四年四月廿日進

大學

大學是古者帝王教人的所在即如今國子監便是這一本書是孔子遺留下的專記古者帝王教人之法故名大學

大學之道

古者人生八歲上自王公下至庶人之子弟都入小學教他灑掃應對進退之節禮樂射御書數之文到十五歲自天子之長子衆子公卿大夫元士之嫡子與凡民之俊秀都入大學教他脩己治人之道如下文所說便是

在明明德

明是教人用工明德是天所賦於人之德性以具衆理而應萬事本

篁墩程先生文集九十三卷拾遺一卷 （明）程敏政撰　明正德二年（1507）何歆刻本（卷三十七至四十二、卷四十八至五十三抄配）　八函三十二册　索書號（甲四）786

第三批《國家珍貴古籍名録》09075 號

半葉十三行二十七字，白口，左右雙邊間四周單邊，雙順白魚尾，框高 19.0 厘米，寬 13.1 厘米。

該書爲敏政自訂之文集，收録其平生所作講章、制策、奏議、考論、記、序、題跋、行狀、志表、專傳、祭文、書簡、雜著、詞賦、詩文等數千餘篇，凡九十三卷，附拾遺一卷。敏政學問淹博，著作具有根底，非游談無根者可比。時人有贊曰："學問該博稱程敏政，文章古雅稱李東陽。"（《明史·文苑傳》）其弟子李汛稱其"一代人豪也。文翰雖其餘事，而抱負之宏、造詣之邃，蓋將於是乎徵。如萬言應事一策，敷匡時之大略；宋紀受終一考，訂千古之大疑；續修宋、元鑑，謹嚴得《春秋》之大旨；附注《心經》，考合朱、陸之道，則又深探理學之大原……此皆先生學識之過人，足以濟時而淑世，不但華國而已"（李汛《篁墩文集後序》）。四庫館臣品評此書，雖言其文格頹唐，不出當時風氣，却又指出："明之中葉，士大夫侈談性命，其病日流於空疏，敏政獨以雄才博學，挺出一時……其考證精當者亦時有可取。要爲一時之碩學，未可盡以蕪雜廢也。"（《四庫全書總目》卷一百七十一）

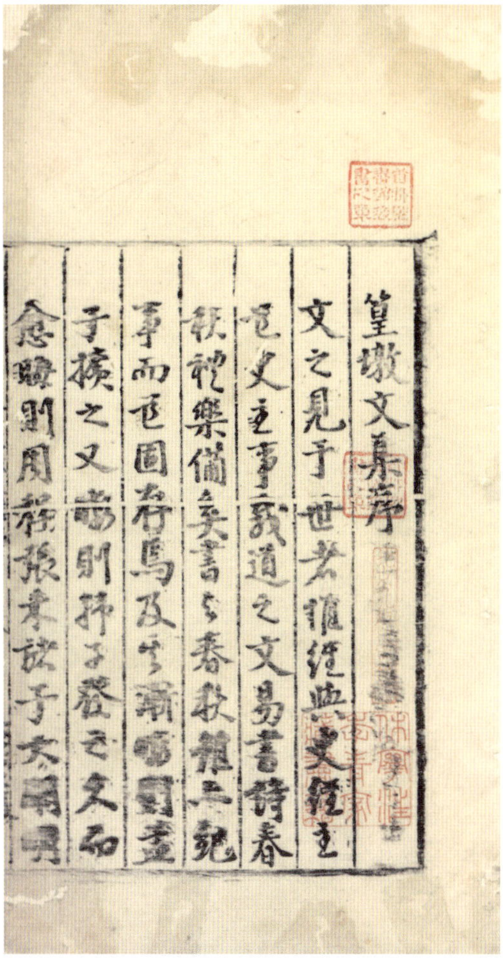
篁墩文集序
文之見于世者惟經與史經主
也史主事載道之文易書詩春
秋禮樂備矣書與春秋雜之紀
事而也圖存焉及其漸歸壹
于循之文勝則歸于發之文而
愈離則周程張朱諸子大明其

此本爲明正德二年何歆刻本。書前有國

史總裁長沙李東陽序，末有門人鏡山李汛後序、徽州知府何歆後序。版心下有刻工姓名。何歆，字子敬，别號榕溪先生。是書雖爲敏政自訂，其生前却未刊行。明正德二年，徽州知府何歆、休寧知縣張九逵等，於敏政之子錦衣千户程壎處得文集全稿，刊印付梓。李東陽因程壎之請撰序於卷首。此本是當時著名的官刻本，卷三十七至四十二、四十八至五十三雖係抄配，然并無缺卷，尚能保持該書内容的完整，使讀者可窺其全貌，具有較高的版本價值。

該書鈐有“休寧汪季青家藏書籍”“汪氏柯庭校正圖書”“摛藻堂”“希樸齋校勘”“北京孔德學校藏”等印記。

（郭芳）

明嘉靖十七年文三畏刻本《馬東田漫稿》

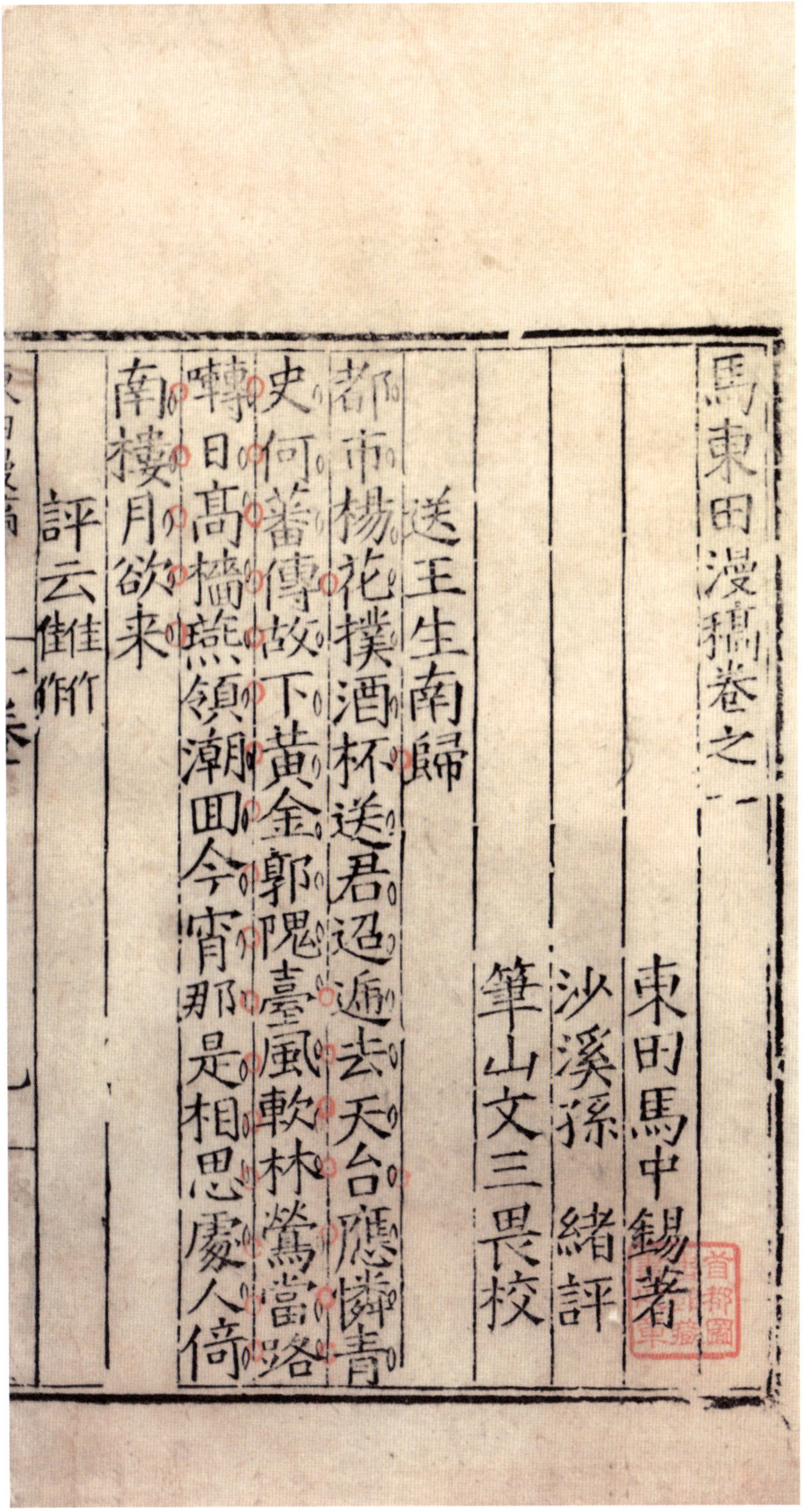
馬東田漫稿卷之一

東田馬中錫著

沙溪孫　緒評

筆山文三畏校

送王生南歸

都市楊花撲酒杯送君迢遞去天台應憐青史何當傳故下黃金郭隗臺風軟林鶯當路轉日高檣燕領潮回今宵那是相思處人倚南樓月欲来

評云佳作

馬東田漫稿六卷　（明）馬中錫撰　（明）孫緒評　明嘉靖十七年（1538）文三畏刻本　二函十二册　索書號（甲四）194　第三批《國家珍貴古籍名録》09094 號

半葉十行十七字，小字雙行字同，白口，四周雙邊，框高 17.6 厘米，寬 13.4 厘米。

馬中錫（約 1446—1512），字天禄，號東田，河間故城（今河北故城）人。明成化十一年（1475）進士，授刑科給事中。明正德元年（1506）任兵部侍郎，因得罪劉瑾而下獄，削職爲民。劉瑾伏誅後，起任大同巡撫。明正德六年（1511）受命鎮壓農民起義，無

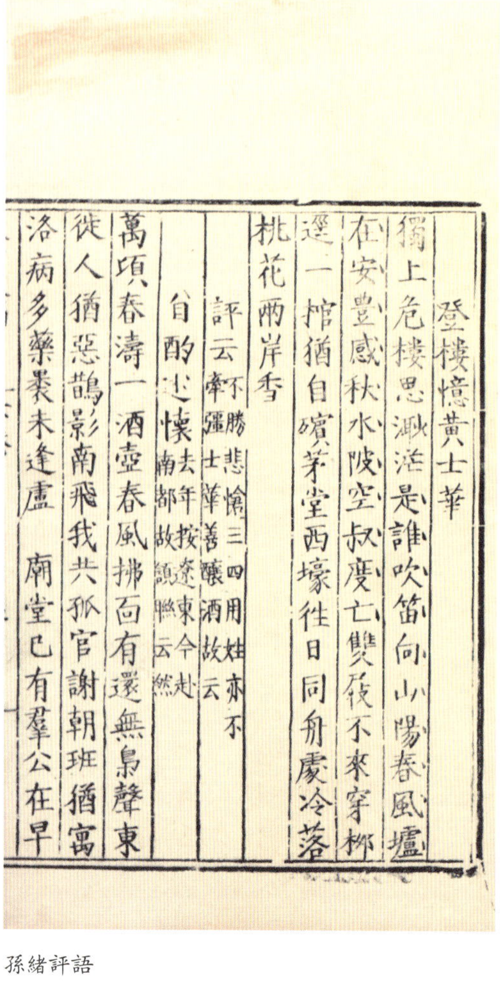
登樓憶黃士華
獨上危樓思渺茫是誰吹笛向山陽春風壚
在安豐感秋水陂空叔度亡雙旌不來穿柳
逕一樽猶自噴茅堂西壕往日同舟處冷落
桃花兩岸香
評云不勝悲愴三四用姑亦不牽强士華善釀酒故云
自酌述懷去年按察東今赴南都故縱聯云然
萬頃春濤一酒壺春風拂面有還無鳥聲東
從人猶惡鵲影南飛我共孤官謝朝班猶寓
洛病多藥裹未逢盧　廟堂已有羣公在早

孫緒評語

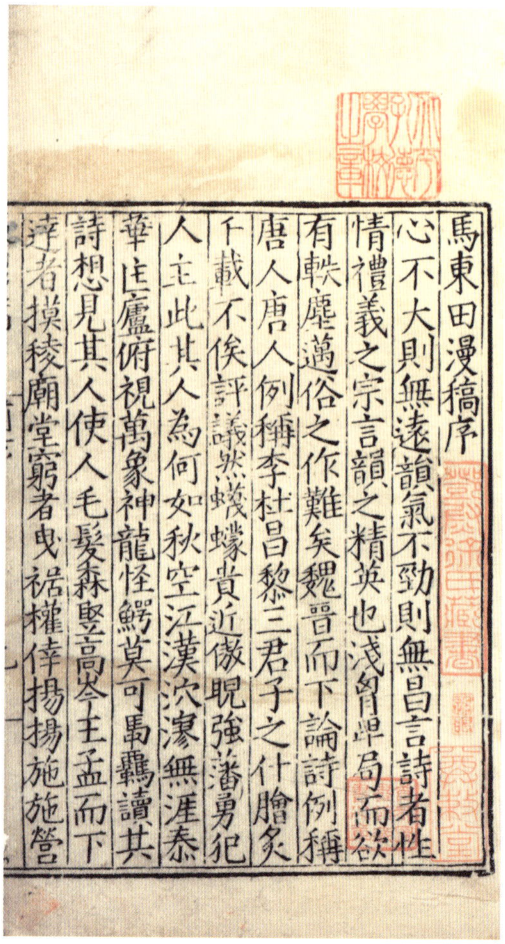
馬東田漫稿序
心不大則無遠韻氣不勁則無昌言詩者性
情禮義之宗言韻之精英也淺智卑局而欲
有軼塵邁俗之作難矣魏晉而下論詩例稱
唐人唐人例稱李杜昌黎三君子之什膾炙
千載不倦評議然蟣蝨貴近傲睨強藩勇犯
人主此其人為何如秋空江漢浤滀無涯泰
華匡廬俯視萬象神龍怪鰐莫可馬羈讀其
詩想見其人使人毛髮森竪高今王孟而下
詩者摸稜廟堂窮者曳裾權倖揚揚施施營

功下獄，在獄八月，感疾而卒。東田能詩文，其文縱横闔辟，變幻百出，迄無一凡近語，片言隻語，往往膾炙人口。評者謂其詩文體格早類許渾，晚入劉長卿、陸龜蒙間。《明史》卷二百五十四有傳。

此書卷前孫緒《馬東田漫稿序》稱，東田先生身後“遺稿十喪七八，公子監生師言得詩賦、歌詞、樂府若干於蟲鼠之餘，屬緒爲評論”，可見此書由馬東田之子馬師言編輯，又請孫緒作評而成。緒字誠甫，亦河間故城人。明弘治己未（1499）進士，官至太僕寺卿。卷前又有明河間按察副使王崇慶嘉靖十七年序，云：“公之子監生師言，是年秋七月自故城來乞言，且托郡大夫筆山文侯校而梓行，蓋筆山乃翁松齋司馬，實先生同年云。於是筆山命匠惟謹，而又謀及郡博四峰許子相與訂之，可謂不遺故舊矣。”由此可知，此本爲明嘉靖十七年開州文三畏（字筆山）刻本，當爲東田詩文集之最早刊本。《明詩紀事》稱東田集“句律渾成，有明珠走盤、彈丸脱手之妙。是時茶陵執盟詩壇，東田别派孤行，可謂特立之士”。

此書有佚名圈點。鈐有“尊敕堂”“過眼”“鄧尉徐氏藏書”“蘭蓀披閲”“北平孔德學校之章”等印。

（史麗君）

明嘉靖杭洵刻本《杭雙溪先生詩集》

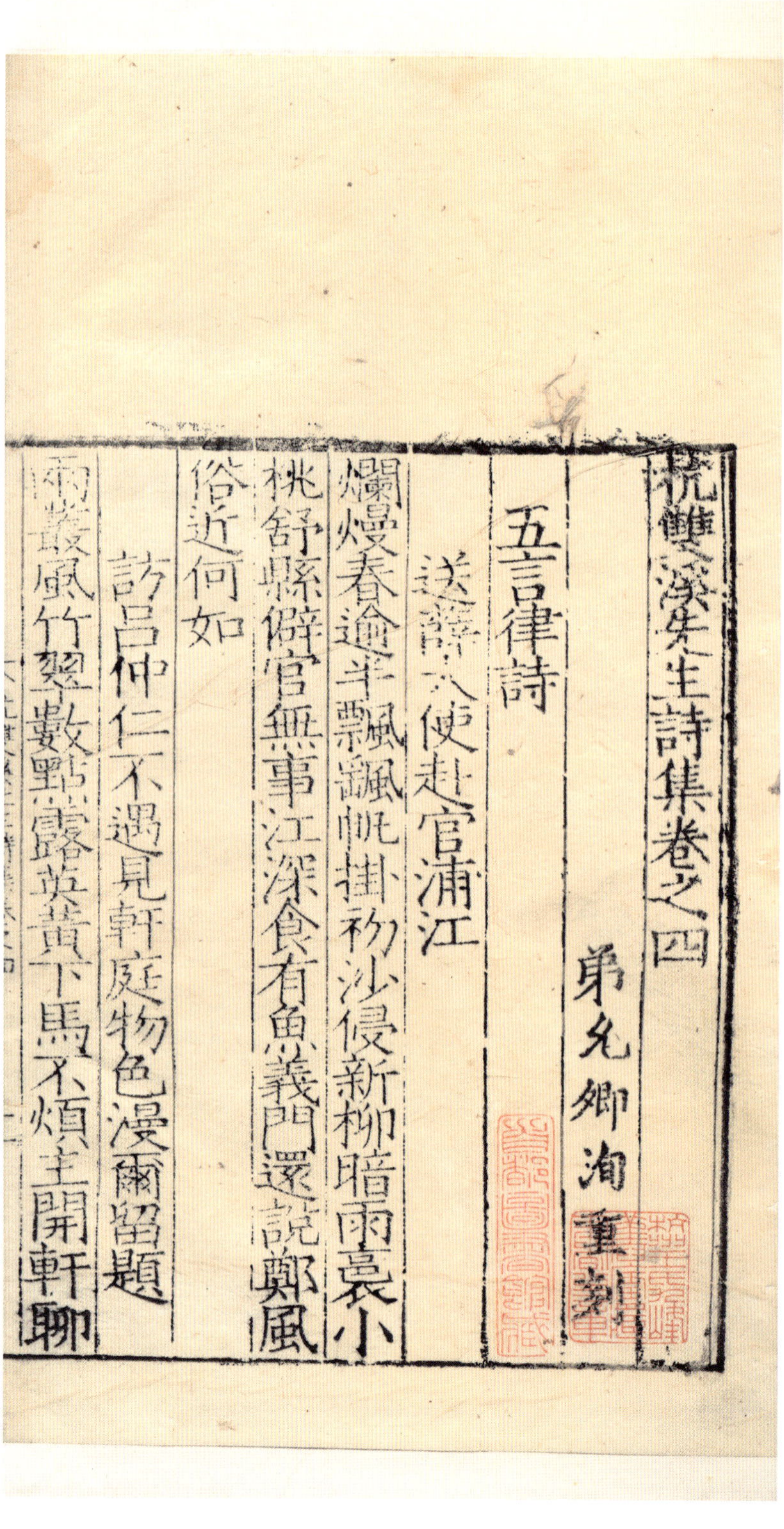

杭雙溪先生詩集卷之四

弟允卿洵重刻

五言律詩

送薛大使赴官浦江

爛熳春逾半飄颻帆掛初沙侵新柳暗雨裛小桃舒縣僻官無事江深食有魚義門還說鄭風俗近何如

訪呂仲仁不遇見軒庭物色漫爾留題

雨蕭風竹翠數點露英黄下馬不煩主開軒聊

杭雙溪先生詩集八卷　（明）杭淮撰　明嘉靖杭洵刻本　一函四册　索書號（丁）13896　第三批《國家珍貴古籍名録》09127 號

半葉九行十八字，白口，左右雙邊，單白魚尾間單黑魚尾，框高 17.1 厘米，寬 13.9 厘米。

杭淮（1462—1538），字東卿，號雙溪，亦作復溪，江蘇宜興人。明代詩文家。明弘治十二年（1499）進士，授刑部主事，遷員外郎。正德間任浙江按察司副使，改山東，再改雲南提學副使，升湖廣按察使。明嘉靖時仕至右副都御史，致仕卒。杭淮廉明平恕，以志節著稱。喜藏書，與其兄濟均負有詩名，常與李夢陽、徐禎卿、王守仁、陸深諸人遞相唱和。著有《杭雙溪先生詩集》。

該書凡八卷，輯杭淮平生詩作近五百首，較爲集中地反映了其在詩學方面的成就。其中卷一載五言古詩四十餘首，卷二載五言絶句十九首，卷三載五言排律六首，卷四載五言律詩約九十首，卷五載七言絶句近百首，卷六載歌行辭約八十首，卷七載七言排律三首，卷八載七言律詩百四十餘首。杭淮之詩，格清體健，嚴整而婉約。在弘治、正德之際，不高談古調，亦不沿襲陳言。王慎中評其詩：“雖製裁錯出，律調不同，歸之嚴整雅健，體高而意正，音舒而節越，有前世作者之風。”（王慎中《雙溪先生詩集序》）朱彝尊亦稱其詩：“極其遒鍊，如繭絲抽自梭腸，似澀而有條理。”（朱彝尊《静志居詩話》卷九）

此本爲明嘉靖杭洵刻本，前有明嘉靖十四年（1535）晋江王慎中序，後有林東海跋。

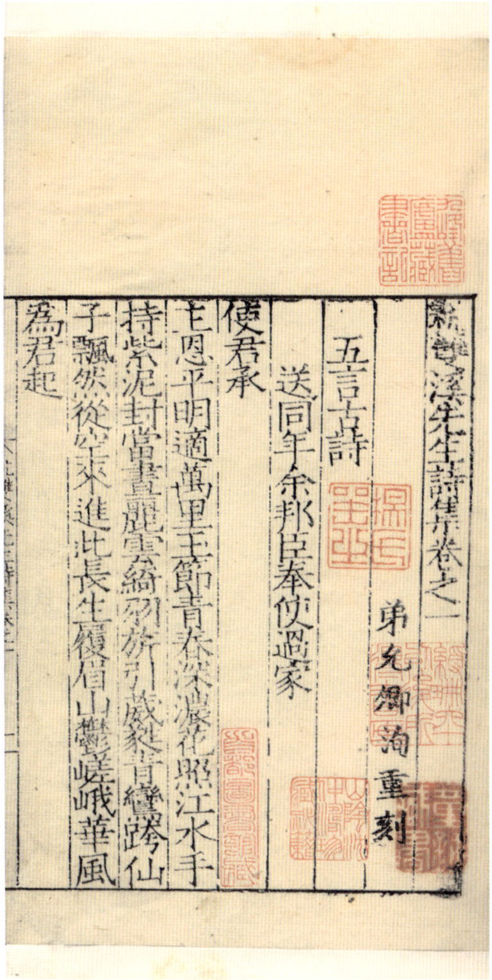
杭雙溪先生詩集卷之一
弟允卿洵重刻
五言古詩
送同年余邦臣奉使過家
使君承
王恩平明適萬里玉節青春深濃花照江水手
持紫泥封當晝飛雲綺羽旂引威綏冒鸞蹕仙
子飄然從空來進此長生履眉山巒嵯峨華風
爲君起

卷首下刻“弟允卿洵重刻”，是爲杭洵重刻本。杭洵，字允卿，淮之胞弟，故此本爲杭氏家刻。家刻之書，多非爲逐利而爲傳世，故校勘刻印多甚考究。東海跋曰：“杭友洵示予雙溪公詩一帙，自進士而刑曹，而視學，而長藩憲，而卿，而巡撫，而近者山林之作多載焉。灑叙平鋪，宏雄雋雅，細咏之，真若周鼎商彝，篆紋剥古，其誰不敬重焉者，梓而傳之也固宜。”因此，該本雖係重刻，却爲家刻，其校刻刊印之精審，自有優於他刻之處，具有很高的版本價值。

該書鈐有“童二十八鈺”“童鈺藏書”“山陰沈仲濤珍臧秘笈”“綬珊六十以後所得書畫”“綬珊收臧善本”“琅園秘笈”“九峰舊廬臧書記”“杭州王氏九峰舊廬藏書之章”“遂翔經眼”等印記。

（郭芳）

明嘉靖二十五年翁萬達刻本《渼陂續集》

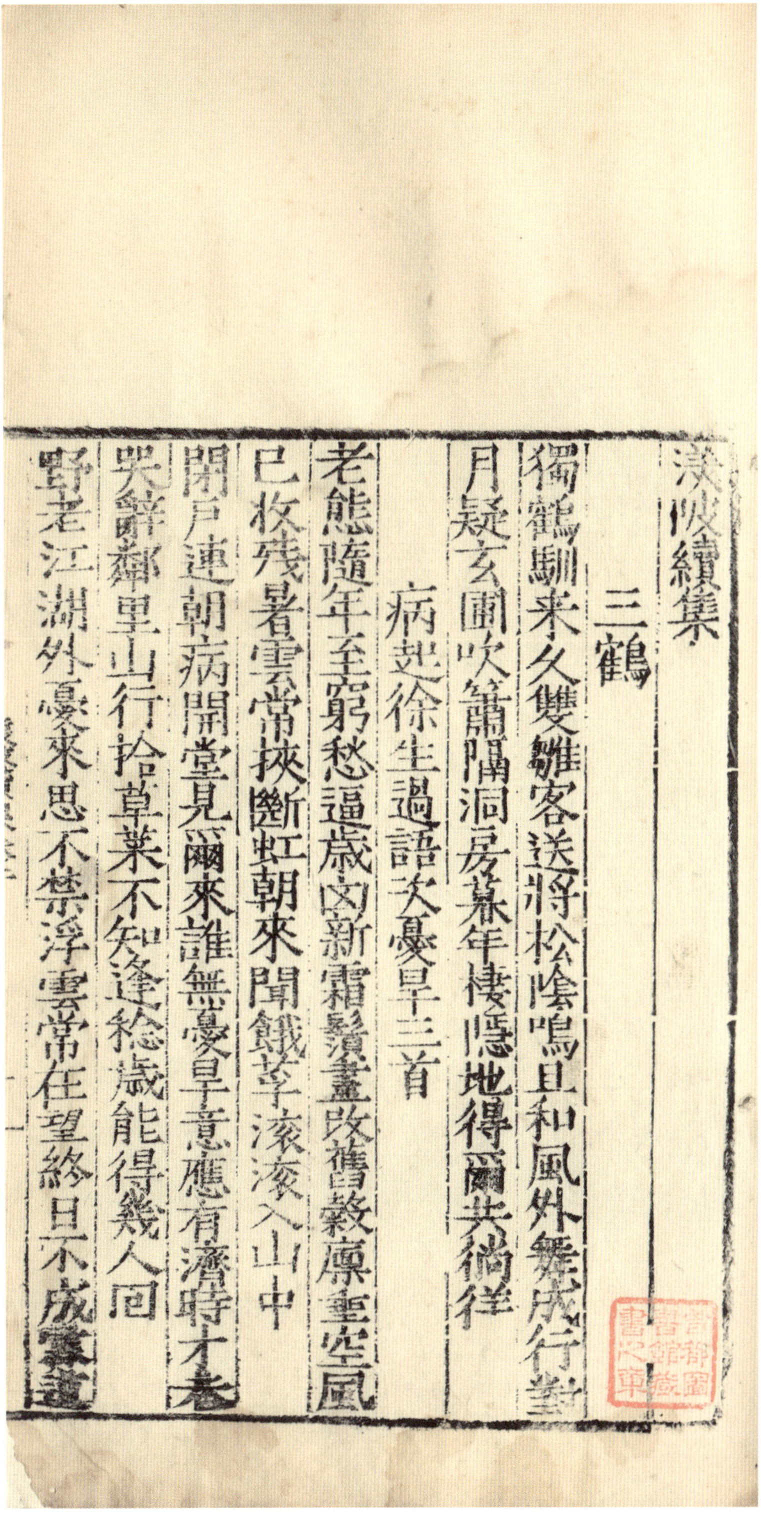

渼陂續集

三鶴

獨鶴馴來久雙雛客送將松陰鳴且和風外舞成行對月疑玄圃吹簫隔洞房幾年棲隱地得爾共徜徉

病起徐生過語及憂旱三首

老態隨年至窮愁逼歲闌新霜鬢盡改舊穀廩垂空風已收殘暑雲常挾斷虹朝來聞餓莩滚滚入山中

閉戶連朝病開堂見爾來誰無憂旱意應有濟時才[illegible]哭辭鄉里山行拾草菜不知逢總歲能得幾人回

野老江湖外憂來思不禁浮雲常任望終日不成[illegible]

渼陂續集三卷　（明）王九思撰　明嘉靖二十五年（1546）翁萬達刻本　一函三册　索書號（丙四）1290　第二批《國家珍貴古籍名録》05963號

半葉十行二十一字，白口，四周單邊，框高17.5厘米，寬13.5厘米。

王九思（1468—1551），字敬夫，號渼陂，陝西鄠縣（今西安鄠邑區）人。明弘治九年（1496）進士，由庶吉士授檢討。明正德四年（1509）升任吏部員外郎、吏部郎中。次年宦官劉瑾敗，因王九思與其是陝西關中小同鄉，被名列瑾党，貶壽州（今安徽壽縣）同知，復勒令致仕。王九思仕途不達，却稱名於明代文壇，弘治正德間，與李夢陽、何景明、康海等人共同反對“臺閣體”，倡導“文必秦漢、詩必盛唐”的復古運動，爲明代“前七子”之一。著有《渼陂集》《渼陂續集》《碧山樂府》《杜子美沽酒游春記》《中山狼院本》等。《明史・文苑傳》附見李夢陽傳中。

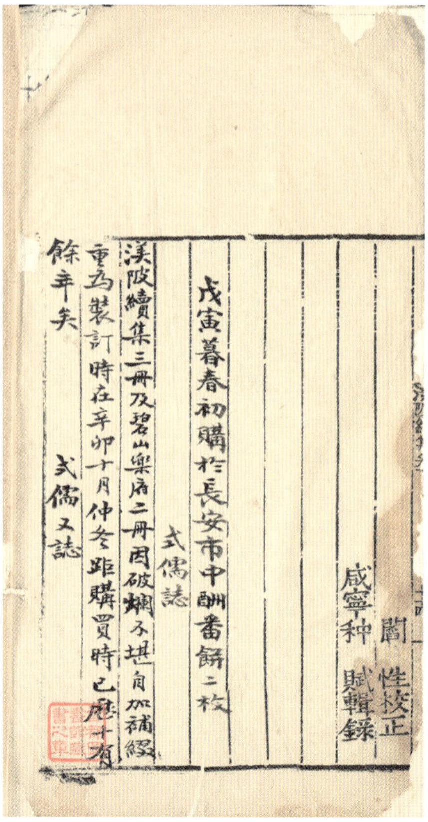

王九思先有《渼陂集》十六卷，明嘉靖十二年（1533）其門人王獻刻之於山西。《續集》三卷乃九思晚年之作，嘉靖二十五年翁萬達刻之於鄠邑。《渼陂續集》共收賦二篇、古體八首、五言古十八首、七言古二十三首、五言律一百二十二首、七言律七十三首、五言絶句二十七首、七言絶句三十三首、雜著五篇、序十三篇、記八篇、碑四篇、誌銘二十三篇、表二篇、傳四篇。卷前有嘉靖二十四年張治道《渼陂先生續集序》、嘉靖二十五年翁萬達《渼陂續集序》。《渼陂集》十六卷與《渼陂續集》三卷共入《四庫全書》别集類存目。

首都圖書館藏本書末有民國人士王璥（字式儒）題跋兩條。鈐“王璥”印。

（王玥琳）

明嘉靖三十五年董聰刻本
《陽明先生正録》《外録》《别録》

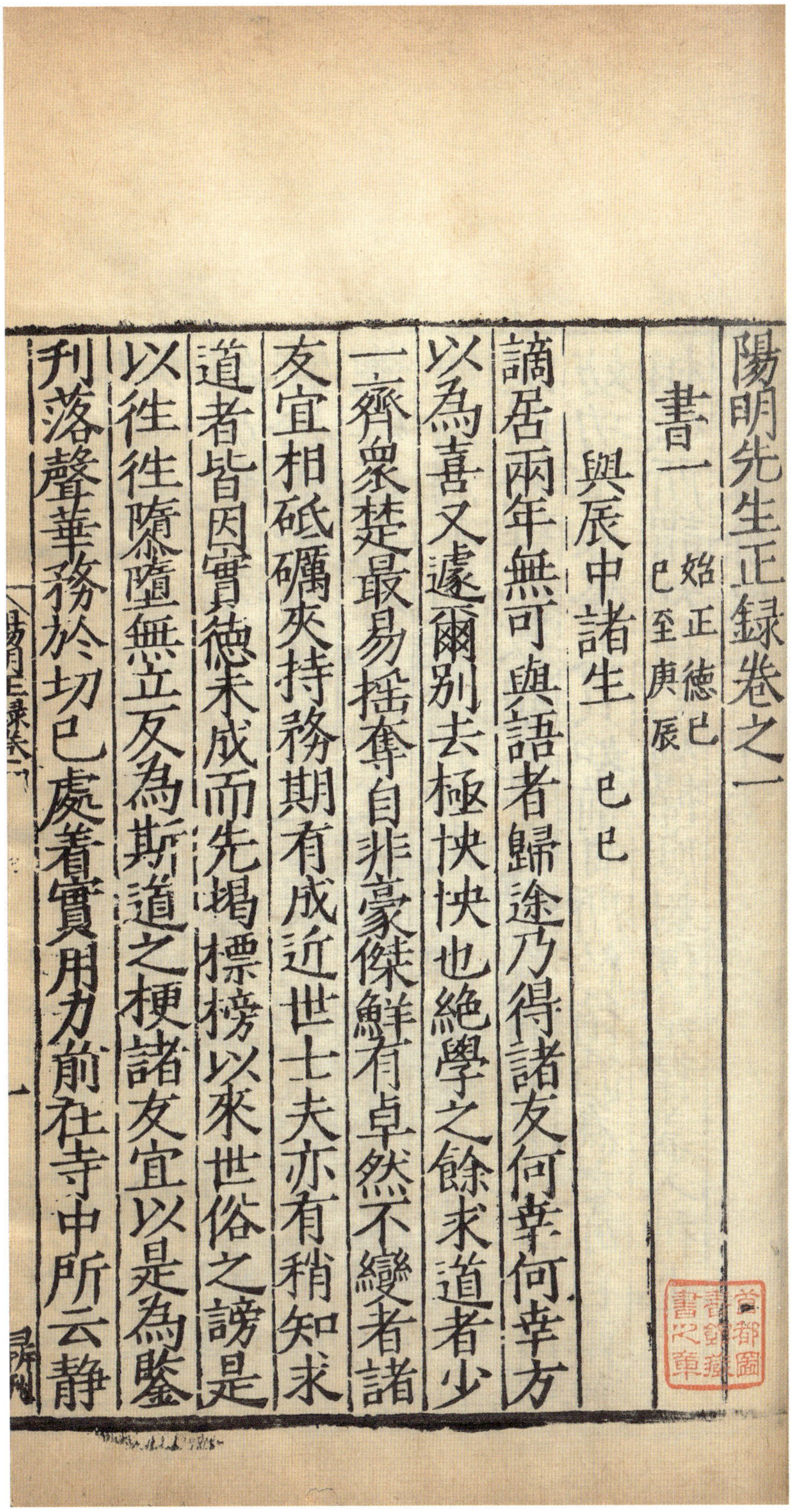

陽明先生正録卷之一

書一　始正德己巳至庚辰

與辰中諸生　己巳

謫居兩年無可與語者歸途乃得諸友何幸何幸方以為喜又遽爾別去極怏怏也絶學之餘求道者少一齊衆楚最易揺奪自非豪傑鮮有卓然不變者諸友宜相砥礪夾持務期有成近世士夫亦有稍知求道者皆因實德未成而先揭標榜以來世俗之謗是以往往隳墮無立反為斯道之梗諸友宜以是為鑒刊落聲華務於切己處着實用力前在寺中所云静

陽明正録卷一　一

陽明先生正録五卷外録九卷别録十四卷　（明）王守仁撰　明嘉靖三十五年（1556）董聰刻本　二函二十四册　索書號（甲四）801　第六批《國家珍貴古籍名録》12810號

半葉十行二十字，小字雙行字同，白口，四周單邊，單白魚尾，框高20.1厘米，寬14.6厘米。

王守仁（1472—1529），字伯安，别號陽明，浙江餘姚人。明代著名思想家、哲學家、軍事家、教育家。明弘治十二年（1499）進士，授刑部主事。明正德元年（1506）冬，因觸怒擅政宦官劉瑾，被謫爲貴州龍場驛丞。在“萬山叢薄，苗僚雜居”之地，忽悟《大學》之旨，史稱“龍場悟道”。後歷任廬陵知縣、右僉都御史、南贛巡撫、南京兵部尚書、兩廣總督等。從明正德十一年起，先後平定南贛、兩廣盗亂和寧王朱宸濠叛亂，因功封新建伯。曾在紹興稽山書院、陽明書院講學，門生衆多。其學説以致良知、知行合一爲主，謂格物致知，當自求諸心，不當求諸物，世稱“陽明心學”。明嘉靖七年（1528）病逝。著有《王文成公全書》等。

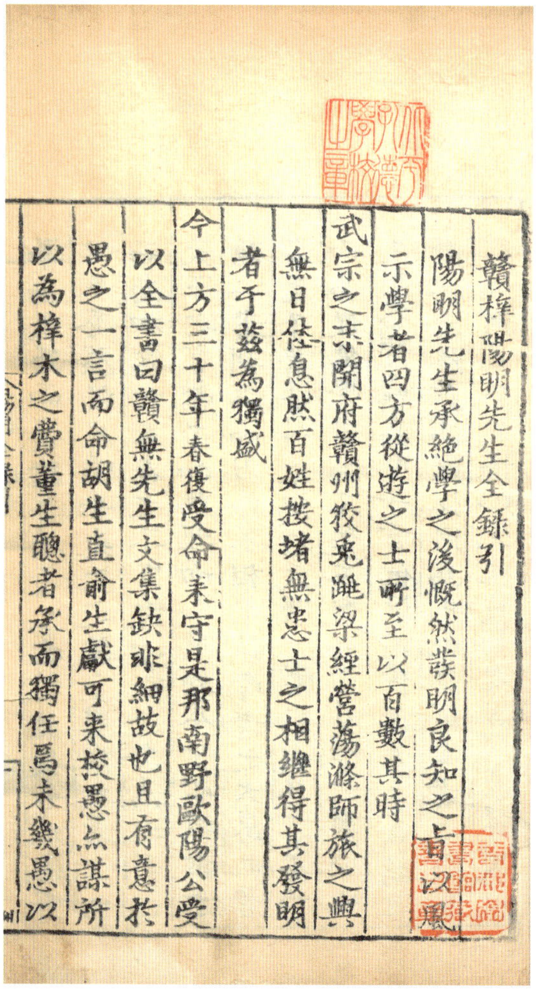
贛梓陽明先生全録引
陽明先生承絶學之後慨然發明良知之旨以
示學者四方從遊之士所至以百數其時
武宗之末開府贛州狡兎跳梁經營蕩滌師旅之興
無日休息然百姓按堵無患士之相繼得其發明
者乎茲爲獨盛
今上方三十年春復受命來守是邦南野歐陽公受
以全書曰贛無先生文集缺非細故也且有意於
愚之一言而命胡生直俞生獻可來校愚亦謀所
以爲梓木之費董生聰者欣而獨任焉未幾愚以

此書正録、外録、别録實爲《陽明先生文録》的三部分，是《陽明先生全書》的主體。明嘉靖六年四月，陽明門人鄒守益流謫安徽廣德，録陽明先生文稿請刻。先生取近稿三分之一，揭標年月，命錢德洪編次，不分體類，輯成《陽明先生文録》三卷附録一卷，世稱“廣德版”。次年年底陽明病逝，錢德洪、王畿訃告同門，將遣人遍采夫子遺言及朋友私録。後又作《購遺文疏》，遣諸生走江、浙、閩、廣、直隸，搜獵逸稿。明嘉靖十一年，同門黄綰、歐陽德、錢德洪、黄弘綱等“檢粹而編訂之”，成《陽明先生存稿》。關於文稿如何編類，黄綰等人認爲“集文不必擇其可否，概以年月體類爲次，使觀者隨其所取而獲焉”，鄒守益等人認爲“凡不切講學明道者，不可録也”。錢德洪折衷兩方意見，“兩是而俱存之”。他出任蘇州府教授，將《存稿》携來，與同門黄省曾重爲厘類，“以文之純爲講學明道者爲正録，餘則别爲外集，而總題曰文録。疏奏批駁之文，則又厘爲一書，名曰别録”。後來出現兩個版本：一個正録五卷、外録九卷、

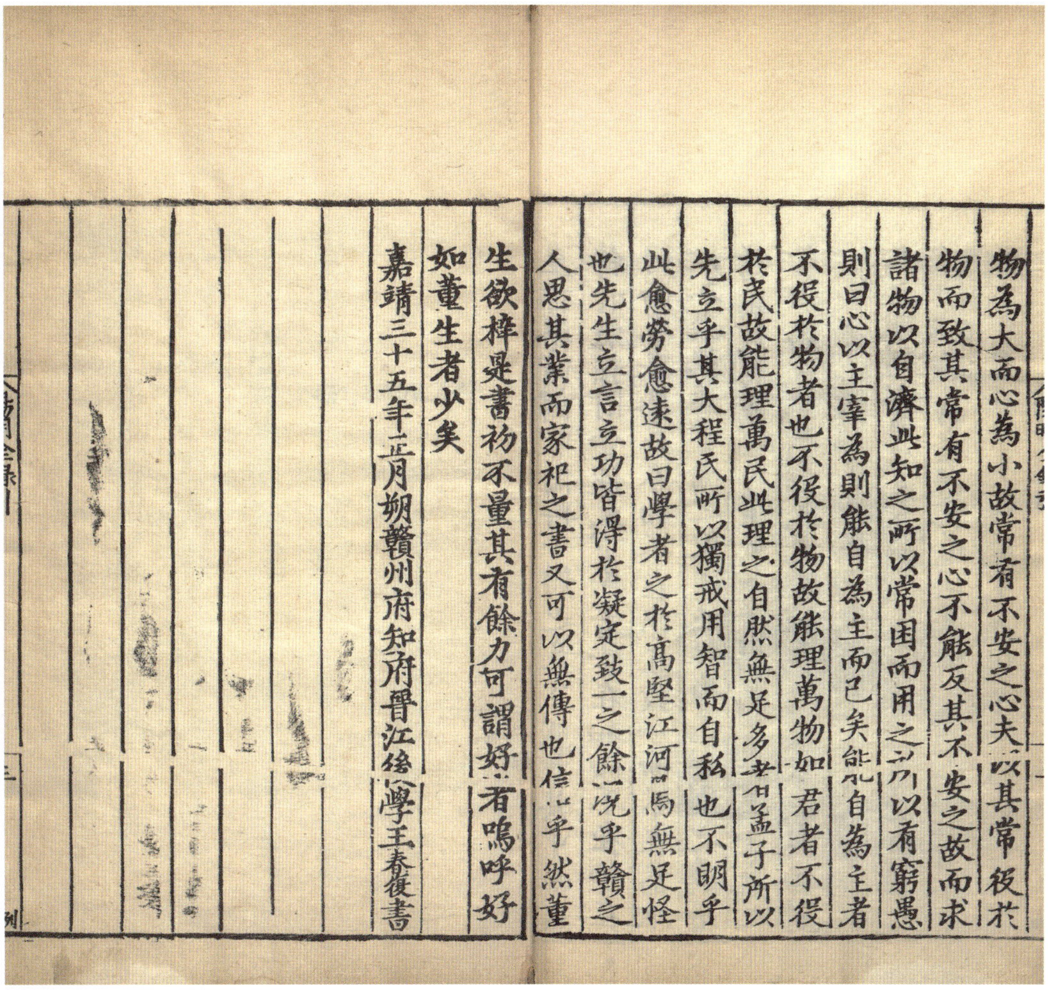
物為大而心為小故常有不安之心夫以其常役於
物而致其常有不安之心不能反其不安之故而求
諸物以自濟此知之所以常困而用之所以有窮愚
則曰心以主宰為則能自為主而已矣能自為主者
不役於物者也不役於物故能理萬物如君者不役
於民故能理萬民此理之自然無足多者孟子所以
先立乎其大程氏所以獨戒用智而自私也不明乎
此愈勞愈遠故曰學者之於高堅江河焉無足怪
也先生立言立功皆得於凝定致一之餘況乎贛之
人思其業而家祀之書又可以無傳也信乎然董
生欲梓是書初不量其有餘力可謂好[illegible]者嗚呼好
如董生者少矣
嘉靖三十五年五月朔贛州府知府晉江後學王春復書

别録十四卷，衹有嘉靖十二年黄綰《陽明先生存稿序》；一個是重編本，打亂前本數十封書信的次序，删掉十三封書信，增加十多篇書信和序跋等，别録公移部分由原來的七卷削減爲三卷。重編本嘉靖十五年由江蘇督學聞人佺刻於蘇州，正録五卷、外録九卷、别録十卷，有嘉靖十五年鄒守益、錢德洪《陽明先生文録序》各一篇，嘉靖十四年錢德洪《刻文録叙説》。此本經錢德洪、王畿等人重校後，嘉靖三十六年由浙江總督胡宗憲在杭州重刻。前者初刻於嘉靖十五年左右，有嘉靖二十九年甘肅天水監察御史閭東刻本，嘉靖三十四年巡按陝西監察御史孫昭刻本，嘉靖三十五年贛州董聰刻本。

首都圖書館此本有嘉靖三十五年王春復序，嘉靖三十六年談愷跋，黄綰序、錢德洪叙説作爲舊序保留。王春復係福建晋江縣人，嘉靖十七年進士，歷任江西泰和知縣、南京工部郎中，嘉靖三十年出任贛州知府。江右王門學者歐陽德授以《陽明全書》請刻，并命門生胡直、俞獻可校對，而贛州董聰願獨自承擔刻書經費。不久王春復丁憂，兩年後復職，再補董生之梓，然後告成。董聰是南京工部尚書董越之曾孫，“欲梓是書，初不量其有餘力，可謂好者”。此書仿宋字體，爲典型的明中期刻書風格，衹是書法稚拙，刀法平平。版心下有刻工姓名，如徐鼎、劉價、戴鋭、陽敏器、徐真等，多達四十人。外録目録版心上刻“蕭氏古翰樓”。紙墨精良，書品完好。

首都圖書館藏本鈐“北平孔德學校之章”印。

（楊之峰）

明嘉靖二十六年豐城范慶吴郡刻本
《陽明先生文録》

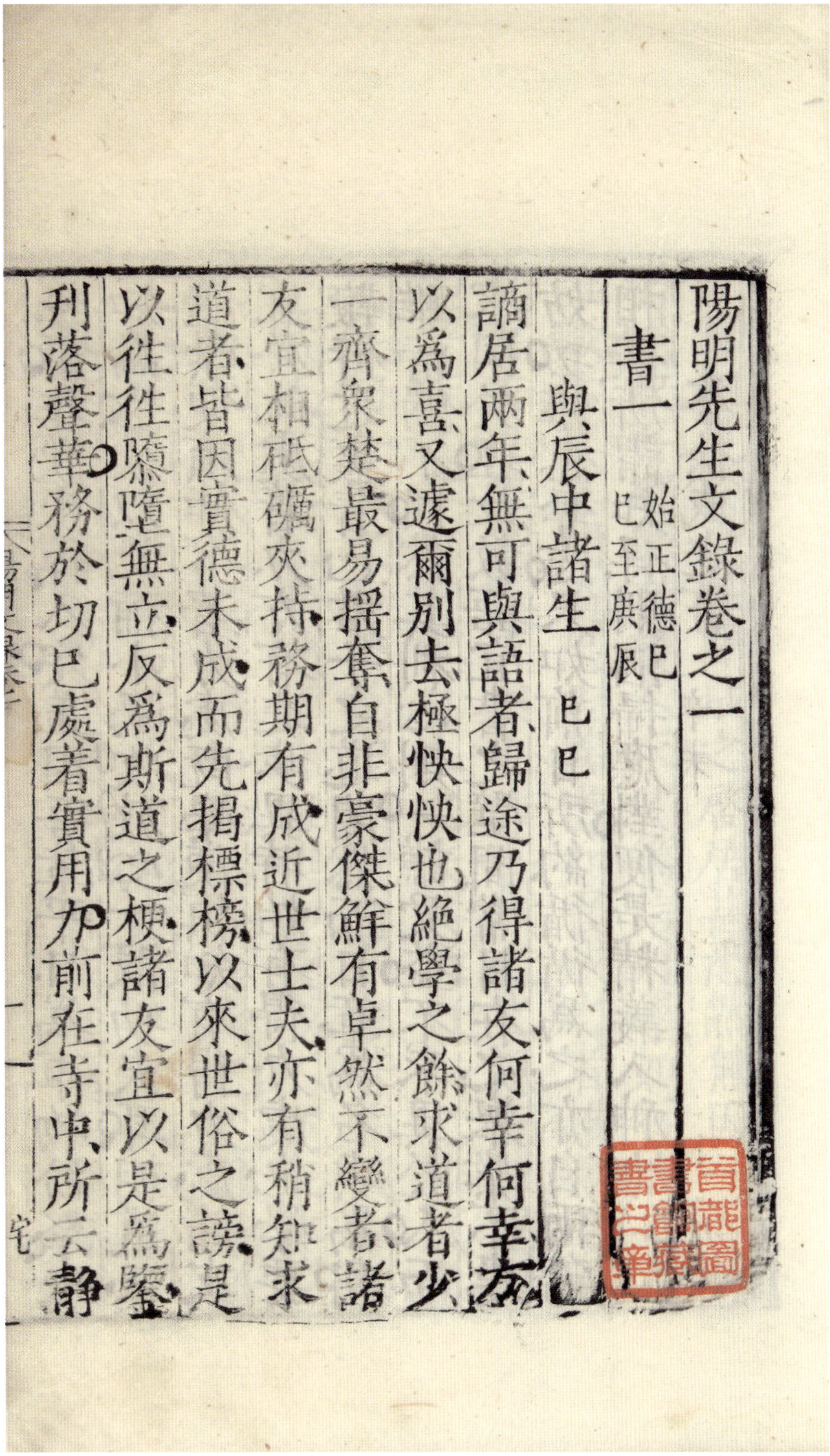

陽明先生文錄卷之一

書一 始正德己巳至庚辰

與辰中諸生 己巳

謫居兩年無可與語者歸途乃得諸友何幸何幸方以爲喜又遽爾別去極怏怏也絕學之餘求道者少一齊衆楚最易搖奪自非豪傑鮮有卓然不變者諸友宜相砥礪夾持務期有成近世士夫亦有稍知求道者皆因實德未成而先揭標榜以來世俗之謗是以往往隳墮無立反爲斯道之梗諸友宜以是爲鑒刊落聲華務於切己處着實用力前在寺中所云靜

陽明先生文錄十七卷　（明）王守仁撰　**陽明先生語録三卷**　（明）徐愛等録　明嘉靖二十六年（1547）豐城范慶吴郡刻本　二函十册　索書號（丁）12447　第六批《國家珍貴古籍名録》12812 號

半葉十行二十字，白口，左右雙邊，單白魚尾，框高 20 厘米，寬 15 厘米。

陽明先生係明代思想家、哲學家王守仁（1472—1529），字伯安，浙江餘姚人。因被貶貴州時居住陽明洞，自號陽明子，故學者稱爲陽明先生。一生文治武功，俱稱於世。其學上承孟子，中繼陸象山，形成風靡明代中後期并與程朱理學分庭抗禮的陽明心學。其著作有《傳習録》《居夷録》《陽明先生文録》《文録續編》等，後世彙成《陽明先生全書》。

《全書》分四部分：一、《語録》，又稱《傳習録》。明正德七年（1512）門人徐愛記録一卷，正德十三年薛侃、陸澄又各録一卷。此三卷即後來《全書》本《傳習録》之上卷。明嘉靖三年（1524）十月，南大吉取陽明論學書九篇，後經錢德洪"增録""去取"，成爲《全書》本《傳習録》之中卷。嘉靖七年，錢德洪擇録陽明遺言若干條，同門曾才漢增輯爲《遺言》，錢德洪删減爲《傳習續録》，後再增删，成爲《全書》本《傳習録》之下卷。二、《文録》。嘉靖六年門人鄒守益在安徽廣德刻《陽明先生文録》三卷附録一卷，世稱"廣德版"。陽明殁後，

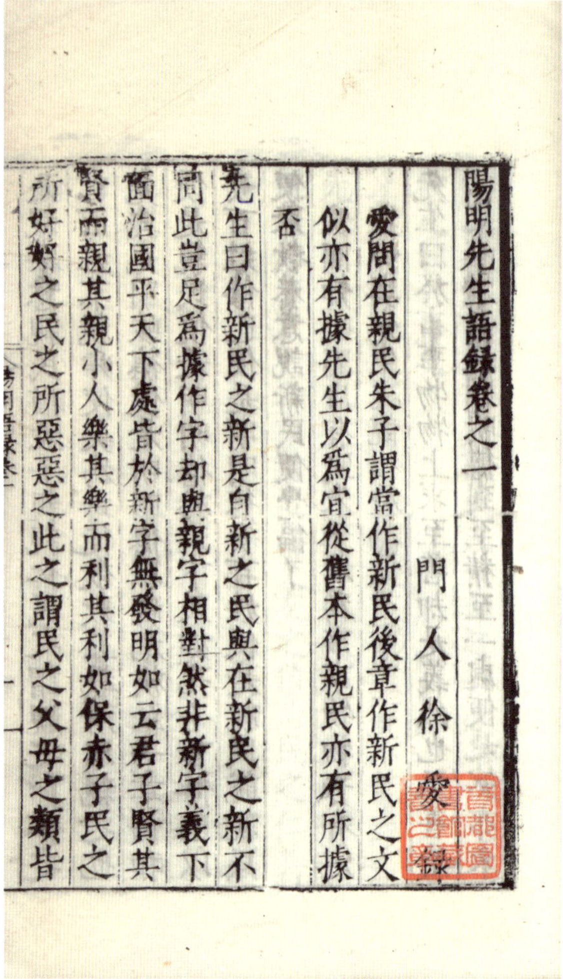
陽明先生語録卷之一
門人徐愛録
愛問在親民朱子謂當作新民後章作新民之文
似亦有據先生以爲宜從舊本作親民亦有所據
否
先生曰作新民之新是自新之民與在新民之新不
同此豈足爲據作字却與親字相對然非新字義下
面治國平天下處皆於新字無發明如云君子賢其
賢而親其親小人樂其樂而利其利如保赤子民之
所好好之民之所惡惡之此之謂民之父母之類皆

錢德洪、王畿訃告同門，遍采夫子遺言，又作《購遺文疏》。嘉靖十一年，門人黄綰與歐陽德、錢德洪、黄弘綱，檢粹而編訂之，曰《陽明先生存稿》。錢德洪携之蘇州，與黄省曾重爲厘類，“以文之純爲講學明道者爲正録，餘則别爲外集，而總題曰文録。疏奏批駁之文，則又厘爲一書，名曰别録”。三、《續編》，包括早年著作《上國游》，後搜集的《大學問》《五經臆説》及序、書、記、疏等，及《三征公移逸稿》。四、附録，包括王氏門人編訂的《陽明年譜》和陽明幼子王正億編録的《世德紀》等。明隆慶六年（1572），浙江按察史謝廷傑將以上各書彙成《陽明先生全書》三十八卷，成爲通行本，各類單刻本逐

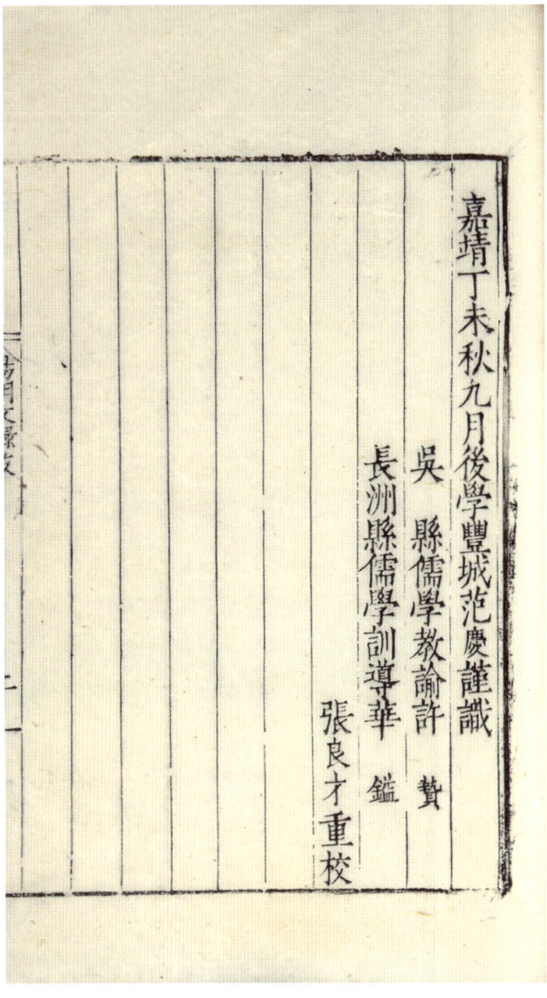
嘉靖丁未秋九月後學豐城范慶謹識
吳　縣儒學教諭許　贇
長洲縣儒學訓導華　鑑
張良才重校
陽明文録跋

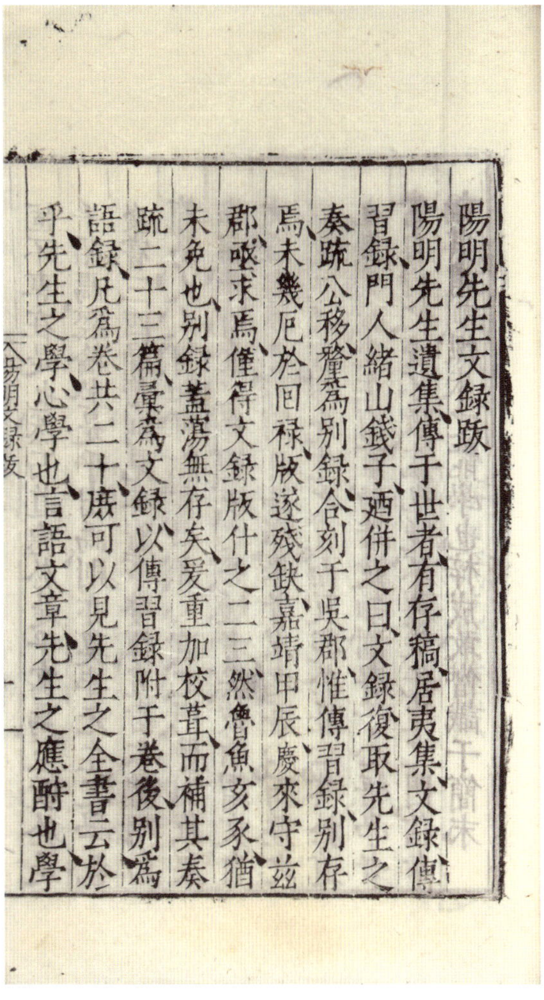
陽明先生文録跋
陽明先生遺集傳于世者有存稿居夷集文録傳
習録門人緒山錢子廼併之曰文録復取先生之
奏疏公移釐爲别録合刻于吳郡惟傳習録别存
焉未幾厄於回禄版遂殘缺嘉靖甲辰慶來守兹
郡亟求焉僅得文録版什之二三然魯魚亥豕猶
未免也别録蓋蕩無存矣爰重加校葺而補其奏
疏二十三篇彙爲文録以傳習録附于卷後别爲
語録凡爲卷共二十庚可以見先生之全書云於
乎先生之學心學也言語文章先生之應酬也學
陽明文録跋

漸退出歷史舞臺，變得珍稀或失傳。

首都圖書館藏本文録十七卷、語録三卷，爲明嘉靖二十六年蘇州知府范慶刻本。范慶字元會，江西豐城人，嘉靖十四年進士。據其跋語，他知陽明著作由門人錢德洪輯爲《文録》《別録》，合刻于吴郡，未幾書板遭焚。嘉靖二十三年他來任蘇州知府，求得文録舊板十之二三，重加校葺，補奏疏二十三篇，彙爲文録，以《傳習録》附於卷後，稱爲語録，刊刻行世。參加重校者，爲吴縣儒學教諭許贇、長洲縣儒學訓導華鎰、張良才。“合刻于吴郡”者，指嘉靖十五年聞人詮刻二十四卷本，包括文録五卷、外集九卷、別録十卷。范慶稱重刻此本，底本却是二十八卷本，爲黄綰等編校《陽明先生存稿》而經錢德洪重編者，包括文録五卷、外集九卷、別録十四卷。他從別録中選取部分奏疏，分爲三卷，附在文録五卷、外集九卷之後，統稱文録十七卷，公移一篇不收，形成一個特殊版本。所附語録三卷，爲徐愛、薛侃、陸澄所録各一卷，保存了《傳習録》早期刊印内容，文獻價值巨大。此書爲官刻本，數人書寫，字體或端嚴，或挺秀，刻印俱佳，超過聞人詮刻本。版心有刻工姓名。全書衹有嘉靖十二年黄綰《陽明先生存稿序》，嘉靖二十六年范慶《陽明先生文録跋》，缺點是没有目録。

首都圖書館藏本有佚名批點。除首都圖書館外，國家圖書館、南開大學圖書館、美國哈佛燕京圖書館各藏一部，浙江圖書館、湖南省圖書館、湖北省圖書館各藏殘本一部。

（楊之峰）

明閔齊伋刻朱墨套印本《空同詩選》

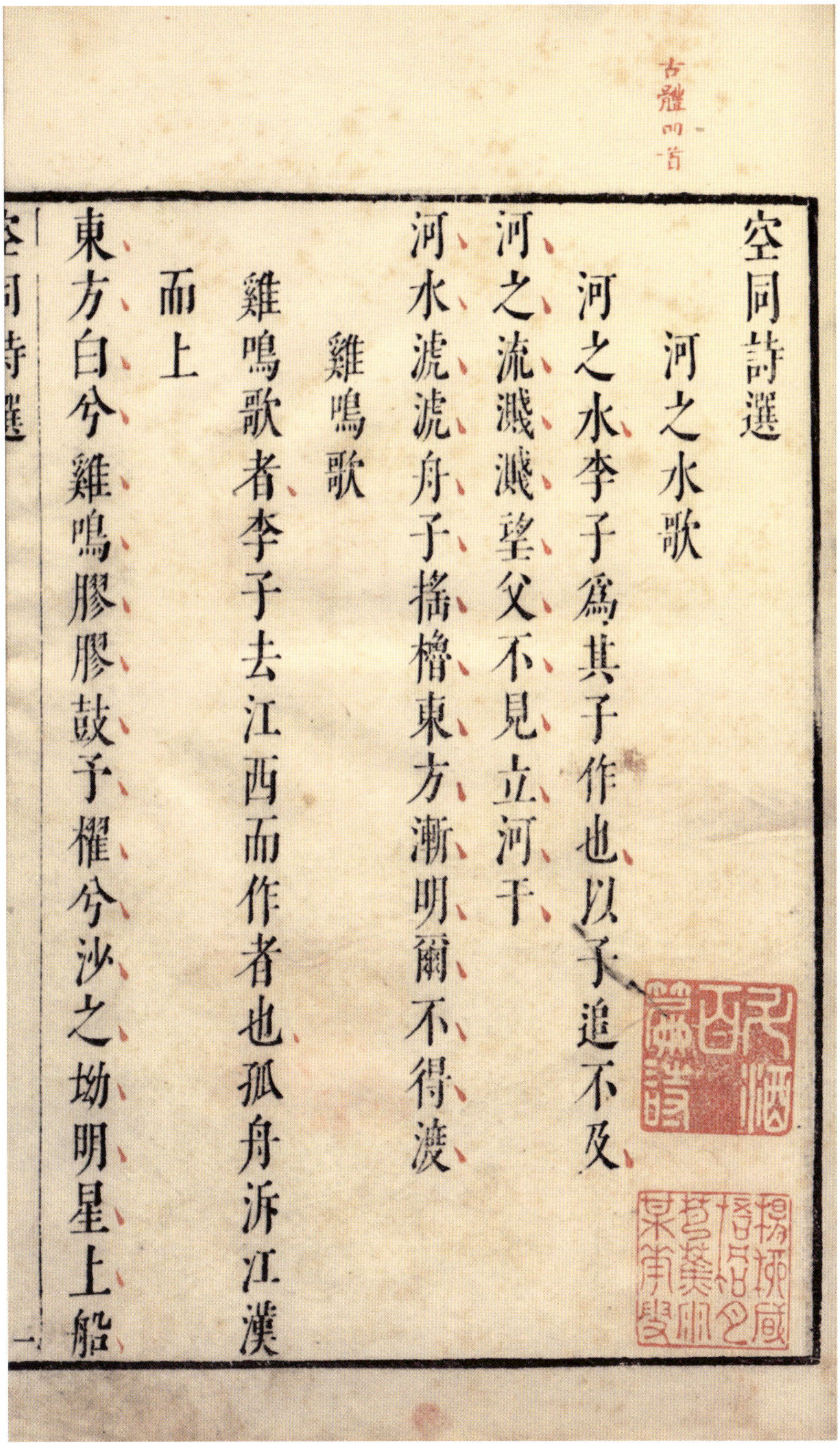
古體四首

空同詩選

河之水歌

河之水李子爲其子作也以子追不及

河之流濺濺望父不見立河干

河水滮滮舟子搖櫓東方漸明爾不得渡

雉鳴歌

雉鳴歌者李子去江西而作者也孤舟泝江漢而上

東方白兮雉鳴膠膠鼓予櫂兮沙之坳明星上船

空同詩選 一

空同詩選一卷　（明）李夢陽撰　（明）楊慎評　明閔齊伋刻朱墨套印本　一函二册

索書號（乙五）251-3　第三批《國家珍貴古籍名録》09114號

半葉九行十九字，小字雙行字同，書眉刻評，行五字，白口，四周單邊，無界行，框高21.4厘米，寬15.3厘米。

李夢陽（1473—1530），字獻吉，號空同，慶陽府安化縣（今甘肅慶城）人，遷居開封。明弘治七年（1494）進士，弘治十一年出任户部主事，後遷郎中，官至江西按司提學

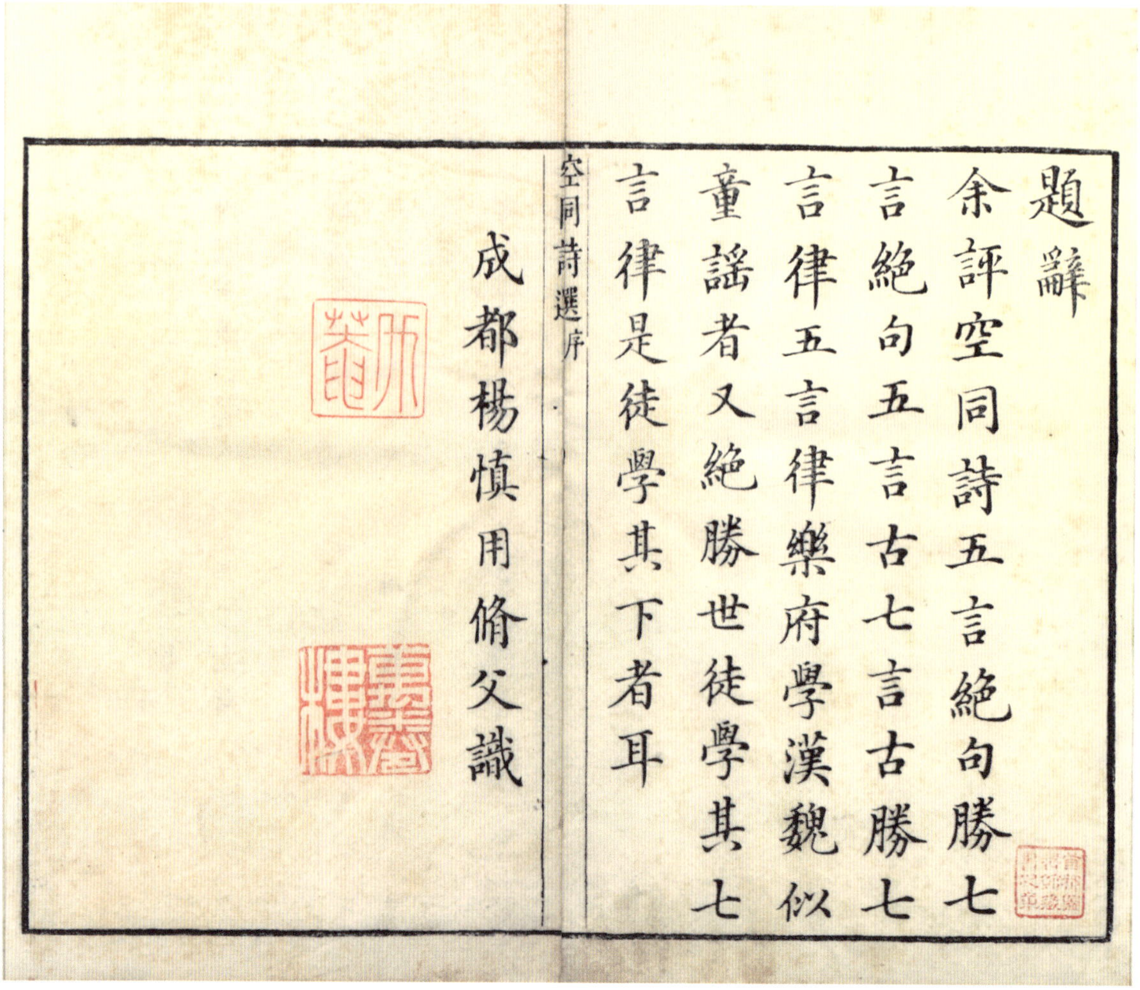
題辭
余評空同詩五言絶句勝七
言絶句五言古七言古勝七
言律五言律樂府學漢魏似
童謡者又絶勝世徒學其七
言律是徒學其下者耳
成都楊慎用脩父識
空同詩選序

副使。因彈劾貴戚張鶴齡、宦官劉瑾，兩次入獄。他不畏權貴，才敏氣豪，卓然以復古自命，倡言“文必秦漢，詩必盛唐”，以氣節文章雄視一代，與何景明等號“七才子”，爲古文詞一代宗師。一生著述甚豐，有《空同集》六十三卷。《明史》卷二百八十六有傳。

楊慎（1488—1559），字用脩，號升庵，四川新都（今屬四川成都）人，明代文學家。明嘉靖三年（1524），因“大禮議”受廷杖，謫戍雲南永昌衛。擅文、詞、散曲、考訂，著作達百餘種。

楊慎在雲南，從李夢陽二千餘首詩中，選出一百三十六首，略加品評，成《空同詩選》。

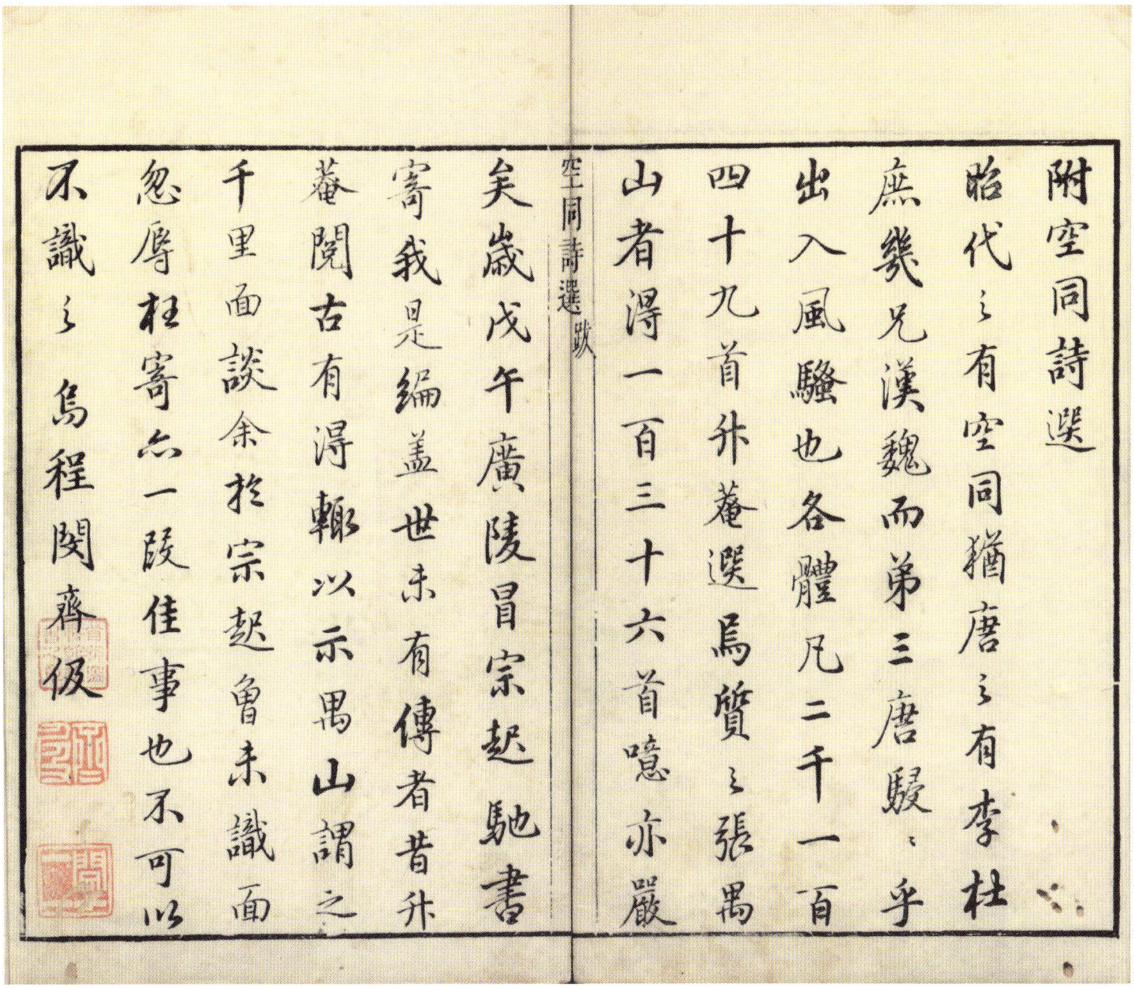
附空同詩選
昭代之有空同猶唐之有李杜
庶幾兄漢魏而弟三唐駸駸乎
出入風騷也各體凡二千一百
四十九首升菴選焉贊之張禺
山者得一百三十六首噫亦嚴
空同詩選跋
矣歲戊午廣陵冒宗起馳書
寄我是編蓋世未有傳者昔升
菴閱古有得輒以示禺山謂之
千里面談余於宗起曾未識面
忽辱枉寄亦一段佳事也不可以
不識之烏程閔齊伋

其中古體四首、樂府二十四首、五言古十一首、七言歌行二十一首、散篇七首、五言律十五首、五言排律二首、七言律十五首、七言絶句十三首、六言一首、五言絶句十五首。明嘉靖二十二年，由張含（字禺山）百花書舍刊刻流傳。

閔齊伋，字寓五，烏程（今浙江湖州）人，是明代著名刻書家。明萬曆四十六年（1618）忽得廣陵冒起宗（字宗起）寄贈《空同詩集》。他以爲“蓋世未有傳者”，於是用他擅長的朱墨套印技術進行刊印。此書正文墨印，書眉楊慎批語與行間圈點皆用朱印，詩美、評深、刻精，朱墨燦然，極爲可觀。

此書現存世不多，首都圖書館藏一部，卷首鈐“斗酒百篇詩”“楊柳風梧桐月芭蕉雨某花雪”二印。

（楊之峰）

明嘉靖刻本《憑几集》

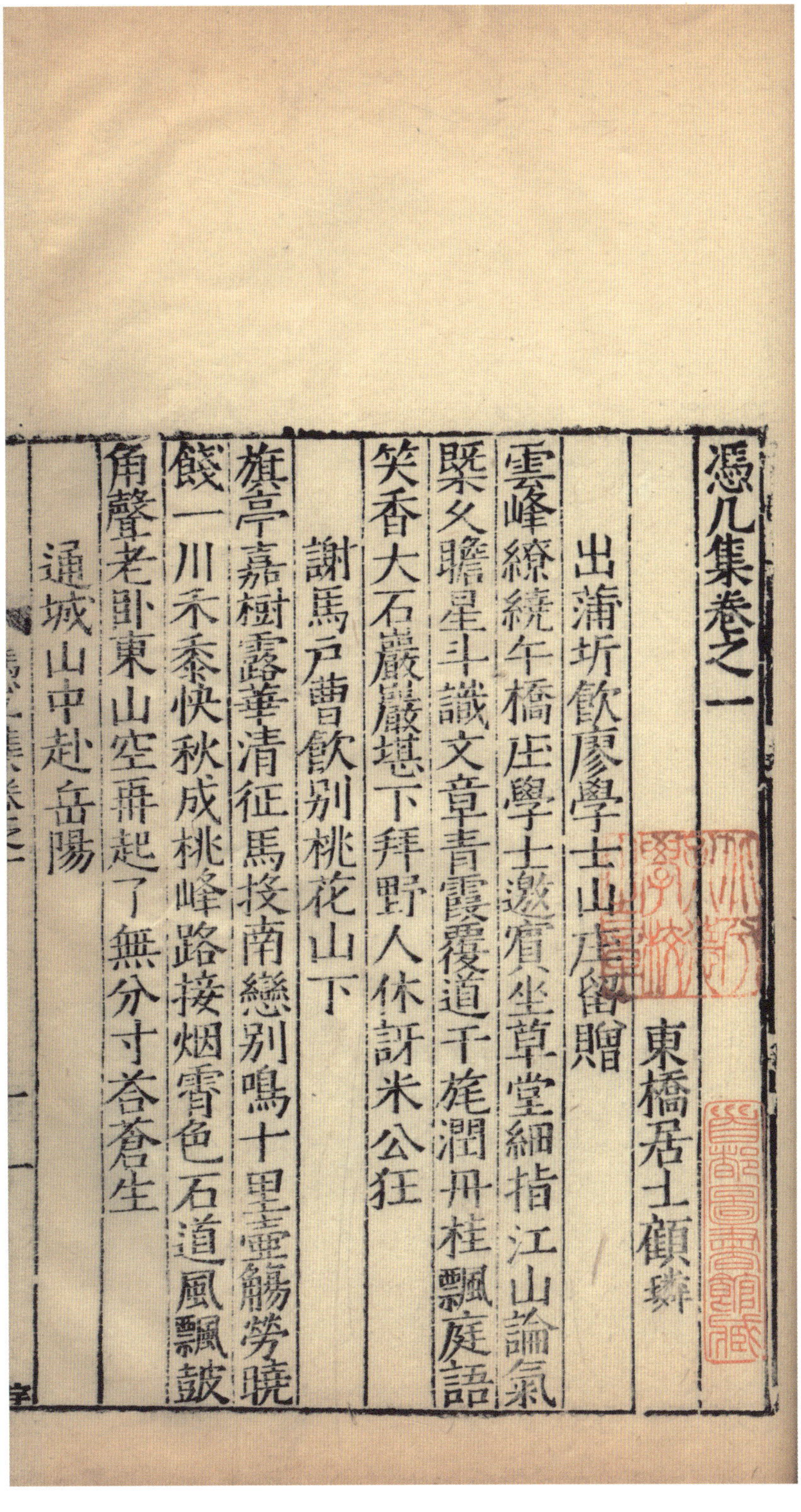
憑几集卷之一

東橋居士顧璘

出蒲圻飲廖學士山居留贈

雲峰繚繞午橋庄學士邀賓坐草堂細指江山論氣槩久瞻星斗識文章青霞覆道千旄潤丹桂飄庭語笑香大石巖巖堪下拜野人休訝米公狂

謝馬户曹飲别桃花山下

旗亭嘉樹露華清征馬投南戀别鳴十里壺觴勞曉餞一川禾黍快秋成桃峰路接烟霄色石道風飄皷角聲老卧東山空再起了無分寸荅蒼生

通城山中赴岳陽

憑几集五卷續集二卷　（明）顧璘撰　明嘉靖刻本　一函四册　索書號（甲四）1216
第五批《國家珍貴古籍名録》11946號

半葉十一行二十字，白口，左右雙邊，單黑魚尾間單白魚尾，框高16.7厘米，寬13.5厘米。

顧璘（1476—1545），字華玉，號東橋居士，長洲（今江蘇吴縣）人，寓居上元（今江蘇南京）。明弘治九年（1496）登進士第，授廣平知縣，政績顯著，纍官至南京刑部尚書，明嘉靖二十三年（1544）致仕歸里，構築息園，悠游林下。《明史・文苑》有傳。顧璘少負才名，與其同里陳沂、王韋號稱“金陵三俊”，後寶應朱應登起，并稱“四大家”，一時大江南北咸稱譽之。《四庫全書》收録顧氏詩文集一部，包含《浮湘集》四卷、《山中集》四卷、《憑几集》五卷《續集》二卷、《息園存稿詩》十四卷《文》九卷、《緩慟集》一卷；此外，顧氏尚撰有傳贊國朝文士的《國寶新編》等書。

明嘉靖十六年，六十二歲的顧璘起復，任都察院右副都御史，不久出任湖廣巡撫，任期雖短，却頗有建樹。《憑几集》五卷《續集》二卷正是顧璘創作於這一階段的詩文小集。顧氏自序云：“丁酉秋八月，余發武昌行臺，南歷諸郡殆遍，至明年戊戌夏四月始返，蓋八越月。在車之日幾半，凡行七千餘里。所乘帷車前有一横板，下爲抽匱，藏書二三册，筆硯亦具。日憑而誦，若几焉。山川映發於目，時序變易於前，情感事觸，悲喜百狀，率口占爲詩詞，將以寓懷。”《憑几集》卷一至三爲詩，卷四爲詞，卷五爲賦與序、記、銘、祭文、書各體文章；續集卷一爲雜詩，卷二爲雜文。

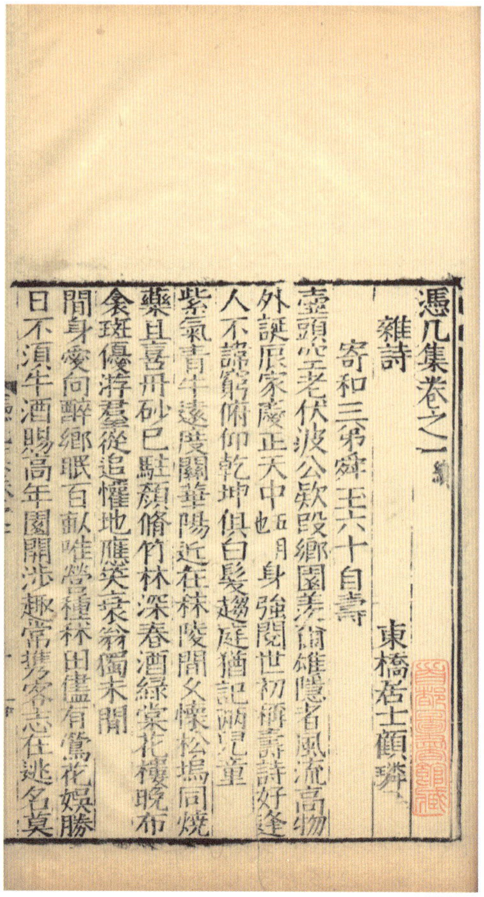

顧璘文學創作推崇漢魏、盛唐，踐行“前七子”复古理念。文徵明稱其:“爲文不事險刻，而鑄詞發藻，必古人爲師。見諸論著，雄深爾雅，足自名家。詩尤雋永，雖矩矱唐人，而劖芟陳爛，時出奇峭。樂府歌詞，不失漢、魏風格。問學深博，既有資地，而才敏氣充，足以發之。”（《故資善大夫南京刑部尚書顧公墓誌銘》）《憑几集》及其續集正體現了其詩文情理兼備、意象渾厚、多得江山之助的美學特點。

首都圖書館藏本爲明嘉靖刻本，卷首有嘉靖十九年庚子首夏皇甫汸序。有刻工宇、元等。鈐“小游”“北平孔德學校之章”。

（王玥琳）

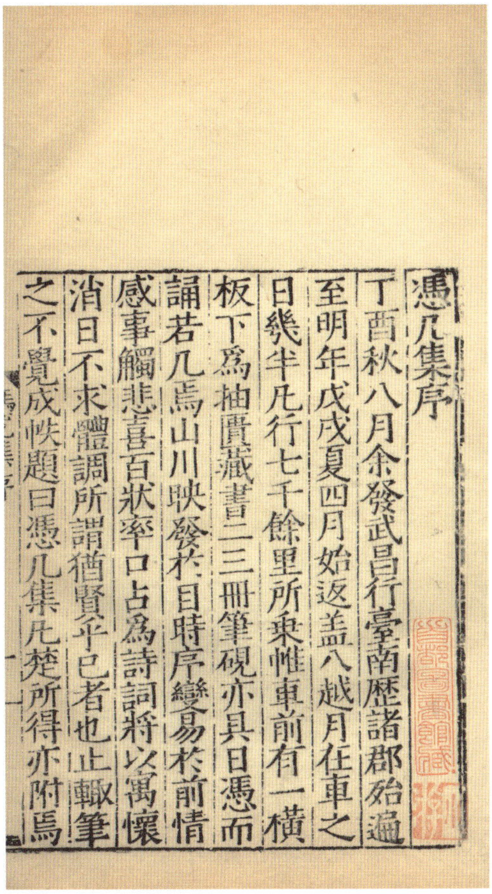
憑几集序
丁酉秋八月余發武昌行臺南歷諸郡殆遍至明年戊戌夏四月始返盖八越月在車之日幾半凡行七千餘里所乘帷車前有一横板下爲抽匱藏書二三冊筆硯亦具日憑而誦若几焉山川映發於目時序變易於前情感事觸悲喜百狀率口占爲詩詞將以寓懷消日不求體調所謂猶賢乎已者也止輙筆之不覺成帙題曰憑几集凡楚所得亦附焉

顧璘序

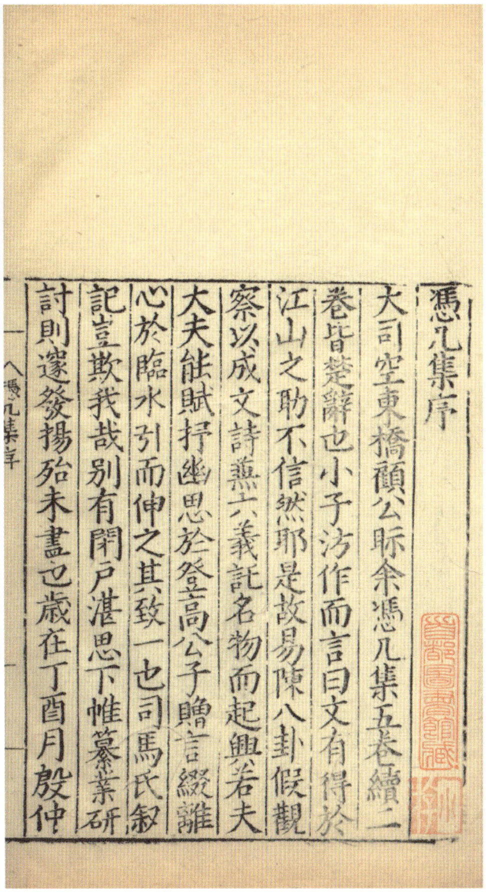
憑几集序
大司空東橋顧公貽余憑几集五卷續二卷皆楚辭也小子汸作而言曰文有得於江山之助不信然耶是故易陳八卦假觀察以成文詩兼六義託名物而起興若夫大夫能賦抒幽思於登高公子贈言綴離心於臨水引而伸之其致一也司馬氏叙記豈欺我哉別有閉戶湛思下帷纂葉研討則遂發揚殆未盡也歲在丁酉月殷仲

皇甫汸序

明嘉靖刻本《鈐山詩選》

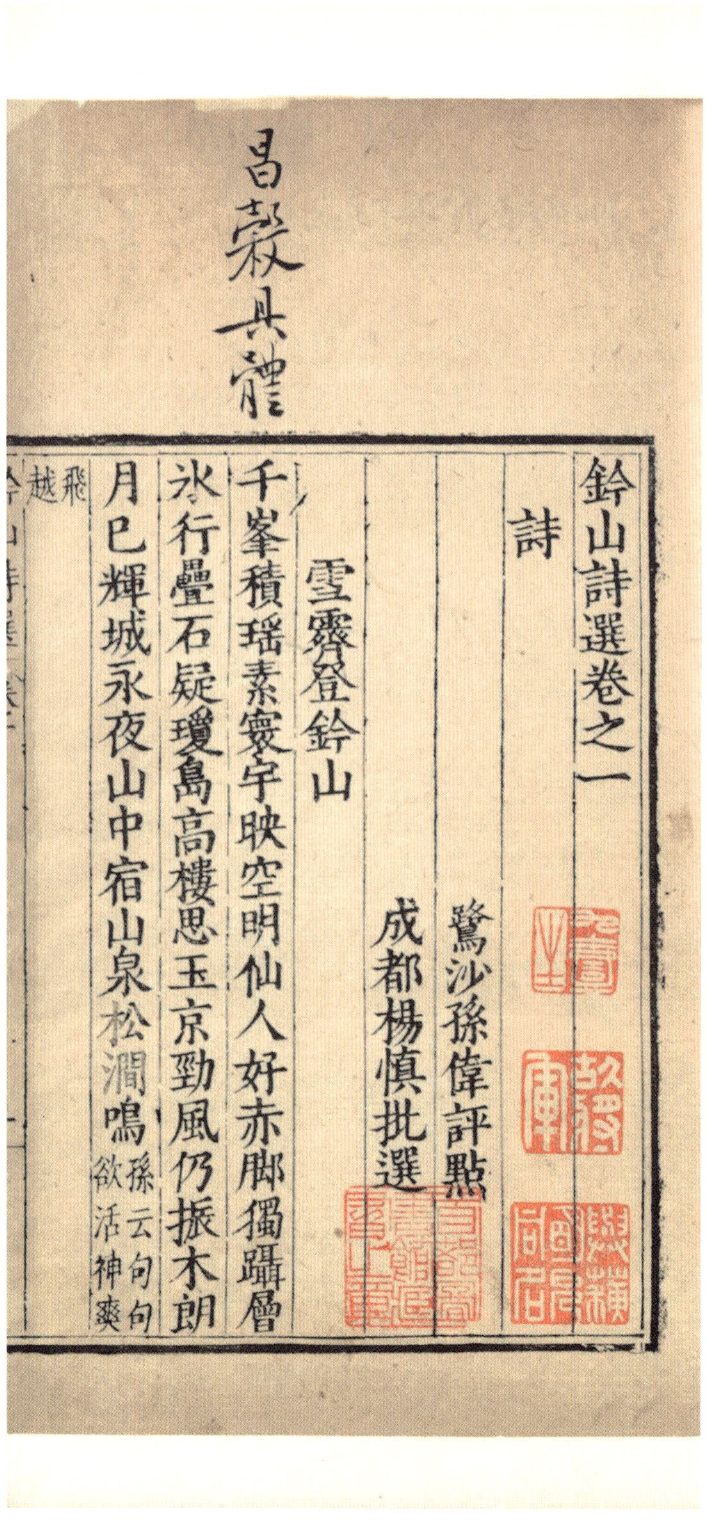

昌穀具體

鈐山詩選卷之一

詩

鷺沙孫偉評點

成都楊慎批選

雪霽登鈐山

千峯積瑶素寰宇映空明仙人好赤脚獨躡層冰行疊石疑瓊島高樓思玉京勁風仍振木朗月已輝城永夜山中宿山泉松澗鳴孫云句句欲活神爽

鈐山詩選七卷　（明）嚴嵩撰　（明）楊慎輯并批點　明嘉靖刻本　王士禛批跋　王式通　郭曾炘　黄濬　陳衍　范增祥　楊天驥　朱文鈞　吴昌綬跋　一函六册　索書號（丁）3751　第五批《國家珍貴古籍名録》11961號

半葉九行十八字，小字雙行字同，白口，四周雙邊，單白魚尾間單黑魚尾，框高19.2厘米，寬13.2厘米。

嚴嵩（1480—1567），字惟中，號介溪、勉庵，江西新餘人，明代權臣，於嘉靖朝任次輔六年、首輔十五年。著有《鈐山堂集》《直廬稿》《南還稿》等。生平事迹見《明史》卷三百零八。

《鈐山詩選》是嚴嵩早期的詩歌作品集，作於其新餘鈐山讀書時期。全書七卷，前六卷皆爲詩歌，依次收詩五十二首、七十三首、七十七首、七十二首、八十九首、一百零二首，卷七收詩六十二首、詞十五首，共計收詩作五百二十七首、詞作十五首。所收詩歌多是寫景、贈答之作，整體風格淡泊清麗。

《鈐山詩選》僅有明嘉靖刻本存世，且傳本稀少。首都圖書館藏本有清代前期詩壇盟主王士禛批跋。其中眉批二十多處，如批《雪霽登鈐山》的“昌穀具體”，批《廬陵謁忠節祠》的“既知景仰先正，何苦自暴弃耶？”等，多是針對詩歌風格、詩歌所涉及的歷史事件或往事而作，三言兩語，言簡意賅。

題跋兩處，一處在卷末：

從慈仁寺買此集，乃升庵批本，清辭雅句，間亦可取，不勝惜之。憶予少年時在揚州作《論詩絶句》，其一云：“十載鈐山冰雪情，青詞自媚可憐生。彦回不作中書死，更遣匆匆唱渭城。”因題集末。介溪有知，不知當亦首肯否乎？阮亭書于京邸匏墨齋。

一處在正文前：

予閲《鈐山集》竟，既跋其後已，閲嘉禾舊志，乃出趙文華手，極有裁制，讀其自序，頗出流俗。又嘗見《文信公集》，爲鄢懋卿所刻，益知丁渭、章淳之屬皆以文章有名，而至今人羞道之，士大夫顧可以不自重哉。太息之餘，因并記之。阮亭又書。

從以上兩則文字可知，王士禛在慈仁寺購得此書，閲讀時做了眉批，并在卷末題跋，之後又在書前題記。

此本除王士禛批跋外，還有民國時期多人題跋：寫於民國九年（1920）的，有樊增祥題詩與跋、王式通跋、楊天驥跋、黄濬跋、朱文鈞跋、吴昌碩跋、曾炘跋；還有題於民國十一年的陳衍跋。根據題跋内容推測，此書被黄濬購藏，黄氏先行題跋，後又邀衆人題跋。

此書鈐印較多，有“式通”“繭盧”“楊千里”“翼盦”等。

（邸曉平）

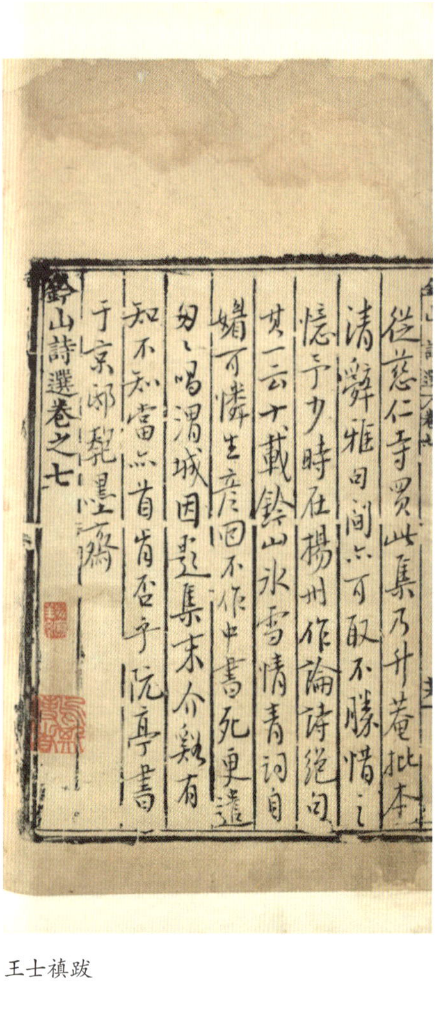

王士禛跋

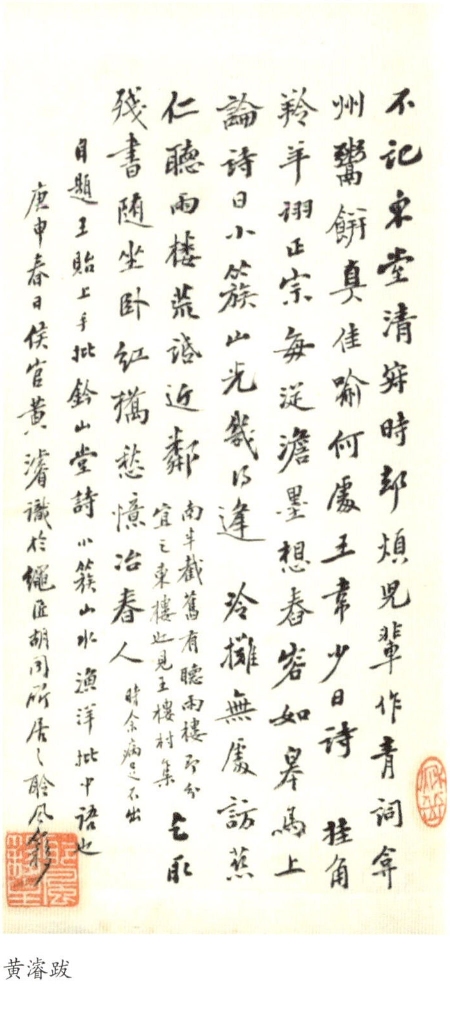

黄濬跋

明嘉靖義陽書院刻本《何氏集》

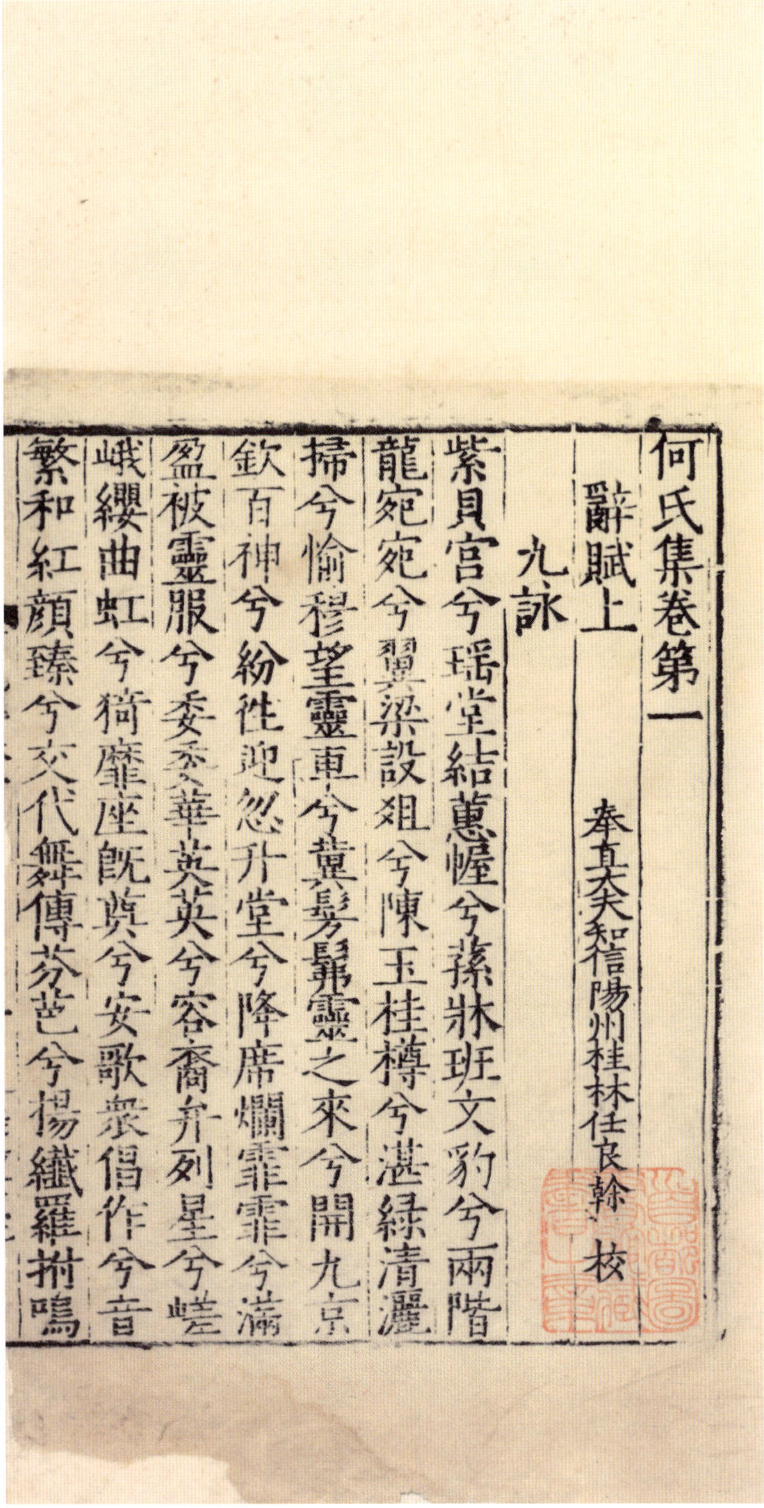

何氏集卷第一

辭賦上　　奉直大夫知信陽州桂林任良幹　校

九詠

紫貝宮兮瑤堂結蕙幄兮蓀牀班文豹兮兩階龍宛宛兮翼梁設俎兮陳玉桂樽兮湛緑清灑掃兮愉穆望靈車兮蕤髣髴靈之來兮開九京欽百神兮紛迮迎忽升堂兮降席爛霏霏兮滿盈被靈服兮委委華英英兮容裔弁列星兮嵯峨纓曲虹兮猗靡座既奠兮安歌衆倡作兮音繁和紅顔臻兮交代舞傳芬芭兮揚纖羅拊鳴

何氏集二十六卷　（明）何景明撰　明嘉靖義陽書院刻本　一函八册　索書號（丁）7360　第三批《國家珍貴古籍名録》09141 號

半葉十行二十字，白口，左右雙邊，單黑魚尾，框高 16.6 厘米，寬 13.4 厘米。

何景明（1483—1521），字仲默，號白坡，又號大復山人，河南信陽人。明弘治十五年（1502）進士，授中書舍人。正德初，劉瑾用事，景明謝病歸。瑾敗復職，官至陝西提學副使。景明志操耿介，尚節義、鄙榮利，與李夢陽并有國士風，爲“前七子”之一。《明史》卷二百八十六有傳。

此書卷前有王廷相序，凡二十六卷，卷一至三爲辭賦；卷四爲四言古詩；卷五、六爲樂府；卷七、八題“使集”，爲明弘治十八年奉明孝宗哀詔使滇南時作，卷九至十三爲“家集”，爲劉瑾柄國謝病還鄉時作，卷十四至二十爲“京集”，爲直内閣制敕時作，卷二十一爲“秦集”，爲督學關中時作，此四集皆因所官或所居地爲名，所收皆爲詩，分體編製；卷二十二爲“内篇”，卷二十三至二十六爲“外篇”，内外篇所收皆爲文。四庫館臣對何景明之詩文評價頗高，稱景明於七言古體深崇四傑轉韵之格，正嘉之間，“與李夢陽俱倡爲復古之學，天下翕然從之，文體一變”，“夢陽雄邁之氣與景明諧雅之音亦各有所長”。（《四庫全書總目》卷一百七十一）

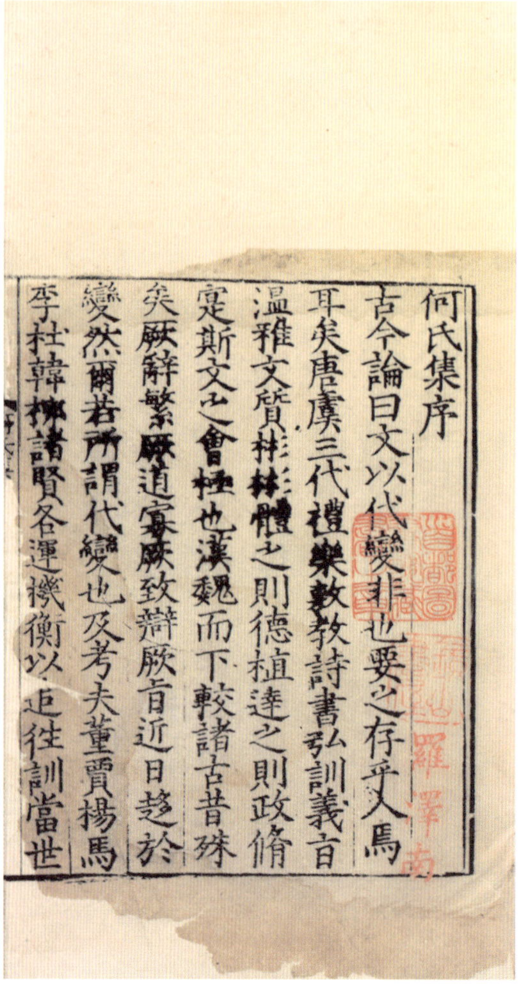
何氏集序
古今論曰文以代變非也要之存乎人焉
耳矣唐虞三代禮樂教詩書弘訓義音
溫雅文質彬彬體之則德植達之則政脩
寔斯文之會極也漢魏而下較諸古昔殊
矣厥辭繁厥道寡厥致辯厥音近日趨於
變然爾若所謂代變也及考夫董賈揚馬
李杜韓柳諸賢各運機衡以追往訓當世

何氏詩文集，明刻本大致有二十六卷本和三十八卷本兩個系統。現存二十六卷本明代有兩刻，皆成於嘉靖年間，一爲沈氏野竹齋刻本，一即此河南信陽義陽書院刊本。葉德輝《書林清話》以義陽書院刻本《何氏集》爲明書院刻書之精品。此書版心下刻“義陽書院”，有刻工青、李朝、敖、先等。

鈐“羅澤南”“鏡山書屋”等印章。

（史麗君）

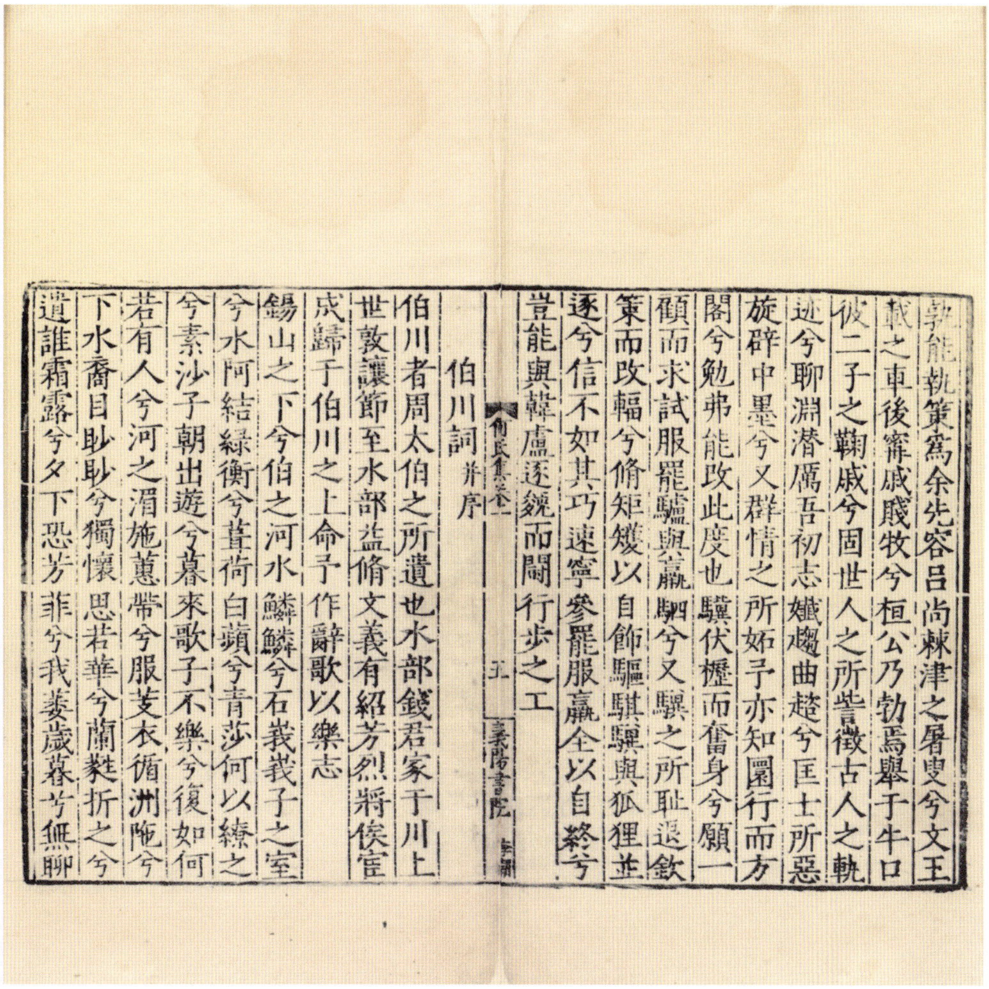
孰能執策爲余先容呂尚棘津之屠叟兮文王載之車後甯戚牧兮桓公乃勃焉舉于牛口彼二子之鞠戚兮固世人之所嘗徵古人之軌迹兮聊淵潛厲吾初志孅趨曲趚兮匡士所惡旋辟中墨兮又群情之所妬予亦知圜行而方閤兮勉弗能改此度也驥伏櫪而奮身兮願一顧而求試服罷驢與羸駟兮又驥之所耻退欽策而改轍兮脩矩矱以自飾驅騏驥與狐狸並逐兮信不如其巧速寧參罷服羸全以自終兮豈能與韓盧逐貜而闘行步之工

何氏集卷二　五　義陽書院

伯川詞并序

伯川者周太伯之所遺也水部錢君家于川上世敦讓節至水部益脩文義有紹芳烈將俟宦成歸于伯川之上命予作辭歌以樂志

錫山之下兮伯之河水鱗鱗兮石峩峩子之室兮水阿結綠衡兮葺荷白蘋兮青莎何以藻之兮素沙子朝出遊兮暮來歌子不樂兮復如何若有人兮河之湄施蕙帶兮服芰衣循洲陁兮下水裔目眇眇兮獨懷思若華兮蘭蕤折之兮遺誰霜露兮夕下恐芳菲兮我萎歲暮兮無聊

明嘉靖八年刻本《林屋集》

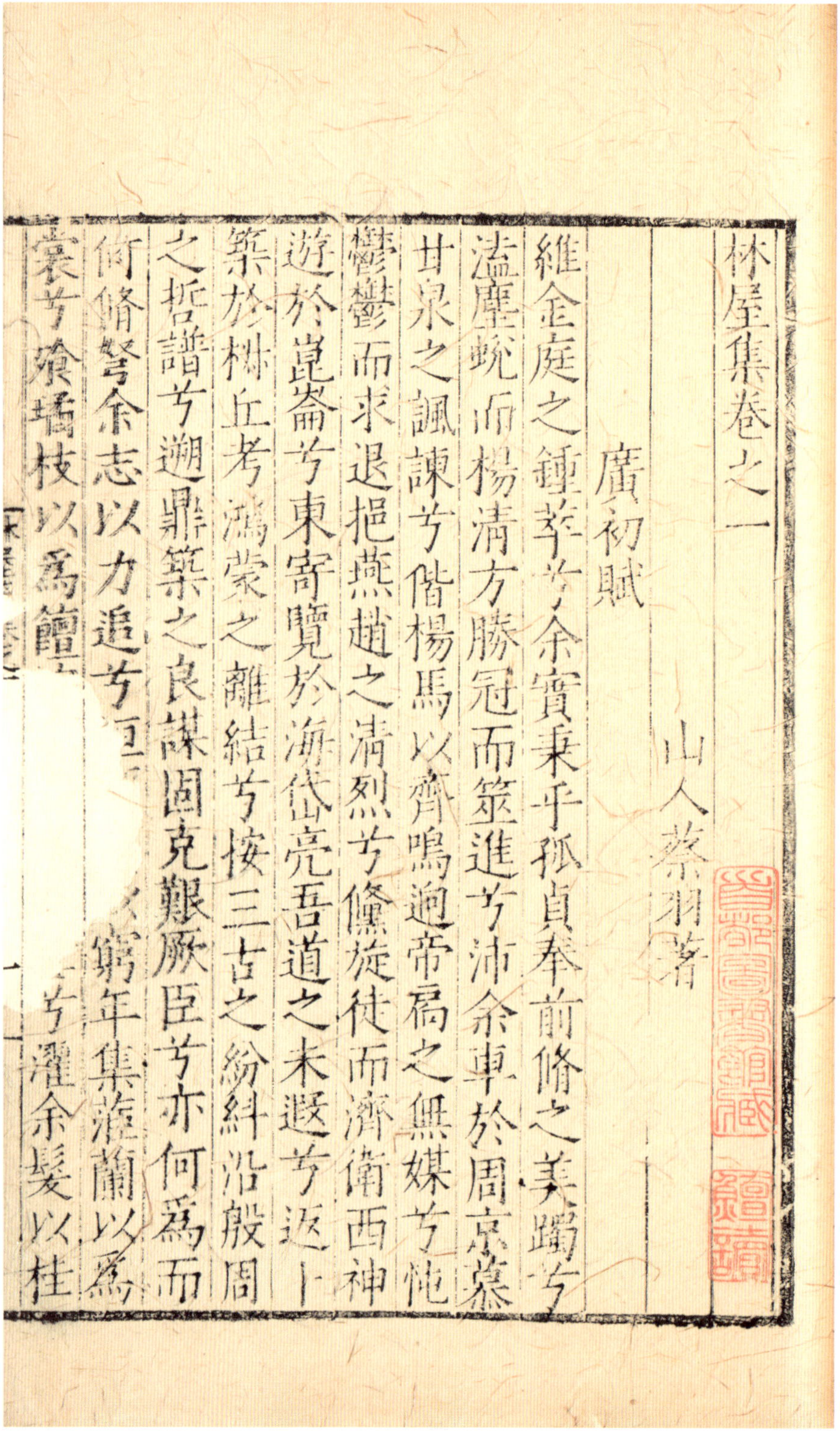
林屋集卷之一

廣初賦

山人蔡羽著

維金庭之鍾萃兮余實秉乎孤貞奉前脩之美躅兮溘塵蜕而揚清方勝冠而筮進兮沛余車於周京慕甘泉之諷諫兮偕楊馬以齊鳴適帝閽之無媒兮悒鬱鬱而求退挹燕趙之清烈兮儵旋徙而濟衛西神遊於崑崙兮東寄覽於海岱亮吾道之未遐兮返上築於林丘考鴻蒙之離結兮按三古之紛糾沿殷周之哲譜兮遡鼎築之良謀固克艱厥臣兮亦何為而何脩訾余志以力追兮亘[illegible]以窮年集蘅蘭以為囊兮飧瓊枝以為饘[illegible]兮濯余髮以桂

林屋集卷之一　一

林屋集二十卷　（明）蔡羽撰　明嘉靖八年（1529）刻本（卷十八至二十抄配）　一函八册　索書號（甲四）1187　第二批《國家珍貴古籍名録》06053 號

半葉十二行二十字，白口，左右雙邊，單黑魚尾，框高 18.1 厘米，寬 13.4 厘米。

蔡羽（？—1541），字九逵，號林屋山人，又稱左虛子，蘇州府吴縣（今江蘇吴縣）人。世居洞庭西山。少孤，母授之書，年十二，操筆有奇氣。惜鄉試十四次皆落第，晚年由太學生授南京翰林孔目。事迹附載《明史·文苑傳》文徵明傳中。錢謙益《列朝詩集小傳》丙集云，蔡羽“自視甚高，自信甚篤。爲文法先秦兩漢，《洞庭》諸記，欲與子厚争長。其隱然自負之意，殆不肯以瓣香屬某氏”。又云：“早歲詩微尚纖縟，既而滌除靡曼，一歸雅馴，晚更沈著，時出奇麗，見者謂雖李長吉不過，則大悔恨，曰：‘吾詩求出魏晋，今乃爲李賀耶？’其高自標表，不肯屈抑如此。”著有《林屋集》二十卷、《南館集》十三卷、《太藪外史》一卷。

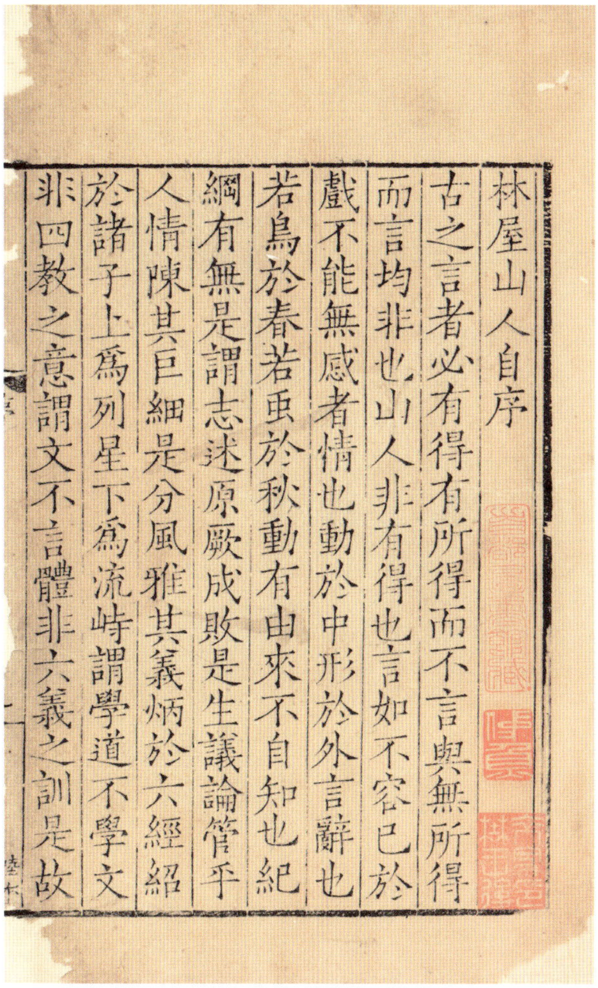
林屋山人自序
古之言者必有得有所得而不言與無所得而言均非也山人非有得也言如不容已於戲不能無感者情也動於中形於外言辭也若鳥於春若虫於秋動有由來不自知也紀綱有無是謂志述原厥成敗是生議論管乎人情陳其巨細是分風雅其義炳於六經紹於諸子上爲列星下爲流峙謂學道不學文非四教之意謂文不言體非六義之訓是故

《林屋集》包括詩、文各十卷，“有詩賦八百首，文幾二百首”（蔡羽《林屋山人自序》），可反映蔡羽創作概貌。傅增湘曰：“平心論之，九逵爲文力求矯俗，而體薄氣孱，《洞庭》諸記，稱爲杰構，然較之柳州，尚遠不逮。詩筆冲雅，體格秀整，王弇州評其詩爲灌莽中薔薇，汀際小鳥，亦許其嫣

然有致。陳松山前輩《明詩紀事》言‘采掇菁華，亦是六朝人佳制’，其論似爲得之。”（《藏園群書題記》卷十七）

此本《林屋集》爲明嘉靖八年刻本。據蔡羽自序，可知“爲友人所刻”；然傅增湘《藏園群書題記》引述嘉靖二十八年蔡氏門人陳宏策爲《南館集》所作跋文，則云《林屋集》爲門人所刻行。《中國古籍善本書目》著録，國家圖書館、首都圖書館、上海圖書館、北京大學圖書館等單位藏有此集全帙。首都圖書館藏本惜卷十八至二十爲抄配。

本書鈐有“仲魚”“鱣讀”“北平孔德學校之章”等印。

（王玥琳）

明嘉靖二十四年刻三十一年張鐸續刻本《胡蒙谿詩集》《文集》《胡蒙谿續集》

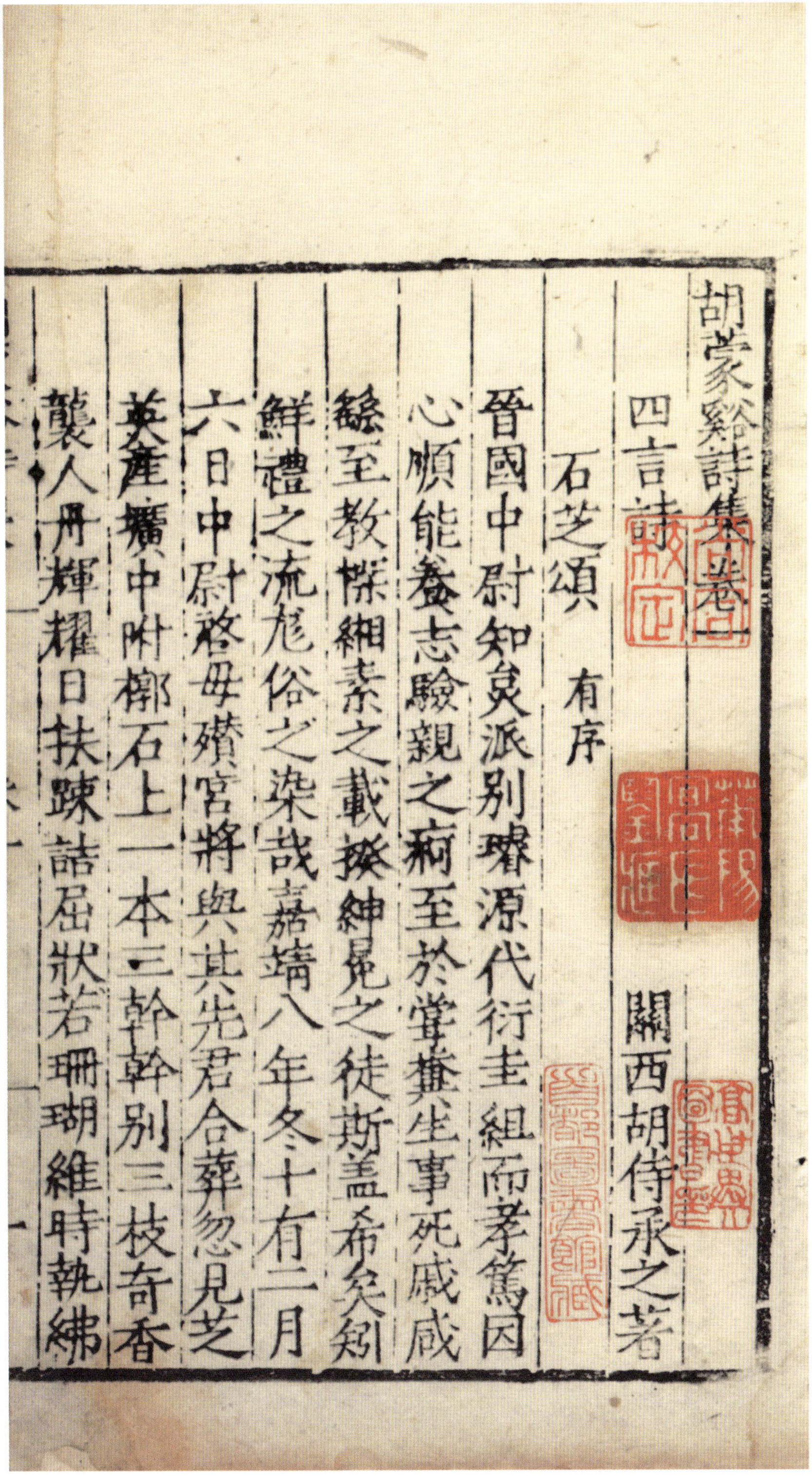

胡蒙谿詩集卷一

四言詩

石芝頌　有序　　關西胡侍承之著

晉國中尉知良派別璿源代衍圭組而孝篤因
心順能養志驗親之痾至於嘗糞生事死戚戚
綵至教慄緗素之載搢紳冕之徒斯蓋希矣矧
鮮禮之流尨俗之染哉嘉靖八年冬十有二月
六日中尉啓母殯宮將與其先君合葬忽見芝
英產壙中附槨石上一本三幹幹別三枝奇香
襲人丹輝耀日扶疎詰屈狀若珊瑚維時執紼

胡蒙谿詩集十一卷文集四卷胡蒙谿續集六卷　（明）胡侍撰　明嘉靖二十四年（1545）刻三十一年（1552）張鐸續刻本　一函四册　索書號（乙四）164　第三批《國家珍貴古籍名録》09186號

半葉十行二十字，白口，四周單邊，框高19.2厘米，寬13.6厘米。

胡侍（1492—1553），字承之，號蒙谿，陝西咸寧（今屬陝西西安）人。明正德十二年（1517）進士，官至鴻臚寺少卿。嘉靖初，以劾張璁、桂萼觸帝怒，謫潞州同知。

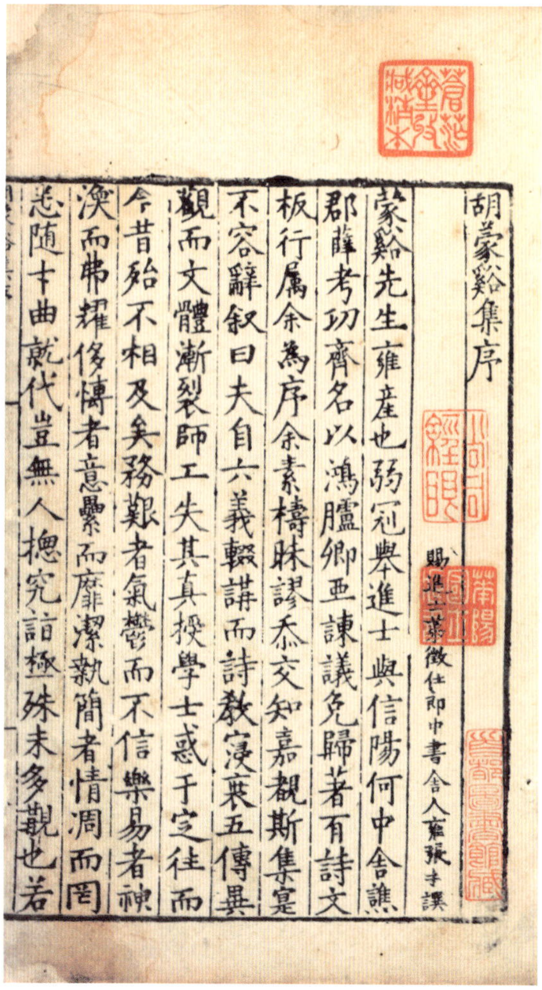

胡蒙谿集序

賜進士第徵仕郎中書舍人華張寺譔

蒙谿先生雍産也弱冠舉進士與信陽何仲舍譙郡薛考功齊名以鴻臚卿亞諫議免歸著有詩文板行屬余為序余素檮昧謬忝交知嘉覩斯集寔不容辭叙曰夫自六義輟講而詩教寖衰五傳異觀而文體漸裂師工失其真授學士惑于定往而今昔殆不相及矣務艱者氣鬱而不信樂易者神渙而弗輝修博者意縈而靡潔執簡者情凋而罔悉隨寸曲就代豈無人摠究詣極殊未多覩也若

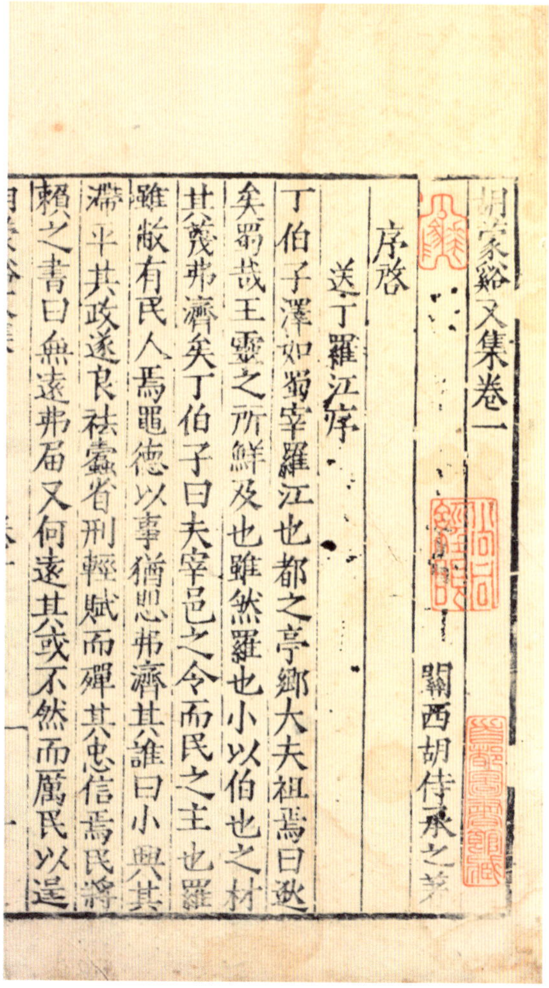

胡蒙谿文集卷一

關西胡侍承之著

序啓

送丁羅江序

丁伯子澤如蜀宰羅江也都之亭鄉大夫祖焉曰欸矣蜀哉王靈之所鮮及也雖然羅也小以伯也之材其發弗濟矣丁伯子曰夫宰邑之令而民之主也羅雖敝有民人焉黽德以事猶懼弗濟其誰曰小與其濡乎其政遂良袪蠹省刑輕賦而殫其忠信焉民將賴之書曰無遠弗届又何遠其或不然而厲民以逞

後被斥爲民。侍“詩文簡潔清慤，自成家束”（《皇明詞林人物考》卷六），除本詩文集，尚有《墅談》《真珠船》等作品傳世，涉及詞曲、音韵、經史、時事等方面。《明史》卷一百九十一有傳。

胡侍詩文受李夢陽等人的影響，崇尚復古。在刑部任上，與部僚張治道、薛蕙、劉儲秀約爲詩會，并以詩名都下，都下稱“西翰林”（參考《本朝分省人物考》卷一百四）。張才《胡蒙谿集序》云其“學不泥往，力振古風；文不附時，盡削凡品”，“與信陽何中舍（按：何景明）、譙郡薛考功（按：薛蕙）齊名”。本書收録胡侍平生所作詩文多篇，較爲全面地反映了其詩文思想和成就。全書無目，詩文以體分卷，如詩分四言詩、六言絶句，文分序啓、墓誌等。

《四庫全書總目》載《真珠船》八卷、《墅談》六卷，未及此集，當由未見。《千頃堂書目》所載胡侍《蒙谿集》十一卷，又《續集》五卷，尚非最後定本。本書有文集四卷、續集六卷，顯在續集五卷本之後，《蒙谿集》當以此本爲足本。（參考王重民《中國善本書提要》）本館所藏有明嘉靖二十五年張才序，嘉靖三十一年孔天胤、張鐸序。對比王重民所録，惜缺嘉靖二十四年序言（吴孟祺撰）一篇、附録（許宗魯撰胡侍墓誌銘）一篇。

鈐有“華陽國士臧書”“尚同經眼”“蒼茫齋收臧精本”“高世異圖書印”“華陽高氏鑒臧”“尚同校定”“華陽國士”“蒼茫齋高氏臧書記”“品藻詩文”等印。

（楊曉煒）

明嘉靖四十四年王同道吴中刻明末補修本《夢澤集》

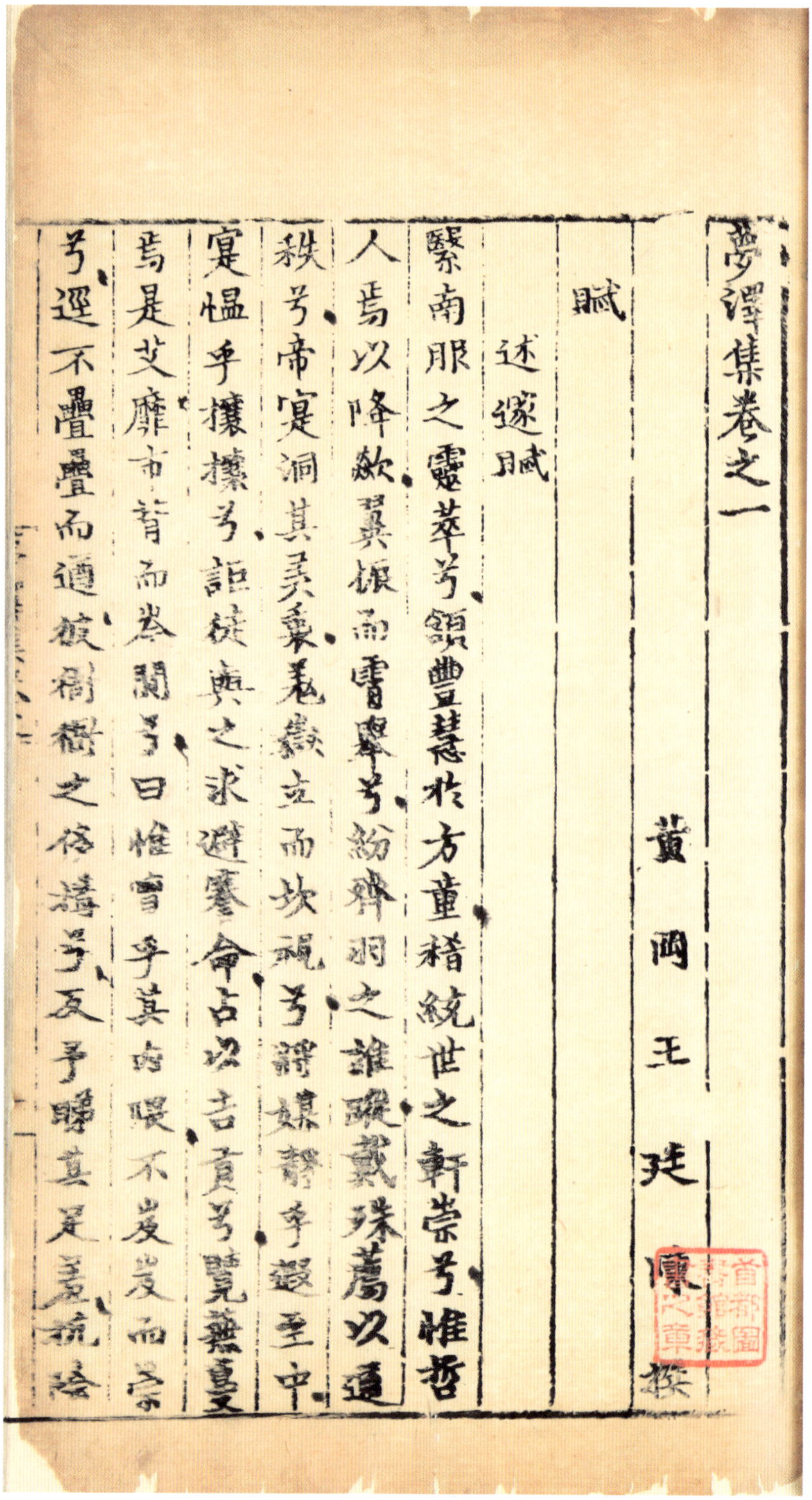
夢澤集卷之一

黄岡王廷陳撰

賦

述逖賦

緊南服之靈萃兮鍾豐慧於方董稽統世之軒崇兮惟哲人焉以降欸翼娠而鬯舉兮紛稱羽之誰蹤戴珠薦以通秩兮帝寔洞其哀衆羲獻立而坎硯兮謂嫖靜乎邈至中寔慍乎攘攘兮詎徒輿之求避饗命占以吉貞兮覽蘂蕙叢焉是艾靡市育而峇闌兮曰惟會乎莫內喂不岌岌而崇兮遲不疊疊而迺皈樹樹之佟搆兮反乎睇真是羞揔陰

夢澤集十七卷 （明）王廷陳撰 明嘉靖四十四年（1565）王同道吴中刻明末補修本 一函六册 索書號（甲四）564 第四批《國家珍貴古籍名録》10785 號

半葉十行二十二字，白口，四周單邊，框高 20.2 厘米，寬 13.1 厘米。

王廷陳（1493—1551），字稚欽，黄岡（今屬湖北）人。明正德十二年（1517）進士，選庶吉士。賦《烏母謡》以刺武宗南巡，廷杖，出知裕州。恃才怨望，廢吏事，被劾歸家。屏居二十餘年，益自放縱。明嘉靖十八年詔修《承天大志》，巡撫顧璘薦之。然書未稱旨，僅賜銀幣歸。《明史·文苑》有傳。

王廷陳少年高第，負才使性，放廢終身，然文名重於當時。四庫館臣言“其詩意警語圓，軒然出俗，則不得不稱爲一時之秀”（《四庫全書總目》卷一百七十二）。朱彝尊亦謂其“逸藻波騰，雕文霞蔚，音高秋竹，色豔春蘭，樂府、古詩既多精詣，五言、近體亦是長城，固已邈後凌前，足稱才子”（《静志居詩話》卷十一）。

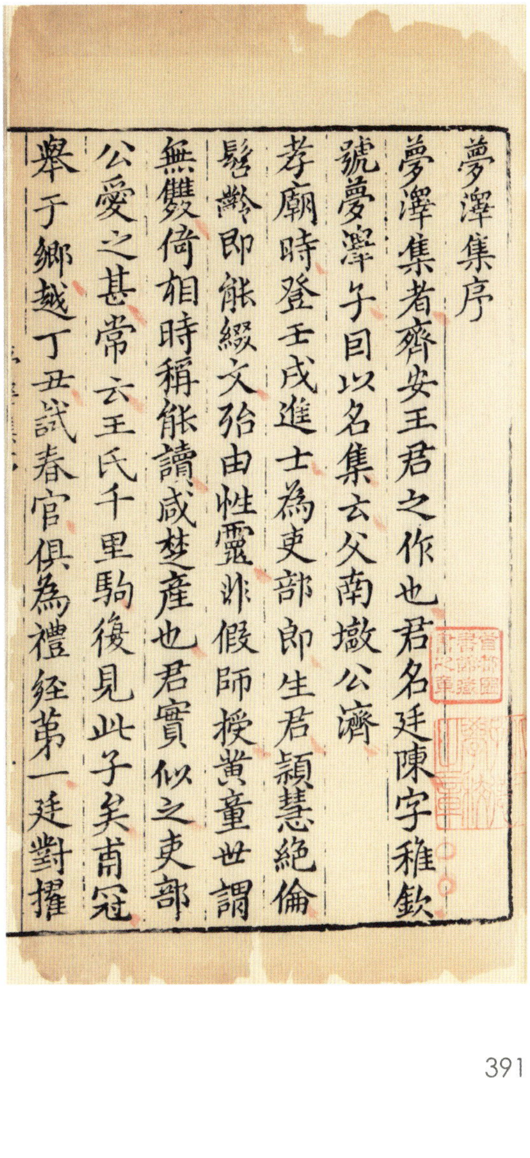
夢澤集序
夢澤集者齊安王君之作也君名廷陳字稚欽
號夢澤子因以名集云父南墩公濟
孝廟時登壬戌進士為吏部郎生君頴慧絶倫
髫齔即能綴文殆由性靈非假師授黄童世謂
無雙倚相時稱能讀咸楚産也君實似之吏部
公愛之甚常云王氏千里駒後見此子矣甫冠
舉于鄉越丁丑試春官俱為禮經第一廷對擢

此本《夢澤集》十七卷，含賦一卷、詩十卷、文六卷。卷首有明嘉靖四十四年皇甫汸序，稱贊“是集也，樂府、古詩，潘陸齊軌，下擬陰何；五七言律，沈杜以肩，備之盧駱；文效《左氏》《國語》，而兼騁班馬；書類東京尺牘，而雄視崔蔡，足以不朽矣”。

據皇甫汸序文所言，《夢澤集》“舊刻於家塾，季弟雲澤君王廷瞻刻於淮陽，侄三湘君同道又刻於吴中，而吴板益精矣”。

由是可知，《夢澤集》流行於世的版本，先有嘉靖四十一年王廷瞻刻本，後有嘉靖四十四年王同道吴中刻本，二者皆爲十七卷本。此後又有二十三卷本，從内容上增補了拾遺一卷和附録五卷，今存明萬曆十八年（1590）王追伊刻三十年（1602）王追淳增修本。

首都圖書館所藏《夢澤集》爲明嘉靖四十四年王同道刻本，個別葉經明末補修，有刻工唐林、黃周賢等。佚名圈點、批校。鈐“北平孔德學校之章”。

（王玥琳）

明隆慶五年邵廉刻本《遵巖先生文集》

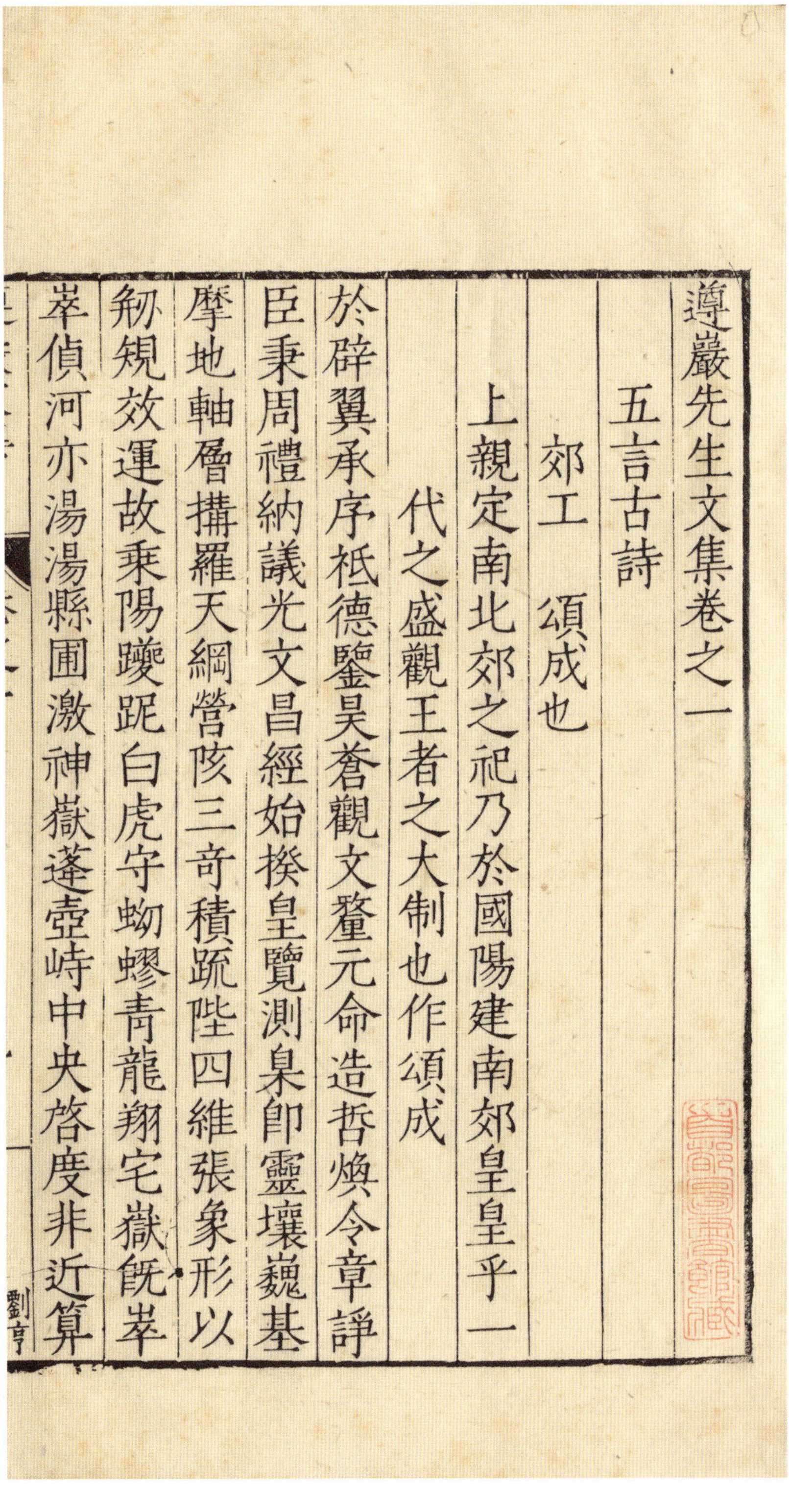
遵巖先生文集卷之一

五言古詩

郊工　頌成也

上親定南北郊之祀乃於國陽建南郊皇皇乎一

代之盛觀王者之大制也作頌成

於辟翼承序祇德鑒昊蒼觀文鼇元命造哲煥令章諄

臣秉周禮納議光文昌經始揆皇覽測臬卽靈壤巍基

擘地軸層搆羅天綱營陔三奇積疏陛四維張象形以

砌規效運故秉陽躨跜白虎守蚴蟉青龍翔宅嶽旣崒

崒偵河亦湯湯縣圃瀲神嶽蓬壺峙中央啓度非近算

劉亨

遵巖先生文集四十一卷　（明）王慎中撰　明隆慶五年（1571）邵廉刻本　四函二十四册　索書號（甲四）1180　第二批《國家珍貴古籍名録》06069 號

半葉十行二十一字，白口，四周單邊，單黑魚尾，框高 20.6 厘米，寬 14.5 厘米。

王慎中，字道思，初號南江，更號遵巖，晋江（今屬福建）人。明嘉靖五年（1526）進士，授户部主事。在職與四方名士講習，學大進。詔簡部郎爲翰林，衆首擬慎中，大學士張璁欲見之，固辭不赴，乃稍移吏部郎中。後官至河南參政，因忤内閣首輔夏言落職歸。

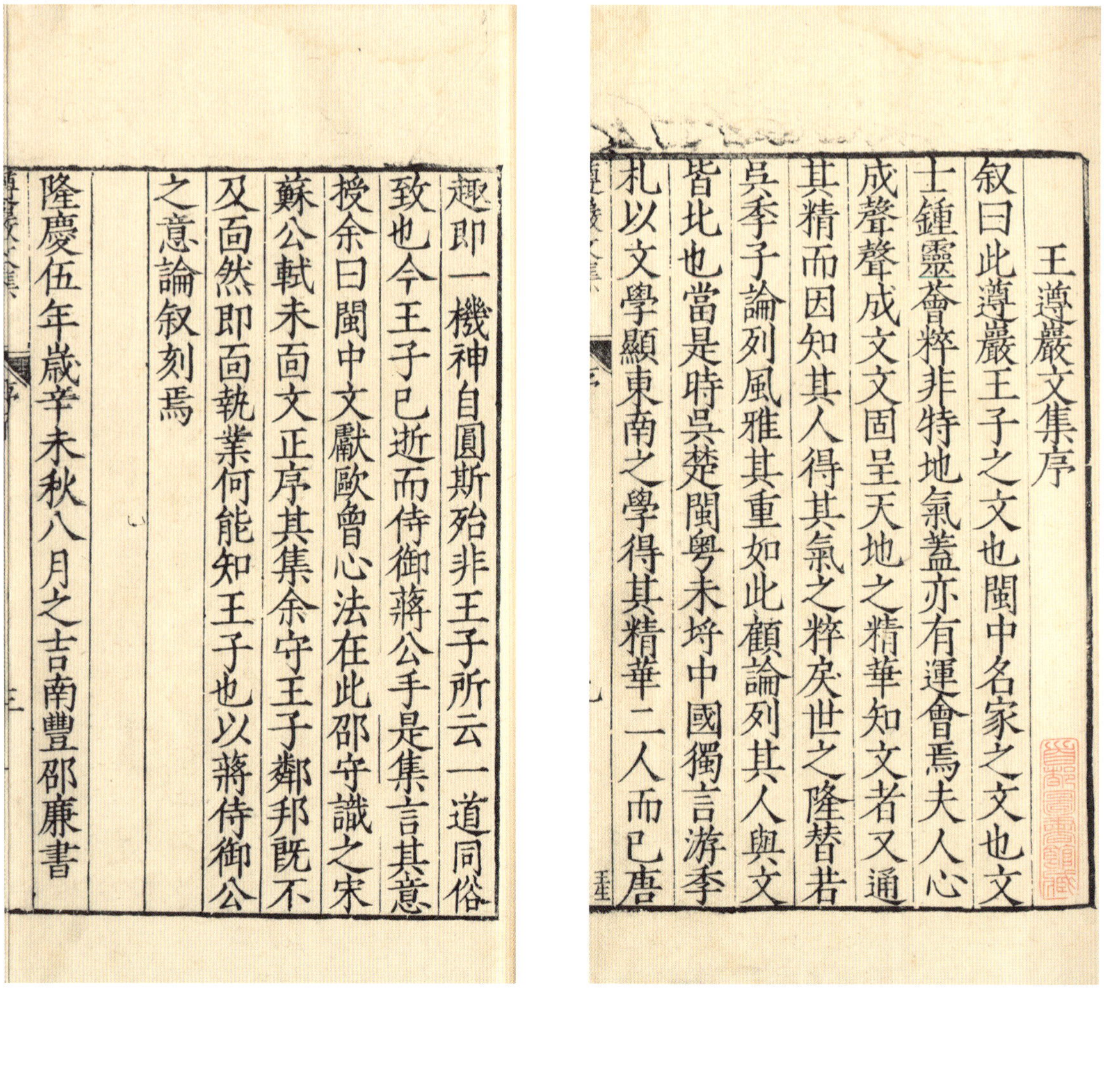
王遵巖文集序
叙曰此遵巖王子之文也閩中名家之文也文
士鍾靈薈粹非特地氣蓋亦有運會焉夫人心
成聲聲成文文固呈天地之精華知文者又通
其精而因知其人得其氣之粹戾世之隆替若
吳季子論列風雅其重如此顧論列其人與文
皆北也當是時吳楚閩粵未埒中國獨言游李
札以文學顯東南之學得其精華二人而已唐

趣即一機神自圓斯殆非王子所云一道同俗
致也今王子已逝而侍御蔣公手是集言其意
授余曰閩中文獻歐曾心法在此邵守識之宋
蘇公軾未面文正序其集余守王子鄰邦既不
及面然即面執業何能知王子也以蔣侍御公
之意論叙刻焉
隆慶伍年歲辛未秋八月之吉南豐邵廉書

慎中盛年廢弃，後半生縱游山水，專事文學創作。《明史》卷二百八十七有傳。

慎中爲文，初亦高談秦漢，謂東京下無可取。已而悟歐、曾作文之法，盡焚舊作，一意師仿，尤得力於曾鞏。其古文卓然成家，與唐順之齊名，爲“唐宋派”領袖人物。其詩則初尚藻艷，歸田之後，頹然自放。清代朱彝尊謂其“五古文理精密，足以嗣響顔、謝”（《静志居詩話》卷十二）。

《遵巖先生文集》四十一卷，卷一至卷十三爲各體詩歌、古樂府、詞，卷十四至卷四十一爲各體文章。目録前有洪朝選撰《王遵巖文集序》、隆慶五年邵廉撰《王遵巖文集序》，書末則有明嘉靖四十五年劉溱作《遵巖先生文集後序》。

慎中文集最早爲明嘉靖四十五年劉溱刻四十一卷本，乃其婿莊國禎、子同康所輯，由洪朝選付之劉溱刊刻行世；又有隆慶五年邵廉刻四十一卷本、同一年嚴鎡刻二十五卷本。首都圖書館此本爲邵廉刻本，鎸刻精良，版面疏朗悦目，版心下記刻工劉亨、王生等。鈐有“北平孔德學校之章”印。

（王玥琳）

明隆慶四年趙鴻賜玄對樓刻本《無聞堂稿》

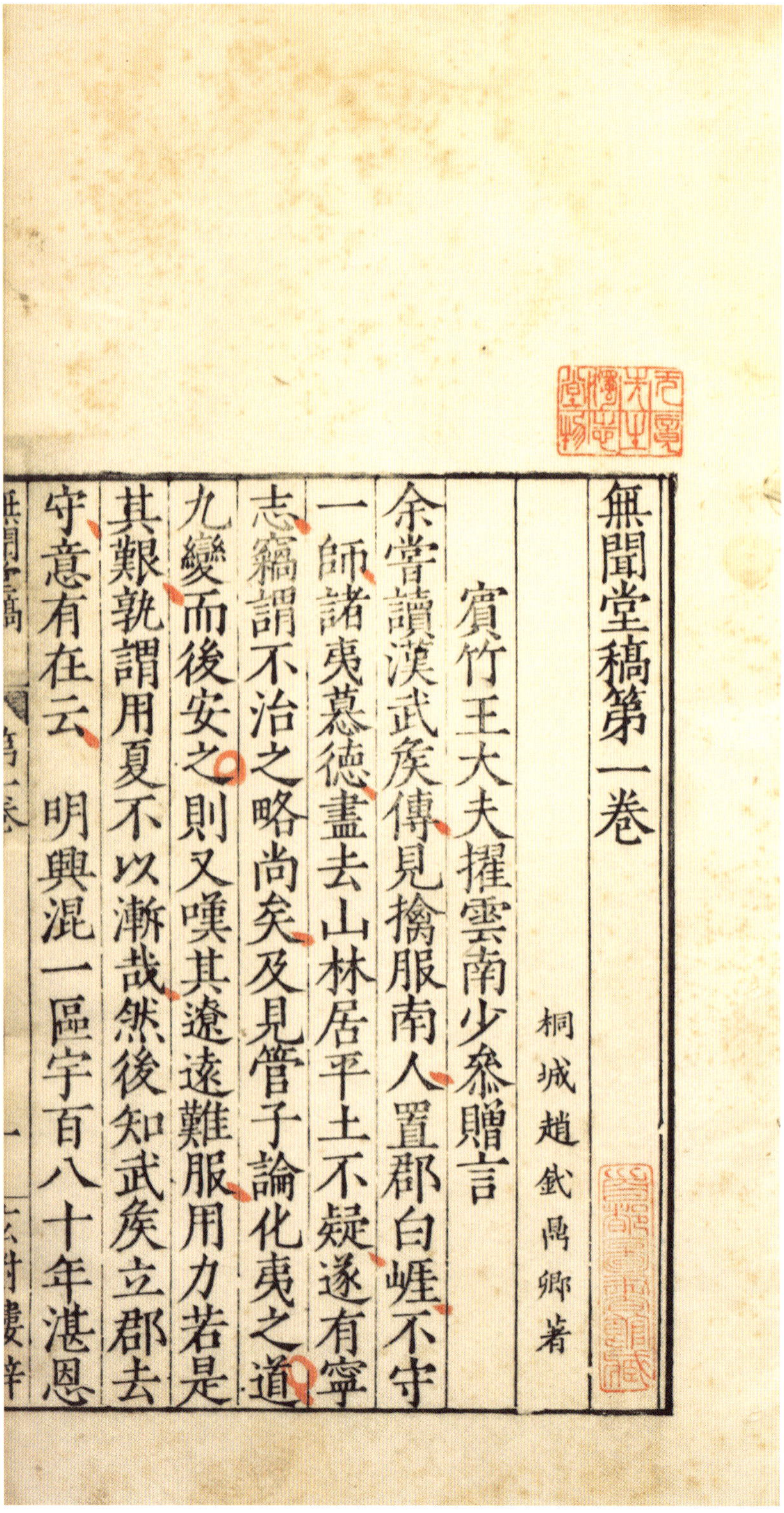
無聞堂稿第一卷
桐城趙釴禹卿著
賓竹王大夫擢雲南少參贈言
余嘗讀漢武矦傳見擒服南人置郡白崖不守一師諸夷慕德盡去山林居平土不疑遂有寧志竊謂不治之略尚矣及見管子論化夷之道九變而後安之則又嘆其遼遠難服用力若是其艱孰謂用夏不以漸哉然後知武矦立郡去守意有在云　明興混一區宇百八十年湛恩
無聞堂稿　第一卷　一　玄對樓梓

無聞堂稿十七卷　（明）趙釴撰　**附録一卷**　明隆慶四年（1570）趙鴻賜玄對樓刻本　紀昀批　二函十册　索書號（乙四）205　第三批《國家珍貴古籍名録》09226號

半葉九行十八字，白口，左右雙邊，單黑魚尾，框高18.6厘米，寬13.6厘米。

趙釴，字子舉，一字鼎卿，又字柱野，别號鷃林子，桐城（今安徽安慶）人。生卒年不詳。明嘉靖二十三年（1544）進士，授刑部主事，擢禮科給事中，轉吏科，遷南太僕寺少卿，再晋右僉都御史，巡撫貴州。釴博覽群書，文詞典麗，與陸樹聲、余文獻、朱曰藩號稱“嘉靖四杰”。晚年歸里，徜徉於龍眠山水間，在龍眠寶山、鳳形等地留有多處石刻題字，筆畫飄逸，瀟灑自如。著有《古今原始》《無聞堂稿》《鷃林子》等書。

該書十七卷，集趙釴生平所作詩、文多篇。其中，卷一至二爲贈言；卷三至四爲賀言、壽言；卷五爲記；卷六爲題、引言、墓誌銘、碑、傳、語、説等；卷七爲祭文；卷八至九爲奏疏；卷十至十一爲書信；卷十二爲賦；卷十三至十七爲詩。另有附録一卷，存盛汝謙作《明故中憲大夫都察院右僉都御史柱野趙公行狀》、趙鴻賜作《先考中丞公無聞堂稿首言》、林樹聲作《明故中憲大夫都察院右僉都御史柱野趙公墓誌銘》及史桂芳作《明故僉都御史趙公墓表》等。《四庫全書總目》稱：“釴學出姚江，主良知之説。文頗磊落自喜，而亦微近七子之派。”（《四庫全書總目》卷一百七十七）

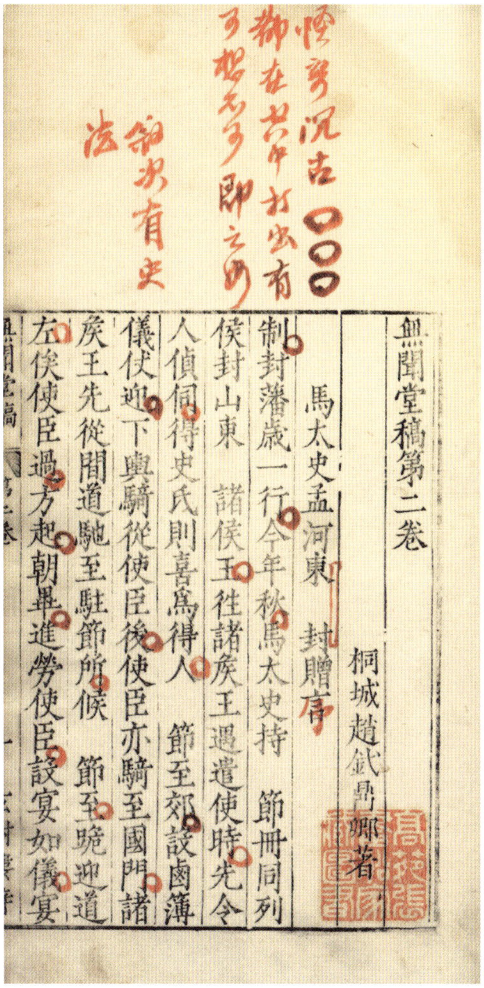
無聞堂稿第二卷
桐城趙釴鼎卿著
馬太史孟河東　封贈序
制封藩歲一行今年秋馬太史持節冊同列
侯封山東諸侯王往諸侯王遇遣使時先令
人偵伺得史氏則喜爲得人　節至郊設鹵簿
儀仗迎下輿騎從使臣後使臣亦騎至國門諸
侯王先從閒道馳至駐節所候　節至曉迎道
左侯使臣過方起朝畢進勞使臣設宴如儀宴

此本爲明隆慶四年玄對樓刻本，前有隆慶六年羅汝芳撰《無聞堂稿序》。版心下刻“玄對樓梓”，卷末題“不肖孤鴻賜梓藏玄對樓中”。趙鴻賜，字承先，趙釴長子，好讀書，以學名，世稱枞江先生。該書即爲其所編，此本係趙氏家刻。家刻之書，多爲傳世而非逐利，故校刻刊印多甚精審，素爲學界推崇。此本既爲家刻，又係初刊，更爲難得。

此本有紀昀朱筆批點。紀昀（1724—1805），字曉嵐，一字春帆，晚號石雲，清代著名學者。於藏書、目録、詩文等多個領域皆有成就。曾主持編修《四庫全書》，爲有清一代知名才子。文中批點，或言編次有法，或曰文之深意，又或是有感而發，不一而足，雖寥寥數語，亦頗有益於後人閱讀，具有很高的文獻和版本價值。

該書鈐有“高苑張書船家臧圖書”“无竞先生獨志堂物”等印記。

（郭芳）

明嘉靖吉水廖如春刻本《程士集》《獻忱集》

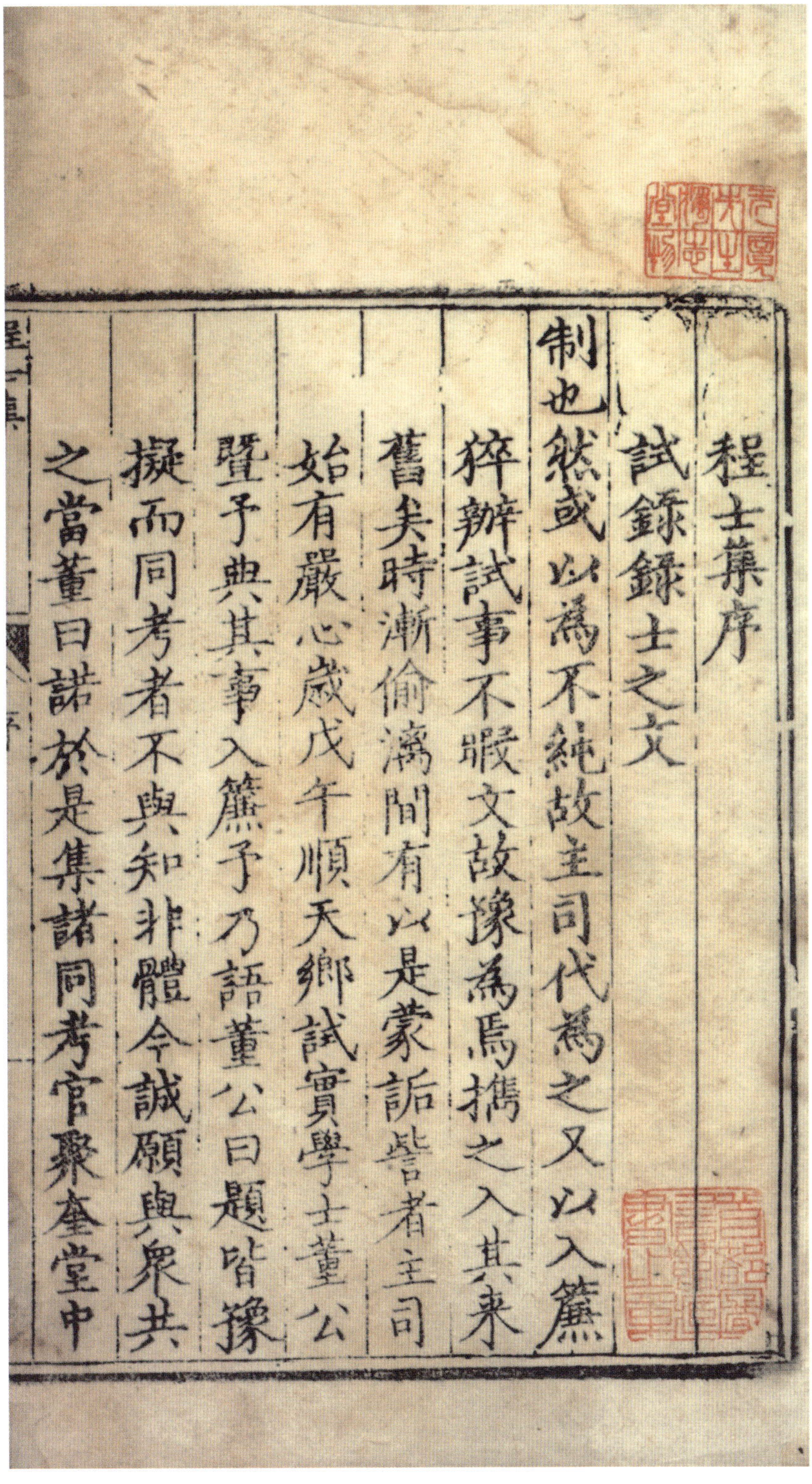
程士集序

試錄錄士之文

制也然或以爲不純故主司代爲之又以入簾

猝辦試事不暇文故豫爲焉携之入其來

舊矣時漸偷濫間有以是蒙詬詈者主司

始有嚴心歲戊午順天鄉試實學士董公

暨予典其事入簾予乃語董公曰題皆豫

擬而同考者不與知非體令誠願與衆共

之當董曰諾於是集諸同考官聚奎堂中

程士集四卷獻忱集五卷　（明）高拱撰　明嘉靖吉水廖如春刻本　一函五册　索書號（甲四）273　第五批《國家珍貴古籍名録》11988 號

半葉九行十八字，白口，四周雙邊，單黑魚尾，框高 19.3 厘米，寬 14.7 厘米。

高拱（1513—1578），字肅卿，號中玄，河南新鄭人。明嘉靖二十年（1541）登進士第，選庶吉士，授編修，官至内閣首輔，謚文襄。《明史》卷三百十三有傳。

高拱是明代中後期著名的政治家，身處嘉隆之際，任天下之重，事業光顯，國柄獨擅，

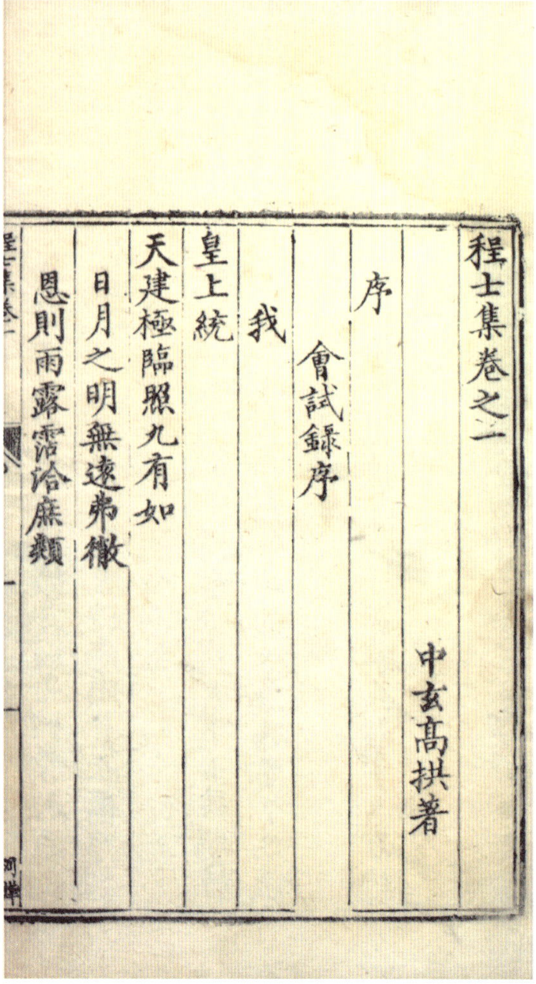
程士集卷之一
中玄高拱著
序
會試録序
我
皇上統
天建極臨照九有如
日月之明無遠弗徹
恩則雨露霑洽庶類

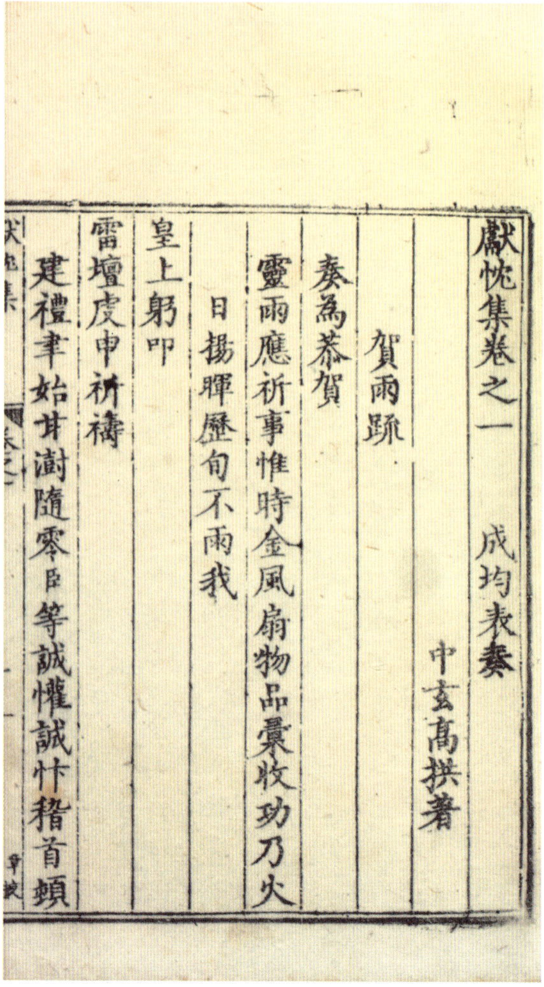
獻忱集卷之一　成均表奏
中玄高拱著
賀雨疏
奏爲恭賀
靈雨應祈事惟時金風扇物品彙收功乃火
日揚暉歷旬不雨我
皇上躬叩
雷壇虔申祈禱
建禮聿始甘澍隨零臣等誠懽誠忭稽首頓

爲“隆萬改革”的開創者與奠基人。其著作亦以關係實政、研究實學者爲主，曾撰十八種，現存十五種之多，包括《外制集》一卷、《獻忱集》五卷、《南宫奏牘》二卷、《玉堂公草》一卷、《綸扉稿》二卷、《掌銓題稿》三十四卷、《政府書答》四卷、《邊略》五卷、《病榻遺言》四卷、《詩文雜著》四卷、《日進直講》五卷、《程士集》四卷、《春秋正旨》一卷、《問辨録》十卷、《本語》六卷。另有《春岡年譜》《讒書》《避讒録》三種已失傳。

《程士集》四卷收録了高拱於明嘉靖三十七年（1558）主持戊午順天鄉試、嘉靖四十四年主持乙丑京闈會試撰寫的程文，分文、論、表、策四類，共計二十篇；以及《會試録序》《順天府鄉試録後序》兩篇。嘉靖四十四年《程士集》付梓刊刻，由門人吉水廖如春董其事。是集所爲程士奇杰縱横，當即傳誦海内。高拱認爲："然程士不獨以文其意，固各有所托，予故以所爲稿自録之。程於何有？徒以識吾意也。"（《程士集序》）通過對儒家經典的闡發和對時事的策論，高拱闡述了實理實事的天人觀（如卷四《天人之際》），提出圓而通的權變新論（如卷五《孔子言權》），已經内蘊批判宋明理學的學術立場轉向。

《獻忱集》五卷是高拱在明嘉靖三十九年至四十五年任太常寺卿至入閣後所撰寫的進獻皇帝的賀謝疏文。卷一《成均表奏》、卷二《南宫表奏》、卷三《宫端表奏》、卷四《南宫表奏》、卷五《綸扉表奏》，凡六十一篇。序云："予自遷國子，歷詹府南宫，皆視篆賀必草疏。乃侍郎係御除當謝，尚書、大學士皆例當辭謝，且叨恩隆渥，遣賚爲多，故謝疏亦種種。間乃次第成帙，名《獻忱集》，藏笥中。夫文以事興，事由時异。斯集也，庸紀時事云爾。駢四儷六文云乎哉？"

首都圖書館藏《程士集》四卷《獻忱集》五卷是明嘉靖吉水廖如春刻本，有刻工吴邦、劉燁等。鈐"无竟先生獨志堂物""北平孔德學校之章"印。

（王玥琳）

明嘉靖三十九年林朝聘、黄中等刻本《宗子相集》

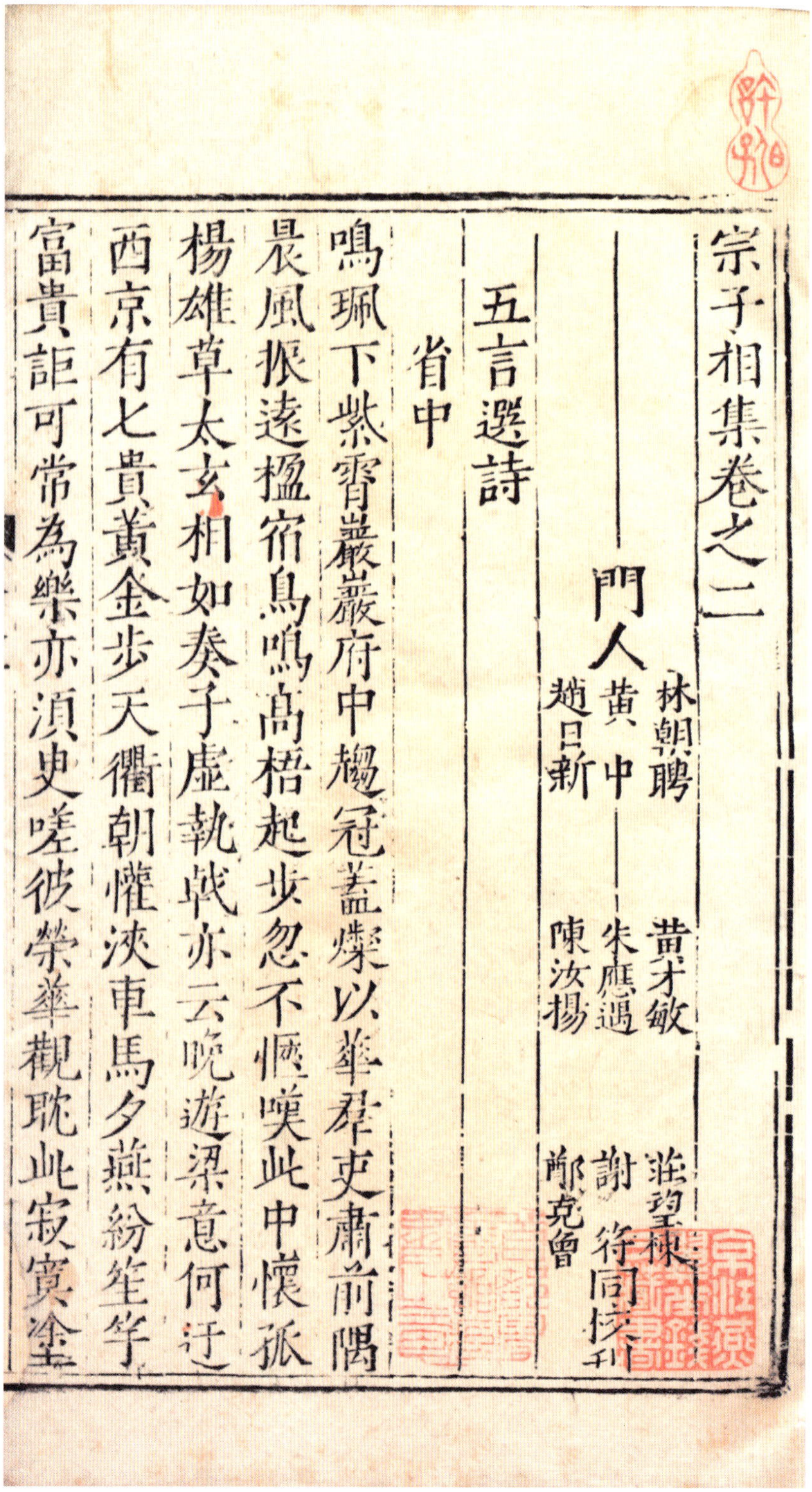

宗子相集卷之二

門人 林朝聘 黃才敏 洪望棟
黃中 朱應遇 謝符同校刊
趙日新 陳汝揚 鄭兗曾

五言選詩

省中

鳴珮下紫霄巖巖府中趨冠蓋爍以華羣吏肅前隅
晨風振遠楹宿鳥鳴高梧起步忽不愜嘆此中懷孤
楊雄草太玄相如奏子虛執戟亦云晚遊梁意何迂
西京有七貴黃金步天衢朝懽浹車馬夕燕紛笙竽
富貴詎可常為樂亦須臾嗟彼榮華覩耽此寂寞塗

宗子相集八卷　（明）宗臣撰　明嘉靖三十九年（1560）林朝聘、黄中等刻本　一函十册　索書號（丙四）4961　第三批《國家珍貴古籍名録》09230號

半葉十行二十字，白口，四周雙邊，單黑魚尾，框高19.6厘米，寬13.9厘米。

宗臣（1525—1560），字子相，號方城，興化（今屬江蘇）人。明嘉靖二十九年進士，授刑部主事，移吏部文選司，進稽勳司員外郎。忤權臣嚴嵩，出爲福建參政。遷提學副使，曾率衆抗擊倭寇，卒於官。擅詩文，其詩跌宕俊逸，頗能取法青蓮，爲"後七子"之一。《明史》卷三百八十八有傳。

是書卷前有明嘉靖三十九年樊獻科序。卷端題"門人林朝聘、黄中、趙日新、黄才敏、朱應遇、陳汝揚、莊望棟、謝符、鄭克曾同校刊"。正文凡八卷，卷一至四皆爲詩，分體編排，卷五、六爲序跋碑記等，卷七、八爲書札。據樊序云，子相殁後，"門人輩裒子相所遺詩文，類次成集，不惟子相之才名足稱千古，而慷慨特達之氣、忠義廉政之操又可概見"。又卷末小字刻有："查得書部内數葉字句多訛，因在閩中倉卒謄刻，未經對校，且原稿門生收去，無從改正，恐訛以傳訛，因削之，謹告。"據此，可知此本當爲子相殁時其門生在閩中所刻。書中多有墨釘，蓋削改之處。《四庫全書總目》對宗臣詩文評價甚高，稱其"天才婉秀，吐屬風流"，"其《西

門》《西征》諸記，指陳時弊，反覆詳明。蓋臣官閩中時，禦倭具有方略，故言之親切如是，是又不可以文字論矣”（《四庫全書總目》卷一百七十二）。

鈐“許世章”“京江燕翼堂錢氏藏書”印。

（史麗君）

明萬曆三十五年葉長坤刻本《縫掖集》

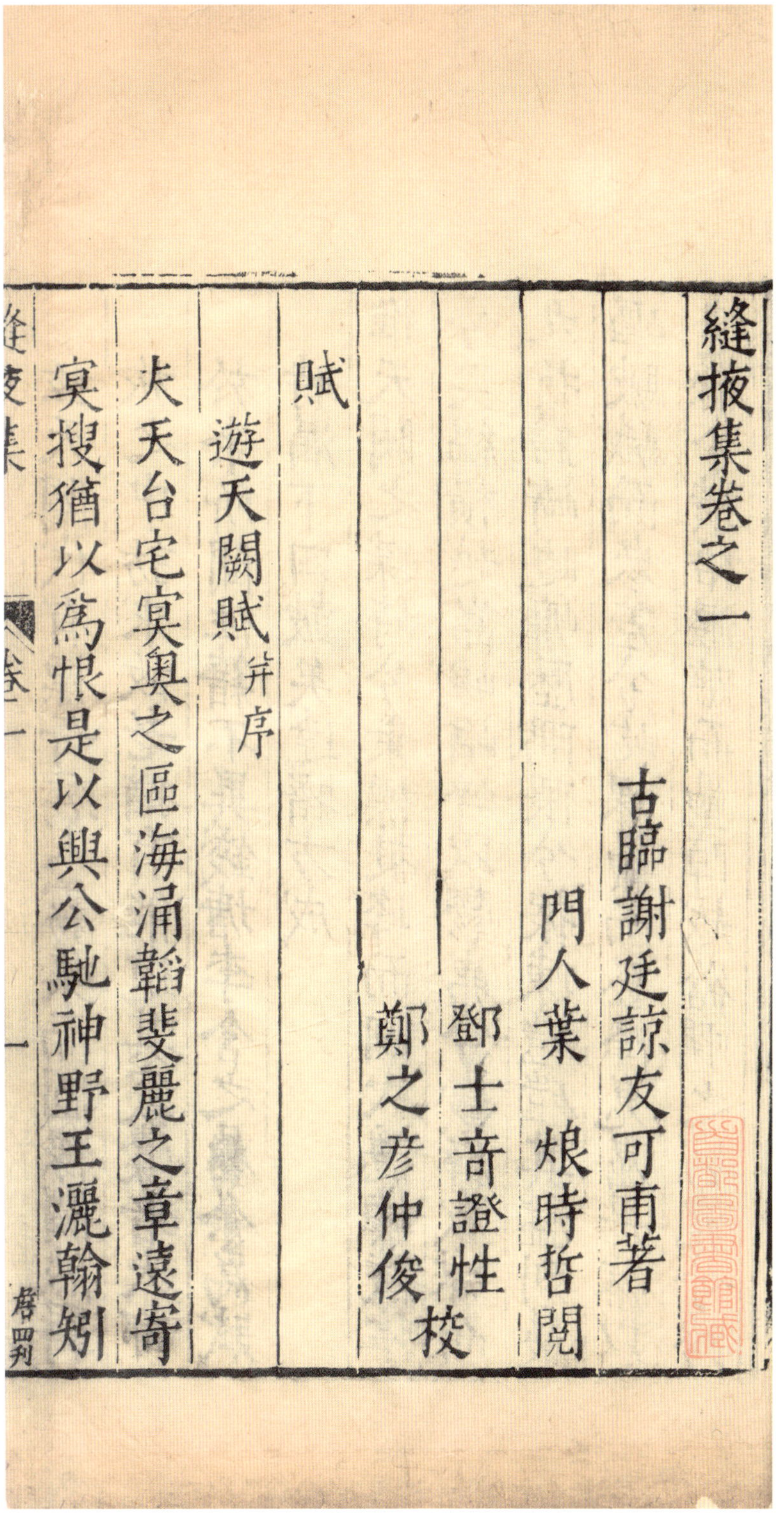
縫掖集卷之一

古臨謝廷諒友可甫著

門人葉　烺時哲閱

鄧士奇澄性

鄭之彥仲俊　校

賦

遊天闕賦并序

夫天台宅冥奧之區海涌韜斐麗之章遠寄冥搜猶以爲恨是以與公馳神野王灑翰矧

縫掖集　卷一　一

縫掖集十八卷　（明）謝廷諒撰　明萬曆三十五年（1607）葉長坤刻本　一函五册
索書號（甲四）1167　第三批《國家珍貴古籍名録》09251 號

存十五卷（卷一、卷五至十八）。半葉九行十八字，白口，左右雙邊，單黑魚尾間單白魚尾，框高 20.1 厘米，寬 14.6 厘米。

謝廷諒，字友可，號九紫、九紫山人，江西金溪人。明萬曆二十三年進士，授南京刑部主事，舉劾李廷機、王錫爵等人奸佞弊政，出爲順慶（治今四川南充）知府，因性疏放簡淡，不能迎合時流，弃官歸。工詩善文，詩文沉博蘊藉，有魏晋六朝之遺風，與弟廷贊名盛一時，人稱“江西二謝”。亦能戲曲，與湯顯祖并幟詞壇，時有“湯謝”之稱。著有《清暉館集》《薄游草》《千金堤志》《起東草》《紈扇記》等。《明史》卷二百三十三有傳。

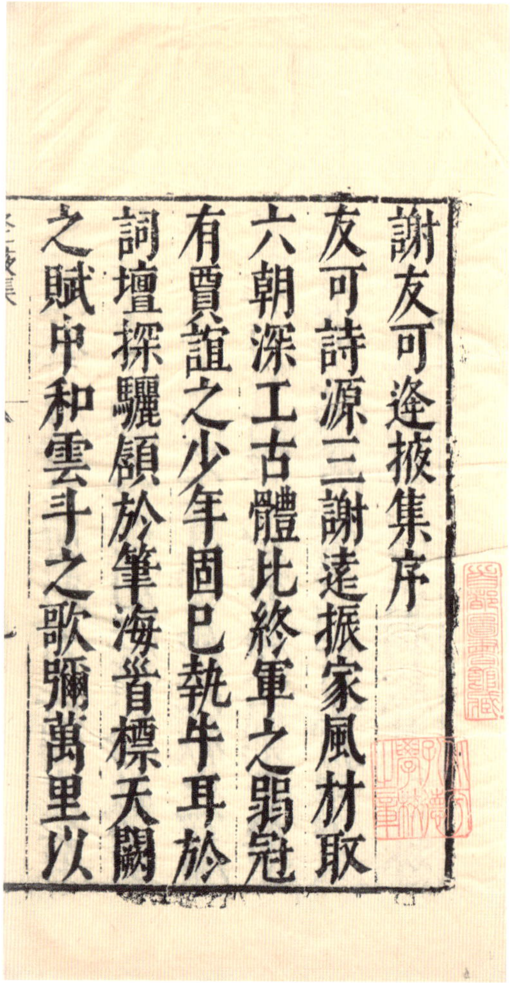
謝友可逢掖集序
友可詩源三謝逺振家風材取
六朝深工古體比終軍之弱冠
有賈誼之少年固已執牛耳於
詞壇探驪頷於筆海嘗標天闕
之賦中和雲手之歌彌萬里以

縫掖，亦稱逢掖，《禮記·儒行》載：“（孔）丘少居魯，衣逢掖之衣，長居宋，冠章甫之冠。”後世遂以此爲儒生代稱。卷前鄭懷魁明萬曆三十五年《謝友可逢掖集序》曰：“江湖左右，吴楚東南，足迹所經，藻翰殊廣，待赴攀鱗之會，都爲逢掖之篇，豈非以其服也。”可見此集得名之由來。是集所收詩文多爲謝廷諒萬曆二十三年出仕之前所作。鄭序以下依次還有萬曆十七年吴道南《謝友可蜷局編序》、萬曆十六年陳文燭《清暉館集序》、萬曆二十四年吴用先《驚雀編序》、萬曆十年饒崙《刻九紫一斑序》、萬曆十九年李時英《謝友可芝英簡撰序》、萬曆八年湯顯祖《明馨協薦録序》、萬曆十五年梁山古《刻謝友可宣慈集序》、宗曾甫《九紫一斑序》、萬曆三十年佘翔《重儷編序》、萬曆十一年曾如海《刻謝友可雲斗編序》。序中所提《蜷局編》《驚雀編》《九紫一斑》等書今皆未見。

據鄭序載，“平昌高弟，葉子長坤，授彼梓材，携兹鼓篋。因識其首簡，播之大都”，可知此書爲葉長坤刻本，有典型的明末刻書風格。偶記刻工，如卷一首葉之“詹四刊”、卷十五第五葉之“傅”等。

鈐“北平孔德學校之章”印。

（史麗君）

明嘉靖十三年至二十八年吴郡袁褧嘉趣堂刻本《六家文選》

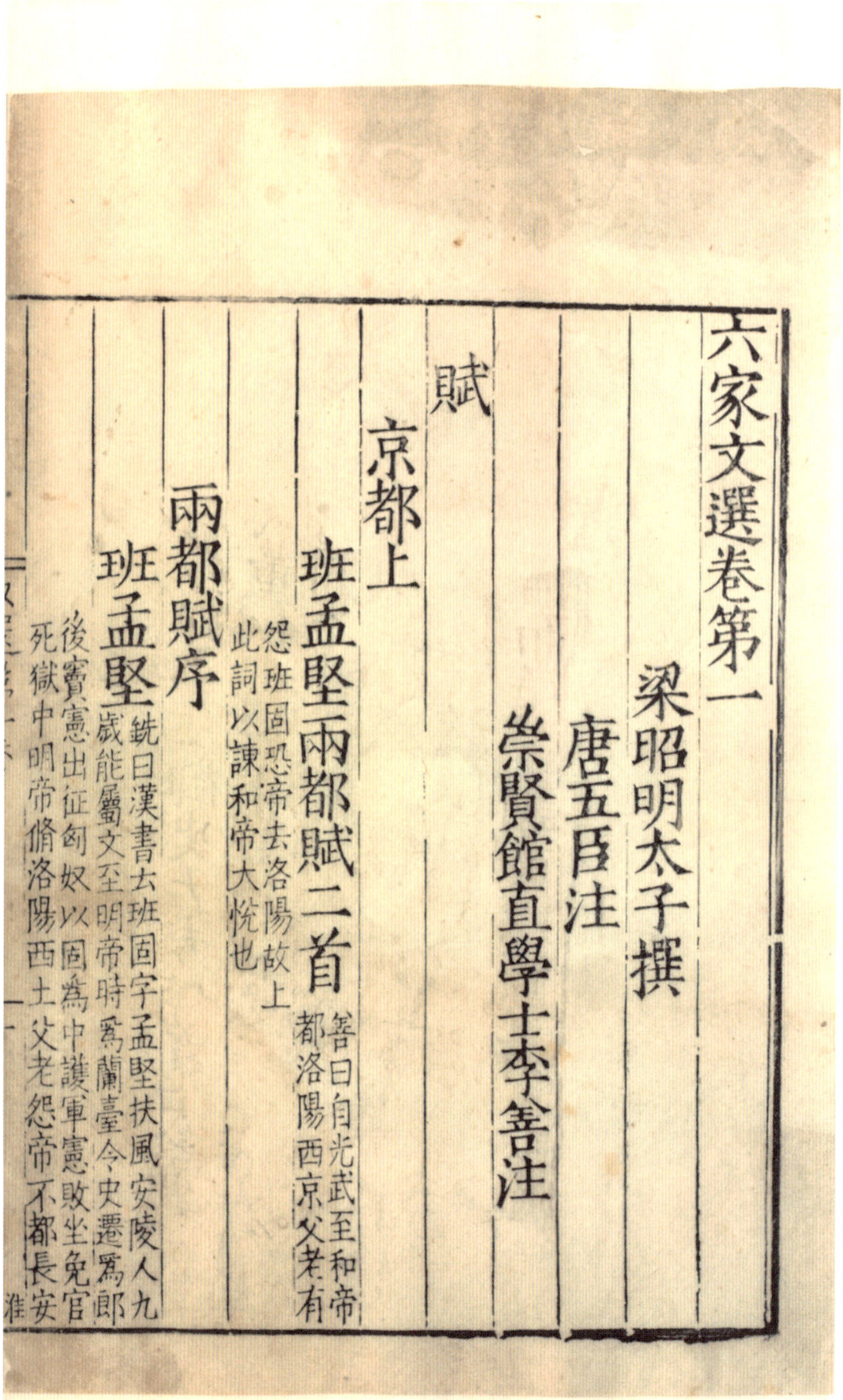
六家文選卷第一

梁昭明太子撰

唐五臣注

崇賢館直學士李善注

賦

京都上

班孟堅兩都賦二首 善曰自光武至和帝都洛陽西京父老有怨班固恐帝去洛陽故上此詞以諫和帝大悅也

兩都賦序

班孟堅 銑曰漢書云班固字孟堅扶風安陵人九歲能屬文至明帝時爲蘭臺令史遷爲郎後竇憲出征匈奴以固爲中護軍憲敗坐免官死獄中明帝脩洛陽西土父老怨帝不都長安

六家文選六十卷　（南朝梁）蕭統輯　（唐）吕延濟　劉良　張銑　吕向　李周翰　李善注　明嘉靖十三年至二十八年（1534—1549）吴郡袁褧嘉趣堂刻本　八函六十册　索書號（丁）13899　第六批《國家珍貴古籍名録》12845號

半葉十一行十八字，小字雙行二十六字，白口，左右雙邊，框高24厘米，寬18.7厘米。

蕭統（501—531），字德施，小字維摩。南朝梁蘭陵（今江蘇常州武進）人。南朝梁代文學家，梁武帝蕭衍長子。天監元年（502）十一月，被立爲太子，然未及即位即於中大通三年（531）去世，謚號“昭明”，葬安寧陵，後世稱其“昭明太子”。天正元年（551），侯景擁立豫章王蕭棟即位後，追尊皇帝。大定元年（555），蕭統第三子蕭詧建立西梁政權，追尊昭明皇帝，廟號高宗。其人聰睿好學，博聞强記，招集文人學士輯《文選》三十卷，搜集秦漢以來詩文，爲總集之祖，後稱《昭明文選》。

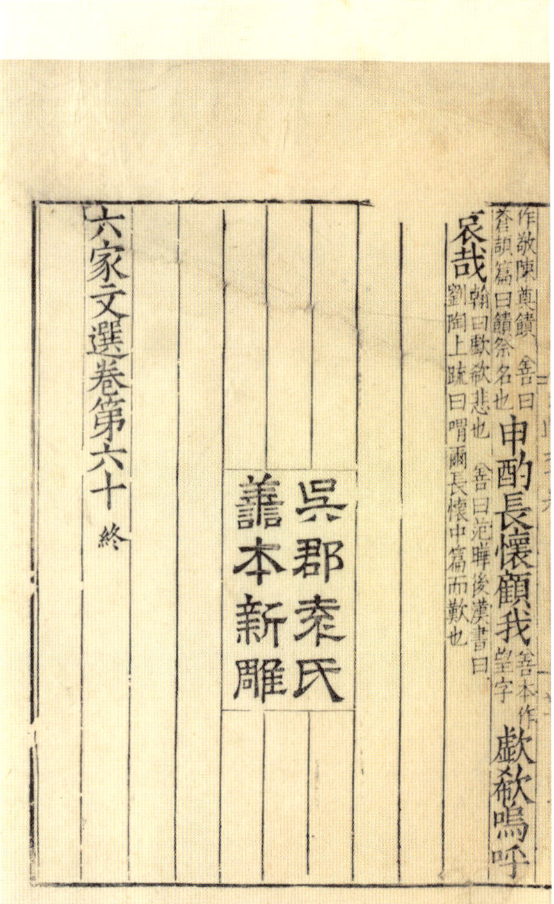

《文選》共六十卷，是現存編選最早的詩文總集，以“事出於沉思，義歸乎翰藻”爲標準，選録了先秦至南朝梁代一百多位作者的七百餘篇文學作品，以詩文辭賦爲主，包含賦、詩、騷、七、詔、册、令、教、文、表、上書、啓、彈事、箋、奏記、書、檄、對問、設論、辭、序、頌、贊、符命、史論、史述贊、論、連珠、箴、銘、誄、哀、碑文、墓志、行狀、吊文、祭文等體裁，除了少數贊、論、序、述被認爲是文學作品外，一般不收經、史、子

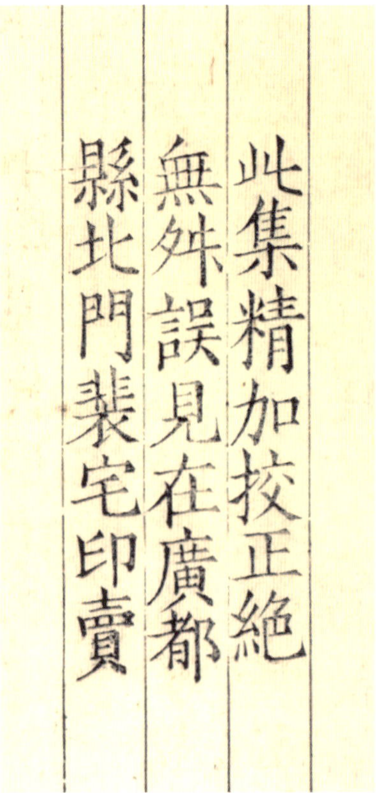
此集精加校正絕
無舛誤見在廣都
縣北門裴宅印賣

等學術著作，使我國自先秦以來文史不分的現象有了明確的劃分，是文學史上的一大進步。

六家注文選即宋人將唐高宗時李善著《文選注》與唐玄宗時吕延濟、劉良、張銑、吕向、李周翰所著《五臣注文選》合爲一書，且五臣注在前，李善注在後（如李善注在前、五臣注在後，則稱六臣注文選）。《六家文選》刻書者袁褧（1495—1573），明代藏書家、刻書家，字尚之，號謝湖居士，吴郡（今江蘇蘇州）人。

首都圖書館藏本爲袁氏嘉趣堂自明嘉靖十三年至二十八年據家藏宋蜀郡廣都裴氏刻本翻雕，有刻工信、淮、宗等，諱字仍依宋本，開本宏闊，紙墨精良，字體健雅，雕印精善，爲明代影宋佳品，爲古今校藏家所推許。

鈐有“侯官鄭氏藏書”“注韓居士”等印。

（楊曉煒）

明凌濛初刻朱墨套印本《選詩》

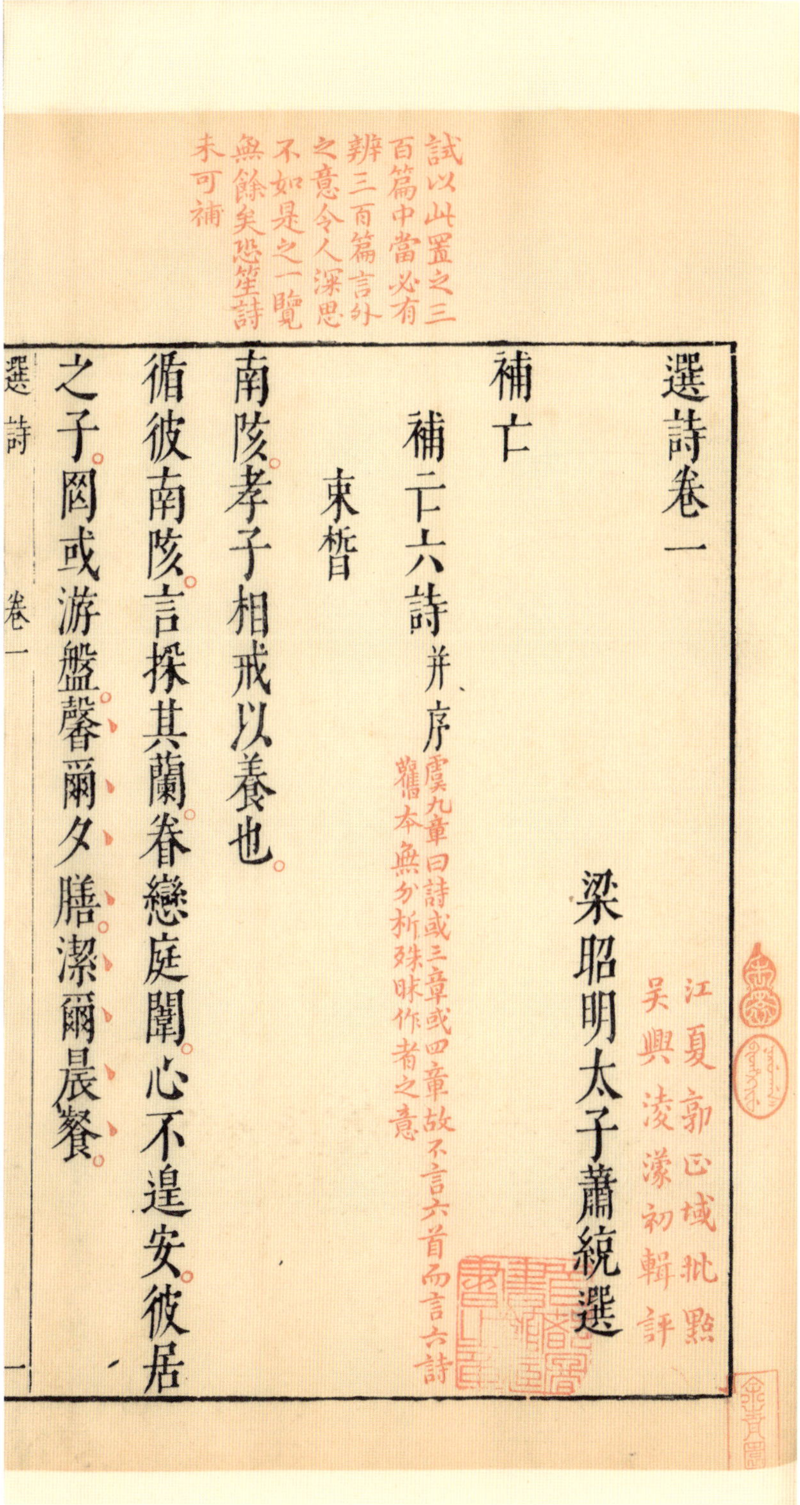

江夏郭正域批點
吳興淩濛初輯評

試以此置之三百篇中當必有辨三百篇言外之意令人深思不如是之一覽無餘矣恐笙詩未可補

選詩卷一

梁昭明太子蕭統選

補亡

補亡六詩并序 虞九章曰詩或三章或四章故不言六首而言六詩舊本無分析殊昧作者之意

束皙

南陔孝子相戒以養也

循彼南陔言採其蘭眷戀庭闈心不遑安彼居之子罔或游盤馨爾夕膳潔爾晨餐

選詩 卷一 一

選詩七卷　（南朝梁）蕭統輯　（明）郭正域評點　（明）凌濛初輯評　**詩人世次爵里一卷**　明凌濛初刻朱墨套印本　一函八册　索書號（乙四）5　第二批《國家珍貴古籍名録》06259 號

半葉八行十八字，小字雙行字同，書眉鎸評，行六字，白口，四周單邊，框高 20.5 厘米，寬 14.6 厘米。

《文選》三十卷，爲我國現存最早的詩文總集，收先秦至梁代詩文七百多篇。有唐顯慶年間李善注、開元年間五臣（吕延濟、劉良、張銑、吕向、李周翰）注。

郭正域（1554—1612），字美命，號明龍，湖廣江夏（今屬湖北武漢）人。明萬曆十一年（1583）進士，授翰林院編修。曾任東宫講官，纍遷禮部侍郎、代理禮部尚書。因僞楚王事件得忤權相沈一貫，“妖書案”獄起，被陷入獄。家居十年，卒謚文毅。著有《合

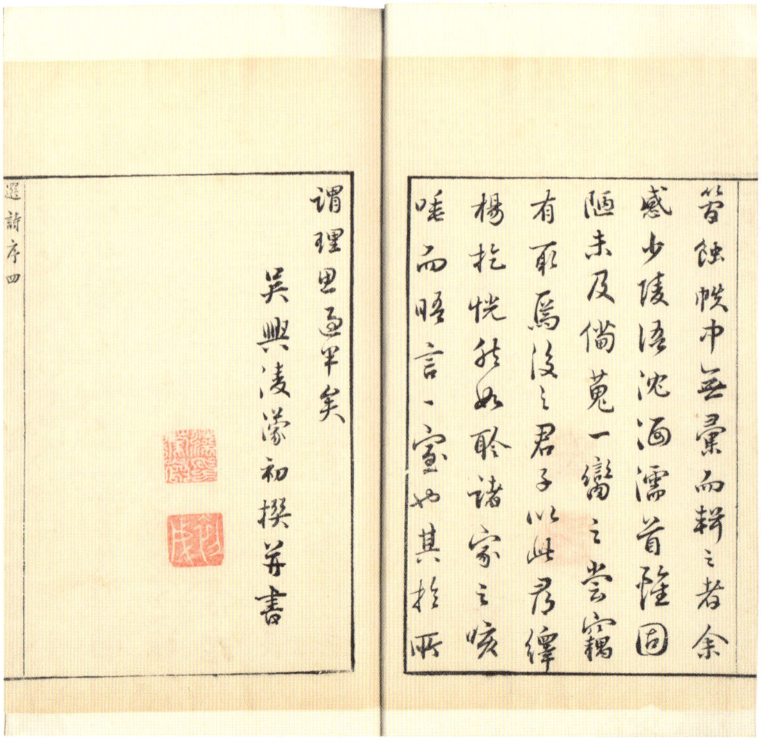
選詩序四
謂理固通耳矣
吳興凌濛初撰并書

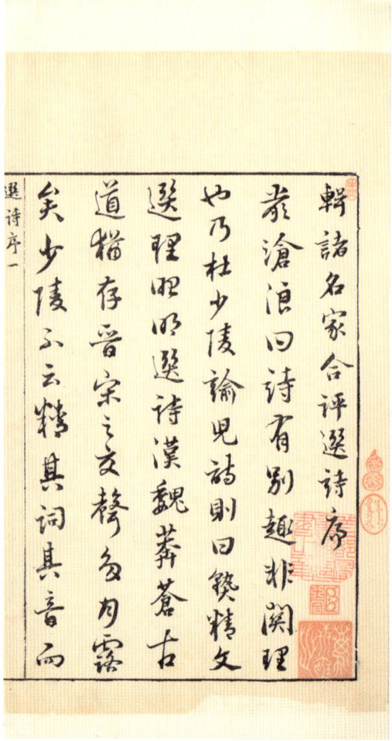
選詩序一
輯諸名家合評選詩序
嚴滄浪曰詩有別趣非關理
也乃杜少陵諭兒詩則曰熟精文
選理則以選詩漢魏莽蒼古
道猶存晋宋之交稍多刻露
矣少陵不云精其詞其音而

并黄離草》《皇明典禮志》，評點《考工記》《解莊》《韓文杜律》等。

此書爲《文選》詩歌部分，分補亡、述德、諷諫等小類。前有明代著名文學家和刻書家凌濛初《輯諸名家合評選詩序》。他反對宋人以即景咏物附會君臣治亂，認爲郭正域評本“高視闊步，得其大端”，“而諸家之言僅散見於殘管蝕帙中，無彙而輯之者”，於是另輯沈約、謝靈運、劉勰、李白、釋皎然、嚴羽、范晞文、楊慎、王世貞、虞九章、鍾惺、譚元春等四十餘家評語，分作題下評、總評、旁批、眉批，除郭正域外，各標評者名氏。原文或從李善，或從五臣，以旁批作校記。取李善注或五臣注之簡明者，在各卷之末作“訂注”。附《詩人世次爵里》，按時代先後作作者小傳。正文墨印，圈點、評語皆朱印，朱墨分明，極便閱讀，是《文選》各種版本中收録評家較多的一種。

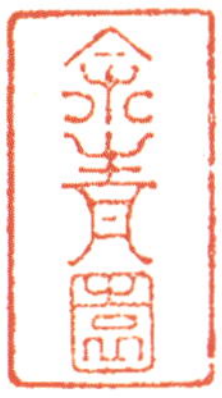

首都圖書館藏本鈐“萬世珎之”“余青園”“夢翔珎臧”“渠氏仲子”“子孫保之”“缶園”“馬舜君字上善號簡庵弌號缶園”等印。

（楊之峰）

明凌氏鳳笙閣刻朱墨套印本《選賦》

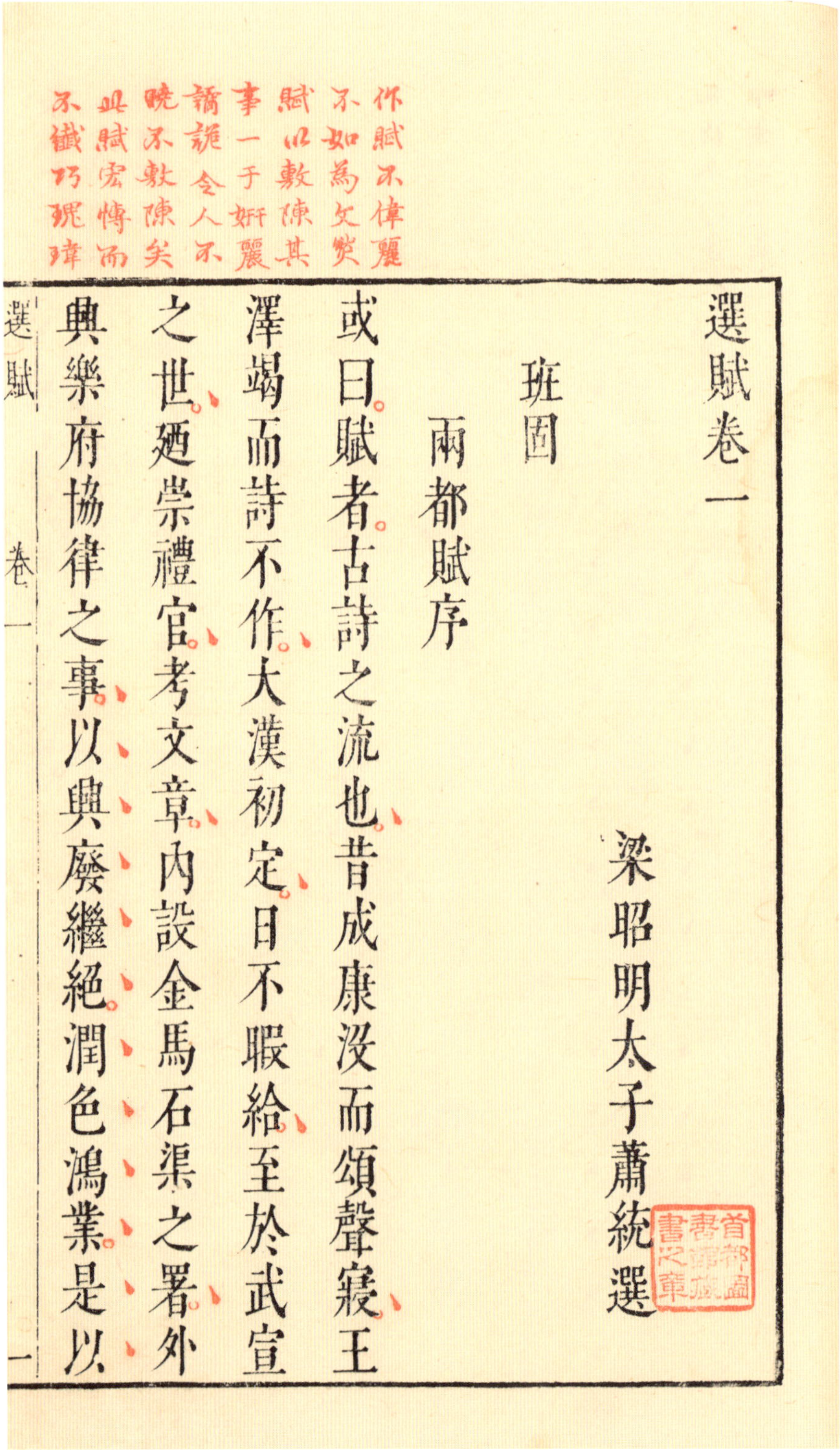

作賦不偉麗不如爲文質賦以敷陳其事一于妍麗譎誑令人不曉不敷陳矣此賦宏博而不纖巧瑰瑋

選賦卷一

班固

兩都賦序

梁昭明太子蕭統選

或曰賦者古詩之流也昔成康沒而頌聲寢王澤竭而詩不作大漢初定日不暇給至於武宣之世迺崇禮官考文章內設金馬石渠之署外興樂府協律之事以興廢繼絕潤色鴻業是以

選賦　卷一　一

選賦六卷　（南朝梁）蕭統輯　（明）郭正域評點　**名人世次爵里一卷**　明凌氏鳳笙閣刻朱墨套印本　一函六册　索書號（丁）15172　第二批《國家珍貴古籍名録》06268號

半葉八行十八字，書眉鎸批，行四至六字，白口，四周單邊，框高20.2厘米，寬14.7厘米。

昭明太子蕭統主持編選《昭明文選》，分賦、詩、騷、七、詔、册等三十八類。明郭正域大約是最早做全書評點的。他的評點以文學性賞評爲主，與以疏通串講文義爲主的商業性選本不同；其對六朝賦的褒美，則與當時“文必西漢”的前後七子迥异其趣。凌濛初最先以郭氏評點爲主，套印出版《選詩》；其後鳳笙閣主人凌森美套印《選賦》；閔于忱則將騷、七、詔、册等類合成《文選後集》，套印出版，合成一套完整的《文選》評點本。

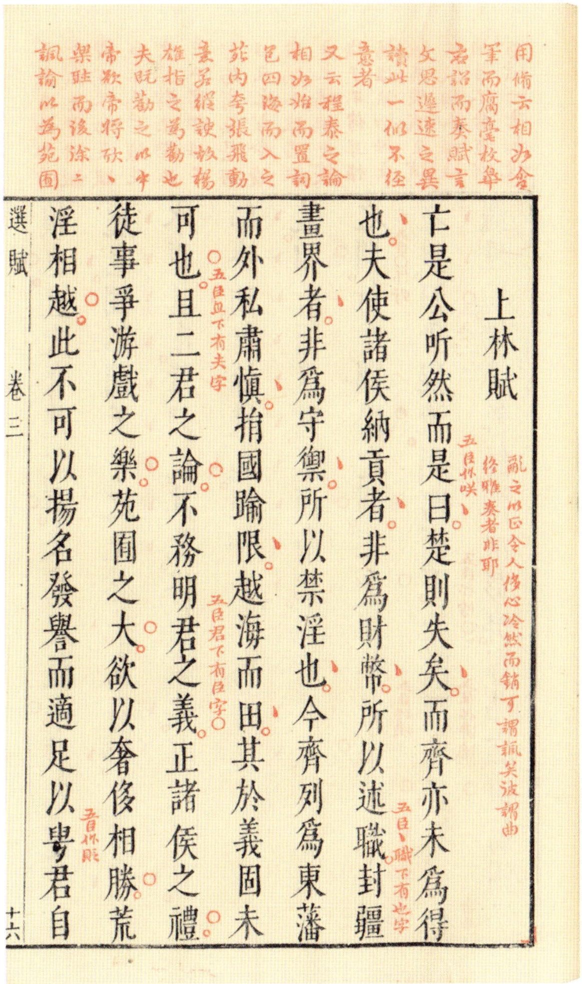
上林賦
亡是公听然而是曰楚則失矣而齊亦未爲得也夫使諸侯納貢者非爲財幣所以述職封疆畫界者非爲守禦所以禁淫也今齊列爲東藩而外私肅愼捐國踰限越海而田其於義固未可也且二君之論不務明君之義正諸侯之禮徒事爭游戲之樂苑囿之大欲以奢侈相勝荒淫相越此不可以揚名發譽而適足以貶君自
選賦　卷三　十六

此本是明凌氏鳳笙閣刻朱墨套印本，收録《文選》中賦之原文，分爲六卷，共有京都、郊祀、耕藉、畋獵、紀行、游覽、宫殿、江海、物色、鳥獸、志、哀傷、論文、音樂、情等十五小類。卷首附吴興凌氏鳳笙閣主人識語，下有“森美私印”；次爲《梁昭明傳》，即《梁書·昭明太子傳》節録；再次爲《梁昭明序》《唐李學士行略》《李善上注表》。卷末附《選賦名人世次爵里》，按時代先後簡介作者。正文墨印，有眉批、旁批、題下評、總評，收郭正域、楊慎（字用修）兩家，皆朱印，前者不標名氏，後者標“用修曰”。關於楊慎評語，凌森美識語曰：“先

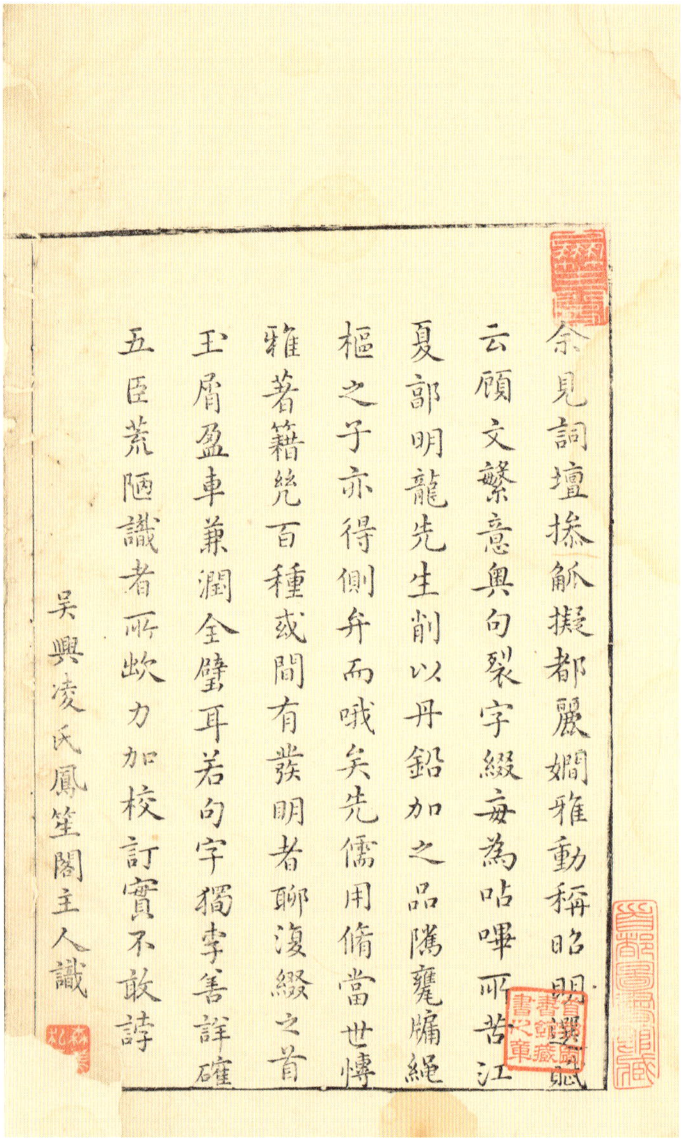
余見詞壇掾觚擬都麗媚雅動稱昭明選賦
云顧文繁意與句裂字綴每為呫嗶所苦江
夏郭明龍先生削以丹鉛加之品隲甕牖繩
樞之子亦得側弁而哦矣先儒用脩當世博
雅著籍幾百種或間有發明者聊復綴之首
玉屑盈車兼潤全璧耳若句字獨李善詳確
五臣荒陋識者所嗤力加校訂實不敢詩
吳興凌氏鳳笙閣主人識

儒用修，當世博雅，著籍幾百種，或間有發明者，聊復綴之首，玉屑盈車，兼潤全璧耳。”説明是從楊慎著作中抽出對應於選篇的，并根據需要對楊慎原文進行了一些改編。

凌森美是吴興凌氏家族刻書史上的重要人物，鳳笙閣之號從其曾祖父凌約言即開始使用。本書經凌森美詳加校訂，有保存郭正域評語、收集楊慎評語之功，極便於讀者誦讀。

（楊之峰）

明刻本《新刊迂齋先生標註崇古文訣》

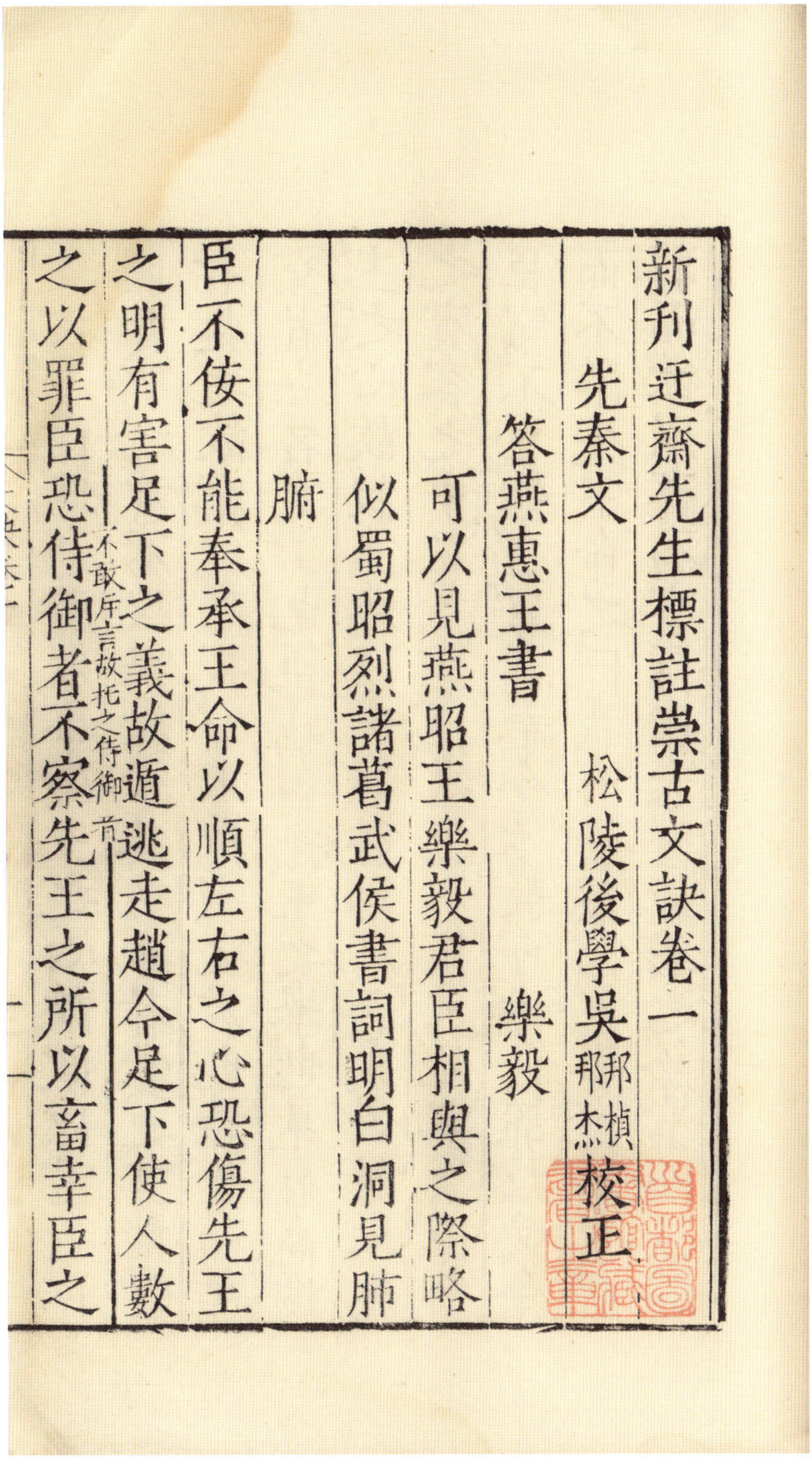

新刊迂齋先生標註崇古文訣三十五卷　（宋）樓昉輯　明刻本　二函十册　索書號（丁）6377　第二批《國家珍貴古籍名録》06347 號

半葉九行十九字，白口，左右雙邊，單白魚尾，框高 20.4 厘米，寬 14.1 厘米。

樓昉，字暘叔，號迂齋，鄞縣（今浙江寧波）人。宋紹熙四年（1193）進士，授從事郎，遷宗正簿，後以朝奉郎守興化軍卒，追贈直龍圖閣。昉少從吕祖謙學，與弟樓昞俱以文名。其爲文浩博，從學者數百人。著有《中興小傳》《宋十朝綱目》《東漢詔令》《崇古文訣》等。《延祐四明志》卷五、《萬姓統譜》卷六十二有傳。

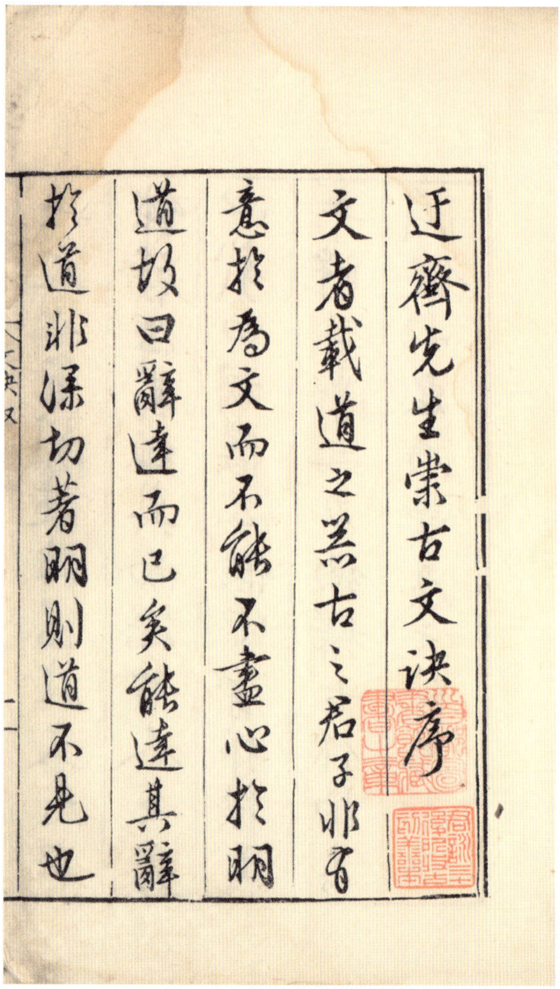
迂齋先生崇古文訣序
文者載道之器古之君子非有
意於為文而不能不盡心於明
道故曰辭達而已矣能達其辭
於道非深切著明則道不見也

是書首有宋寶慶三年（1227）延平姚珤序，稱昉積其平時苦學之力，紬繹古作，抽其關鍵，以惠後學。昉受業於吕祖謙，故因其師説，推闡加密，所選自秦漢迄宋諸家，先秦三家、兩漢十家、三國一家、六朝二家、唐四家、宋二十八家，凡一百九十二篇，以韓、柳、歐文爲多。每篇題後列總評，少則四五字，多則百餘字，文間作圈、點、小字評注，故題曰“迂齋先生標注”。陳振孫《直齋書録解題》稱其大略如吕氏《古文關鍵》，而所録“篇目增多，發明尤精，學者便之”。四庫館臣亦認爲本書篇目較備，繁簡得中，尤有裨於學者。

樓昉所輯《崇古文訣》，現有五卷本、二十卷本、三十五卷本。五卷、二十卷本皆宋刻，國家圖書館有藏，然卷帙不全。

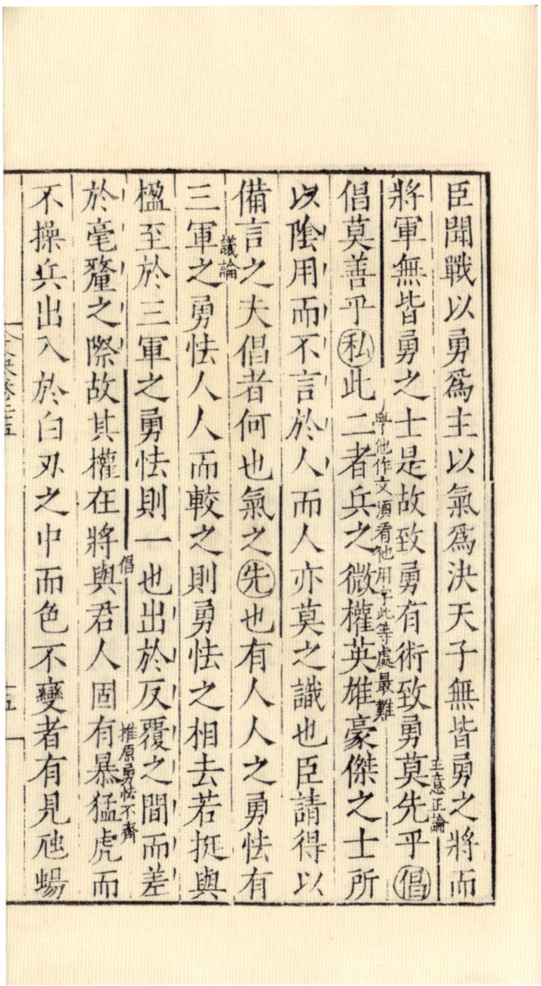
臣聞戰以勇爲主以氣爲決天子無皆勇之將而主意正論
將軍無皆勇之士是故致勇有術致勇莫先乎倡
倡莫善乎私此二者兵之微權英雄豪傑之士所學他作文須看他用字此等處最難
以陰用而不言於人而人亦莫之識也臣請得以
備言之夫倡者何也氣之先也有人人之勇怯有議論
三軍之勇怯人人而較之則勇怯之相去若挺與
楹至於三軍之勇怯則一也出於反覆之間而差倡推原勇怯不齊
於毫釐之際故其權在將與君人固有暴猛虎而
不操兵出入於白刃之中而色不變者有見虺蜴

三十五卷本所收篇目最多，如楊惲《報友人孫會宗書》、王嘉《擇賢疏》、江淹《詣建平王上書》、孔稚珪《北山移文》、韓愈《燕喜亭記》《送石洪處士序》《答李翊書》等，皆宋二十卷本所無也（參考陸心源《儀顧堂集》卷二十）。且此本流傳最廣，中國元、明、清三朝及朝鮮皆有翻刻或傳抄。本館所藏明刻本爲松陵吴邦楨、吴邦杰校正，紙本開闊，白口大字，刻印精美，點畫俱精。

鈐有“君詠三十後所收古刻善本”等印。

（楊曉煒）

明正德十五年馬卿刻本
《西山先生真文忠公文章正宗》

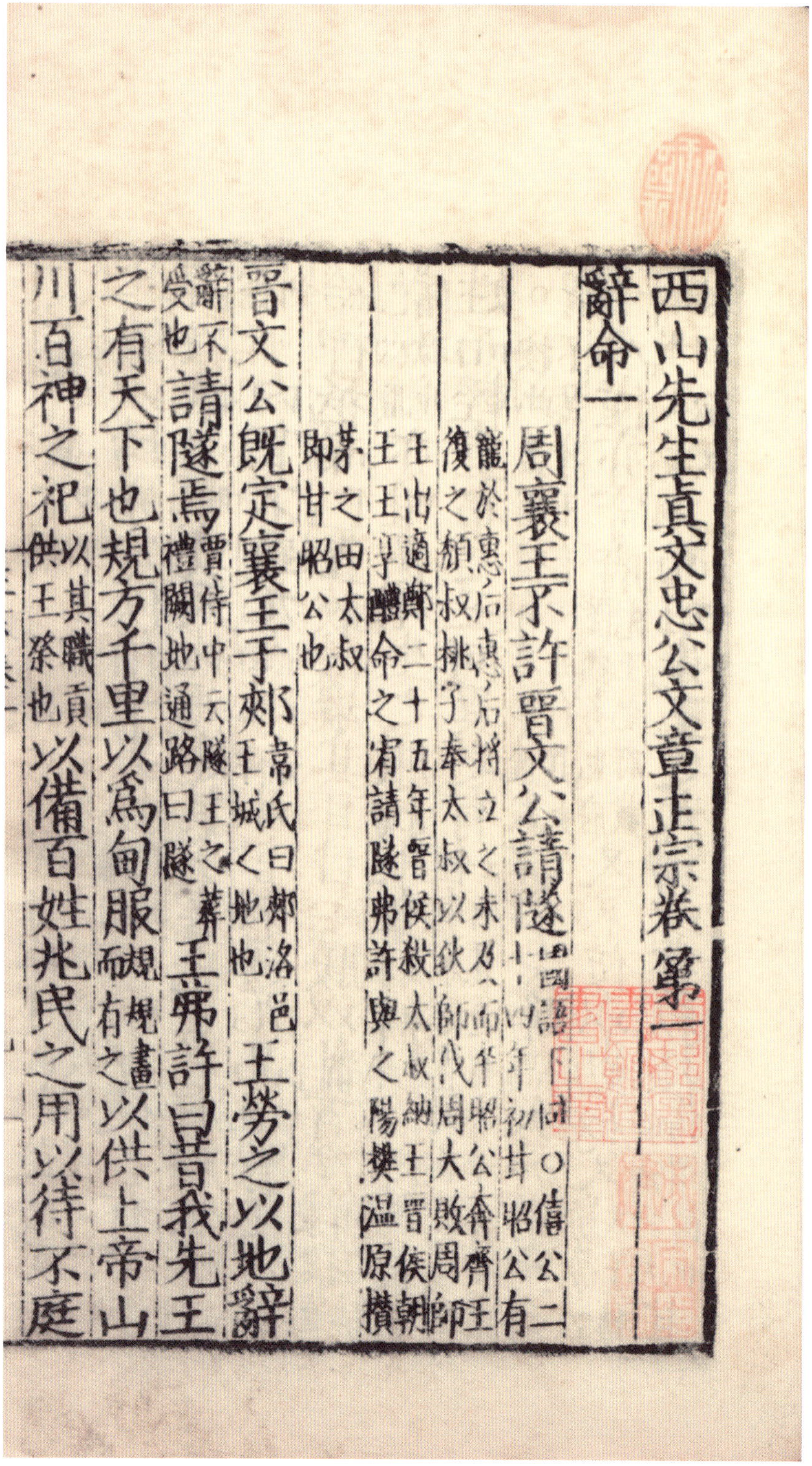

西山先生真文忠公文章正宗二十四卷　（宋）真德秀輯　明正德十五年（1520）馬卿刻本　三函十五册　索書號（丁）375　第二批《國家珍貴古籍名録》06353號

半葉十行二十一字，小字雙行字同，白口，四周單邊，框高19.1厘米，寬13.1厘米。

真德秀，爲朱熹再傳弟子，程朱理學的正宗傳人。清代學者全祖望贊曰："乾淳諸老之後，百口交推，以爲正學大宗者，莫如西山。"（《鮚埼亭集外編》卷三十一）其一生肆力著述，力推朱學。代表作之一《文章正宗》即以文選的形式藴載其"德本文末"和"君子之文"的理學文學觀。

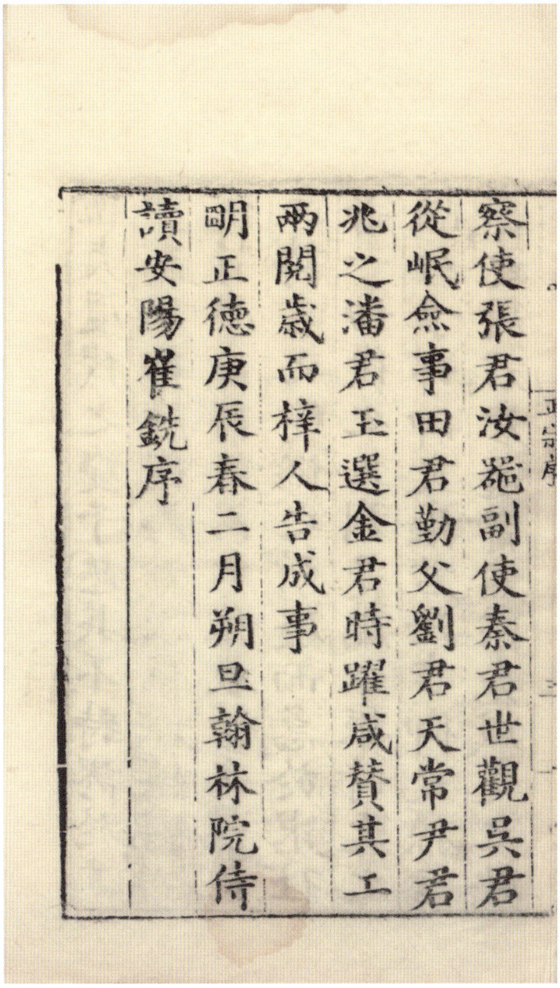
察使張君汝厯副使秦君世觀吳君
從岷僉事田君勤父劉君天常尹君
兆之潘君玉選金君時躍咸賛其工
兩閱歲而梓人告成事
明正德庚辰春二月朔旦翰林院侍
讀安陽崔銑序

《文章正宗》爲一部通代的詩文彙編。何謂"正宗"？西山自論："正宗云者，以後世文辭之多變，欲學者識其源流之正也。自昔集録文章者衆矣，若杜預、摯虞諸家，往往湮没弗傳，今行於世者，惟梁《昭明文選》、姚鉉《文粹》而已。繇今眂之，二書所録果皆得源流之正乎？……今所輯以明義理、切世用爲主，其體本乎古，其指近乎經者，然後取焉，否則辭雖工亦不録。"（《文章正宗綱目》）可見，真氏認爲行世廣泛的《文選》《文粹》未得文章正流，遂作《正宗》一書，助士人學文以明理致用。書中選録自《左傳》《國語》以下，至唐末文章，析爲辭命、議論、叙事、詩歌四類，凡二十四卷。真德秀藉此集，廣收鳴道之文，旨在説文以載道。如四庫館臣所評："其持論甚嚴，大意主於論理，而不論文。"

（《四庫全書總目》卷一百八十七）正因如此，書中所蘊含的豐富理學思想和文學思想，對後世産生了深遠的影響，文獻價值突出。歷代官私書志多有著録，如《直齋書録解題》《文獻通考·經籍考》《文淵閣書目》《天禄琳琅書目》《鐵琴銅劍樓藏書目録》等。

伴隨朱子理學逐漸受到統治階層的重視，《文章正宗》得以世代傳承，各個朝代均有翻刻。僅明本存世者約八九種之多。是刻爲明正德十五年刊本，主持者馬卿，字敬臣，號柳泉，林縣（今屬河南安陽）人。明弘治十八年（1505）進士，纍官至漕運都御史。據卷前崔銑序所載，馬卿督學山西時，爲“振時文之陋”而命人重刻此稿，以供學子研讀之用。此書有刻工濟、澤等。

書中有佚名圈點。鈐有“宋啓新印”“寶山居士”等印章。

（李晶瑩）

明嘉靖四十三年蔣氏家塾刻本
《西山先生真文忠公文章正宗》《續文章正宗》

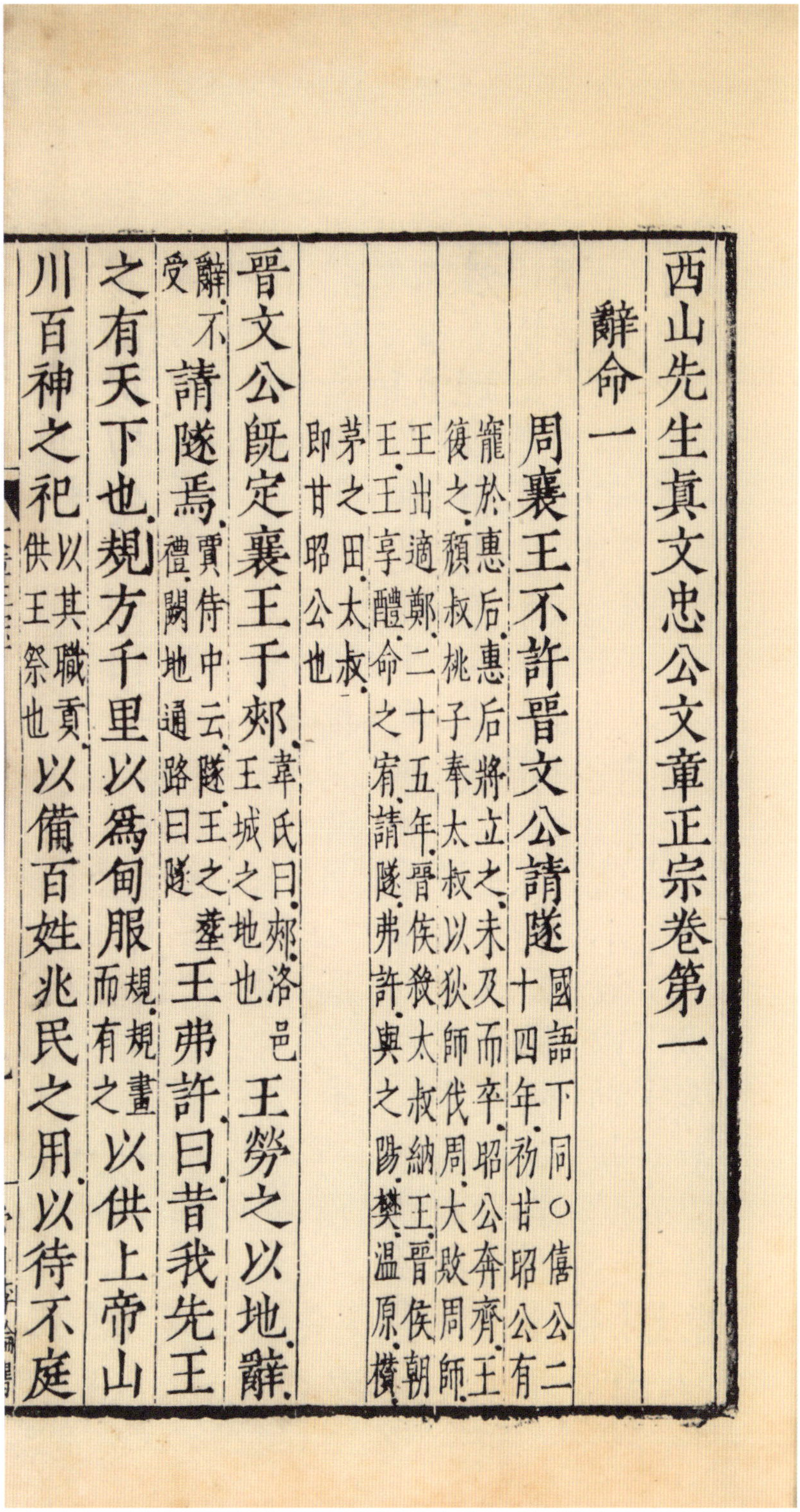

西山先生真文忠公文章正宗卷第一

辭命一

周襄王不許晉文公請隧國語下同○僖公二十四年初甘昭公有寵於惠后惠后將立之未及而卒昭公奔齊王復之頹叔桃子奉太叔以狄師伐周大敗周師王出適鄭二十五年晉侯殺太叔納王晉侯朝王王享醴命之宥請隧弗許與之陽樊溫原欑茅之田太叔即甘昭公也

晉文公既定襄王于郟韋氏曰郟洛邑王城之地也王勞之以地辭辭不受請隧焉賈侍中云隧王之葬禮闕地通路曰隧王弗許曰昔我先王之有天下也規方千里以爲甸服規規畫而有之以供上帝山川百神之祀以其職貢供王祭也以備百姓兆民之用以待不庭

西山先生真文忠公文章正宗二十四卷續二十卷　（宋）真德秀輯　明嘉靖四十三年（1564）蔣氏家塾刻本　六函三十八册　索書號（丁）13903　第二批《國家珍貴古籍名録》06366 號

半葉十行二十一字，小字雙行字同，白口，左右雙邊，單黑魚尾，框高 20.2 厘米，寬 12.9 厘米。

此本較前書在内容上增加了《續文章正宗》二十卷，卷前有宋代鄭圭序，末附倪澄跋。續編爲西山先生晚歲所輯，專取北宋一代名儒之作，自歐陽修以下凡十四家，有目無文者

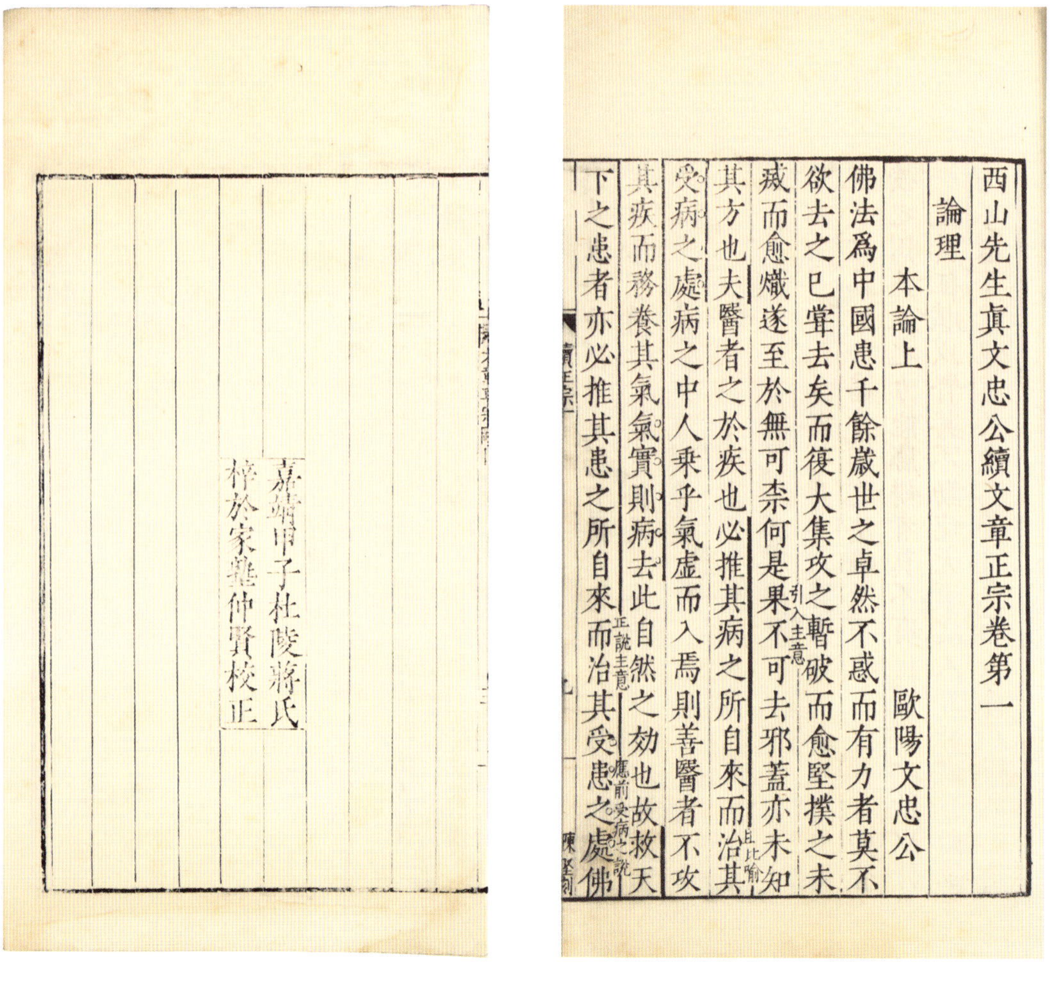

置於末卷，以存其缺。體承《正宗》，依類而載，删去辭命、詩歌二門，設論理、叙事、論事三類。“論理爲先，叙事繼之，論事又繼之，夫叙事、論事而不先於理，則舍本根而事枝葉，非我朝諸儒之所謂文也。”（鄭圭《西山先生真文忠公續文章正宗序》）足見真氏所録《續文章正宗》更加注重因文闡理之精要。依據此書的序、跋文字可概見續編成書過程：先生未及脱稿而先卒，宗簿梁公得其草，如獲拱璧，與友人鄭氏、倪氏稍加整理，凡二十卷，公之海内，以承西山之志。

此書爲明嘉靖四十三年杜陵蔣氏家塾刻本，卷前牌記刻：“嘉靖甲子杜陵蔣氏梓於家塾仲賢校正。”所謂“家塾刻本”是指舊時私宅家塾出資、主持刻印的書籍。其性質與坊肆刻書不盡相同，并不以盈利爲目的，多出於對聖賢、良師的崇拜，旨在推廣某種學説和思想，或傳播自己的喜愛之作。由於主持刻書者尊賢重學，爲流傳版本，家塾本的特點往往是底本優秀、校勘審慎、良工鎸刻、印製精良（參李致忠《古書版本鑒定》）。通觀此書即是如此，正、續集版式統一、刻字工整，一氣呵成；版面清朗，紙墨上乘，書品考究，極具珍藏價值。此書有刻工陳垚、信等。

本書有佚名圈點。

（李晶瑩）

明安正書堂刻本《西山先生真文忠公文章正宗》

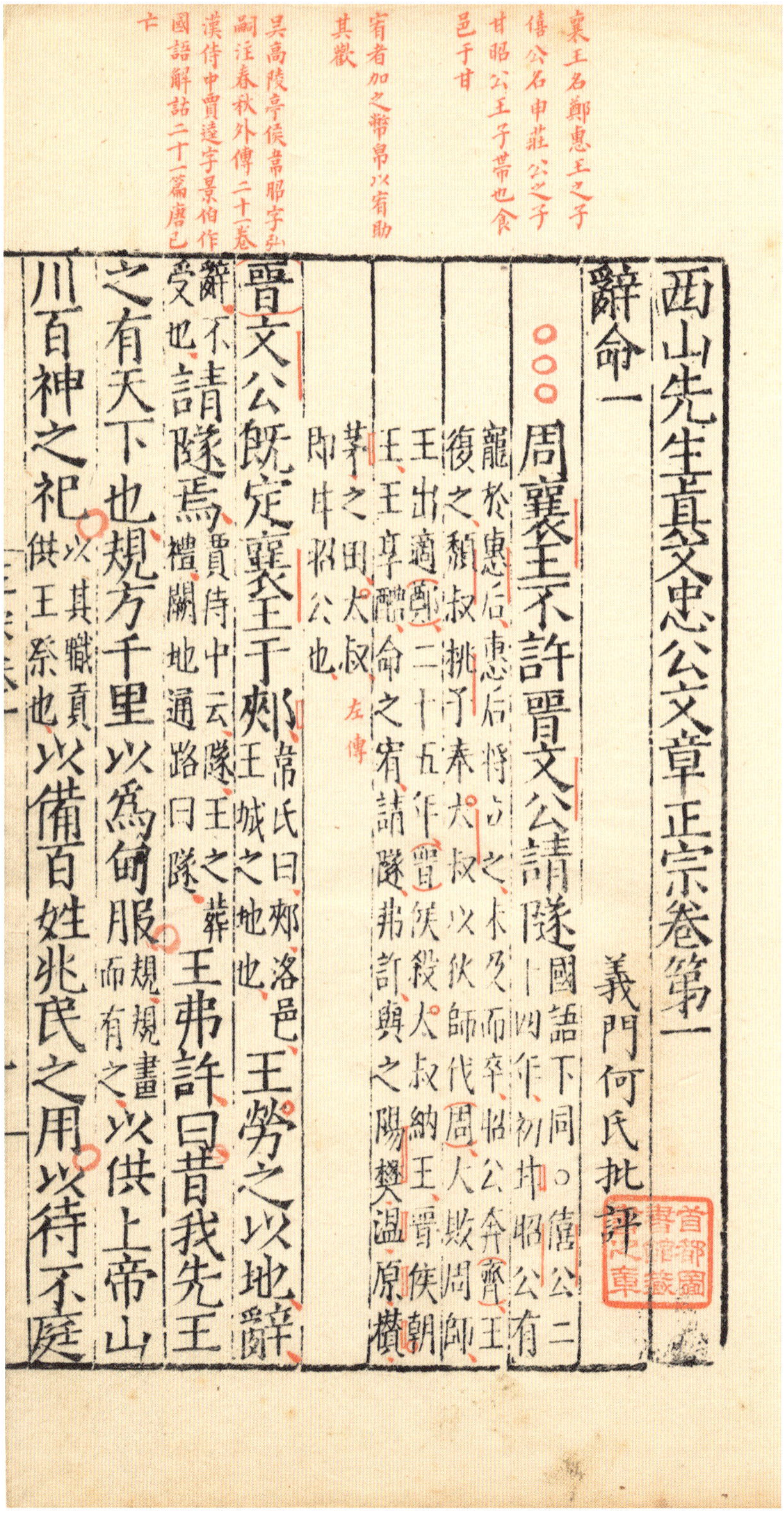
西山先生真文忠公文章正宗卷第一

辭命一　義門何氏批評

周襄王不許晉文公請隧 國語下同○僖公二十四年初昭公有寵於惠后惠后將立之未及而卒昭公奔齊王復之頹叔桃子奉大叔以狄師伐周大敗周師王出適鄭二十五年晉侯殺大叔納王晉侯朝王王享醴命之宥請隧弗許與之陽樊溫原欑茅之田大叔即甘昭公也

晉文公既定襄王于郟 常氏曰郟洛邑王城之地也 王勞之以地辭不受也 請隧焉 賈侍中云隧王之葬禮闕地通路曰隧 王弗許曰昔我先王之有天下也規方千里以爲甸服 規畫而有之 以供上帝山川百神之祀 以其職貢供王祭也 以備百姓兆民之用以待不庭

襄王名鄭惠王之子

僖公名申莊公之子

甘昭公王子帶也食邑于甘

宥者加之幣帛以宥助其歡

吳高陵亭侯韋昭字弘嗣注春秋外傳二十一卷

漢侍中賈逵字景伯作國語解詁二十一篇唐已亡

西山先生真文忠公文章正宗二十四卷　（宋）真德秀輯　明安正書堂刻本　四函二十六册　索書號（乙四）491　第四批《國家珍貴古籍名録》10913 號

半葉十行二十一字，小字雙行字同，白口，四周單邊間四周雙邊，框高 19.4 厘米，寬 13.1 厘米。

安正書堂所刻西山先生《文章正宗》爲明朝有代表性的刻本之一。卷末牌記題：“皇明丙戌仲夏安正書堂重刊。”安正書堂爲明代福建建陽地區著名的刻書坊之一，堂主姓劉。

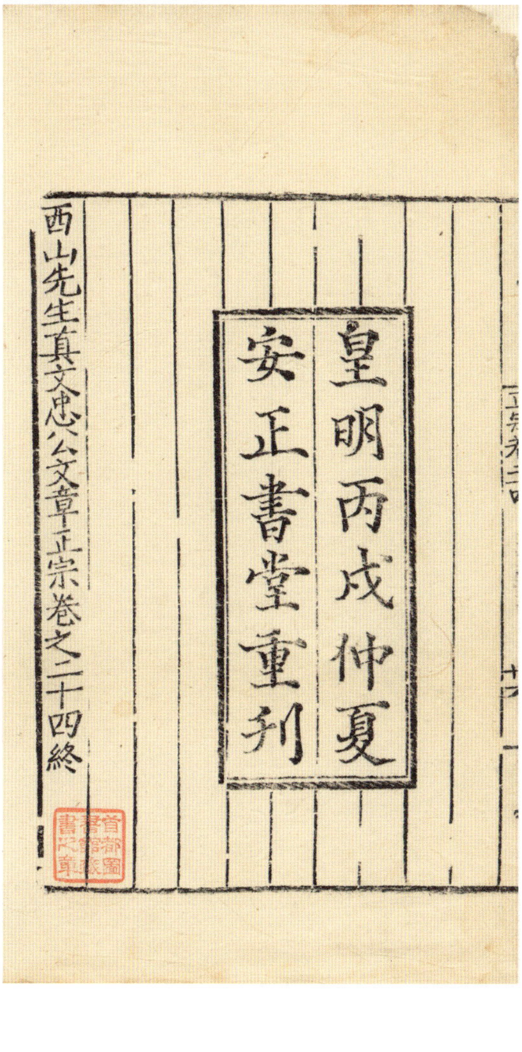
西山先生真文忠公文章正宗卷之二十四終

皇明丙戌仲夏
安正書堂重刊

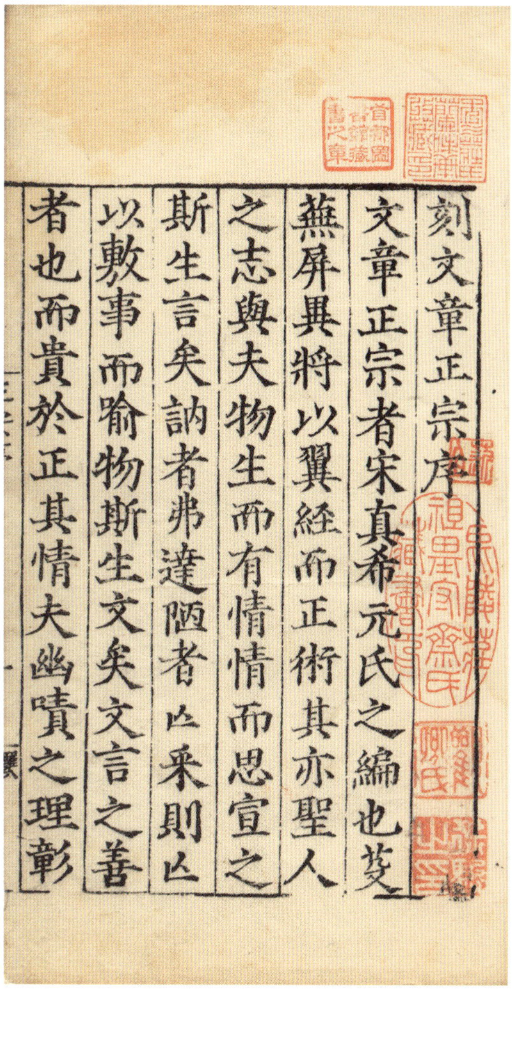
刻文章正宗序
文章正宗者宋真希元氏之編也芟蕪屛異將以翼經而正術其亦聖人之志與夫物生而有情情而思宣之斯生言矣訥者弗達陋者亾采則亾以敷事而諭物斯生文矣文言之善者也而貴於正其情夫幽嘖之理彰

此坊早在明弘治年間即已在書林中略有名，明正德、嘉靖年間刻印圖書較多，名氣較大。此外，從該書刻印風格看，帶有明中期的刻書特點：紙白、墨黑，行格疏朗，采用白口、方字的樣式，顯有仿宋遺風。版心下有刻工名氏：余道宗、余元善、丘景春、葉順、鄭記保等。

本館藏本内有諸多朱筆眉批和圈點，卷端墨筆有題“義門何氏批評”字樣，似爲佚名過録。何義門即清初名士何焯（1661—1722），字屺瞻，號義門。何家在蘇州是世代出名的義門，曾多次受到朝廷的表彰。何氏藏書數萬卷，兼考證辨僞，疏清源流，各作題識。此集在歷史上又曾經浙江著名藏書家莊祖基所藏，卷中的鑒藏印章宛然可證。莊祖基（1843—1890），秀水（今浙江嘉興）人，富擁書籍，置於蘭味軒。

此書鈐蓋“觀卿氏”“毘陵莊祖基守齋氏藏書印”“秀水莊氏蘭味軒收藏印”“蘭谿世系”“觀善堂陸氏章”“北平孔德學校之章”等印章。

（李晶瑩）

明嘉靖三十八年包檉芳刻本《苑詩類選》

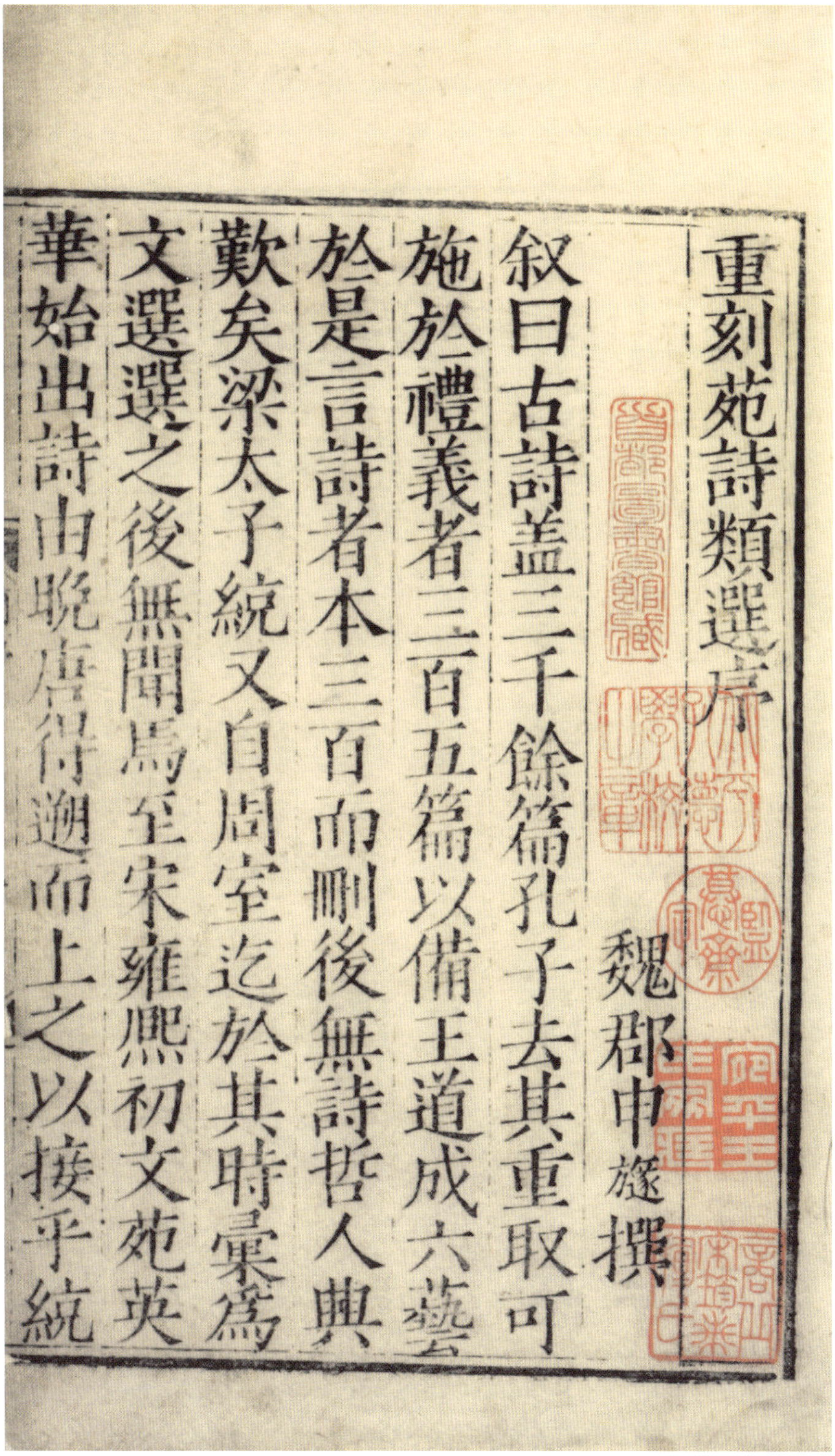

重刻苑詩類選序

魏郡申旞撰

叙曰古詩蓋三千餘篇孔子去其重取可施於禮義者三百五篇以備王道成六藝於是言詩者本三百而刪後無詩哲人與歎矣梁太子統又自周室迄於其時彚爲文選選之後無聞焉至宋雍熙初文苑英華始出詩由晚唐得遡而上之以接乎統

苑詩類選三十卷 （明）包節輯 明嘉靖三十八年（1559）包檉芳刻本 二函十四册 索書號（甲四）978 第三批《國家珍貴古籍名録》09391 號

半葉十行二十一字，白口，四周雙邊，雙對黑魚尾，框高 19.2 厘米，寬 13.9 厘米。

包節（1506—1556），字元達，號蒙泉，原籍浙江嘉興，後徙居南直隸松江府華亭（今上海松江）。明嘉靖十一年（1532）進士，授東昌推官，入爲監察御史，出按湖廣。爲官剛正，爲中官所陷，下獄榜掠，謫戍西寧莊浪衛。聞母、弟先後去世，日飲泣而亡。著有《包侍御集》，編有《陝西行都司志》《苑詩類選》等。《明史》卷二百零七有傳。

該書爲包節所輯詩集，節任御史間讀《文苑英華》，乃知其“續《昭明》而成”，但因其卷帙浩穰，使人望而却步，遂取《文苑英華》所輯之詩，剪刈繁蕪，稍加校定，别成一集。其序云：“大率梁陳周隋間南北人之靡麗甚者，晚唐人之纖弱者，盡去之什可八九。”（包節《苑詩類選後序》）其類目編次亦效《文苑英華》，分爲：天部、地部、帝德、應制、應令、應教、朝省、樂府、音樂、人事、釋部、寺院、道部、隱逸、酬和、寄贈、送行、附物送行、留别、行邁、軍旅、悲悼、居處、郊祀、婚姻、花木、鳥獸、蟲魚等二十八類。書凡三十卷，三載乃成。

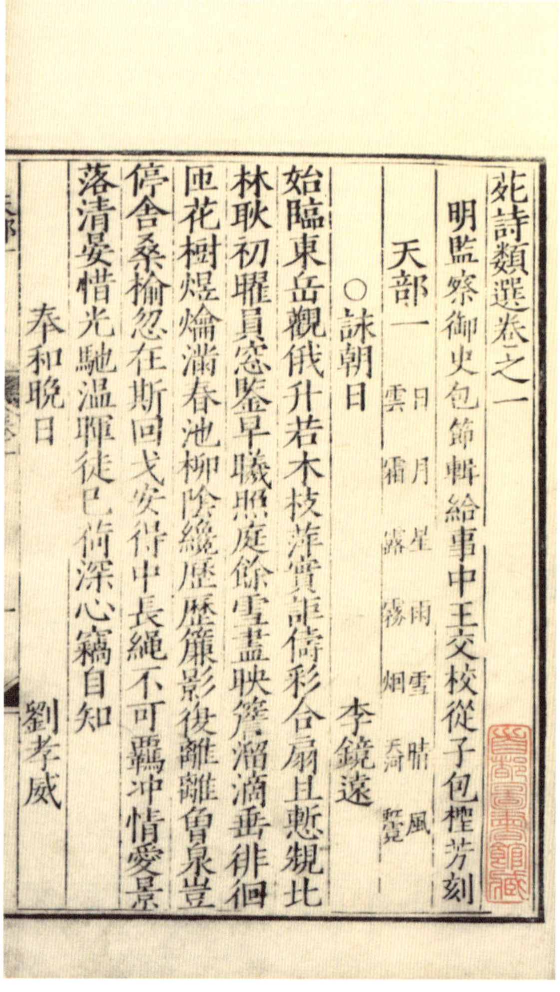
苑詩類選卷之一
明監察御史包節輯給事中王交校從子包檉芳刻
天部一 日 月 星 雨 雪 晴 風 雲 霜 露 霧 烟 天河 霽
○詠朝日 李鏡遠
始臨東岳覩俄升若木枝萍實詎倚彩合扇且慙規比林耿初曜員窓鑒早曦照庭餘雪盡映簷溜滴垂徘徊匝花樹煜爚滿春池柳陰纔歷歷簾影復離離曾臬豈停舍桑榆忽在斯回戈安得中長繩不可羈冲情愛景落清晏惜光馳溫暉徒已衒深心竊自知
奉和晚日 劉孝威

此本爲嘉靖明三十八年包檉芳刻本。該書成於嘉靖二十四年，次年初刻於四川何氏，後由包檉芳重刻。卷端題“明監察御史包節輯，給事中王交校，從子包樫芳刻”。書前有申旞撰《重刻苑詩類選序》，後有陳耀文撰《重刻苑詩類選跋》。包樫芳，包節從子，字子柳，號端溪，好藏書，喜刻書。此本爲包氏家刻，刻印精美，版面疏朗，是該書最爲重要的傳世刻本，版本價值頗高。

該書鈐有“商丘宋筠蘭揮氏”“宛平王氏家藏”“慕齋監定”“北平孔德學校之章”等印記。

（郭芳）

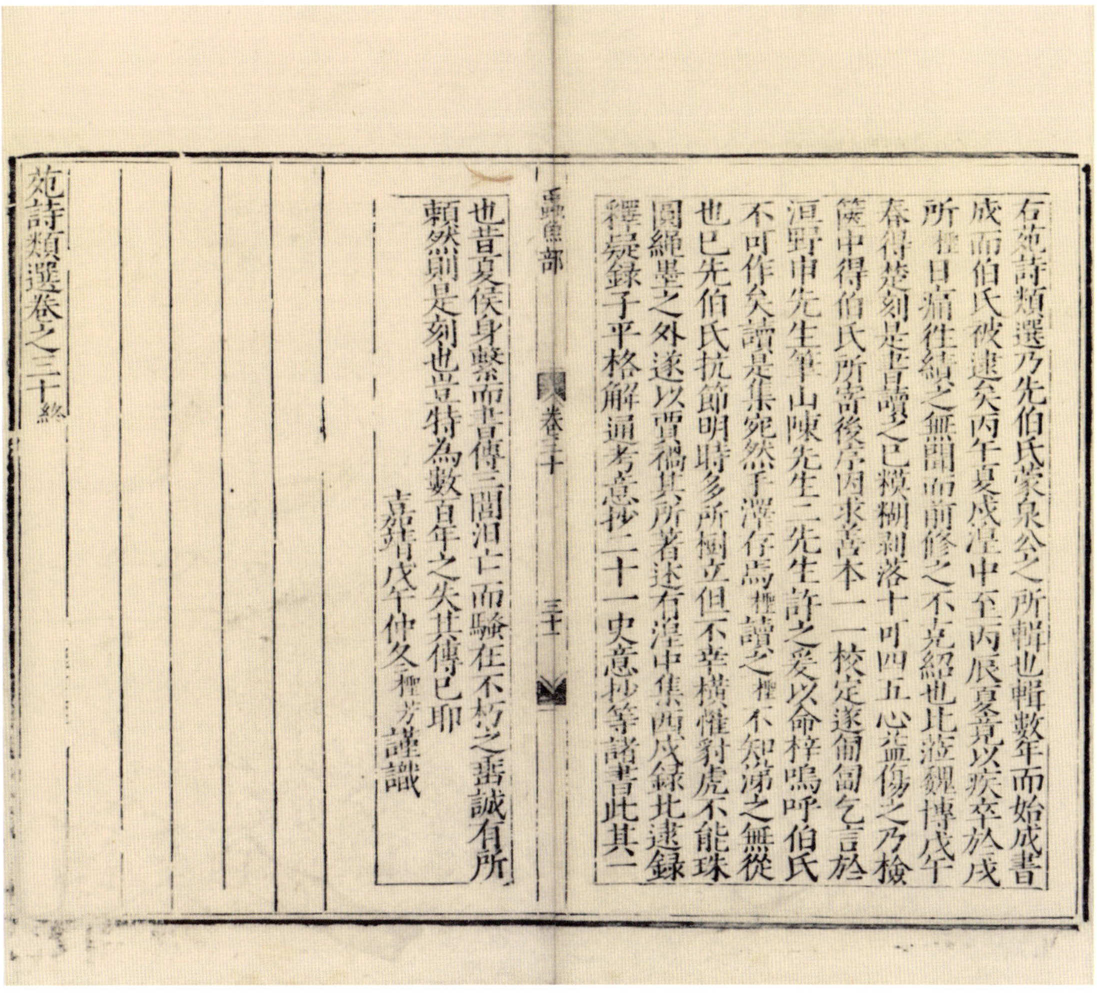
右苑詩類選乃先伯氏蒙泉公之所輯也輯數年而始成書
成而伯氏被逮矣丙午夏戍潯中至丙辰夏竟以疾卒於戍
所樫日痛往績之無聞而前修之不克紹也比蒞魏博戊午
春得楚刻是書讀之已模糊剝落十可四五心益傷之乃檢
篋中得伯氏所寄後序因求善本一一校定遂倩劂乞言於
洹野申先生華山陳先生二先生許之爰以命梓嗚呼伯氏
不可作矣讀是集宛然手澤存焉樫讀之樫不知涕之無從
也已先伯氏抗節明時多所樹立但不幸横罹豺虎不能跦
圜繩墨之外遂以賈禍其所著述有潯中集西戍録北逮録
釋疑録子平格解通考意抄二十一史意抄等諸書此其一
也昔夏侯身縶而書傳三閭汨亡而騷在不朽之害誠有所
賴然則是刻也豈特為數百年之矢其傳已耶
嘉靖戊午仲冬樫芳謹識

鳥獸部　卷三十　三十一

苑詩類選卷之三十終

明蕭氏古翰樓刻本《妙絶古今》

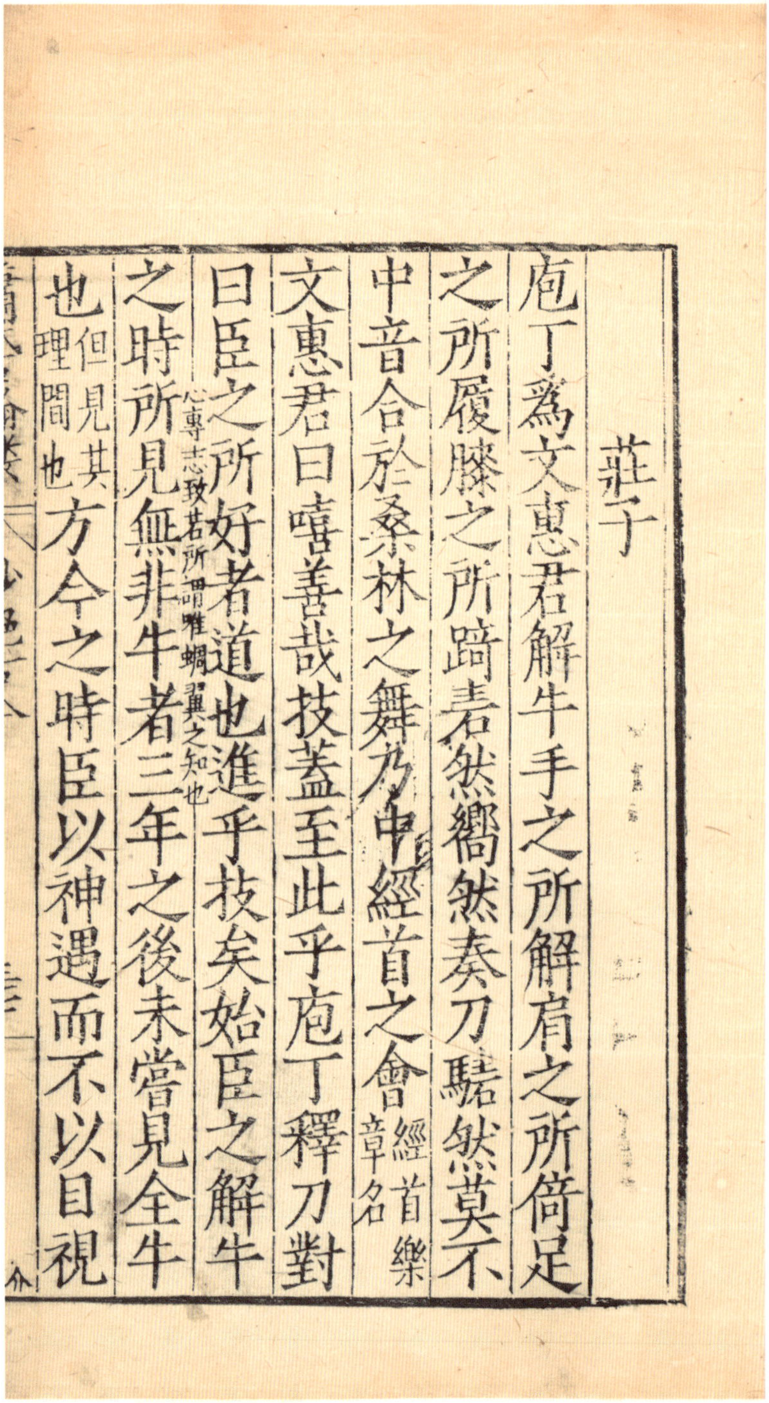

莊子

庖丁爲文惠君解牛手之所解肩之所倚足之所履膝之所踦砉然嚮然奏刀騞然莫不中音合於桑林之舞乃中經首之會經首樂章名文惠君曰嘻善哉技蓋至此乎庖丁釋刀對曰臣之所好者道也進乎技矣心專志致若所謂唯蜩翼之知也始臣之解牛之時所見無非牛者三年之後未嘗見全牛也但見其理間也方今之時臣以神遇而不以目視

妙絶古今不分卷 （宋）湯漢輯 明蕭氏古翰樓刻本（有抄配） 一函四册 索書號（甲四）549 第三批《國家珍貴古籍名録》09430號

半葉八行十七字，小字雙行字同，白口，左右雙邊，單白魚尾，框高21.0厘米，寬14.2厘米。

該書卷端不著撰者名氏。《四庫全書總目》據元趙汸《東山存稿》，定爲湯漢所編。書前附有序文，亦言明該書爲湯漢所輯。湯漢，字伯紀，號東澗，宋饒州安仁（今江西餘江）人。理宗淳祐四年（1244）進士。初爲真德秀賓客，曾掌象山書院。歷上饒簿、國史實録院校勘、太學博士、秘書郎。上言盡用天下之財力以治兵，盡用天下之人才以强本。纍官知隆興府。度宗時，以端明殿學士致仕。卒年七十一，謚文清。有《東澗集》《陶靖節先生詩注》等。《宋史》卷四百三十八有傳。

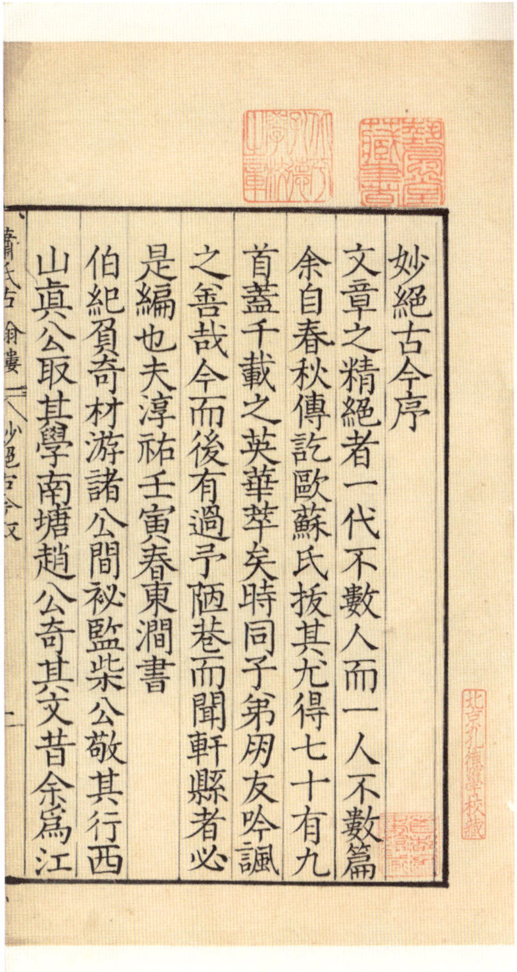
妙絕古今序
文章之精絕者一代不數人而一人不數篇
余自春秋傳訖歐蘇氏拔其尤得七十有九
首蓋千載之英華萃矣時同子弟朋友吟諷
之旨哉今而後有過予陋巷而聞軒縣者必
是編也夫淳祐壬寅春東澗書
伯紀負奇材游諸公間祕監柴公敬其行西
山眞公取其學南塘趙公奇其文昔余爲江

該書所采爲《春秋左氏傳》《國語》《孫子》《列子》《莊子》《荀子》《淮南子》《國策》《史記》、揚雄、劉歆、諸葛亮、韓愈、柳宗元、杜牧、范仲淹、歐陽修、王安石、曾鞏、蘇洵、蘇軾等二十一家之文，拔其優者彙輯成書，凡七十九篇。文中間有評注，或釋字詞文句，或發微言大義。考其甄輯之初衷，趙汸認爲，漢處南宋衰微之際，“以爲南渡忍耻事讎，理宗容奸亂政，故取《左氏》《國策》所載之事，以昭諷勸；而并及於漢、唐二代興亡之由；又取屈原、樂毅、韓愈《孟東野序》、歐陽修《蘇子美》諸篇，有感於士之不遇”（《四庫全書總目》卷一百八十七），其去取之間，篇篇皆有深義，故作題後以發明之，凡一千四百餘言。

此本爲明蕭氏古翰樓刻本，版心上刻“蕭氏古翰樓”，下有刻工姓名。序文、目録、正文前三葉及書末半葉均係抄配。書前附湯漢自序及趙汝騰題識。蕭氏古翰樓，即贛郡蕭斯馨古翰樓，明代坊刻的一支。明代坊刻，雖多因逐利而品質不高，然亦不乏上乘之作。蕭氏即是如此，繆荃孫曾稱其所刻之書“字大悦目，宋本猶存，佳刻也”（繆荃孫《藝

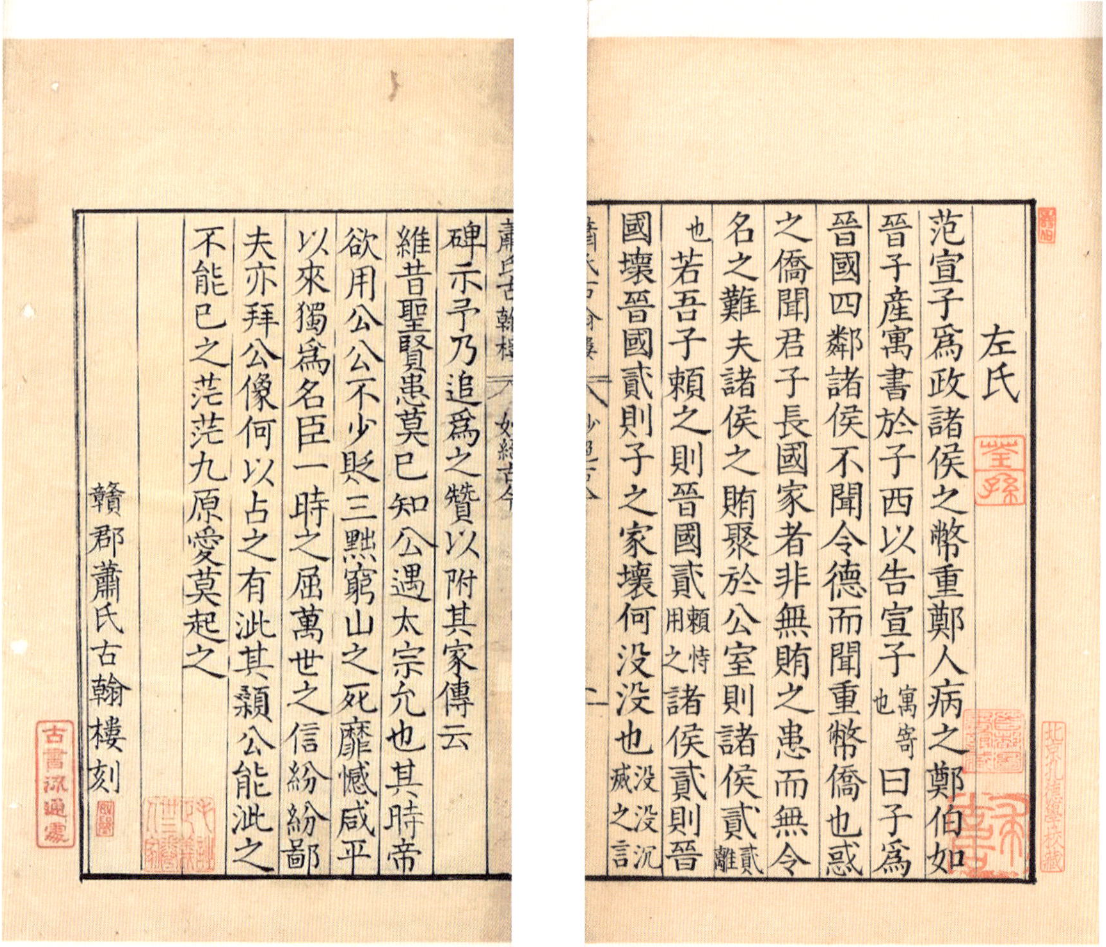

風藏書續記》卷六）。此本雖有抄配，却無缺卷，紙墨刻工亦屬考究，具有較高的版本和藝術價值。

該書鈐有“藝風堂藏書”“荃孫”“毛詩正義卅三卷人家”“友虛所見”“求古居”“北平孔德學校之章”“北京孔德學校藏”等印記。

（郭芳）

明成化十一年刻本《古文精粹》

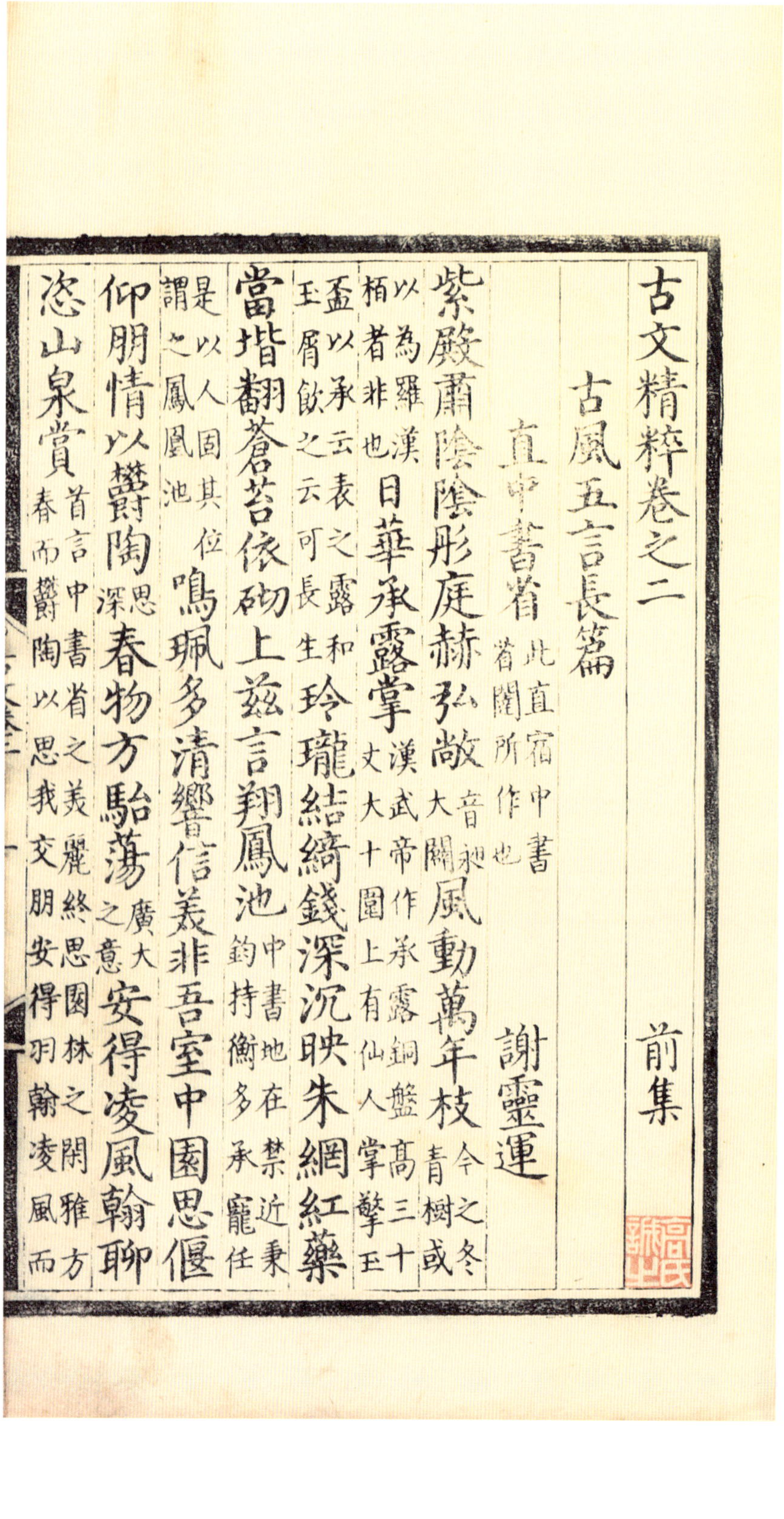
古文精粹卷之二　前集

古風五言長篇

直中書省（此直宿中書省閣所作也）　謝靈運

紫殿肅陰陰，彤庭赫弘敞（音昶）。風動萬年枝（今之冬青樹或以為羅漢栢者非也），日華承露掌（漢武帝作承露銅盤高三十丈大十圍上有仙人掌擎玉盃以承云表之露和玉屑飲之云可長生）。玲瓏結綺錢，深沉映朱網。紅藥當指翻，蒼苔依砌上。茲言翔鳳池（中書地在禁近秉鈞持衡多承寵任是以人囿其位謂之鳳凰池），鳴珮多清響。信義非吾室，中園思偃仰。朋情以鬱陶（思深），春物方駘蕩（廣大之意）。安得凌風翰，聊恣山泉賞（首言中書省之美麗終思園林之閑雅方春而鬱陶以思我交朋安得羽翰凌風而

古文精粹十卷　明成化十一年（1475）刻本　一函四册　索書號（甲四）1125　第三批《國家珍貴古籍名録》09436 號

半葉十行二十字，小字雙行字同，粗黑口，四周雙邊，雙對黑魚尾，框高 21.9 厘米，寬 14.9 厘米。

該書爲輯録歷代名賢之作而成，又經校刻後重刊。作者與刊印者皆無考。刊者撰序述：“《古文》一書，乃精選歷代名賢所作也。其間雄辭奧旨足範後學。然集刊者不一，或此收而彼不録，彼載而此未備”，因此於奉親之暇，兼取而合録，彙爲一帙（《重刊古文精粹序》）。書凡十卷，分爲前集和後集，前集爲卷一至卷五，分古詩、古風、長短句、歌、行、吟、引、曲等八類，輯詩約二百首，後集爲卷六至卷十，分辭、賦、説、解、序、記、箴、銘、文、頌、傳、碑、辯、表、原、論、書、贊等十八類，輯文近百篇。重刊之時，刊者“去其訓詁之繁，正其字畫之訛”（《重刊古文精粹序》），旨在廣其傳而俾覽者。

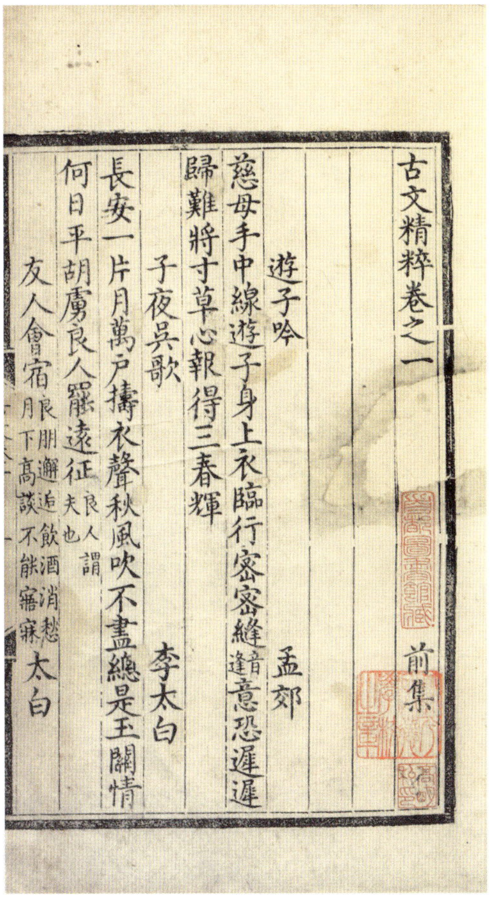

此本爲明成化十一年刻本。書前有《重刊古文精粹序》，序末署“成化乙未花朝後一日”。卷十末下半葉係抄配。此本刻於明成化年間，刊刻承襲元風，書口爲粗黑口，雙對黑魚尾，字爲趙體，流利活潑，柔軟圓潤，具有典型明初刻書的風格，版本及藝術價值頗高。

該書鈐有“誠之”“高氏誠之”“高明私印”“誠之父印”“北平孔德學校之章”等印記。

（郭芳）

明嘉靖十五年王潼谷刻本《絶句博選》

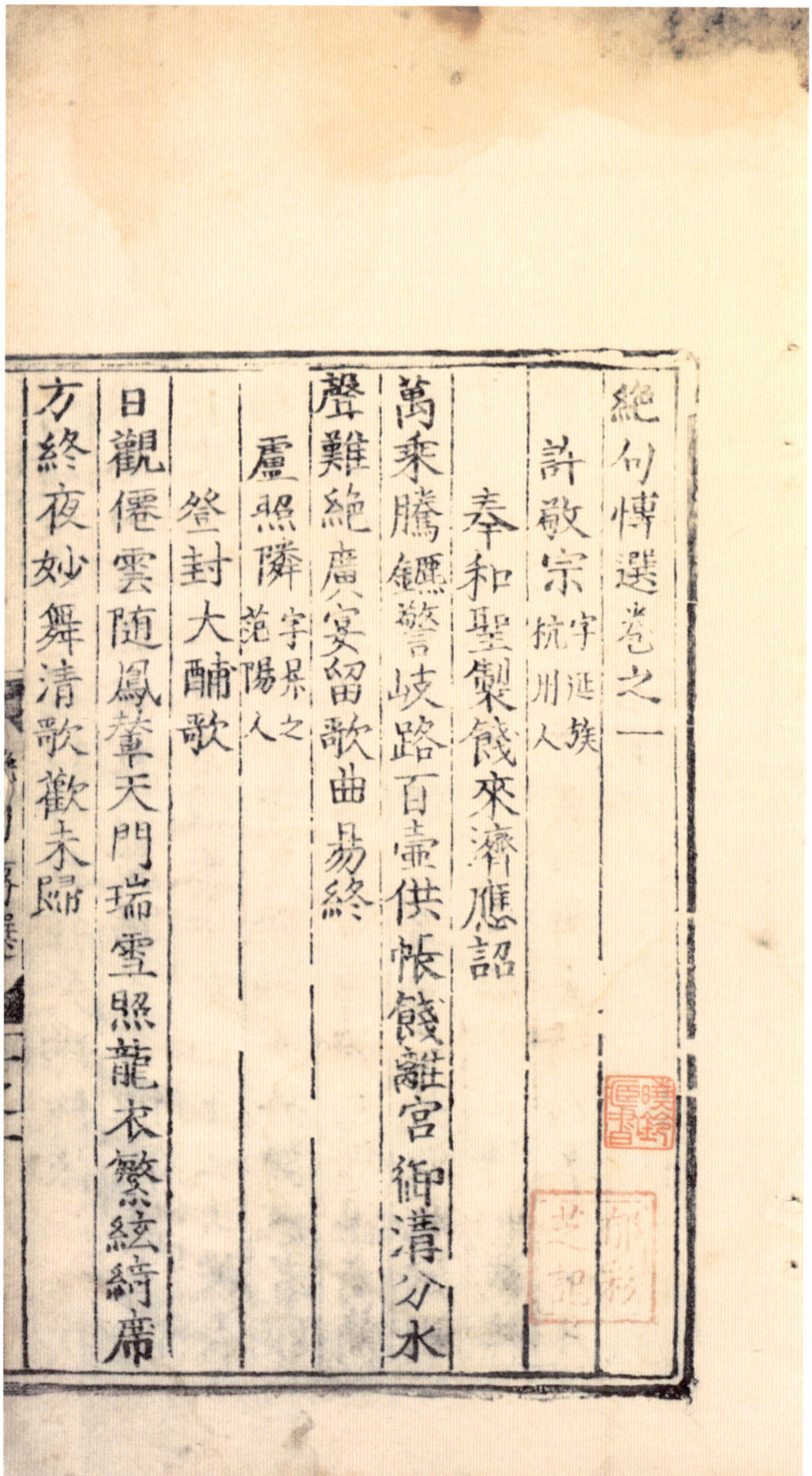

絶句博選五卷　（明）王朝雍輯　明嘉靖十五年（1536）王潼谷刻本　一函五册　索書號（己）1450　第三批《國家珍貴古籍名録》09465號

半葉九行十八字，小字雙行字同，白口，四周雙邊，雙對黑魚尾，框高20.1厘米，寬13.9厘米。

王朝雍（1480—1537），字仲和，號友山，朝邑（今屬陝西大荔）人。明正德二年（1507）舉人，授嚴州推官，決獄公允。嘉靖中，知澤州，政理訟平，人蒙其惠。官至山西按察僉事。

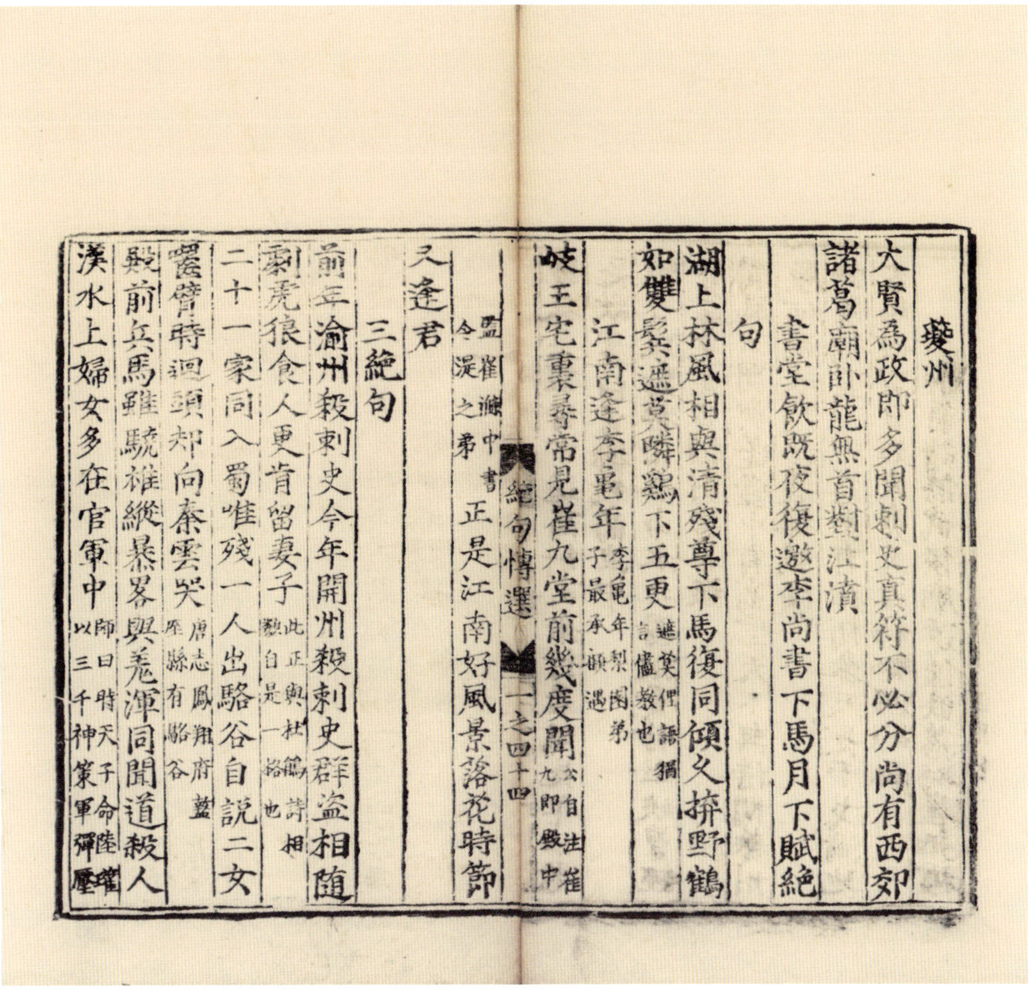

著有《絶句博選》五卷、《燕石稿》二卷、《友山浪談》一卷、《閒懶子》一卷等。《［雍正］陝西通志》卷五十七等有傳。

王朝雍“少負詩名，篇出輒爲人傳誦”（劉垓《燕石稿序》）。後來爲政之餘，亦不廢詩文之好。其自言，“自蚤歲，竊於舉業之暇，撫景即事，叙咏成言，而學之者垂三十餘年。憲章取材，考求於三百篇，以及漢魏六朝與夫唐宋諸名家者，不啻數百卷”（王朝雍《絶句博選跋》）。《絶句博選》正是王朝雍以自身詩歌創作體驗和研究思考爲基礎編纂而成的一部七言絶句選本。

王朝雍精選唐宋人七言絶句，裒爲五卷，前四卷爲唐人絶句，卷五爲宋人絶句。卷前有明嘉靖十四年崔銑序，卷末有嘉靖十五年王朝雍跋。崔銑之序稱王氏“去彼長篇，采之句絶，將非重其精渺易於觀感者邪？夫檜曹之細，申周召之廣；魯誇之頌，裼商簡之邈。故兼録宋之僅有，著唐之見取也”。王氏之跋亦自云欲“自博反約，將以求雅頌之遺”。嘉靖十五年，王朝雍之子王潼谷於鄴郡（今河南安陽）刊成此書。此書卷端、版心之書名原題作“愽”字，按“愽”，古同“博”字。

此本鈐“郁彩芝記”“曉鈴臧書”二印記。

（王玥琳）

明嘉靖十六年姚芹泉刻本《唐詩品彙》

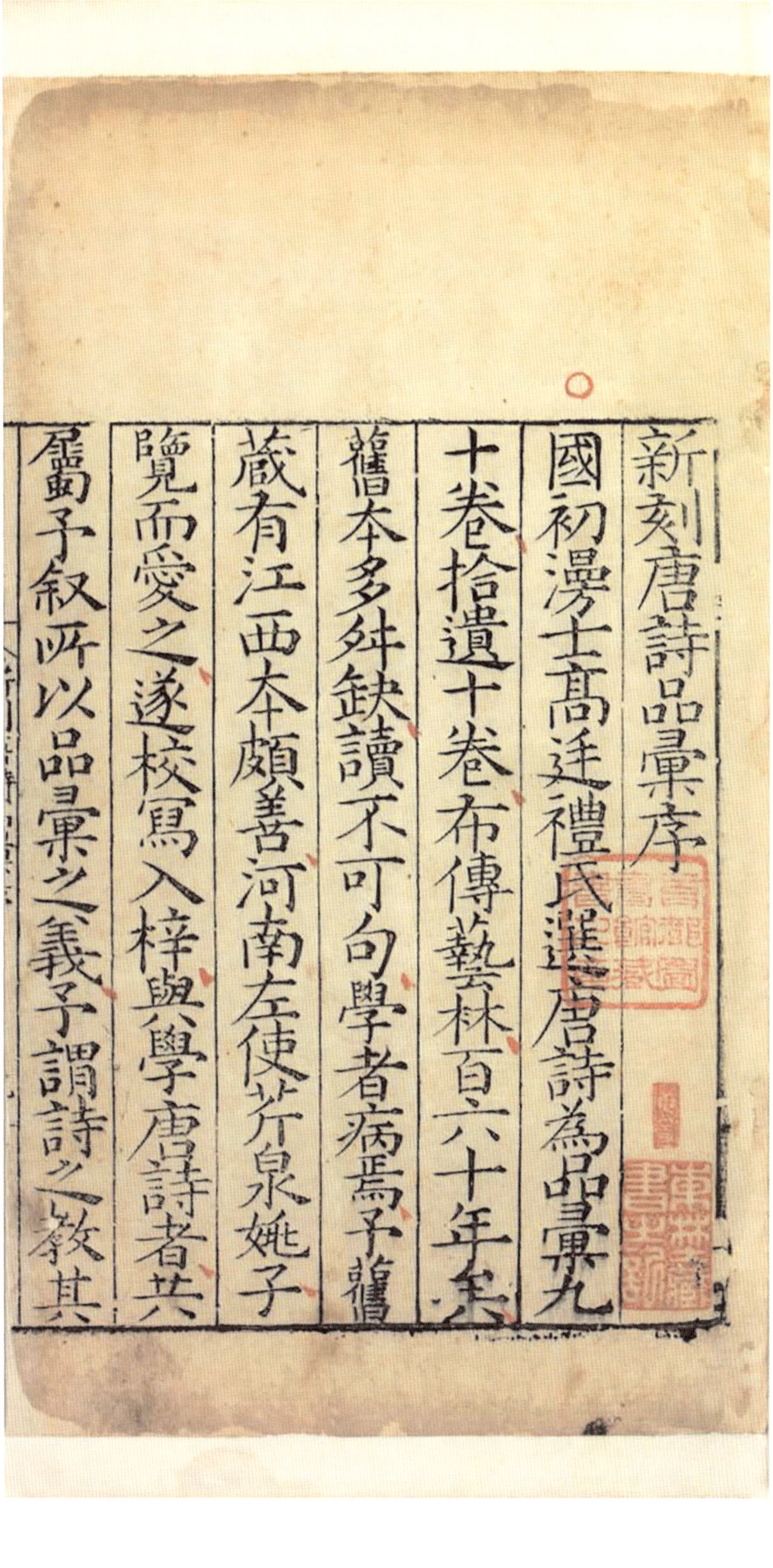
新刻唐詩品彙序
國初漫士高廷禮氏選唐詩為品彙九
十卷拾遺十卷布傳藝林百六十年矣
舊本多舛缺讀不可句學者病焉予舊
蔵有江西本頗善河南左使芹泉姚子
覽而愛之遂校寫入梓與學唐詩者共
屬予叙所以品彙之義予謂詩之教其

唐詩品彙九十卷拾遺十卷詩人爵里詳節一卷　（明）高棅輯　明嘉靖十六年（1537）姚芹泉刻本　六函三十六册　索書號（丁）12652　第三批《國家珍貴古籍名録》09472 號

半葉十一行二十字，小字雙行字同，白口，四周單邊，單白魚尾，框高 17.3 厘米，寬 13.8 厘米。

高棅（1350—1423），字彦恢，號漫士，更名廷禮，福建長樂（今屬福建福州）人。明永樂初，以布衣召入翰林爲待詔，升典籍。棅博學能文，尤長於詩，爲"閩中十才子"之一。又工書畫，與其詩并稱三絶。所著有詩集《嘯臺集》《高漫士木天清氣集》，詩選《唐

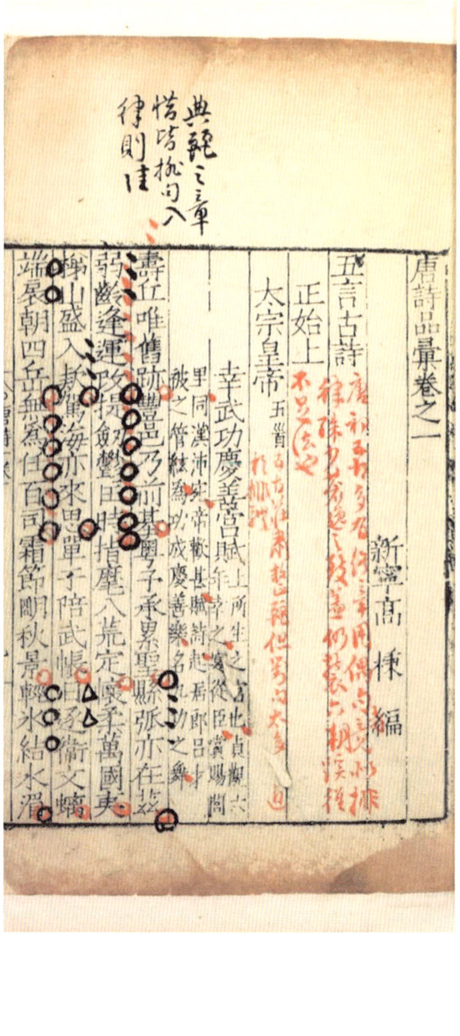
唐詩品彙卷之一
新寧高棅編
五言古詩
正始上
太宗皇帝 五首
幸武功慶善宮賦
壽丘惟舊跡酆邑乃前基粵予承累聖懸弧亦在茲
弱齡逢運改提劍鬱匡時指麾八荒定懷柔萬國夷
梯山咸入款駕海亦來思單于陪武帳日逐衛文螭
端扆朝四岳無爲任百司霜節明秋景輕冰結水湄

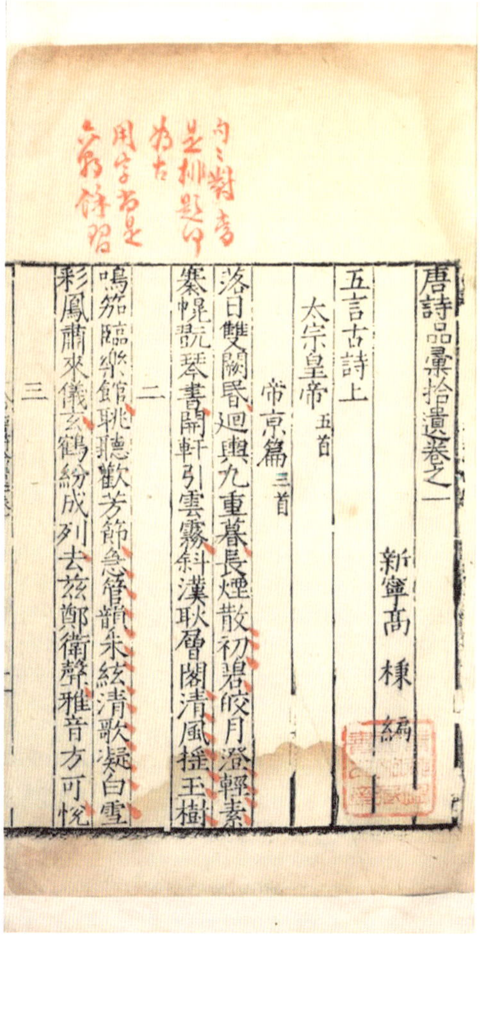
唐詩品彙拾遺卷之一
新寧高棅編
五言古詩上
太宗皇帝 五首
帝京篇 三首
落日雙闕昏迴輿九重暮長煙散初碧皎月澄輕素
褰幌翫琴書開軒引雲霧斜漢耿層閣清風搖玉樹
鳴笳臨樂館眺聽歡芳節急管韻朱弦清歌凝白雪
彩鳳肅來儀玄鶴紛成列去茲鄭衛聲雅音方可悅

詩品彙》《唐詩正聲》等。《明史》卷二百八十六、《東越文苑》卷六、《本朝分省人物考》卷又七十等有傳。

《唐詩品彙》正集九十卷，所録凡六百零二家，詩五千七百六十九首。諸詩分體編次，先古後律，共計五言古詩二十四卷、七言古詩十三卷附長短句、五言絶句八卷附六言絶句、七言絶句十卷、五言律詩十五卷、五言排律十一卷、七言律詩九卷附排律。諸體之中，又各分正始、正宗、大家、名家、羽翼、接武、正變、餘響、旁流九格。其凡例云："大略以初唐爲正始，盛唐爲正宗、大家、名家、羽翼，中唐爲接武，晚唐爲正變、餘響，方外、异人等詩爲旁流。間有一二成家特立與時异者，不以世次拘之。"可見，高棅延伸嚴羽之説，將有唐一代分爲初、盛、中、晚四時期，如其在《唐詩品彙》總序中所言，以此可"觀詩以求其人，因人以知其時，因時以辨其文章之高下，詞氣之盛衰"。此分法改變了宋元以來論詩衹重盛唐之局面，影響深遠，"終明之世，館閣宗之"（《明史·文苑傳》）。雖後有争議，但皆屬門户之見，非公論也。（參考《四庫全書總目》）選詩之外，撰叙目於各詩體之前，爲該體總叙，論其源流。又撰作者、作品、所選詩或某句之評論，穿插於詩之前後。可謂卷帙浩繁，井然有序，得一覽唐詩全貌。其於卷前所列引用諸書、歷代名公叙論、凡例、詩人爵里詳節等，對當今學者亦大有裨益。後高棅又輯《拾遺》十卷，補六十一家，詩九百五十四首。其中五言古詩二卷、七言古詩一卷、五絶七絶一卷、五律三卷、五言排律二卷、七律一卷。較正集爲簡，僅分體列詩耳。

《唐詩品彙》流傳頗廣，影響甚大，明清皆有刻本。清代多删本、再選本，此不贅言。明有成化陳煒刻本、弘治六年（1493）張璁刻本、嘉靖十七年康河重修張璁刻本、嘉靖十八年牛斗刻本、屠隆刻本、萬曆三十三年（1605）陸允中刻本、崇禎張恂刻本以及富春堂刻本、汪宗尼刻本等。本館所藏爲明嘉靖十六年姚芹泉刻本，是現知較早的版本。卷前有嘉靖十六年陳講序云"舊本多舛缺，讀不可句，學者病焉"，故取其所藏，由姚芹泉校寫入梓。此本軟體寫刻，字體舒展圓秀，點畫清晰，卷帙完整無缺，可資讀賞。

本書有佚名圈點批校。鈐有"東埜藏書之記"等印。

（楊曉煒）

明隆慶四年刻本《十二家唐詩類選》

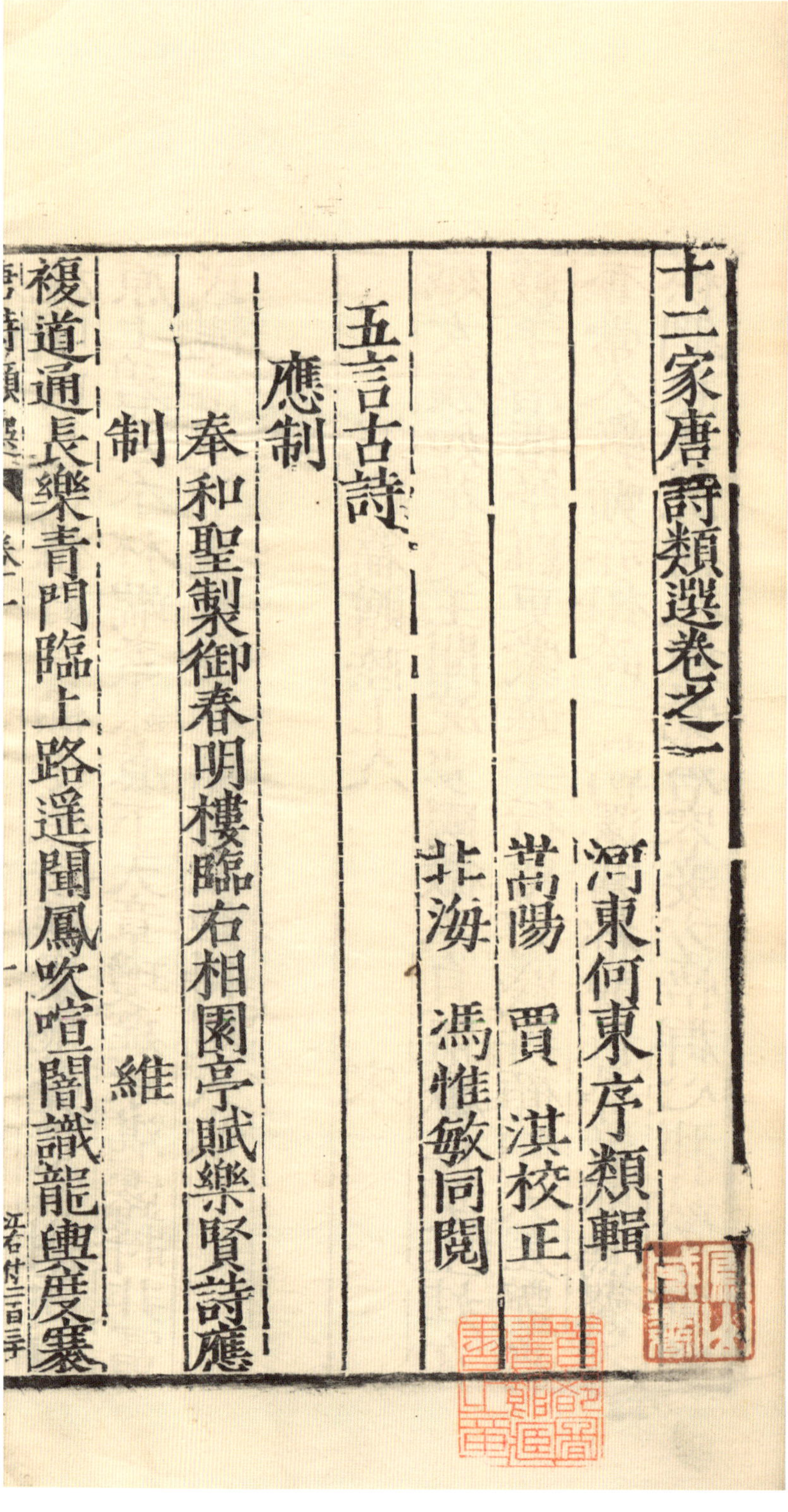

十二家唐詩類選卷之一

河東何東序類輯

莆陽　賈　淇校正

北海　馮惟敏同閲

五言古詩

應制

奉和聖製御春明樓臨右相園亭賦樂賢詩應

制　維

複道通長樂青門臨上路逶迤鳳吹喧闇識龍輿度褰

十二家唐詩類選十二卷　（明）何東序輯　明隆慶四年（1570）刻本　一函四册　索書號（丁）1353　第三批《國家珍貴古籍名録》09482號

半葉九行二十一字，白口，四周單邊，單黑魚尾，框高20.5厘米，寬14.2厘米。

何東序（1531—1617），字崇教，號肖山，山西猗氏（今山西臨猗）人。明嘉靖三十二年（1553）進士，初授户曹，權臨清關，以廉潔稱。改任郎中，後因參劾未准被革職，不久復被啓用，初授功曹，提升爲榆林巡撫，又因功擢副都御史。明萬曆六年（1578）丁母憂，徒步千里，廬墓三年。從此再未出仕，鄉居凡四十年。卒後，門人私謚文欽。著《益智兵書》《九愚山房詩集》，輯録《十二家唐詩類選》，纂修《徽州府志》。《［康熙］猗氏縣志》有傳。

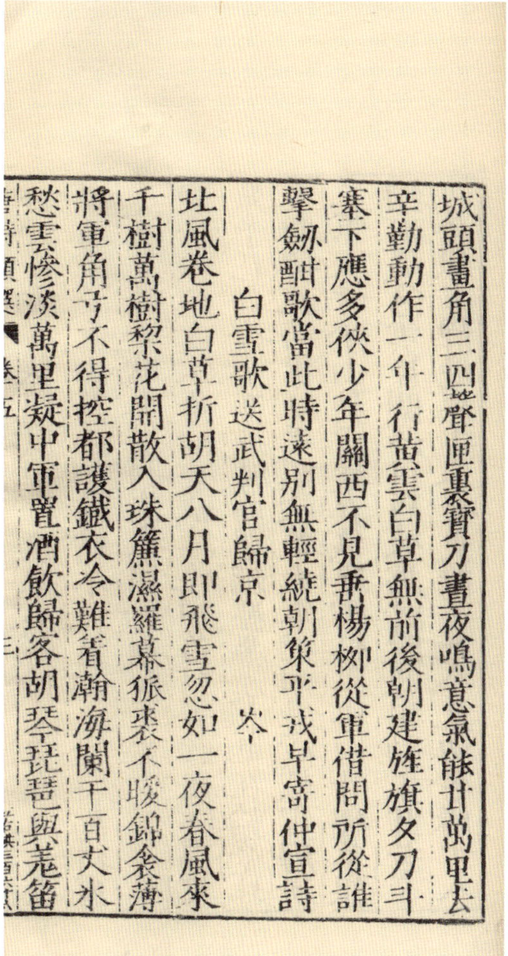
城頭畫角三四聲匣裏寶刀晝夜鳴意氣能甘萬里去
辛勤動作一年行黃雲白草無前後朝建旌旗夕刁斗
塞下應多俠少年關西不見春楊柳從軍借問所從誰
擊劍酣歌當此時遠別無輕繞朝策平戎早寄仲宣詩
白雪歌送武判官歸京　岑
北風卷地白草折胡天八月即飛雪忽如一夜春風來
千樹萬樹梨花開散入珠簾濕羅幕狐裘不暖錦衾薄
將軍角弓不得控都護鐵衣冷難着瀚海闌干百丈冰
愁雲慘淡萬里凝中軍置酒飲歸客胡琴琵琶與羌笛

明代刻“唐十二家詩”頗爲盛行。胡應麟《詩藪》外編卷四云：“嘉、隆類刻《十二家唐詩》，盛行當世。”所輯之“十二家”，是指活躍於初盛唐之際的沈佺期、宋之問、杜審言、王勃、楊炯、盧照鄰、駱賓王、陳子昂、王維、高適、岑參、孟浩然，凡十二位詩人。彙刻十二家唐詩，最早可見的版本是明正德間佚名所編《唐十二家詩》四十九卷，除保留原集的序言外還録有部分文章。後嘉靖間張遜業、萬曆間張居仁皆於此基礎上，删去原序和文集部分，將賦、詩重新按體例編排，并將各集皆整理爲上下兩卷。該書成後屢經校訂重刊，所輯之唐十二家則被固定且一直遵循。

本書輯詩一千四百餘首，體裁囊括五、七言古詩，五、七言律詩，五言排律和五、六、七言絶句。其刊刻意圖，據何氏序文言：“建安以還，逐文彌盛，重以齊梁之朝，君臣相化，揚波扇颷，競爲浮豔淫麗之什，率多飾其詞而遺其意……迄今數千百載，鴻才哲匠，代弗乏人，而絶唱高縱，惟唐爲盛，未有能嗣其芳者”；且認爲唐詩“上追風雅之盛”。故何氏輯刻此書，乃藉以體現其崇尚初盛唐的詩學觀。首都圖書館所藏爲明隆慶四年刻本，時何東序巡撫延綏。《江浙訪書記》稱贊該書“請江右刻工而刻於鄜州延安者。書口刻有江右李、江右張、江右洪、江右黄良等刻工姓名，故雕刻甚精，亦書刻版本史上一佳話也”“寫刻極精，頗爲悦目”。

鈐“鳳山臧書”印。

（喬雅俊）

明嘉靖刻本《聯句私抄》

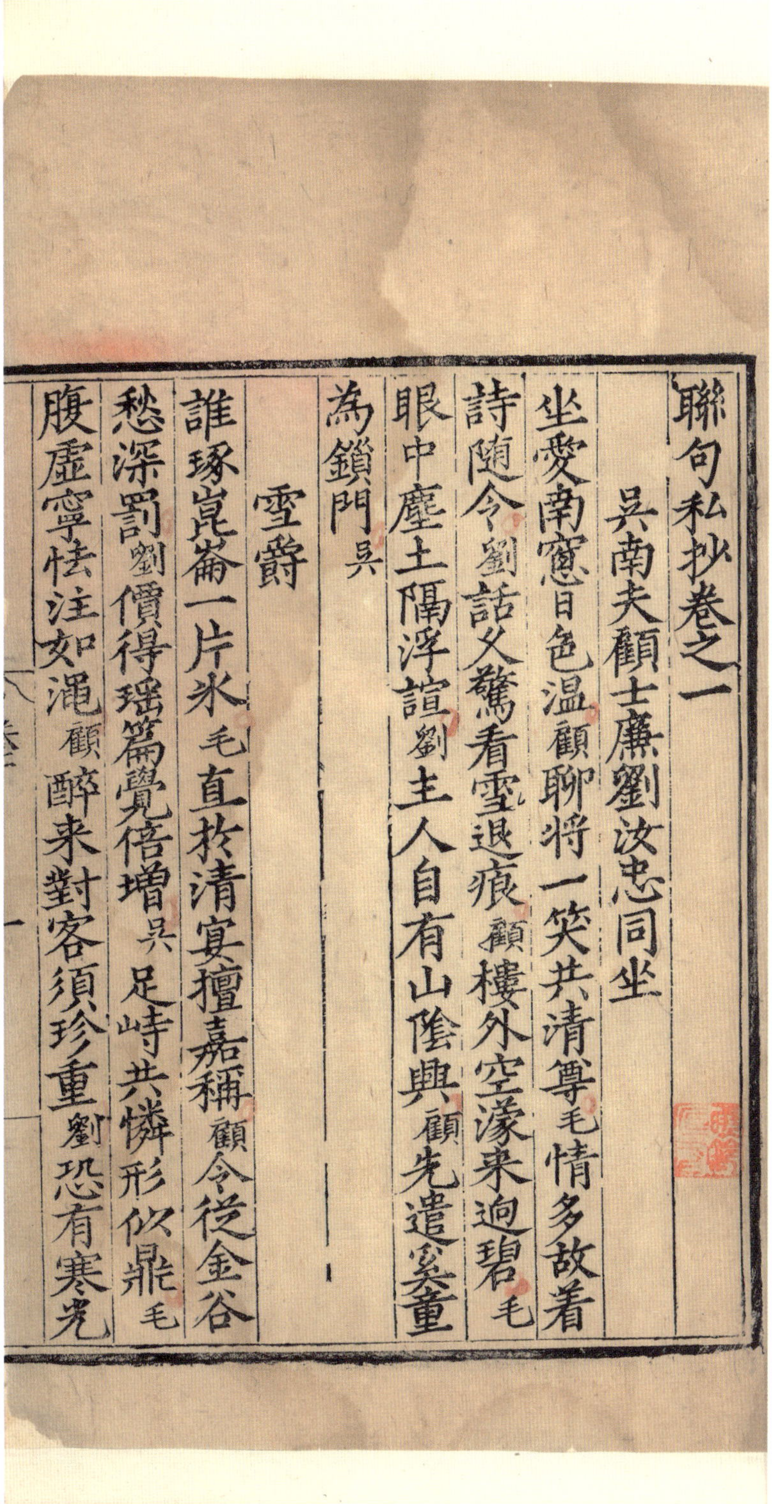

聯句私抄卷之一

吳南夫顧士廉劉汝忠同坐

坐愛南窻日色温顧聊将一笑共清尊毛情多故着詩隨令劉話久驚看雪退痕顧樓外空濛来逈碧毛眼中塵土隔浮諠劉主人自有山陰興顧先遣奚童為鎖門吳

雪爵

誰琢崑崙一片氷毛直於清宴擅嘉稱顧令從金谷愁深罰劉價得瑤篇覺倍增吳足峙共憐形似鼎毛腹虛寧怯注如澠顧醉来對客須珍重劉恐有寒光

聯句私抄四卷　（明）毛紀輯　明嘉靖刻本　一函二册　索書號（己）1451　第六批《國家珍貴古籍名録》12865號

序與卷四末有缺葉。半葉十行二十字，小字雙行字同，白口，四周雙邊，單花魚尾，框高18.8厘米，寬14.7厘米。

毛紀（1463—1545），字維之，號鰲峰逸叟，晚號海翁，山東掖縣（今山東萊州）人。明成化末，舉鄉試第一，登進士，選庶吉士。弘治初，授檢討，纍遷侍讀。《孝宗實録》成，擢侍講學士，爲講官。明正德五年（1510）進學士，遷户部右侍郎。正德十年，遷禮部尚書。正德十二年，命兼東閣大學士，入預機務。明嘉靖三年（1524）七月致仕。嘉靖二十四年卒，贈太保，謚文簡。著有《密勿稿》《辭榮録》《海廟集》《聯句私鈔》《歸田雜識》《鰲峰類稿》等。毛紀還倡導改進滑石雕刻工藝，使傳統的萊州玉雕有了較大的發展，刻章上品“毛公石”因以得名。

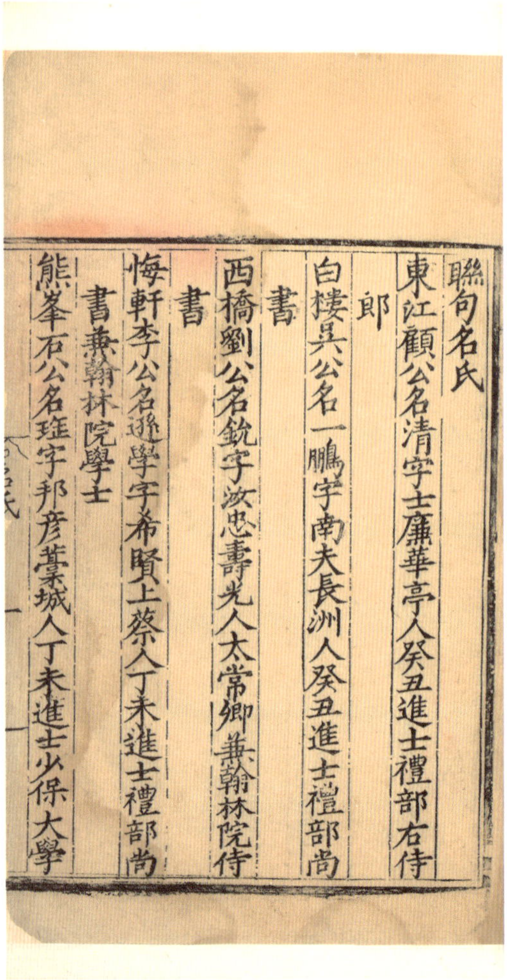
聯句名氏
東江顧公名清字士廉華亭人癸丑進士禮部右侍郎
白樓吳公名一鵬字南夫長洲人癸丑進士禮部尚書
西橋劉公名鈗字汝忠壽光人太常卿兼翰林院侍書
悔軒李公名遜學字希賢上蔡人丁未進士禮部尚書兼翰林院學士
熊峯石公名珤字邦彦藁城人丁未進士少保大學

聯句是由兩人或多人共作一詩，聯結成篇，爲文人雅士聚會時最常見的風雅之舉。《聯句私抄》共四卷，收録了毛紀爲官時與諸位同僚好友的唱和之作。卷一、二是毛紀爲翰林期間，“與僚友及諸司善鳴者會晤游賞”所作的聯句；卷三是毛紀爲部佐期間，“與同年數公相處，因事感懷，復得一卷”；卷四爲毛紀在内閣時期與内閣諸老同作之聯句，“閣中前輩多以詩爲禁，倡和絶少，而聯句則昉於今日也”（《聯句私抄》序）。

全本共録七言律詩二百二十五首，排律二首，五言古詩一首。卷首題聯句諸同僚好友姓名履貫，自華亭顧清以下共三十三人（包括毛紀本人）。

這些唱和均爲“（諸公）公務之暇，相率有作，特出于一時偶然之興，信口而成者”（《聯句私抄》序）。和毛紀聯句之同僚好友中不乏在詩文創作方面有一定名氣之人，他們之間的聯句不同于一般文人唱和之作，故而具有一定的文獻價值。清代蔡鈞《詩法指南》稱聯句之詩須得聯句之人“意氣相投，筆力相稱，而後能爲之，否則狗尾之續難免於譏矣”。可見要想作好聯句詩，須要聯句諸人詩才、詩風相近，才能如出一手，否則也是徒增笑柄。由此可以推斷書中諸友與毛紀的詩歌水準相當，興趣相投、精神相契。正因如此，毛紀在序中不禁慨嘆：“屈指舊游三十二人，四十五年間，其存而無恙者，僅六七人而已，於乎，不亦有感也。”對友人的思念、對往日快樂唱和日子的緬懷、對世事變化的喟嘆等種種思緒皆寓於此。總之，《聯句私抄》不僅反映了毛紀在朝中的文學交游情況，也反映了他與諸同僚好友在公務之暇的娱樂生活，可以説是反映明代中期在朝文人生活的一面鏡子。

首都圖書館藏本有佚名朱筆圈點、批注。係吴曉鈴先生舊藏，鈐“曉鈴臧書”朱文印。

（牛小燕）

明正德五年程啓充刻本《南溪筆録羣賢詩話》

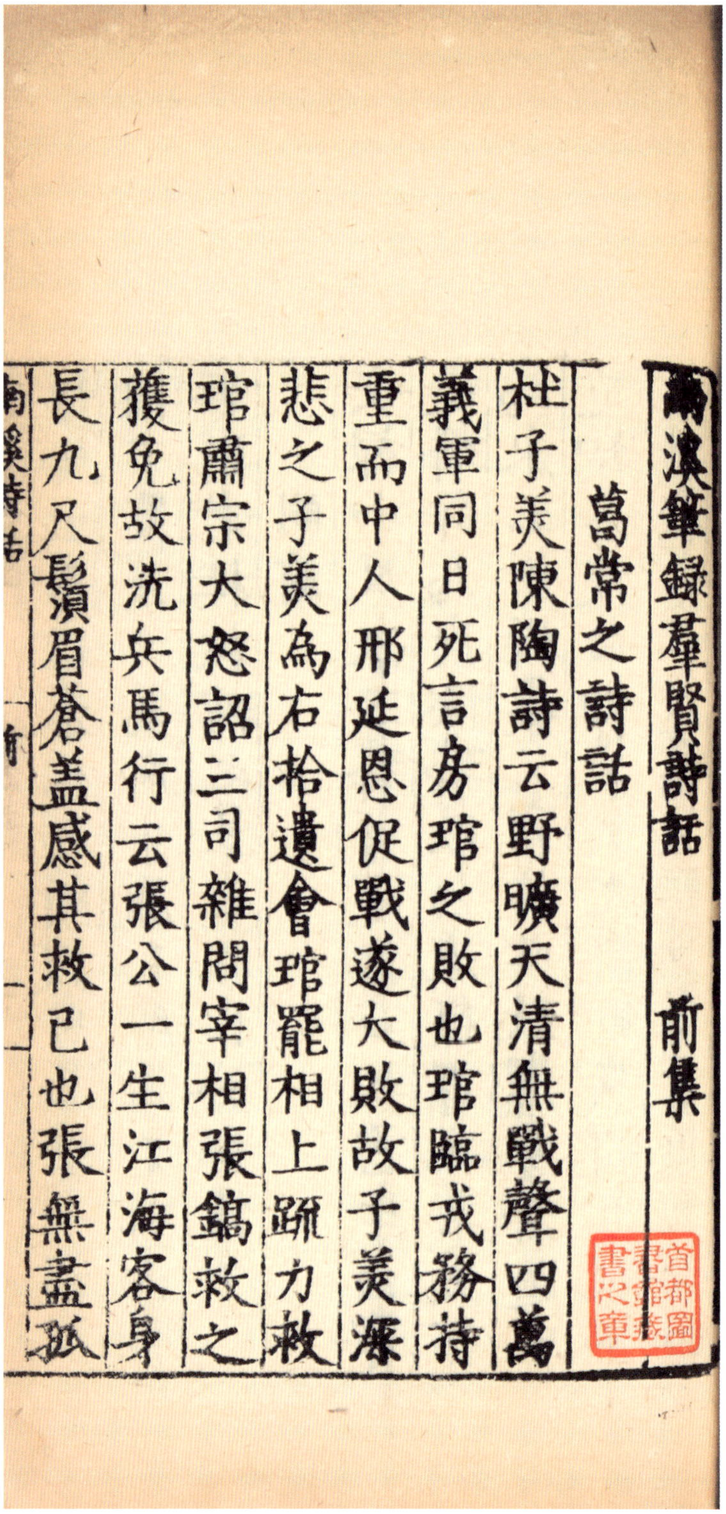

南溪筆録羣賢詩話　前集

葛常之詩話

杜子美陳陶詩云野曠天清無戰聲四萬義軍同日死言房琯之敗也琯臨戎務持重而中人邢延恩促戰遂大敗故子美深悲之子美為右拾遺會琯罷相上疏力救琯肅宗大怒詔三司雜問宰相張鎬救之獲免故洗兵馬行云張公一生江海客身長九尺鬚眉蒼盖感其救己也張無盡孤

南溪詩話　前　一

南溪筆録羣賢詩話前集一卷後集一卷續集一卷 明正德五年（1510）程啓充刻本 一函三册 索書號（丁）12525 第五批《國家珍貴古籍名録》12067號

半葉九行十六字，白口，四周單邊，框高16.7厘米，寬12.4厘米。

是書卷端未題著者。卷前王承裕序云："南溪，録詩話者之别號。逸其姓名，博雅君子也，當爲勝國時人。"四庫館臣據書中所引詩話已有白珽、劉履等名，推斷"南溪"是元末之人。因"南溪"之名，後世著録亦有將書名省作《南溪詩話》者，如《晁氏寶文堂書目》《明史·藝文志》等。

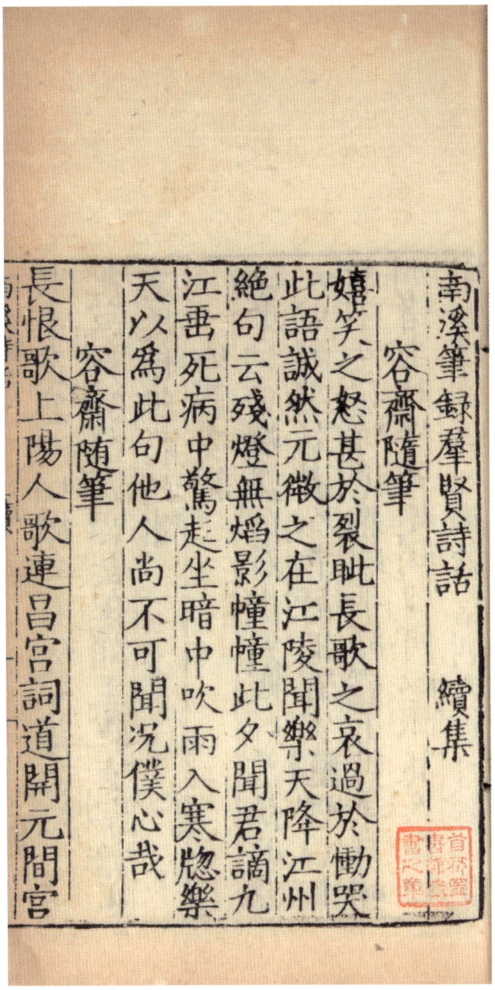
南溪筆録羣賢詩話　續集
容齋隨筆
嬉笑之怒甚於裂眦長歌之哀過於慟哭
此語誠然元微之在江陵聞樂天降江州
絶句云殘燈無焰影幢幢此夕聞君謫九
江垂死病中驚起坐暗中吹雨入寒窗樂
天以爲此句他人尚不可聞況僕心哉
容齋隨筆
長恨歌上陽人歌連昌宫詞道開元間宫

《南溪筆録群賢詩話》係輯録宋元各家詩論詩評而成，以人爲綱，以時代先後爲序。前集注重杜甫；後集專論李白，兼論韋應物、孟浩然等；續集則論宋元人詩，兼及詩法。所録皆宋元詩話詩評，主要有惠洪《冷齋夜話》、胡仔《苕溪漁隱叢話》、魏慶之《詩人玉屑》、楊萬里《誠齋詩話》、洪邁《容齋隨筆》，等等。輯録各家詩話而不置議論，故理論建樹不高。不過，是書文獻價值不可忽視，一方面可用以校勘傳世的詩學著作，一方面可據之輯佚補遺。如書中有十餘種詩話的名目爲郭紹虞《宋詩話考》所闕，對於已經亡佚的宋代詩話具有十分重要的文獻價值。

是書最早由程啓充在明正德五年刊刻。程啓充，字以道，嘉定州（今四川樂山）人，正德三年舉進士，時任三原知縣，《明史》卷九十四有傳。卷前王序云："嘉定程君以道來

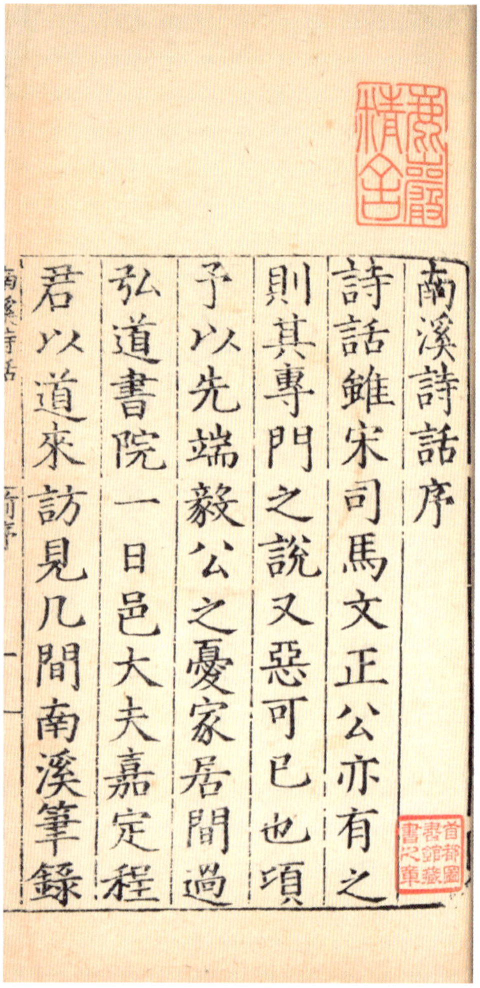
南溪詩話序
詩話雖宋司馬文正公亦有之
則其專門之說又惡可已也頃
予以先端毅公之憂家居閒過
弘道書院一日邑大夫嘉定程
君以道來訪見几間南溪筆錄

訪，見几間《南溪筆録群賢詩話》，取而閱之，曰：‘是書所録可謂廣矣！願假刻棗，傳示詩壇。’遂全帙付之。”可知此書原是王氏家藏之物，程氏因其收録廣博，可爲詩壇同人參考，故付之梨棗。王承裕，字天宇，號平川，三原（今屬陝西）人，《明史》卷一百八十二有傳。

或有書目視程氏爲編者（如《萬卷堂書目》），事實上，程氏衹是該書的倡刻者。而王承裕“以傳舛陶陰，躬自厘較，别爲前後續集”（程氏後序），對原書進行了不少整理校訂工作，稱其爲“第二編者”當不爲過。《南溪筆録群賢詩話》包括前集一卷、後集一卷、續集一卷，其編排模式很有可能是參照模仿了《錦綉萬花谷》《古今事文類聚》等成書於宋元、流行於明的類書之體例。

明代以降，多家書目著録是書，如《萬卷堂書目》《百川書志》《澹生堂藏書目》《紅雨樓書目》等。今據《中國古籍善本書目》，國家圖書館、首都圖書館等八家圖書館俱有明正德五年程啓充刻本。

首都圖書館藏本鈐“鹿巖精舍”印，原爲周肇祥插架之物。

（王玥琳）

明嘉靖二十四年結綠囊刻本《名家詩法》

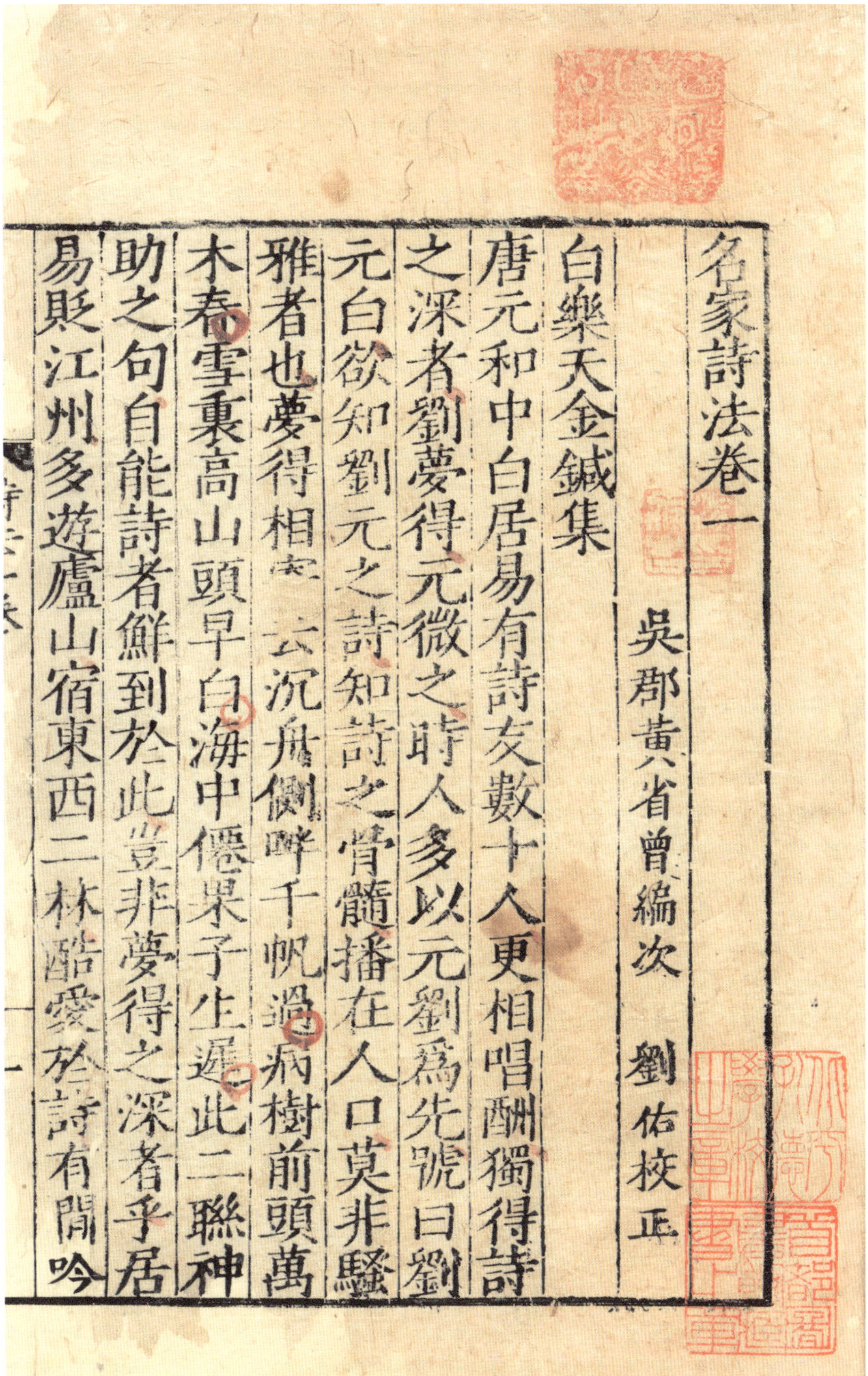

名家詩法卷一

吳郡黃省曾編次　劉佑校正

白樂天金鍼集

唐元和中白居易有詩友數十人更相唱酬獨得詩之深者劉夢得元微之時人多以元劉爲先號曰劉元白欲知劉元之詩知詩之骨髓播在人口莫非騷雅者也夢得相宗云沉舟側畔千帆過病樹前頭萬木春雪裏高山頭早白海中僊果子生遲此二聯神助之句自能詩者鮮到於此豈非夢得之深者乎居易貶江州多遊廬山宿東西二林酷愛於詩有閑吟

名家詩法八卷　（明）黄省曾編　明嘉靖二十四年（1545）結緑囊刻本　一函二册　索書號（甲四）601　第二批《國家珍貴古籍名録》06497號

半葉十行二十字，白口，四周單邊，單黑魚尾，框高19.5厘米，寬12.0厘米。

黄省曾（1490—1540），字勉之，號五嶽，明蘇州府吴縣（今江蘇蘇州）人。《明儒學案》卷二十五記其“少好古文，解通《爾雅》。爲王濟之、楊君謙所知”。明嘉靖十年舉人，會試屢不第，從王守仁、湛若水游，又學詩於李夢陽，以任達跅弛終其身。著有《西

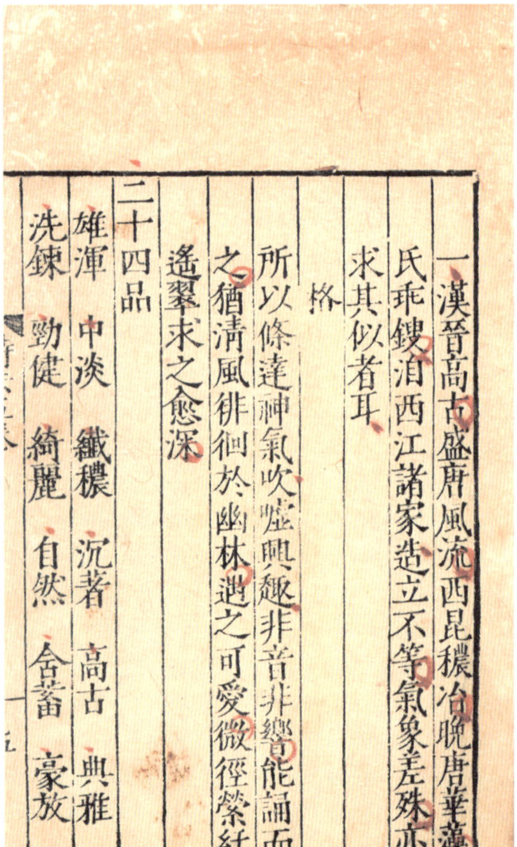
一漢晉高古盛唐風流西昆穠冶晚唐華藻宋
氏乖鏤洎西江諸家造立不等氣象差殊亦各
求其似者耳
格
所以條達神氣吹噓興趣非音非響能諷而得
之猶清風徘徊於幽林遇之可愛微徑縈紆於
遙翠求之愈深
二十四品
雄渾　中淡　纖穠　沉著　高古　典雅
洗錬　勁健　綺麗　自然　含蓄　豪放

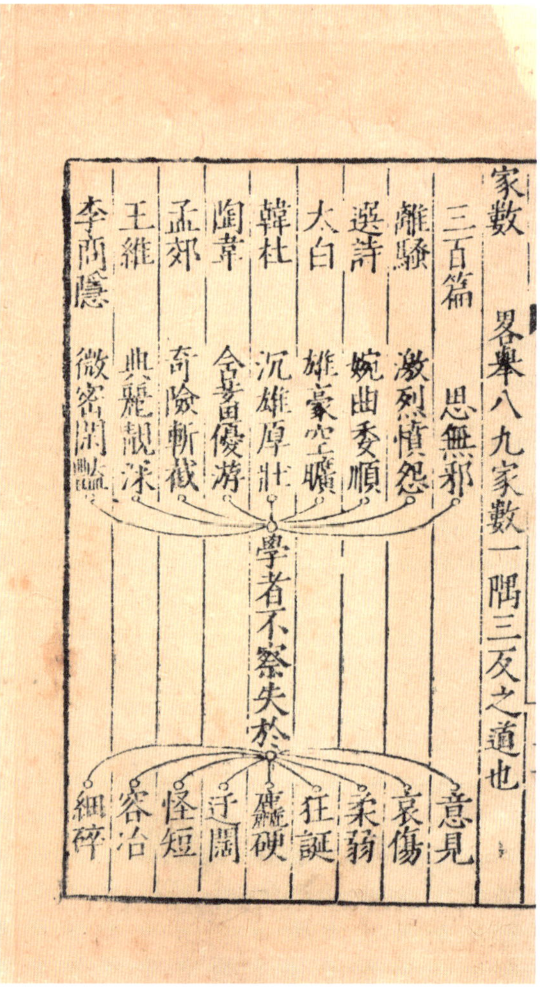
家數　畧舉八九家數一隅三反之道也
三百篇　思無邪
離騷　激烈憤怨
選詩　婉曲委順
太白　雄豪空曠
韓杜　沉雄厚壯
陶韋　含蓄優游
孟郊　奇險斬截
王維　典麗靚深
李商隱　微密閑豔
學者不察失於
意見　哀傷　柔弱　狂誕　麤硬　迂闊　怪短　容冶　細碎

洋朝貢典録》三卷、《擬詩外傳》一卷、《五嶽山人集》三十八卷等。黄氏喜好藏書，藏書樓名“前山書屋”，還曾主持刊刻郭璞《山海經傳》十八卷、酈道元《水經注》四十卷、王逸《楚辭章句》十七卷等書。其生平事迹見何喬遠《名山藏・高道記》、凌迪知《萬姓統譜》卷四十七等。

《名家詩法》一書八卷，彙集了唐、宋、元詩學著作七種。卷一爲《白樂天金鍼集》、卷二爲《嚴滄浪詩體》、卷三爲《范德機木天禁語》、卷四爲《楊仲弘詩法》、卷五爲《詩家一指》、卷六爲《詩學禁臠》、卷七至八爲《沙中金集》。在保存豐富前代詩學文獻方面，《名家詩法》一書的價值顯得尤其珍貴。

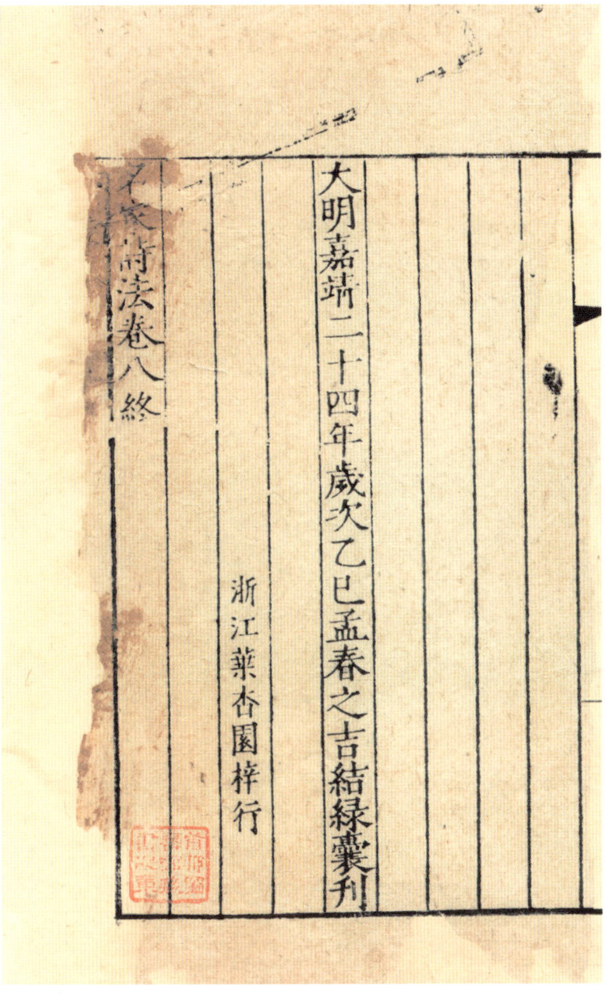
名家詩法卷八終

大明嘉靖二十四年歲次乙巳孟春之吉結緑囊刊

浙江葉杏園梓行

本書前後無序跋，詳細成書經過不得而知。然明成化年間，知直隸揚州府事前監察御史楊成曾編輯校刊《詩法》一書，其中收《木天禁語》《古今詩法》《金鍼集》《詩學禁臠》《沙中金集》等。後依楊書翻刻或重編者不在少數，黄氏此書或源此而重新編訂成書，也未可知。其後又有朱紱等人在黄省曾《名家詩法》基礎上編成《名家詩法彙編》一書，後者卷首朱紱序文云：“至我皇朝楊、王、黄氏，先後搜比諸集，勒成一家之言，題曰《名家詩法》。”其中所謂黄氏之《名家詩法》即是本書。

書之卷八末有刊記“大明嘉靖二十四年歲次乙巳孟春之吉結緑囊刊/

浙江葉杏園梓行”，故版本定爲明嘉靖二十四年結緑囊刻本。這也是該書的最早刊本，傳世較爲稀見。

首都圖書館藏本有佚名朱筆、墨筆圈點。鈐有“湯振方印”“北平孔德學校之章”。

（王玥琳）

明萬曆刻博古堂印本《元曲選》

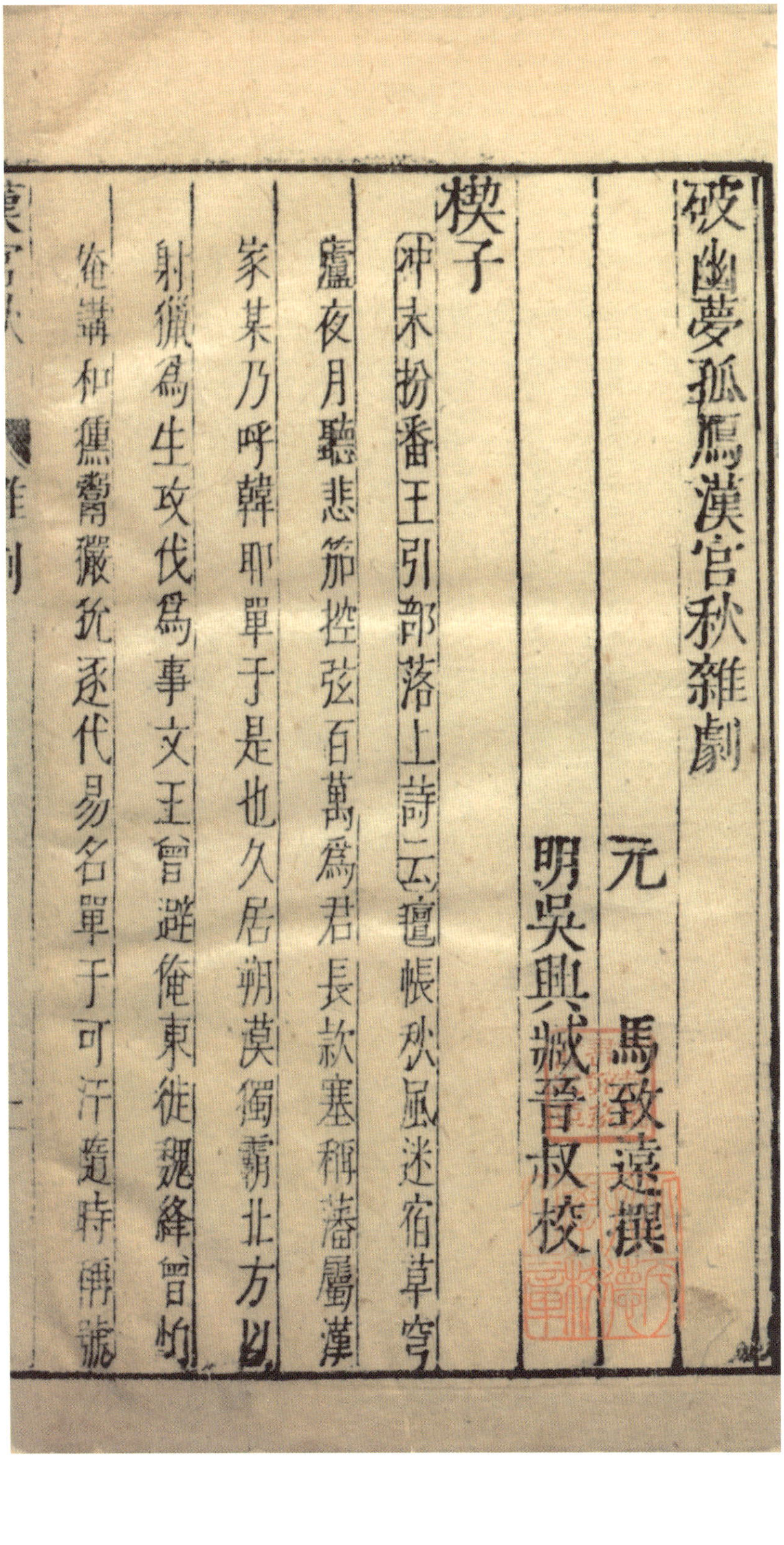
破幽夢孤鴈漢宮秋雜劇
元　馬致遠撰
明吳興臧晉叔校
楔子
（冲末扮番王引部落上詩云）氊帳秋風迷宿草穹廬夜月聽悲笳控弦百萬爲君長款塞稱藩屬漢家某乃呼韓耶單于是也久居朔漠獨霸北方以射獵爲生攻伐爲事文王曾避俺東徙魏絳曾怕俺講和獯鬻玁狁逐代易名單于可汗隨時稱號

元曲選十集一百卷　（明）臧懋循編　**論曲一卷**　（明）陶宗儀等撰　明萬曆刻博古堂印本　十函一百四册　索書號（甲四）701　第五批《國家珍貴古籍名録》12084號

半葉九行二十字，小字雙行字同，白口，左右雙邊，單黑魚尾，框高20.7厘米，寬13.7厘米。

臧懋循（1550—1620），字晋叔，號顧渚，長興（今屬浙江）人。明萬曆八年（1580）進士，授荆州教授，擢南京國子監博士。爲人不拘世俗禮法，後被劾罷官，隱居顧渚山中，寄情山林水涯。敏穎博才，與湖州友人吴稼登、吴夢暘、茅维并稱“吴興四子”；又善顧曲，與戲曲家湯顯祖、王世貞友善。藏書處名負苞堂、雕蟲館，所收戲曲類書籍尤爲廣博。著有《負苞堂集》，還曾刊刻《古詩所》《唐詩所》《元曲選》《玉茗堂四夢》《校正古本荆釵記》《改定曇花記》《仙游録》《夢游録》等書，流傳廣泛。《列朝詩集小傳》丁集、《［乾隆］長興縣志》卷八有傳。

《元曲選》一名《元人百種曲》，共十集，每集十卷，每卷一部雜劇，共收録九十四部元人雜劇、六部明初雜劇。《元曲選》旨在繼承和推廣元雜劇，“且使今之爲南者知有所取則”（臧懋循《元曲選後集序》），故而囊括了關漢卿《竇娥冤》《救風塵》、馬致遠《漢宫秋》、鄭德輝《倩女離魂》、白樸《梧桐雨》《墻頭馬上》、李文蔚《燕青博魚》等名家名作，影響深遠。《灰闌記》等十五種孤本，更是惟賴此書得以傳世。可以説，言元雜劇必言《元曲選》。

爲編選是集，臧懋循充分利用家藏古籍，同時廣泛搜羅親友、同好家中秘本，如曾從山東王世貞、湖北劉延伯、福建楊氏等處借得許多善本秘笈。之後精心參伍校訂、爬梳剔抉，從衆多本子中擇善佳者而用。精通音律的臧懋循還曾對劇本修飾整理，使之科白俱全、通俗易懂，而又忠實原作。由於搜集底本與經濟上的困難，《元曲選》分兩批刊印，萬曆四十三年率先刊印五集五十種，次年完成餘下五集五十種。

書前首爲臧懋循《元曲選序》，闡述了重視當行、本色的曲學觀點。次爲《天台陶九成論曲》《燕南芝庵論曲》《高安周挺齋論曲》《吴興趙子昂論曲》《丹丘先生論曲》《涵虛子論曲》等文，廣泛探討了元曲的宮調曲牌、名目、作家、表演等問題，具有一定的理論價值與實踐意義。

《元曲選》每劇附圖二幅，個别四幅，共計兩百二十四幅，統在卷前。插圖由著名徽派刻工黄應光等人完成，綫條流暢細膩，生動逼真地表現了人物、場景、劇情，在版畫史上亦占有一定地位。

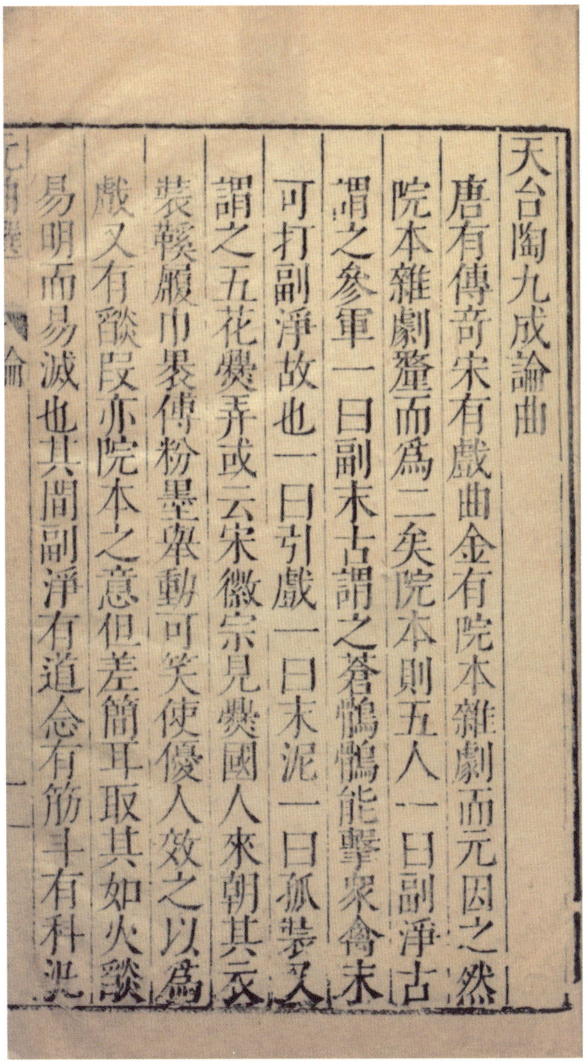
天台陶九成論曲

唐有傳奇宋有戲曲金有院本雜劇而元因之然院本雜劇釐而爲二矣院本則五人一曰副淨古謂之參軍一曰副末古謂之蒼鶻鶻能擊衆禽末可打副淨故也一曰引戲一曰末泥一曰孤裝又謂之五花爨弄或云宋徽宗見爨國人來朝其衣裝鞵履巾裹傅粉墨舉動可笑使優人效之以爲戲又有豔段亦院本之意但差簡耳取其如火豔易明而易滅也其間副淨有道念有筋斗有科泛

元曲選　論　一

國家圖書館等單位藏有明萬曆刻本《元曲選》，首都圖書館藏本則爲明萬曆刻博古堂印本。牌記云“雕蟲館校定/元人百種曲/博古堂藏版”。博古堂，明代周時泰有之，清代亦有之，今據程有慶《明刊〈元曲選〉版本贅言》（《藏書家》第16輯，齊魯書社，2009年6月）一文，定首都圖書館藏本爲清代博古堂利用原版刷印的後印之本。鈐“北平孔德學校之章”，有佚名圈點。

（王玥琳）

明嘉靖荆聚刻本《雍熙樂府》

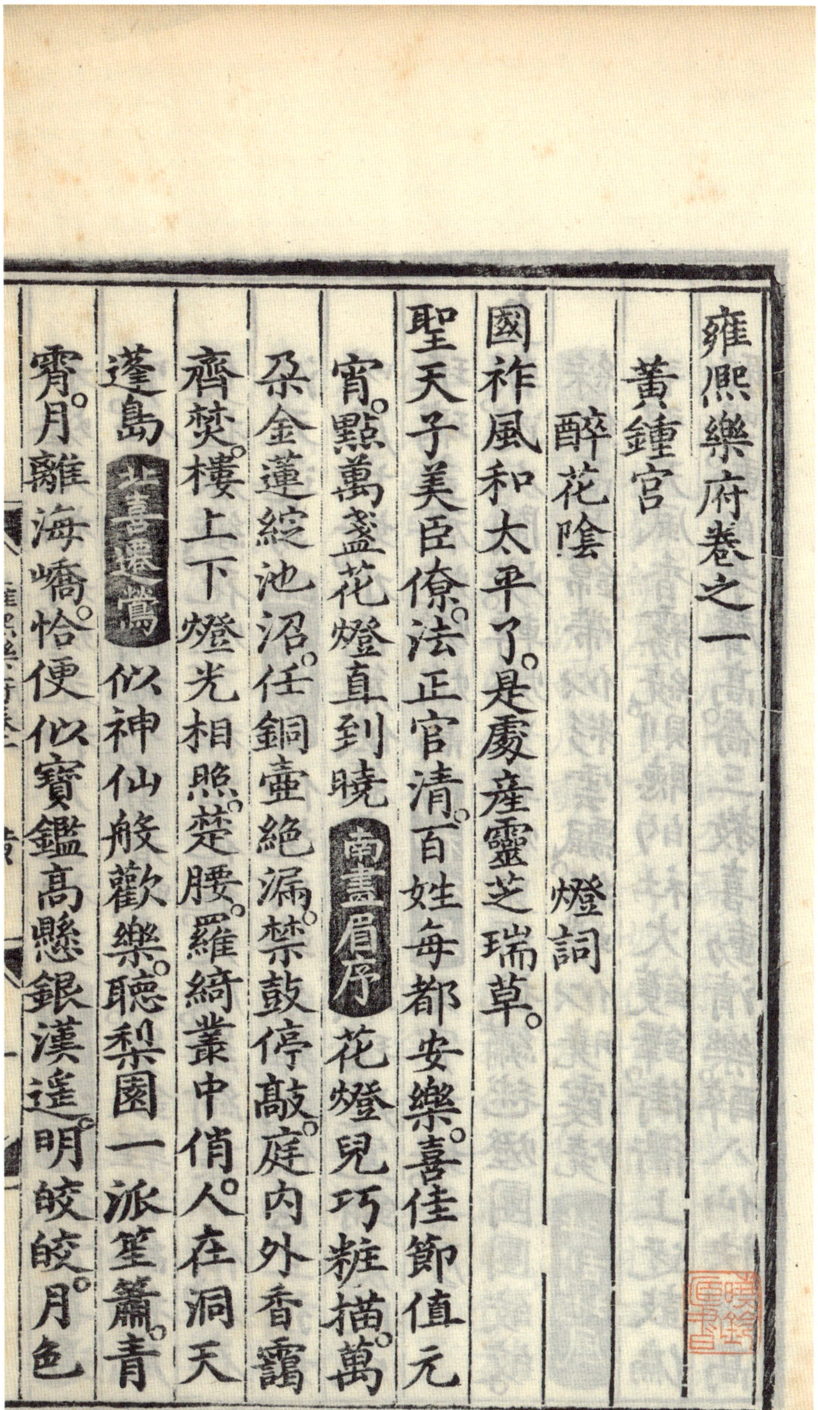
雍熙樂府卷之一

黃鐘宮

醉花陰　燈詞

國祚風和太平了。是處産靈芝瑞草。聖天子美臣僚。法正官清。百姓每都安樂。喜佳節值元宵。點萬盞花燈直到曉【南畫眉序】花燈兒巧粧描。萬朶金蓮綻池沼。任銅壺絕漏。禁鼓停敲。庭内外香靄齊焚。樓上下燈光相照。楚腰。羅綺叢中俏。在洞天蓬島【北喜遷鶯】似神仙般歡樂。聽梨園一派笙簫。青霄。月離海嶠。恰便似寶鑑高懸銀漢遙。明皎皎。月色

雍熙樂府二十卷　（明）郭勛輯　明嘉靖荆聚刻本　二函二十册　索書號（己）680

第六批《國家珍貴古籍名録》12880號

半葉十行二十一字，白口，四周雙邊，三黑魚尾，框高20厘米，寬13.6厘米。

郭勛（1475—1542），號東泉，明初開國勛臣武定侯郭英六世孫，於明正德三年（1508）承襲武定侯爵位，進封翊國公。善書，尤工篆書，曾爲温仁和所撰《崇壽寺碑》篆額。郭勛歷任提督三千營、兩廣總督、京師左軍都督掌團營，主管四郊興建之事，被授予太保兼太子太傅之銜。史籍稱郭勛“頗涉書史”（《明史·郭英傳》），“好文多藝，能計數”（沈德符《野獲編·武定侯進公》）。曾編輯、刊刻有關本族事迹的文獻《毓慶勳懿集》《三家世典》《太和傳》《郭氏家傳》《續傳》和家刻書目《書莊記》一卷，輯録《皇明開運輯略武功名世英烈傳》《雍熙樂府》。此外，據《寶文堂書目》載，郭勛還刊刻過《水滸傳》和《三國志演義》。

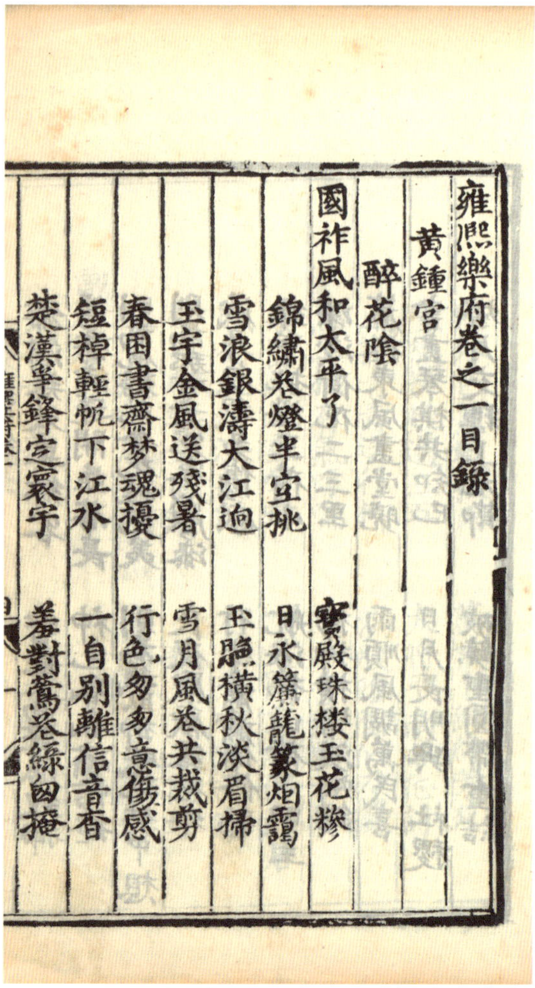
雍熙樂府卷之一目錄
黃鍾宮
醉花陰
國祚風和太平了　寶殿珠樓玉花簃
錦繡圈燈半空挑　日永簾龍篆烟靄
雪浪銀濤大江迴　玉驄横秋淡眉掃
玉宇金風送殘暑　雪月風卷共裁剪
春困書齋梦魂擾　行色匆匆意傷感
短棹輕帆下江水　一自别離信音杳
楚漢爭鋒定寰宇　羞對鶯巻綠幽掩

《雍熙樂府》足本二十卷，每卷前均有目録，以每曲首句爲序，第十五卷分前後二集，前集收《大石調》，後集收《南曲小令》。本書是在《盛世新聲》《詞林摘艷》基礎上，廣泛搜羅已刊、未刊的元明散曲、劇曲、諸宫調以及民間時調小曲增補而成，全書總計收套數（北曲散套、雜劇、南曲傳奇、南曲散套、《天寶遺事諸宫調》）一千一百二十一套，小令（南北曲）一千八百九十七首，篇幅十分浩繁，是研究金元明戲劇、散曲、民歌的重要參考資料。其所收已刊元代劇曲，可與五十年後問世的《元曲選》比勘，藉以獲知臧晋叔改動原作之處。書中所收已佚作品的遺文逸曲尤爲珍貴，如王伯成《天寶遺事諸宮調》久已失傳，本書却保存了此作曲詞五十餘套。由於該書搜羅宏富，編排得法，後世的曲譜亦多從中取材。《四庫全書總目》稱李玉《北詞廣正譜》體例原本《雍熙樂府》，其間每調詞曲有名同而實异者，有句子不拘可以增損者，都由《雍熙樂府》擴展而來。

《詞林摘艷》往往删去曲文中的襯字，《雍熙樂府》却大抵保留，是其優點，但同時却削去了所注作者姓氏及作品出處，殊爲可惜。隋樹森著有《雍熙樂府曲文作者考》，可略補此遺憾。此外，該書也有一些訛誤，如所録關漢卿《南吕一枝花·杭州景》中“大元朝新附國”竟作“大明朝新附國”。

該本因卷首有嘉靖丙寅安肅春山（即荆聚，明嘉靖間保定安肅人，號春山居士）序，故又稱“嘉靖丙寅本”。此外傳世較廣的還有《四部叢刊續編》本（影嘉靖丙寅本），僅少數館藏有明嘉靖十年（1531）刊本（現藏於臺北“國家圖書館”及北京大學圖書館）、明嘉靖十九年楚藩刻本（現藏於北京大學圖書館、日本宫内廳書陵部及東洋文庫）等。另有“海西廣氏”編十三卷本，不全。

首都圖書館藏本爲吴曉鈴先生贈書，鈐“曉鈴臧書”印。

（牛小燕）

明末刻本《新刻繡像批評金瓶梅》

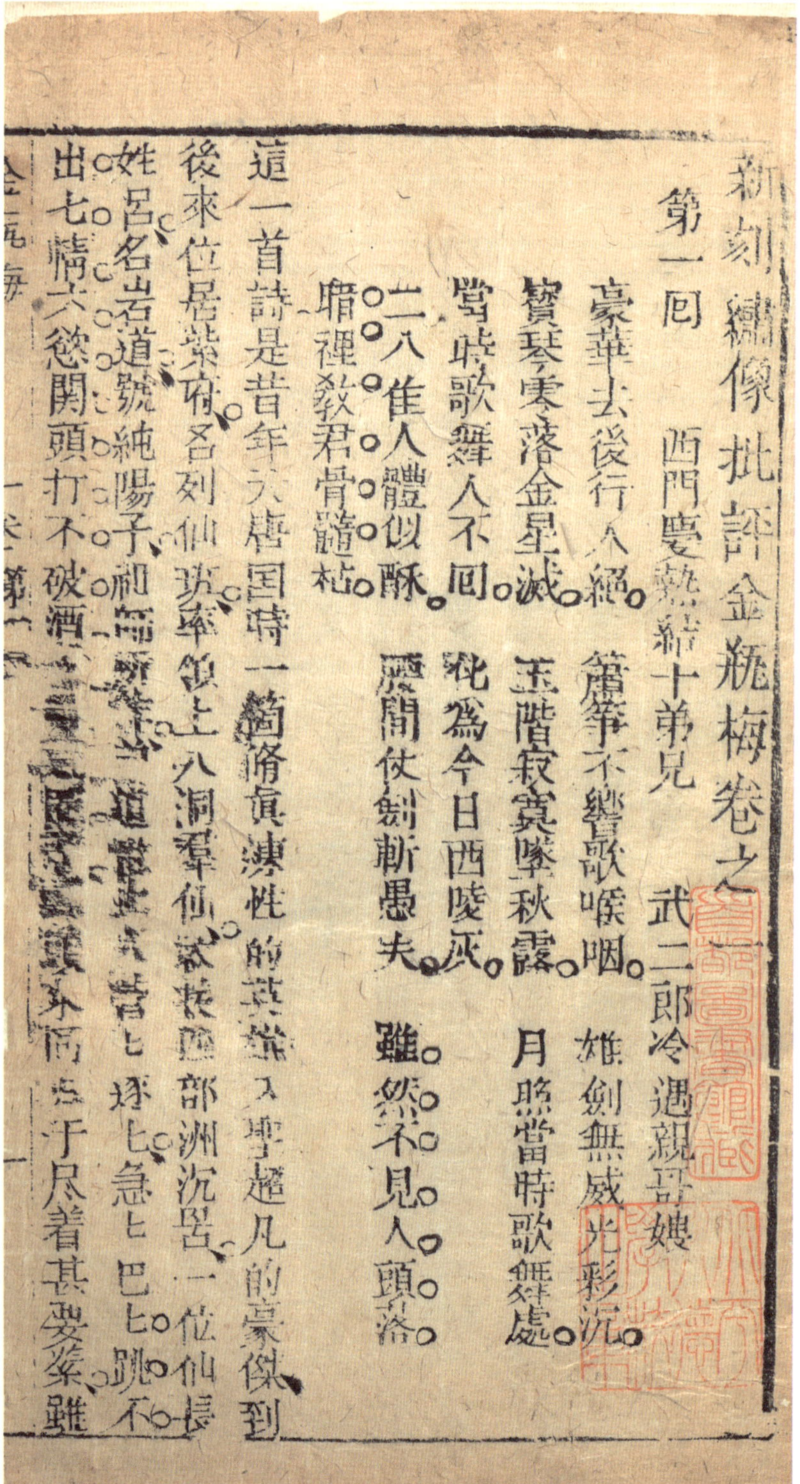

新刻繡像批評金瓶梅卷之一

第一回　西門慶熱結十弟兄　武二郎冷遇親哥嫂

豪華去後行人絕。簫箏不響歌喉咽。雄劍無威光彩沉。寶琴零落金星滅。玉階寂寞墜秋露。月照當時歌舞處。當時歌舞人不回。化為今日西陵灰。

二八佳人體似酥。腰間仗劍斬愚夫。雖然不見人頭落。暗裏教君骨髓枯。

這一首詩是昔年大唐國時一箇修真煉性的英雄入聖超凡的豪傑到後來位居紫府名列仙班率領上八洞羣仙救拔四部洲沉苦一位仙長姓呂名岩道號純陽子祖師所作單道世上人營營逐逐急急巴巴跳不出七情六慾關頭打不破酒色財氣圈子到頭來同歸于盡着甚要緊雖

金瓶梅　一卷第一　一

新刻繡像批評金瓶梅二十卷　（明）蘭陵笑笑生撰　明末刻本　四函二十册　索書號（甲三）970　第五批《國家珍貴古籍名録》12098號

半葉十一行二十三字，白口，四周單邊，框高19.9厘米，寬12.2厘米。

目前學界一般認爲，《金瓶梅》是我國第一部由文人獨立創作的長篇世情小説。作者蘭陵笑笑生爲化名，真實身份尚無定論，説法多達幾十種，較具代表性的有王世貞説、屠隆説、李開先説、賈三近説、王穉登説、徐渭説等。

《金瓶梅》約成書於明隆慶至萬曆年间，内容衍化自《水滸傳》中西門慶與潘金蓮的故事。写生藥鋪老闆西門慶與潘金蓮通奸，毒死其丈夫武大郎。武松替兄報仇却錯殺了人，被刺配孟州，西門慶趁機娶潘金蓮爲妾，後又與有夫之婦李瓶兒及其婢女春梅先後私通，并納爲妾。書名即由潘金蓮、李瓶兒、春梅三人名字中各取一字合成。《金瓶梅》雖以北宋末年爲背景，但所描繪的社會面貌、所表現的思想傾向，有鮮明的晚明時代特徵。清代李漁爲毛宗崗父子批評《三國演義》寫的序文曾引馮夢龍“四大奇書”之説，以爲《金瓶梅》與《三國》《水浒》《西游》三种并列爲“宇内四大奇書”。魯迅《中國小説史略》評其：“作者之於世情，蓋誠極洞達，凡所形容，或條暢，或曲折，或刻露而盡相，或幽伏而含譏，或一時并寫兩面，使之相形，變幻之情，隨在顯見，同時説部，無以上之。”

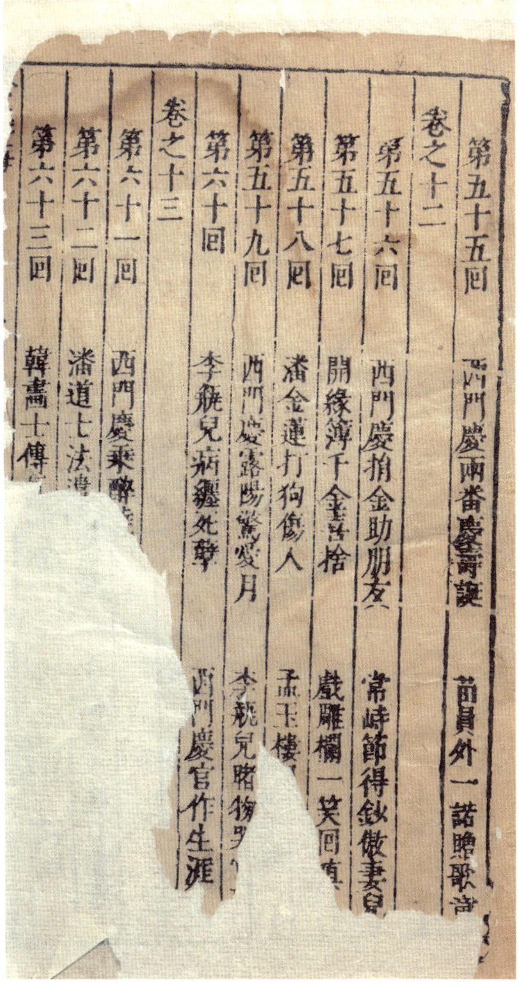
第五十五回　西門慶兩番慶壽誕　苗員外一諾贈歌
卷之十二
第五十六回　西門慶捐金助朋友　常峙節得鈔傲妻
第五十七回　開緣簿千金喜捨　戲雕欄一笑回
第五十八回　潘金蓮打狗傷人　孟玉樓
第五十九回　西門慶露陽驚愛月　李瓶兒睹物
第六十回　李瓶兒病纏死孽　西門慶官作生涯
卷之十三
第六十一回　西門慶乘醉
第六十二回　潘道士法
第六十三回　韓畫士傳

《金瓶梅》的明代版本可歸納爲兩個系統：一是“詞話本”；二是“説散本”。兩個系統均爲一百回。“詞話本”現存最早的爲明萬曆四十五年（1617）“東吴弄珠客”序的《金瓶梅詞話》，於1933年在山西省發現，舊藏北京圖書館（現存臺北故宫博物院）。“説散本”現存最早的爲明崇禎年間的《新刻繡像批評原本金瓶梅》。兩者主要區别是：“詞話本”第一回爲“景陽岡武松打虎”，“説散本”改爲“西門慶熱結十兄弟”；“詞話本”第八十四回後半回是“宋公明義釋清風寨”，“説散本”全删；“詞話本”回目上下句字數參差，對仗不工，書中有大量山東方言，“説散本”回目對仗工整，對方言進行了删改，

西門慶熱結十兄弟

吴月娘春晝鞦韆

文辭也經過修飾。

本書屬“説散本”。查考存世的十幾部崇禎説散本《金瓶梅》，從版式上可分爲兩大類。一類以北京大學圖書館藏本爲代表，半葉十行，行二十二字，無扉頁，無廿公跋，回首詩詞前有“詩曰”或“詞曰”二字。一類以日本内閣文庫藏本爲代表，半葉十一行，行二十八字，有扉頁，扉頁上題《新鎸繡像批評原本金瓶梅》，有廿公跋，回首詩詞前多無“詩曰”或“詞曰”二字。眉批行款版式各不相同。本书屬於内閣文库本一類，有夾批而無眉批，序文缺失，目録殘缺，第三十回尾缺。有圖一百幅。卷端未題著者。卷末有題詞半葉，署“回道人題”。

本書鈐有“北平孔德學校之章”。

（蘇航）

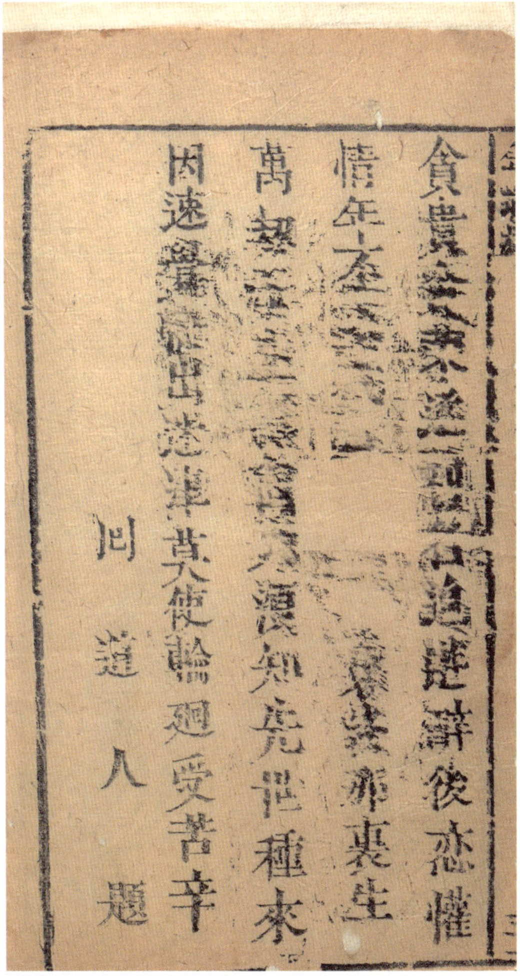
回道人題

【類叢部】

明嘉靖二十三年瀋藩朱胤栘刻本《初學記》

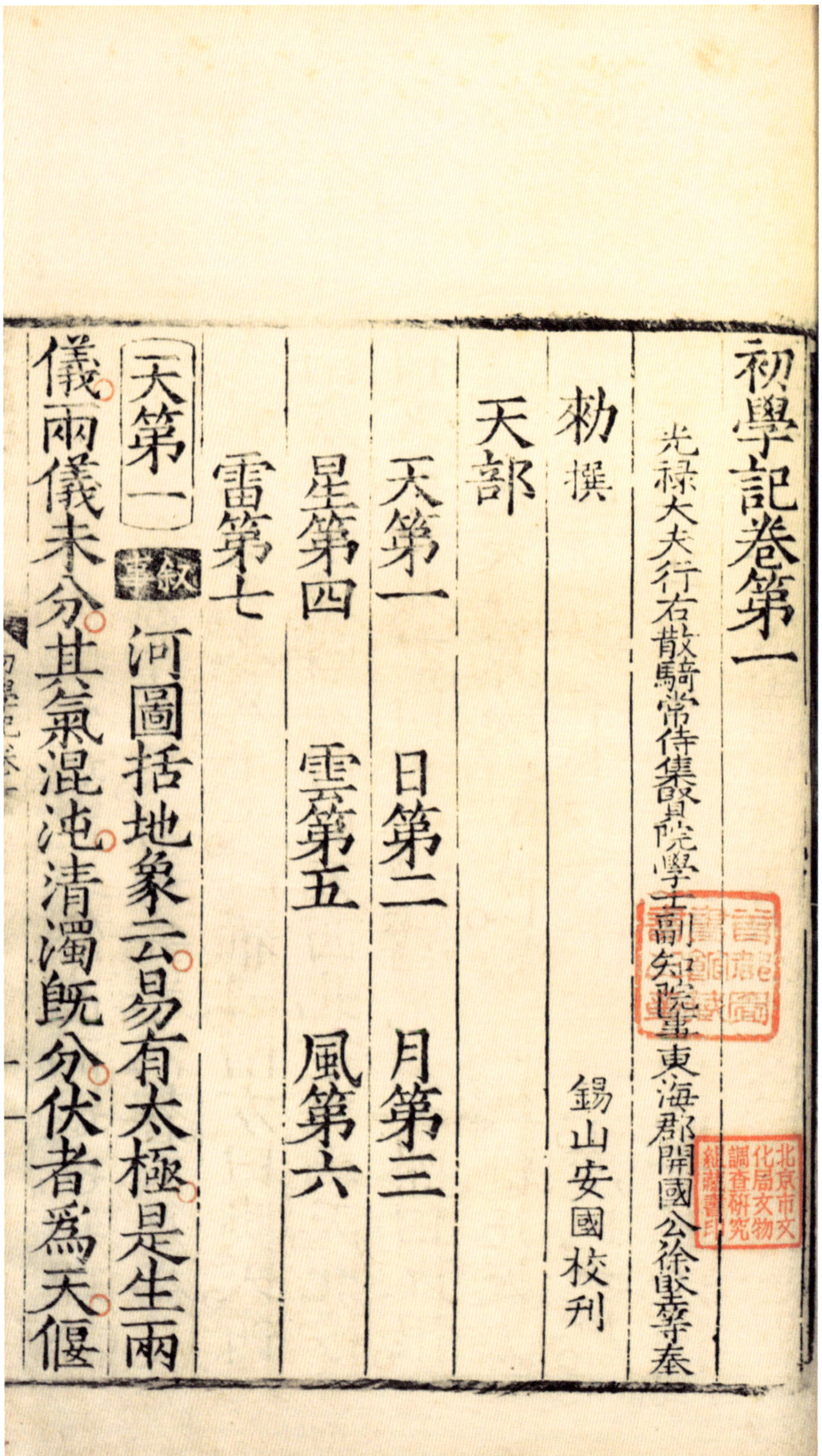

初學記卷第一

光祿大夫行右散騎常侍集賢院學士副知院事東海郡開國公徐堅等奉

敕撰　錫山安國校刋

天部

天第一　日第二　月第三

星第四　雲第五　風第六

雷第七

天第一　敘事

河圖括地象云易有太極是生兩

儀兩儀未分其氣混沌清濁既分伏者爲天偃

初學記三十卷　（唐）徐堅等撰　明嘉靖二十三年（1544）瀋藩朱胤栘刻本　二函十二册　索書號（丁）12672　第二批《國家珍貴古籍名録》04865 號

半葉九行十八字，小字雙行二十四字，白口，左右雙邊，單黑魚尾，框高 20.7 厘米，寬 16.1 厘米。

徐堅（659—729），字元固，湖州（今屬浙江）人。幼時即聰慧過人，遍覽經史。後舉進士，授太子文學。武周聖曆中爲東都留守判官，專主表奏。聖曆二年（699），與張説等四十七學士同修類書《三教珠英》。唐中宗時爲給事中。玄宗時改麗正書院爲集賢院，徐堅爲集賢院學士，纍封東海郡公。唐開元十七年（729）卒，贈太子少保，謚曰文。徐堅精通典故，擅文辭，熟悉典章制度，有文集三十卷傳於世。《舊唐書》卷一百零二、《新唐書》卷一百九十九有傳。

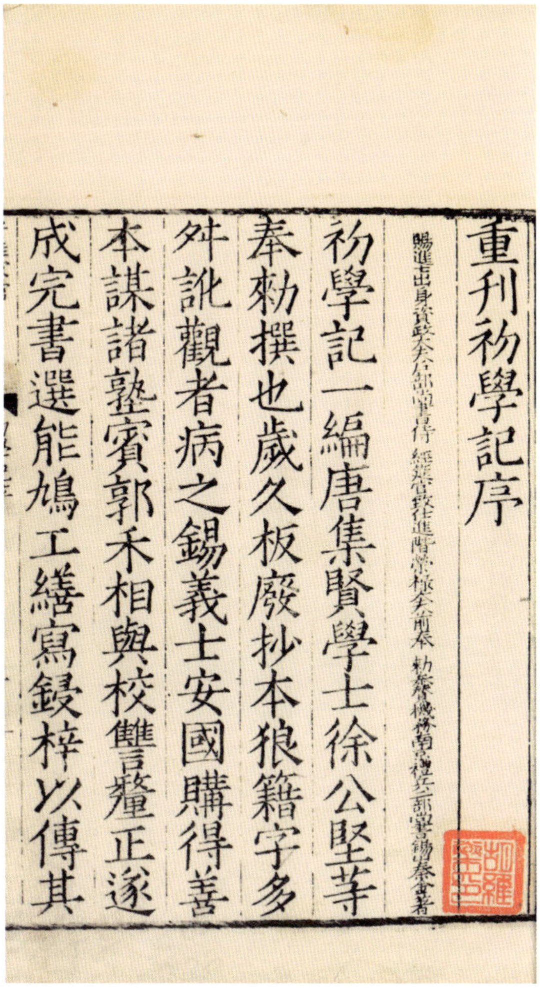
重刊初學記序
賜進士出身資政大夫戶部尚書兼侍 經筵官致仕進階榮祿大夫前奉 勅參贊機務南京禮兵二部尚書錫秦金著
初學記一編唐集賢學士徐公堅等
奉勅撰也歲久板廢抄本狼籍字多
舛訛觀者病之錫義士安國購得善
本謀諸藝賓郭禾相與校讐釐正遂
成完書選能鳩工繕寫鋟梓以傳其

《初學記》爲唐玄宗時官修類書，編纂目的是爲玄宗諸子問學習文查事用典之用，故名《初學記》。全書三十卷，分二十三部三百一十三個子目。每個子目内先爲“叙事”，次爲“事對”，末爲“詩文”，與一般類書略有不同。《初學記》取材於群經諸子、歷代詩賦及唐初詩文，其書“分門别類以備乎考，條綱貫目以便其觀，上自隆古，下及漢唐，文事之精英叢菁，罔弗萃焉”（朱胤栘《翻刻初學記叙》），對後世類書的編纂有較大的影響。《初學記》每引必注出處且引書廣泛，不少初唐以前已經亡佚的古籍資料因其徵引得以保存，於校勘古籍或者搜集佚文頗具利用價值。《四庫全書總目》謂之“在唐人類書中，博不及《藝文類聚》，而精則勝之”（卷一百三十五）。

《初學記》的版本以日本宫内廳書陵部所藏南宋紹興十七年（1147）余十三郎宅刻本爲最善最足。明嘉靖十年錫山安國桂坡館得宋本重刻，宋本原缺卷數以他本補足。後世晋藩、瀋藩等皆據安氏刻本翻刻重鐫。首都圖書館所藏爲明嘉靖二十三年瀋藩朱胤栘刻本。正文前依次有明嘉靖二十三年李新芳序、嘉靖十年錫山秦金序、南宋紹興四年福堂劉本序。

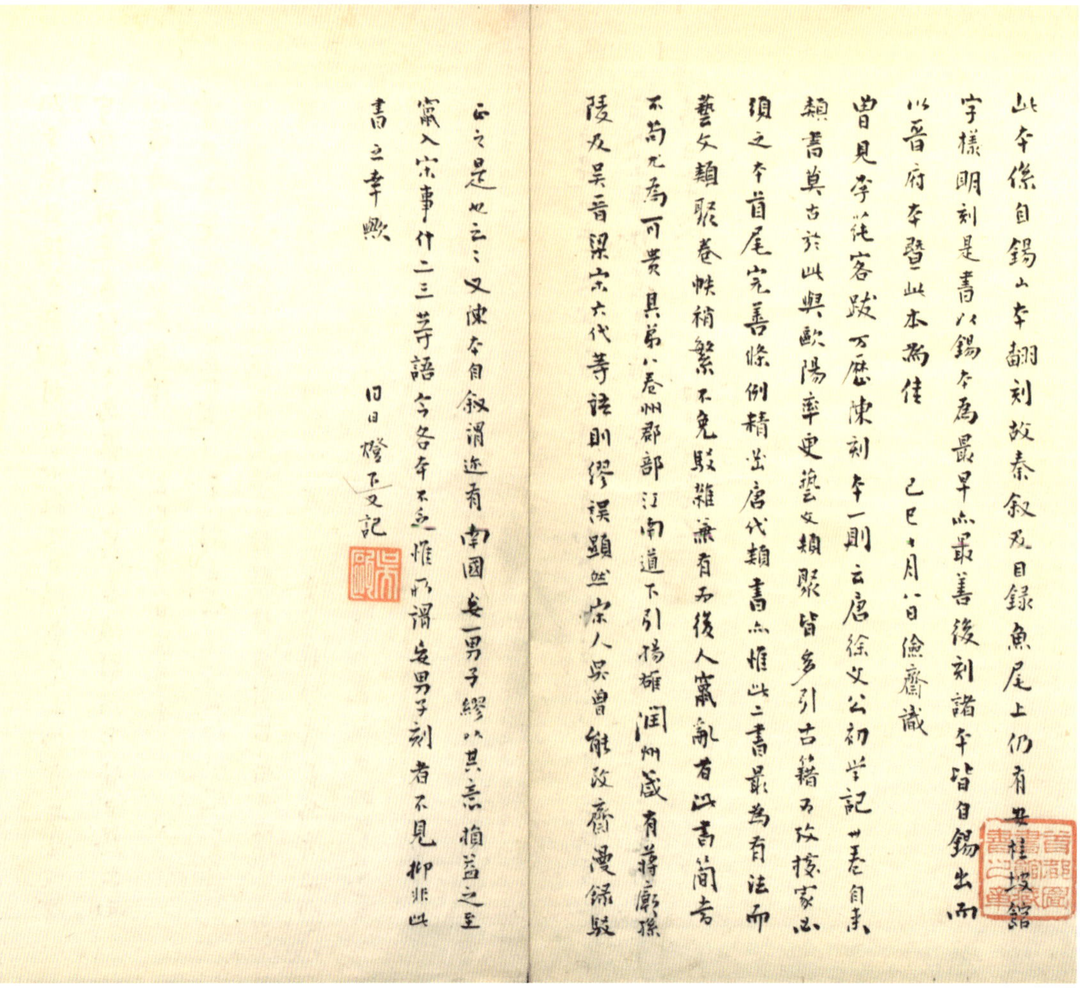
此本係自錫山安本翻刻故秦敘及目録魚尾上仍有安桂坡館字樣明刻是書以錫本爲最早亦最善後刻諸本皆自錫出而以晉府本暨此本爲佳　乙巳七月八日儉齋識
曾見李莼客跋万歷陳刻本一則云唐徐文公初学記卅卷自來類書莫古於此與歐陽率更藝文類聚皆多引古籍可資考證須之本首尾完善條例精当唐代類書亦推此二書最爲有法而藝文類聚卷帙稍繁不免駁雜兼有爲後人竄亂者以書簡者不苟尤爲可貴其第八卷州郡部江南道下引楊雄潤州箴有蔣廟孫陵及吴晉梁宋六代等語則繆誤顯然宋人吴曾能改齋漫録駁之云是也云云又陳本自敘謂近有南國安一男子繆以其意損益之至竄入宋事什二三等語今各本不之見惟所謂安男子刻者不見抑非此書之幸歟
四日燈下又記

其目録第三行題“大明嘉靖辛卯錫山安國重校”，首卷卷端第三行下題“錫山安國校刊”，每葉版心上方亦有“安桂坡館”字樣，可證明其自安國本翻刻。瀋藩朱胤栘即明瀋憲王，明太祖朱元璋七世孫，自號南山道人，有《保和齋稿》。

本書首有儉齋題識，題識末鈐“吳甌”朱文印，佚名朱筆圈點。鈐有“延秋珍藏”“定遠胡氏珍臧書画”二印。

（喬雅俊）

明嘉靖十五年秦汴繡石書堂刻本《錦繡萬花谷》

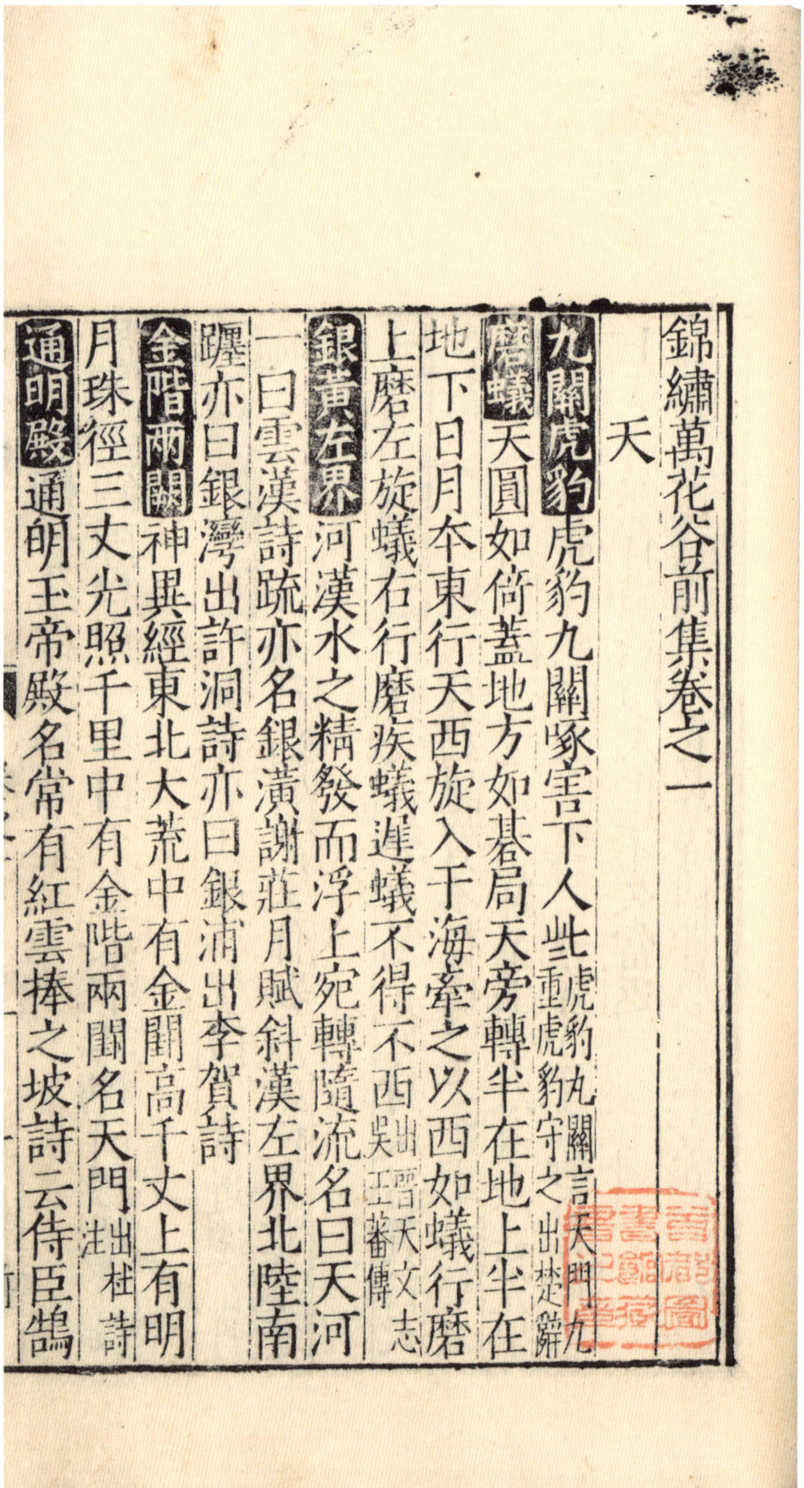

錦繡萬花谷前集卷之一

天

九關虎豹 虎豹九關啄害下人些 虎豹九關言天門九重虎豹守之出楚辭

磨蟻 天圓如倚蓋地方如碁局天旁轉半在地上半在地下日月本東行天西旋入于海牽之以西如蟻行磨上磨左旋蟻右行磨疾蟻遲蟻不得不西 出晉天文志吳王蕃傳

銀黃左界 河漢水之精發而浮上宛轉隨流名曰天河一曰雲漢詩疏亦名銀潢謝莊月賦斜漢左界北陸南躔亦曰銀灣出許洞詩亦曰銀浦出李賀詩

金階兩闕 神異經東北大荒中有金闕高千丈上有明月珠徑三丈光照千里中有金階兩闕名天門 出杜詩注

通明殿 通明王帝殿名常有紅雲捧之坡詩云侍臣鵠

錦繡萬花谷前集四十卷後集四十卷續集四十卷別集三十卷　明嘉靖十五年（1536）秦汴繡石書堂刻本　三函二十六册　索書號（乙三）1050　第二批《國家珍貴古籍名録》04894號

半葉十二行二十一字，小字雙行字同，白口，左右雙邊，單黑魚尾，框高18.9厘米，寬13.5厘米。

《錦繡萬花谷》是宋代一部由個人編纂而成的大型類書。作者姓名不詳，依其寫於南宋淳熙十五年（1188）之自序，推測其概爲南宋孝宗時人。

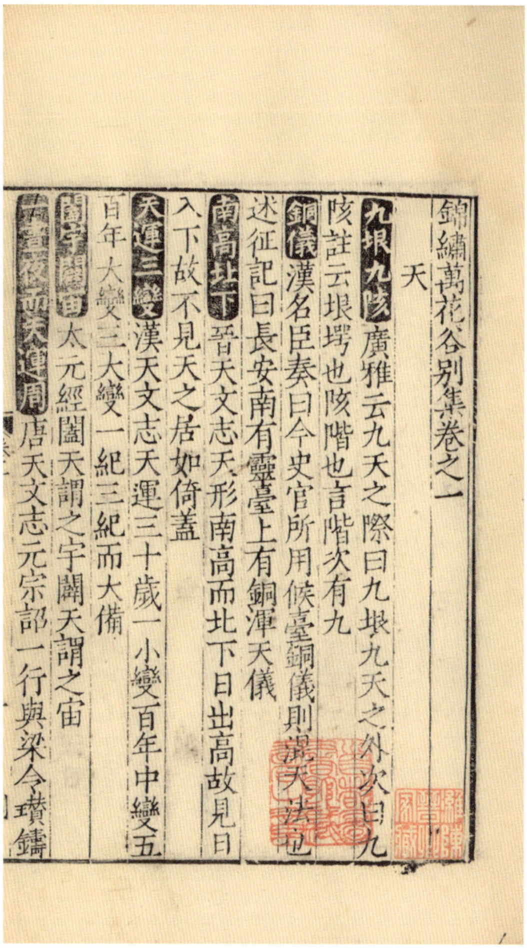
錦繡萬花谷別集卷之一
天
九垓九陔 廣雅云九天之際曰九垓九天之外次曰九
陔註云垓堺也陔階也言階次有九
銅儀 漢名臣奏曰今史官所用候臺銅儀則渾天法也
述征記曰長安南有靈臺上有銅渾天儀
南高北下 晉天文志天形南高而北下日出高故見日
入下故不見天之居如倚蓋
天運三變 漢天文志天運三十歲一小變百年中變五
百年大變三大變一紀三紀而大備
闔宇闢宙 太元經闔天謂之宇闢天謂之宙
一晝夜而天運周 唐天文志元宗詔一行與梁令瓚鑄

書分前集、後集、續集各四十卷。明代秦汴刻此書時，又以家藏鈔本三十卷補入梓爲别集。前集凡二百四十二類，後集凡三百二十六類，續集自一卷至十四卷凡四十六類，自十五卷至四十卷皆類姓。别集一百九十六類。每類首記事物，次録詩文，用雙行小字注明出處。《錦繡萬花谷》所輯資料取材極廣，據該書編纂者所撰《錦繡萬花谷序》言，條目薈萃“古人文集、佛老异書至於百家傳記、醫技稗官、齊諧小説”等，尤多采録唐宋軼事逸詩，保存了不少唐宋時期的文獻資料。《四庫全書總目》卷一百三十五云：“所録大抵瑣屑叢碎，參錯失倫……特其中久經散佚之書，如《職林》《郡閣雅談》《雅言系述》《雲林异景記》之類，頗賴此以存崖略。又每類後用《藝文類聚》例，附録詩篇，亦頗多逸章賸什，爲他本所不載。略其煩蕪，擷其精粹，未嘗不足爲考證之資也。”

是書有宋代刻本。明代則有弘治五年（1492）及七年華燧會通館銅活字本、明嘉靖十四年徽藩崇古書院刻本及嘉靖十五年秦汴繡石書堂刻本。秦汴刻本又分爲兩種，一爲前、後、續集各四十卷者，較爲常見；一爲增加了别集三十卷者，《歷代珍稀版本經眼圖録》《日本訪書志》曾著録，較稀見。首都圖書館所藏即爲後者。此書前有編者自序、總目後有秦汴所撰《考證》一篇及張愷所撰之跋文。書口鎸“繡石書堂”。據秦汴《考證》，他是以“坊間購得宋刻”爲底本，并用華氏會通館印本校訂始成。秦汴，字思宋，無錫人。喜藏書、刻書，藏書處名繡石書堂、容春草堂。

鈐有“海原閣藏書”“濰陳晋卿家臧”“陳氏珍臧”等印。

（喬雅俊）

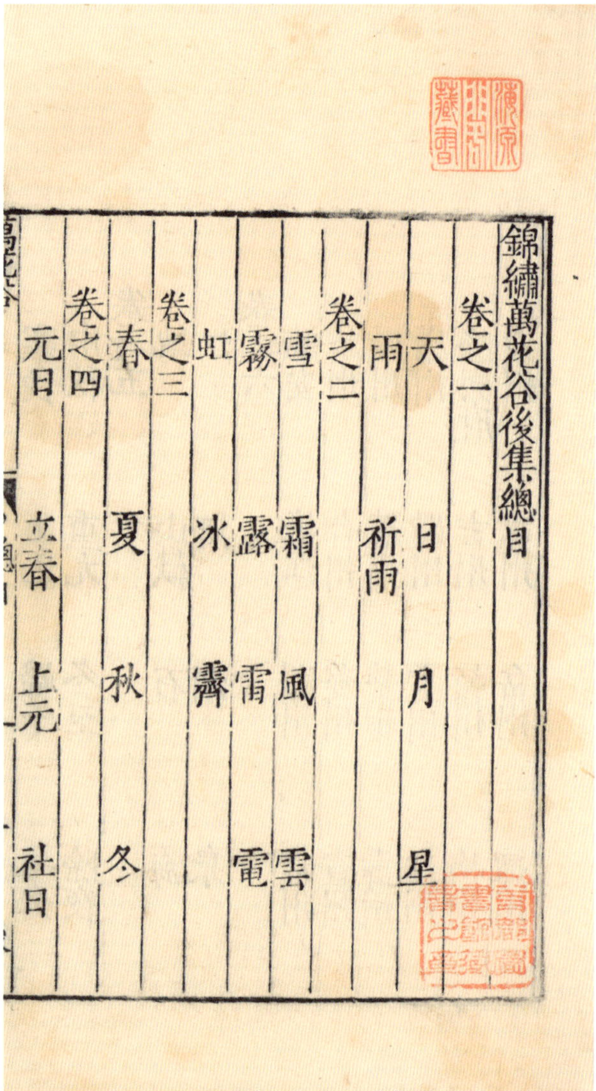
錦繡萬花谷後集總目
卷之一
天 日 月 星
雨 祈雨
卷之二
雪 霜 風 雲
霧 露 雷 電
虹 冰 霽
卷之三
春 夏 秋 冬
卷之四
元日 立春 上元 社日

明初刻本《新編事文類聚翰墨全書》

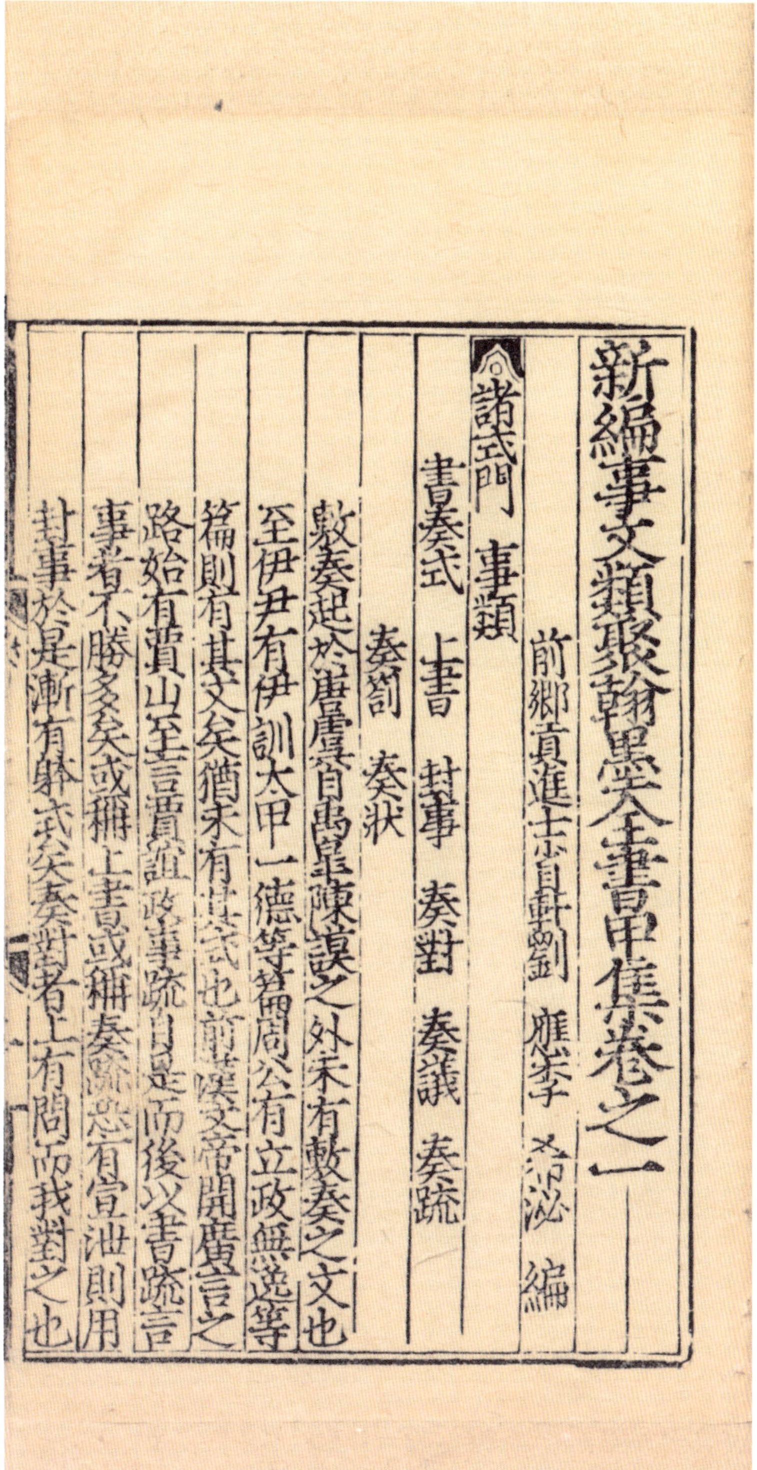
新編事文類聚翰墨全書甲集卷之一

前鄉貢進士廬陵劉　應李　希泌　編

諸式門　事類

書奏式　上書　封事　奏對　奏議　奏疏

奏劄　奏狀

敷奏起於唐虞自禹皋陳謨之外未有敷奏之文也至伊尹有伊訓太甲一德等篇周公有立政無逸等篇則有其文矣猶未有其式也前漢文帝開廣言之路始有賈山至言賈誼政事疏自是而後以書疏言事者不勝多矣或稱上書或稱奏疏恐有宣泄則用封事於是漸有体式矣奏對者上有問而我對之也

新編事文類聚翰墨全書甲集十二卷乙集九卷丙集五卷丁集五卷戊集五卷己集七卷庚集二十四卷辛集十卷壬集十二卷癸集十一卷後甲集八卷後乙集聖朝混一方輿勝覽三卷後丙集六卷後丁集八卷後戊集九卷　（元）劉應李輯　明初刻本　四函二十五册　索書號（丁）13947　第三批《國家珍貴古籍名録》08608號

存七十六卷（甲集全，乙集一至三、七至九，丙集全，丁集全，戊集全，己集全，庚集一至六，辛集全，壬集全，癸集一至八）。半葉十二或十四行二十四字，小字雙行字同，黑口，四周雙邊，雙順黑魚尾，框高15.7厘米，寬10.6厘米。

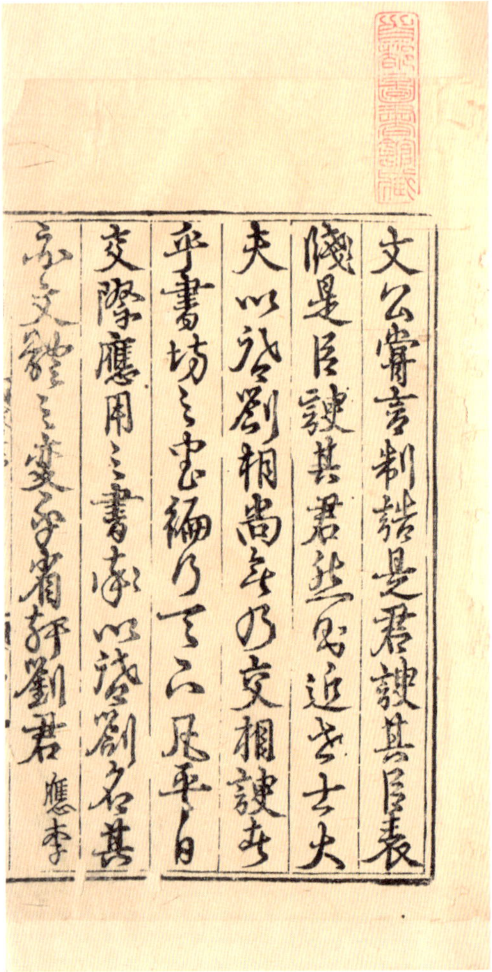

劉應李，初名棨，字希泌，號省軒，建寧建陽（今福建建陽）人。南宋度宗咸淳十年（1274）進士，曾任建陽主簿。宋亡不仕，退與熊禾、胡一桂講學於洪源山。後建化龍書院於莒潭，聚徒講授，學者雲集，并著書立説，所著有《翰墨全書》《易經精義》《傳道精語》等，僅《翰墨全書》存世。

《新編事文類聚翰墨全書》，又名《新編事文類聚翰墨大全》。作爲一部民間交際應用類書，是書仿祝穆《事文類聚》之例，分類輯録大量詞語典故、詩詞文章以及圖式、聯語等各種應酬文字，入諸式門、冠禮門、慶誕門等二十五門，先列“事類”，後列“文類”，采摭甚富，便於查尋。其中保留宋元間應酬詩文頗多，爲輯佚家所重視；所記諸款式、稱謂、禮制，多見一時風尚，元代官制、輿地、科舉條式尤詳。該書對研究宋元歷史、文學具有一定價值。

此書實用性較强，故頗受歡迎，傳刻者甚多。元刻本系統有二，一爲大德本，一爲泰定本，但現存多爲殘帙。明刻本系統有五，分别是明初本、正統本、正德本、嘉靖三十六年（1557）楊氏歸仁齋刻本和萬曆三十九年（1611）安正堂重修本。首都圖書館所藏爲明初刻本，前有元大德十一年（1307）熊禾序，内容直接承襲泰定本，卷目與内容編排則參照大德本。明初本乃是明代《翰墨全書》最爲流行的版本，被多次翻刻。首都圖書館此書雖爲殘本，但保存大半，仍具有一定的版本、文獻價值。

（范猛）

《混一諸道之圖》局部

明嘉靖潘蔓刻本《楮記室》

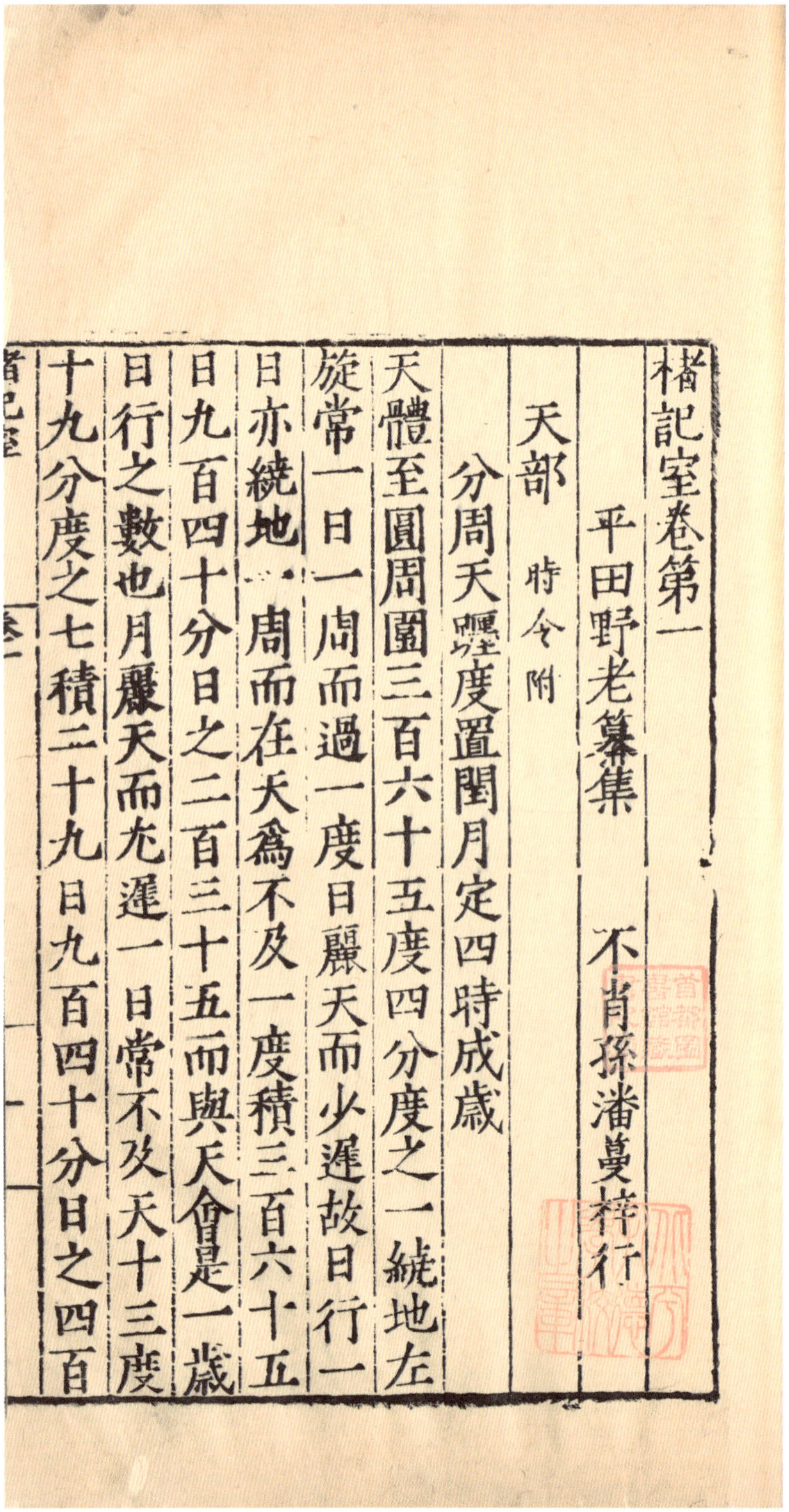

楮記室卷第一

平田野老纂集　不肖孫潘蔓梓行

天部　時令附

分周天躔度置閏月定四時成歲

天體至圓周圍三百六十五度四分度之一繞地左旋常一日一周而過一度日麗天而少遲故日行一日亦繞地一周而在天爲不及一度積三百六十五日九百四十分日之二百三十五而與天會是一歲日行之數也月麗天而尤遲一日常不及天十三度十九分度之七積二十九日九百四十分日之四百

楮記室　卷一

楮記室十五卷　（明）潘塤輯　明嘉靖潘蔓刻本　一函六册　索書號（甲三）16　第二批《國家珍貴古籍名録》04938號

半葉十行二十字，白口，四周單邊，框高19.3厘米，寬13.5厘米。

潘塤（1476—1562），字伯和，號熙臺，自號平田野老，南直隸淮安府山陽縣（今江蘇淮安）人，明正德三年（1508）戊辰科進士。生有异稟，工於文章。歷任工科給事中、兵科都給事中、山東右布政使、都察院右副都御史等職。爲官不畏權勢，敢於直言；出仕熱心地方事業，積極建言獻策。著有《淮郡文獻志》《撫台奏議》《楮記室》等。《明史》卷二百三有傳。

《楮記室》一書具有明顯的筆記小説性質。楮，落葉喬木，皮可製紙，後借指紙。記室，官名。東漢置，諸王、三公及大將軍都設有記室令史，掌章表書記文翰。是書可供文人臨文查閲之用，事同管文字工作的記室，故名之曰《楮記室》。分天、地、人三部，每部又各分子目，多附明代事實，内容多收録遺聞逸事和神鬼异事，爲吴承恩創作《西游記》提供了參考，對考察明代故實亦有一定幫助。語言方面間或采民間俗語，是研究明代民間用語之資料。

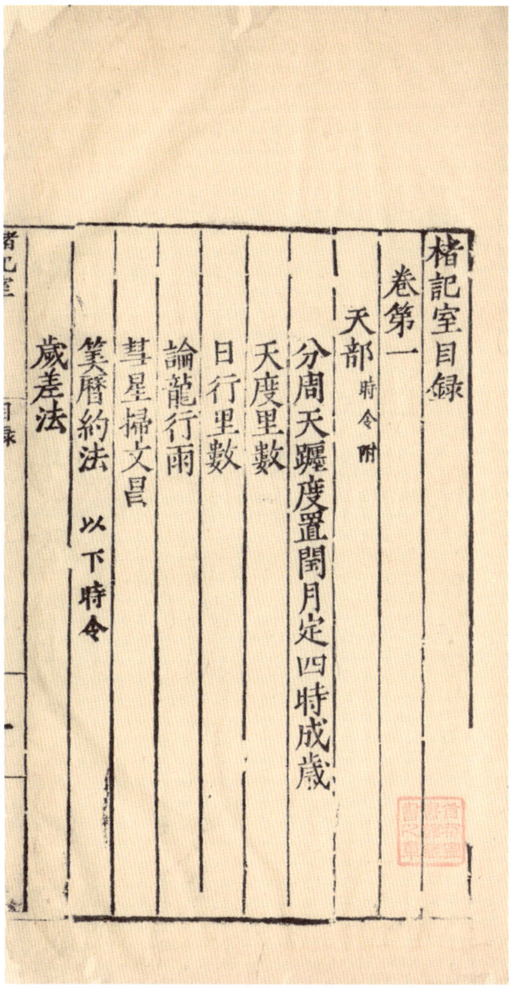
楮記室目録
卷第一
天部 時令附
分周天躔度置閏月定四時成歲
天度里數
日行里數
論龍行雨
彗星掃文昌
筭曆約法 以下時令
歲差法

首都圖書館所藏此書爲明嘉靖潘蔓刻本，潘塤自序首葉殘闕。潘蔓（1538—1606），潘塤之孫，字孟深，小字綿孫，自號畏軒，太學生，官膠州同知。後任魯王紀善，以老乞歸。操行清雅，詩文甚豐，精書法。

著有《楚澤吟》《北游吟》《閑中詩草》等。幼時隨祖父塤讀書，受其人品、學問影響頗深。《楮記室》書成，潘蔓將之刻行於世。

此本有佚名圈點。鈐有“北平孔德學校之章”。

（范猛）

明刻本《唐宋白孔六帖》

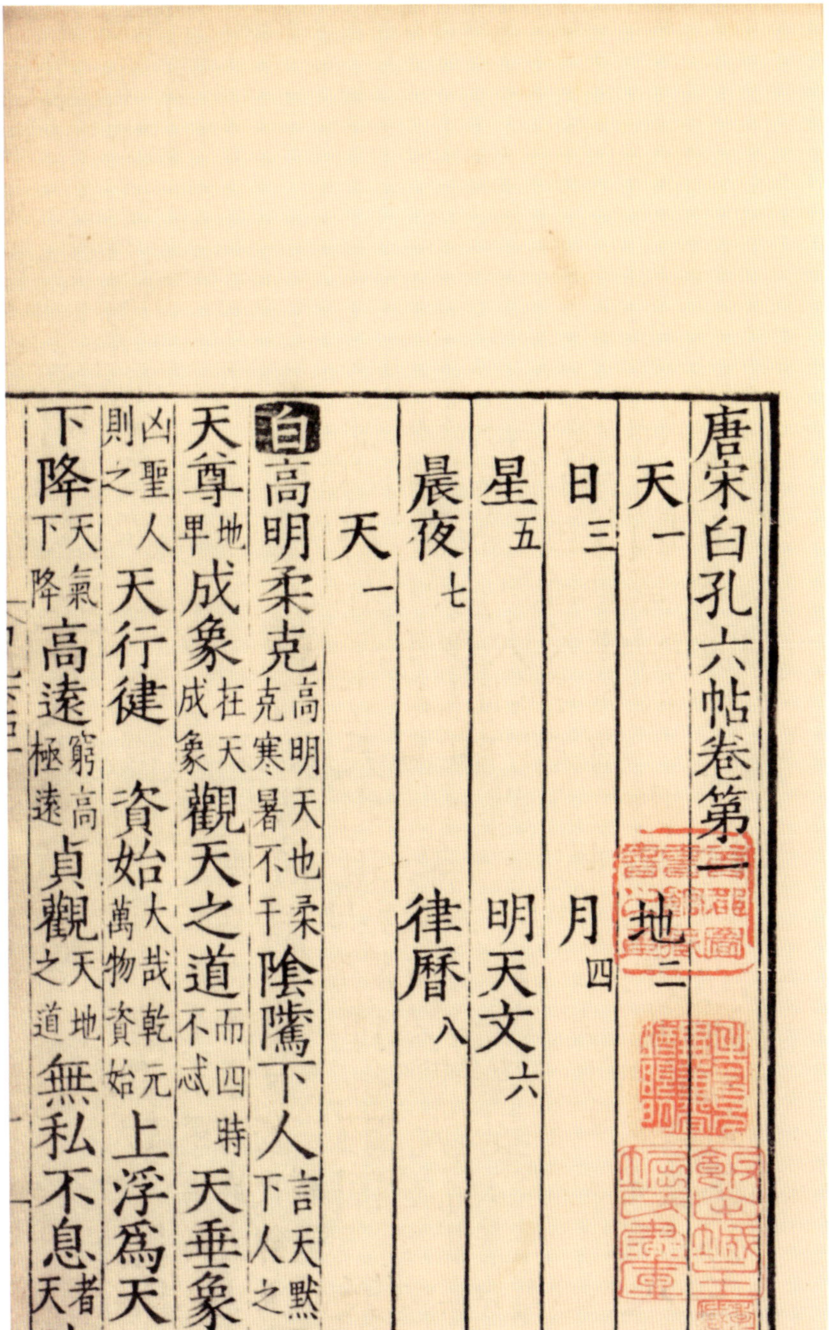
唐宋白孔六帖卷第一

天一 地二

日三 月四

星五 明天文六

晨夜七 律曆八

天一

白 高明柔克高明天也柔克寒暑不干 陰騭下人言天默定下人之命

天尊地卑成象在天成象 觀天之道而四時不忒 天垂象見吉

凶聖人則之 天行健 資始大哉乾元萬物資始 上浮爲天

下降天氣下降 高遠窮高極遠 貞觀天地之道 無私不息者天 清

唐宋白孔六帖一百卷目録二卷　（唐）白居易　（宋）孔傳輯　明刻本　十函一百册

索書號（乙三）875　第三批《國家珍貴古籍名録》08586 號

半葉十行十八字，小字雙行字同，白口，左右雙邊，單白魚尾，框高 19.3 厘米，寬 15.3 厘米。

白居易（772—846），字樂天，晚號香山居士，又號醉吟先生，華州下邽（今陝西渭南北）人。唐德宗貞元十六年（800）進士，歷遷翰林學士、左拾遺、左贊善大夫、刑部

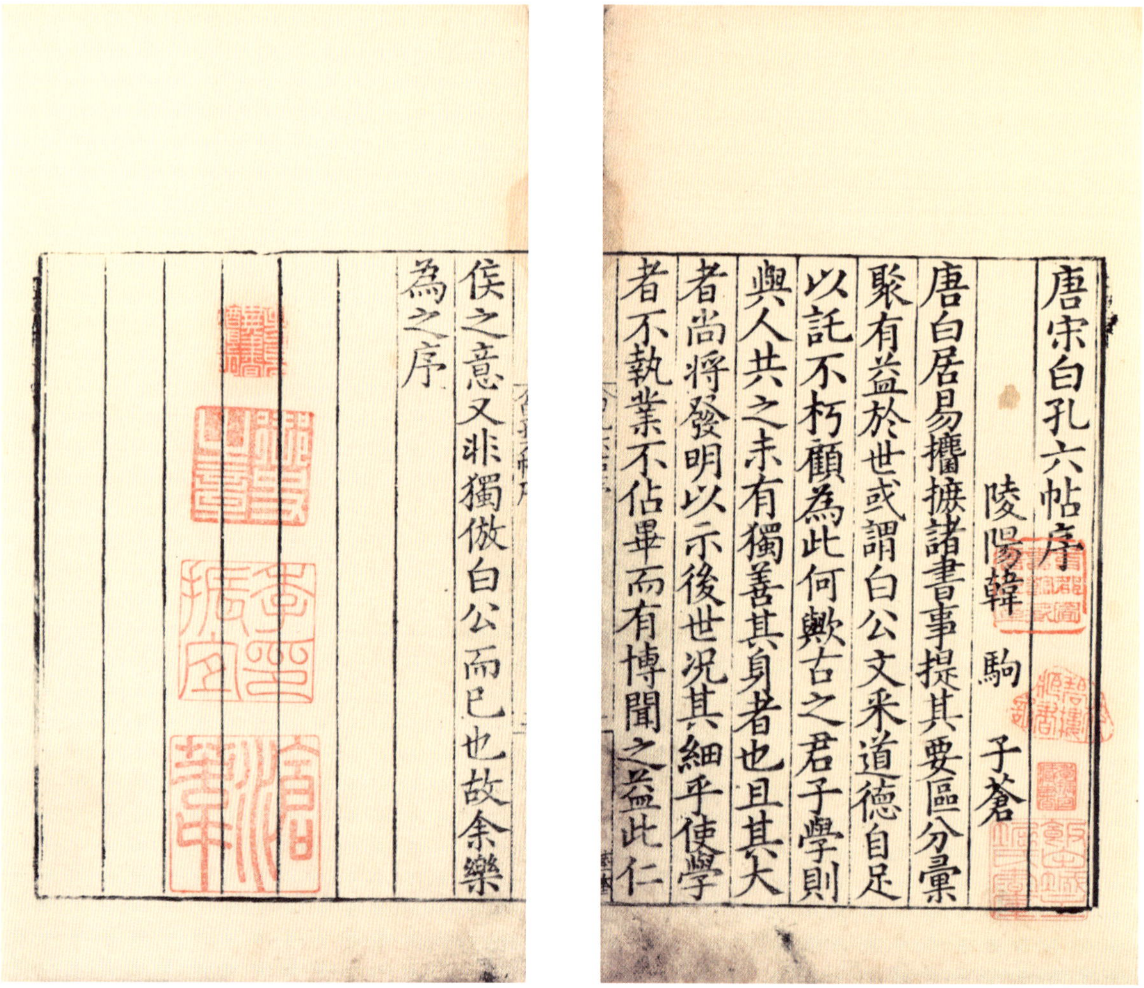
唐宋白孔六帖序

陵陽韓　駒　子蒼

唐白居易攟摭諸書事提其要區分彙聚有益於世或謂白公文采道德自足以託不朽顧為此何歟古之君子學則與人共之未有獨善其身者也且其大者尚將發明以示後世況其細乎使學者不執業不佔畢而有博聞之益此仁侯之意又非獨倣白公而已也故余樂為之序

侍郎等職。工詩，取材廣泛，語言平實。倡導新樂府運動，自創新題，咏寫時事，主張體現漢樂府的現實主義精神。作品有《白氏長慶集》傳世。《舊唐書》卷一百六十六、《新唐書》卷一百一十九有傳。孔傳，原名若古，字世文，晚號杉溪，仙源縣（今山東曲阜）人，孔子四十七代孫，生活於兩宋之際。博極群書，尤精易學。建炎初，隨孔端友南渡，遂流寓衢州。紹興二年（1132）除知郃州，移知陝州，改知撫州，官至右朝議大夫。著有《孔子編年》《東家雜記》《杉溪集》《孔氏六帖》等。

白居易爲積纍寫作素材，曾編輯了一部類書，名《白氏六帖》，共三十卷。至宋，孔傳仿白氏之書，又作《孔氏六帖》三十卷。南宋末，兩書合爲一編，析爲一百卷。是書采擇各書中成語、典故，或摘句，或提要，分類編次，體例略同《北堂書鈔》。所分門類共一千三百多個，每一門類之前，標有“白”字的，是指白居易書中原文，標有“孔”字的，是指孔傳書中原文。其内容舉凡天文、地理、動物、植物、科技、政治、經濟、文學、藝術、歷史、風俗等等，無所不包，涉及自然界和人類社會的衆多方面，兼有百科全書和資料彙編的雙重性質。因所録爲唐朝以前史料及唐宋詩文，有一定的史料價值，對輯佚、校勘古籍也有一定的幫助。

首都圖書館所藏乃明刻本。前有宋人韓駒序，述該書成書經過。有刻工李耀、守中等，均爲明中期刻字工人。該書現存的最早版本是宋刻本，惜爲殘帙，僅存二卷。首都圖書館藏本雖爲明刻，但内容保存完整，對窺見原書全貌實有裨益。

此本鈐有“季振宜臧書”“季振宜印”“滄葦”“御史之章”“御史振宜之印”“枕碧樓臧書記”“老見异書猶眼明”等印記。

（范猛）

明正統十二年閻敬刻本《事物紀原集類》

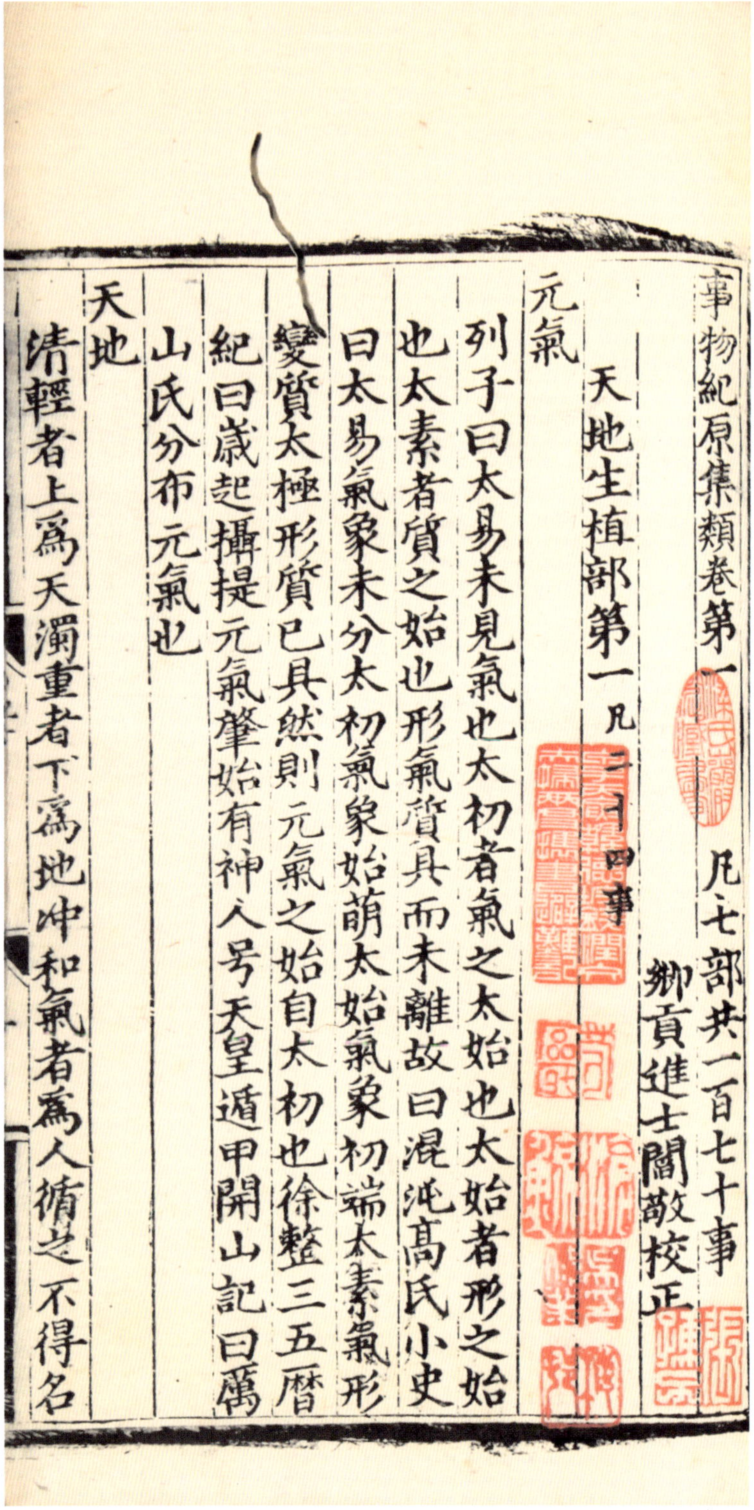
事物紀原集類卷第一　凡七部共一百七十事
天地生植部第一　凡二十四事　　鄉貢進士閻敬校正
元氣
列子曰太易未見氣也太初者氣之太始也太始者形之始
也太素者質之始也形氣質具而未離故曰混沌高氏小史
曰太易氣象未分太初氣象始萌太始氣象初端太素氣形
變質太極形質已具然則元氣之始自太初也徐整三五曆
紀曰歲起攝提元氣肇始有神人号天皇遁甲開山記曰禹
山氏分布元氣也
天地
清輕者上爲天濁重者下爲地冲和氣者爲人循之不得名

事物紀原集類十卷　（宋）高承撰　明正統十二年（1447）閻敬刻本　一函十册　索書號（丁）13928　第四批《國家珍貴古籍名録》10526號

半葉十二行二十四字，黑口，四周雙邊，雙順黑魚尾，框高20.0厘米，寬13.3厘米。

高承，宋開封（今屬河南）人，神宗元豐前後在世。著有《事物紀原》十卷。

《事物紀原集類》，又作《事物紀原》，專記事物原始之屬。凡十卷，全書共記一千七百六十五事，分五十五部排列，每部均以四字標目，如“天地生植”“正朔曆數”“公式姓諱”“旗旐采章”“經籍藝文”“三省綱轄”“橫行武列”“庫務職局”“舟車帷幄”“農業陶漁”“軍伍名額”等等，各部之下又有若干細目，如“天地生植”部下有元氣、天地、四方、日月等二十四目。大到天地山川、禮樂制度、古今事物之變，小至鳥獸草木、陰陽之妙，均追其根源，溯其流變。

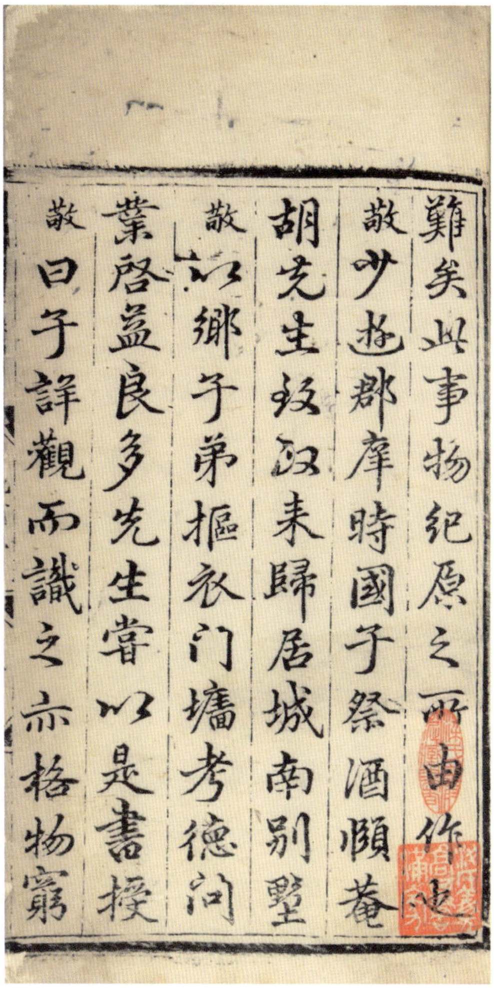
難矣此事物紀原之所由作也
敬少游郡庠時國子祭酒頤菴
胡先生致政來歸居城南別墅
敬以鄉子弟摳衣門墻考德問
業啓益良多先生嘗以是書授
敬曰子詳觀而識之亦格物窮

閻敬，明正統間江西南昌人，自鄉紳黄某處得此書，閲後認爲“初學之士得而閲之，則事事物物之原悉瞭然於心目之間，亦可以知其概矣……遂鋟梓以傳，俾四方學者得以廣其見聞”（閻敬序）。該書内容豐富，舉凡政治、經濟、軍事、典章制度、文化藝術、醫學、風俗、服飾、器用、宗教、天文、地理以及草蟲鳥獸等社會、自然、民衆生活領域的事物，無不涉及，還分門别類搜録了天地萬物的起源來歷，不僅豐富了人類文化史，更爲後人研究古代社會文化、民俗傳承源流提供了寶貴的資料，在民俗史上亦有着不可磨滅的獨特價值和意義。

此本鈐有“古婁韓氏應陛載陽父子珍臧善本書籍印記”“韓繩大印”“價藩”“甲子丙寅韓德鈞錢潤文夫婦兩度携書避難記”“松江讀有用書齋金山守山閣兩後人韓德鈞錢潤文夫婦之印”“張孺子”“梁氏義高書滿家”“梁氏巖窟臧書”“秋詩”“半農”“滄鯨”“孟昜”“牧翁”等印記。

（牛小燕）

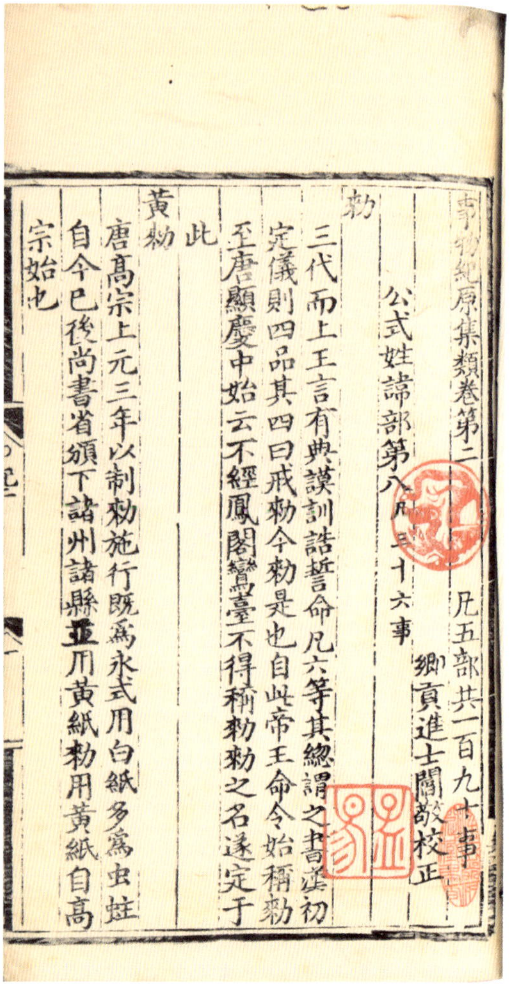
事物紀原集類卷第二　凡五部共一百九十事
公式姓諱部第八　凡三十六事　鄉貢進士閻敬校正
勅
三代而上王言有典謨訓誥誓命凡六等其總謂之書秦初定儀則四品其四曰戒勅令勅是也自此帝王命令始稱勅至唐顯慶中始云不經鳳閣鸞臺不得稱勑勑之名遂定于此
黃勑
唐高宗上元三年以制勑施行既爲永式用白紙多爲虫蛀自今已後尚書省頒下諸州諸縣並用黃紙勑用黃紙自高宗始也

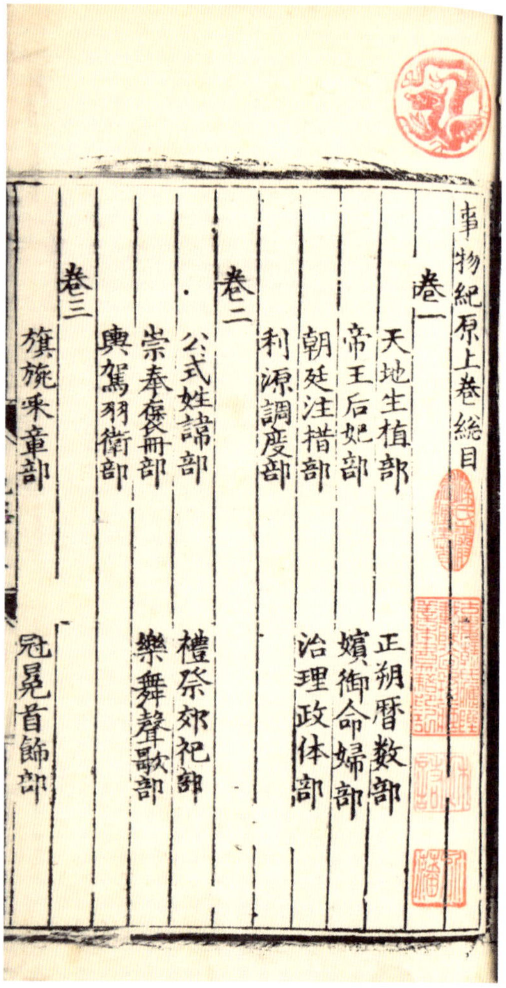
事物紀原上卷總目
卷一
天地生植部　正朔曆數部
帝王后妃部　嬪御命婦部
朝廷注措部　治理政体部
利源調度部
卷二
公式姓諱部　禮祭郊祀部
崇奉褒冊部　樂舞聲歌部
輿駕羽衛部
卷三
旗旐乘章部　冠冕首飾部

明嘉靖二十九年至三十年袁氏嘉趣堂刻本《金聲玉振集》

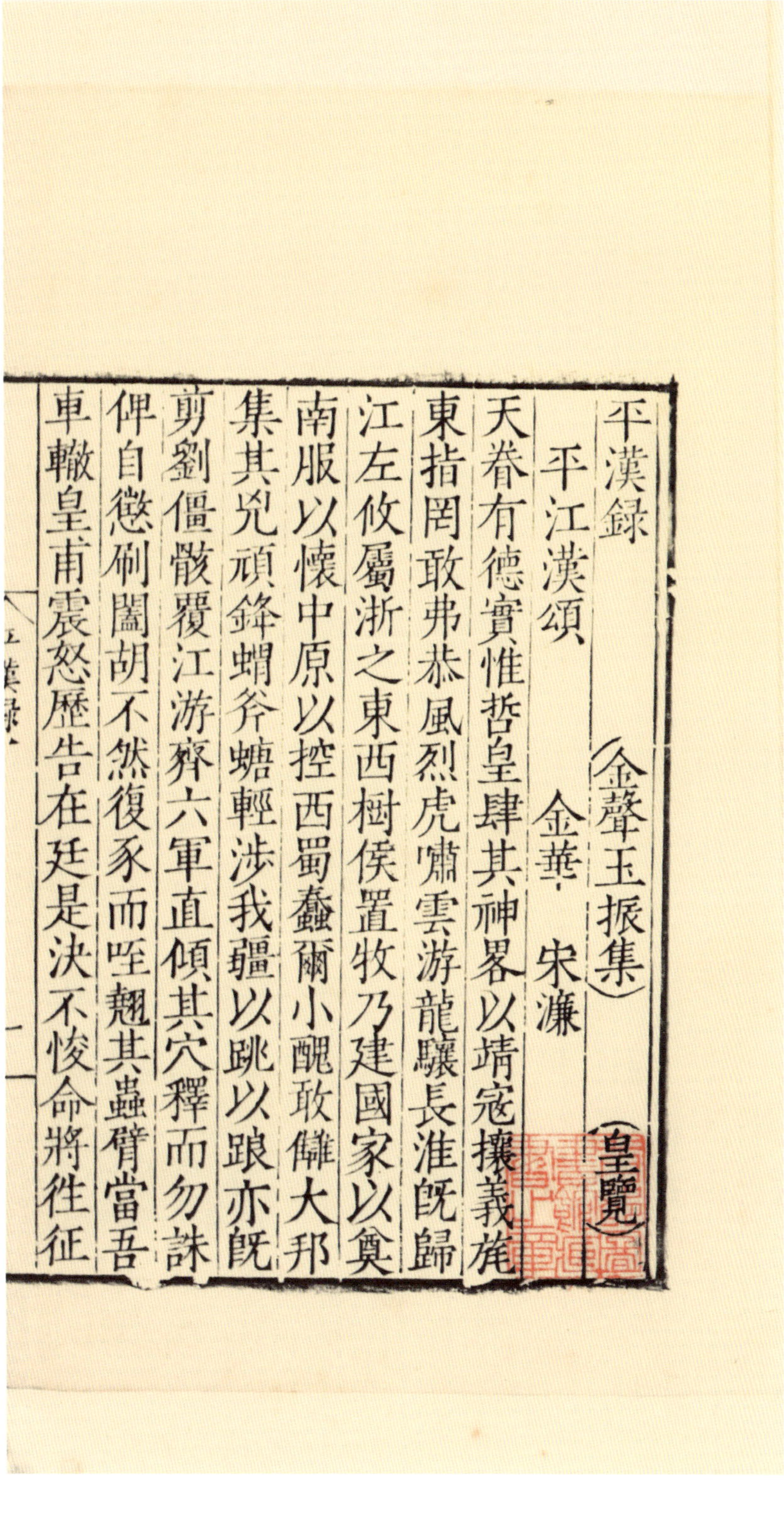
平漢録　　金聲玉振集
平江漢頌　　金華　宋濂
天眷有德實惟哲皇肆其神畧以靖寇攘義旆
東指罔敢弗恭風烈虎嘯雲游龍驤長淮既歸
江左攸屬浙之東西樹侯置牧乃建國家以奠
南服以懷中原以控西蜀蠢爾小醜敢讎大邦
集其兇頑鋒蝟斧螗輕涉我疆以跳以踉亦既
剪劉僵骸覆江游齊六軍直傾其穴釋而勿誅
俾自懲刷闒胡不然復豕而啞翹其蟲臂當吾
車轍皇甫震怒歷告在廷是決不悛命將徃征
皇覽

金聲玉振集六十三卷　（明）袁褧編　明嘉靖二十九年至三十年（1550—1551）袁氏嘉趣堂刻本　六函三十二册　索書號（乙三）767　第二批《國家珍貴古籍名録》05014號

半葉十行二十字，小字雙行字同，白口，左右雙邊，單綫魚尾，框高17.6厘米，寬12.9厘米。

袁褧（1495—1573），字尚之，號謝湖居士，明吴郡（今江蘇蘇州）人，諸生。工詩善畫，書法俊邁，宗法米芾，與文徵明齊名。好藏書，嘗以所藏宋刻善本摹刻行世。其藏書樓、刻書處名“嘉趣堂”“石磐齋”“兩庚草堂”“昌安堂”“玉韵齋”等，以藏書衆多、刻書精審著稱。著有《奉天刑賞録》《田舍集》《游都三稿》《譜系八述》。

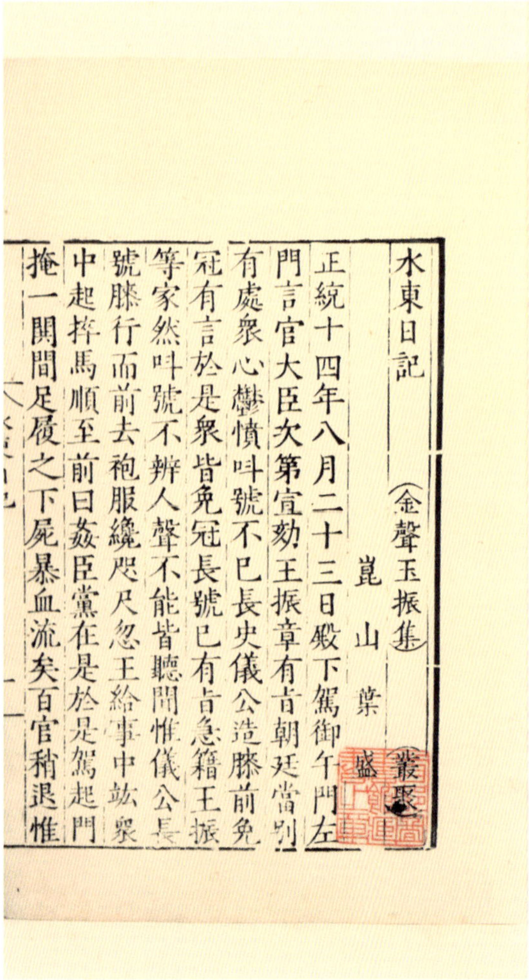
水東日記　（金聲玉振集）（叢聚）
崑山葉盛
正統十四年八月二十三日殿下駕御午門左
門言官大臣次第宣劾王振章有旨朝廷當别
有處衆心鬱憤叫號不已長史儀公造膝前免
冠有言於是衆皆免冠長號已有旨急籍王振
等家然叫號不辨人聲不能皆聽聞惟儀公長
號膝行而前去袍服纔咫尺忽王給事中竑衆
中起捽馬順至前曰姦臣黨在是於是駕起門
掩一閧間足履之下屍暴血流矣百官稍退惟

“金聲玉振”典出《孟子·萬章下》，原意指孔子德行兼備，集古聖先賢思想之大成。袁褧以“金聲玉振”爲叢編之名，其意在比喻該書搜羅珍本佳作，彙爲叢刊，集史料與學術之大成。《金聲玉振集》按皇覽、征討、紀亂、組繡、紀變、考文、叢聚、水衡、邊防、撰述等十類編就，共五十種六十三卷。所收各書之後間有作者撰寫的後記。如《吕梁洪志》後記曰：“馮子所撰凡八篇，余采其六篇付刻之，取重要也。”《海道經》後記云：“右《海道經》兩見刻本，俱至此，因以則例、供祀二碑有關運事，附刻末簡，庶有所考焉。”《國初事迹》後有記“嘉靖乙巳春三月四日吴袁生褧偶記”等等。

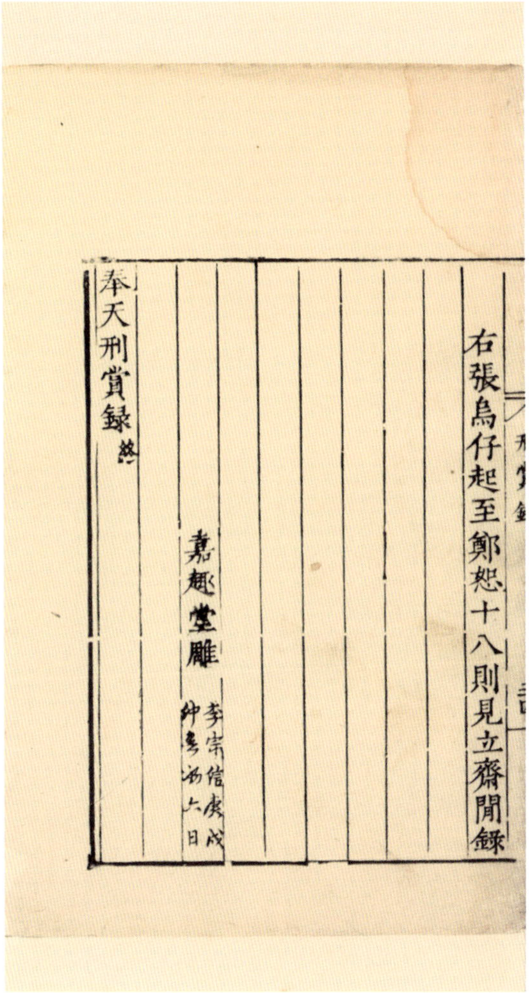
右張烏仔起至鄭怨十八則見立齋閒録

嘉趣堂雕

李宗信庚戌仲冬初六日

奉天刑賞録終

首都圖書館藏《金聲玉振集》爲明嘉靖二十九年至三十年袁氏嘉趣堂刻本，於《奉天刑賞録》書後有木記“嘉趣堂雕”。其書卷内書題，書名在上，《金聲玉振集》總名在下，猶有古意。有刻工李宗信、劉時美等。該書内容廣泛，是明代政治、經濟、軍事以及學術研究方面的資料輯録，同時又有揀選和補缺，具有重要的史料和學術研究價值。

（牛小燕）

明末刻本《海隅集》

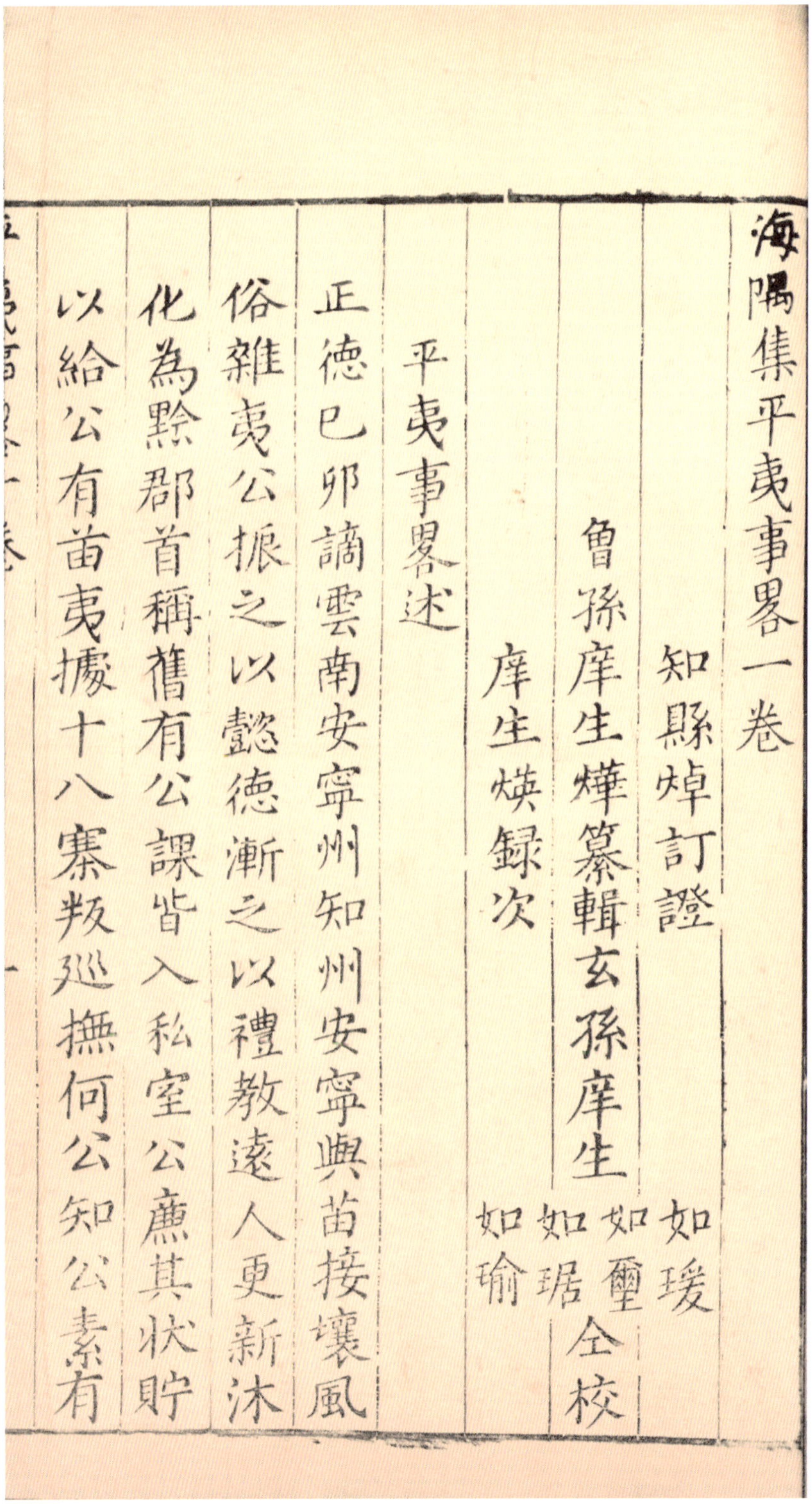

海隅集平夷事畧一卷

知縣焯訂證

曾孫庠生燁纂輯玄孫庠生

庠生煐録次

如瑗

如璽仝校

如琚

如瑜

平夷事畧述

正德己卯謫雲南安寧州知州安寧與苗接壤風

俗雜夷公振之以懿德漸之以禮教遠人更新沐

化為黔郡首稱舊有公課皆入私室公廉其狀貯

以給公有苗夷據十八寨叛巡撫何公知公素有

海隅集四種九卷　（明）毛㸂撰并編　明末刻本　一函三册　索書號（甲四）1268

第四批《國家珍貴古籍名録》10554 號

半葉九行二十字，白口，四周單邊，框高 21.9 厘米，寬 14.6 厘米。

《海隅集》爲毛㸂曾祖毛思義所遺，乃未成之書，又經年未理，文稿殘闕，遺而弗備，㸂廣搜諸公贈言補而續之，遂成是集。毛思義，字繼賢，號海隅，陽信（今屬山東濱州）人，明弘治十五年（1505）進士，初授户部主事，正德末年出知直隸永平府，以忤江彬，被讒下獄，謫雲南安寧知州，嘉靖中纍遷至副都御史，巡撫應天諸府，卒年六十七。《明

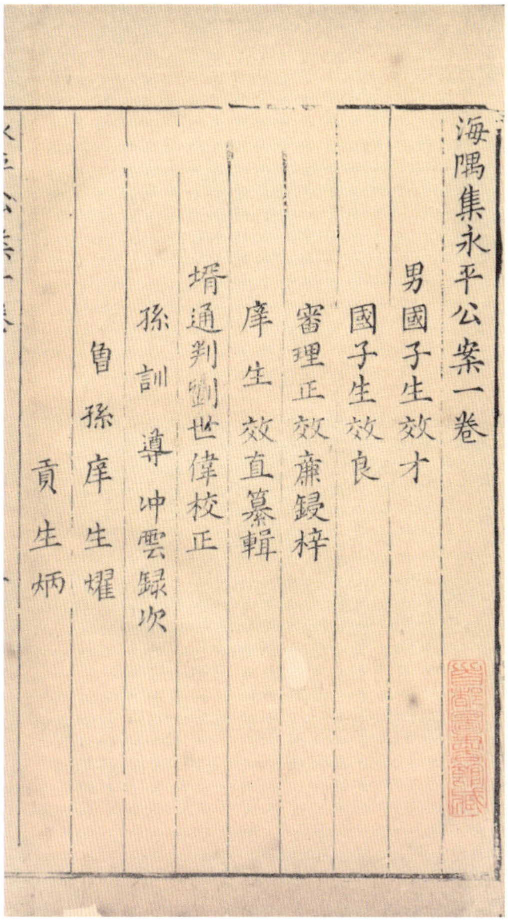
海隅集永平公案一卷
男國子生效才
國子生效良
審理正效廉鋟梓
庠生效直纂輯
壻通判劉世偉校正
孫訓導冲雲録次
曾孫庠生櫂
貢生炳

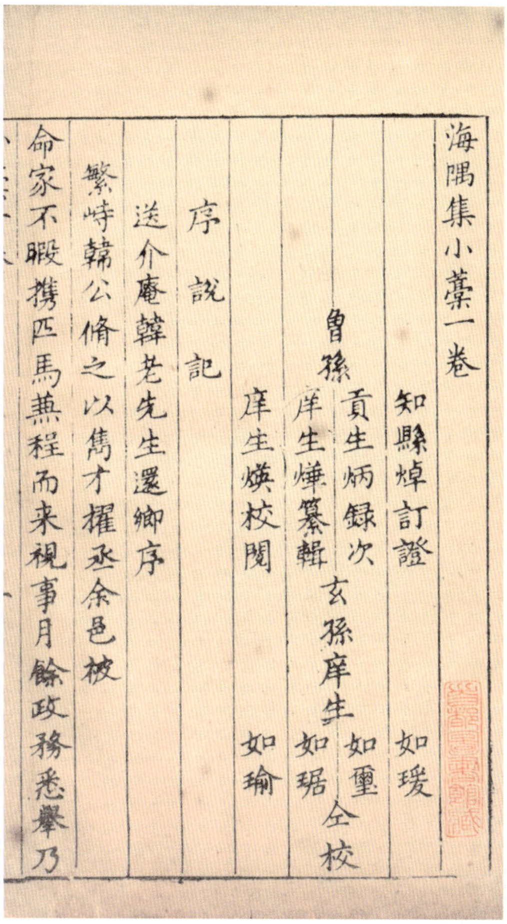
海隅集小藁一卷
知縣焯訂證　如瑗
曾孫貢生炳録次　如璽
庠生㸂纂輯　玄孫庠生如瑶　仝校
庠生熑校閲　如瑜
序說記
送介庵韓老先生還鄉序
繁峙韓公脩之以儁才擢丞余邑被
命家不暇携四馬兼程而来視事月餘政務悉舉乃

史》卷二百五十七有傳。

此書内分四目：《永平公案》二卷、《平夷事略》一卷、《小稿》四卷、《贈章》二卷。前二者記毛思義居官時的主要事迹。《永平公案》述其知永平府事。明正德十三年（1518）駕幸昌平，宦者隨路刷選婦女以充進奉。思義下令：大喪未舉，車駕必不遠出，敢稱駕至擾民者，即治以法。此告示竟招致佞臣江彬之黨誣陷。帝怒而立逮之，繼而謫雲南安寧知州。書中除自述記事外，另附與事件相關的奏疏、詔旨等公文，及友人送行詩文等。《平夷事略》述録毛氏入安寧後，以其才略平息苗夷叛亂以及赴各地剿賊之事，及同僚間往來書信、賀功詩詞等。《小稿》爲毛思義的詩文集，收其爲友人所撰寫的贈序、墓志、祭文、詩篇等。《贈章》乃録同世諸名公贈言，包括詩、文、書等。玄孫毛燁續補此書，一爲廣其祖傳，一爲“以資考訂，要之野史紀事，或以補正史之闕”（毛燁《海隅集永平公案序》）。書中提供了更多的原始資料，不僅可與史載互證，亦可補其不備，使得人們能從諸多角度瞭解事情的原委，對研究歷史人物和史實有重要的參考價值。

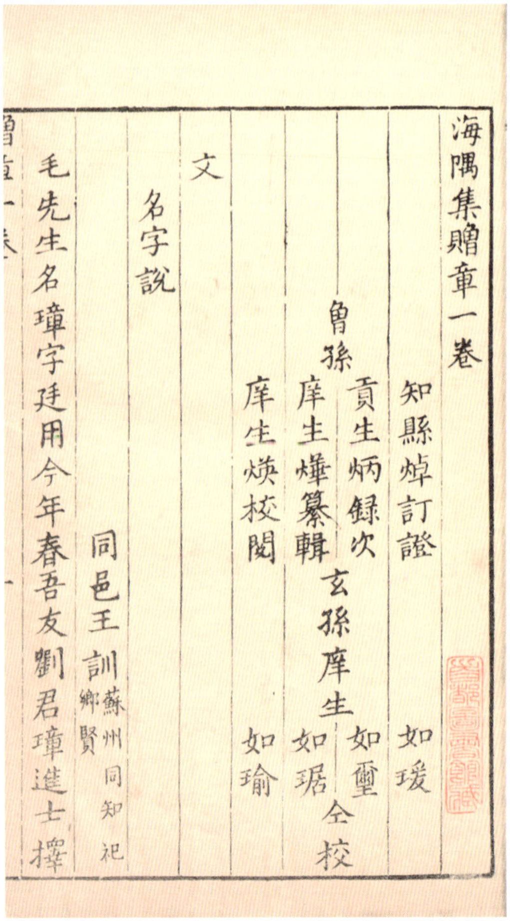
海隅集贈章一卷
知縣焯訂證　如瑗
曾孫貢生炳録次　如璽
庠生燁纂輯　玄孫庠生　如琚　仝校
庠生焕校閲　如瑜
文
名字説
同邑王訓蘇州同知祀鄉賢
毛先生名璋字廷用今年春吾友劉君璋進士擇

明清以降，主要的公私書目中未見收録此書，再查《中國古籍善本書目》和國内各圖書館古籍目録，均未覓及。由此觀之，是集存世稀少，目前僅見首都圖書館有藏，雖不可斷言爲海内孤本，但實屬稀見典籍，至珍至貴。

此書鈐有“北平孔德學校之章”印。

（李晶瑩）

清本

清抄本《祁氏家傳外科大羅》

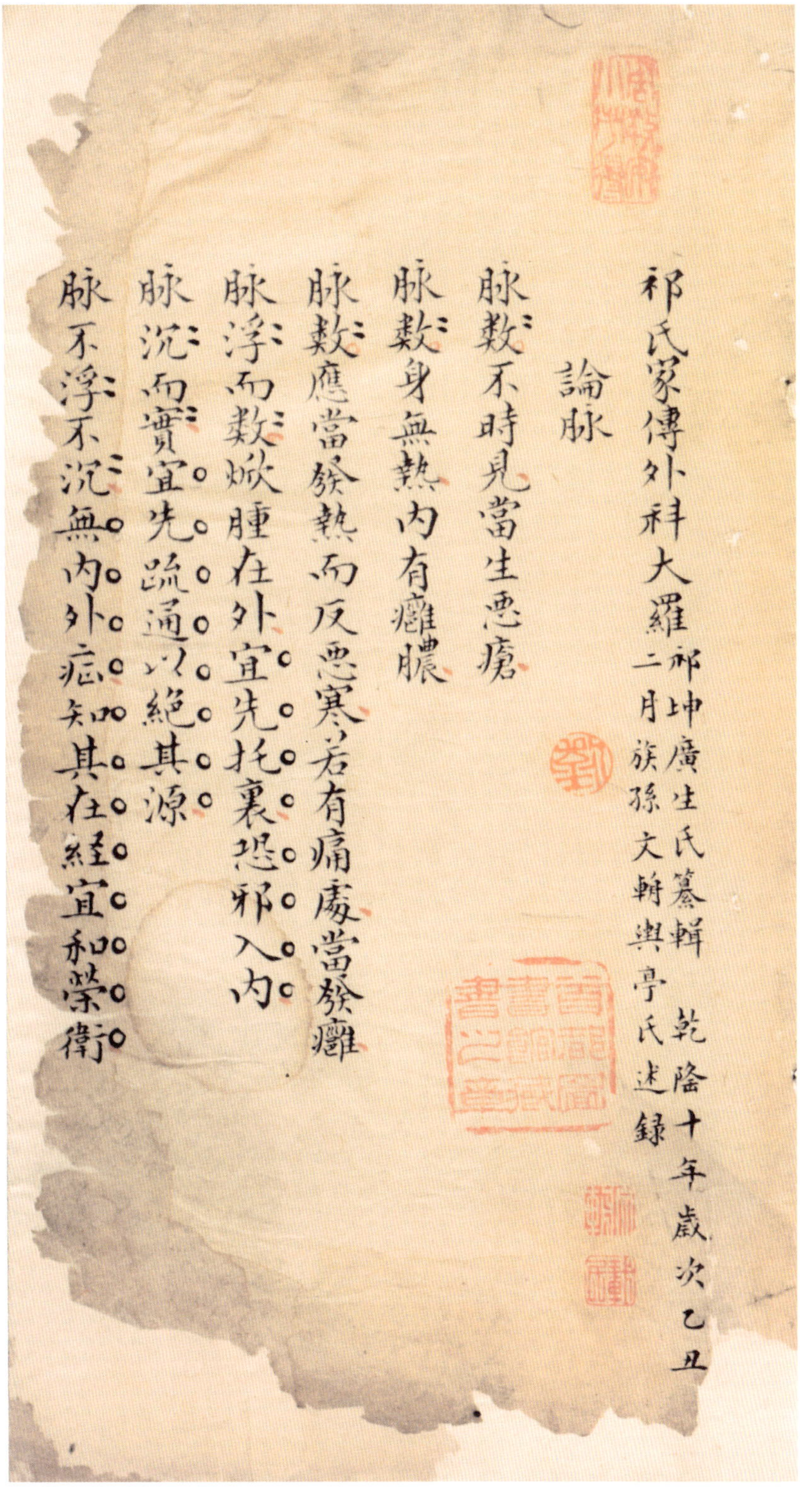

祁氏家傳外科大羅　祁坤廣生氏纂輯　乾隆十年歲次乙丑二月族孫文輶輿亭氏述録

論脉

脉数〻不時見當生悪瘡

脉數〻身無熱内有癰膿

脉數應當發熱而反悪寒若有痛處當發癰

脉浮〻而數〻焮腫在外宜先托裏恐邪入内

脉沉〻而實〻宜先疏通以絶其源

脉不浮〻不沉〻無内外症知其在經宜和榮衛

祁氏家傳外科大羅不分卷　（清）祁坤輯　（清）祁文輸述録　清抄本　一函二册

索書號（丙三）1330　第三批《國家珍貴古籍名録》08406 號

半葉八行二十四字，小字雙行字同，有眉批，行字數不等，開本高 24.5 厘米，寬 14.8 厘米。

祁坤，字廣生，號愧庵、生陽子，山陰（今浙江紹興）人。明清間著名醫學家，清康熙初官太醫院院判。祁氏自幼業儒，然學業未竟而其父早殁，遂弃儒學醫，以“不爲良相，

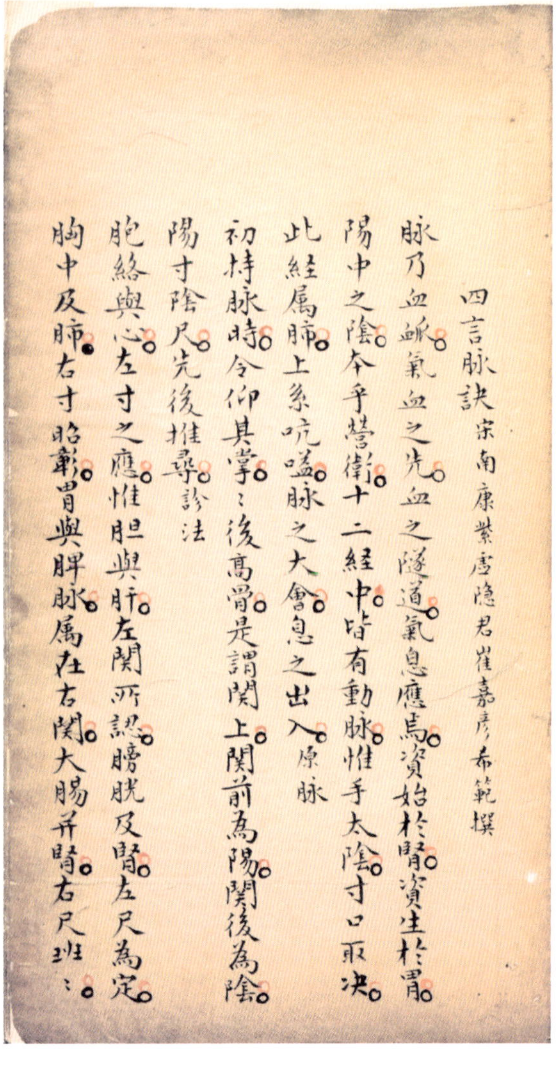

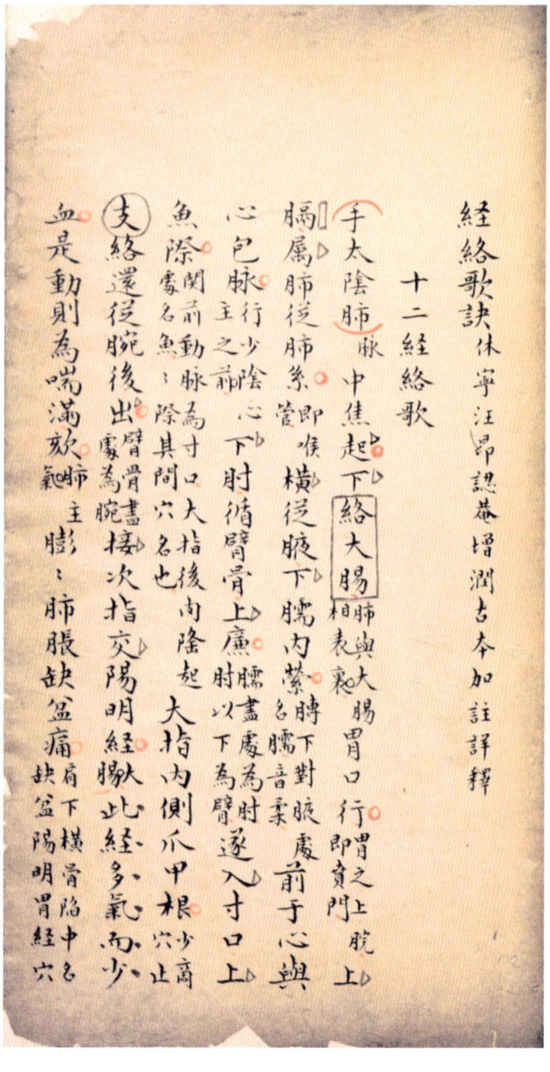

則爲良醫，治生即治世”自勉，奮志攻苦，終成一代外科聖手。

祁氏在研讀古代醫經時注意到，“大約内科一門，前賢之論述似詳且盡。而外科諸書，或博而寡要，或隱而未備，鶴長鳧短，豕腹龍頭”，於是在其入侍内廷期間，將“今所不經見之异症，古所不必有之奇方，驅一己匠心，變通於前輩之遺意，日積月纍，僭爲考訂，彙成一書”，著成《外科大成》四卷傳世。（祁坤《外科大成自序》）

《祁氏家傳外科大羅》一書内容雜駁，包含三個部分：其一，爲《外科大成·總論部》之癰疽之脉、癰疽之源、癰疽之别、内消内托法等章；其二，爲南宋名醫崔嘉彦所撰《四言脉訣》一篇；其三，爲明清間名醫汪昂所撰《經絡歌訣》《奇經八脉》兩篇。三部分論述大旨與原作皆同，惟篇名、字句、内容多寡則有所差异。

本書卷端首題“祁坤廣生氏纂輯　乾隆十年歲次乙丑二月族孫文軿輿亭氏述録”，又有“文軿”私印，可知爲祁氏抄校。祁文軿，字輿亭，乾隆間人，爲祁坤族孫，行狀失考。此本與清乾隆八年（1743）刊刻之《外科大成》時間相距不遠，而兩書内容又有不少差异，因此具有較高的史料及版本校勘價值。

本書書眉有朱墨兩色批校文字，行間亦有朱墨圈點。卷端鈐有“劉”“周養庵小市得”等印記。

（張昊）

凱宴成功諸將士

凱宴成功諸將士得詩八章

清乾隆内府銅版印本《平定伊犁回部戰圖》

平定伊犁回部戰圖十六幅　（意大利）郎世寧等繪　（清）高宗弘曆題詩　清乾隆内府銅版印本　一册　索書號（乙二）1881　第三批《國家珍貴古籍名録》08463號

每圖幅高55.4厘米，寬90.8厘米。

《平定伊犁回部戰圖》，又稱《平定準噶爾回部得勝圖》《平定西域戰圖》，是由清乾隆皇帝敕令繪圖印製的一組戰圖。圖中描繪清乾隆二十年至二十四年（1755—1759）清軍平定厄魯特蒙古準噶爾部達瓦齊、阿睦爾撒納及天山南路回部維吾爾族大小和卓木叛亂的戰争場景，再現了其中重要戰役及勞軍、凱宴等場面。

此圖十六幅畫稿由當時在清宫供職的歐洲傳教士繪製，繪者包括郎世寧（Giuseppe Castiglione，1688—1766，意大利人）、王致誠（Jean Denis Attiret，1702—1768，法國人），艾啓蒙（Jgnatius Sickeltart，1708—1780，波西米亞人）等。圖稿經乾隆帝審定後，送往法國巴黎製版印刷。法國人波勒佛（B.L.Prevost）、羅巴（J.P.Le Bas）、阿里阿梅（J.Aliamet）等製版，法國繪畫和雕刻科學院的科欣主持，印刷專家博韋負責印製。這組戰圖共印二百部，至清乾隆四十年完成。之後二百部銅版戰圖、圖稿及銅版全部分批運回中國。銅版初藏於中南海紫光閣，後被掠往歐洲，現藏於德國國立柏林民俗博物館。

總領繪事的郎世寧於清康熙五十四年（1715）以傳教士身份來華，其畫技卓越，頗得康熙帝重用，曾受命參與圓明園西洋樓設計。遺憾的是，當這套銅版戰圖印製完畢從法國運回中國時，郎世寧和王致誠都已先後病故，二人均未能見到戰圖成品。

銅版畫起源於15世紀的歐洲，也稱“銅刻版畫”“蝕刻版畫”，製版時在銅版上用腐蝕液腐蝕或直接用針或刀刻製而成凹版版面，再將油墨或顔料擦壓在凹陷部分，將專用紙張覆於版面壓印，墨色吸附於紙面上，形成版畫。銅版畫與中國傳統木刻版畫製作多有不同之處，更適於表現宏大的戰争場面。

《平定伊犁回部戰圖》采用全景式構圖，場面遼闊，結構繁複，人物衆多，刻畫入微，極具立體感。畫家在運用西洋繪畫技法之外，還融入中國畫不受時空限制等手法，生動再現了平定伊犁受降、格登鄂拉斫營、鄂壘扎拉圖之戰、和落霍斯之捷、庫隴癸之戰、烏什酋長獻城降、黑水圍解、呼爾滿大捷、通古思魯克之戰、霍斯庫魯克之戰、阿爾楚爾之戰、伊西洱庫爾淖爾之戰、拔達山汗納款、郊勞回部成功諸將士、平定回部獻俘、凱宴成功諸將士十六个盛大场景。前圖即爲凱宴成功諸將士，圖中描繪了乾隆皇帝在中南海紫光閣爲凱旋而歸的將士賜宴慶功。乾隆帝乘輿而來，衆將士跪地迎駕，畫面右後方隱約可見北海白塔。戰圖前有清乾隆三十一年御製序，後有大學士傅恒、尚書舒赫德、于敏中等人跋，圖版上方詩文爲乾隆御題，并鈐璽印。

此戰圖歷經數百年，傳世稀見，僅存者大多收藏於海内外各博物館中。後世曾有法國、德國、日本的仿刻、影印本流傳，但與原件相比都明顯遜色。

乾隆時期國力强盛，清軍多次征戰邊陲，開疆拓土，每次重要戰役得勝，都敕製戰圖，嘉慶、道光時期也依例繼之，前後共製作過戰圖八種。《平定伊犁回部戰圖》是其中最早的一部，繪印最爲精美，堪稱中西藝術交融的杰作，也體現了當時歐洲銅版畫印製的最高水平。這些銅版戰圖不僅是中國版畫史上精美的藝術品，也是記録中國戰爭歷史的形象史料，對研究清代軍事、繪畫、印刷等都具有重要的參考價值。

（劉乃英）

命旌功恩不吝
彰善樹風聲素
義名新晋纂攻
斗六門破竹應
解刃佇剿大里
杙賊首生擒訊
指日以俟之速
遞大捷信
福康安奏大
勦諸賊聞
通諸羅並進
攻斗六門賊勢
潰散作五詩以
誌慰昨改賜
諸羅縣名
為嘉義
合縣士
民守城
之忠實堪
彰善也
丁未嘉平
月之中澣
御筆

攻克斗六門

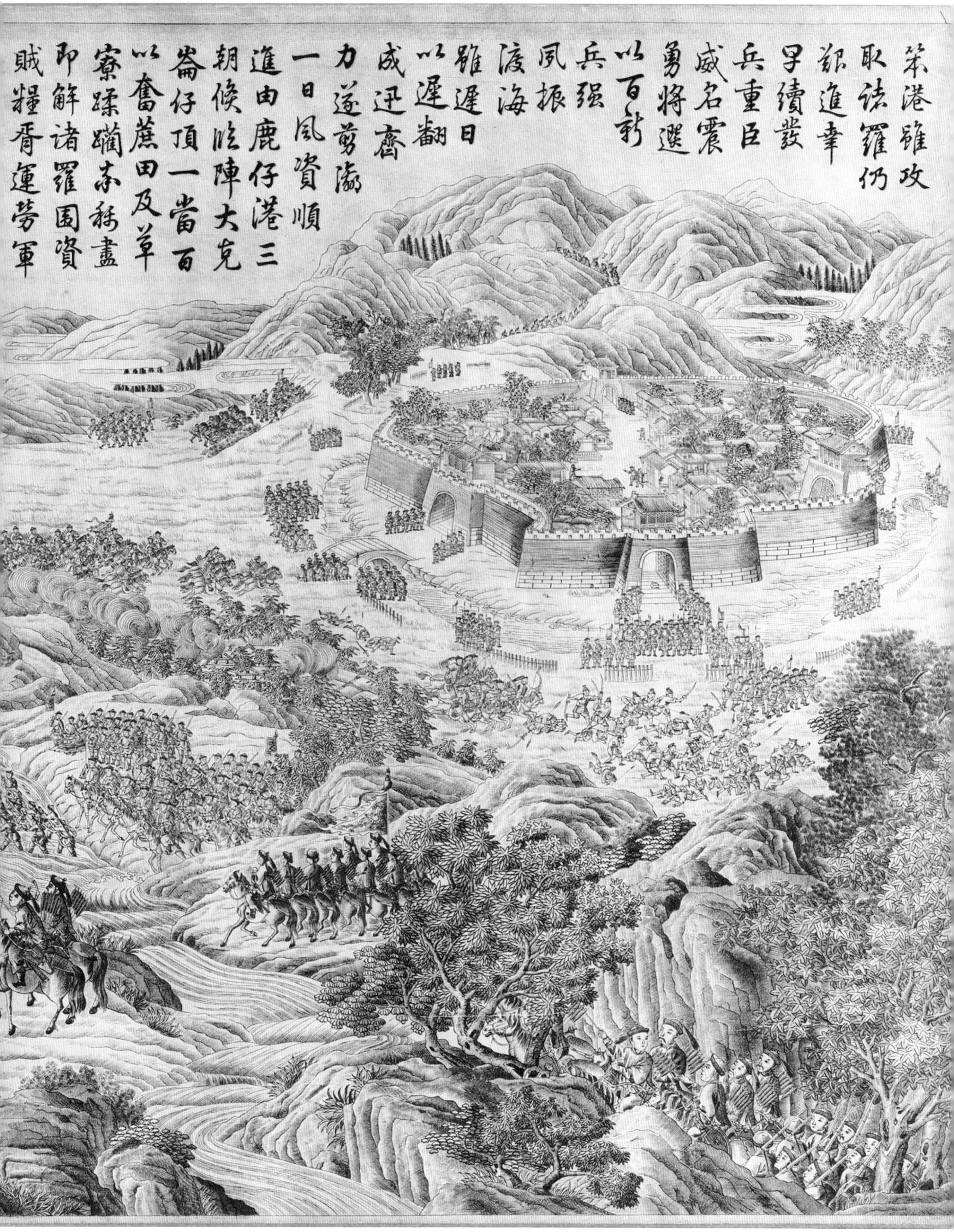
笨港雖攻
取諸羅仍
鄰進章
早續發
兵重臣
威名震
勇將選
以百新
兵強
風振
渡海
雖遲日
以遲翻
成迅齊
力遂勇瀛
一日風資順
進由鹿仔港三
朝倏陷陣大克
崙仔頂一當百
以奮蔗田及草
寮蹂躪亦殲盡
即解諸羅圍資
賊糧胥運勞軍

清乾隆内府銅版印本《御題平定臺灣全圖》

御題平定臺灣全圖十二幅　（清）高宗弘曆題詩　清乾隆内府銅版印本　一册　索書號（乙二）1883　第三批《國家珍貴古籍名録》08464 號

每圖幅高 50.6 厘米，寬 87.6 厘米。

《御題平定臺灣全圖》，又稱《平定臺灣得勝圖》，清乾隆帝平定臺灣後命人繪製。清乾隆時期，清代民間秘密結社組織天地會影響日廣，爲遏制其在臺灣的發展，乾隆五十一年（1786），清兵搜捕天地會衆，引發天地會首領林爽文、莊大田等起義，率衆連克數城。乾隆五十二年，欽差大臣福康安率兵渡臺進攻義軍，俘獲林爽文，解京殺害。平定之後，乾隆認爲事件之大，可與平定伊犁、回部、金川相比，遂命宫廷畫師繪製畫稿，描繪平定經過，是爲《御題平定臺灣全圖》。

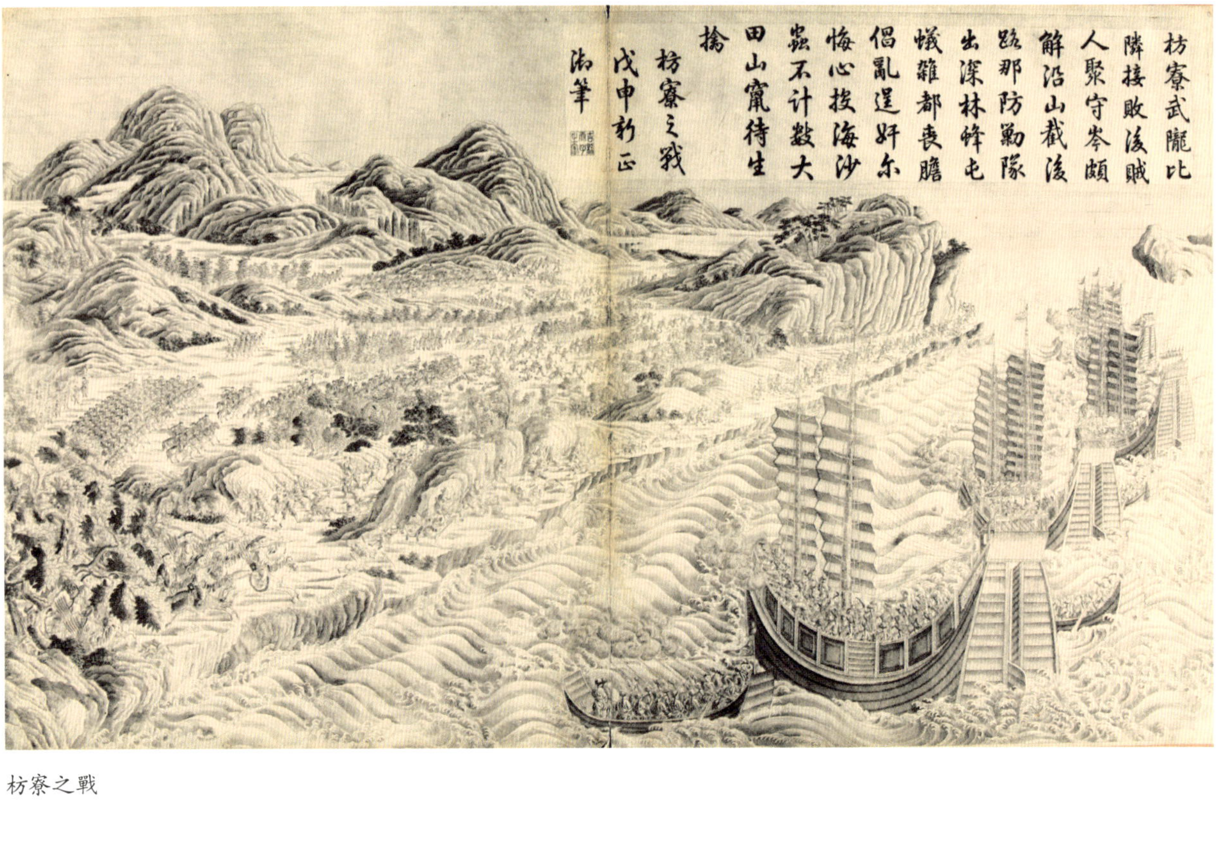

枋寮之戰

該本由姚文瀚、楊大章等繪稿，清高宗弘曆題詩。姚文瀚，號濯亭，清順天（今北京）人。乾隆時供奉内廷，工釋道、人物、山水、界畫，作品有《梧陰清暇圖》軸、《春朝嬰戲圖》軸等。楊大章，清代畫家，善畫山水、人物，有清乾隆三十六年仿刁光胤寫生册等。賈全、謝遂、莊豫德、黎明，均係清宫廷畫家，亦參與了戰圖的繪製工作。戰圖包括圖版十二幅，即大埔林之戰、進攻斗六門、攻克斗六門、攻克大里杙賊巢、攻勦小半天山、枋寮之戰、生擒逆首林爽文、集集埔之戰、大武壟之戰、生擒莊大田、渡海凱旋、凱旋賜宴。生動描繪了清乾隆五十二年至五十三年清政府派兵平定臺灣的戰況及生擒林爽文、莊大田的情景。

乾隆帝爲每幅畫題詩一首，冠於圖版上方。中國畫師學習西洋畫法，分别將各重要戰役及有關事件采用全景式構圖，在一個畫面上較好地表現出戰鬥進行的規模和全貌；同時吸取中國傳統畫的表現手法，描繪人物臉部、服飾、山石、海水、樹木、硝烟等，明晰完整，更具中國山水畫和木刻版畫的特點。它記録了中國畫師、刻工學習銅版畫繪刻技藝的最初經歷，代表了中西文化藝術交融的成就，對研究清代政治、軍事、繪畫、印刷等都具有重要的參考價值。

首都圖書館藏本乃清乾隆内府銅版印本，册頁裝。戰圖繪稿完成後，乾隆帝命内府銅版印刷。清代宫廷刷印的這批銅版畫印數不多，大多頒賞皇子及文武大臣，在宫内流傳，保存下來的更是稀少，具有重要的版本價值。

有裕穀堂祝氏題款。

（范猛）

清雍正十一年至乾隆三年内府刻本
《乾隆版大藏經》

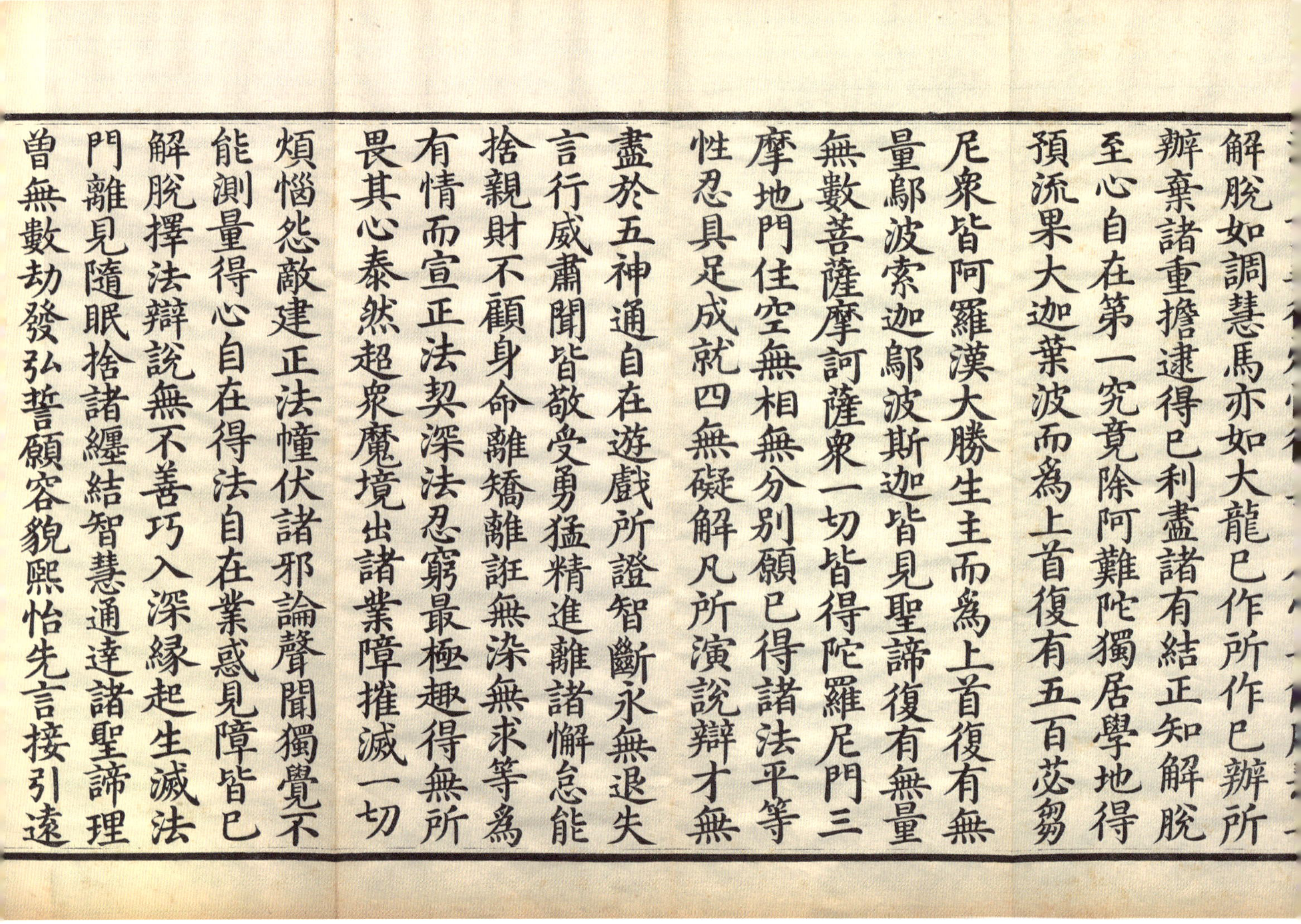
解脫如調慧馬亦如大龍已作所作已辦所辦棄諸重擔逮得已利盡諸有結正知解脫至心自在第一究竟除阿難陀獨居學地得預流果大迦葉波而為上首復有五百苾芻尼衆皆阿羅漢大勝生主而為上首復有無量鄔波索迦鄔波斯迦皆見聖諦復有無量無數菩薩摩訶薩衆一切皆得陀羅尼門三摩地門住空無相無分別願已得諸法平等性忍具足成就四無礙解凡所演說辯才無盡於五神通自在遊戲所證智斷永無退失言行威肅聞皆敬受勇猛精進離諸懈怠能捨親財不顧身命離矯離誑無染無求等為有情而宣正法契深法忍窮最極趣得無所畏其心泰然超衆魔境出諸業障摧滅一切煩惱怨敵建正法幢伏諸邪論聲聞獨覺不能測量得心自在得法自在業惑見障皆已解脫擇法辯說無不善巧入深緣起生滅法門離見隨眠捨諸纏結智慧通達諸聖諦理曾無數劫發弘誓願容貌熙怡先言接引遠

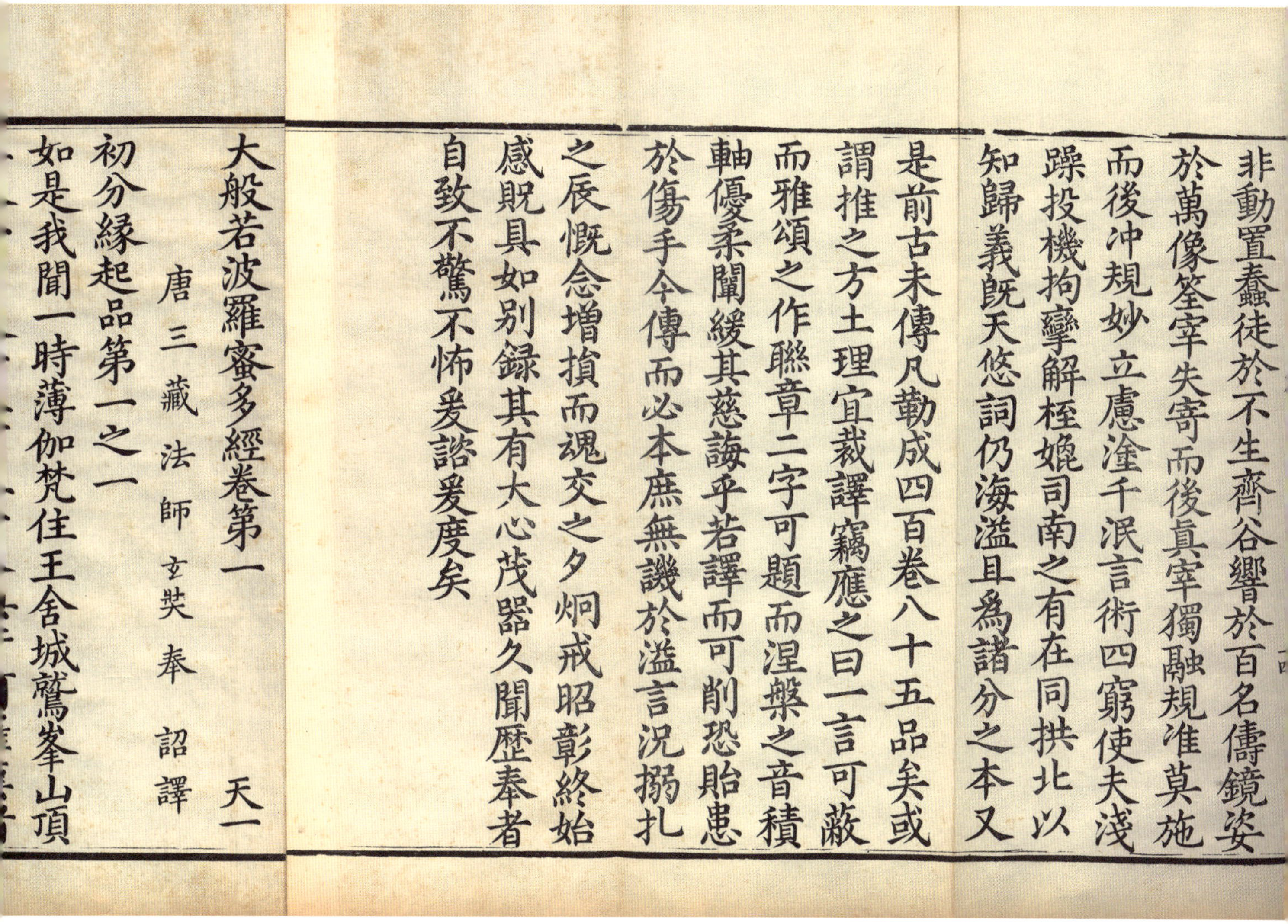

非動置蠢徒於不生齊谷響於百名儔鏡姿
於萬像筌宰失寄而後真宰獨融規准莫施
而後冲規妙立慮塗千泯言衔四窮使夫淺
躁投機拘攣解桎娩司南之有在同拱北以
知歸義既天悠詞仍海溢且為諸分之本又
是前古未傳凡勒成四百卷八十五品矣或
謂推之方土理宜裁譯竊應之曰一言可蔽
而雅頌之作聯章二字可題而涅槃之音積
軸優柔闡緩其慈誨乎若譯而可削恐貽患
於傷手今傳而必本庶無譏於溢言況搦扎
之辰慨念增損而魂交之夕炯戒昭彰終始
感貺具如别録其有大心茂器久聞歷奉者
自致不驚不怖爰諮爰度矣

大般若波羅蜜多經卷第一　天一
唐三藏法師玄奘奉詔譯
初分緣起品第一之一
如是我聞一時薄伽梵住王舍城鷲峯山頂

乾隆版大藏經七千一百六十七卷 （清）允禄 （清）釋超盛等奉敕編 清雍正十一年至乾隆三年（1733—1738）内府刻本 六百九十一函六千八百七十五册 索書號（丁）16325 第六批《國家珍貴古籍名録》12718號

缺三百六十五册（結函、推函、民函等，及能函第一、六册，莫函第一、二册等），每版五個半葉，半葉五行十七字，上下雙邊，框高27.5厘米，寬12.7厘米。

《乾隆版大藏經》又名《清藏》、清《龍藏》，是我國最後一部官版大藏經。清雍正十一年開始籌備，次年在北京東安門外的賢良寺設藏經館，校勘經文。任職人員一百三十三人：官員由莊親王允禄、和親王弘晝任“總理藏經館事務”，工查布等三人任“校閲官”，赫德等九人任“監督”，九齡等六十四人任“監造”；僧人由賢良寺住持超盛等四人任“總率”，超鼎等三人任“帶領分晰語録”，源滿等四人任“帶領校閲藏經”，祖安等六人任“分領校閲”，真乾等三十八人任“校閲”。另召募刻字匠、刷印匠、木匠、折配匠、界畫匠、合背匠等八百餘人。

雕鎸經板始于清雍正十三年初，至清乾隆三年十二月十五日竣工，歷時四年。經版用長二尺四寸、寬九寸、厚一寸一分的梨木板，主要采自直隸、山東，兩面刻字。刻工多由江寧、蘇州、杭州三處織造召募而來。

本藏以《永樂北藏》爲藍本，奉旨欽定入藏五十四部一千一百二十七卷，又删除《北藏》已收的三十二部三百一十六卷，共收經一千六百六十九部，刻成經版七万九千零三十六塊，裝訂爲七百二十四函七千二百四十册。大藏刻成後，又經三次撤毁：一是清乾隆三十年撤出錢謙益《大佛頂楞嚴經解蒙鈔》六十卷；二是乾隆三十三年下旨撤出《永樂御製序贊文》一卷、永樂皇后《大明仁孝皇后夢感佛説第一希有大功德經》一卷，同時撤出《開元釋教録略出》五卷、《辨僞録》六卷；三是乾隆四十一年下旨撤毁武則天的《華嚴經序》《大乘顯識經序》《入定不定印經序》《方廣大莊嚴經序》《佛説證契大乘經序》《大乘入楞伽經序》。

大藏刊成後，清乾隆四年刷印一百部，頒賜皇宫、諸王、京城内外各寺院，經版移貯皇宫西華門内武英殿。乾隆二十七年又刷印三部。因版貯大内請印不便，移貯雍和宫東側柏林寺，至清末又陸續刷印二十九部，民國年間各大名山請印二十二部。1954年，柏林寺撥歸北京圖書館使用，經版隨之交其管理。1982 年轉交北京市文物局管理，移貯智化寺。1987 年，文物出版社重新刷印七十八部，在北京大興韓營村構建廠房，當時存版七万三千零二十四塊，缺字、損字者挖板填刻，壞版、缺版和撤毁者尋求舊印本掃描補印。1993 年，北京市文物局等又刷印六十部。

首都圖書館藏本爲初印本。字體工整勁秀，字大如錢，鎸刻精湛，如出一人，行格疏朗，楮墨精良。每函首册有“佛陀説法變相圖”，末册有“護法天神韋馱圖”，白描手法繪刻，莊嚴精緻而不失生動。函套爲藍布大套，纏繞棕色綾帶，再用木别子固定，裝幀樸素莊重。三次撤毁經卷皆已不存，另缺二百八十二册。與後印本相比，文字、版畫筆道較細，無斷版、模糊現象，精氣飽滿。這部大藏是“文革”後期接收的，無藏書章和藏家題記。

（楊之峰）

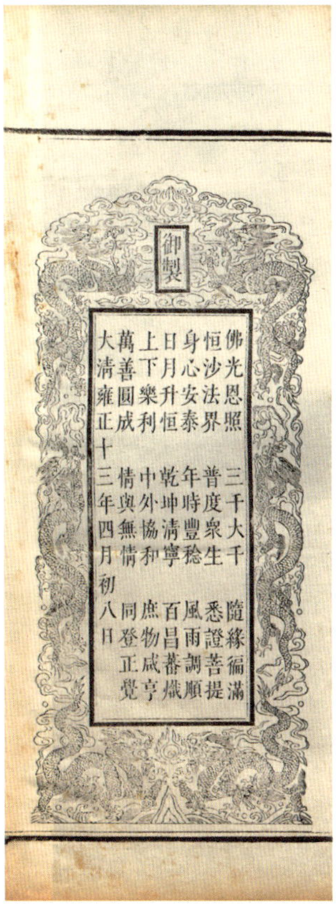
御製
佛光恩照三千大千隨緣徧滿
恒沙法界普度衆生悉證菩提
身心安泰年時豐稔風雨調順
日月升恒乾坤清寧百昌蕃熾
上下樂利中外協和庶物咸亨
萬善圓成情與無情同登正覺
大清雍正十三年四月初八日

清雍正内府銅活字印本《金屑一撮》

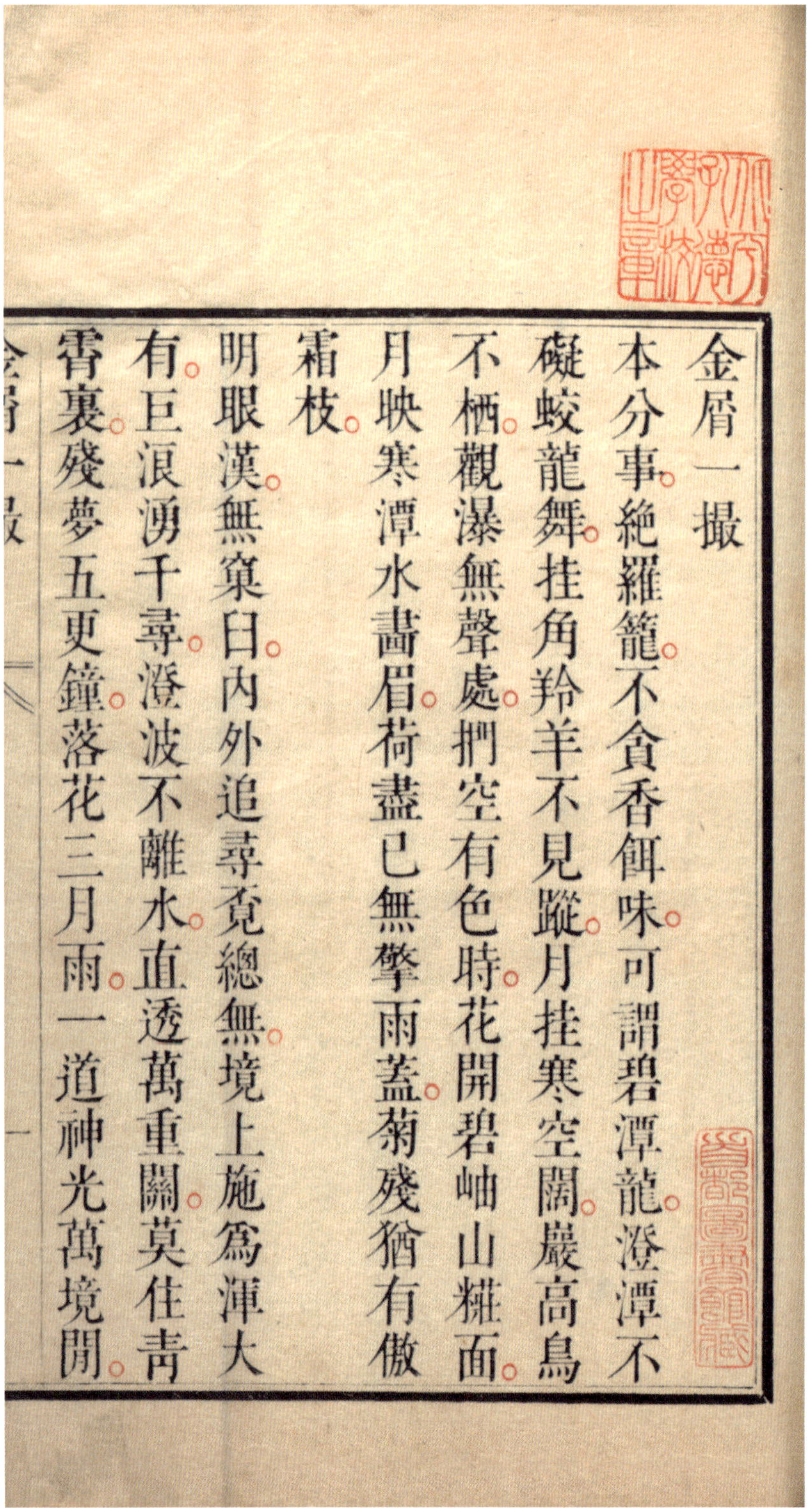

金屑一撮

本分事。絕羅籠。不貪香餌味。可謂碧潭龍。澄潭不礙蛟龍舞。挂角羚羊不見蹤。月挂寒空闊。巖高鳥不栖。觀瀑無聲處。捫空有色時。花開碧岫山糚面。月映寒潭水畵眉。荷盡已無擎雨蓋。菊殘猶有傲霜枝。

明眼漢。無窠臼。內外追尋覔總無。境上施爲渾大有。巨浪湧千尋。澄波不離水。直透萬重關。莫住青霄裏。殘夢五更鐘。落花三月雨。一道神光萬境閑。

金屑一撮　一

金屑一撮不分卷　（清）世宗胤禛輯　清雍正内府銅活字印本　一函二册　索書號（甲三）729　第五批《國家珍貴古籍名録》11784 號

半葉九行十九字，白口，四周雙邊，單綫魚尾，框高 20.3 厘米，寬 14.8 厘米。

《金屑一撮》卷首無序跋，内容爲闡釋佛理的詩詞或韵文，爲清世宗胤禛（雍正）選輯。史載雍正溺佛，自稱破塵居士、圓明居士，宣稱自己是“垂裳宇内一閑客，不衲人間個野僧”（《清世宗御製文集》卷三十），在位期間多次頒布有關佛學的諭旨，宣傳儒、釋、

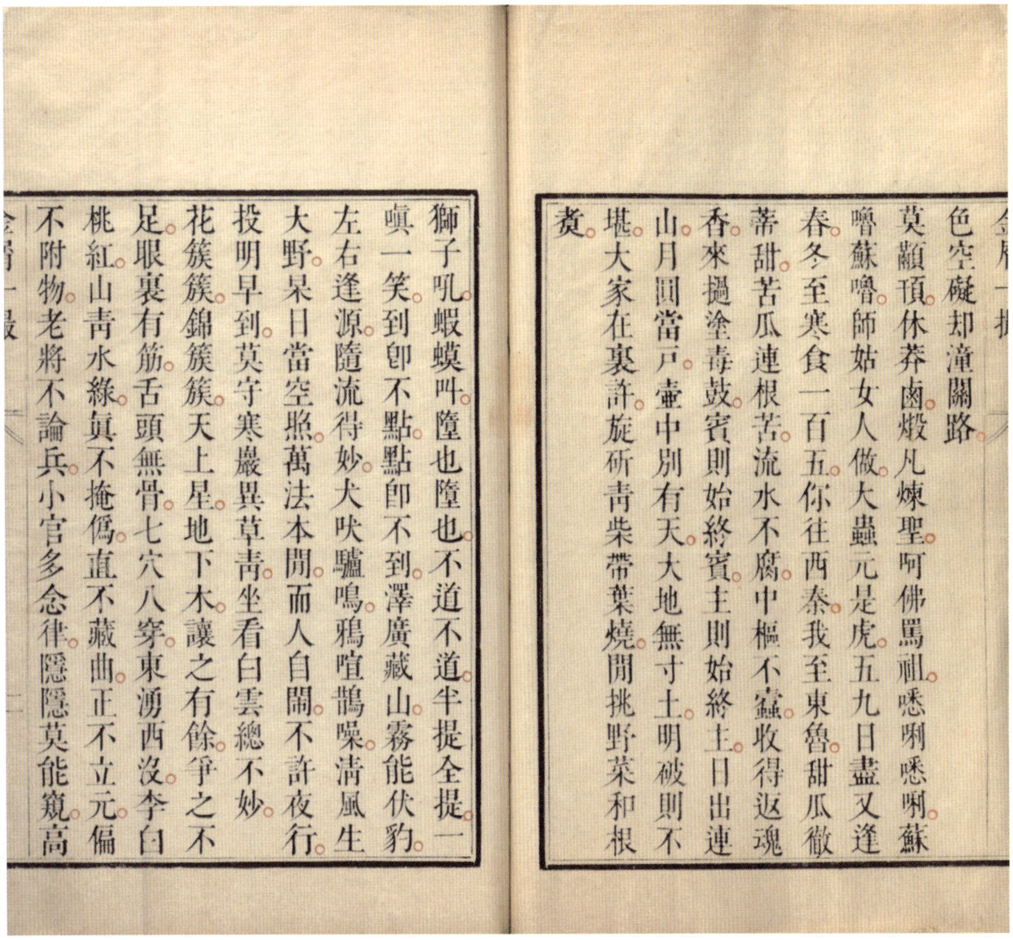

朱圈句讀爲細圓空心金屬棒鈐印

道三教本是同一起源的理論，并給王公大臣們講經説法，《清史稿》卷九有本紀。

金屑，意爲佛經中的片言隻語或佛法中的一知半解，明代袁宏道著《金屑編》、清代胡金題著《金屑詞》皆此意。《金屑一撮》書中所輯“金屑”，出自歷朝歷代佛家燈録、語録、僧傳及文人詩詞等，雍正帝選輯其中文句，連綴成篇以抒發自己對佛法的理解。

據故宫博物院研究員翁連溪的研究成果，清代内府采用銅活字印書的時間衹限於康熙末年至雍正朝。現存文獻有以下七種：《御定星曆考源》六卷，康熙五十二年（1713）内府銅活字印本；《御製數理精藴》五十三卷，康熙内府銅活字印本；《律吕正義》四卷，

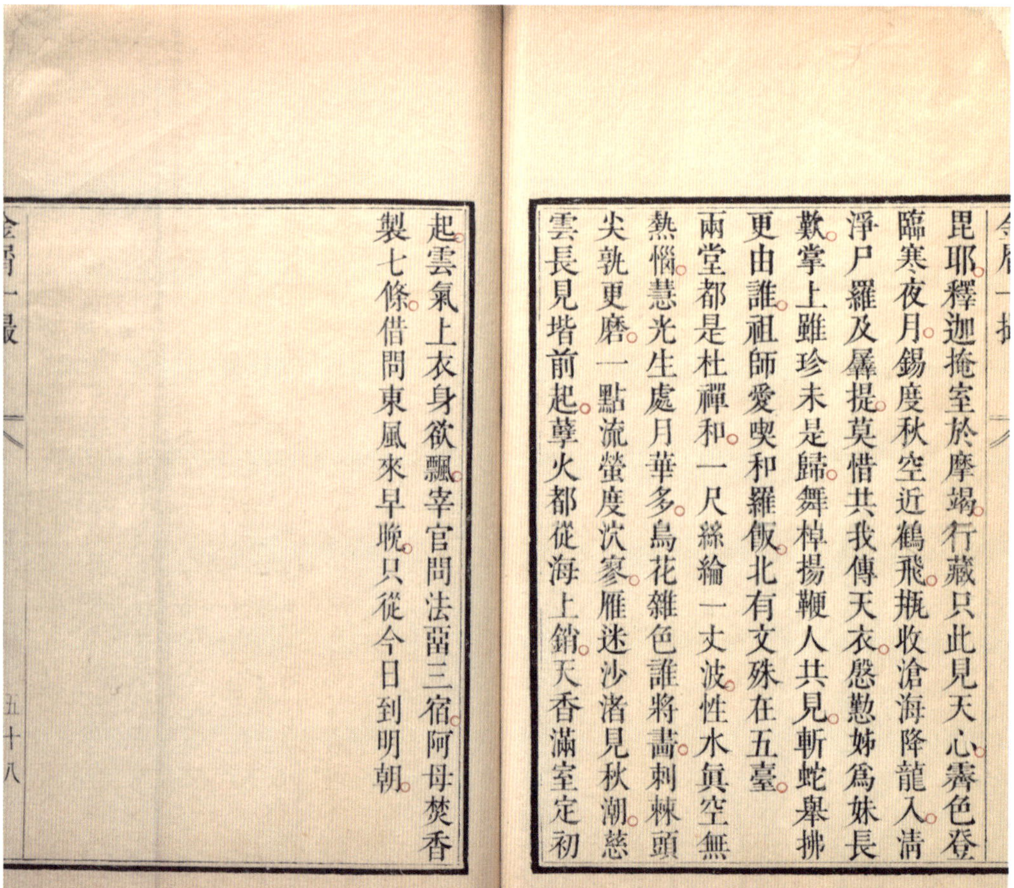
金屑一撮
毘耶釋迦掩室於摩竭行藏只此見天心霽色叠
臨寒夜月錫度秋空近鶴飛瓶收滄海降龍入清
淨尸羅及羼提莫惜共我傳天衣慇懃姊爲妹長
歎掌上雖珍未是歸舞棹揚鞭人共見斬蛇舉拂
更由誰祖師愛喫和羅飯北有文殊在五臺
兩堂都是杜禪和一尺絲綸一丈波性水眞空無
熱惱慧光生處月華多烏花雜色誰將畫刺棘頭
尖孰更磨一點流螢度泬寥雁迷沙渚見秋潮慈
雲長見堦前起孽火都從海上銷天香滿室定初

金屑一撮　五十八
起雲氣上衣身欲飄宰官問法留三宿阿母焚香
製七條借問東風來早晚只從今日到明朝

康熙内府銅活字印本；《欽定古今圖書集成》一萬卷目録四十卷，雍正四年（1726）内府銅活字印本；《妙圓正修智覺永明壽禪師心賦選注》四卷，清内府銅活字精印本；《御選寶筏精華》二卷，雍正内府銅活字印本；《金屑一撮》不分卷，清内府銅活字印本。本书即現存的七種之一，具有珍貴的版本價值。書内的朱圈句讀，爲細金屬空心棒鈐印而成，所用活字與《欽定古今圖書集成》近似。

本書未見於《中國古籍善本書目》。《清代内府刻書目録解題》《臺北故宫博物院善本舊籍目録》《清代殿本書目》《北京圖書館善本書目》《中國古籍總目》均著録爲刻本，誤。除首都圖書館外，已知國家圖書館、遼寧省圖書館、清華大學圖書館亦有藏，清華大學圖書館著録爲清初刻本。《中國古籍总目》著録“御選寶筏精華二卷金屑一撮一卷”兩書爲一種。

本書鈐有“北平孔德學校之章”。

（蘇航）

清活字印本《臨川吳文正公集》

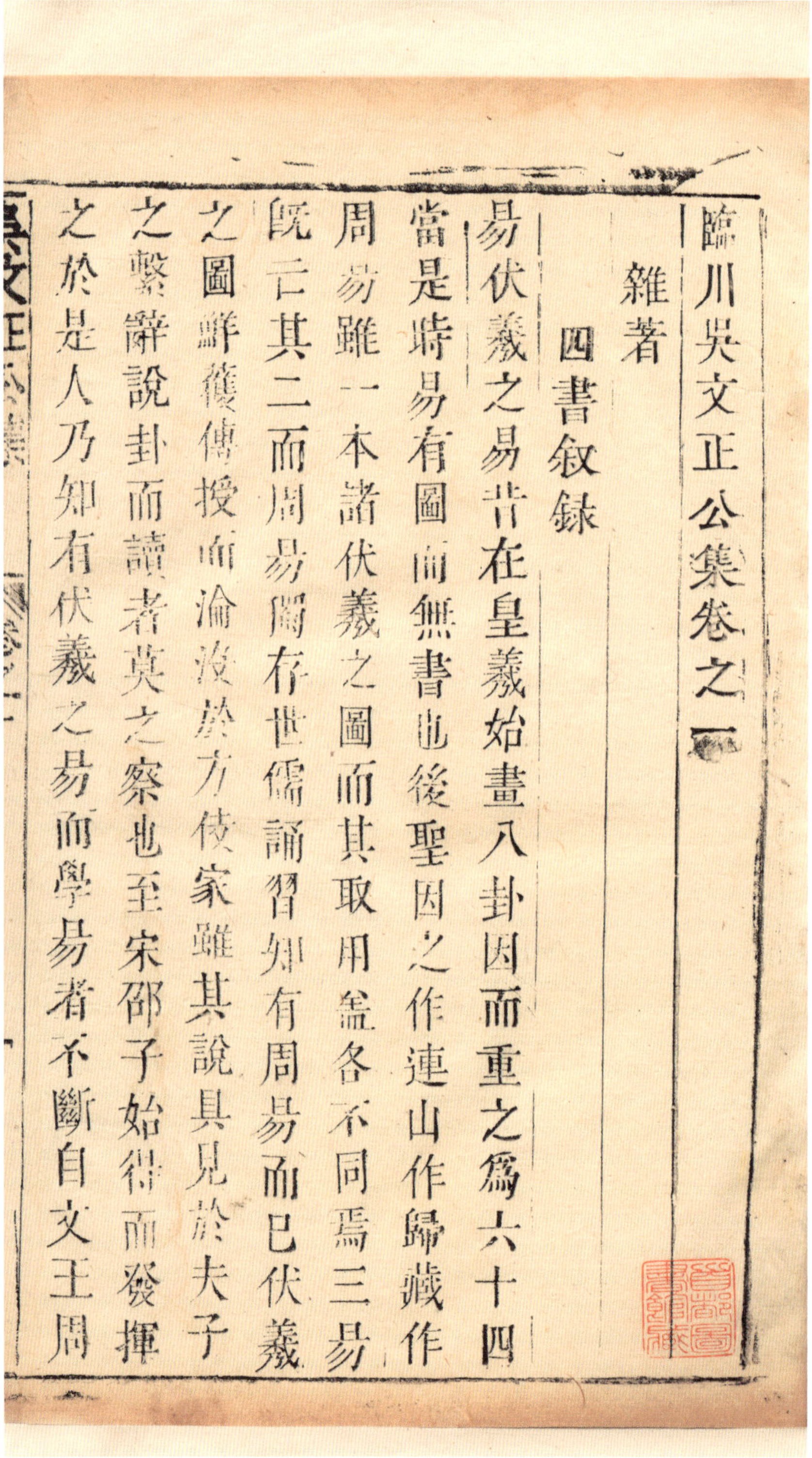

臨川吳文正公集卷之一

雜著

四書叙録

易伏羲之易昔在皇羲始畫八卦因而重之爲六十四
當是時易有圖而無書也後聖因之作連山作歸藏作
周易雖一本諸伏羲之圖而其取用盖各不同焉三易
既亡其二而周易獨存世儒誦習知有周易而已伏羲
之圖鮮獲傳授而淪沒於方伎家雖其說具見於夫子
之繫辭說卦而讀者莫之察也至宋邵子始得而發揮
之於是人乃知有伏羲之易而學易者不斷自文王周

臨川吳文正公集四十九卷道學基統一卷外集三卷　（元）吳澄撰　**臨川吳文正公年譜一卷**　（明）危素撰　清活字印本　六函三十六册　索書號（甲四）245　第三批《國家珍貴古籍名録》08975號

半葉十行二十一字，白口，四周單邊，單黑魚尾，框高23.8厘米，寬15.5厘米。

吳澄（1249—1333），字幼清，晚字伯清，號一吾山人，因早年所居草屋有程矩夫題“草廬”二字，又稱“草廬先生”。撫州崇仁（今江西崇仁）人。幼穎悟，既長，博通經傳。入元，爲國子司業，遷翰林學士，爲經筵講官，纂修《英宗實録》。卒贈江西行省左丞、上護軍，追封臨川郡公，謚文正。著有《老子注》及諸經《纂言》等。《元史》卷一百七十一有傳。

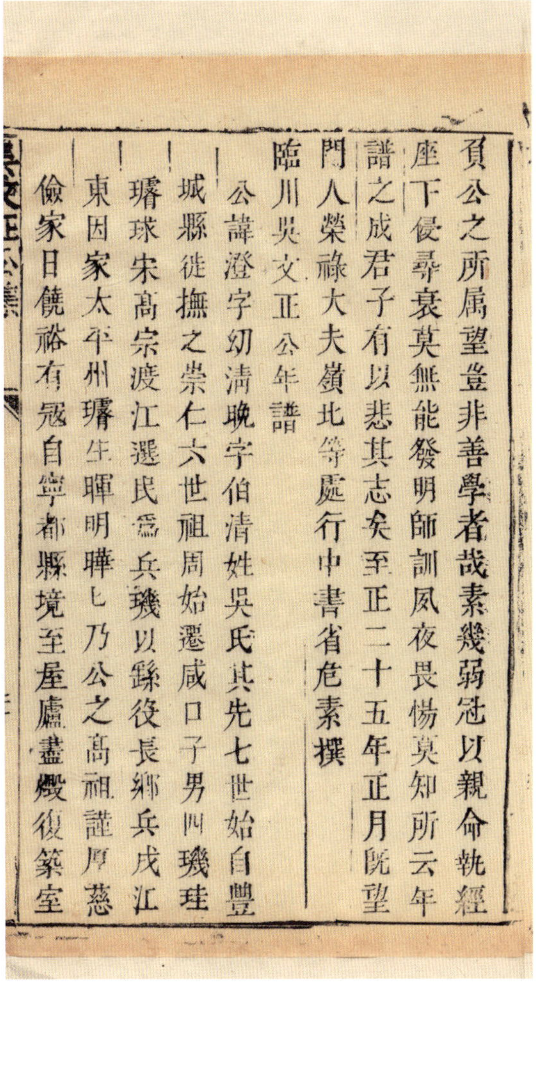
貢公之所屬望豈非善學者哉素幾弱冠以親命執經
座下侵尋衰莫無能發明師訓夙夜畏惕莫知所云年
譜之成君子有以悲其志矣至正二十五年正月既望
門人榮祿大夫嶺北等處行中書省危素撰
臨川吳文正公年譜
公諱澄字幼清晚字伯清姓吳氏其先七世始自豐
城縣徙撫之崇仁六世祖周始遷咸口子男四璣珪
璿球宋高宗渡江選民爲兵璣以繇役長鄉兵戍江
東因家太平州璿生暉明曄七乃公之高祖諱厚慈
儉家日饒裕有寇自寧都縣境至屋廬盡燬復築室

危素（1303—1372），字太樸，一字雲林，金溪（今屬江西）人。師從吳澄、范梈，通五經，元至正間授經筵檢討，與修宋、遼、金三史，纍遷翰林學士承旨。入明爲翰林侍講學士，與宋濂同修《元史》，晚年謫居和州。能詩文，亦善書法。有《説學齋稿》《雲林集》等。《明史》卷一百七十七有傳。

《臨川吳文正公集》凡四十九卷，正文卷一爲雜著，卷二、三爲答問，卷四爲説，卷五爲説、字説，卷六爲字説，卷七爲字説、書，卷八爲書，卷九爲書、序，卷十至十八爲序，卷十九爲序、記，卷二十至二十五爲記，卷二十六爲記、碑，卷二十七爲銘、題跋，卷二十八至三十一爲題跋，卷三十二爲題跋、神道碑，卷三十三爲墓碑，卷三十四至三十六爲墓表，卷三十七至四十二爲墓誌銘，卷四十三爲墓誌銘、行狀，卷四十四爲祭文、制誥、表箋、經筵講義，卷四十五爲五、七言絶句，卷四十六爲五、七言律詩，卷四十七爲七言律詩，卷四十八爲五言古詩、七言古詩，卷四十九爲詞、楚歌、雜題。後附《道學基統》一卷、《外集》三卷。《文集》是研究元代理學的珍貴資料，而其中碑、銘、表、志部分，諸如《鄧文原神道碑》《述哥察兒墓碑》《董文用墓表》等，均可補正史之闕，有珍貴的史料價值。文集前《臨川吴文正公年譜》是研究吴澄生平學術的重要史料。

此本明顯具有版框邊角有縫隙、魚尾離開邊欄等活字本特徵，文中避“玄”，不避“丘”“弘”，《首都圖書館古籍善本書目》著録此本爲清康熙木活字本，具有重要的版本價值。

鈐“北平孔德學校之章”等印。

（史麗君）

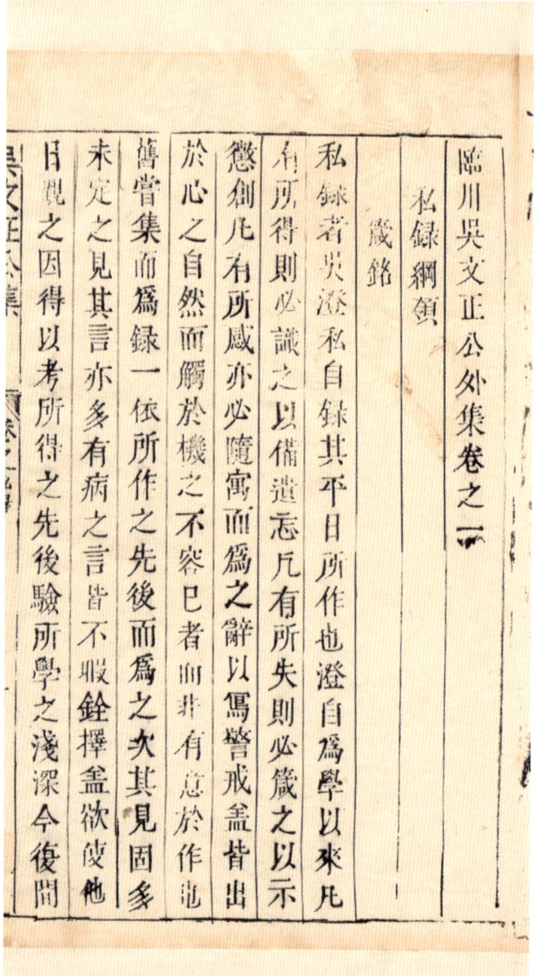

稿本《圓沙文集》

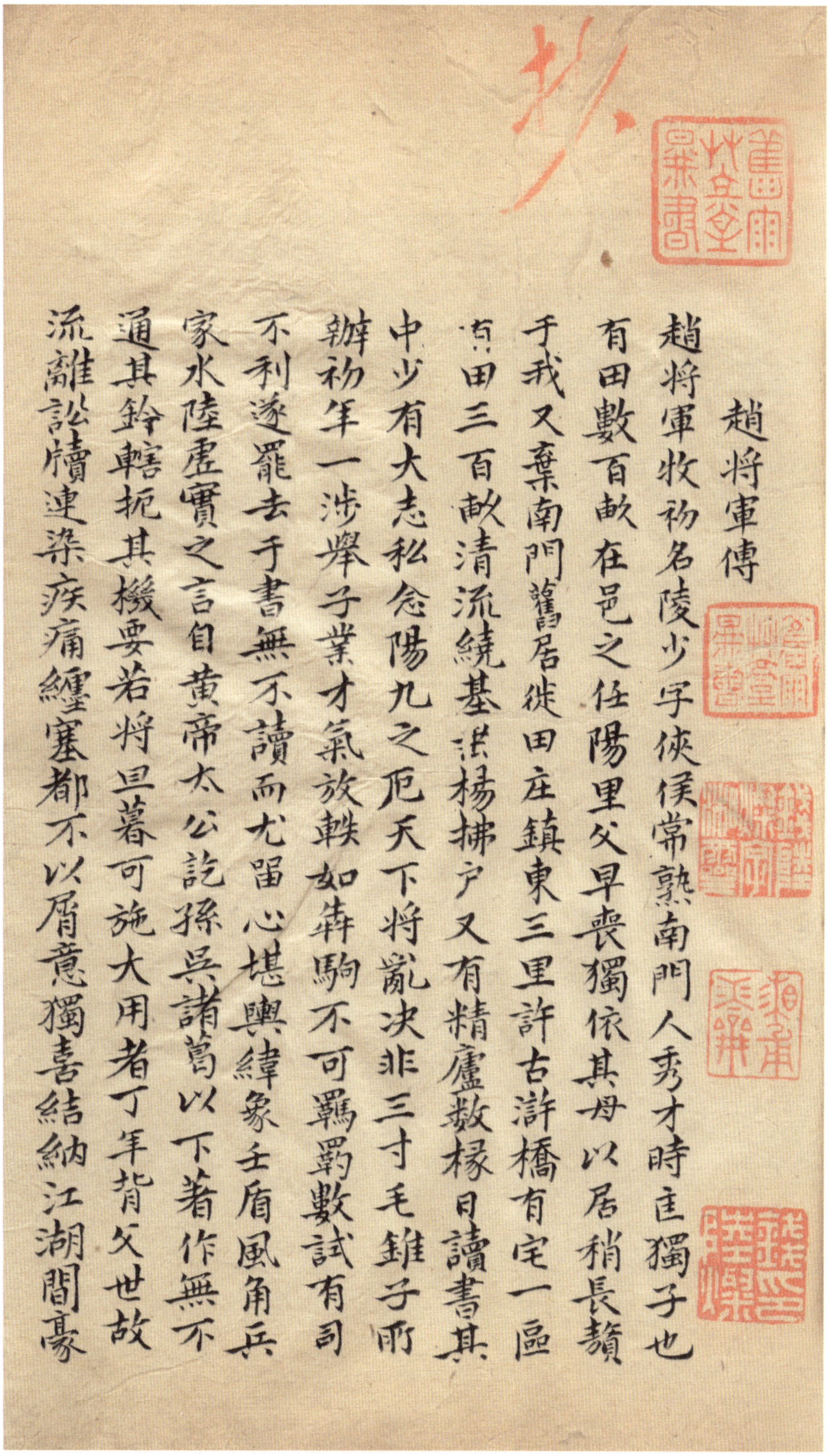
趙将軍傳
趙将軍牧初名陵少字俠侯常熟南門人秀才時庄獨子也有田數百畝在邑之任陽里父早喪獨依其母以居稍長贅于戎又棄南門舊居徙田庄鎮東三里許古滸橋有宅一區腴田三百畝清流繞基垂楊拂户又有精廬數椽日讀書其中少有大志私念陽九之厄天下将亂决非三寸毛錐子所辦初年一涉舉子業才氣放軼如犇駒不可羈羁數試有司不利遂罷去于書無不讀而尤留心堪輿緯象壬盾風角兵家水陸虛實之言自黃帝太公訖孫吳諸葛以下着作無不通其鈐韜扼其機要若将旦暮可施大用者丁年背父世故流離訟牘連染疾痛纏塞都不以屑意獨喜結納江湖間豪

圓沙文集七卷　（清）錢陸燦撰　稿本　一函四册　索書號（甲四）968　第四批《國家珍貴古籍名録》10847 號

開本高 24.6 厘米，寬 15.3 厘米。

錢陸燦（1612—1698），字湘靈，一字爾韜，號圓沙、鐵牛老人等，江蘇常熟（今屬江蘇）人。清順治十四年（1657）舉人，四年後以奏銷案除名，教授常州、揚州、金陵間，從游甚衆，晚年居南山北麓，以教授、游學爲樂。湘靈好藏書，《藏書紀事詩》載："上堂學參臨濟禪，登山喜拍洪崖肩。仙耶佛耶抑儒耶，抱書獨上南山顛。"他治經長於《易》，爲詩骨力雄厚，一掃浮靡，沈德潛《國朝詩别裁集》云："湘靈爲牧齋族子，然其詩不爲虞山派所縛，别調獨彈，戛戛自异，毗陵學詩者多宗之。"有《調運齋詩文隨刻》《調運齋詩集》《圓沙未刻稿》等傳世，另纂有《［康熙］常熟縣志》《鳳凰山永慶寺志》《列朝詩集小傳》等。

此書凡七卷，卷一經義，卷二傳，卷三序，卷四記，卷五誌銘，卷六行狀、墓表、祭文、哀詞，卷七雜編、尺牘，惟書中《淮上草序》《送汪舟次游廬山序》《嚴慈明六十初度壽序》《庶母周孺人七十壽乞言文》四篇以刻本抽出之文爲底稿而略加厘正。卷内有朱、藍、墨三色圈點、校改、評語，如《淮上草序》文末朱筆曰："風韵何等，宗羲六評"；《文學漢一弟像贊》末姜武孫評曰："如水仙操，伯牙延頸四望，但聞海水汩没，山林窅寞，群鳥悲號時也，漢一其不死乎？"又有湘靈自評者，如

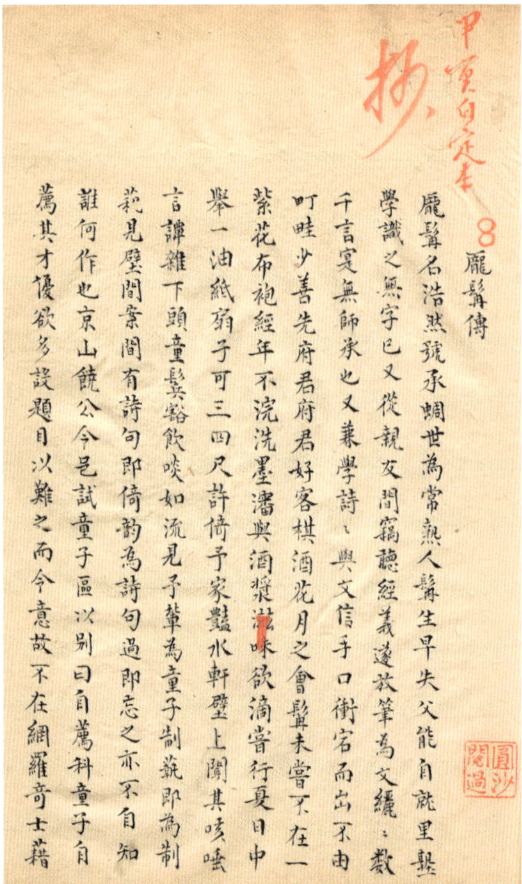
甲寅自定本
8
麗鬚傳
麗鬚名浩然號承蜩世為常熟人鬚生早失父能自就里塾
學識之無字已又從親友間竊聽經義遂於筆為文纔纔數
千言實無師承也又兼學詩詩與文信手口銜宿而出不由
吁哇少善先府君府君好客棋酒花月之會鬚未嘗不在一
紫花布袍經年不浣洗墨瀋與酒漿淋漓欲滴嘗行夏日中
舉一油紙窮子可三四尺許倚予家盤水軒壁上閱其咳唾
言諱雜下頭童髮豁飲啖如流兒子輩為童子制藝即為制
藝見壁間案間有詩句即倚韵為詩句過即忘之亦不自知
誰何作也京山饒公令邑試童子區以别曰自薦科童子自
薦其才優欲多設題目以難之而今意故不在網羅奇士藉
圓沙閱過

"甲寅自定本"題識

《擊代集引上》曰：“尋出破綻，南華老人無詞”；《十月朔日祭潁川君文》曰：“變换出入，腕下有鬼。”卷末湘靈記曰：“丁未大寒後二日，鐵頭陀自校閲完。是日初晴，履霜踏雪去南村，爲之黯然。”湘靈晚歲逃禪，篤信宗門，“鐵頭陀”爲其自稱，“丁未”爲清康熙六年（1667）。《山滿樓詩集序》等文上有湘靈朱筆手書“甲寅自定本”，當爲康熙十三年又加改定之作。卷中鈐“圓沙閲過”“錢陸燦字湘靈”“南邨”“湘靈甫”“舊雨草堂暴書”等錢陸燦私印。

又鈐“北平孔德學校之章”。

（史麗君）

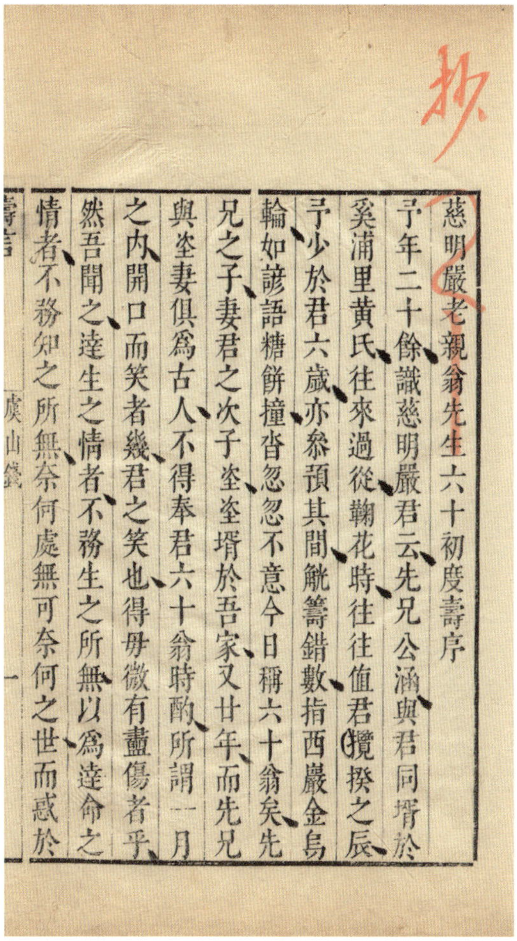
慈明嚴老親翁先生六十初度壽序
予年二十餘識慈明嚴君云先兄公涵與君同壻於奚浦里黄氏往來過從鞠花時往往値君攬揆之辰予少於君六歲亦忝預其間觥籌錯數指西崴金烏輪如諺語糖餅撞沓忽忽不意今日稱六十翁矣先兄之子妻君之次子坙坙壻於吾家又廿年而先兄與坙妻俱爲古人不得奉君六十翁時酌所謂一月之內開口而笑者幾君之笑也得毋微有盡傷者乎然吾聞之達生之情者不務生之所無以爲達命之情者不務知之所無奈何處無可奈何之世而惑於
壽言　虞山錢　一

以刻本抽出之文校改

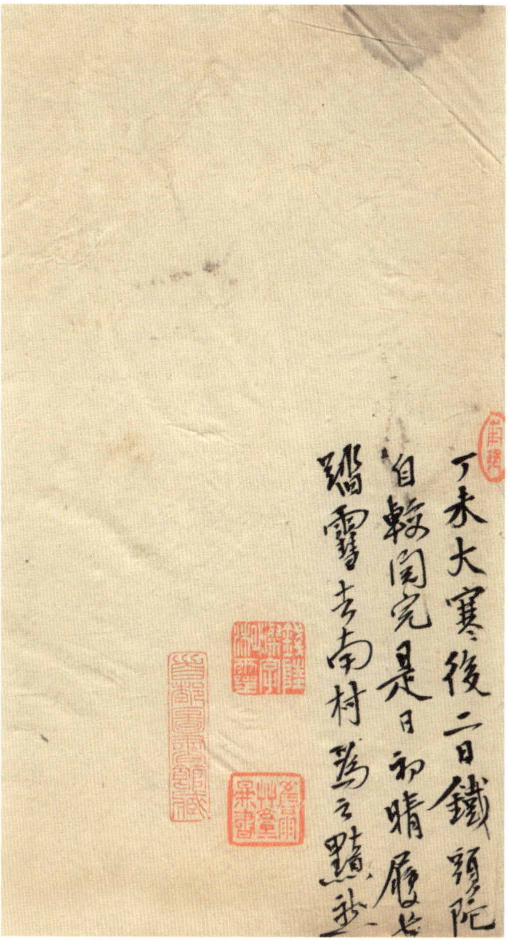
丁未大寒後二日鐵頭陀自校閲完是日初晴履霜踏雪去南村爲之黯然

錢陸燦跋

稿本《冰雪携三選》

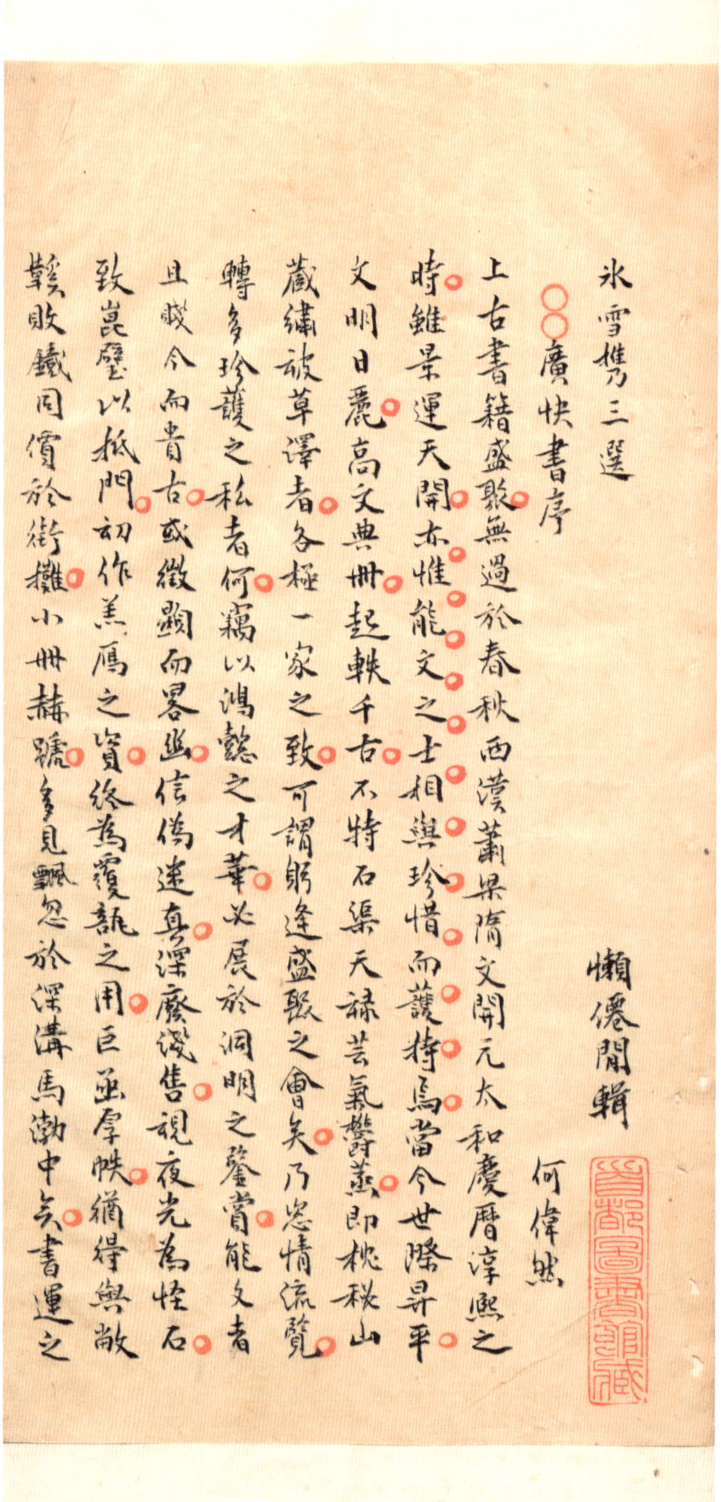

冰雪携三選

懶僊閒輯

廣快書序　何偉然

上古書籍盛聚無過於春秋西漢蕭梁隋文開元太和慶曆淳熙之時雖曰運天開亦惟能文之士相與珍惜而護持焉當今世際昇平文明日麗高文典冊起軼千古不特石渠天祿芸氣鬱葱即枕秘山藏緗被草澤者各極一家之致可謂躬逢盛聚之會矣乃恣情流覽轉多珍護之私者何竊以鴻懿之才華必展於洞明之鑒賞能文者且賤今而貴古或微翻而略幽信偽迷真深廢澀售視夜光為怪石致崑璧以抵門初作羔鴈之資終為覆瓿之用巨函厚帙猶得與散籤敗鐵同賣於街攤小冊赫蹏多見飄忽於深溝馬渤中矣書運之

冰雪携三選不分卷　（清）衛泳輯　稿本　一函四册　索書號（甲四）1513　第三批《國家珍貴古籍名録》09460號

開本高28.9厘米，寬18.9厘米。

衛泳，字永叔，號懶僊，明末清初吴縣（今屬江蘇蘇州）人。衛泳生平事迹不詳。據李清《冰雪携小品總序》言，“訪之於吴門，則見其居有宋理宗御筆賜衛文節公題楔尚存，始知永叔爲世家名流”。《四庫全書總目》卷一百三十三引王晫《今世説》云：“吴門之有永叔兄弟，猶建安之有二丁、平原之有二陸，時人號稱‘雙珠’。”衛泳爲文雅馴，風

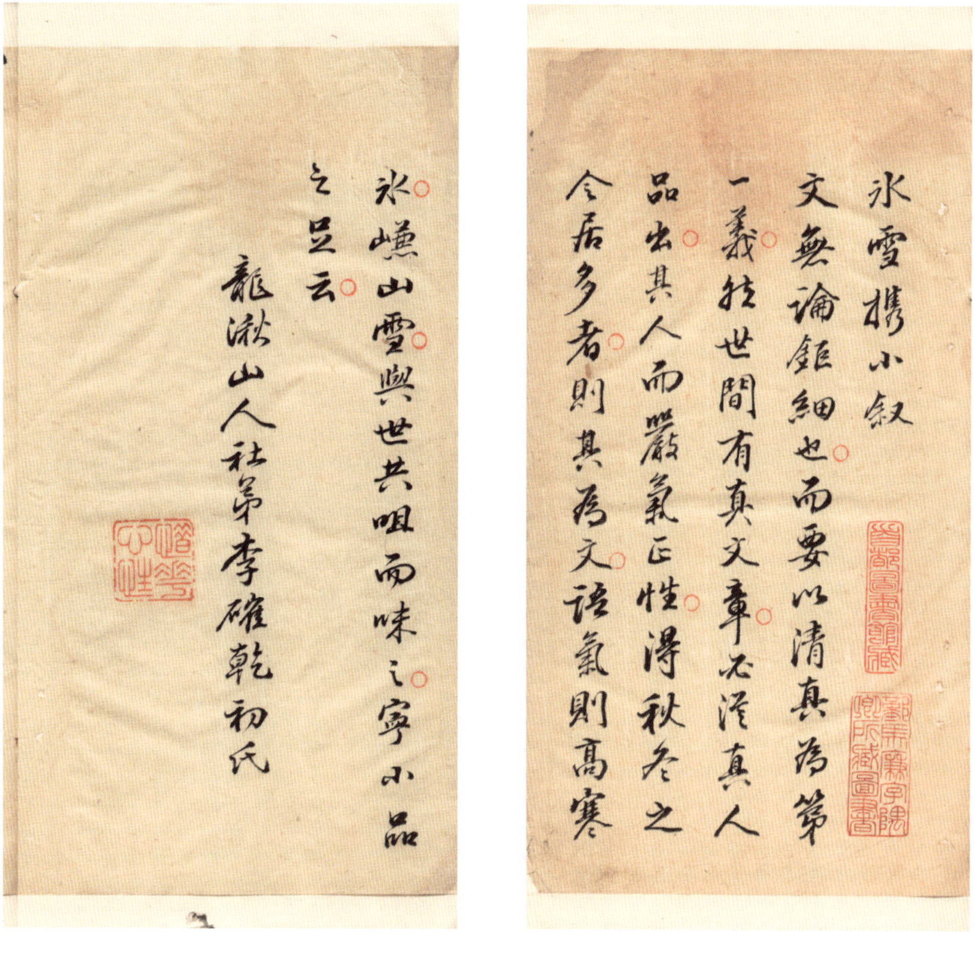
冰雪携小叙
文無論鉅細也而要以清真爲第
一義於世間有真文章必從真人
品出其人而嚴氣正性得秋冬之
令居多者則其爲文語氣則高寒
冰崖山雪與世共咀而味之寧小品
之足云
龍湫山人社弟李确乾初氏

格近乎歐陽修。著有《悦容編》一卷；仿馬總《意林》，采掇明人雜説爲《枕中秘》一書；又選輯明人小品文爲《冰雪携》三部。

衛泳自云：“取名人小品，遴輯以娱晚景。一集未已，再續而三。”（《冰雪文自携三選跋》）。李確《冰雪携小叙》則云：“凡有得於高寒之氣、蒼凉之骨，與澄鮮皓潔之致者，彙成小品，蓋以自娱也。而有識者以爲此清真之品，文之最上乘也。”書名“冰雪携”，蓋源於孟郊《送豆盧策歸别墅》“一卷冰雪文，避俗常自携”詩句，取文章清新雋永且携於身邊之意。《冰雪携》第一部名《古文小品冰雪携》，又名《晚明百家小品》，六卷，選輯晚明各家之文數百篇，各依文體分類。第二部名《名文小品冰雪携二刻》，亦六卷。第三部名《冰雪携三選》，僅有此部爲稿本傳世，未分卷。

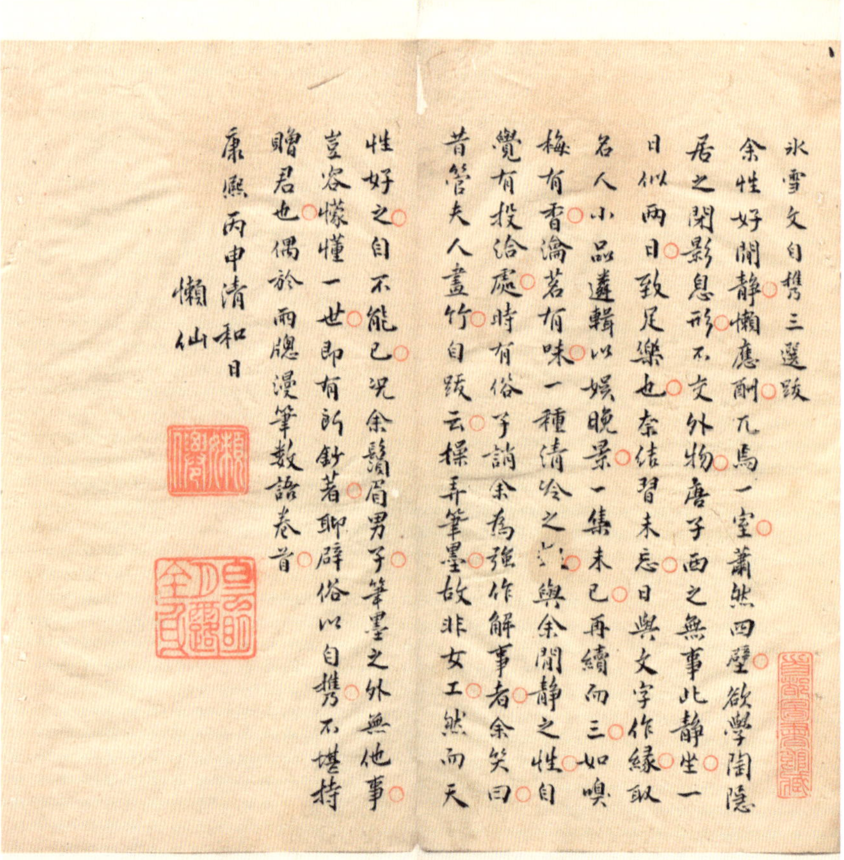
冰雪文自携三選跋
余性好閒靜懶應酬凡焉一室蕭然四壁欲學陶隱居之閉影息形不交外物唐子西之無事此靜坐一日似兩日致足樂也奈結習未忘日與文字作緣取名人小品遴輯以娛晚景一集未已再續而三如嗅梅有香瀹茗有味一種清冷之致與余閒靜之性自覺有投洽處時有俗子誚余為強作解事者余笑曰昔管夫人畫竹自跋云操弄筆墨故非女工然而天性好之自不能已況余鬚眉男子筆墨之外無他事豈容懞懂一世即有所針著聊辟俗以自携不堪持贈君也偶於雨牕漫筆數語卷首
康熙丙申清和日 懶仙

《冰雪携三選》書首有《冰雪携小叙》一篇，署名“龍湫山人社弟李確乾初氏”，鈐“惜花心性”朱文方印一枚。考李確（1591—1672），本名天植，字因仲，人稱蜃園先生，嘉興平湖（今浙江平湖）人。明崇禎六年（1633）舉人，性疏散，無意仕進。甲申後遁迹龍湫山中，改名確，字潛初。以賣文織筐度日，卒羸餓死。著有《蜃園集》《九山游草》《平寇志》等書。次衛泳自撰《冰雪文自携三選跋》一篇，署“康熙丙申清和日懶仙”，并鈐有作者印章“懶僊”“白雲明月露全身”二枚。卷端題名“冰雪携三選”，下署“懶僊閑輯”。

衛泳將所輯文章按文體分類，全書共計序六十四篇、引六篇、題辭五篇、題跋六篇、書後四篇、賦三十四篇、辭一篇、篇二篇、歌七篇。所選之文皆清新雋永，故是書同《蘇長公小品》《晚香堂小品》《皇明十六家小品》等小品文選本一樣，都是晚明時期文學注重抒發性靈、小品文蔚然興盛的時代產物。

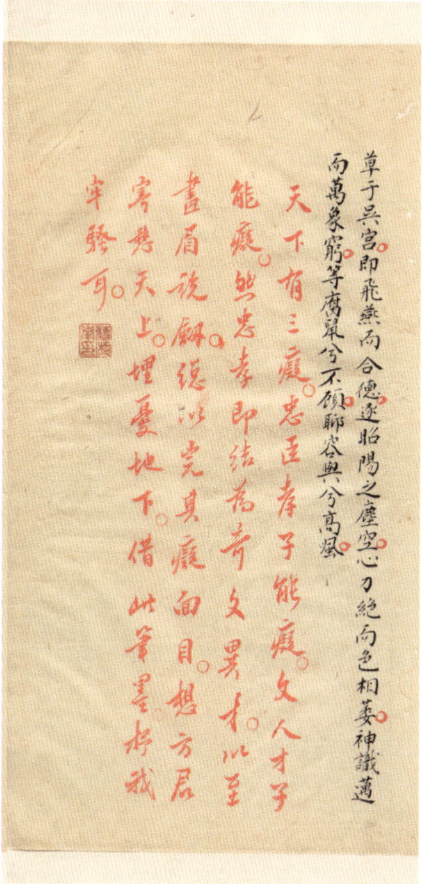
篇末曹湘南評語及鈐印

值得特別重視的是，《冰雪携》前兩部皆有刻本傳世，唯有第三部未見刻本流傳，因此稿本的文獻價值不言而喻。從書中存在的不少修改痕迹以及正文篇章與目録不完全相符的情况來看，這部稿本是一部編輯稿本。書中還存有大量的朱筆圈點、評語，其中評語又分篇末與眉批兩種。根據一些評語下鈐的“曹湘南印”可知，這些圈點評語出於曹湘南之手，或言人物文章，或評辭意筆法，簡潔明暢，頗有助益於後人閲讀。曹湘南之生平事迹待考。

稿本鈐“鄞馬廉字隅卿所臧圖書”收藏印。

（王玥琳）

清康熙五十二年内府刻朱墨套印本《御選唐詩》

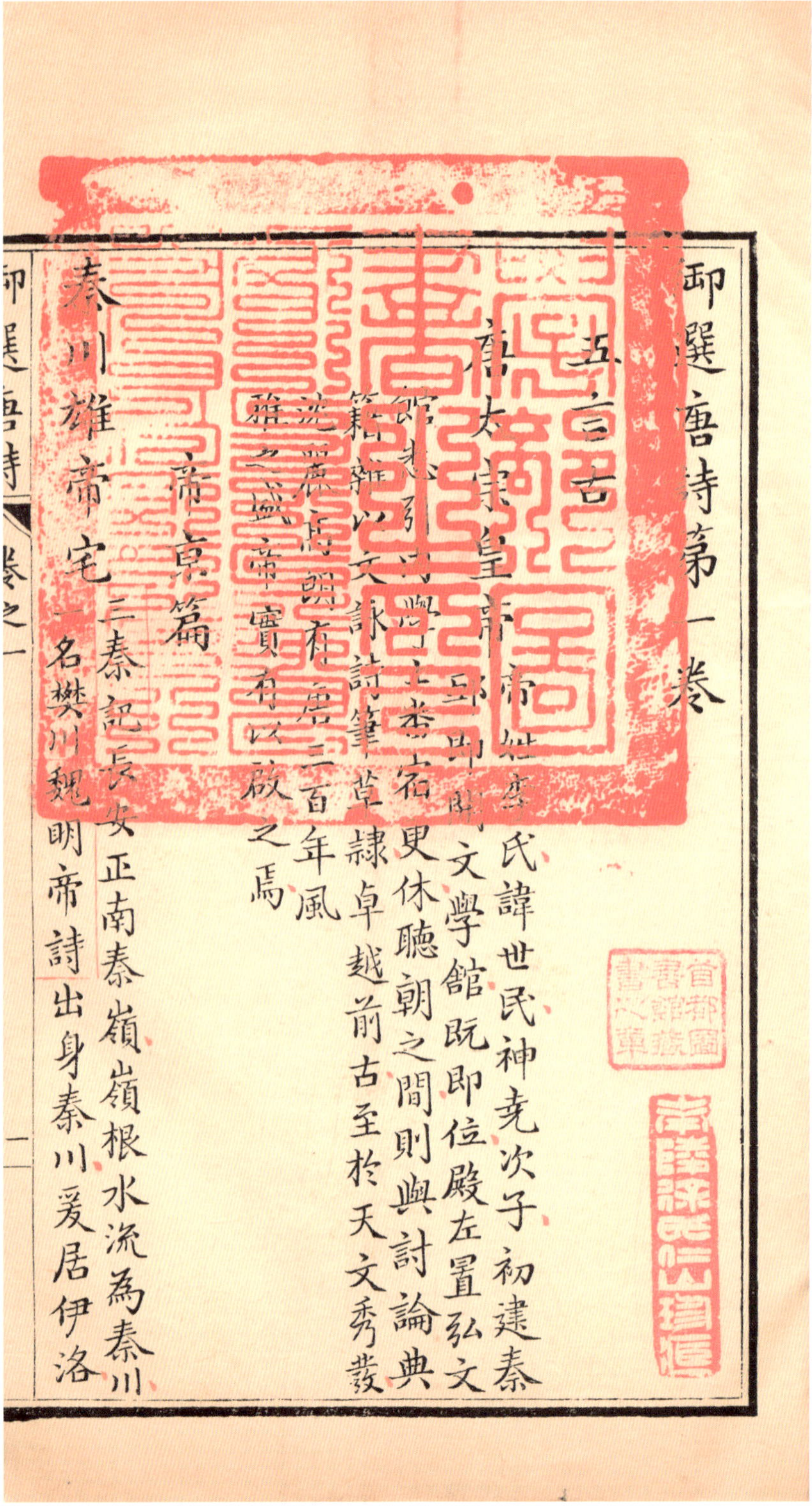
御選唐詩第一卷

五言古

唐太宗皇帝姓李氏諱世民神堯次子初建秦邸時開文學館既即位殿左置弘文館悉引內學士番宿更休聽朝之間則與討論典籍雜以文詠詩筆草隸卓越前古至於天文秀發沈雄廣大有唐三百年風雅之盛帝實有以啟之焉

帝京篇

秦川雄帝宅三秦記長安正南秦嶺嶺根水流爲秦川一名樊川魏明帝詩出身秦川爰居伊洛

御選唐詩　卷之一　一

御選唐詩三十二卷目録三卷　（清）聖祖玄燁輯　（清）陳廷敬等注　清康熙五十二年（1713）内府刻朱墨套印本　四函四十册　索書號（丙四）6054　第三批《國家珍貴古籍名録》09493 號

半葉七行十七字，小字雙行字數不等，白口，四周雙邊，無界行，單黑魚尾，框高 19.0 厘米，寬 12.6 厘米。

清聖祖玄燁（1654—1722），即康熙帝，清順治帝第三子，清朝入關後第二位皇帝。在位六十一年，平定三藩，收復臺灣，親征準噶爾，奠定康乾盛世之根基。他精通數學、天文、曆法、農學、醫學及經、史、諸子、聲律、書畫等。著有《御製文集》一百七十六卷。

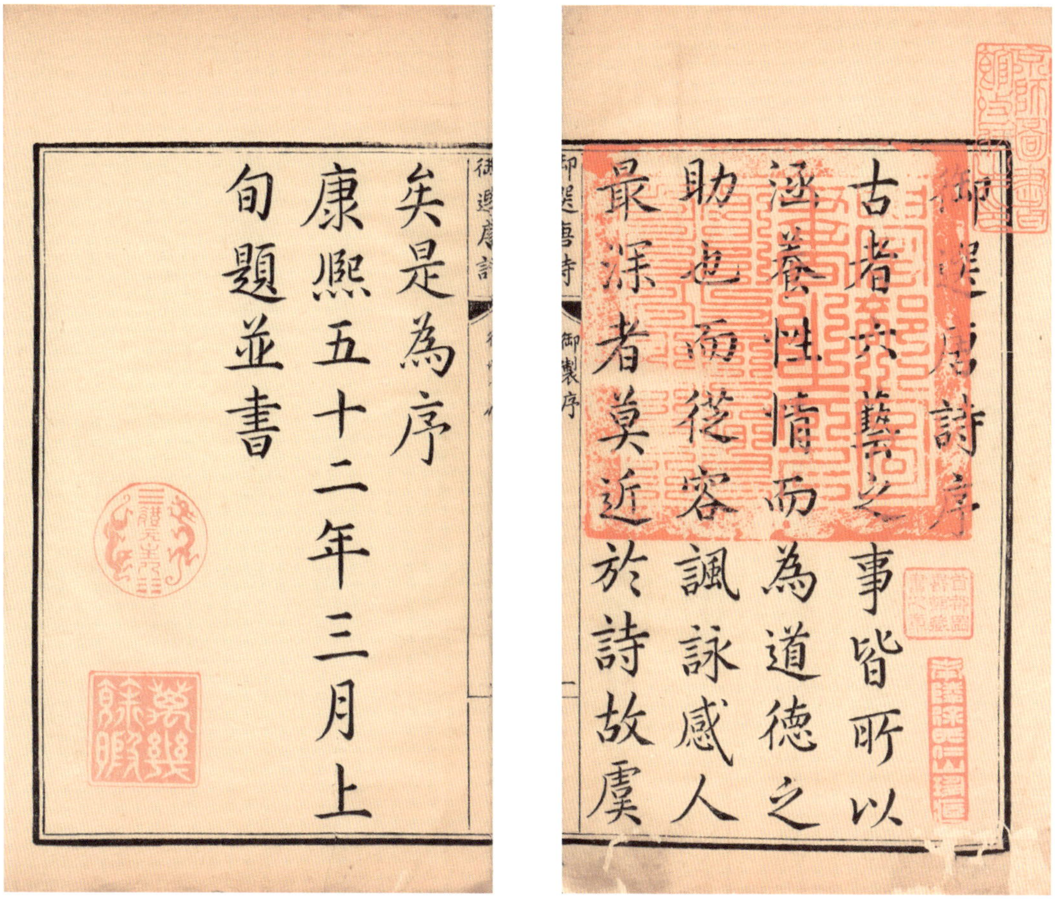
御選唐詩序
古者六藝之事皆所以
涵養性情而為道德之
助也而從容諷詠感人
最深者莫近於詩故虞

矣是為序
康熙五十二年三月上
旬題並書

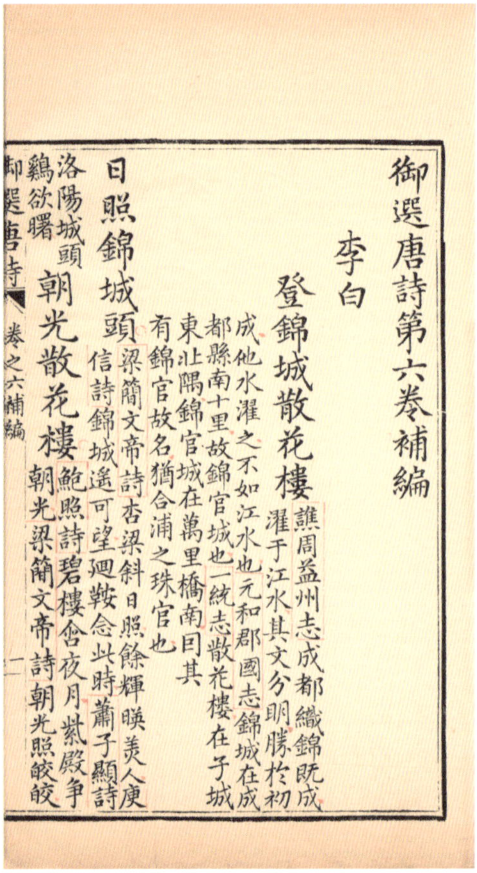
御選唐詩第六卷補編
李白
登錦城散花樓 譙周益州志成都織錦既成濯于江水其文分明勝於初成他水濯之不如江水也元和郡國志錦城在成都縣南十里故錦官城也一統志散花樓在子城東北隅錦官城在萬里橋南曰其有錦官故名猶合浦之珠官也
日照錦城頭 梁簡文帝詩杏梁斜日照餘輝暎美人庾信詩錦城遥可望廻鞍念此時蕭子顯詩
朝光散花樓 鮑照詩碧樓含夜月紫殿争朝光梁簡文帝詩朝光照皎皎
洛陽城頭鷄欲曙
御選唐詩 卷之六補編 二

陳廷敬（1638—1712），字子端，號説巖，晚號午亭，澤州（今屬山西晋城）人。清順治十五年（1658）進士，改庶吉士。歷任經筵講官及工部、户部、刑部、吏部尚書等職。工詩文，器識高遠，文詞淵雅，著有《午亭文編》五十卷等。

此書爲清康熙帝敕編的一部唐詩選集，收五言古詩一百八十九首、七言古詩七十四首、五言律詩三百八十四首、六言律詩三首、七言律詩三百九十三首、五言排律七十五首、七言排律一首、五言絶句三百二十六首、六言絶句四首、七言絶句四百三十九首，合計一千八百八十八首。有康熙御製序，稱該書在彙刻《全唐詩》基礎上重加選編而成，“用以吟咏性情，則當挹其精華而漱其芳潤”；所選詩歌“雖風格不一，而皆以温柔敦厚爲宗，其憂思感憤、倩麗纖巧之作，雖工不録，使覽者得宣志達情，以範於和平”。每位詩人下有小傳，詩句加箋注，但限於名物訓詁和徵引故實，不加釋意。文淵閣大學士兼吏部尚書陳廷敬任總閲，校勘官有勵廷儀、蔣廷錫、張廷玉、趙熊詔，纂注官有吴廷楨、周彝等，總共達五十人。因其宗旨所限，如杜甫“三吏”“三别”等佳作因爲“憂思感憤”，未被選録。但此書所選仍多爲名篇，注釋徵引豐富，對理解詩意很有幫助，爲研究者提供了文獻資料。

此書由翰林院編修陳邦彦等軟體手書上版，正文墨印，書名、人名加方框，連同句讀皆用朱印，便於初學者閲讀。首都圖書館藏本鈐“南陵徐氏仁山珍藏”“學部圖書之印”“京師圖書館收藏之印”等印記。

（楊之峰）

稿本《闕里孔氏詩鈔》

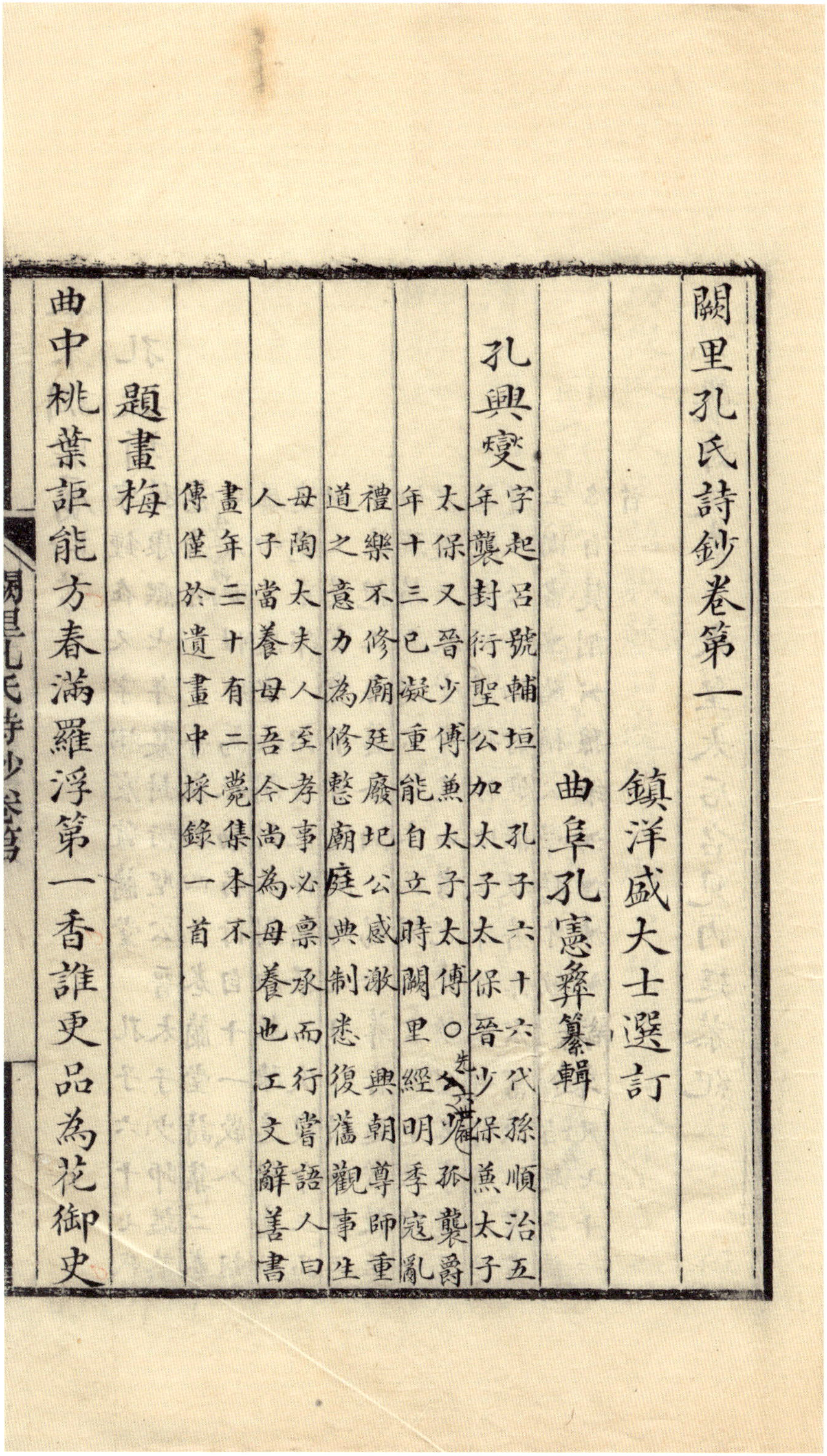

闕里孔氏詩鈔卷第一

鎮洋盛大士選訂

曲阜孔憲彝纂輯

孔興燮 字起呂號輔垣孔子六十六代孫順治五年襲封衍聖公加太子太保晉少保兼太子太保又晉少傅兼太子太傅○[illegible]孫襲爵年十三已凝重能自立時闕里經明季寇亂禮樂不修廟廷廢圮公感激興朝尊師重道之意力為修整廟庭典制悉復舊觀事生母陶太夫人至孝事必稟承而行嘗語人曰人子當養母吾今尚為母養也工文辭善書畫年三十有二薨集本不傳僅於遺畫中採錄一首

題畫梅

曲中桃葉詎能方春滿羅浮第一香誰更品為花御史

闕里孔氏詩鈔十四卷　（清）孔憲彝輯　稿本　一函四册　索書號（甲四）855　第三批《國家珍貴古籍名録》09531 號

框高 26.3 厘米，寬 16.9 厘米。

孔憲彝，字叙仲，號綉山，一號韓齋，山東曲阜人，孔氏第七十二代傳人。清道光五年（1825）舉人，官内閣中書。有《對嶽樓詩録》。孔憲彝品敦學淳，善詩文，有韓愈遺風，又喜繪畫篆刻，寫蘭最爲精妙。游寓京師，居衍聖公邸之東廨，顔其室曰“韓齋”，與魏源、曾國藩、何紹基等名士交往甚密，唱和往還，“文酒過從最盛”，時人稱爲“韓齋雅集”。（參見王拯《韓齋雅集圖記》）

孔憲彝有感於“孔氏詩向無合鈔，其有專集行世者，卷帙浩繁，猝難遍覽；其有未經鎸板者，子孫珍藏手澤，又不輕以示人”，於是“彙録各集，乞鎮洋盛子履選訂填諱”，而憲彝“躬事編録”而成《闕里孔氏詩鈔》十四卷。該書“以徵求遺逸、表闡幽潛爲初志”，收録了上起孔子六十六代孫孔興燮，下至孔門妻女能詩者，凡百餘人詩作。體例上按“宏聞貞尚衍興毓傳繼廣昭憲慶繁祥”十五字孔氏輩次編次，各人姓名下書“孔子幾十幾代孫，以備考核”。内容上“或以詩存人，或以人存詩，有全稿行世者，所録亦止數十首，而一二殘篇則不暇持擇，亟爲登入”，輯詩之餘，兼附作者小傳，列其爵位事迹。（參見孔憲彝《闕里孔氏詩鈔・凡例》）

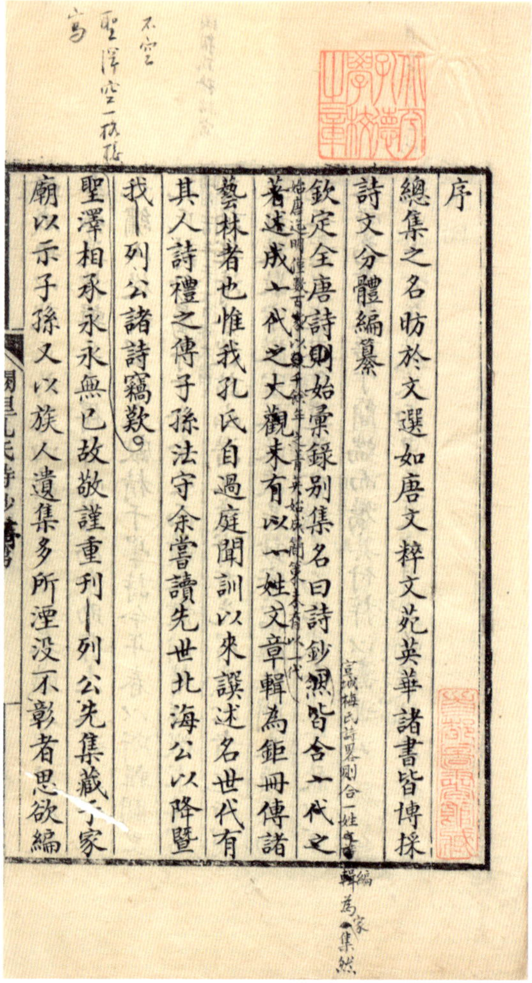
序
總集之名昉於文選如唐文粹文苑英華諸書皆博採
詩文分體編纂
欽定全唐詩則始彙録別集名曰詩鈔然皆合一代之
著述成一代之大觀未有以一姓文章輯為鉅冊傳諸
藝林者也惟我孔氏自過庭聞訓以來譔述名世代有
其人詩禮之傳子孫法守余嘗讀先世北海公以降曁
我 列公諸詩竊歎
聖澤相承永永無已故敬謹重刊 列公先集藏于家
廟以示子孫又以族人遺集多所湮沒不彰者思欲編

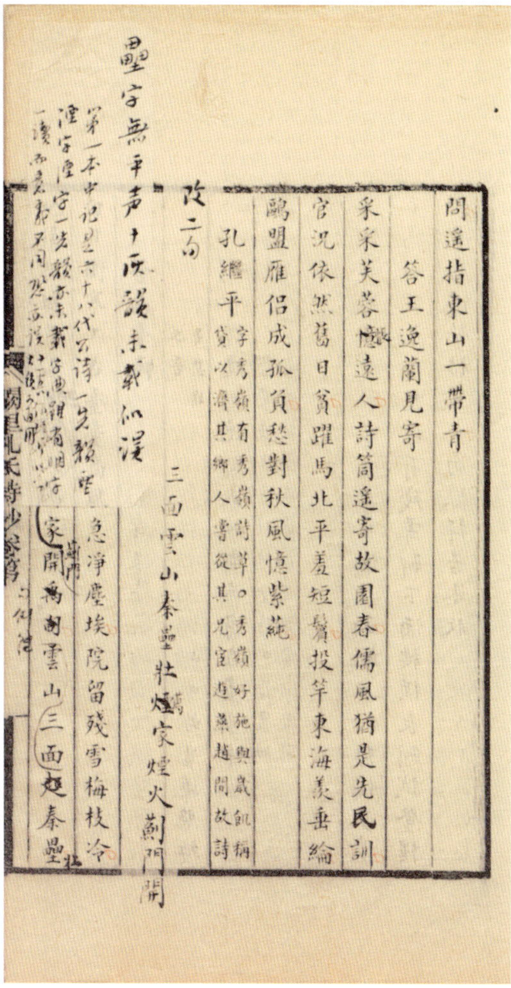

此書在編纂過程中，經盛大士選訂。盛大士，字子履，號逸雲，又號蘭簃道人，又作蘭畦道人，鎮洋（今江蘇太倉）人。清嘉慶五年（1800）舉人，爲山陽教諭。其人學問淹雅，詩畫俱佳。著有《藴愫閣集》《琴竹山房樂府》《泉史》，畫作有《疏林遠岫圖》等傳世。

本書前有清道光時期阮元、盛大士及孔氏第七十三代傳人孔慶鎔所作序言。正文部分以烏絲欄竹紙抄録，版心鎸有"闕里孔氏詩鈔卷第"字樣，粗黑口，左右雙邊，單黑魚尾。半葉十行二十一字，小字雙行字同。書中天頭、行間多有校改增删之處，書末記刻板人"曲阜劉文炳鎸"字樣。是書字體工整，校改精詳，改後文字、版式等與現存道光刻本相同，當爲稿本無疑，具有極高的版本價值。

鈐有"北平孔德學校之章"。

（張昊）

清康熙活字印本《東齋詞畧》

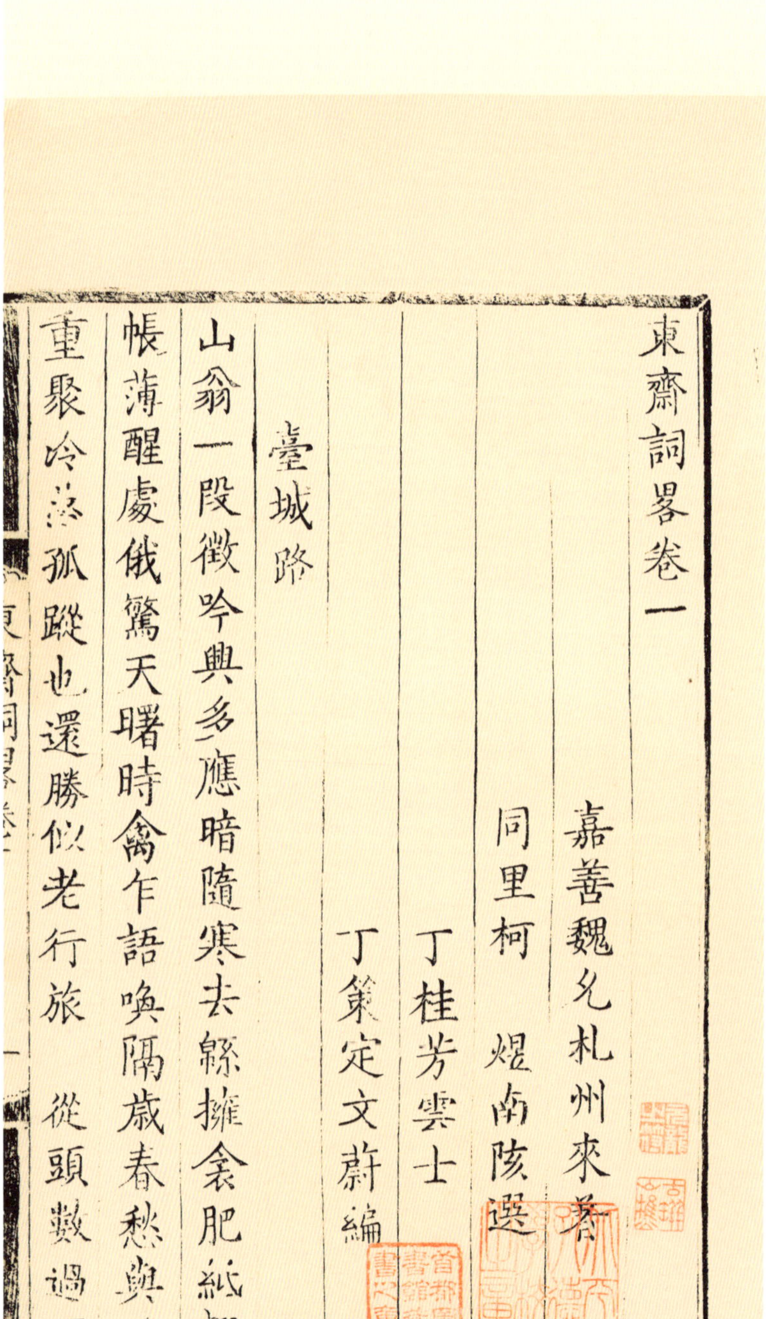
東齋詞畧卷一
嘉善魏允札州來著
同里柯　煜南陔選
丁桂芳雲士
丁策定文蔚編
臺城路
山翁一段微吟興多應暗隨寒去綠擁衾肥紙翻帳薄醒處俄驚天曙時禽乍語喚隔歲春愁與人重聚冷落孤蹤也還勝似老行旅　從頭數過四

東齋詞畧四卷　（清）魏允札撰　清康熙活字印本　一函二册　索書號（甲四）517

第三批《國家珍貴古籍名録》09549 號

半葉九行十九字，小字雙行字數不等，粗黑口，左右雙邊，雙對黑魚尾，框高 21.2 厘米，寬 14.5 厘米。

魏允札，字州來，號東齋，清順康間浙江嘉善人。嘉善魏氏在清初柳洲文界占有重要地位，東齋爲柳洲詞派中堅人物魏學渠之侄，東齋父魏學濂、兄魏允枚等皆有詞名。東齋亦才氣敏贍，博覽典籍，弱冠補郡諸生，不樂仕進。所作詩詞蕭然自適，山人氣息甚濃，在清初柳洲詞派中獨樹一幟，爲江浙名流所推。《［光緒］重修嘉善縣志》卷二十四有傳。此集爲柯煜選，丁桂芳、丁策定編。三人皆魏氏同鄉，有詩名。柯煜（1666—1736），字南陔，號石庵。受業於朱彝尊，清雍正癸卯（1723）進士。南陔文筆勁健，工詩詞賦體，詩則淡雅高潔，賦則樸實無華，著有《石庵樵唱》。

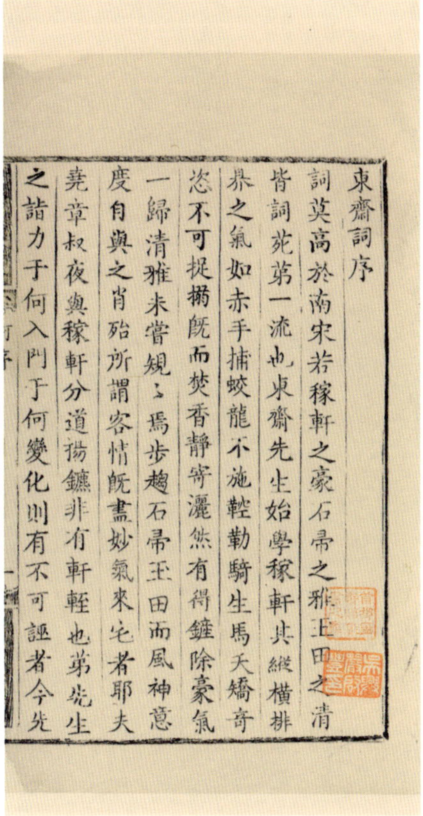
東齋詞序
詞莫高於南宋若稼軒之豪石帚之雅玉田之清
皆詞苑第一流也東齋先生始學稼軒其縱横排
奡之氣如赤手捕蛟龍不施鞚勒騎生馬夭矯奇
恣不可捉搦既而焚香静寄灑然有得鏟除豪氣
一歸清雅未嘗規規焉步趨石帚玉田而風神意
度自與之肖殆所謂客情既盡妙氣來宅者耶夫
堯章叔夜與稼軒分道揚鑣非有軒輊也第先生
之詣力于何入門于何變化則有不可誣者今先

柯煜序文叙述了《東齋詞略》刊刻緣起："余前後得先生詞，悉藏弆以爲帳中之秘，四方好事之家欲購之而無從也。今年夏，文翁舅氏命梓人模印成若干卷，於是名流韵士一慰其饑渴之懷焉。"序中柯煜論東齋詞風曰："東齋先生始學稼軒，縱横排奡之氣如赤手捕蛟龍，不施鞚勒騎生馬，夭矯奇恣不可捉搦，既而焚香静寄，灑然有得，鏟除豪氣，一歸清雅，未嘗規規焉。"此本《東齋詞略》爲康熙時木活字本，刷印精良，具有珍貴的版本價值。

此書有佚名題跋、圈點。鈐"吴興嚴啓豐印""元龍之符""古鉼山樵""北平孔德學校之章"等印記。

（史麗君）

嘉興府志　文苑

魏允枚（札？）字卜臣學濂子（嘉善人）清順治戊子五年舉人授西安教諭未仕卒著有詩集六卷弟允札字州来允楨字虎臣允札諸生博覽典籍詩文直逼兩宋著東齋集允楨事兄如嚴父侍母湯藥至於嘔血百家之書無不瀏覽爲文爪發泉湧時稱其兄弟文章行誼不愧名父之子

丁桂芽字錡清亦嘉善人有方石詩鈔晚号知白居士

柯煜字南陔雍正癸卯科進士有石庵樵唱志稱其文華勁健詩雅淡高潔直逼王孟又長於駢體

北京孔德學校用箋

清乾隆五十四年舒元煒序抄本《紅樓夢》

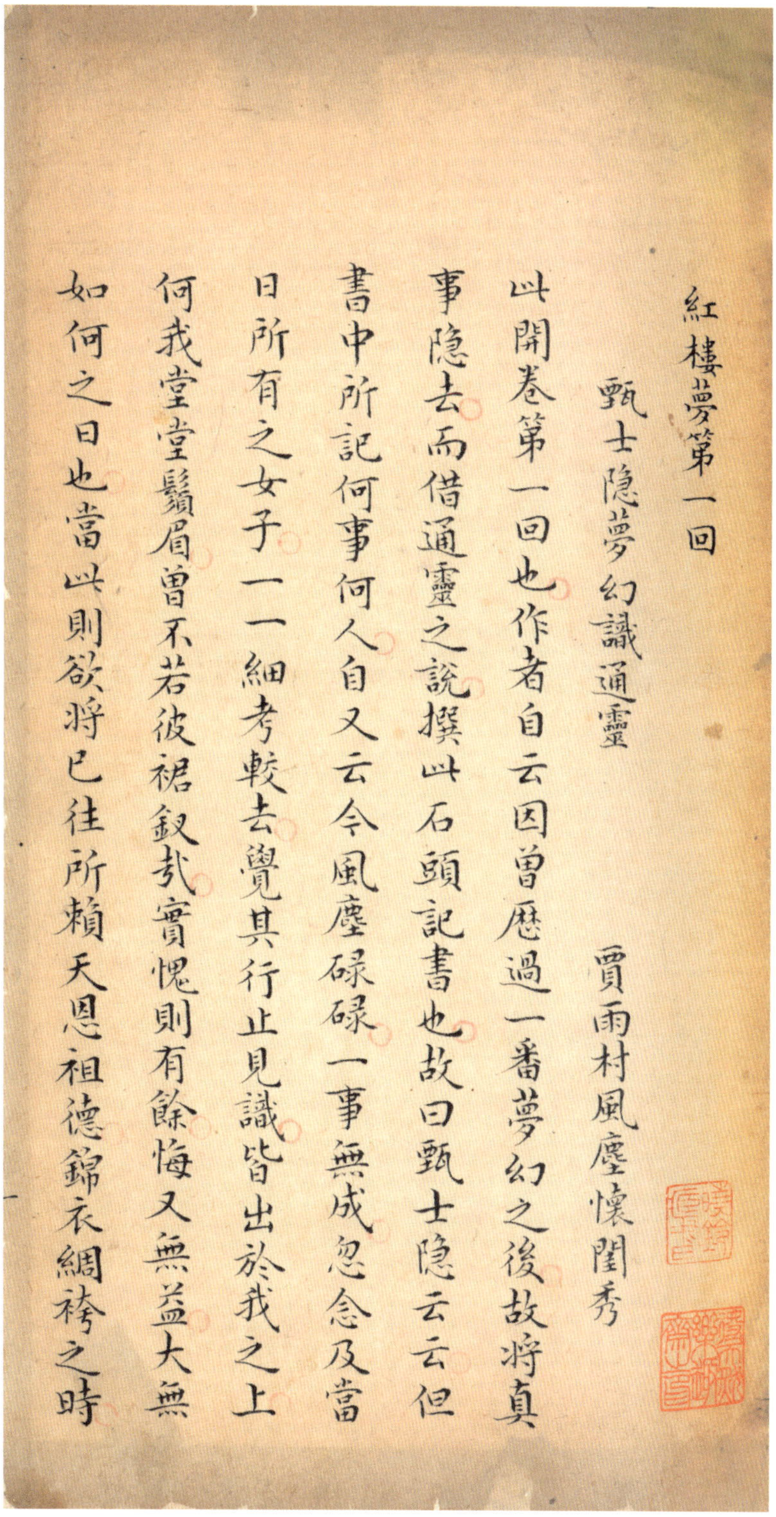

紅樓夢第一回

甄士隱夢幻識通靈　賈雨村風塵懷閨秀

此開卷第一回也作者自云因曾歷過一番夢幻之後故將真事隱去而借通靈之說撰此石頭記書也故曰甄士隱云云但書中所記何事何人自又云今風塵碌碌一事無成忽念及當日所有之女子一一細考較去覺其行止見識皆出於我之上何我堂堂鬚眉曾不若彼裙釵哉實愧則有餘悔又無益大無如何之日也當此則欲將已往所賴天恩祖德錦衣紈袴之時

紅樓夢一百二十回　（清）曹霑撰　清乾隆五十四年（1789）舒元煒序抄本　四函十六册　索書號（己）634　第二批《國家珍貴古籍名録》06601 號

存四十回（第一至四十回）。書高 26.6 厘米，寬 16.9 厘米。

曹霑（約 1715—約 1763），字夢阮，號雪芹、芹圃、芹溪，清滿洲正白旗人。曾祖曹璽、祖父曹寅、父曹頫，康熙間相繼任江寧織造，雍正間曹頫被革職抄家。雪芹隨家遷居北京，

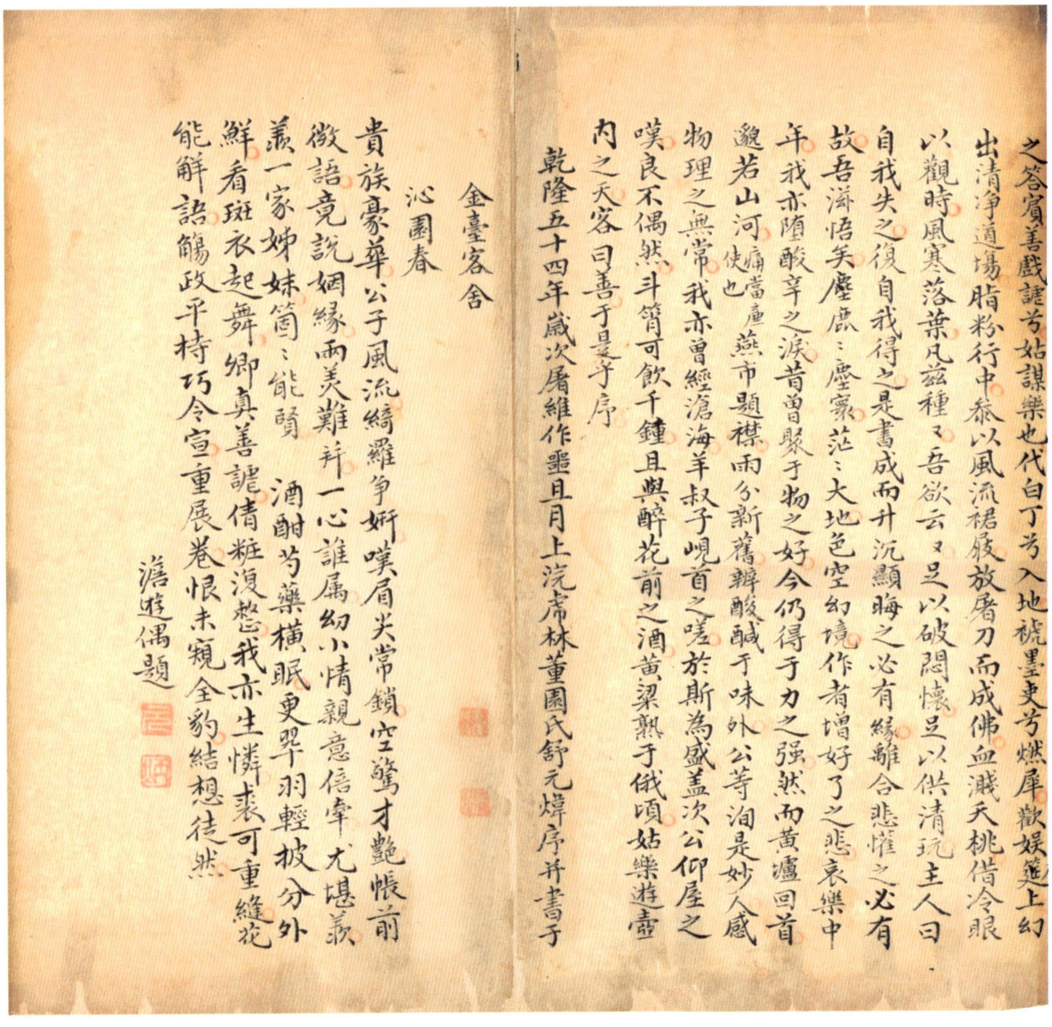

澹游題詞　　舒元煒序末

以十年之力著《紅樓夢》，增删五次，終未完成。有關曹雪芹身世，紅學界尚存争議，此遵一説。

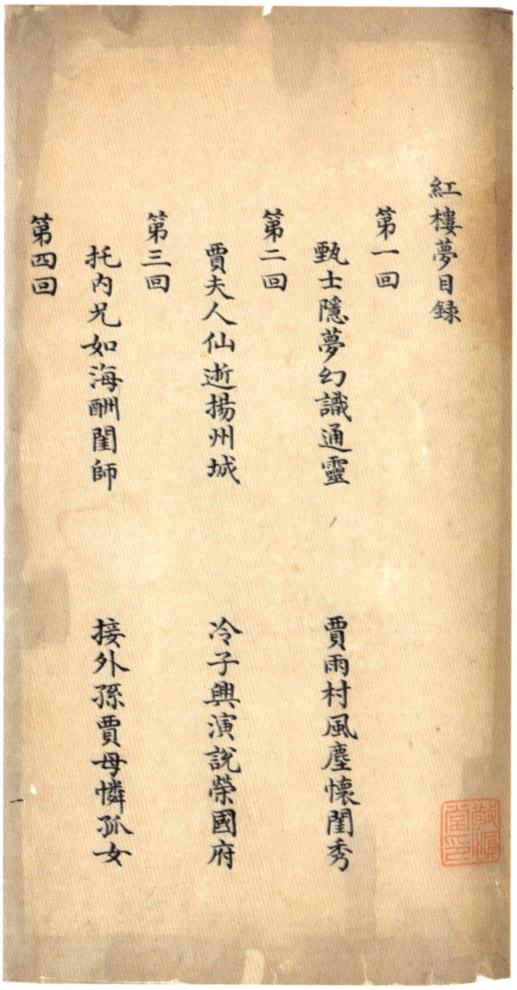
紅樓夢目録
第一回
甄士隱夢幻識通靈　賈雨村風塵懷閨秀
第二回
賈夫人仙逝揚州城　冷子興演説榮國府
第三回
托內兄如海酬閨師　接外孫賈母憐孤女
第四回

《紅樓夢》大約成書於清乾隆十九年，在程偉元萃文書屋木活字印本（即“程甲本”）問世之前，曾出現衆多抄本，流傳至今的有十二部，首都圖書館所藏舒元煒序抄本即其中之一。此本卷首有舒元煒撰書於乾隆五十四年己酉的序文，故又稱舒序本、舒本、己酉本，是唯一有直接證據證明抄録於乾隆年間的抄本。序云：“筠圃主人瞿然謂客曰：‘客亦知升沉顯晦之緣，離合悲歡之故，有如是書也夫？’……於是摇毫擲簡，口誦手批。就現在之五十三篇，特加讎校。借鄰家之二十七卷，合付抄胥。”舒序本以筠圃所藏的五十三回和從鄰家借得的二十七回爲底本，經舒元煒與其弟舒元炳校定後抄録，共八十回。此時距“程甲本”出現還有兩年，但舒元煒已知有一百二十回本，故其序開頭稱“惜乎《紅樓夢》之觀止於八十回也，全册未窺”，後曰“核全函於斯部，數尚缺夫秦關”，“秦關”爲“秦關百二”用典之略，即指一百二十回。該本文字與他本相比，多處回目及正文有异，對研究《紅樓夢》成書、流傳具有重要的文獻價值。

舒元煒，字董園，浙江杭州府仁和縣（今屬浙江杭州）人，清乾隆四十二年舉人。乾隆五十四年前與其弟舒元炳入京應試落第，客居著名藏書家玉棟（筠圃）宅中，協助主人校勘抄補《紅樓夢》，并作序。乾隆至嘉慶年間，舒元煒曾任山東鉅野縣、新泰縣知事。

此書原爲著名學者、藏書家吴曉鈴先生家藏珍本，後捐贈首都圖書館。據吴先生在《危城訪書得失記》一文中説，他是 1938 年前後於北京南城廠甸附近的書店購得此書。

書中有佚名圈点。序文首葉鈐“和逸所臧書畫金石圖書之印”，目録葉鈐“敬慎堂印”，第一回首頁鈐“得天然樂趣齋之印”“曉鈴臧書”印記。

（劉乃英）

附　録

首都圖書館入選第一至六批《國家珍貴古籍名録》簡目

第一批

00515　晦庵先生朱文公行狀二卷　（宋）黄榦輯　元至正九年（1349）謝池刻本　存一卷（卷上）

00544　故唐律疏議三十卷　（唐）長孫無忌等撰　佚名釋文　**纂例十二卷**　（元）王元亮編撰　元建安余志安勤有堂刻本

00622　刑統賦一卷　（宋）傅霖撰　（元）郄□韵釋　元余氏勤有堂刻本

第二批

02785　資治通鑑二百九十四卷　（宋）司馬光撰　（元）胡三省音注　**通鑑釋文辯誤十二卷**　（元）胡三省撰　元刻明弘治正德嘉靖遞修本（有抄配）　羅振玉跋

03024　藥師琉璃光如來本願功德經一卷　（唐）釋玄奘譯　元杭州大街衆安橋北沈七郎經鋪刻本

03250　書經章句訓解十卷　（明）尹洪撰　明成化十年（1474）晋府刻本

03262　詩緝三十六卷　（宋）嚴粲撰　明趙府味經堂刻本

03571　宋史新編二百卷　（明）柯維騏撰　明嘉靖刻本（卷五十二至五十三、一百五十四至一百六十、一百九十二至一百九十三抄配）

03632　資治通鑑綱目五十九卷　（宋）朱熹撰　明嘉靖三十五年（1556）趙府居敬堂刻本

03743　歷代通鑑纂要九十二卷　（明）李東陽　劉機等撰　明正德十四年（1519）慎獨齋刻本

03744　歷代通鑑纂要九十二卷　（明）李東陽　劉機等撰　明正德十四年（1519）慎獨齋刻本

03831　貞觀政要十卷　（唐）吴兢撰　（元）戈直集論　明成化元年（1465）

内府刻本

03936　**伊洛淵源録十四卷**　（宋）朱熹撰　**續録六卷**　（宋）謝鐸撰　明嘉靖八年（1529）高賁亨刻本

04020　**十七史詳節二百七十四卷**　（宋）吕祖謙輯　明正德十三年（1518）劉弘毅慎獨齋刻本（有抄配）

04030　**歷代史纂左編一百四十二卷**　（明）唐順之輯　明嘉靖四十年（1561）胡宗憲刻本

04055　**史記纂二十四卷**　（明）凌稚隆輯　明萬曆凌稚隆刻朱墨套印本

04063　**兩漢博聞十二卷**　（宋）楊侃輯　明嘉靖三十七年（1558）黄魯曾刻本

04089　**歐陽文忠公五代史抄二十卷**　（明）茅坤輯　明刻朱墨套印本

04103　**大明清類天文分野之書二十四卷**　題（明）劉基等撰　明初刻本

04113　**大明一統志九十卷**　（明）李賢　萬安等纂修　明天順五年（1461）内府刻本（有抄配）

04193　**華嶽全集十一卷**　（明）李時芳撰　明嘉靖四十一年（1562）自刻清補刻本

04195　**廬山紀事十二卷**　（明）桑喬撰　明嘉靖刻本

04214　**三遷志六卷**　（明）史鶚撰　明嘉靖刻本

04280　**文獻通考三百四十八卷首一卷**　（元）馬端臨撰　明嘉靖馮天馭刻本（有抄配）

04286　**大明會典二百二十八卷**　（明）申時行　趙用賢等纂修　明萬曆十五年（1587）内府刻本

04302　**明倫大典二十四卷**　（明）楊一清　熊浹等纂修　明嘉靖七年（1528）内府刻本（有抄配）

04309　**鹽政志十卷**　（明）朱廷立等撰　明嘉靖刻本

04455　**性理大全書七十卷**　（明）胡廣等撰　明嘉靖三十八年（1559）樊獻科刻本

04506　**塞語不分卷**　（明）尹畊撰　明嘉靖刻本

04527　**補註釋文黄帝内經素問十二卷**　（唐）王冰注　（宋）林億等校正　（宋）孫兆改誤　**遺篇一卷　黄帝素問靈樞經十二卷**　（宋）史崧音釋　明趙府居敬堂刻本

04621　**原機啓微集二卷**　（元）倪維德撰　（明）薛己校補　**附録一卷**　明嘉靖刻本

04714　**酒史二卷**　（明）馮時化撰　明隆慶四年（1570）獨醒居士刻本

04746　**霏雪録不分卷**　（明）劉績撰　明弘治元年（1488）張文昭刻本

04749　**濯舊一卷**　（明）汪俊撰　明嘉靖三十年（1551）刻本

04793　**何氏語林三十卷**　（明）何良俊撰　明嘉靖二十九年（1550）何氏清森閣刻本

04808　**大明仁孝皇后勸善書二十卷**　（明）仁孝皇后徐氏撰　明永樂五年（1407）内府刻本

04809　**大明仁孝皇后勸善書二十卷**　（明）仁孝皇后徐氏撰　明永樂五年（1407）内府刻本

04865　**初學記三十卷**　（唐）徐堅等輯　明嘉靖二十三年（1544）瀋藩刻本

04894　**錦繡萬花谷前集四十卷後集四十卷續集四十卷别集三十卷**　明嘉靖十五年（1536）秦汴繡石書堂刻本

04938　**楮記室十五卷**　（明）潘塤輯　明嘉靖潘蔓刻本

04978　**三子合刊十三卷**　明閔齊伋刻套印本

05014　**金聲玉振集五十二種六十三卷**　（明）袁褧編　明嘉靖二十九年至三十年（1550—1551）袁氏嘉趣堂刻本

05051　**楚辭十七卷**　（宋）洪興祖（明）劉鳳等注　（明）陳深批點　**附録一卷**　明萬曆二十八年（1600）凌毓枏刻朱墨套印本

05129　**唐駱先生集八卷**　（唐）駱賓王撰　（明）王衡等評釋　**附録一卷**　明凌毓枏刻朱墨套印本

05130　**唐駱先生集八卷**　（唐）駱賓王撰　（明）王衡等評釋　**附録一卷**　明凌毓枏刻朱墨套印本

05232　**集千家注杜工部詩集二十卷文集二卷**　（唐）杜甫撰　（宋）黄鶴補注　**附録一卷**　明嘉靖十五年（1536）玉几山人刻本

05388　**增廣注釋音辯唐柳先生集四十三卷别集二卷外集二卷**　（唐）柳宗元撰　（宋）童宗説注釋　（宋）張敦頤音辯　（宋）潘緯音義　**附録一卷**　明正統十三年（1448）善敬堂刻遞修本

05417　**孟東野詩集十卷**　（唐）孟郊撰　（宋）國材　劉辰翁評　明凌濛初刻朱墨套印本

05575　**東坡禪喜集十四卷**　（宋）蘇軾撰　（明）馮夢禎批點　（明）凌濛初輯　明天啓元年（1621）凌濛初刻朱

墨套印本

05606　東坡文選二十卷　（宋）蘇軾撰　（明）鍾惺輯并評　明閔氏刻朱墨套印本

05608　蘇長公小品四卷　（宋）蘇軾撰　（明）王納諫輯并評　明凌啓康刻朱墨套印本

05620　蘇長公密語十六卷　（宋）蘇軾撰　（明）李一公輯　**首一卷**　明天啓元年（1621）刻朱墨套印本

05637　具茨晁先生詩集一卷　（宋）晁冲之撰　明嘉靖三十三年（1554）晁氏寶文堂刻本

05814　太師誠意伯劉文成公集二十卷　（明）劉基撰　明隆慶六年（1572）謝廷傑、陳烈刻本

05852　遜志齋集二十四卷　（明）方孝孺撰　**附録一卷**　明嘉靖四十年（1561）王可大刻本（卷二十四、附録抄補）

05963　渼陂續集三卷　（明）王九思撰　明嘉靖二十五年（1546）翁萬達刻本

06053　林屋集二十卷　（明）蔡羽撰　明嘉靖八年（1529）刻本（卷十八至二十抄配）

06069　遵巖先生文集四十一卷　（明）王慎中撰　明隆慶五年（1571）邵廉刻本

06259　選詩七卷　（南朝梁）蕭統輯　（明）郭正域評點　（明）凌濛初輯評　**詩人世次爵里一卷**　明凌濛初刻朱墨套印本

06268　選賦六卷　（南朝梁）蕭統輯　（明）郭正域評點　**名人世次爵里一卷**　明凌氏鳳笙閣刻朱墨套印本

06347　新刊迂齋先生標注崇古文訣三十五卷　（宋）樓昉輯　明刻本

06353　西山先生真文忠公文章正宗二十四卷　（宋）真德秀輯　明正德十五年（1520）馬卿刻本

06366　西山先生真文忠公文章正宗二十四卷續二十卷　（宋）真德秀輯　明嘉靖四十三年（1564）蔣氏家塾刻本

06497　名家詩法八卷　（明）黄省曾編　明嘉靖二十四年（1545）結緑囊刻本

06601　紅樓夢一百二十回　（清）曹雪撰　清乾隆五十四年（1789）舒元煒序抄本　存四十回（一至四十）

第三批

07046　晉書一百三十卷　（唐）房

玄齡等撰　**音義三卷**　（唐）何超撰　元刻明修本　存四卷（一百十至一百十三）

07158　阿毗達磨順正理論八十卷　（唐）釋玄奘譯　宋紹興十八年（1148）福州開元寺刻毗盧藏本　存一卷（十八）

07187　藥師琉璃光王七佛本願功德經念誦儀軌二卷　（元）釋沙囉巴譯　元至大四年（1311）刻本　存一卷（下）

07188　大方廣佛華嚴經疏一百二十卷　（唐）釋澄觀述　（宋）釋净源録疏注經　宋兩浙轉運司刻本　存一卷（一百十四）

07220　晦庵先生文集一百卷目録二卷　（宋）朱熹撰　宋刻本　存三卷（二十、四十四、六十八殘葉）

07398　大學章句一卷或問一卷中庸章句一卷或問一卷論語集注十卷孟子集注七卷　（宋）朱熹撰　明嘉靖吉澄刻本

07418　六經圖六卷　（宋）楊甲撰　（宋）毛邦翰補　明萬曆四十三年（1615）吴繼仕熙春樓刻本

07555　唐餘紀傳十八卷　（明）陳霆撰　明嘉靖二十三年（1544）馮焕刻本

07605　司馬温公稽古録二十卷　（宋）司馬光撰　明范氏天一閣刻本

07607　資治通鑑綱目前編十八卷舉要三卷　（宋）金履祥撰　**外紀一卷**　（明）陳桱撰　明嘉靖三十六年（1557）吉澄刻本

07728　路史四十七卷　（宋）羅泌撰　明嘉靖洪楩刻本

07751　越絶書十五卷　（漢）袁康撰　明嘉靖三十三年（1554）張佳胤雙柏堂刻本

07805　盡言集十三卷　（宋）劉安世撰　明隆慶五年（1571）張佳胤、王叔杲刻本

07893　岩鎮汪氏重輯本宗譜四卷　（明）汪淵輯　明弘治十三年（1500）刻本

07904　新安黄氏會通譜十六卷文獻録二卷外集三卷　（明）黄禄、程天相纂修　明弘治十四年（1501）刻本（有抄配）

07934　二史會編十六卷　（明）况叔祺輯　明嘉靖四十年（1561）刻本（卷十抄配）

08278　大學衍義四十三卷　（宋）真德秀撰　明嘉靖六年（1527）司禮監刻本

08283　大學衍義補一百六十卷首一卷　（明）丘濬撰　明正德元年（1506）宗文堂刻本

08288　大學衍義補一百六十卷首一卷（明）丘濬撰　明嘉靖三十八年（1559）吉澄、樊獻科等刻本

08293　大學衍義補纂要六卷（明）徐栻輯　明隆慶六年（1572）廣信府刻本

08308　新刊憲臺釐正性理大全七十卷（明）胡廣等撰　明嘉靖三十一年（1552）余氏自新齋刻本

08310　性理群書大全七十卷　題玉峰道人輯　明刻本

08311　讀書録十卷續録十二卷（明）薛瑄撰　明嘉靖三十四年（1555）沈維藩刻本

08312　讀書録十一卷續録十二卷（明）薛瑄撰　明嘉靖四年（1525）刻本

08314　五倫書六十二卷（明）宣宗朱瞻基撰　明正統十二年（1447）内府刻本

08354　緯弢二卷（明）郭增光撰　明天啓七年（1627）自刻本

08372　重廣補註黄帝内經素問二十四卷（唐）王冰注　（宋）林億等校正　（宋）孫兆改誤　明嘉靖二十九年（1550）顧從德影宋刻本

08398　攝生衆妙方十一卷急救良方二卷（明）張時徹輯　明隆慶三年（1569）衡府刻本

08406　祁氏家傳外科大羅不分卷（清）祁坤輯　（清）祁文軿述録　清抄本

08463　平定伊犁回部戰圖十六幅（意大利）郎士寧等繪　清乾隆内府銅版印本

08464　御題平定臺灣全圖十二幅（清）高宗弘曆題詩　清乾隆内府銅版印本

08507　認字測三卷（明）周宇撰　明萬曆三十九年（1611）周傳誦刻本

08517　野客叢書三十卷附録野老記聞一卷（宋）王楙撰　明嘉靖四十一年（1562）王穀祥刻本

08586　唐宋白孔六帖一百卷目録二卷（唐）白居易　（宋）孔傳輯　明刻本

08608　新編事文類聚翰墨全書甲集十二卷乙集九卷丙集五卷丁集五卷戊集五卷己集七卷庚集二十四卷辛集十卷壬集十二卷癸集十一卷後甲集八卷後乙集聖朝混一方輿勝覽三卷後丙集六卷後丁集八卷後戊集九卷（元）劉應李輯　明初刻本　存七十六卷（甲集全，乙集一至三、七至九，丙集全，丁集全，戊集全，己集全，庚集一至六，辛集全，壬集全，癸集一至八）

08626　**目前集二卷**　明刻本

08838　**南豐曾先生文粹十卷**　（宋）曾鞏撰　明嘉靖二十八年（1549）安如石刻本

08927　**梅溪先生廷試策一卷奏議四卷文集二十卷後集二十九卷**　（宋）王十朋撰　**附録一卷**　明正統五年（1440）劉謙、何濰刻天順六年（1462）重修本

08975　**臨川吴文正公集四十九卷道學基統一卷外集三卷**　（元）吴澄撰　**年譜一卷**　（明）危素撰　清活字印本

09063　**壽梅集二卷**　（明）朱元振撰　明嘉靖刻本

09075　**篁墩程先生文集九十三卷拾遺一卷**　（明）程敏政撰　明正德二年（1507）何歆刻本（卷三十七至四十二、四十八至五十三抄配）

09077　**篁墩程先生文粹二十五卷**　（明）程敏政撰　（明）程曾　戴銑輯　明正德元年（1506）張九逵刻本

09094　**馬東田漫稿六卷**　（明）馬中錫撰　（明）孫緒評　明嘉靖十七年（1538）文三畏刻本

09114　**空同詩選一卷**　（明）李夢陽撰　（明）楊慎評　明閔齊伋刻朱墨套印本

09127　**杭雙溪先生詩集八卷**　（明）杭淮撰　明嘉靖杭洵刻本

09141　**何氏集二十六卷**　（明）何景明撰　明嘉靖義陽書院刻本

09186　**胡蒙谿詩集十一卷文集四卷胡蒙谿續集六卷**　（明）胡侍撰　明嘉靖二十四年（1545）刻三十一年（1552）張鐸續刻本

09226　**無聞堂稿十七卷**　（明）趙釴撰　**附録一卷**　明隆慶四年（1570）趙鴻賜玄對樓刻本　紀昀批

09230　**宗子相集八卷**　（明）宗臣撰　明嘉靖三十九年（1560）林朝聘、黄中等刻本

09251　**縫掖集十八卷**　（明）謝廷諒撰　明萬曆三十五年（1607）葉長坤刻本　存十五卷（一、五至十八）

09391　**苑詩類選三十卷**　（明）包節輯　明嘉靖三十八年（1559）包檉芳刻本

09430　**妙絶古今不分卷**　（宋）湯漢輯　明蕭氏古翰樓刻本

09436　**古文精粹十卷**　明成化十一年（1475）刻本

09460　**冰雪携三選不分卷**　（清）衛泳輯　稿本

09465　**絶句博選五卷**　（明）王朝雍

輯　明嘉靖十五年（1536）王潼谷刻本

09472　唐詩品彙九十卷拾遺十卷詩人爵里詳節一卷　（明）高棅輯　明嘉靖十六年（1537）姚芹泉刻本

09482　十二家唐詩類選十二卷　（明）何東序輯　明隆慶四年（1570）刻本

09493　御選唐詩三十二卷目録三卷　（清）聖祖玄燁輯　（清）陳廷敬等注　清康熙五十二年（1713）内府刻朱墨套印本

09531　闕里孔氏詩鈔十四卷　（清）孔憲彝輯　稿本

09549　東齋詞略四卷　（清）魏允札撰　清康熙活字印本

第四批

09947　資治通鑑二百九十四卷　（宋）司馬光撰　（元）胡三省音注　**通鑑釋文辯誤十二卷**　（元）胡三省撰　元刻明弘治正德嘉靖遞修本

10038　周易旁注二卷前圖二卷卦傳十卷　（明）朱升撰　明嘉靖元年（1522）刻本

10099　春秋胡傳三十卷　（宋）胡安國撰　明正統十二年（1447）司禮監刻本

10220　鴻猷録十六卷　（明）高岱撰　明嘉靖四十四年（1565）高思誠刻本

10248　江西奏議二卷　（明）唐龍撰　**附録一卷**　（明）陳金等撰　明嘉靖刻張鯤重修本

10292　新集分類通鑑不分卷　明弘治十二年（1499）施槃刻本

10323　泉河紀略七卷圖二卷　（明）張純撰　（明）徐淵校　明隆慶三年（1569）清風堂刻本

10373　六子書六十卷　（明）顧春編　明嘉靖十二年（1533）顧春世德堂刻本

10410　江南經略八卷　（明）鄭若曾撰　明隆慶二年（1568）林潤刻本

10492　推篷寤語九卷餘録一卷　（明）李豫亨撰　明隆慶五年（1571）李氏思敬堂刻本（有抄配）

10526　事物紀原集類十卷　（宋）高承輯　明正統十二年（1447）閻敬刻本

10539　彌陁往生淨土懺儀不分卷　明永樂十八年（1420）朱高熾刻本

10554　海隅集四種九卷　（明）毛燁撰并編　明末刻本

10631　重刊嘉祐集十五卷　（宋）蘇洵撰　明嘉靖十一年（1532）太原府刻本

10658　程端明公洺水集二十六卷首一卷　（宋）程珌撰　明嘉靖三十五年（1556）程元昞刻本

10680　雲峰胡先生文集十卷　（元）胡炳文撰　明正德三年（1508）何歆、羅縉刻本

10742　匏翁家藏集七十七卷補遺一卷　（明）吴寬撰　明正德三年（1508）吴奭刻本

10785　夢澤集十七卷　（明）王廷陳撰　明嘉靖四十四年（1565）王同道吴中刻明末補修本

10847　圓沙文集七卷　（清）錢陸燦撰　稿本

10913　西山先生真文忠公文章正宗二十四卷　（宋）真德秀輯　明安正書堂刻本

第五批

11434　古史六十卷　（宋）蘇轍撰　宋刻遞修本（有抄配）　存三卷（二十一至二十三）

11579　資治通鑑綱目發明五十九卷　（宋）尹起莘撰　明内府刻本

11580　資治通鑑綱目集覽五十九卷　（元）王幼學撰　（明）陳濟正誤　明内府刻本

11784　金屑一撮不分卷　清雍正内府銅活字印本

11946　憑几集五卷續集二卷　（明）顧璘撰　明嘉靖刻本

11961　鈐山詩選七卷　（明）嚴嵩撰　（明）楊慎輯并批點　明嘉靖刻本　王士禛批并跋　王式通　郭曾炘　黄濬　陳衍　樊增祥　楊天驥　朱文鈞　吴昌綬跋

11988　程士集四卷獻忱集五卷　（明）高拱撰　明嘉靖吉水廖如春刻本

12067　南溪筆録群賢詩話前集一卷後集一卷續集一卷　明正德五年（1510）程啓充刻本

12084　元曲選十集一百卷　（明）臧懋循編　**論曲一卷**　（明）陶宗儀等撰　明萬曆刻博古堂印本

12098　新刻繡像批評金瓶梅二十卷　（明）蘭陵笑笑生撰　明末刻本

12121　九邊圖　明末彩繪本　存九軸（一、三至十）

第六批

12437　詩經集傳八卷　（宋）朱熹撰　明嘉靖吉澄刻本

12483　重編廣韵五卷　（宋）陳彭年等撰　（明）朱祐檳重編　明嘉靖二十八年（1549）益藩刻本

12611　東萊先生音注唐鑑二十四卷（宋）范祖禹撰　（宋）吕祖謙注　明弘治十年（1497）吕鏜刻本

12630　聖學心法四卷　（明）成祖朱棣撰　明永樂七年（1409）内府刻本

12718　乾隆版大藏經七千一百六十七卷　清雍正十一年至乾隆三年（1733—1738）刻本　存七千六十六册

12810　陽明先生正録五卷外録九卷别録十四卷　（明）王守仁撰　明嘉靖三十五年（1556）董聰刻本

12812　陽明先生文録十七卷　（明）王守仁撰　**語録三卷**　（明）徐愛輯　明嘉靖二十六年（1547）范慶刻本

12845　六家文選六十卷　（南朝梁）蕭統輯　（唐）李善　吕延濟　劉良　張銑　吕向　李周翰注　明嘉靖十三年至二十八年（1534—1549）袁褧嘉趣堂刻本

12865　聯句私抄四卷　（明）毛紀輯　明嘉靖刻本

12880　雍熙樂府二十卷　（明）郭勳輯　明嘉靖四十五年（1566）荆聚刻本